Michael Quisinsky

Marie-Dominique Chenu

Michael Quisinsky

Marie-Dominique Chenu

Weg – Werk – Wirkung

HERDER

FREIBURG · BASEL · WIEN

MIX
Papier aus verantwortungsvollen Quellen
FSC® C083411
www.fsc.org

www.herder.de
Umschlaggestaltung: Verlag Herder
Umschlagmotiv: Quelle: Wikimedia Commons
Satz: Barbara Herrmann, Freiburg
Herstellung: CPI books GmbH, Leck
Printed in Germany
ISBN Print 978-3-451-39224-5
ISBN E-Book (PDF) 978-3-451-83224-6

Inhalt

Dritter Teil: Wirkung

Einleitung

Christliches Leben und Denken in der Welt von heute ist immer konkret. Gerade so verweist es in eine uneinholbare Weite und Fülle. Zwischen „Universalität" und „Konkretion" ist christliches Leben und Denken Mystik, wie sie Papst Franziskus in seiner Enzyklika *Laudato si'* beschreibt: „Alles ist miteinander verbunden, und das lädt uns ein, eine Spiritualität der globalen Solidarität heranreifen zu lassen, die aus dem Geheimnis der Dreifaltigkeit entspringt" (238). Der französische Dominikaner Marie-Dominique Chenu (1895–1990) hätte dem lebhaft zugestimmt, wie er überhaupt an Papst Franziskus seine helle Freude gehabt hätte. Dessen mit Gott und dem Menschen solidarische „Konzilshermeneutik der Barmherzigkeit"[1] aktualisiert mit dem II. Vaticanum auch die Intuitionen und Intentionen Chenus, dem das Konzil viel verdankt.

Im Leben und Denken Chenus ist ebenfalls „alles miteinander verbunden". Dies ist einerseits ein biographischer Befund, den er mit allen Menschen teilt. Andererseits verweist dies in seinem speziellen Fall auf eine ungeheure Fülle von Kontakten und Impulsen, Zugängen und Einsichten, in die sich sein gleichwohl aus zentralen Intuitionen und Intentionen erwachsendes Werk ausfaltet. Der Dominikaner Chenu war Mittelalterforscher und Zeitgenosse, Historiker und Theologe, Akademiker und Seelsorger, hochreflektiert und volkstümlich, aktiv und kontemplativ, und dabei immer „präsent" – so eines seiner theologisch dicht gefüllten Lieblingsworte. Bei Chenu ist, wie sein Wegbegleiter Yves Congar (1904–1995) sagt, „alles kohärent"[2] – und dies gerade im „Ausstreuen" (*la dispersion*)[3], das sein Wirken kennzeichnet: In der Mischung aus Konzentration und Weitung ist er „ohne sich zu verzetteln (*se disperser*) überall dort präsent, wo schüchtern die zarten Sprösschen eines neuen Frühlings der Kirche keimen"[4].

Dass Chenu, wie der ansonsten höchst nüchterne Congar urteilte, „sich in Partizipation ergießt"[5] und sich durch ein „permanentes Sprühen"[6] von Gedanken auszeichnet, führte dazu, dass bereits zu Lebzeiten die Rede von einem „Mythos Chenu"[7] war. Dies liegt nicht zuletzt daran, dass sich Chenu

---

[1] Quisinsky, Barmherzigkeit ist die Mission, 87.

[2] Congar, Le frère que j'ai connu, 244.

[3] de la Brosse, Le Père Chenu, 21.

[4] Geffré, Liminaire, II.

[5] Jean Puyo interroge le Père Congar, 45. Congar gibt hier ein Zitat von Étienne Gilson wieder.

[6] Ebd.

[7] Geffré, Liminaire, II.

stets auch den gesellschaftlichen und existenziellen Themen gewidmet hat, die zahlreiche Männer und Frauen aus allen Teilen der Bevölkerung an ihn herangetragen haben. Von diesen Gesprächspartner*innen lernte er ebenso viel, wie sie von ihm. Mit der für ihn typischen Offenheit für „das Unerwartete, die Überraschung, das Auftreten etwas bisher nicht Dagewesenen“[8] vertraute er dem Potential dieser Begegnungen und Gespräche, weil er auf Gottes Gegenwart in den Ereignissen vertraute. Begegnungen und Bekanntschaften erwiesen sich in diesem Sinn oft als „providentiell“[9], zumal wenn in ihnen aus konvergierenden Ansichten und Intuitionen etwas Neues erwuchs, was nicht nur die Summe zweier sich begegnender Ansichten war. Nun würde es aber Chenus Intuitionen und Intentionen nicht gerecht werden, wenn man ihn auf einen „Mythos“ reduzieren wollte. Umso mehr stellt sich in dieser Mischung aus Kohärenz und Dispersion seines Wirkens, Konzentration und Weitung seines Denkens, Konkretion und Universalität seines Glaubens die Frage, wie man sein Leben und Denken darstellen kann.

Ein Schlüssel zu einer möglichen Antwort findet sich im Titel eines einflussreichen Buches aus den 1930er Jahren, einer für Chenu in hohem Maße prägenden Zeit: *Distinguer pour unir* – unterscheiden, um zu einen. Chenu, und das ist typisch für ihn, greift diese Formulierung des Philosophen Jacques Maritain (1883–1972) auf, macht sie sich aber weit über das hinaus zu eigen, was der Urheber damit intendiert hat: „‚Durch Unterscheiden zur Einung‘, wie Maritain gesagt hat. Wenn ich die ganze Geschichte betrachte, die ich seit 1920 erlebt habe, stelle ich fest, dass man zunächst aus einer unendlich wertvollen Unterscheidung Gewinn gezogen hat [...]“[10]. Dies könnte man mit vielen Beispielen aus Geschichte und Gegenwart, Theologie und Philosophie, Dogmatik und Pastoral illustrieren und in der Tat bleibt diese Unterscheidung ein Wesenselement Chenu'schen Denkens. Chenu fährt allerdings fort, dass man „[...] dann stets versucht war, dabei stehen zu bleiben, weil man meinte, die Klärung, die sie gebracht hatte, sei endgültig.“[11] Chenu ist an der Unterscheidung also nicht nur deshalb interessiert, weil sie zu Klärung und Erkenntnis beiträgt. Vielmehr ist sie die Bedingung für eine Einheit, die jeglichen Dualismus hinter sich lässt – nicht zuletzt auch den Dualismus, der sich durch eine Unterscheidung überhaupt erst bemerkbar macht. Chenu verdeutlicht dies, wiederum typisch, mit einem Zitat aus dem Dekret des II. Vaticanums zum Laienapostolat *Apostolicam actuositatem*. Diesem und mit ihm dem Konzil

[8] Debilly, La théologie au creuset de l'histoire, 249.
[9] Ebd.
[10] Chenu, Von der Freiheit eines Theologen, 100.
[11] Ebd.

ging es „darum, einen Dualismus fern zu halten, der die Gnade auf Christus eingegrenzt und die Schöpfung der profanen Welt überlassen hätte. Es gibt keine ‚profane' Welt mehr, Christus fasst in sich die profane Welt zusammen. Die Trennung zwischen Profan und Sakral ist überwunden. Existiert sie, so setzt man damit die Autonomie des Zeitlichen aufs Spiel. Aber je mehr ich die Autonomie des Zeitlichen aufs Spiel setze, desto mehr setze ich auch die *Recapitulatio* in Christus aufs Spiel. Christus, Christentum und Kirche sind jenseits der Unterscheidung."[12]

Zwischen Schöpfung und Vollendung – bei Chenu wie im eben zitierten Text oft *Recapitulatio* genannt – trat Gott selbst in der Inkarnation in die Welt ein, deren Schöpfer und Vollender er ist. Was man als geschichtstheologische Kurzformel Chenus betrachten kann, ist Ergebnis seines theologiegeschichtlichen Arbeitens: Die Struktur der *Summa theologiae* des Thomas von Aquin (1224–1274), der just im Dreischritt Schöpfung – Vollendung – Inkarnation vorgeht, ist der hintergründige „universale" Rahmen, mit dem sich Chenu jedem „konkreten" Thema zuwendet.[13] Dies beinhaltet nicht weniger als eine Neubestimmung des Verhältnisses von Natur und Gnade: „Je mehr die Gnade Inkarnationsgnade ist, desto mehr ergreift sie gerade in ihrer Reinheit die Gesamtheit des Menschen. Sie tut dies gemäß der Art der menschlichen Natur, ohne Vermischung noch Vermengung, ohne Reduktion noch Unterlassung. Die spirituelle Einheit Natur-Gnade wird umso mehr realisiert, je mehr die Unterscheidung zwischen der strukturellen und technischen Einheit der Natur sowie der Transzendenz der Gnade respektiert wird"[14]. In einer dazugehörenden Fußnote verweist Chenu explizit darauf, dass er hier die Begrifflichkeit des Konzils von Chalcedon (451) verwendet – wenngleich in etwas freier Form. Mit der Inkarnation ist ein zentrales Konstruktionsprinzip seines Denkens offengelegt, das einem tiefen Christusglauben und einer diskreten Jesusnachfolge entspringt.

Gilt es die Einheit eines Lebens und Denkens zu beachten, so auch dessen Einmaligkeit. „Einen Pater Chenu gibt es nur einmal pro Jahrhundert"[15], zitiert Congar den Philosophen Étienne Gilson (1884–1978) – ein Zitat, mit dem nach dem Tod Chenus auch ein ausführlicher Nekrolog in der französischen Tageszeitung *Le Monde* begann.[16] Zwar wäre Chenu der Erste, der zu bedenken gäbe, dass von der christlichen Botschaft her einem jedem Men-

[12] Ebd., 103. Chenu fährt fort: „Und genau das hat Maritain nicht richtig gesehen."

[13] Chenu, Le plan de la somme théologique de saint Thomas.

[14] Chenu, Corps de l'Église et structures sociales, 167.

[15] Congar, Le frère que j'ai connu, 244 – Congar zitiert hier Étienne Gilson. Vgl. auch Jean Puyo interroge le Père Congar, 45.

[16] N. N., La mort du Père Marie-Dominique Chenu. Un théologien libre et engagé, in: Le Monde, 13. Februar 1990.

schen Einzigartigkeit zukommt. Allerdings nimmt er in der Kirchen- und Theologiegeschichte des 20. Jahrhunderts in der Tat einen besonderen Platz ein. Dies umso mehr, als immer deutlicher auch seine Bedeutung für das 21. Jahrhundert erkennbar wird. Denn Chenu steht für die Begegnung und Vernetzung von Dogma und Pastoral, Geschichte und Zukunft. Zeitgenossen hatten den Eindruck: „Scheinbar gibt es zwei verschiedene Chenu. Der eine ist ein alter Mediävist, der zur Gänze in der Lektüre alter Texte aufgeht [...]. Und dann gibt es noch einen anderen, jungen und quicklebendigen Chenu, der mitten im Gewühl der modernen Welt steht."[17] Einer Variante zufolge wurde Chenu gefragt, ob er Erforscher des Mittelalters oder Theologe der Arbeiterpriester sei.[18] Ähnlich charakterisiert sein Ordensbruder André Duval (1912–2005) Chenu als Zeitgenossen des „Dreizehnten", womit sowohl das 13. Jahrhundert, dem sich Chenu historisch-theologisch so gerne widmete, als auch das 13. Arrondissement von Paris, dem Chenus seelsorgerlich-theologische Hingabe galt,[19] gemeint ist.

Mittlerweile kann man gar von drei Chenus sprechen: zum Mediävisten und „Praxistheologen"[20], der Zeitgenossen inspirierte, gesellt sich der Inspirator über den Tod hinaus. Als Wegbereiter und Interpret des II. Vaticanums, so zeigt sich im 21. Jahrhundert mehr und mehr, kann Chenu mit seiner spezifischen theologischen Grundhaltung die Intuitionen und Intentionen des Konzils in einer Weise zu entfalten helfen, die die je neue „Präsenz" – ein Schlüsselwort Chenus – des Evangeliums in der Welt zu leben und zu denken hilft. Interessanterweise ist dieses Weiterleben vor allem im deutschsprachigen Raum besonders fruchtbar.[21] Chenu selbst kommentiert: „Es gibt nur einen und denselben Père Chenu", der „am Kreuzungspunkt eines höchst ernsthaften Studiums der Theologie und einer ebenso ausgeprägten apostolischen Ungeduld des Evangeliums" wirkte. „Wenn es nur einen einzigen Chenu gibt, dann weil er die Gnade einer Theologie empfangen hat, deren erstes Gesetz darin besteht, eine einzige zu sein, spekulativ und praktisch

---

[17] Chenu, Regard sur cinquante ans de vie religieuse 259, deutsche Übersetzung zitiert nach Bauer, Marie-Dominique Chenu OP, 319. Vgl. auch de la Brosse, Le Père Chenu, 7.

[18] Vgl. Engelhardt, Neuaufbruch aus Tradition, 91.

[19] Duval, Présentation biographique de M.-D. Chenu par ses œuvres essentielles, 18.

[20] Vgl. Bauer, Marie-Dominique Chenu OP, 320.

[21] Die Herausgeber der verdienstvollen Reihe „Collection Chenu", die wichtige Texte Chenus in deutscher Übersetzung zugänglich macht, verweisen auf die „zwei Leben" der Chenu'schen Programmschrift *Une école de théologie: le Saulchoir* aus dem Jahre 1937, die 1982 bzw. 1985 in einer italienischen bzw. französischen Neuausgabe erschien (Bauer, Engel, Eggensperger, Vorwort, 7) – die deutsche Übersetzung versinnbildlicht in diesem Sinne als „drittes Leben" seines gewichtigen Büchleins diesen „dritten Chenu".

zugleich."[22] Anders als für „gewisse Kollegen"[23], die meinten, das seelsorgerliche Engagement entferne Chenu von der theologischen Arbeit, gehörte für ihn beides untrennbar zusammen: „Es gibt keine zwei Chenus"[24], denn „das theologische Engagement [impliziert] das pastorale"[25] – und umgekehrt. Stefan Warthmann zufolge löst sich die Spannung zwischen beiden Polen übrigens in Chenus Rezeption der Tübinger Schule auf.[26]

In seiner Tübinger Dissertation spricht wiederum Christian Bauer von „mindestens drei" Chenus: Er nennt „einen theologischen der Vergangenheit, einen pastoralen der Gegenwart und einen spirituellen der Kontemplation, der die beiden anderen in einer produktiven Spannung zu halten verstand."[27] Dieser nicht nur biographische „Primat der Kontemplation"[28] prägte Chenus ganzes Leben, in dem die Konflikte um seine Theologie ebenso wie deren Bestätigung durch das II. Vaticanum die gesamtkirchliche Entwicklung widerspiegeln. Er steht aber auch für eine Konvergenz seiner kreativen Rezeption im 21. Jahrhundert, in dem Papst Franziskus für Kirche und Welt in ganz ähnlicher Weise Perspektiven eröffnet. Demzufolge müssen Christinnen und Christen „alle Räume, wo das Leben unseres Volkes sich abspielt", „von einer kontemplativen Sicht her, das heißt mit einem Blick des Glaubens erkennen, der jenen Gott entdeckt, der in ihren Häusern, auf ihren Straßen und auf ihren Plätzen wohnt. (...) Er lebt unter den Bürgern und fördert die Solidarität, die Brüderlichkeit und das Verlangen nach dem Guten, nach Wahrheit und Gerechtigkeit. Diese Gegenwart muss nicht hergestellt, sondern entdeckt, enthüllt werden. Gott verbirgt sich nicht vor denen, die ihn mit ehrlichem Herzen suchen."[29]

Die Mischung aus Unterscheidung und Einung, die in der chalcedonensisch strukturierten Inkarnationstheologie ihr „Jenseits" findet, bringt eine Besonderheit des Chenu'schen Werkes mit sich. Genauer gesagt handelt es sich um die Besonderheit der Hervé Legrand zufolge „beinahe dichterischen Poesie"[30] seiner Sprache, die oft nur unter Verlust ihres besonderen Gehalts an

---

[22] Dieses und die vorherigen Zitate bei Chenu, Regard sur cinquante ans, 259f., zit. nach Bauer, Marie-Dominique Chenu OP, 319.

[23] Marie-Dominique Chenu, Postscriptum, 176.

[24] Ebd.

[25] Chenu, Von der Freiheit eines Theologen, 78.

[26] Warthmann, Die Katholische Tübinger Schule, 346. Joseph Rupert Geiselmann widmete seine Darstellung der Tübinger Schule von 1965 (Geiselmann, Die Katholische Tübinger Schule) Chenu.

[27] Bauer, Marie-Dominique Chenu OP, 321.

[28] Ebd., 320.

[29] Schreiben von Papst Franziskus an den Präsidenten der Päpstlichen Kommission für Lateinamerika (erweitertes Zitat aus Evangelii Gaudium 73).

[30] Zit. nach Bauer, Ortswechsel der Theologie, 44.

esprit ins Deutsche übersetzt werden kann.[31] Der Predigerbruder Chenu war ein Mann des gesprochenen und geschriebenen Wortes – im Dienst des Wortes Gottes (worunter er letztlich die Offenbarung und ihre Resonanz über Worte hinaus verstand). Congar zufolge waren die philologischen nicht die geringsten Fähigkeiten seines Lehrers und Freundes.[32] Dabei weiß Chenu als Theo-loge – ein solcher „muss ‚Philologe' sein"[33] – insbesondere auch, dass man in seinem Metier Worte dazu benutzt, um „Realitäten auszudrücken, die kein präziser Begriff adäquat zum Ausdruck bringen kann"[34]. Eine gewisse Seelenverwandtschaft zwischen Chenu selbst und dem von ihm hochgeschätzten Maximus Confessor (580–662) beschreibt – nur wenig „zwischen den Zeilen" versteckt – Irénée-Henri Dalmais OP (1914–2006) in einer weiteren Festschrift für seinen Ordensbruder. Dalmais schreibt über Maximus (oder über Chenu?), dass dieser Begriffe benutzt, „um eine persönliche Synthese zum Ausdruck zu bringen, die aus der Kontemplation eines Theologen hervorgeht, dessen geistlicher Blick im Licht der Schrift wie der Tradition der Kirchenväter und des Konzils die Geheimnisse des Glaubens zu ergründen sucht."[35] Ähnlich spricht der Historiker Jacques Le Goff (1924–2014) mit Blick auf Chenus Umgang mit Texten von einer „Überlektüre" („*surlecture*"), die einzelne Texte überinterpretiert, dabei aber deren Tiefenschichten in einem größeren Zusammenhang umso eher erfasst – dieses Vorgehen habe er übrigens mit Chenu gemeinsam.[36] Darüber hinaus kann man so etwas wie „Wanderlogien" in Chenus weitverstreuten großen und kleinen Publikationen ausmachen: manche Formulierung taucht, erst einmal ausgereift, in ganz unterschiedlichen Beiträgen auf. Dies ist nicht zu verwechseln mit einem „*copier-coller*", wie auf Französisch das „*copy-and-paste*"-Verfahren genannt wird. Denn auch identische Formulierungen rücken nicht nur einen Kontext in ein je neues Licht, sondern werden von diesem auch selbst noch einmal erhellt. Und schließlich ist Chenu neben technischen theologischen Formulierungen und grammatikalischen Konstruktionen, zu denen nur er fähig war, auch bekannt für knackige Sätze. In einer Festschrift zu seinem 70. Geburtstag konnte der Straßburger Münsterpfarrer und ab 1966 als Generalvikar der elsässischen Diözese wirkende Eugène Fischer (1898–1984) zwei Seiten solcher Aphorismen präsentieren. „Echte Chenus" waren beispielsweise: „Wir beschränken das Feld der Aussaat des Wortes Gottes auf die vergangene Welt"; „Das Wort Gottes gewinnt seine Kraft

31 Dazu höchst treffend Bauer, Ortswechsel der Theologie, 44.

32 Congar, Le frère que j'ai connu, 244.

33 Chenu, Préface. Le théologien et son vocabulaire, 11.

34 Dalmais, Le vocabulaire des activités intellectuelles volontaires et spirituelles dans l'anthropologie de S. Maxime le Confesseur, 188.

35 Ebd.

36 Le Goff, Le P. Chenu et la société médiévale, 374.

an den Grenzen, indem es sich mit der Welt auseinandersetzt"; „Die Verkündigung des Wortes Gottes ist ein prophetischer und nicht nur levitischer Akt"; „Der Apostel muss nicht eine Seele konvertieren, sondern eine Kirche auferbauen"[37].

All dies stellt nicht nur eine erste Hinführung zu Chenu dar, der als französischer Jahrhunderttheologe des 20. Jahrhunderts für die deutschsprachige Theologie des 21. Jahrhunderts bei aller Faszination und Nähe – nicht zuletzt mit Blick auf das Pontifikat von Papst Franziskus – doch auch doppelt (also kulturell und geschichtlich) fremd ist. Mehr noch zeigen sich gerade in den Beobachtungen zu Chenus Sprache die Schwierigkeiten, die sich jenseits dieser doppelten Fremdheit für eine Darstellung der Theologie Chenus ergeben. Wo man auch anfängt, man könnte immer auch woanders anfangen. Was man auch zitiert, es gäbe immer auch andere passende Belege. Welche konkrete Frage man betrachtet, man landet immer bei einer universal-geschichtstheologischen Dimension. Wie auch immer man die universal-geschichtstheologische Dimension zu fassen versucht, man kann dies letztlich nicht ohne konkrete Beispiele.

In Leben und Denken, Werk und Wirkung des „Gottsuchers"[38] Chenu einzuführen heißt vor diesem Hintergrund zum einen, immer auch darüber hinaus zu führen. Zum anderen gilt es eine Eigenart des Lebens- und Denkwegs zu berücksichtigen, der Werk und Wirkung hervorgebracht hat: Sosehr Chenu ein theologischer Zeitgenosse war, der im konkreten Kontakt mit der Realität zentrale Gedanken entdeckte und entfaltete, sosehr kann man bei ihm zugleich zeitlebens einige Grundintuitionen ausmachen, die diesen Entdeckungen und Entfaltungen zugrunde liegen.[39] Chenu selbst räumt übrigens in seiner für sein weiteres Werk wegweisenden Dissertation *De Contemplatione* der Intuition einen bedeutenden Platz ein.[40] Zur Darstellung der Theologie Chenus sind deshalb mehrere Zugänge möglich. Insbesondere ist hier die werkgenetisch vorgehende Dissertation von Christian Bauer zu nennen, der die bislang umfangreichste Analyse des Chenu'schen Denkens vorgelegt hat.[41] Vorliegende Veröffentlichung will lediglich eine Einführung in Chenus Werk ermöglichen.[42] Dabei gilt es Chenus Rolle weder über- noch unter-

---

[37] Fischer, Présence du Père Chenu parmi les prêtres de l'Alsace, 88.

[38] Geffré, Introduction, VII; ebenso Legrand, Prefazione. La teologia è sapienza, 6.

[39] Dazu Quisinsky, „Heilsökonomie" bei Marie-Dominique Chenu OP, 129f. sowie ausführlich Engel, Theologale Mystik im Konflikt.

[40] Vgl. dazu bes. auch Conticello, De Contemplatione, 394, dort auch eine Definition der „Intuition".

[41] Bauer, Ortswechsel der Theologie, bes. 157–596.

[42] Sie lehnt sich von der Grundidee her an an die Einführung von Joseph Famerée und Gilles Routhier in Leben, Denken und Werk Yves Congars, vgl. dies., Yves Congar.

zubewerten. Weder sollen Unterschiede zwischen den zahlreichen durchaus markanten und je für sich wirkungsvollen Predigerbrüdern[43] noch das inspirierende Genie Chenus unterschätzt werden.[44] Chenu war auf seine Art singulär, aber kein Solitär. Insbesondere ist er nicht ohne seinen Orden und hier v. a. seine Mitbrüder Yves Marie-Joseph Congar und Henri-Marie Féret (1904–1988)[45] zu verstehen.[46]

Die vorliegende Einführung in das Werk Chenus versucht nun all dem Rechnung zu tragen, indem sie in drei ungleiche Teile aufgeteilt ist. Ein erster Teil gibt einen Überblick über das Leben Chenus. Ein zweiter Teil unternimmt einen Durchgang durch sein Werk und orientiert sich dabei chronologisch und thematisch an zentralen Texten. Ein dritter Teil schließlich reflektiert die Wirkung Chenus.

Gerade der zweite Teil ist dabei so gehalten, dass er sowohl am Stück gelesen werden kann als auch – dies dürfte dem realen Leseverhalten heutiger Theolog*innen entsprechen – abschnittweise. Wer also wissen möchte, was Chenu zu diesem oder jenem Thema aus Kirche und Theologie gesagt oder gedacht hat, findet nicht selten eine kurze Zusammenfassung eines hierfür zentralen Textes. Einerseits bietet dies die Möglichkeit, auch viele der weit verstreut und oft nur in französischer Sprache veröffentlichten Texte zu Wort kommen zu lassen. Andererseits beinhaltet es den Nachteil, dass manche zeitgenössische Diskussion, auf die Chenu in diesen Texten Bezug nimmt, nicht eigens tiefgreifend dargestellt werden kann. Aufgrund der typischen Methode Chenus, zentrale Motive und konkrete Fragen stets neu zu verknüpfen, lassen sich dabei gelegentliche Redundanzen und Wiederholungen nicht vermeiden. So bietet diese Einführung eine Orientierung im Werk eines Theologen und Christenmenschen, das bei aller Kohärenz unabgeschlossen und bei aller Unabgeschlossenheit kohärent ist.

---

43 Dass der Einfluss der Dominikaner nicht mit demjenigen Chenus, Congars und Férets gleichgesetzt werden kann, betonen Cavalin, Viet-Depaule, Les dominicains des provinces françaises au Concile Vatican II, 111.

44 Vgl. etwa das Zeugnis Congars in Jean Puyo interroge le Père Congar, 44f.

45 Quisinsky, Henri-Marie Féret.

46 Vgl. auch Quisinsky, Geschichtlicher Glaube; ders., Les PP. Chenu, Congar et Féret engagés dans Vatican II.

Erster Teil: Weg

1. Verortungen

1.1. Kontextuelle Verortung: Ein Franzose

Marie-Dominique Chenu war Franzose durch und durch. Bei aller Inspiration über Frankreich hinaus ist sein Leben und Denken ohne den französischen Kontext nicht verständlich. Als eine Art „Jahrhunderttheologe" begleitete er fast das gesamte 20. Jahrhundert, das allerdings in vielem nicht verständlich wird, ohne die Vorgeschichte im 19. Jahrhundert, genauer gesagt seit der Französischen Revolution (1789) zu berücksichtigen. Der von ihm verehrte Wiederbegründer des Dominikanerordens im 19. Jahrhundert, Henri-Dominique Lacordaire (1802–1861), machte es sich zur Aufgabe, „die aus der Französischen Revolution hervorgegangene Welt zu evangelisieren"[1]. Dies war auch Chenus Anliegen. Eine Realisierung dieses Anliegens führt freilich in unzählige Konfliktfelder politischer und weltanschaulicher Natur, die Ausdruck des „Kriegs der zwei Frankreichs"[2] sind, als den man die Nachgeschichte der Französischen Revolution bezeichnen konnte. Zwar holzschnittartig, aber doch aussagekräftig, kann man bilanzieren, dass sich im 19. Jahrhundert die „Landkarte des Katholizismus seit der Revolution stabilisiert" hat und „kaum modifiziert bis in die Mitte des 20. Jahrhunderts"[3] Bestand hatte. Dabei wechselten sich nach der Neustrukturierung von Staat und Kirche unter Napoleon (1769–1821) Phasen der Restauration (1815) und Revolution (1830 sowie 1848) ab. Zunächst im *Second Empire* unter Napoleon III. (1808–1873), dann nach dem Deutsch-Französischen Krieg 1870–71 in der III. Republik verstärkten sich kirchlicher Ultramontanismus und republikanischer Antiklerikalismus teils wechselseitig in der Vor- und Nachgeschichte des I. Vaticanums, das auch eine Reaktion gegen gallikanische Traditionsbestände war. Dies gilt für die lokalen Konflikte zwischen Bürgermeister bzw. Lehrer auf der einen und Pfarrer auf der anderen Seite ebenso wie für die politischen Debatten, in die beispielsweise Léon Gambetta (1838–1882) 1877 mit der Parole zog *„Le cléricalisme, voilà l'ennemi"*[4]. Die in diesem Kontext erfolgende Trennung von Kirche und Schule bzw. die Herausbildung eines katholischen Schul- und Universitätssystems mit mehreren *Instituts catholiques*, darunter dem 1875 in Paris gegründeten, an dem Chenu selbst später lehren sollte, prägte den Katholizismus ebenso wie die Marien-

[1] Montagnes, Ouverture ou résistance à la modernité?, 369.
[2] Sorrel, Le catholicisme français de la Séparation à Vatican II, 14 u. ö.
[3] Pelletier, Les catholiques en France de 1789 à nos jours, 112.
[4] Zit. nach ebd., 117.

erscheinungen in Lourdes 1858. Am Ende des 19. Jahrhunderts war die emblematische Figur des nicht nur von Jean-Marie Vianney (1786–1856) in Ars verkörperten Landpfarrers, dem später Georges Bernanos (1888–1948) ein literarisches Denkmal setzen sollte, im allgemeinen Bewusstsein ebenso verankert wie die in vielerlei Bereichen tätigen zahlreichen Ordensfrauen, die in Pfarreien, Katechese und Krankenhäusern als „weiblicher Klerus"[5] wirkten. Durch den unter Leo XIII. erfolgten *Ralliement*, also die Akzeptanz der Republik durch die Kirche, konnte die Tradition des Sozialkatholizismus grundgelegt werden, besonders sichtbar durch die 1904 erstmals durchgeführten *Semaines sociales*.

Nachdem bereits 1903 viele Ordenshäuser aufgelöst wurden, erfolgte 1905 die bis heute gültige Trennung von Kirche und Staat. Übrigens ist diese auch vor dem Hintergrund der sogenannten *affaire Dreyfus* zu sehen, in der die Kirche den Eindruck erweckte, auf der Seite derer zu stehen, die gegen den Hauptmann Alfred Dreyfus (1859–1935), einen Elsässer jüdischen Glaubens, agierten. Die Verhältnisbestimmung zwischen Republik und Religion war und ist mit dem Gesetz über die *laïcité* freilich keineswegs geklärt. Charles Péguy (1873–1914) prägte die Formel, wonach Frankreich zwar die „älteste Tochter der Kirche" sei, zugleich aber die *laïcité* als zweite „Berufung" habe.[6] Die Heiligsprechung der Jeanne d'Arc (1412–1431) im Jahr 1920 kann auch als Versuch gewertet werden, an die gemeinsame Erfahrung des Ersten Weltkriegs anzuknüpfen und die Spannungen zwischen Kirche und Staat zu mildern. Für die Kirche war es nicht leicht, ihren neuen Platz zu finden. Zunächst wurde 1910 der moderat links ausgerichtete *Sillon* von Marc Sangnier (1873–1950) vom Vatikan verurteilt, 1926 dann die rechtsextreme *Action Française* mit der emblematischen Indizierung von Charles Maurras (1868–1952) und der Rücknahme des Kardinalstitels von Louis Billot (1846–1931). Eine Fernwirkung aus dieser Zeit war nach dem Zweiten Weltkrieg auch die Frage, ob die Bischöfe, die mit dem Vichy-Régime kollaboriert hatten, zurücktreten sollten. Mit dieser Frage war als päpstlicher Nuntius in Paris (1944–1953) Angelo Giuseppe Roncalli (1881–1963), der spätere Papst Johannes XXIII. (ab 1958), konfrontiert. Sie versinnbildlicht die Diskussion um die Rolle der Kirche zwischen *collaboration* und *Résistance* während der Besatzung von Teilen Frankreichs durch Nazi-Deutschland. Gerade, wo Christ*innen an letzterer beteiligt waren, verschaffte ihnen dies nicht selten eine zentrale Rolle in der politisch-religiösen Gemengelage der Nachkriegsjahrzehnte.

In den auch politisch unruhigen und gesellschaftlich bewegten – die Volksfrontregierung unter Léon Blum (1872–1950) führte die *congés payés*, also den

---

[5] Legrand, L'état de l'Église catholique en France, 56 Anm. 16.

[6] Zit. nach Sorrel, Le catholicisme français de la Séparation à Vatican II, 56.

bezahlten Jahresurlaub ein – 1930er Jahren entfalteten sich eine Reihe von geistlichen und theologischen Entwicklungen, für die beispielsweise die einflussreichen Bemühungen des Philosophen Jacques Maritain um eine neue Verhältnisbestimmung von Glaube und Politik, Moral und Gesellschaft stehen. Übrigens stand als meist negativ gedeutete Kontrastfolie das Nachbarland Spanien vor Augen, wo sich Anhänger der Republik und Anhänger Francisco Francos (1892–1975) einen Bürgerkrieg lieferten, den letzterer schließlich für sich entschied. Theologisch waren nicht zuletzt die Orden in hohem Maße produktiv, wobei z. B. im Dominikanerorden streng scholastisch ausgerichtete Theologien wie die des in Rom lehrenden späteren Doktorvaters Chenus, Réginald Garrigou-Lagrange (1877–1964) ebenso existierten wie die in Rom weniger gern gesehenen Pionierleistungen des Gründers der *École Biblique de Jérusalem*, Marie-Joseph Lagrange (1855–1938). Im Pontifikat von Pius XI. (1922–1939) erlebte die Katholische Aktion einen Aufstieg und erlangte gerade um die Konzilszeit eine prägende Position im Katholizismus, die sie erst unter Johannes Paul II. (1978–2005) in den 1980er Jahren allmählich zugunsten der nicht immer ebenso konzilsbegeisterten neuen geistlichen Gemeinschaften einbüßte. Die seit den 1930er Jahren erfolgten Erneuerungsbewegungen – vom *Renouveau catholique* in der Literatur über die 1941 gegründete *Mission de France* bis hin zu den Arbeiterpriestern oder inspirierenden Einzelpersönlichkeiten wie Madeleine Delbrêl (1904–1964) nach dem Zweiten Weltkrieg – prägen bis heute die Wahrnehmung Frankreichs in der deutschsprachigen Kirche und (Pastoral-)Theologie, übrigens keineswegs immer unter Berücksichtigung der realen Situation vor Ort. Im Hintergrund vieler Erneuerungsbewegungen stand die Wahrnehmung, dass ganze Landstriche und Bevölkerungsmilieus entchristlicht waren, wie es in der nach dem Religionssoziologen Fernand Boulard (1898–1977) benannten „*carte Boulard*" 1947 dokumentiert wurde.

Nach dem Zweiten Weltkrieg waren die *trente glorieuses*, also die Jahre zwischen 1945 und 1975, das Pendant zum deutschen Wirtschaftswunder, freilich begleitet vom Algerienkrieg (1954–1962) als traumatischer Erfahrung einer ganzen Generation. Mentalitätsgeschichtlich waren diese Jahre von grundlegenden Veränderungen in Wirtschaft, Politik, Gesellschaft und Medien geprägt – in Frankreich *hypermarchés* genannte Supermärkte markierten einen veränderten Umgang mit Landwirtschaft und Verkehr, mit viel Idealismus entstanden später als problematisch sich erweisende *villes nouvelles*, also meist im Stil von Hochhaussiedlungen groß angelegte Vorstädte um Paris und andere Großstädte, um nur zwei Beispiele zu nennen. Während französische Denker wie etwa die Existenzialisten um Jean-Paul Sartre (1905–1980) und Simone de Beauvoir (1908–1986) weit über die Landesgrenzen hinaus bekannt wurden, brachte die französische Populärkultur trotz der auch hier bemerkbaren Ausrichtung an anglophonen Vorbildern wie etwa den Beatles eigene Ausprägungen hervor, wie sie etwa von Juliette Greco (1927–2020) und Johnny Hallyday (1943–2017) verkörpert wurden. In der IV. Republik (1946–1958) und dann besonders in der Frühphase der von Charles de Gaulle (1890–1970) gegründeten V. Republik (seit 1958) war die Rolle der Kommunistischen Partei (PCF) ein heiß diskutiertes Thema in Gesellschaft und Kirche. Die 1981 erfolgte Wahl des Sozialisten François Mitterrand (1916–1995) zum Staatspräsidenten stellte einen Höhe- und zugleich auch Wendepunkt dieser Entwicklungen dar.

Trotz diverser Einsprüche, etwa im Rahmen der Enzyklika *Humani generis* 1950, und Verurteilungen, wie z. B. der Arbeiterpriester 1954, entfalteten sich nach dem Zweiten Weltkrieg die in den 1930er Jahren angelegten Aufbrüche im Katholizismus. Dafür stehen Einrichtungen wie der *Secours catholique*, das *Centre de pastorale liturgique* oder das *Centre catholique des intellectuels français*, christlich inspirierte Zeitschriften wie *Témoignage chrétien*, aber auch eine heute kaum mehr vorstellbare, wenngleich hauptsächlich innerkirchliche Breitenwirkung von Theologen wie des Jesuiten Henri de Lubac (1896–1991), um nur ein exponiertes Beispiel zu nennen. Katholiken wie Robert Schuman (1886–1963) und Jean Monnet (1888–1979) gestalteten das neue Europa mit. Dass über lange Zeit mit Abbé Pierre (1912–2007) und Sœur Emmanuelle (1908–2008) ein Katholik und eine Katholikin zu den beliebtesten Personen Frankreichs zählten, hat auch mit der nach dem Zweiten Weltkrieg noch selbstverständlichen Verwurzelung Frankreichs im Katholizismus zu tun – ob man diesem gegenüber nun positiv oder negativ eingestellt war. Freilich zeigten sich bereits vor dem Konzil Krisensymptome, nicht zuletzt in einer kontinuierlich zurückgehenden Zahl von Priesterweihen.[7]

Ein epochaler gesellschaftlicher Umbruch ist dann freilich mit dem Datum „*mai 68*" markiert, der zunächst einmal auch ein Generationenkonflikt zwischen den „Baby-Boomern" und ihren Eltern war, dann aber in Gesellschaft wie Kirche zu einem in ganz unterschiedlicher Weise ideologisierten Symbol von Hoffnungen und Befürchtungen werden konnte. Während François Marty (1904–1994) in einem Interview zu seinem just im Mai 1968 erfolgenden Amtsantritt als Erzbischof von Paris (bis 1981) in einem Interview bemerkte, dass Gott „nicht konservativ"[8] sei, wollte der ansonsten fortschrittseuphorische Premierminister und alsbaldige Nachfolger de Gaulles im Amt des Staatspräsidenten, Georges Pompidou (1911–1974), dass just in der Kirche alles so bleiben möge, wie es vor dem Konzil war.[9]

---

7 Sèvegrand, Vers une Église sans prêtres.

8 Barrau, Le Mai 68 des catholiques, 54.

9 So die Erinnerung des Sekretärs von Kardinal Marty und späteren Weihbischofs in Paris, Erzbischof von Auxerre und Prälat der Mission de France, Georges Gilson, vgl. Quisinsky, „L'Église tout entière est en état de concile", 78.

Die Zeit nach dem Konzil war in der Kirche von zunehmenden Spannungen geprägt. Während einerseits sehr kreative und z. T. auch sich radikalisierende Erneuerungsbewegungen entstanden, formierte sich in einer Vermengung politischer und religiöser Motive der Widerstand gegen das Konzil um Erzbischof Marcel Lefebvre (1905–1991). Anders als in Deutschland, wo 1971–1975 die Würzburger Synode mit ihrem prägenden Brückenbauer Julius Kardinal Döpfner (1913–1976) stattfand, gab es in Frankreich kein vergleichbares Forum, auf dem ein Ausgleich der immer unversöhnlicheren Positionen hätte erfolgen können. Auch dies verstärkte wohl die „katholische Krise der französischen Gesellschaft“, die dem Historiker Denis Pelletier zufolge „nicht nur die Katholiken allein betrifft, sondern die gesamte französische Gesellschaft und die Verbindung, die diese mit dem Katholizismus unterhält, der ihr lange Zeit zugrunde lag. Die Geschichte, die nun folgt, ist teilweise eine doppelte: die nach dem Konzil einsetzende Erschütterung ist eingebettet in eine grundsätzlichere Krise, deren katholische Variante sie ist.“[10]

Als Papst Johannes Paul II. 1980 Frankreich besuchte und zunächst den Eindruck vermitteln konnte, dass eine Trendwende in Sicht sei, forderte er seine Gastgeber mit der Frage heraus, was Frankreich als älteste Tochter der Kirche aus seiner Taufe gemacht habe („*France, fille aînée de l'Église, qu'as-tu fait des promesses de ton baptême?*“)[11]. Wenige Jahre später schob der Konzilstheologe Henri Denis (1921–2015) angesichts der sich gerade auch in diesem Pontifikat erheblich verstärkenden Krisensymptome die Frage hinterher, was die Kirche aus ihrem Konzil gemacht habe („*Église, qu'as-tu fait de ton concile?*“)[12]. Zwischenzeitlich in die von Johannes Paul II. bewerkstelligte Neuausrichtung der französischen Kirche – als „*analyseur*“[13] der komplexen gesellschaftlich-kirchlichen Entwicklungen erwies sich 1995 der „Fall Gaillot“ – gesetzte Hoffnungen erfüllten sich nicht, eher war das Gegenteil der Fall. Je mehr sich in der Folge die Kirche zu einer Minderheitskirche entwickelte, desto mehr verstärkte sich ein affirmativer, d. h. wenig dialogischer, Grundzug in Episkopat und Theologie, der letztlich jene Entkirchlichung und in der Folge auch Entchristlichung beschleunigte, die er beklagte.[14] So steht am Beginn des 3. Jahrtausends trotz punktueller Aufbrüche eine flächendeckende und umfassende Exkulturation des Katholizismus aus der Gesellschaft und der Gesellschaft aus dem Katholizismus.[15]

---

[10] Pelletier, Les catholiques en France de 1789 à nos jours, 247.

[11] Vgl. Pierrard, Un siècle de l'Église de france, 220.

[12] Denis, Église, qu'as-tu fait de ton concile?

[13] Legrand, L'affaire Gaillot, un analyseur ecclésial?

[14] *Pars pro toto* Pelletier, Les catholiques en France de 1789 à nos jours, 284.

[15] Hervieu-Léger, Catholicisme, la fin d'un monde.

1.2. Biographische Verortung: Ein Dominikaner

Marcel-Léon Chenu wurde am 7. Januar 1895 in Soisy-sur-Seine unweit von Paris geboren. Seine Eltern arbeiteten als Müller, später als Bäcker, bevor sie ihr Auskommen im Kleineisengewerbe fanden, „was ihnen viel Kummer und Sorgen verursachte."[16] Aufgrund der Berufstätigkeit seiner Eltern übernahm die Großmutter die Erziehung. Die Großeltern ihrerseits waren zuvor als Lehrer in Bièvres bei Versailles tätig gewesen.[17] Dies erklärt, warum Chenus Erziehung „ganz und gar nicht klerikal"[18] war: die Schule war bereits vor der Trennung von Kirche und Staat im Jahre 1905 ein Ort des Konflikts zwischen Kirche und Staat. Chenus Großeltern waren einerseits in der staatlichen Schule tätig, die wenige Jahre nach dem deutsch-französischen Krieg (1869/70) und dem damit einhergehenden Ende des Zweiten Kaiserreichs nach den Grundsätzen des republikanischen Bildungsministers Jules Ferrys (1832–1893) reformiert wurde.[19] Zugleich waren sie „gute Christen von großer geistiger Unabhängigkeit"[20]. Chenu selbst besuchte eine katholische Schule, empfand aber das Vorbild seiner Großeltern, die aufgrund ihrer persönlichen Positionierung Konflikte zwischen Staat und Kirche als unnötig erachteten, als prägend. Im ebenso katholisch bleibenden wie laizistisch werdenden Frankreich des beginnenden 20. Jahrhunderts war diese Haltung – die übrigens analog wenige Jahrzehnte zuvor auch Lacordaire auszeichnete – keineswegs selbstverständlich.

Den Wunsch, Priester zu werden, verspürte Chenu zunächst lange nicht. Im November 1911 besuchte er zum ersten Mal den dominikanischen Studienkonvent Le Saulchoir, der sich damals aufgrund der Gesetzgebung von 1905 im belgischen Exil befand.[21] Anlass war die Einkleidung seines älteren Schulfreundes Bernard Lavergne (1891–1915).[22] Während der zwei Tage in Le Saulchoir begeisterte den jungen Chenu die von der Gemeinschaft getragene Verbindung von Liturgie und Studium. Die Exilsituation förderte noch die kontemplative Dimension dieses Strebens nach Glaubenserkenntnis, die Ziel des Studienkonvents war. Wenngleich er im Umfeld seiner Ewigen Profess kurzzeitig mit dem Gedanken liebäugelte, dem Kartäuserorden beizutreten, lebte Chenu doch zeitlebens bewusst seine Entscheidung für den im

[16] Chenu, Von der Freiheit, 36.
[17] Dies ist nebenbei bemerkt eine Parallele zur Biographie des französischen Staatspräsidenten Emmanuel Macron.
[18] Chenu, Von der Freiheit, 36.
[19] Zum hier genannten Zeitraum und Sachverhalt bes. Mayeur, La laïcité de l'État.
[20] Chenu, Von der Freiheit, 36.
[21] Jossua, Le Saulchoir.
[22] Vgl. den Briefwechsel bei Bauer, Ortswechsel der Theologie, 175ff.

13. Jahrhundert gegründeten Bettelorden der Dominikaner. Ihm entsprachen dessen Wertschätzung der Kontemplation, der Glaubenserkenntnis und der Glaubensverkündigung – Thomas von Aquin fasste zusammen: *contemplata aliis tradere* … Chenu verbrachte zunächst ein Jahr in Versailles und trat, nachdem er das erforderliche Alter erreicht hatte, am 7. September 1913 in den Dominikanerorden ein, in dem er 1914 die zeitlichen Gelübde ablegte.[23] Unter seinem Ordensnamen Marie-Dominique wurde er in der Folge über seinen Orden hinaus bekannt. Aus gesundheitlichen Gründen blieb Chenu die Teilnahme am Ersten Weltkrieg erspart, er verbrachte stattdessen die kommenden Jahre in Rom. Der ebenso menschlich aufgeschlossene wie kirchlich loyale Moraltheologe Léonard Lehu OP (1867–1939), Sozius des Ordensgenerals, betreute Chenu in Rom in einer Zeit, in der die auch für sein Denken später entscheidende Modernismuskrise noch keineswegs ausgestanden war. Während des Studiums an der dominikanischen Ordenshochschule Angelicum erfolgten am 29. März 1918 die Ewige Profess sowie am 19. April 1919 die Priesterweihe. Schließlich konnte Chenu im Juli 1920 sein römisches Studium mit der Lektoratsdissertation mit dem Titel „*De contemplatione*" abschließen, die von Réginald Garrigou-Lagrange OP (1877–1964) betreut wurde. Die „feste Überzeugung von der Übernatürlichkeit des Glaubens, eines Prinzips der Theologie"[24], die Garrigou-Lagrange vermittelte, verband Chenu mit einer geschichtlich ausgerichteten Sicht im Gefolge von Reginald Schultes OP (1873–1928).[25]

Nach den lehrreichen römischen Jahren schlug Chenu das Angebot aus, Assistent des von ihm durchaus geschätzten Garrigou-Lagrange zu werden, der im Rahmen eines neuzuerrichtenden Studienzyklus in spiritueller Theologie seine Mitarbeit wünschte.[26] Zu schwer wogen bestehende und daraus möglicherweise sich ergebende Unterschiede in Denkformen und Denkwegen, die Chenu wahrnahm. Eine Anfrage der *École Biblique* in Jerusalem beschied er ebenfalls negativ. Zwar stand er voll und ganz hinter deren Programm und Methodik – der schon erwähnte Marie-Joseph Lagrange prägte ihn nachhaltig.[27] Das Angebot, nach Le Saulchoir zu gehen, entsprach ihm am meisten. Le Saulchoir stand nach der Ausweisung der Ordensleute im

---

[23] Da Le Saulchoir kriegsbedingt am normalen Betrieb gehindert war, erfolgt zunächst eine kanonisch nicht formgerechte Profess am 8. September 1914 in Flavigny, bevor am 1. Dezember 1914 am Angelicum in Rom eine kanonisch gültige Profess möglich war (vgl. Duval, Présentation biographique de M.-D. Chenu, 12f.).

[24] Congar, Marie-Dominique Chenu, 100.

[25] Vgl. auch Congar, Le frère que j'ai connu, 241.

[26] Chenu, Von der Freiheit, 51.

[27] Chenu, Regard sur cinquante ans de vie religieuse, 262.

Jahre 1904 nach dem Ende des Ersten Weltkriegs vor der Aufgabe eines erneuten Neuanfangs. Waren im Ersten Weltkrieg zahlreiche junge Ordensbrüder – darunter Lavergne – ums Leben gekommen, zeichnete sich nun in einer Phase mit vielen Neueintritten ein auch geistig-geistlicher Aufbruch ab. Den Protagonisten dieses Aufbruchs, die den wegweisenden Ansätzen von Pierre Mandonnet OP (1858–1936)[28], Ambroise Gardeil OP (1859–1931) und Antoine Lemonnyer OP (1872–1932) verpflichtet waren, fühlte sich Chenu näher.[29] So wurde er im September 1920 zum Professor für die Geschichte der christlichen Lehre ernannt.[30] Dieser Titel seiner Professur, in dem sorgsam das Wort Dogmengeschichte vermieden wurde und der zugleich das christliche Denken in einen weiteren Zusammenhang stellte, entsprach voll und ganz dem Charisma Chenus. Zudem arbeitete dieser nicht allein, sondern war zugleich Sekretär einer „*équipe*, die sich damals neu bildete“[31], sowie faktisch Mittelpunkt einer Arbeitsgruppe für Geschichte. Für das allgemeine Bewusstsein für die Rolle der Geschichtlichkeit, das Chenu und auch seine Mitstreiter in die Theologie einbrachten, steht das Abonnement der Zeitschrift *Annales*, die dem Ansatz einer Mentalitätsgeschichte verpflichtet war. Es konkretisierte sich in der alltäglichen wissenschaftlichen Arbeit insbesondere auch im hauseigenen *Institut historique d'études thomistes.*[32] Schließlich übernahm Chenu auch diverse Zusatzaufgaben in der Verwaltung der Hochschule sowie in deren Publikationstätigkeit, darunter die Redaktion des *Bulletin thomiste* und das Sekretariat der *Revue des sciences philosophiques et théologiques.* Kaum zu überschätzen ist die dialogische Tätigkeit geduldigen und gründlichen Lesens unzähliger Titel für die umfassende geistige Horizonterweiterung, die insbesondere in einer großen Zahl von Rezensionen dokumentiert ist – als mit der Indizierung von *Une école de théologie* Chenus Arbeit in Le Saulchoir und damit auch die bislang gewohnte Rezensionstätigkeit endete, waren es weit über 300.[33]

Chenu, der sich in Le Saulchoir von Anfang an „wie ein Fisch im Wasser fühlte“[34] und dessen dortige Lehrtätigkeit auf große Resonanz stieß, arbeitete mehr und mehr mit Congar und Féret zusammen, die zuerst seine Schüler und später seine Kollegen und Freunde waren. Congar sollte auf die Lauda-

[28] Ihm setzte er im Bulletin thomiste ein Denkmal: Chenu, Le R. P. Mandonnet.

[29] Congar, Marie-Dominique Chenu, 100 und Chenu, Von der Freiheit, 51.

[30] Chenu, Von der Freiheit, 51.

[31] Ebd., 62.

[32] Duval, Aux origines de l'Institut historique d'études thomistes au Saulchoir (1920 et ss.).

[33] Am Beispiel Yves Congars, der hier eng mit Chenu zusammenarbeitete, wird die methodische und inhaltliche Rolle der Rezensionen im Denkweg der Theologen von Le Saulchoir analysiert bei Quisinsky, Congar avec Chenu et Féret au Saulchoir des années 1930, 14–22.

[34] So ein Brief Chenus an seinen Provinzial, zitiert bei Duval, Présentation biographique, 14.

tio, die Chenu am 8. Dezember 1963 anlässlich einer Feier zur Verleihung des ordensinternen Titels eines *Magister theologiae* auf ihn hielt, antworten, dass dieser über seine – Congars – eigene „armselige Arbeit" („*pauvre travail*") nichts hätte zu sagen brauchen außer „*ce p'tit imbécile, il m'doit tout*"[35] („dieser kleine Dummkopf verdankt mir alles"). Das „Trio"[36] der durchaus ungleichen Ordensbrüder Chenu, „*Mariejo*" Congar und „*Milou*" Féret[37], die sich scherzhaft auch die „drei Musketiere"[38] nannten, verband eine tiefe geistliche Freundschaft, die sich wissenschaftlich besonders in einem Mitte der 1930er Jahre skizzierten gemeinsamen *Projekt einer Geschichte der Theologie* Ausdruck verschaffte.[39] Chenu wie auch seine Mitstreiter bezeichneten dieses mehrfach als für ihr eigenes Leben und Denken entscheidend. In diesem Projekt sind inhaltlich die späteren bzw. lebenslangen Arbeitsschwerpunkte insbesondere Chenus und Congars vorgezeichnet, methodisch werden die Grundlagen für ein geschichtliches Arbeiten als integralem Bestandteil der Theologie entworfen. Beides geht einher mit theologischen Grundintuitionen, die in der Folge in vielfacher Weise entfaltet wurden. Diverse teils gewichtige Veröffentlichungen können als Resultate der gemeinsamen Forschung ausgemacht werden.

Die 1930er Jahre waren für Chenu freilich nicht nur theologisch und spirituell prägend. Sein Denken war in hohem Maße von der Wahrnehmung und Reflexion der damaligen politischen, gesellschaftlichen, kulturellen und religiösen Entwicklungen geprägt. In diesem Sinn war Chenu, oft auch mehr als es ihm bewusst war, „ein Zeuge der 1930er Jahre"[40], in denen sich „ein nicht nur wirtschaftliches und soziales, sondern auch geistiges Geflecht gebildet hat, das seine eigene Kohärenz und Kontinuität und seine eigenen Determinismen besaß"[41]. Für Chenu haben auch „die Nachkriegszeit mit ihrer Euphorie und ihrem Neuerungsgeist, die Krise der Industriegesellschaft und sogar noch der Mai 1968 ihre Wurzeln in jener Periode."[42]

Bereits 1927 veröffentlichte Chenu die erste Version von *La théologie*

---

[35] Vgl. das unveröffentlichte Manuskript Henri-M. Féret, Le Père Yves M.-J. Congar ou trente ans de service théologique dans l'Église, 16, zit. nach Quisinsky, Geschichtlicher Glaube, 275 Anm. 260.

[36] Die Bezeichnung „Trio" findet sich z. B. bei Jean Puyo interroge le Père Congar, 45.

[37] Quisinsky, Geschichtlicher Glaube, 48.

[38] Vgl. Quisinsky, Auf dem Weg zu einer „konkreten und geschichtlichen Theologie", 65.

[39] Vgl. die auto- und werkbiographischen Einordnungen durch die Autoren sowie dessen Text und seine Übersetzung in Quisinsky, Geschichtlicher Glaube, 47–53. Fotos des Dokuments finden sich ebd., 568–574. Das Dokument befindet sich in den *Archives de la province dominicaine de France* in der *Bibliothèque du Saulchoir*, Paris.

[40] Chenu, Un témoin des années 30.

[41] Chenu, Von der Freiheit eines Theologen, 83.

[42] Ebd., 84.

comme science au XIIIe siècle, die in der Folge mehrfach erweitert und überarbeitet wurde und bei aller Entwicklung ein Dokument seiner bleibenden theologischen Verwurzelung darstellt.[43] Thomas von Aquin war der Leitstern für Chenu, der freilich durch eine theologisch-spirituelle Verbindung historischer und systematischer, geistes- und mentalitätsgeschichtlicher Zugänge seinen berühmten Ordensbruder immer stärker als ein Modell des Theologietreibens betrachtete denn als den Verfasser eines Werkes, in dem ein für alle Mal fixiert werden könnte, was theologisch wie zu denken sei. Wenngleich Chenu eine thomasische Theologie ganz eigener Prägung entfalten sollte, war er als Sekretär (ab 1921) und Präsident (ab 1932) der *Société Thomiste* auch in engem Kontakt mit den Vertretern anderer thomistischer Strömungen, darunter Jacques Maritain, der freilich den Dominikanern der Provinz Toulouse und ihrem streng thomistischen Studienkonvent Saint-Maximin nahestand.[44]

Die geistliche Verwurzelung in Le Saulchoir, die geistige Verwurzelung im 13. Jahrhundert und im Gefolge des Thomas von Aquin gehen einher mit einer geographischen und kulturellen, pastoralen und interreligiösen „Öffnung"[45], die sie mit möglich machen. Zunächst gründete Chenu 1930 in Zusammenarbeit mit dem thomistischen Philosophen Étienne Gilson in Ottawa das *Institut d'études médiévales*, wo er in den folgenden Jahren regelmäßig lehrte.[46] Chenu war sodann beteiligt an der Konzeptionierung und Gründung des späteren *Institut dominicain d'études orientales* in Kairo. Dabei interessierten ihn nicht nur die Studien zur Geschichte der Philosophie als Ort der Begegnung zwischen Orient und Okzident, sondern mehr und mehr auch die religiöse Gegenwart des Islam.[47]

Eine Weichenstellung stellte 1932 die Ernennung Chenus zum Studienregenten in Le Saulchoir dar. Sein besonderes Talent, in diversen Arbeitsgruppen und persönlichen Gesprächen zu „erweck(en), bereicher(n), ermutig(en), unterstütz(en)"[48], kam als Verantwortlicher für die philosophische und theologische Ausbildung der jüngeren Ordensbrüder noch stärker zur

---

[43] Chenu, La théologie comme science au XIIIe siècle, in: AHDLM 2 (1927), 37–71, erweiterte Ausgabe pro manuscripto ders., La théologie comme science au XIIIe siècle, o. O. 1942; erneut überarbeitete Ausgabe ders., La théologie comme science au XIIIe siècle, Paris 1957.

[44] Jossua, Le Saulchoir, 103.

[45] Duval, Présentation biographique, 15f. Vgl. zum „esprit d'ouverture" als Charakterisierung Le Saulchoirs auch Jean Puyo interroge le Père Congar, 30.

[46] Potworowski, La présence de M.-D. Chenu au Canada; vgl. auch Bauer, Ortswechsel der Theologie, 229.

[47] Avon, Les Frères prêcheurs en Orient, 337–342 u. ö.; Halft, Towards a New Perception of Islam, 225f.

[48] Congar, Marie-Dominique Chenu, 101.

Geltung.[49] Dabei konnte er inhaltlich gleichermaßen die bereits von seinen Vorgängern Gardeil und Lemonnyer initiierten und auch von dem kurzzeitigen Regenten Charles-Vincent Héris OP (1885–1975) geförderten Entwicklungen weiterführen, wie auch seine eigenen Akzentuierungen fruchtbar werden lassen. Philosophie und Theologie wurden aber nicht nur um die Sensibilität für Geschichte und Geschichtlichkeit bereichert, sondern auch um die Grundhaltung der Seelsorge. Geradezu symbolisch dafür steht, dass Chenu im Jahr seiner Ernennung in Le Saulchoir erstmals Vertreter der wenige Jahre zuvor von Joseph Cardijn (1882–1967) gegründeten JOC (*Jeunesse Ouvrière Chrétienne*), der Christlichen Arbeiterjugend, zu beiderseits bereichernden Besinnungstagen empfing.[50] Die Rückkehr Le Saulchoirs aus dem belgischen Exil im Jahre 1938 und der Bezug eines neuen Konventgebäudes in Etiolles ermöglichte Chenu ein umfassendes Eintauchen in die französische Gesellschaft mit ihren religiösen und kulturellen, gesellschaftlichen und politischen Umbrüchen, die ihm zu *„loci theologici in actu“*[51] wurden. Eine solche in zunehmend kreativer Anlehnung an seinen Ordensbruder Melchior Cano OP (1509–1560) entfaltete und in vielfacher Weise implizit und explizit seine Theologie strukturierende „Verortung“ des christlichen Lebens und Denkens kann als ein Leitmotiv seines Wirkens gelten.

Die vielfältigen wissenschaftlichen und geistlichen, theologischen und pastoralen Einsichten, die in Le Saulchoir konvergierten bzw. durch die Konvergenz freigesetzt wurden, bündelte Chenu 1936 in einer programmatischen und später *pro manuscripto* veröffentlichten Rede anlässlich einer Feierstunde zu Ehren Thomas von Aquins. Étienne Fouilloux nennt diese folgenreiche Rede ein „kollektives Selbstporträt“[52]. Die Schrift *Une école de théologie: le Saulchoir* steht sowohl für den von Chenu verkörperten Aufbruch einer geschichts- und zeitsensiblen Theologie als auch für die Konflikte, die diesen Aufbruch begleiteten. Denn die unter Berufung auf Thomas von Aquin ins Werk gesetzte geschichtliche und pastorale Ausrichtung der Theologie erweckte bei streng thomistisch ausgerichteten Theologen Misstrauen. 1942 wurde die Schrift auf den Index gesetzt, was für Chenu den Verlust seines Lehrstuhls und das Ende der Funktion als Studienregent bedeutete. Die Indizierung bedeutete aber auch darüber – und damit über das anvisierte Le Saulchoir – hinaus einen grundsätzlichen Konflikt um Inhalt und Form, Plu-

---

[49] Vgl. exemplarisch die Zeugnisse von Bernard-Marie Lemaigre, Michel Peuchmaurd, Henri-Dominique Saffrey, Pie-Raymond Régamey und Dominique Dubarle in L'hommage différé au Père Chenu.

[50] Chenu, La J. O. C. au Saulchoir; Cardijn, Théologie du travail, théologie pour l'homme.

[51] Chenu, Le Saulchoir, 135.

[52] Fouilloux, Le Saulchoir en procès, 39, für die Übersetzung vgl. Bauer, Geschichte und Dogma, 29.

ralitätsfähigkeit und Zielrichtung theologischen Denkens in Kirche und Welt.[53] Über diese Tragweite kann auch Chenus Reaktion nicht hinwegtäuschen, der Féret zufolge mit dem Hinweis auf analoge Schwierigkeiten Lagranges an der *École Biblique* zum Gebet eines Ave Maria und daraufhin zum Weiterarbeiten aufrief.[54]

Diese Ereignisse ereilten Chenu mitten im Zweiten Weltkrieg, den Congar in deutscher Kriegsgefangenschaft verbrachte.[55] Von Anfang an verweigerte sich Chenu dem Vichy-Régime und stellte sich auf die Seite der *Résistance*. Mehr noch als von Charles de Gaulles wirkmächtigem Appell des 18. Juni 1940 war er überzeugt von den menschlichen Qualitäten innerhalb der Widerstandsbewegung.[56] Seit 1942 lebte Chenu in Paris im *Couvent Saint Jacques*. Von diesem Konvent aus, zu dem auch der deutsche Kriegsgefangenenseelsorger Franz Stock (1904–1948) Kontakte hatte,[57] arbeitete er auch mit Vertretern der *Résistance* wie dem Journalisten Georges Montaron (1921–1977) zusammen,[58] punktuell wirkte er sogar im Umfeld der *Forces françaises de l'intérieure*.[59]

Chenu hatte durch seine innovative Art, Theologiegeschichte zu betreiben, auch über die Theologie hinaus enge und tragfähige Kontakte geknüpft. So konnte er auf Vermittlung des Religionssoziologen Gabriel Le Bras (1891–1970) ab 1944 an der *École pratique des Hautes Études* lehren und forschen. Neben dieser Vertiefung seiner mediävistischen Kompetenzen weitete sich zugleich sein seelsorgerliches und kulturelles Arbeitsfeld aus. So war Chenu zum einen mehr und mehr ein gefragter Seelsorger in diversen christlichen Gruppen insbesondere in „seinem"[60] 13. Arrondissement. Zum anderen arbeitete er in Zeitschriften wie des im Umfeld der *Résistance* von Pierre

---

[53] Vgl. dazu Fouilloux, Autour d'une mise à l'index; ders., L'affaire Chenu.

[54] „Le P. Chenu, trés ému, nous dit deux mots: évoquant les difficultés du P. Lagrange, à Jérusalem, loursqu'il fut écarté pendant un an de l'École, il nous demande un Ave Maria – et de continuer le travail" (Henri-Marie Féret, Guerre 1938–1945. 3e carnet 28 février 1941–1er octobre 1943, Paris, Archives de la province dominicaine de France, Fonds Féret, zit. nach Quisinsky, Geschichtlicher Glaube, 122).

[55] Für die Auswirkungen auf sein theologisches Denken vgl. auch Quisinsky, Geschichtlicher Glaube, 162–165.

[56] Zu den diesbezüglichen Spannungen mit Féret, der trotz grundlegender Kritik an Pétain dessen Regierung zu akzeptieren bereit war, s. Féret, Dans les cheminements de la sagesse de Dieu, 223. Zu Chenus kritischer Bejahung de Gaulles s. de la Brosse, Le Père Chenu, 97.

[57] Jomier, Une leçon d'espérance, 60.

[58] Montaron, Théologien avec les journalistes, 127.

[59] Insbesondere hielt er einige Vorträge in der *École militaire d'Uriage*, wo Führungskräfte der vereinigten Widerstandsgruppen ausgebildet wurden, vgl. Ferry, Uriage, 1944. Ausführlich dazu Bauer, Ortswechsel der Theologie, 565ff.

[60] Vgl. Féret, Dans les cheminements de la sagesse de Dieu, 229.

Chaillet SJ (1900–1972) gegründeten *Témoignage chrétien* mit, der in der Kriegs- und Nachkriegszeit über die Fachtheologie hinaus die Aufbrüche im französischen Katholizismus begleitete.[61] Auch zum personalistischen Philosophen Emmanuel Mounier (1905–1950) und der von ihm geleiteten Zeitschrift *Esprit* bestanden enge Kontakte.[62] Im Zusammenhang eines Kreises, in dem sich um die „Triebfeder"[63] Ella Sauvageot (1900–1962) zahlreiche Journalisten austauschten, vertiefte Chenu Freundschaften etwa zu Hubert Beuve-Méry (1902–1989), dem späteren Gründer der Tageszeitung *Le Monde.* Innerhalb des Ordens war Chenu bei durchaus eigener Akzentuierung in sympathisierender Weise mit innovativen Ordensbrüdern wie Louis-Joseph Lebret (1897–1966), dem Gründer des Studienzentrums zu wirtschaftlichen Fragen *Économie et Humanisme*[64], oder Pie Duployé (1906–1990), dem Gründer des *Centre de pastorale liturgique,* verbunden.[65] Über den Orden hinaus wurde sein Einsatz für die 1941 gegründete *Mission de France* und die 1943 gegründete *Mission de Paris* entscheidend.[66]

„Mission" war in aller Munde, seit Henri Godin (1906–1944) und Yvan Daniel (1909–1986) 1943 *La France, pays de mission?* veröffentlichten. Das epochale Buch, das von Chenu mit einem Imprimatur versehen wurde, schlug wie „eine Bombe"[67] in der französischen Kirche ein. Zwar war die schmerzliche Diagnose zunächst einfacher zu stellen als die damit verbundenen Aufgaben in Angriff zu nehmen. Aber gerade weil Chenu von einem unbändigen Optimismus geprägt war, konnte er das Potential dieser Zeit ins Wort fassen und den Aufbruch der Nachkriegszeit theologisch begleiten, von dem Congar schreibt: „Wer die Jahre 1946–1947 des französischen Katholizismus nicht erlebt hat, hat einen der schönsten Momente des Lebens der Kirche verpasst. Inmitten eines langsamen Ausstiegs aus der Misere suchte man in der großen Freiheit einer Treue, die so tief ist wie das Leben, evangeliumsgemäß an einer Welt teilzuhaben, mit der man in Verbindung gebracht wurde, wie es seit Jahrhunderten nicht mehr der Fall war. Dass die Zukunft der Kirche an die Zukunft der Welt gebunden war […], war eine

[61] Montaron, Théologien avec les journalistes.

[62] Domenach, Célébration du Père Chenu.

[63] Chenu, Von der Freiheit, 115.

[64] Pelletier, Économie et humanisme; zur unterschiedlichen Bewertung des Umgangs mit dem Marxismus s. ebd., 224.

[65] Heinz, Kontakte und Zusammenarbeit der deutsch- und französischsprachigen Liturgiewissenschaftler im Vorfeld und während des Vaticanum II, 155f. (dort die wichtigste französischsprachige Literatur).

[66] Cavalin, Viet-Depaule, Une histoire de la Mission de France.

[67] Guérend, Préface, 57.

Erkenntnis, die in der Erfahrung selbst gründete."[68] Gesamtkirchlich brauten sich freilich dunkle Wolken über einer solchermaßen pastoral genährten Theologie zusammen, die sich 1950 in Gestalt der Enzyklika *Humani generis* – für Chenu in direkter Linie von der Enzyklika *Pascendi* aus der Zeit der Modernismuskrise kommend[69] – entluden[70].

Chenu war an den Debatten der katholischen Intellektuellen im Umfeld des *Centre catholique des intellectuels français* beteiligt[71] – in Frankreich spielen *„les intellectuels"* eine wichtige Rolle in der gesellschaftlichen Meinungsbildung. Er wurde aber auch in vielen Gesprächskreisen engagierter Christinnen und Christen aus unterschiedlichsten sozialen Schichten und Gruppen zum gefragten und geschätzten Dialogpartner.[72] Gemeinsam mit ihnen gestaltete er eine Spiritualität des Alltags,[73] die für ihn selbst auch Ort theologischer Erkenntnis war. So trug er wesentlich auch bei zu einer sich stets fortentwickelnden Theologie des Laientums, wie sie besonders Congar in einer ähnlichen Theorie-Praxis-Verschränkung und im Horizont einer Theologie der Geschichte und der Geschichtlichkeit entfaltete.[74] Zahlreiche Pfarrer aus Paris lernten Chenu im Rahmen der *Journées sacerdotales* bzw. *Cours Saint Jacques*, einer Art theologisch-geistlicher Fortbildung im gleichnamigen Dominikanerkonvent, schätzen.[75] Auf der Suche nach neuen Formen evangeliumsgemäßer Präsenz von Priestern wie Laien fand die aufkommende Bewegung der Arbeiterpriester in Chenu einen verständnisvollen und perspektiveneröffnenden Berater. Sein Artikel *Le sacerdoce des prêtres-ouvriers* von 1954[76] stellte einen Höhepunkt der entsprechenden Tätigkeiten Chenus dar, führte aber auch mit zu deren Ende. Denn das, was für ihn „das wichtigste religiöse Ereignis seit der Französischen Revolution"[77] war, wurde 1954 trotz Vermittlungsversuchen der französischen Kardinäle vom Vatikan verboten. In gewisser Weise führte dieses Verbot, das im französischen Katholizismus zu einem schmerzhaften Symbol eines unerfüllten, aber auch durchaus um-

[68] Congar, Appels et cheminements, XLIII.

[69] Chenu, Introduction, in: Le déplacement, 12.

[70] Chenu, Préface, in: Tshibangu, La theólogie comme science, 7.

[71] Toupin-Guyot, Les intellectuels catholiques dans la société française, 174f. u. ö.

[72] Vgl. z. B. Contemporains du futur (Bericht einer Gruppe von leitenden Angestellten).

[73] Vgl. z. B. das Interview mit „M. et Mme Thénier", die, von der JOC kommend, eine der ersten Familiengruppen im Arbeitermilieu ins Leben riefen: Thénier, Spiritualité de la vie quotidienne.

[74] Congar, Jalons pour une théologie du laïcat.

[75] Féret, Dans les cheminements de la sagesse de Dieu, 229, vgl. auch Quisinsky, Geschichtlicher Glaube, 44.

[76] Zur Einordnung s. Quisinsky, Wiedergelesen: Marie-Dominique Chenu, Le sacerdoce des prêtres-ouvriers.

[77] Zit. nach Leprieur, Quand Rome condamne, 11.

strittenen, Wunsches nach Zeitgenossenschaft wurde, die Indizierung von 1942 fort. Wurde zunächst eine bestimmte Form von Theologie gemaßregelt, so sollte nun versucht werden, auch deren pastorale Voraussetzungen und Konsequenzen in scheinbar geordnete Bahnen zu lenken.

Das Verbot der Arbeiterpriester war aufgrund der Unterstützung durch die französischen Dominikaner auch mit Sanktionen gegen deren Vertreter verbunden. Für Chenu bedeutete dies, dass er den *Couvent Saint Jacques* verlassen musste. Zudem wurde das „Trio" auseinandergerissen: Féret, der seit 1949 ebenfalls in *Saint Jacques* lebte und seit 1951 am *Institut supérieur de Catéchèse* des *Institut Catholique de Paris* lehrte, wurde nach Dijon, Congar nach Jerusalem, Cambridge und dann Straßburg assigniert, wo ihn der Exeget und nunmehrige Bischof Jean-Julien Weber (1888–1981) mit offenen Armen empfing. Chenu selbst verbrachte die nächsten Jahre im Konvent von Rouen, konnte aber weiterhin mit Einschränkungen im 13. Arrondissement seelsorgerlich wirken.

Zwar stellte die Verurteilung von 1954 eine tiefe Zäsur im Leben nicht nur Chenus und seiner Mitbrüder, sondern der gesamten französischen Kirche dar, jedoch sollte sich die Arbeit im Verborgenen theologisch als fruchtbar erweisen. Congar hatte einige seiner Standardwerke, die ihm bereits im Vor- und Umfeld des Verbots der Arbeiterpriester Schwierigkeiten mit römischen Stellen einbrachten,[78] zu Beginn der 1950er Jahre veröffentlicht.[79] Insbesondere am Vorabend des II. Vaticanums aber erlangte er, gleichsam als geistlich-theologischem Ertrag seiner Jahre des Exils, mit einer Reihe dicht aufeinanderfolgender Veröffentlichungen eine große Präsenz, die für Vorbereitung und Verlauf des Konzils von großer Bedeutung waren.[80] Auch Chenu nutzte sein Exil in Rouen für eine Reihe wegweisender Veröffentlichungen. Nachdem bereits 1950 als Ergebnis seiner Thomasforschung mit *Introduction à l'étude de S. Thomas d'Aquin* eine Einführung in Denkstil und Methode des Aquinaten erschienen war,[81] gab Chenu 1959 mit *St Thomas d'Aquin et la théologie* eine Art spirituelle und theologische Liebeserklärung an seinen Ordensbruder ab.[82] Diverse Vorträge aus der Nachkriegszeit

---

[78] Vgl. dazu nicht zuletzt auch Congar, Journal d'un théologien.

[79] Vgl. besonders Congar, Vraie et Fausse Réforme dans l'Église; ders., Jalons pour une théologie du laïcat.

[80] Dabei handelte es sich z. T. um Aufsatzsammlungen, die sein Engagement in diversen Dialogsituationen dokumentieren, z. T. aber auch um detaillierte v. a. exegetische und theologiegeschichtliche Studien und Analysen. Beispiele sind etwa Congar, Le mystère du temple ou l'économie de la présence de Dieu à sa créature de la Genèse à l'Apocalypse; Vaste monde, ma paroisse. Vérité et dimensions du salut; ders., La Tradition et les traditions; ders., Sacerdoce et laïcat devant leurs tâches d'évangélisation; ders., La foi et la théologie; ders., Les voies du Dieu vivant; ders., Sainte Église. Etudes et approches ecclésiologiques.

[81] Chenu, Introduction à l'étude de S. Thomas d'Aquin.

[82] Chenu, St Thomas d'Aquin et la théologie. Die beiden eben genannten Bücher wurden von

wurden 1955 unter dem Namen *Pour une théologie du travail* veröffentlicht.[83] 1957 konnte Chenu als Ergebnis seiner mediävistischen Lehrtätigkeit und Studien *La théologie au douzième siècle*[84] und außerdem die dritte, nochmals erweiterte Auflage von *La théologie comme science au XIIIe siècle* vorlegen.[85] Im selben Jahr veröffentlichte Chenu ein angesichts seines persönlichen Schicksals überaus optimistisches und von jeder Bitterkeit freies Büchlein, das trotz seines geringen Umfangs ein kondensiertes theologiegeschichtlich-fundamentaltheologisches Grundlagenwerk mit Blick nach vorn darstellt: *La théologie est-elle une science?*[86] In den 1950er Jahren publizierte Chenu auch zahlreiche kleinere Aufsätze, die z. T. auf seine rege Vortragstätigkeit zurückgingen, und die teilweise in die während des Konzils veröffentlichten und großen Einfluss erlangenden Aufsatzsammlungen mit dem Titel *La parole de Dieu* eingingen.[87] Unveröffentlicht hingegen blieb seine nicht gehaltene Rede, die er für die 1950 geplante und dann auf römischen Druck hin unterbliebene Verleihung der Ehrendoktorwürde der Katholisch-Theologischen Fakultät Tübingen vorbereitet hatte.[88] Dass eine solche geplant war, lässt übrigens auf inhaltliche Nähe und auch persönliche Kontakte zwischen Le Saulchoir und Tübingen schließen. Personifiziert waren beide in Pierre-André Liégé (1921–1979), Congars Meisterschüler, der 1948/49 einen Studienaufenthalt bei Franz Xaver Arnold (1898–1969) in Tübingen absolvierte.[89]

Bevor allerdings der eben noch exilierte Chenu einer der emblematischen Konzilstheologen werden konnte, bedurfte es der grundsätzlich neuen kirchlichen Situation, die mit der Einberufung des Konzils durch Papst Johannes XXIII., der von 1944 bis 1953 Nuntius in Paris war,[90] ermöglicht wurde.

Otto Hermann Pesch ins Deutsche übersetzt, letzteres erschien in einer ergänzten Version als Band der Rowohlt Monographien.

83 Chenu, Pour une théologie du travail.

84 Chenu, La théologie au douzième siècle.

85 Chenu, La théologie comme science au XIIIe siècle.

86 Chenu, La théologie est-elle une science? Einordnungen bei Quisinsky, Wiedergelesen: Marie-Dominique Chenu, La théologie est-elle une science?

87 Chenu, La parole de Dieu, Band 1: La foi dans l'intelligence; Band 2: L'Évangile dans le temps.

88 Bauer, Ortswechsel der Theologie, 109–111.

89 Zu diesem Aufenthalt Liégés sowie dessen Rolle im Rahmen seines Werdegangs s. Bradbury, Practical Theology, 26f. Auffällig ist in dieser Beschreibung nicht nur der Einfluss Chenus (und Congars) auf Liégé, sondern auch die Beschäftigung Liégés mit Karl Barth (1886–1968) und Dietrich Bonhoeffer (1906–1945) (s. auch Reynal, Pierre-André Liégé, 88 u. ö.), auf die Chenu in den Jahren nach Liégés Rückkehr immer wieder Bezug nahm.

90 Die einzige Begegnung mit Chenu am 3. Oktober 1948 ist dokumentiert in: Roncalli, Journal de France. Band 1, 554: „Vortrag von P. Chenu, sicherlich ein fähiger Mann, der auch vom Fieber ‚der neuen Strukturen' erfasst ist. Es war interessant für mich, unverständlich für die

Symbolisch steht dafür übrigens Chenus Rückkehr nach Paris im Konzilsjahr 1962. Congar wurde bereits 1959 zum Konsultor der vorbereitenden theologischen Kommission ernannt, wobei seine theologischen Positionen, die auch ein Ergebnis der inspirierenden gemeinsamen Arbeit mit Chenu waren, noch kaum Wirkung entfalten konnten.[91] Zugleich wurde er zu einem der wichtigsten Berater seines Straßburger Ortsbischofs Weber und dessen rührigen Koadjutors Léon-Arthur Elchinger (1908–1998), wobei dieser wiederum eng mit den Bischöfen von Metz (Paul Joseph Schmitt [1911–1987]), Verdun (Pierre Boillon [1911–1996]) und Saint-Claude (Claude Flusin [1911–1979) sowie, neben Congar, den Theologen Henri-Marie Féret und Pierre-André Liégé aus Le Saulchoir zusammenarbeitete.[92] Hingegen wurde Chenu offiziell „nur" Berater von Bischof Claude Rolland (1910–1973), der während seines Theologiestudiums als Angehöriger des Ordens der Missionare Unserer Lieben Frau von La Salette in Le Saulchoir Vorlesungen Chenus hörte und seit 1956 Missionsbischof der madegassischen Diözese Antsirabé war.[93]

Die zunächst bescheidene Aufgabe Chenus steht in Kontrast zu seinem tatsächlichen Einfluss auf das Konzilsereignis und -ergebnis sowie auf dessen Rezeption vor Ort und weltweit. Allerdings ist dieser Einfluss aufgrund des kommunikativen Inspirationsgenies Chenus trotz einiger dokumentierter Reden in der Konzilsaula, die Chenu 1962 für die melkitischen Bischöfe verfasst hat,[94] sowie eigener programmatischer Reden und Aufsätze nicht einfach zu fassen. Dass der Einfluss Chenus dennoch reell war, zeigt seine Rolle als Initiator des ersten Dokuments des Konzils – der „Botschaft an die Welt"[95] – sowie als Inspirator des freilich bereits während des Konzils nicht nur bei dessen Gegnern ganz unterschiedlich bewerteten und ausgelegten letzten Dokuments, der Pastoralkonstitution *Gaudium et spes*. Dessen Zentralintuitionen wie etwa die Theologie der „Zeichen der Zeit"[96] oder das Motiv des messianischen Gottesvolkes[97] verdanken Chenu Wesentliches. Seiner-

meisten Zuhörer – Männer und Frauen aus dem Dritten Orden." Zu diesem Besuch s. auch Olivier, Chroniques congolaises, 21f.

[91] Quisinsky, Vers un Concile pastoral?

[92] Dazu Quisinsky, Geschichtlicher Glaube, 232ff. u. ö. S. auch Xibaut, Mgr Léon-Arthur Elchinger.

[93] Dazu Quisinsky, Geschichtlicher Glaube, 236ff. u. ö.

[94] Dazu Quisinsky, „Heilsökonomie" bei Marie-Dominique Chenu OP, 146f.

[95] Vgl. die Rekonstruktion bei Duval, Le message au monde sowie die Deutung bei Haslinger, Die pastorale Konstitution in nuce.

[96] Vgl. besonders Chenu, Les signes des temps; ders., Les signes des temps – Réflexion théologique.

[97] Quisinsky, Geschichtlicher Glaube, 355–362.

seits erfuhr der Dominikaner durch das Konzil eine Bereicherung seines theologischen Denkens – sein Schüler Claude Geffré (1926–2017) spricht von einer „wechselseitigen Befruchtung"[98] zwischen Chenu und dem Konzil, das das „neuralgische Zentrum"[99] seines Lebens darstellte.

Chenus Konzilstheologie ist besonders dicht dokumentiert im Tryptichon der drei Bände mit den programmatischen Titeln *La foi dans l'intelligence* (Der Glaube in der Intelligenz [1964]), *L'Évangile dans le temps* (Das Evangelium in der Zeit [1964]) und *Peuple de Dieu dans le monde* (Volk Gottes in der Welt [1968]). Chenu konnte durch das II. Vaticanum sein eigenes Theologieverständnis bestätigt sehen.[100] Das Konzil stellte zweifellos eine Rehabilitierung Chenus dar. Allerdings war diese mit Blick auf die Kirchen- und Theologiegeschichte des 20. Jahrhunderts durchaus prekär. Für den Blick „zurück" ist aufschlussreich, dass am Festakt an seinem 70. Geburtstag Anfang 1965 in Gegenwart des für ihn große Sympathien hegenden Pariser Kardinals Maurice Feltin (1883–1975) eine geplante Festschrift nicht überreicht werden konnte – der Provinzial bat bei den *Éditions du Cerf* in Sachen Chenu um ein „Maximum an Diskretion", denn eine Publikation seiner Schriften aus der Zeit vor dem Konzil könnte seinen Einfluss auf die vierte Sitzungsperiode „zerstören"[101]. Für den Blick „nach vorn" ist ebenso symbolisch, dass 1969, ein Jahr nach dem Erscheinen von *Humanae vitae*, ein moraltheologischer Vortrag von Chenu in Walberberg auf der Kippe stand.[102]

Nach dem Konzil zog Chenu mitsamt dem *Couvent Saint Jacques* in dessen Neubau in der *rue des Tanneries* (dieser Ortswechsel ist zwar architektonisch und postalisch auffällig, geographisch handelt es sich aber lediglich um eine andere Anordnung der Neubauten auf dem Grundstück zwischen der

---

98 Geffré, Théologie de l'incarnation et théologie des signes des temps chez le Père Chenu, 132.

99 Chenu, Postscriptum, 175.

100 So mit Blick auf die nunmehr obsolete Verurteilung der „*nouvelle théologie*" explizit Chenu, Vérité évangélique et métaphysique wolffienne, 637 Anm. 11.

101 Brief von Joseph Kopf an Michel Peuchmaurd, zit. nach Fouilloux, Cavalin, Viet-Depaule, Les Éditions dominicaines du Cerf 1918–1965, 270. Vgl. auch Geffré, Liminaire, I. Nichtstdestotrotz wurde Chenu mit einer Festschrift geehrt, die sich allerdings dem offensichtlich als weniger exponiert empfundenen Gebiet der Theologiegeschichte widmete: Duval (Hg.), Mélanges offerts à M.-D. Chenu.

102 Allerdings wurde die entsprechende Intervention der Ordensverantwortlichen nicht mit einer etwaigen Stellungnahme Chenus zu *Humanae vitae* begründet, sondern mit seiner angeblichen Unterschrift im Rahmen einer öffentlichen Unterstützung einer interkonfessionellen Eucharistiefeier am Pfingstfest 1968 in Paris, was sich in der Folge als Missverständnis herausstellen sollte (vgl. Le Monde, 8. Oktober 1968. Zur Enzyklika *Humanae Vitae* schwiegen Chenu, Congar und Liégé öffentlich beredt, wobei Congar den Bischöfen eine interne kritische Stellungnahme zukommen ließ, die in deren Beratungen eine wichtige Rolle spielte (Sèvegrand, Reactions to the Papal Encyclica Humanae Vitae, 253.261).

rue des Tanneries und der *rue de la Glacière*, in der bis heute die *Bibliothèque du Saulchoir* anzutreffen ist). Ihm, der das Konzil wie eine Rehabilitation erleben konnte, ging es in den Jahren nach dem Konzil nicht um sich selbst. Er nahm vielmehr engagiert Anteil an der Rezeption des II. Vaticanums. Einerseits war er ein berufener und gefragter Interpret des Konzils, dessen Intuitionen er inspirierend entfalten konnte. Andererseits geriet er durchaus auch in die Problemstellung hinein, die die Konzilsrezeption in Frankreich in besonders heftiger Weise von zwei Seiten bedrängte. Auf der einen Seite konnten sich Kirche und Theologie nicht auf den Konzilslorbeeren ausruhen, sondern kamen sehr schnell zur Erkenntnis, dass die Generation derer, die das Konzil prägten, von einer neuen Generation abgelöst wurde, deren Angehörige sich den gesellschaftlichen und geistesgeschichtlichen Umbrüchen der 1960er Jahre stellen mussten und damit geradezu zwangsläufig das Konzil weiterdenken wollten.[103] Gerade auch im Dominikanerorden waren die bereits längere Zeit gärenden gesellschaftlichen Umbrüche der Jahre um 1968 zu spüren und führten zu heftigen Erschütterungen und letztlich zum Ende der Ordenshochschule Le Saulchoir.[104] Auf der anderen Seite stellte die aus einer komplexen religiösen, politischen und gesellschaftlichen Gemengelage hervorgegangene Bewegung um Erzbischof Lefebvre das Konzil und damit die vor- und nachkonziliaren Aufbrüche gerade im französischen Katholizismus zunehmend grundsätzlich in Frage.[105]

Chenu nahm in dieser Phase eine besondere Rolle ein. Anders als beispielsweise Henri de Lubac und Jean Daniélou (1905–1974), die stärker auf etwaige Gefahren in der Konzilsrezeption hinwiesen, blieb Chenu resolut optimistisch.[106] Er blieb dies auch in den 1970er Jahren angesichts seines Zugeständnisses an den reformierten Konzilsbeobachter Hébert Roux (1902–1980), dass das Konzil mit Blick auf das Kreuz „die Tragödie der Welt nicht genügend

[103] Quisinsky, Philosophie et théologie.

[104] Raison de Cleuziou, De la contemplation à la contestation.

[105] Besonders aufschlussreich sind hierfür Congar, La Crise dans l'Église et Mgr Lefebvre; ders., Église catholique et France moderne.

[106] Hier gilt nachkonziliar, was Congar für die Zeit vor dem Konzil festhält: „Hingegen ist Chenu voller Optimismus und Sympathie, wenn er den Aufbruch einer neuen Welt als der Stätte und des Milieus einer neuen ‚Inkarnation' des Evangeliums begrüßt oder aufzeigt, wie das Ferment des Evangeliums einen verhärteten Teig der Menschheit und Gesellschaft in Gärung bringt und mitten in der Kirche Erneuerungs- und Reformbewegungen erweckt. […] Pater Chenu hat mit wahrem dichterischem Schwung und in feinfühliger sozialer Analyse – die vielleicht allzusehr von diesem Schwung und von Optimismus gefärbt ist – aufzuzeigen versucht, von welch großer Bedeutung für den Menschen die Vergesellschaftlichung und die Arbeit sind und welche Chancen sie dem Christentum bieten" (Congar, Marie-Dominique Chenu, 114f.).

integriert"[107] hat, und in den 1980er Jahren, als er die Zeitbedingtheit des Optimismus von *Gaudium et spes* bestätigte und ergänzende Analysen forderte.[108] Diverse Beteiligungen an Kommentarwerken zum II. Vaticanum stellen eine *Summa* seiner Konzilshermeneutik dar,[109] die allerdings nur im Kontext seiner vielfältigen Einzelstellungnahmen ihr volles Gewicht erlangt. Denn nach wie vor war Chenu in erster Linie Inspirator. Zudem hatte er nunmehr auch wieder offizielle Funktionen am *Institut Catholique de Paris* inne, wo er von 1966–1979 im *Institut d'études liturgiques* Doktorandenkurse sowie von 1973 bis 1979 am fundamentaltheologischen Lehrstuhl seines Schülers Claude Geffré Seminare durchführte, und sogar im Vatikan, wo er 1967 in den Päpstlichen Rat für die Nichtglaubenden unter der Leitung des Wiener Erzbischofs Franz Kardinal König (1905–2004) berufen wurde. Diese offizielle Anerkennung seiner Arbeit, die auch in der entsprechenden französischen Kommission *Service Incroyance-Foi* unter der Leitung von Jean-François Six, einem Priester der *Mission de France*, eine Verlängerung erfuhr[110], bedeutete nicht zuletzt auch, dass Chenus Dialogpartner ihn nun nicht mehr nur als eine „Randfigur" der Kirche wahrnahmen.[111]

Nach dem Konzil führte Chenu die Arbeit an seinen Grundintuitionen in erweiterter und modifizierter Form weiter. Zahlreiche Vorworte, die er zu Büchern über ganz unterschiedliche Themen christlichen Lebens und Denkens verfasst hat, zeugen davon, dass er sich nunmehr „wie ein Fisch im Wasser" in der aufbrechenden Pluralisierung von Kirche und Gesellschaft fühlte. Dies- und jenseits einer philosophischen Beschäftigung mit der aufkommenden und von Chenu eher intuitiv erfassten Postmoderne bedurfte es hierfür eines theologalen Optimismus, man könnte auch schlicht sagen: Gottvertrauens. Dieses schaffte sich bei Chenu nunmehr in Ausführungen zur Geschichte und Geschichtlichkeit des menschlichen Glaubens und des göttlichen Heils Ausdruck, deren erst (auch von ihm selbst) einzuholende Großzügigkeit aus einer Verbindung von Grundintuitionen und der Akribie lebenslangen Studiums und unmittelbarer Präsenz resultierte.[112] Ähnliches gilt für seine Verhältnisbestimmung von Orthodoxie und Orthopraxie in

[107] Chenu, Von der Freiheit eines Theologen, 226.

[108] Introduction par Marie-Dominique Chenu o.p., in: Le travail humain, XIV.

[109] Vgl. besonders Chenu, Les laïcs et la „consecratio mundi"; ders., Anthropologie de la liturgie; ders., Les signes des temps – Réflexion théologique; ders., Un peuple messianique. Constitution de l'Église chap. 2, n. 9; ders., De commercio inter Ecclesiam et mundum secundum constitutionem „Gaudium et Spes" n. 44; ders., Le rôle de l'Église dans le monde contemporain.

[110] Zum zehnjährigen Jubiläum des Rates veröffentlichten beide gemeinsam Chenu, Six, L'Esprit qui nous parle à travers l'incroyance.

[111] Chenu, Von der Freiheit eines Theologen, 206.

[112] Chenu, Histoire du salut et historicité de l'homme dans le renouveau de la théologie.

kreativer Verbindung u. a. des Traditionsverständnisses von Yves Congar sowie der Verknüpfung von Erfahrung und Evangelium, wie sie der wiederum maßgeblich von Chenu beeinflusste Edward Schillebeeckx (1914–2009)[113] entfaltete.[114] Als engagiertes Redaktionsmitglied der Zeitschrift *Concilium* trug Chenu deren Einsatz für eine beherzte Fortsetzung des *aggiornamento* mit, wie auch Unterschriften unter diverse Aufrufe bezeugen – beispielsweise ein 1978 veröffentlichter Aufruf „*Le pape que nous souhaitons*" aus Anlass der nach dem Tod von Paul VI. erfolgten Wahl eines neuen Papstes.[115]

Zwei Werke ragen aus dieser nochmals sehr produktiven Zeit heraus: 1975 erschien unter dem Titel *Un théologien en liberté* ein ausführliches Interviewbuch mit dem Religionsjournalisten Jacques Duquesne, in dem Chenu auf sein Leben und Denken zurückblickt und dabei viele seiner Einsichten kondensiert. Zusammen mit einem vergleichbaren Interviewband Yves Congars fand dieses Buch breite Aufmerksamkeit bis hinein beispielsweise in Tageszeitungen wie *Le Monde*. Dort wurde in einer Rezension der Hoffnung Ausdruck verliehen, dass Theologen wie Chenu und Congar, die für die Zukunft der Kirche stehen, auch unter erschwerten Bedingungen Nachfolger finden mögen.[116] Nach der Jahrtausendwende erschien eine deutsche Übersetzung.[117] Zunächst 1977 in italienischer Sprache, dann 1979 in einer erweiterten französischen Version veröffentlichte Chenu sein letztes Buch über die kirchliche Soziallehre.[118] Hier verteidigt Chenu am Ende des Pontifikats von Paul VI. bzw. zu Beginn des Pontifikats von Johannes Paul II. den vom II. Vaticanum eingeleiteten theologischen Primat der Praxis vor der Theorie, der auch für ihn selbstredend eine wechselseitige Verschränkung beider nicht aus-, sondern einschließt – schließlich sollen sich „Induktion und Deduktion [...] in einer dialektischen Weise äußern und gleichzeitig Platz lassen für die lebendige Erfahrung des Glaubens in der Gemeinde, die aus dem grundlegenden Ereignis des Evangeliums hervorgeht sowie aus dem Hier und Jetzt von sinnerfüllter Praxis"[119]. Anstelle einer wie auch immer gearteten kirchlichen Dominanz oder theologischen Bevormundung aber sollen demnach die „evangelischen Energiequellen jenes neuen Bewusstseins der Kirchen" ausfindig gemacht wer-

---

[113] Zu Chenu und Schillebeeckx s. Ruh, Edward Schillebeeckx, 52f.

[114] Chenu, Orthodoxie-orthopraxie, 55 bzw. 62.

[115] Vgl. den entsprechenden Hinweis in Hans Küng, Le pape invite les théologiens à l'humilité. Jean Paul II: une interrogation, in: Le Monde, 17. Oktober 1979, Anm. 1 – der genannte Text selbst erscheint, wie die Redaktion hinzufügt, unter alleiniger Verantwortung des Autors.

[116] N. N., Deux „monstres sacrés" de la théologie, in: Le Monde, 29. März 1975.

[117] Chenu, Von der Freiheit eines Theologen.

[118] Chenu, La dottrina sociale della Chiesa bzw. ders., La „doctrine sociale" de l'Église comme idéologie. Für eine deutsche Übersetzung vgl. ders., Kirchliche Soziallehre im Wandel.

[119] Chenu, Eine Wiedergeburt zu neuem Leben: Theologen der Dritten Welt, 288.

den, „welche die Kirche sich als Kirche in der Welt und in der Geschichte begreifen lässt."[120] Chenu wünscht sich als „Interpretation der Geschichte" als je neu zu lebender Geschichtlichkeit einen „christlichen Realismus" im Licht der Zeichen der Zeit, „gemäß dem man ‚die Wahrheit tut'"[121]. 1981 verweist er im Interview mit *Publik-Forum* auf die epochale Bedeutung des Konzils, von dem man „im Rückblick" als „das Wichtigste" festhalten kann, „[d]aß man den Glauben nur als geschichtlich geworden, als eingebettet in konkrete Situationen begreifen kann"[122]. In diesem Sinn arbeitet er auch im Redaktionsteam des 1984 erschienenen und von seinem Namensvetter Bruno Chenu (1942–2003), Mitglied des publizistisch aktiven Assomptionistenordens, und François Coudreau (1917–2004), einem führenden Religionspädagogen, herausgegebenen Werkes *La foi des catholiques* mit. Dieses kann man von Anlage und Intention her trotz fehlender bischöflicher Beauftragung mit dem 1985 erschienenen, von der Deutschen Bischofskonferenz herausgegebenen *Katholischen Erwachsenenkatechismus* vergleichen. Es wurde unter dem Titel *Glaube zum Leben* in deutscher Übersetzung 1986 vom Freiburger Religionspädagogen Günter Biemer (1929–2019) herausgegeben.[123]

Die Veröffentlichung einer italienischen Übersetzung seines letztlich emblematischsten Werks *Une école de théologie: le Saulchoir*[124] begleitete Chenu 1982 mit einem für ihn nicht untypischen Grummeln, wonach der Konzilshistoriker Giuseppe Alberigo (1926–2007) ihn zu der Veröffentlichung dieses „etwas überholten Textes"[125] überredet habe. 1985 kam es auch zu einer mit einem bilanzierenden und vorausschauenden Postscriptum Chenus versehenen französischen Ausgabe. Diese enthielt auch eine Reihe von begleitenden Studien, die zugleich den Beginn der Historisierung des Theologiegeschichtlers und Geschichtstheologen Marie-Dominique Chenu markieren.[126] In *Le Monde* erschien 1985 aus Anlass des 90. Geburtstags Chenus ein längerer Beitrag, in dem Chenu als „einer der berühmtesten französischen katholischen Theologen unserer Zeit" gewürdigt und die im wiederaufgelegten *Une école de théologie* dokumentierte Gegenüberstellung einer überzeitlichen und einer

---

120 Chenu, Kirchliche Soziallehre im Wandel, 16.

121 Ebd., 100.

122 Chenu, Auf der Suche nach den Zeichen der Zeit, 16.

123 La foi des catholiques. Die *équipe de rédaction* schreibt ebd., 12, dass Chenu – neben François Bousquet, Henri Denis, Albert Rouet, René Salaün u. a. zur *„équipe de collaborateurs"* gehört habe, die die die „Basistexte" erarbeitet habe, die dann wiederum von einer *„équipe de rédaction"* zusammengeführt und überarbeitet wurden.

124 Chenu, Le Saulchoir. Una scuola di teologia.

125 Brief Chenus an Antonino Franco, 9. März 1983, zit. nach Chenu, Franco, La teologia è sapienza, 193.

126 Chenu, Une école de théologie.

geschichtlichen Theologie als „alles andere als überwunden" bezeichnet wurde – „wie die jüngsten Einlassungen von Kardinal Ratzinger über die Katechese, die Befreiungstheologie und das kirchliche Amt zeigen"[127]. In der Tat blieb Chenu bis ins hohe Alter auch kämpferisch, wie diverse Unterschriften dokumentieren: so unterstützte er etwa 1981 einen Aufruf zu einer konzilskonformen Neugestaltung des Kirchenrechts[128], 1984 angesichts der Konflikte um die katholischen Schulen unter Präsident Mitterrand einen *„Appel aux chrétiens pour la paix scolaire"*[129], 1985 im Vorfeld der Bischofssynode den durch Kardinal Ratzingers kirchenpolitische und konzilshermeneutische Stellungnahmen ausgelösten *„Appel de Montpellier: Oui au synode, non à l'enterrement de Vatican II"*[130], und schließlich 1989 die *„Kölner Erklärung: Wider die Entmündigung – für eine offene Katholizität"*[131]. Als René Luneau OP (1932–2020) 1989 als kritische Zwischenbilanz des Pontifikats Johannes Pauls II. das Buch *Le rêve de Compostelle* herausgab, widmete er es Chenu.[132]

Am 11. Februar 1990 starb Chenu in Paris. Wenige Tage später fand ein feierliches Requiem in der Kathedrale *Notre Dame* – „wo der heilige Albert, der heilige Thomas und Meister Eckhart (1260–1328) gebetet hatten"[133] – statt, dem Kardinal Jean-Marie Lustiger (1926–2007) vorstand. Im Anschluss daran wurde Chenu auf dem *Cimetière de Montparnasse* beerdigt.

Die eben genannte Historisierung umfasste freilich nicht nur den „[s]einer Zeit gegenwärtigen"[134] Zeitgenossen und den Blick zurück des ausgewiesenen Theologie- und Frömmigkeitsgeschichtlers, sondern auch dessen Blick nach vorn – so ist es doppelt symbolisch, dass eine der letzten grundsätzlicheren Veröffentlichungen Chenus, sein Beitrag zur Festschrift für Karl

---

127 Alain Woodrow, „Un optimiste incurable", in: Le Monde, 8. Januar 1985.

128 Alain Woodrow, Vingt-trois théologiens critiquent vivement le projet. L'Église a déjà sa „loi fondamentale": l'Évangile, in: Le Monde, 20. Oktober 1981.

129 Vgl. Raison du Cleuziou, Le cadrage de l'actualité politique dans Famille chrétienne, 177. Für Yann Raison du Cleuziou markiert der Streit um das Gesetz, mit dem die *„école catholique"* und die *„école laïque"* in ein neues Verhältnis gebracht werden sollten, ein Wiederaufflammen des „Krieges der zwei Frankreichs" und einen Wendepunkt weg von einer konzilianten hin zu einer stärker affirmativen Positionierung der Kirche gegenüber dem Staat im Sinne von Papst Johannes Paul II. und Kardinal Lustiger (ebd., 173–179).

130 http://nsae.fr/wp-content/plugins/APPEL-DE-MONTPELLIER–1985.pdf – ebd., 4f., eine kurze Stellungnahme Chenus zur Begründung seiner Unterschrift; zu den Unterzeichnern gehörten auch die Bischöfe Jacques Gaillot (Évreux) und Joseph Rozier (Poitiers). Zur Einordnung s. Albert, Die katholische Kirche in Frankreich, 186.

131 N. N., Une lettre de 157 signatures au cardinal Ratzinger. La contestation des théologiens francophones s'amplifie, in: Le Monde, 11. März 1989; N. N., Le malaise entre les théologiens catholiques et le Vatican. Quand l'Eglise ferme ses volets …, in: Le Monde, 12. April 1989.

132 Luneau, Le rêve de Compostelle.

133 Geffré, Liminaire, II.

134 Chenu, Postscriptum, 176.

Rahner anlässlich dessen 80. Geburtstags 1984, dem II. Vaticanum als prophetischem Konzil galt[135]: Zusammen bzw. zeitgleich mit dem Aufschwung der Konzilsforschung stieß auch das Leben und Denken Chenus Ende des Jahrtausends wieder auf vermehrtes Interesse, wovon denn auch das 1995 veröffentlichte Konzilstagebuch zeugt.[136] Dass das Interesse an Chenu gerade auch in Deutschland seit Beginn des neuen Jahrtausends immer größer wird – emblematisch ist die Ende der 1940er Jahre nicht realisierbare, 2004 dann aber postum erfolgte Verleihung der Ehrendoktorwürde der Katholisch-Theologischen Fakultät Tübingen[137] –, ist präfiguriert im weitsichtigen Grußwort, das der nachmalige Kardinal Karl Lehmann (1936–2018) als Vorsitzender der Deutschen Bischofskonferenz an die in *Notre Dame* versammelte Trauergemeinde richtete und in dem er Chenu zu den „bedeutendsten Theologen“[138] des 20. Jahrhunderts zählt. Chenus historische Größe bestand dem Doyen der französischen Theologie und späteren Erzbischof von Straßburg, Joseph Doré, zufolge darin, unzählige Menschen „in die Geschichte einzuführen, und ihnen dabei zugleich die Vergangenheit lesen zu lernen, die Gegenwart zu bewohnen und die Zukunft zu eröffnen.“[139]

1.3. Spirituelle Verortung: *Contemplactio* der Heilsökonomie

Der christliche Umgang mit der dreifachen Dimension von Geschichte, den Doré mit Blick auf Chenus Wirken benennt, führt unmittelbar in den innersten Kern von dessen Spiritualität. Diese wiederum ist die eigentliche Wurzel seiner Theologie, die zugleich deren Ausdruck darstellte: „Eine Theologie, die diesen Namen wirklich verdient, ist eine Spiritualität, die rationale Instrumente gefunden hat, welche ihrer religiösen Erfahrung adäquat sind.“[140] Chenus ureigenes Charisma war es bei alledem, gängige Begriffe auf eine ganz spezifische Art und Weise mit Leben zu füllen. Begriffe wie „Geschichte“, „Theologie“ und „Spiritualität“ werden bei ihm im Laufe der Zeit inhaltlich bereichert und geistlich verdichtet. Gerade so „sprachen“ sie zu Zeitge-

[135] Chenu, Ein prophetisches Konzil, 16–21.

[136] Chenu, Notes quotidiennes au Concile.

[137] Engel, Posthumer „Dr. h. c.“ für M.-D. Chenu.

[138] Kondolenztelegramm des Vorsitzenden der Deutschen Bischofskonferenz an Chenus Provinzial Francis Marneffe (1927–2016) vom 13.2.1990 (zugänglich über die Pressestelle der DBK in Bonn) – Claude Geffré weist darauf hin, dass Chenu niemals offiziell rehabilitiert wurde, die Trauerfeier in *Notre Dame* allerdings wie eine endgültige Rehabilitation zu verstehen war. Großes Gewicht misst er (u. a.) dem Telegramm Lehmanns („*le message théologiquement pesé*“) bei, das bei der Trauerfeier verlesen wurde (Geffré, Liminaire, II).

[139] Doré, Un itinéraire-témoin, 339. Zu dieser Tagung s. auch Geffré, Introduction, VI.

[140] Chenu, Le Saulchoir, 146.

nossen und konnten deren Erfahrungen und das Wort Gottes zu einer dialogischen Wort-Tat-Einheit werden lassen. Umgekehrt kann man Chenu gerade aus heutiger Sicht nicht verstehen, wenn man nicht seine ganz eigene „Sprache" berücksichtigt.

Die Einheit von Engagement und Theologie war bei Chenu keine Anwendung eines abstrakt deduzierten Theologiebegriffs. Vielmehr war sie Ausfluss einer Grundhaltung der *contemplatio*, die in der *actio* und der Reflexion auf diese von Gott her noch einmal in neuer Weise zu sich selbst kommt: So kann man, wenn man denn die Wortschöpfung als sinnvoll erachtet, von einer „*Contemplactio*" sprechen, wie eine von Chenu erzählte Anekdote illustriert. Bei einem Besuch in Paris während seines Noviziats, unmittelbar vor dem Ersten Weltkrieg, ist er „[...] eines Nachmittags – ich weiß nicht, warum – [...] im Quartier du Sentier spazieren gegangen. Dort gab es zahlreiche Schneiderwerkstätten. Es war ein sehr belebter, von Menschen wimmelnder Stadtteil. Und ich, der so stark vom kontemplativen Leben geprägt war, ich habe mich gefragt: ‚Was soll ich hier?' Meine Antwort kam genauso schnell: ‚Aber nein, genau deshalb mache ich doch mein Noviziat: weil ich hierhin gehen will!' So habe ich mich, ohne mir dessen bewusst zu sein, nach außen orientiert. Es ist vielleicht nur ein winziges Detail, aber die spontane Reaktion, die ich an jenem Tag empfand, hat mich sozusagen kühn gemacht. Ich habe einfach den Dualismus ‚entweder Kontemplation oder apostolische Aktion' abgelehnt. Mir war beides wichtig, ich wollte weder das eine noch das andere aufgeben, und so ist die Einheit zwischen beiden entstanden."[141] Die „Überwindung der Dualität von *contemplatio* und *actio*"[142] wurde Chenus spirituelles und theologisches Lebensthema.

Werkbiographisch zeigt sich an dieser aufschlussreichen Erzählung, dass bei Chenu aufgrund seines Werdegangs zunächst die intellektuelle Dimension – *scientia Dei* – in der Durchdringung dessen, was mit der Erfahrung der Kontemplation einhergeht, im Vordergrund stand. Die zunehmend intensivere wechselseitige Entgrenzung von Denken und Leben, Intellekt und Erfahrung, Theorie und Praxis ist bereits in der hier zum Tragen kommenden Grundintuition selbst als Potential angelegt. Sie wird mehr und mehr von einem wachsenden Gleichgewicht der dogmatischen und pastoralen, diskursiven und praktischen Aspekte geprägt. Die „Vernunftwerkzeuge"[143], derer sich der Glaube bedient und die er sich und der Vernunft gibt, verweisen selbst auf eine Begrenztheit der Vernunft in Fragen des Glaubens. Dies verweist auf die eigene zu gestaltende Geschichtlichkeit. Diese Geschichtlichkeit

[141] Chenu, Von der Freiheit eines Theologen, 38f.

[142] Zit. nach de la Brosse, Le Père Chenu, 31.

[143] Chenu, Le Saulchoir, 92.

wurde zum Horizont christlichen Lebens und Denkens Chenus, ausgehend von der v. a. liturgisch genährten und theologisch reflektierten Meditation sowohl der biblischen „Vor-Gabe der Offenbarung", der Geschichte der Kirche als Durchdringung und Entfaltung dieser Vor-Gabe[144] sowie der Geschichte der Welt als „indirekte[r] Offenbarung"[145]. Die „*Contemplactio*" betraf deshalb für ihn nicht nur einzelne Seinsbereiche und Glaubensgeheimnisse, sondern von Gott her das Geheimnis des Seins als Geheimnis des Glaubens.

Diese Eigenart von Chenus theologischer Spiritualität bzw. spiritueller Theologie, die im Fortschreiten identisch blieb und in der Identität immer neu fortschritt, ist es auch, die eine Systematisierung seines Denkens zugleich ermöglicht und erschwert. Denn einerseits gilt auch biographisch, dass es nur einen Chenu gibt, gründen doch seine vielfältigen Interessen und Begegnungen letztlich in dieser Haltung der Kontemplation. Diese war bei Chenu immer ausdrücklicher auf die Inkarnation ausgerichtet.[146] Genauer gesagt geht es bei diesem Gesetz nicht nur um das ein für alle Mal ergangene Geschehen zwischen Menschwerdung, Kreuz und Auferstehung, sondern um das „Gesetz der Inkarnation"[147] als „allgemeines Prinzip der Heilsökonomie"[148]. Auf der Sachebene bezieht dieses Gesetz alle Wirklichkeit auf Christus und diesen auf alle Wirklichkeit, auf seiner Artikulationsebene macht es die damit verbundene Erkenntnis fassbar und aussagbar und realisiert sich auf seiner Handlungsebene im je konkreten Umgang mit der Welt. Andererseits gibt es eben jene innere Einheit seiner Theologie nur in der Vielfalt ihrer Wegstationen, in denen sich die Grundintuitionen Chenus zu einer originären Form praktisch-theologischer Erkenntnis konkretisierten und ausgestalteten, die dann ihrerseits die Grundintuitionen korrigierte und erweiterte, ergänzte und entfaltete.

---

144 Chenu, Von der Freiheit, 60: „Es gibt nämlich auch – und das vergisst man heute manchmal – eine ‚Vor-Gabe der Offenbarung'. […] Sicher, das Wort ‚Vor-Gabe' bietet Anlass zur Kritik, denn es erweckt den Eindruck, es gebe eine Wahrheit außerhalb von mir, die vor mir ausgebreitet wird. Aber das Faktum Christi zum Beispiel, dass Gott Mensch wird, dass die christliche Heilsökonomie eine sakramentale Ordnung, ein Priestertum umfasst – das alles ist eine ‚Vor-Gabe', und wenn ich sie nicht akzeptiere oder wenn ich sie herabmindere, dann verlasse ich den Boden des christlichen Denkens." Der Ausdruck geht auf das Buch Ambroise Gardeil, Le donné révélé et la théologie, Paris 1910, zurück.

145 Chenu, Von der Freiheit, 91: „Das ist also der Stoff, aus dem es eine neue Heilsgeschichte zu entwerfen gilt. Ich für mein Teil habe […] entdeckt, dass die Geschichte – einem Wort zufolge, das man in neuere Zeit verwendet hat, das aber gewisse Bedenken hervorrufen könnte – ‚indirekte Offenbarung' ist: Die Geschichte der Welt offenbart indirekt den Plan Gottes." Dies ist aber nach Chenu nicht als „neue Offenbarung" zu verstehen.

146 Vgl. in diesem Sinne Potworowski, Contemplation and Incarnation.

147 Vgl. z. B. Chenu, L'unité de la foi, 18. Ausführlich s. Eyabi, La „loi d'incarnation" de Marie-Dominique Chenu.

148 Congar, Marie-Dominique Chenu, 110.

Chenu selbst beschreibt diese Einheit in seinem Leben in einem Interview aus dem Jahre 1987: „Ich bin durch das Tor der Kontemplation in den Orden eingetreten [...]. Es gibt zwei Tore, um beim heiligen Dominikus einzutreten: das apostolische Engagement und das kontemplative Leben."[149] Ihn habe das kontemplative Leben angezogen, das er in Le Saulchoir vor und während seines Noviziats kennengelernt habe und das ihm lebenslange Grundlage blieb: „Ich bedauere keineswegs diese Anfänge, denn die Intuitionen, die ich zu dieser Zeit hatte, sind immer noch gültig; und ich denke, dass ich durch die Gnade Gottes dem kontemplativen Leben treu geblieben bin. Ich spreche wenig darüber, weil das kontemplative Leben einen intimen Aspekt beinhaltet, über den man kaum sprechen kann, aber ich bin dem Gebet treu geblieben."[150] Chenu verbindet hier ausdrücklich den biographisch verorteten Beginn seines kontemplativen Lebens, dessen lebenslange Einheit sowie das, was er „Intuitionen" nennt.[151] Er, der zeit seines Lebens intuitiv erfasste Gedanken oder Eindrücke auf gerade zur Verfügung stehenden Zettelchen notierte und diese dann durchaus mit System aufbewahrte, charakterisiert sein Verständnis des zunächst etwas unscharfen Begriffs der Intuition am Beispiel der *philosophia perennis.* Diese ist kein „fest umrissenes System unantastbarer Sätze, sondern [ein] Gefüge von Grundintuitionen, die begriffliche Gestalt nur unter der Bedingung annehmen, dass sie ihre lebendige Leuchtkraft behalten und dass die Begriffe immer wieder der Konfrontation mit der stets reicheren Realität ausgesetzt werden."[152] Intuitionen, darin den später für sein Denken zentralen „*loci theologici*" vergleichbar, gibt es demnach nur im Plural und nur in einer ständigen wechselseitigen Verschränkung zwischen Theorie und Praxis, Dogma und Pastoral, Denken und Leben. Auf diese Weise sind die „Grundintuitionen der theologalen Mystik Chenus"[153] Ausdruck und Instrument der Wirklichkeitserfassung und der Wirklichkeitsgestaltung.

Chenu wäre freilich nicht Chenu, wenn er seinen kontemplativen Einsichten nicht jenen charakteristischen Ausdruck verliehen hätte, der von Leidenschaft und Engagement zeugt. „Bei P. Chenu laufen die kontemplativsten Gedanken, die positivsten Überzeugungen stets auf ein Zweifaches hinaus: einerseits auf beherztes Engagement, auf Teilnahme, andererseits auf oft leidenschaftliche, kämpferische Ablehnung."[154] Er verfügt über die „beschei-

---

[149] Interview mit Jean-Pierre Manigne, zit. nach Doré, Un itinéraire-témoin, 315.

[150] Ebd.

[151] Hinweise zur Charakteristik der „Intuitionen" Chenus bei Quisinsky, Heilsökonomie, 130–133.

[152] Chenu, Le Saulchoir, 103.

[153] Engel, Theologale Mystik im Konflikt, 357.

[154] Congar, Marie-Dominique Chenu, 105.

dene Tugend der Indignation“ und so sind „seine positivsten Ausführungen […] fast stets von fulminanten Bemerkungen gegen das begleitet, was in seinen Augen ein Verrat an eben diesem positiven Anliegen darstellt.“[155] Diese Emotionalität ist natürlich durchaus auch zweischneidig, insofern sie einen ansteckenden Enthusiasmus ebenso ermöglicht wie sie mitunter auch Einseitigkeiten und blinde Flecken beinhaltet. Zur Einheit von Leben und Werk Chenus gehört damit auch, dass er bei aller Ausstrahlung nicht nur offene Türen einrannte.

Die spirituell-theologischen Grundintuitionen Chenus bringen es mit sich, dass oft in kleinen und unscheinbaren Texten der „ganze“ Chenu enthalten ist.[156] Die einzelnen Grundintuitionen umfassen und beinhalten sich jeweils wechselseitig. Je nach der Perspektive auf sein Werk kann deshalb bald diese, bald jene Intuition, bald dieser Akzent, bald jene Wechselwirkung im Vordergrund stehen. Will man aber einen ersten Zugang zu Chenus Leben und Denken als Ganzes bekommen, so ist zunächst der Gedanke der Heilsökonomie von Bedeutung, denn ihr gilt letztlich die Kontemplation, aus der sie zugleich erwächst.[157] „Heilsökonomie, was ist das also? Zwei Begriffe verweisen auf ihre Struktur, sowohl ihrem jeweiligen Gehalt nach wie in ihrer Zusammenschau: die Ökonomie ist gleichzeitig Mysterium und Geschichte, d. h. Mysterium in der Geschichte und Geschichte im Mysterium

---

155 Ebd.

156 Deshalb gibt es prinzipiell zwei Möglichkeiten, Chenu gerecht zu werden: einerseits in der weit ausgreifenden Sammlung und Analyse unzähliger berichtenswerter Details, wie sie Bauer, Ortswechsel der Theologie bietet und damit der Einheit von Person und Denken Chenus besonders nahekommt. Dieser Zugang hat das große Verdienst, Chenu in vielfacher Hinsicht zu „verorten“ und dabei die vielfältigen Zeugnisse seines Wirkens in ihrer Faszinationskraft sprechen zu lassen. Im Durchgang durch die Stationen seines Denkens wird allerdings durchaus die Beobachtung von Georges Anawati (1905–1994) verständlich, wonach „seine Intuitionen […] uns inzwischen ziemlich vertraut [sind]“ (zit. nach Bauer, Ortswechsel, 238) – m. a. W. als Variationen eines Themas immer wieder begegnen. Deshalb kann andererseits auch eine knappe Synthese dazu verhelfen, die einsichtig gewordenen Grundintuitionen Chenus zu bündeln und auf (potentielle) Perspektiveneröffnungen hin zu fokussieren, wie es Yves Congar mit Blick auf Chenus Methode in Lehrveranstaltungen beschreibt (vgl. ebd., 237) und wie es Aufgabe der vorliegenden Darstellung ist, die zentrale Grundintuitionen an einzelnen ausgewählten Schriften Chenus aufzeigt. Freilich bedarf es des durch Bauer geleisteten minutiösen Nachweises, um Congars Aussage im Hinblick auf Einzelschriften Chenus zu belegen bzw. den „ganzen“ Chenu in einem oft kleinen Text nachweisen und entfalten können. Die schon genannten „Wanderlogien“ verweisen auf die Kontinuität in der Entwicklung und die Entwicklung in der Kontinuität seines Lebens und Denkens.

157 Dazu Quisinsky, „Heilsökonomie“ bei Marie-Dominique Chenu; ders., „La relation entre l'histoire humaine et l'histoire du salut doit être expliquée à la lumière du mystère pascal“; ders., Tradition and Normativity of History within an „Economy of Salvation“.

Christi."[158] Dies ist für Chenu umso erstaunlicher, als man gewöhnlich die Begriffe Geschichte und Mysterium als gegensätzlich betrachtet. Eine solche Trennung ist aber für Chenu vom Wesen des Christlichen her gerade nicht möglich: „Mysterium: darunter ist selbstverständlich nicht der Ausdruck einer transzendentalen Wahrheit zu verstehen, sondern im objektiven Sinne die transzendentale Realität dieses göttlichen Lebens selbst, insofern sie in völlig gnadenhafter Partizipation dem Menschen gegeben wird. Geschichte: d. h. dass diese Gabe sich gemäß einer Vorbereitung, eines Verlaufs, eines Vollzugs ereignet, in zeitlichen Formen, die nicht nur akzidentelle Episoden einer abstrakten Operation sind, sondern die inneren Etappen einer mit der Zeit des Menschen solidarischen Ökonomie."[159]

Die angemessene menschliche Haltung angesichts dieses Mysteriums ist der Glaube. Dieser ist freilich nicht außerhalb der Geschichte und auch nicht nur auf das Innenleben der Seele beschränkt, wie Chenu mit einem Seitenblick auf Karl Barth bemerkt, dessen dialektische Theologie zwar zunächst seiner eigenen Theologie diametral entgegensteht, der aber mit dieser offensichtlich zu teilweise ähnlichen Schlussfolgerungen kommt.[160] Der Glaube ist für Chenu demnach jenseits aller Dualismen Antwort auf die Heilsökonomie und selbst Teil dieser Heilsökonomie: „der Glaube ist Zustimmung, eine *communion* mit dem Wort Gottes, aber eben dieses Wort Gottes wurde mir in der Geschichte gegeben, es hat sich über die Jahrhunderte hinweg in die Geschichte der Menschheit ergossen, von Abraham bis zu Jesus Christus und seit Jesus Christus in einer Gesellschaft, die Kirche heißt. Dieser Glaube ist eine *Heilsgeschichte*, die nicht dadurch weniger *Geschichte* ist, dass sie *heilig* ist, und die sogar die Formen des Schicksals der Menschheit annimmt."[161] Im Zentrum dieser Ge-

---

[158] Chenu, Les sacrements dans l'économie chrétienne, 324. Dies macht als Zentrum der Theologie aus Maldamé, Chenu, 112.

[159] Chenu, Les sacrements dans l'économie chrétienne, 325.

[160] Chenu, La foi en chrétienté, 112. Der Einwurf von nicht näher belegten Zitaten Karl Barths ist eine Eigenart insbesondere des späteren Chenu. Dabei betrachtet Chenu den reformierten Theologen Barth stets mit größter Wertschätzung, ohne auf dessen Gesamtwerk einzugehen oder gar dessen Unterschiede zu seinem eigenen Denken zu thematisieren, vgl. z. B. Chenu, L'athéisme méthodologique, 85. Eine Erklärung für diese unerwartete Nähe liefern die Beschäftigung Congars mit Barth seit Mitte der 1930er Jahre (vgl. Jean Puyo interroge le Père Congar, 49) sowie später die Forschungen von Pierre-André Liégé in Tübingen 1948/49 (vgl. Bradbury, Practical Theology, 27) sowie grundsätzlich dann auch diejenigen von Jean-Jérôme Hamer OP (1916–1996), 1956–1962 Rektor in Le Saulchoir und später Kardinal, s. z. B. ders., Un programme de „christologie conséquente".

[161] Chenu, La foi en chrétienté, 113f. Theologiegeschichtlich ist erstens zu berücksichtigen, dass der Text aus dem Jahre 1944 stammt, die Rede von der Kirche als *„societas perfecta"* also gang und gäbe war. Demgegenüber stellt die Qualifizierung der Kirche als einer Gesellschaft in der Geschichte eine Dynamisierung und Relationalisierung dar. Weiterhin verweist die Nennung auf Karl Barths auf die zwischen protestantischer und katholischer Theologie herr-

schichte steht Jesus Christus, ist doch der Glaube „genau jener Vorgang, der uns zu ‚Zeitgenossen' Christi macht, und das Evangelium gelangt zwar in der Zeit zu uns, es ist aber, mit den Augen des Glaubens gesehen, kein Buch der Geschichte, sondern wahrhaftig das Wort Gottes."[162]

Chenu skizziert somit die Grundhaltung des Christseins, die das je ganz Konkrete mit dem Universalen, das als Gottes Heil alles Verstehen übersteigt, zusammendenkt: „Das Christentum *ist* eine Heilsökonomie: so stellt sich tatsächlich und wahrhaftig die Offenbarung in ihrem umfassenden Sinn dar. Nicht nur eine Unterweisung von Wahrheiten, aber, dank dieser Unterweisung, *die Vermittlung göttlichen Lebens an die Menschheit gemäß den von Gott festgelegten Etappen.* Teilhabe am Sein also und nicht Indoktrinierung. Sicher, die Lehre ist Grundlage, Kriterium und Schlüssel dieser Teilhabe, denn diese Teilhabe vollzieht sich durch das und im ‚Wort Gottes'; aber dieses Wort Gottes vollzieht sich gemäß seinem Verlauf in einer Inkarnation: das Wort macht sich zum Menschen, im Mittelpunkt dieser göttlichen Geschichte, und dieses Ereignis bestimmt die Zeit davor und die Zeit danach, und errichtet so zugleich die Herrschaft des authentischen göttlichen Lebens in der Menschheit."[163] Neben der Lehre kommt dabei der Liturgie eine zentrale Rolle zu, denn sie ist mit der Bibel „konsubstantiell": „Die Bibel beschreibt den Verlauf dieses Geheimnisses in der Geschichte. Gott schreibt kein Buch (das ich lesen würde), sondern eine Geschichte (in der er sich bindet, und ich mich mit ihm). Die Liturgie ist die Entfaltung dieser Geschichte, ihr Vollzug, auf der figürlichen wie auf der realen Ebene."[164]

An dem eben zitierten Text aus dem Jahre 1952 lässt sich exemplarisch darstellen, wie sich im Laufe seines Lebens eine Grundintuition Chenus entfalten konnte. Zunächst kann man beobachten, wie er nach und nach den

---

schende Ungleichzeitigkeit. Während Chenu einer der ersten war, der katholischerseits nach einer Phase des ungeschichtlichen Denkens in der Theologie resolut die Geschichtlichkeit des Glaubens zu denken versuchte, war die protestantische Theologie insbesondere in Deutschland nach dem Ersten Weltkrieg und wegen diesem mit dem gegenteiligen Problem konfrontiert, vgl. Nowak, Die „antihistorische Revolution" sowie Graf, Die „antihistorische Revolution in der protestantischen Theologie der zwanziger Jahre". Dass dies insbesondere für die deutschsprachige protestantische Theologie zutrifft, zeigt einerseits die Kontextualität einer jeden theologischen Erkenntnis. Andererseits ist diese Ungleichzeitigkeit der Kontextualitäten gerade deshalb von Interesse, weil Chenu als Regent von Le Saulchoir – v. a. im Falle des von ihm geförderten Congar – in der deutschsprachigen protestantischen wie katholischen Theologie einen wichtigen Gesprächspartner fand. Die Begegnungen Congars mit der deutschsprachigen protestantischen Theologie zeigen, wie in Chenus Schule der Theologie aus der Begegnung neue Erkenntnis erwuchs.

162 Chenu, Le Saulchoir, 123.

163 Chenu, Les sacrements dans l'économie chrétienne, 324.

164 Ebd., 325.

Begriff der *Oikonomia* als eine Möglichkeit entdeckt, die Wahrheit des Christlichen in ihrer Einheit des Lebens und Denkens auszudrücken.[165] In einem frühen Stadium bezeichnet der Begriff „Ökonomie" bei Chenu in einer eher technischen theologischen Sprache die Aufeinanderfolge der Offenbarungsereignisse, bevor er ihn 1935 in seinem Beitrag *Position de la théologie* – der eine Schlüsselstellung in seinem Denkweg einnimmt – auf die Rolle des menschlichen Verstandes für den Glauben überträgt. Die Rede von einer „menschlich-göttlichen Ökonomie"[166] ermöglicht es ihm, seine bisherigen Forschungen zur Psychologie des Glaubensaktes, zum Glaubens-, Dogmen- und Theologieverständnis in einem Begriff zu kondensieren, der selbst ein Schlüssel zu dem weiteren und tieferen Verständnis von Glaube und Theologie werden konnte. Der Glaube – *substantia rerum sperandum* – kommt vom Hören – *fides ex auditu* –, worin letztlich auch Berechtigung und Zielrichtung dogmatischer bzw. lehrhafter Aussagen liegt. Die „dogmatische Formel" ist Chenus Manifest *Une école de théologie: le Saulchoir* zufolge „Inkarnation des Wortes Gottes in Begriffen", was einerseits die biblische Offenbarung übersteigt, andererseits jede dogmatische Begrifflichkeit relativiert: „Und so sieht die Ökonomie dieses Wortes aus: Es spricht menschlich, es kleidet sich in die Formen des menschlichen Geistes und unterliegt dabei allen psychologischen Bedingungen der langwierigen, komplexen Begriffs- und Urteilsbildung, es ist gebunden an die Kategorien von Raum und Zeit, wie die Philosophen sagen, und verwickelt in eine Geschichte. *Cognita sunt in cognoscente ad modum cognoscentis.*"[167] In gewisser Weise dominiert hier, was im Kontext der Klärung des Verständnisses theologischer Erkenntnis sowie des Dogmas inkl. seiner Entwicklung allerdings auch nicht verwundert, noch ein sehr intellektueller Zugriff, der aber in sich bereits das Potential der praxisgenerierenden Erkenntnis und der erkenntnisgenerierenden Praxis beinhaltet – mit dem Segen des heiligen Thomas.[168]

---

[165] Inhaltlich und methodisch aufschlussreich ist hierfür Chenu, Rezension zu M. Jugie, Theologia dogmatica Christianorum orientalium ab Ecclesia catholica dissidentium, 518. Zum Hintergrund der kreativen Rezeption ostkirchlicher Theologie, die auch im Horizont der Zusammenarbeit mit Congar zu betrachten ist, s. Quisinsky, „Heilsökonomie" bei Marie-Dominique Chenu, 134f.

[166] Chenu, Position de la theólogie, 116f.

[167] Chenu, Le Saulchoir, 124. Letzteres stellt einen der thomistischen Schlüsselsätze Chenus dar, vgl. z. B. im Rückblick ders., Testimonianza di un vecchio „Tomista", 536.

[168] Die Überwindung eines intellektualistischen Theologieverständnisses ist nicht durch bloße Praxis erfolgt, sondern auch aufgrund deren wechselseitiger Verschränkung besonders auch mit theologiegeschichtlicher Forschung. Kronzeuge ist kein anderer als Thomas von Aquin, wie Chenu im Vorwort der zweiten Auflage von *„La théologie au XIIIe siècle"* von 1942 schreibt: „Wir hatten seinerzeit [in der ersten Auflage 1927, MQ] einer etwas schwergewichtigen Interpretation der deduktiven Funktion in der theologischen Vernunft Raum gege-

Von Offenbarung und Dogma her, aber über diese hinaus, erweist sich der Begriff der Ökonomie als ein Instrument, die göttliche und menschlich unfassbare Heilsgeschichte zwischen Schöpfung und Vollendung in menschlicher Weise zu fassen: „Die Ordnung der Welt, der die Kontemplation des Glaubenden gilt, ist auch dann, wenn er Theologie betreibt, keine Ordnung der Wesenheiten und ihrer zeitlosen Gesetze, sondern es ist die Ordnung des Heils, eine *Ökonomie*, eine dreifache Ökonomie, die in jeder ihrer Etappen von unergründlichen Kontingenzen geprägt ist."[169] Damit ist zunächst eine schöpfende und erhaltende Ökonomie gemeint, in der die Schöpfung trotz der Gegenwart Gottes ganz eigenständig ist und in der Gottes Sein durch nichts, was geschöpflich ist, eingeschränkt werden könnte. Hierin liegt denn auch der Grund für eine Theologie des Mysteriums, in der die Erkenntnis Gottes nicht in ihren Begrifflichkeiten eingeschlossen bleiben könnte, sowie für eine Theologie der irdischen Wirklichkeiten, wie sie die Pastoralkonstitution *Gaudium et spes* des II. Vaticanums skizziert und in der Gottes Gegenwart von der Autonomie der irdischen Wirklichkeiten nicht ausgeschlossen bleibt. Weiterhin ist eine Ökonomie der Inkarnation und der Erlösung gemeint, die den Theologen und die Theologin stets neu auf den „reinen Glauben"[170], d. h. auf den Glauben an den allein aus Gnade handelnden Gott zurückverweist. Hier zeigt sich, dass das für Chenu so zentrale „Gesetz der Inkarnation" seinerseits Teil und Ausdruck einer Offenbarungs- und Heilsökonomie ist, die die gesamte Wirklichkeit umfasst und diese wechselseitig mit dem Christusereignis verschränkt. Zugleich ermöglicht es dieses Gesetz der Inkarnation, sich persönlich zu dieser Gesamtheit der Wirklichkeit zu verhalten: So „ist das Christentum das Mysterium des lebenden und sterbenden Christus, der in mir aufersteht; aber wie hat sich dieses Mysterium vollzogen? In einer Inkarnation, d. h. in einem Ankommen Gottes in der Zeit und in der Geschichte; von daher ist das Christentum keine Flucht mehr, sondern dem Wort des heiligen Paulus zufolge eine Rekapitulation, eine Wiederaufnahme, ein Wiederergreifen aller Schöpfung in ihm, bis hin zur Vergöttlichung, die über den Menschen erfolgt. Folglich ist die Ankunft Christi, oder die Zwischenzeit zwischen der Ankunft und der Wiederkunft Christi, also der geschichtlichen Ankunft und der endgültigen Ankunft, die Transformation der Welt. Die Heilsökonomie ist in der Geschichte am Werk."[171]

---

ben, ihre Rolle in abrupten Formulierungen gekennzeichnet und die in Wirklichkeit geschmeidigere Linie des thomasischen Denkens […] in diese Richtung gebogen."

[169] Chenu, Position de la théologie, 130.

[170] Ebd.

[171] Chenu, La foi en chrétienté, 114.

Schließlich verweist Chenu auf eine Ökonomie „der Sakramente und des Opfers, das eine wahrhaftige Wiederaufnahme der Handlungen Jesu in seinem mystischen Leib“[172] darstellt. Gänzlich in der geistlichen Sprache der 1930er Jahre zum Ausdruck gebracht zeigt sich hier doch, wohl auch unter dem intuitiv aufgenommenen Einfluss der von Chenu lebhaft begrüßten beginnenden Liturgischen Bewegung (ein „Weg aus dem liturgischen Muff, in dem wir lebten“[173]), dass gerade die Kontemplation der Heilsökonomie in der Meditation des Wortes Gottes und der Liturgie eine aktive Dimension beinhaltet, zu dieser drängt und von ihr genährt wird. In seinen Abhandlungen zur Liturgie wie auch in seinen Ausführungen zur Offenbarungsökonomie und zur Heilsgeschichte äußert sich die Verwurzelung in einer kontemplativen Grundhaltung, die genährt ist vom liturgischen Gebet und der liturgisch eingebetteten beständigen Meditation biblischer Texte – einschließlich in kreativen Feierformen, etwa bereits vor dem II. Vaticanum gefeierte Gruppenmessen.[174] Dies mag das Erstaunen etwas relativieren, das die in der Tat bemerkenswerte weitgehende Abwesenheit biblischer Argumentation und Bezugnahmen auf den Christus Jesus hervorrufen kann.[175] Freilich machte sich Chenu mit Congar das Wort Abraham Joschua Heschels (1907–1972) zu eigen, wonach die Bibel „keine Theologie für den Menschen [ist], sondern eine Anthropologie für Gott“[176]. Zugleich aber zeigt sich hier, dass auch und gerade die aktive Seite im Leben und Denken Chenus in der Kontemplation wurzelt. Deren Gegenstand ist mehr und mehr die gesamte Heilsökonomie zwischen Schöpfung, Inkarnation und Vollendung. Sie betrifft nicht nur die gesamte Wirklichkeit im Allgemeinen, sondern auch das je individuelle und auch gemeinschaftliche Verhalten zu dieser. Dieses Ineinander von Kontemplation und Aktion, das in einer engagierten Meditation der Geschichte von Offenbarung, Welt und Kirche seinen Gegenstand hat, prägte Chenu zufolge das II. Vaticanum. „[A]m Ende der ersten Sessio (Nov. 1962) beschloss das Konzil, während es gleichzeitig die Masse der siebzig vorbereiteten aneinander gereihten Projekte verwarf, auf Interventionen der Kardinäle Suenens, Montini, Lercaro, Frings, als Leitgedanken für seine Arbeit die Kirche zu wählen; die Kirche in sich selbst, aber auch die Kirche in

---

[172] Chenu, Position de la théologie, 130.

[173] Chenu, Von der Freiheit eines Theologen, 116.

[174] Thénier, Spiritualité de la vie quotidienne, 150.

[175] Freilich konnte er sich über Thomisten entrüsten, die die „*Summa theologiae* entbiblisiert“ (Chenu, Pour une anthropologie sacramentelle, 90) haben. Vgl. auch Chenu, Orthodoxie-orthopraxie, 62.

[176] Chenu, Von der Freiheit eines Theologen, 106. Dieses Zitat findet sich in verschiedenen Beiträgen, belegt z. B. in Chenu, Un antropologia rinnovata, 294. Zu Congar und Heschel s. Congar, Herbstgespräche, 60.

ihrer Beziehung zur Welt, und dies genau deshalb, um sich selbst zu definieren, wenn es denn stimmt, dass sie von Natur aus Sendung in die Welt und Mission ist. Mit der Welt trat die Geschichte ein: ‚Die Kirche ist in der Welt von heute', und mit dieser historischen Dimension der christlichen Ökonomie die Zeichen der Zeit, die nicht nur ihren Weg begleiten, sondern ihre Konstitution bestimmen."[177] Die für das Konzil, seine Rezeption und seine Hermeneutik so emblematischen „Zeichen der Zeit" mit ihrer intrinsischen Theorie-Praxis-Verschränkung verweisen letztlich auf Chenus kontemplativ-aktives Verständnis des Christseins: „Das Christentum, das aus dem Judentum hervorgegangen ist, ist eine ‚Ökonomie', dessen Entwicklung in der Geschichte in seinen wesentlichen Bestandteilen ‚Zeichen' beinhaltet, und unter den Zeichen, die über den Sinn und den zeitlichen Verlauf dieser Ökonomie entscheiden, sind die eschatologischen nicht die geringsten. Wenn heute auf die ‚Zeichen der Zeit' zurückgegriffen wird, handelt es sich dabei also nicht um einen pastoralen Opportunismus, sondern um die objektive Erkenntnis des Wortes Gottes."[178]

Das II. Vaticanum nahm sich Chenu zufolge der Aufgabe an, „das Mysterium der Schöpfung und das Mysterium in einer einzigen göttlichen Ökonomie zu koordinieren."[179] Wenn im Rahmen der Heilsökonomie die Kirche eine zentrale Rolle einnimmt, ist es zugleich die Heilsökonomie, die die Rolle der Kirche bestimmt und auf ebendiese Heilsökonomie hin immer wieder – man könnte mit Blick auf LG 1 auch sagen „sakramental" – relativiert: Die Kirche ist „heute *in actu* Zeugin der Heilsökonomie in der Geschichte. Die Zeit liefert ihr die Zeichen für das gegenwärtige Erwarten des kommenden Messias, Zeichen der Kohärenz zwischen dem Evangelium und den Hoffnungen der Menschheit."[180] Daraus ergibt sich dann für Chenu auch die natürliche Aufgabe einer kreativen Konzilsrezeption – Papst Franziskus spricht vom „Vorangehen"[181] – im Horizont der Heilsökonomie: „Wenn meine Diagnose zutrifft, wenn das Konzil wirklich prophetisch ist, dann gilt es jetzt nicht nur seine Aussagen zu kommentieren oder seine Weisungen anzuwenden. Es ruft zu einer radikalen Anstrengung auf, zu einer geschärften Wachsamkeit für das Werden des Menschen und der Welt, zu einer Anstrengung permanenten Forschens, der Findung und Erfindung um der geschichtlichen Ökonomie

---

177 Chenu, Les signes des temps, 31.

178 Ebd., 30. Freilich bleibt dieses Verständnis der „Zeichen der Zeit" zu hinterfragen, nicht zuletzt vor den entsprechenden konziliaren Diskussionen her.

179 Chenu, The History of Salvation and the Historicity of Man, 158 Anm. 1.

180 Chenu, Les signes des temps, 35.

181 Papst Franziskus, Brief von Papst Franziskus an den Großkanzler der „Pontificia Universidad Católica Argentina" zum hundertjährigen Jubiläum der Theologischen Fakultät, 3. März 2015, konzilshermeneutisch ausgewertet bei Quisinsky, Barmherzigkeit ist die Mission.

des Christentums selbst willen. Nicht aus Opportunismus, nicht aus Geschicklichkeit, sondern weil und insofern das Christentum eine Ökonomie in der Geschichte ist."[182]

Eine „*contemplactiv*" erfasste und entfaltete Intuition wie die der Heilsökonomie mit ihrem Anspruch, Göttliches und Menschliches als in der Geschichte zusammenwirkend zu ergründen und auszudrücken, übersteigt selbstredend die Versprachlichung, die zudem immer auch werkbiographisch und kontextuell begrenzt ist.[183] So findet man bei Chenu, dem Jacques Duquesne eine „Theologie als Auslegung der Heilsgeschichte"[184] attestiert, trotz seiner schwungvoll-optimistischen Bewertung einzelner geschichtlicher Entwicklungen keine Heilsgeschichtstheorie bzw. keine „Geschichtsverlaufstheologie"[185]. Das ist angesichts der Affinität des Begriffs der Heilsökonomie und insbesondere auch seiner mitunter nicht unproblematischen geschichtlich-konkreten Deutung gerade mit Blick auf Gegenwart und Zukunft ebenso bemerkenswert wie angesichts der zeitgenössischen Versuche, eine Theologie der Heilsgeschichte zu etablieren. Wenn sich Chenu, wohl intuitiv, von entsprechenden Theorien wie Theoretikern eher fernhielt[186], dann sicherlich auch aufgrund seines spezifischen, letztlich immer meditativen Verständnisses der Heilsökonomie.[187] Dies kann man insofern als ein Manko ansehen, als

---

[182] Chenu, Von der Freiheit, 239.

[183] Ich habe deshalb bei dem in der letzten Fußnote belegten Zitat Chenus die im Übrigen exzellente Übersetzung von Michael Lauble an zwei Stellen korrigiert. Lauble übersetzt: „um der geschichtlichen Struktur des Christentums selbst willen" bzw. „weil und insofern das Christentum ein Gebilde in der Geschichte ist". Dass Lauble in der deutschen Übersetzung mit dem Begriff „Ökonomie" sparsamer umgehen möchte, erklärt sich einerseits aus dem in der Tat im Französischen sehr viel weiteren und auch in nichttheologischer Sprache unbefangeneren Gebrauch des Wortes „*économie*". Andererseits liegt die Pointe in der zuletzt zitierten Aussage in der Tat in deren Einbettung in eine lebenslange „*contemplactio*" der Heils*ökonomie* als gnadenhaftem Miteinander von Gott und Mensch zwischen Schöpfung und Erlösung.

[184] Chenu, Von der Freiheit, 156 (Frage von Duquesne).

[185] Pesch, Thomas von Aquin, 314.

[186] Besonders mit dem elsässischen Neutestamentler und deutsch-französischen Grenzgänger Oscar Cullmann (1902–1999) sollte dann Yves Congar auf dem II. Vaticanum in Kontakt stehen, vgl. z. B. Congar, Mon journal du Concile, Band 1, 390 (25. August 1963) und Band 2, 118 (31. Juli 1964). Vgl. auch Stegemann, Cullmanns Konzept der Heilsgeschichte in seiner Zeit. Was die Rezeption des ebenfalls einflussreichen Rudolf Bultmann (1884–1976) angeht, so blieb diese weitgehend der Schülergeneration überlassen, vgl. z. B. Geffré, Kérygme et histoire chez Rudolf Bultmann mit den Einordnungen bei Quisinsky, Philosophie et théologie, 162ff.

[187] „Aber der Theologe arbeitet mit einer Geschichte. Seine ‚Vor-Gabe' sind nicht die Natur der Dinge oder ihre zeitlosen Formen, sondern Ereignisse, die auf eine *Ökonomie* antworten, deren Realisierung an die Zeit gebunden ist, wie die Ausdehnung an einen Körper gebunden ist, jenseits der Ordnung der Wesenheiten. Die *reale* Welt ist diese (Welt der Geschichte, MQ), und nicht die Abstraktion des Philosophen" (Chenu, Position de la théologie, 128).

er sich der Chance beraubt hat, seine Intuition der Heilsökonomie im Dialog zu konturieren, gerade auch mit Blick auf die aufkommenden nicht nur philosophischen Fragen der von ihm durchaus intuitiv erfassten, aber nicht explizit reflektierte Postmoderne.

Ähnlich ist bei Chenu die Frage des interreligiösen Dialogs bei allen entsprechenden potentiellen Perspektiveneröffnungen lange Zeit eher impliziert. Schon über neunzigjährig skizzierte er dann allerdings anlässlich des Treffens der Weltreligionen in Assisi 1986 einen „planetarischen Ökumenismus", in dem Raimon Panikkars (1918–2010) Plädoyer für einen nicht nur „inter-", sondern „intrareligiösen" Dialog ebenso eine strukturierende Rolle einnehmen sollte wie Karl Rahners These vom „anonymen Christen"[188]. Jenseits einer, wie man heute sagen würde, postkolonialistischen Perspektive, formulierte Chenu die vom Konzil gestellte Aufgabe, Dialog und Evangelisierung als Gesamtgeschehen zu betrachten, für das die altkirchlichen Motive der *praeparatio evangelica* und der *logoi spermatikoi* maßgeblich sein sollten.[189] Seinem Schüler Claude Geffré blieb es vorbehalten, die Frage nach einer „differenzierten Heilsgeschichte", in der die „allgemeine Offenbarung sich gemäß einer diversifizierten Ökonomie partikularisiert"[190] ins Wort zu bringen – bei aller Eigenständigkeit Geffrés gegenüber seinem Lehrer doch auch ein sprechendes Indiz dafür, dass Chenus spirituell-theologische „*contemplactive*" Intuitionen Wirkung zeitigten.[191] So ist Chenu ein in der „Tradition"[192] verwurzelter Wegbegleiter eines „neuen Zeitalters der Theologie"[193].

---

[188] Chenu, Pour un oecuménisme planétaire, 23. Chenu spricht hier freilich von „anonymem Christentum".

[189] Chenu, Pour un oecuménisme planétaire; vgl. auch ders., Incontrarsi è un dovere, parole del Concilio.

[190] Geffré, De Babel à Pentecôte, 64, vgl. auch ebd., 65 bzw. 67 die Rede von einer „differenzierten Offenbarung". Chenu selbst greift übrigens das für Geffrés Buch titelgebende Babel in einem nicht belegten Zitat von Raimon Panikkar auf, vgl. Chenu, Préface, in: Joinet, Les Africains m'ont libéré, 9.

[191] Vgl. Quisinsky, Philosophie et théologie.

[192] Im Sinne von Congar, La Tradition et les traditions.

[193] Geffré, Un nouvel âge de la théologie. Vgl. auch die kritische Bestandsaufnahme Avon, Fourcade (Hg.), Un nouvel âge de la théologie?

2. Weggefährten: Dominikus und Thomas

Chenu ist ohne seine Weggefährten in der Nachfolge Jesu nicht zu denken. Dem synchronen Trio, das er mit Congar und Féret bildete, entspricht ein diachrones, das er mit dem Ordensgründer Dominikus (1170–1221) und dem Ordenstheologen Thomas von Aquin (1224–1274) bildete. Während der Einfluss im synchronen Trio wechselseitig war, gestaltete er sich im diachronen Trio dergestalt, dass Chenu in einem beständigen Dialog mit den geistlich-institutionellen Intuitionen des Dominikus und insbesondere mit den geistlich-theologischen Intuitionen des Thomas von Aquin stand.

Chenus Weggefährtenschaft mit dem Gründer des Ordens, in den er eingetreten ist, liegt in den Früchten begründet, an denen er diesen als wegweisend erkennen sollte. Anfangs hatte Chenu eine „allgemeine Vorstellung“[1] vom Dominikanerorden, in dessen Geist und Leben er nach und nach hineinwuchs. Zunächst angezogen von der Einheit von Liturgie und Studium bzw. Glaubenserkenntnis, war für Chenu die Entstehung der Dominikaner als Bettelorden zentral. Wie auch Franziskus von Assisi (1181/82–1226) hat Dominikus eine am Evangelium ausgerichtete Lebensform begründet, die sich gegen das herrschende Feudalsystem wandte.[2] Anders gesagt spürte Dominikus, dass der Glaube in einer neuen Zeit neuer Sozialformen bedarf. Anders als beispielsweise Petrus Valdes (1140–1218) haben Franziskus und Dominikus „den Eifer des apostolischen Charismas, die Treue zur Kirche und das Vertrauen in die Neuheit einer entstehenden Welt“[3] miteinander in Verbindung gebracht. Dominikus gelang dies deshalb, weil er neben dem Bedürfnis des Zeugnisses auch das Bedürfnis nach Glaubenserkenntnis gesehen und beides miteinander vermittelt habe.

Auch wenn Chenu zeitlebens Franziskus von Assisi ebenfalls verehrte, ist die von Dominikus herausgestellte intellektuelle Suche nach Wahrheit ein entscheidender Akzent, dessentwegen er selbst sich dem Predigerorden anschloss. Dieser hat ein einziges, zweifaches Ziel: „kontemplative Erkenntnis der geoffenbarten Wahrheit und […] apostolische[] Verkündigung“.[4] Diese beiden zusammengehörenden Ziele entsprachen Chenu voll und ganz, sodass der Orden für ihn zum natürlichen Lebenszusammenhang wurde. Chenu interessierte sich offensichtlich umso mehr für Dominikus, je mehr er die Parallelen zu seiner eigenen Zeit spürte, in der ebenfalls eine grundlegend neue

[1] Chenu, Von der Freiheit eines Theologen, 38.

[2] Ebd., 37.

[3] Chenu, Réformes de structure en chrétienté, 40.

[4] Chenu, Le Saulchoir, 53.

Sozialform des Christlichen nötig wurde. Besonders deutlich wurde dies gegen Ende des Zweiten Weltkriegs angesichts der pastoralen Aufbrüche im französischen Katholizismus.[5] Im Ordensdekret des II. Vaticanum sah er dieses „*simul*" – Rückkehr zu den Quellen und Bewusstwerdung der Aktualität des Charismas sowie der Gegenwart Gottes – bestätigt.[6]

Dominikus kommt in erster Linie die Rolle des Ermöglichers zu. Dies zunächst dadurch, dass er seiner Gemeinschaft die entsprechende Organisation gab. Dass sich die Predigerbrüder mit ihrem neuartigen Schulsystem „sozusagen aus natürlicher Neigung" in die neu entstehenden Universitäten einbringen konnten, „erklärt ihren Einfluss und zeugt zugleich von dem bewundernswerten Urteilsvermögen des heiligen Dominikus."[7] In den höchsten Tönen lobt Chenu Dominikus dafür, dass er 1217 sechs von sechzehn seiner Mitbrüder an die junge Universität von Paris schickte. Als Dominikus selbst 1219 nach Paris kam, fand er seine Ordensbrüder bestens integriert in die Universität, wo sie mit offenen Armen empfangen wurden. „In dieser providentiellen Erfahrung ereignet sich jene Begegnung zwischen der heranwachsenden Generation und der dominikanischen Religiosität, in der das Streben der jungen Menschen an sein Ziel und ihre Lebenskraft zu voller Blüte gelangt."[8]

Dies schlägt denn auch schon – über Albert den Großen (~ 1200–1280) – die Brücke zu Thomas. Diesem widmete Chenu eine seiner ersten Publikationen,[9] und er blieb fortan ein Leben lang sein in jeder Hinsicht prägender theologischer und geistlicher Gesprächspartner.[10] In gewisser Weise hat Chenu erst über Thomas Dominikus entdeckt, allerdings dann auch durch Dominikus Thomas noch einmal ganz neu kennen und schätzen gelernt. In einem Brief an Féret schrieb er 1945, dass er stets versuche „den hl. Dominikus (+ den hl. Franziskus) und den hl. Thomas" zusammenzudenken. „Der Weg vom einen zum anderen wurde übrigens nie ohne Stolpern zurückgelegt ... Aber wir sind in einer Situation, in der der hl. Dominikus den hl. Thomas erneuert – und ihn daran hindert, nur noch ein ... Überbau zu sein (wie Marx sagen würde)."[11] In jedem Fall ist es für ihn „keine Laune der Geschichte, wenn Thomas in den Orden des heiligen Dominikus eingetreten ist; und es ist kein unvermittelter Gnadenerweis, dass der Orden des heiligen

[5] Vgl. z. B. Chenu, Laïcs en chrétienté, 78–80.

[6] Chenu, Présentation, in; Vicaire, Dominique et ses prêcheurs, VII.

[7] Chenu, Le Saulchoir, 56.

[8] Ebd., 69f.

[9] Die von Christophe F. Potworowski erstellte Bibliographie Chenus mit annähernd 1400 Einträgen nennt als Nummer drei Chenu, Le bon frère Thomas.

[10] Vgl. auch Jossua, Théologie et vie spirituelle chez saint Thomas selon le Père Chenu.

[11] Brief Chenus an Féret, zit. nach Potworowski, Contemplation and Incarnation, 26 Anm. 59.

Dominikus Thomas von Aquin aufgenommen hat."[12] Denn Thomas fand in Inspiration und Institution des Dominikanerordens die Spiritualität und das intellektuelle Milieu, die es ihm ermöglichte, das Feudalsystem hinter sich zu lassen und zu einer ungeheuren inneren Freiheit und Kreativität zu gelangen.

Bei aller Konstanz wandelte sich Chenus Thomasverständnis im Laufe der Zeit auch in dem Maße, in dem mehr und mehr die historischen Studien sowie die pastoralen Erfahrungen seinen Blick weiteten. Zunächst pflegte Chenu einen sehr intellektualistischen Zugriff auf die Schriften des Thomas, die er nach allen Regeln der thomistischen Kunst zu interpretieren lernte. Zugleich untermauerten seine Forschungen seine instinktive Abneigung gegen einen ungeschichtlich vorgehenden Thomismus.[13] Dieser erreichte einen Höhepunkt, als Kardinal Louis Billot mit vierundzwanzig von Studenten zu unterzeichnenden Thesen Thomas zum „Werkzeug" eines antimodernistischen „Autoritarismus in der Theologie"[14] machen wollte. Chenu zog daraus die Folgerung, dass man Thomas wieder in der Geschichte und seine Theologie im Horizont der Heilsökonomie verstehen musste.[15] Congar widmete diesem Thema dann 1967 seinen Beitrag in der Festschrift für Chenu.[16]

Eine Art spirituelle Seelenverwandtschaft mit Thomas zeigt sich darin, dass nach Chenu für diesen die Kontemplation „Anfang und Ende seines Lebens"[17] war. Ausgehend von dieser Gemeinsamkeit konnte Chenu bereits in der ersten Version von *La théologie comme science au XIIIe siècle* formulieren, dass „mit dem heiligen Thomas die ungeheure Neugierde der menschlichen Intelligenz ein religiöser Akt wird, oder noch besser Übung des Glaubens."[18] In der Folge wurde Chenus eigene „heilige Neugierde"[19] auf die Situation des Glaubens seiner Zeit nicht nur vom Beispiel des Thomas angespornt. Thomas stellte ihm auch den Rahmen zur Verfügung, in dem er neue und alte Erkenntnisse verorten und aufeinanderbeziehen konnte. Insofern ist neben der historiographischen und pastoralen Neuentdeckung des Thomas hinter bestimmten Formen des Thomismus für Chenu die Wirklichkeitsdeutung des Aquinaten zentral. In einer 1939 erschienenen Studie legt er die Ergebnisse seiner Forschungen zum Aufbau der *Summa theologiae* des Thomas

[12] Chenu, Le Saulchoir, 146.

[13] Imbach, L'étude historique de saint Thomas et les thomismes. Vgl. auch Mettepenningen, de Pril, Thomism and the Renewal of Theology.

[14] Chenu, Von der Freiheit, 41.

[15] Chenu, L'étude de saint Thomas.

[16] Congar, Le moment „économique" et le moment „ontologique" dans la Sacra doctrina (Révélation, Théologie, Somme théologique).

[17] Chenu, Thomas von Aquin, 46.

[18] Chenu, La théologie comme science au XIIIe siècle (1927), 71.

[19] Chenu, Le Saulchoir, 135.

vor,[20] was übrigens eine umfangreiche Diskussion auslöste.[21] Es ist dies nicht nur das Ergebnis von Chenus theologiegeschichtlichen Forschungen, sondern auch der geschichtstheologische Rahmen, in dem er immer mehr seine historischen, pastoralen und theologischen Erkenntnisse und Einsichten verortet, um sie nicht selten von diesem Rahmen her in neue Weiten zu überführen. In Chenus Interpretation handelt die *Prima Pars* vom Ausgang, also von Gott als Ursprung, die *Secunda Pars* von der Rückkehr, also von Gott als Ziel, und die *Tertia Pars* von den Bedingungen dieser Rückkehr, die durch Christus erfolgt.[22] Klar erkennbar sind hier das sog. *exitus-reditus*-Schema einerseits und die zentrale Rolle der Inkarnation andererseits. Max Seckler fasst im Anschluss an Chenu die „Geschichtsformel des Aquinaten"[23] zusammen als eine Bewegung „von Gott durch die Welt und durch Christus zu Gott"[24].

Der Weg, den Chenu im Verständnis des Thomas zurücklegte, wird besonders auch deutlich im Vergleich des Aquinaten mit Augustinus von Hippo (354–430). Diente letzterer zunächst mehr oder weniger als negative Kontrastfolie für ersteren, so gelangt Chenu mehr und mehr zu einer positiven Bewertung insbesondere der spirituellen Anliegen des Augustinus.[25] Dazu trug entscheidend bei, dass Chenu nicht nur Thomas hinter den Thomismen, sondern dabei auch Augustinus hinter den Augustinismen wiederentdeckte. Zwar konnte er auf diese Weise immer mehr das religiöse Gespür des Augustinus würdigen und ihn als genialen Denker seiner Zeit und auch als Inspirator des Thomas würdigen. Jedoch sieht er dessen Genie „an Grenzen gestoßen"[26], wo der Mensch in seiner Zeitlichkeit und Leiblichkeit gedacht werden sollte. Thomas seinerseits habe das Anliegen des Augustinus, die sündhafte Existenz des Menschen in ihrer ganzen Tiefe auszuloten, „über Augustinus hinaus"[27] mit Aristoteles weitergedacht: „Der psychologische Realismus des Aristoteles erlaubte es, in einem einzigen Verstand die von Augustin zwischen *ratio superior (sapientia)* und *ratio inferior (scientia)* auf-

[20] Chenu, Le plan de la Somme théologique de saint Thomas.

[21] Dazu Pesch, Um den Plan der Summa Theologiae des hl. Thomas von Aquin; Johnstone, The debate on the structure of the summa theologiae of St Thomas Aquinas; Murphy, Gilson and Chenu. In der deutschsprachigen Theologie einflussreich wurde die Rezeption von Chenus These durch Seckler, Das Heil in der Geschichte.

[22] Vgl. auch Chenu, Das Werk des hl. Thomas von Aquin, 344. Es handelt sich beim entsprechenden Abschnitt um eine erweiterte Fassung der Studie von 1939.

[23] Seckler, Das Heil in der Geschichte, 26.

[24] Ebd., 29. Nebenbei bemerkt verweist die Kritik Jean-Pierre Torrells an Seckler und Chenu, dass deren Interpretation der Auferstehung zu wenig Gewicht beimesse, auf eine ernst zu nehmende Anfrage (dazu Johnstone, The debate on the structure, 190).

[25] Dazu Donneaud, Histoire d'une histoire.

[26] Chenu, Leiblichkeit und Zeitlichkeit, 47.

[27] Chenu, La nature et l'homme, 49.

geteilten Ressourcen neu zu integrieren."[28] Dies ermöglichte eine Verbindung der Strukturen menschlicher Erkenntnis und einem heilsgeschichtlichen Rahmen, denn „Zeitliches und Ewiges" sind dann „keine disparaten, mittels unterschiedlicher Verfahren zu erkennenden Objekte – Gott oder Schöpfung, im Vater verborgenes Geheimnis oder biblische Geschichte – mehr. Ewiges Wort oder Fleisch gewordenes Wort, kontemplative Spekulation oder Regeln des sittlichen Lebens, sakramentale Symboli und Gemeinschaft der Heiligen – sie alle unterstehen ein und demselben Erkenntnisprinzip."[29]

Engführungen und Einseitigkeiten, die aus der Theologie des Augustinus resultierten, konnten nunmehr überwunden werden: „Wenn Thomas den platonischen Dualismus aufhebt, den der Augustinist aufrechterhält auf Grund seiner Konzeption von der Weisheit und von der Wissenschaft, so wird er doch den tiefsten Anliegen der Religiosität und des Denkens Augustins gerecht."[30] Bei aller Wertschätzung des Erbes des Augustinus blieb Chenu insbesondere dessen Nachwirkungen in der westlichen Theologie gegenüber skeptisch. Zu deren Ausgleich suchte er ostkirchliche Traditionslinien stark zu machen, z. B. „physische Konzeption der Gnade, Engagement der Heilsökonomie in der Ordnung des Universums, trinitarischer Personalismus"[31] sowie eine Theorie des Ausflusses und der Teilhabe der geschaffenen immanenten Vielheit an der ungeschaffenen transzendenten Einheit Gottes. Im Anschluss an den von ihm hochgeschätzten Gilbert von Poitiers (1080–1155) hieß dies eine „Philosophie, die die Geschöpfe von ihm je eigenen Sein her betrachtet", mit „einer religiösen Inspiration" zu verbinden, „die eine Suche nach Gott in allen Dingen und eine Vision aller Dinge in Gott"[32] ist.

Nach dem Zweiten Weltkrieg bilanziert Chenu in *S. Thomas d'Aquin et la théologie*, einer „Drehscheibe"[33] seines Werkes, seinen bisherigen geistlichen und theologischen Weg mit Thomas: „Was uns betrifft, so vermerken wir nur – ohne uns auf Einzelheiten dieser Geschichte einzulassen – als Verdienst der letzten fünfzig Jahre die Wiederherstellung der totalen Dimension der Theologie des Thomas als eines Meisters des göttlichen Lebens. Zweckmäßigkeitserwägungen haben hier und dort dazu geführt, die Qualität und die Ergebnisse seiner *Philosophie* zu unterstreichen. Die Zerrissenheit der spirituel-

[28] Chenu, Die Theologie als Wissenschaft im 13. Jahrhundert, 156.

[29] Ebd., 157.

[30] Chenu, Das Werk des hl. Thomas von Aquin, 55.

[31] Chenu, Le dernier avatar de la théologie orientale en Occident au XIIIe siècle, 176, s. auch ebd., 181.

[32] Ebd. Im Rahmen des Projekts für eine Geschichte der Theologie wollte sich Chenu Gilbert von Poitiers widmen (Quisinsky, Geschichtlicher Glaube, 144–146).

[33] Jolivet, M.-D. Chenu, 386.

len und scholastischen Schulen hatte einen Augenblick lang gewisse Geister verleitet, in Thomas einen ‚spekulativen' Lehrer zu sehen, den man durch eine aus anderen Quellen geschöpfte und auf andere Charismen sich stützende ‚mystische' Theologie ergänzen müsse. Gewiß hat die Kirche stets die Freiheit der spirituellen Schulbildung gewahrt und ihre Meister sogar kanonisiert. Das Geheimnis Gottes läßt sich nicht in die Meisterschaft eines einzelnen menschlichen Geistes einfangen. Aber die Wahrheit der Lehre und ebenso die geschichtliche Treue verpflichten uns, die geistliche Lehre nicht von ihrem spekulativen Hintergrund abzulösen. Die Theologie ist eine einzige, bei Gefahr, sonst nicht mehr in das Gewebe des Evangeliums selbst hineinverflochten zu sein. Als Sohn des Dominikus, des *vir evangelicus*, ist Thomas von Aquin gerade in der Wissenschaft der Theologie ein Meister des geistlichen Lebens."[34]

In diesem Ineinander von erstens Evangelium, zweitens Welt und Geschichte sowie drittens Theologie als Wissenschaft liegt das spirituelle Potenzial begründet, das Chenu an Thomas faszinierte. Dieses hielt auch seinem Dialog mit Atheisten und Marxisten nicht nur stand, sondern wurde dadurch noch vertieft. So konnte er Anfang der 1970er Jahre Thomas als Modell des *athéisme méthodologique* präsentieren. Zwar sprach er dabei zunächst ausdrücklich als Historiker, und dies entsprechend dem Wissenschaftsverständnis des Thomas, der stets von den irdischen Eigenwirklichkeiten und -dynamiken her gedacht hat und diese bis ins Letzte zu würdigen wusste. Gerade dieser methodische Atheismus eröffnete dann aber den Raum, in dem im Rahmen der Analogielehre überhaupt erst ein Gott gedacht werden kann, der zwar alles menschliche Denken übersteigt, aber gerade so als göttlich offenbar wird. Diese unmöglich zu denkende Denkmöglichkeit bleibt eine Frage des Glaubens, wie er von Jesus Christus eröffnet wurde. In einer rational ausweisbaren „*communion* mit dem Sein Christi"[35] kann aber ein solcher Glaube rational begründet werden, und zwar analog zum Verhältnis von Gott und Mensch in Jesus Christus.

In diesem Sinn strukturierte das Potenzial thomasischer Theologie Chenus Glaubensleben und -denken als inkarnatorischen Dialog zwischen Gott und Mensch, wie er in *S. Thomas d'Aquin et la théologie* in geradezu bekenntnishafter Form schreibt: „Um diesen Dialog zu eröffnen und zu verwirklichen, wird Gott Mensch; und auf Grund dieser bestürzenden Initiative – denn er will menschlich zu mir reden, schon in seiner Schrift, aber in höchster Weise in seiner Menschwerdung, und schließlich in seiner Kirche, die seine Leiblichkeit weiterführt – kann ich nun als Mensch einen Dialog füh-

[34] Chenu, Thomas von Aquin, 152.

[35] Chenu, L'athéisme méthodologique, 90.

ren. Mein Glaube ist kein mystischer Überstieg über meine Lage hinaus, sondern eine Vereinigung auf meiner psychologischen Ebene, realisiert in menschlichen Worten, die befähigt sind, gemäß ihren Gesetzen und ihrer Beschaffenheit Gott in meinen irdischen Formeln auszusagen. In Christus ist das Wort Gottes zu mir gesprochen in einem Dialog, der meinem Menschsein wesensgleich ist. Gewiß täusche ich mich nicht über die Schwäche meiner Worte, die in ihrer Gebundenheit einem solchen Inhalt nicht entsprechen können. Aber so zerbrechlich sie auch sein mögen, ich weiß, daß sie, in unterschiedlichem Maße und auf Grund der Garantie der Kirche, authentisch die Wahrheit des Wortes Gottes enthalten."[36]

[36] Chenu, Thomas von Aquin, 32.

Zweiter Teil: Werk

1. Grundlagen

1.1. Glaube als *Contemplatio*

1.1.1. Glaube

In Chenus Denkweg lässt sich in einer ersten Periode ein Dreischritt ausmachen: „Die Theologie erfolgt aus dem Glauben und für den Glauben; der Glaube ist in der Geschichte; die Geschichte ist die Geschichte der Welt."[1] In der Tat ist der Glaube das erste und bleibende große Thema Chenus. Joseph Doré belegt dies für die erste Periode mit einem Schwerpunkt der Veröffentlichungen Chenus, die „dem Glauben und der Art der Erkenntnis, die er eröffnet"[2], und davon ausgehend dem Theologieverständnis gelten. Trotz unterschiedlicher Akzentuierungen wird Chenu zeitlebens aus dem Glaubensverständnis schöpfen, das er als zunächst intuitives durch verschiedene v. a. theologiegeschichtliche Studien expliziert hat.

Der Gehalt dessen, was mit „Glaube" gemeint ist, setzt sich aus zwei Hauptsträngen zusammen, die beide in den frühen Schriften grundgelegt sind. So ist zum einen hinsichtlich des ersten Stranges, der Kontemplation, in der Dissertation *De Contemplatione*, einer „grundlegenden Errungenschaft seines Denkens", Chenu „vollständig enthalten, in seiner Perspektive ebenso wie in seinen Optionen." Seine weiteren Aktivitäten und Forschungen „bilden gewissermaßen den natürlichen Gang und das Ergebnis."[3] Zum anderen kann man hinsichtlich des zweiten Stranges, der Glaubenserkenntnis, sagen, dass sich „[s]elten ein Werk so sehr von einem Grundgedanken aus entwickelt [hat], der stets aufs neue wiederaufgenommen wird."[4] Dieser Beobachtung Congars zufolge ist für Chenus Denken eine theologiegeschichtliche Auseinandersetzung mit den ersten beiden Artikeln des Glaubenstraktates in der *Summa theo-*

[1] Doré, Un itinéraire-témoin, 320.

[2] Ebd.

[3] Dieses und die vorhergehenden Zitate bei Conticello, De Contemplatione, 365. Zur Kontemplation in anderen Schriften Potworowski, Contemplation and Incarnation, 16–18. Stärker als Conticello und auch als Christian Bauer betont Potworowski die Grenzen einer Qualifikationsschrift, die naturgemäß in technischer Sprache verfasst ist, wenngleich auch er darauf hinweist, dass zahlreiche spätere Positionen Chenus hier präfiguriert sind.

[4] Congar, Marie-Dominique Chenu, 104. Ohne sie zu zitieren, rekurriert Congar hier auf Chenus in der Tat grundlegende Artikel Chenu, Contribution à l'histoire du traité de la foi; ders; La raison psychologique du développement du dogme d'après saint Thomas, sowie, wenngleich später erschienen und deshalb schon Elemente der Entfaltung beinhaltend, ders., La psychologie de la foi dans la théologie du XIIIe siècle. Die drei Beiträge sind im ersten Band von Chenus Aufsatzsammlung *La parole de Dieu* vereint.

logiae des Thomas von Aquin grundlegend. Die Fragen sind hier: „‚Ist der Gegenstand des Glaubens die Erstwahrheit?‘ (II-II, q.1, a.1), worin die wesentlichen Grundlagen zur Glaubenserkenntnis bestimmt werden; ‚Ist der Gegenstand des Glaubens etwas Zusammengesetztes nach Art einer Aussage?‘ (ebd., a.2), mit anderen Worten, ist er die Wirklichkeit selbst oder nur eine Aussage über sie?“[5] Chenus „Initialgedanke“[6] besteht nun darin, diese Fragen „mit einer Reflexion über die Natur der Theologie und insbesondere über I, q.1, a.2 [zu verknüpfen]: ‚Ist die heilige Lehre eine Wissenschaft?‘“[7]

Chenus Glaubensverständnis zeigt, dass es müßig ist, eine Rangfolge seiner Grundintuitionen etablieren zu wollen. So, wie er in Le Saulchoir Liturgie und Studium gleichermaßen anziehend fand, so brachen sich in seinem Glaubensverständnis Kontemplation und intellektuelle Durchdringung gleichermaßen Bahn. Chronologisch freilich gilt es zunächst auf die Dissertation zu blicken, die der Kontemplation gewidmet war.

1.1.2. Glaubenserkenntnis

Am Ende seiner römischen Studien redigierte Chenu am Angelicum unter der Leitung von Réginald Garrigou-Lagrange, der bis 1909 übrigens kurze Zeit in Le Saulchoir lehrte[8], seine Dissertation.[9] Die unveröffentlichte, in lateinischer Sprache (mit französischen Einschüben) verfasste Schrift ist zwar nicht mehr im Archiv des Angelicum, wohl aber im Archiv der französischen Dominikanerprovinz in Paris erhalten.[10] In der Wahl des Themas vereinte Chenu die beiden Spezialisierungen seines Lehrers, der ein ausgewiesener Thomist neuscholastischer Prägung war[11] und seit 1917 einen eigens errich-

---

[5] Congar, Marie-Dominique Chenu, 104.

[6] Ebd.

[7] Ebd. Kritisch zu Chenus Interpretation (wenngleich ebenfalls mit einem Chenu zum Vorwurf gemachten Apriori) Donneaud, M.-D. Chenu et l’exégèse de Sacra doctrina. Zum aktuellen Diskussionsstand s. Oliva, Les débuts de l’enseignement de Thomas d’Aquin et sa conception de la Sacra doctrina.

[8] S. auch Berger, Art. Garrigou-Lagrange, 192.

[9] Für das Folgende vgl. Conticello, De Contemplatione (Lit.!) und Bauer, Ortswechsel, bes. 189–206. Während bei Conticello ausführlich der lateinische Originaltext zitiert wird, bietet Bauer sensible deutsche Übersetzungen an. Für die folgende überblickshafte Synthese wird auf beides zurückgegriffen.

[10] Vgl. Conticello, De Contemplatione, 376, vgl. auch Bauer, Ortswechsel, 192. Ein auf Chenu selbst zurückgehendes Überblicksschema über den Inhalt findet sich bei Conticello, De Contemplatione, 377 und in leicht abgewandelter Form bei Bauer, Ortswechsel, 195.

[11] François Mauriac (1885–1970) bezeichnete ihn in einem Beitrag für die Tageszeitung Le Figaro (26. April 1966) als „*monstre sacré*“ des Thomismus, was der Studie Peddicord, The Sacred Monster of Thomism den Titel gab (vgl. ebd., 2). Peddicords Darstellung beschreibt die Konflikte um Le Saulchoir, in deren Mittelpunkt die Positionen der einstigen Lehrer und

teten Lehrstuhl für Asketische und Mystische Theologie innehatte. Auch wenn bei Garrigou-Lagrange diese beiden Spezialisierungen eher nebeneinander standen, ist die Errichtung seines Lehrstuhls ein Ausdruck eines zeittypischen Interesses für Fragen der Mystik. In einer streng neuscholastischen Theologie konnten diese nicht ohne Weiteres artikuliert werden und wurden daher beispielsweise am *Collège de France* von Henri Bergson (1859–1941) oder in diversen an der *Sorbonne,* seit der Trennung von Kirche und Staat ohne theologische Fakultät, entstandenen Dissertationen untersucht. Von den späteren Dialogpartnern Chenus sind auch Philosophen und Philosophiegeschichtler wie Maritain und Gilson zu nennen.[12] Von dieser zeitgenössischen Strömung zeugen weiterhin unter anderem auch die Gründungen der dominikanischen Zeitschrift *La Vie Spirituelle, ascétique et mystique* (1919, später *La Vie Spirituelle*) und der jesuitischen Zeitschrift *Revue d'ascétique et de mystique* (1920). Es ist kein Zufall, dass Chenu wie auch Congar und andere Mitstreiter später zu wichtigen Autoren der Zeitschrift *La Vie Spirituelle* sowie des später hinzugekommenen Pendants *La Vie intellectuelle* wurden. Jesuitischerseits verweisen Namen wie Joseph Maréchal (1878–1944) und Henri de Lubac, der jeweils ein Jahr nach Chenu geboren wurde und verstarb, auf das lebhafte Interesse an einer neuen Verbindung von dem, was man heute Spiritualität und Theologie nennen würde.

Im Hintergrund stehen bei alledem der Einfluss Maurice Blondels (1861–1949) einerseits[13] und die Auseinandersetzungen der Modernismuskrise andererseits. Spätestens hier wird deutlich, dass es sich um vermintes Gelände handelte. Einerseits wurde die Theologie in Atem gehalten vom antimodernistischen Versuch, die Neuscholastik und mit ihr eine bestimmte Thomasdeutung als deren Fundament durchzusetzen. Andererseits bestand auch bei der Frage, was unter Mystik zu verstehen ist, keine Einigkeit. Während eine jüngere Strömung ein auf außergewöhnliche Weise und durch Wunder hervorgerufenes Verständnis der Mystik propagierte, blieb unter dem Einfluss von Ambroise Gardeil – in Chenus Dissertation „überall filigran gegenwärtig"[14] – und seiner Theologie der Geistesgaben eine „dominikanische Schule"[15] der älteren Tradi-

---

Schüler Garrigou-Lagrange und Chenu stehen sollten, aus der Perspektive Garrigou-Lagranges (vgl. bes. Kap. 5).

[12] Gilson, Essai sur la vie intérieure; Maritain, Expérience mystique et philosophie.

[13] Von Congar und Féret wurde Blondel wenngleich als nachträgliche Bestätigung der durch Le Saulchoir auf anderem Wege vermittelten Inspiration zustimmend gelesen (vgl. Féret, Dans les cheminements de la sagesse de Dieu, 210; Bunnenberg, Lebendige Treue zum Ursprung, 48f., wobei Congar, Marie-Dominique Chenu, 106, vermutet, dass Chenu selbst trotz einer faktischen inhaltlichen Nähe Blondel nicht explizit rezipiert habe).

[14] Conticello, De Contemplatione, 377.

[15] Ebd., 371.

tion verpflichtet, die von einem weiten, allen Menschen offenstehenden Verständnis der Mystik ausging. Das Thema war also trotz des aus heutiger Sicht beschaulichen Titels durchaus konfliktträchtig. Chenu selbst – unterschiedliche Perspektiven direkt und indirekt aufgreifend – zeichnete sich durch Originalität aus, sollte er doch „die ‚jesuitische' Methode der Induktion mit der ‚dominikanischen' Option für die Pastoral zu einer neuen Synthese kombinieren."[16]

Zentrale Intuitionen Chenus sind in seiner Dissertation präfiguriert bzw. werden von Thomas von Aquin her begründet[17], darunter nach Conticello „eine optimistische Vision des Menschen und des Kosmos, [...] ein ökonomisches Gleichgewicht zwischen Natur und Gnade, Realität und Mysterium, Extase und Aktion", woraus ein „Drang zum Apostolat in der Welt (vita VERE apostolica)"[18] folgt. Neben der historischen Verortung des Aquinaten zeichnet sich Chenus Dissertation aber auch dadurch aus, dass er – neben einem Pseudo-Dionysius Areopagita zukommenden Ehrenplatz – zahlreiche Persönlichkeiten aus Geschichte und Gegenwart in das Gespräch einbezieht, darunter z. B. Robert Kilwardby (1215–1279), Meister Eckhart, Heinrich Seuse (1295/1297–1366), Johannes Tauler (1300–1360), Jan van Ruusbroec (1293–1381), Jeanne de Chantal (1572–1641), Teresa von Ávila (1515–1582); sodann Augustin Poulain (1836–1919), Auguste Saudreau (1859–1946), Émile Lamballe (1874–1914). Für Chenu wie Le Saulchoir sollten von diesen und anderen genannten besonders auch Johann Adam Möhler (1796–1838) mit der Tübinger Schule sowie Matthias Joseph Scheeben (1835–1888) größte Bedeutung erlangen.

Den Untersuchungsgegenstand der Kontemplation definiert Chenu als „jene[n] höchste[n] Akt des menschlichen Verstandes, in dem der Mensch sich am weitesten der Natur der Engel und Gottes selbst annähert."[19] In der programmatischen Einleitung betont er erstens die dann auch sprachlich und methodisch folgenreiche Unmöglichkeit des menschlichen Verstandes, Gott zu erfassen. Mit Thomas von Aquin zeigt er zweitens auf, wie dennoch sinnvolle Aussagen wenigstens im Rahmen einer „provisorischen Synthese"[20] möglich sind. Eine für sein gesamtes Werk grundlegende Gedankenfigur, die ebenso Ausdruck einer „Grundhaltung"[21] ist wie sie diese nährt, ist drittens die thomasische Lehre von der *capacitas* bzw. *potentia oboedientialis*. Dieser

---

[16] Bauer, Ortswechsel, 191, vgl. auch ebd., 196.

[17] Vgl. die kommentierende und mit umfangreichen Literaturangaben versehene Zusammenfassung bei Conticello, De Contemplatione, 405–407.

[18] Ebd., 378.

[19] Übersetzung zitiert nach Bauer, Ortswechsel der Theologie, 192 und vervollständigt nach Conticello, De Contemplatione, 381.

[20] Zit. nach Conticello, De Contemplatione, 382, vgl. auch Bauer, Ortswechsel, 193.

[21] Bauer, Ortswechsel, 193.

zufolge ist der Mensch zwingend disponiert hin auf eine *visio beatifica* als Erfüllung des ihm von Gott eingestifteten *desiderium naturale*.[22] Chenu zufolge beinhaltet viertens der „Intellektualismus" des Thomas von Aquin ein Verständnis der Kontemplation, das diese als „Ziel des menschlichen Lebens" und den Akt der Weisheit als „das vollkommene Glück"[23] zu fassen ermöglicht – „ein gesunder Intellektualismus *beinhaltet* eine Mystik."[24] Damit entzieht er sich der falschen Alternative zwischen „Intellektualismus" und „Mystizismus", in der diverse Autoren Thomas von Aquin lediglich ersterem, dagegen Anselm von Canterbury (1033–1109), Bonaventura (1221–1274) oder Duns Scotus (1266–1308) im Gefolge des Augustinus lediglich letzterem zuordnen. Dies wird nach Chenu der geistlichen Fülle des thomasischen Verständnisses des *intellectus* nicht gerecht, sondern verkürzt ihn auf eine auf René Descartes (1596–1650) und Gottfried Wilhelm Leibniz (1646–1716) zurückgehende antimystische Engführung des Verstandesbegriffs. Wesentliche, auch hier zunächst intuitiv erfasste Aspekte der Chenu'schen Interpretation der europäischen Geistes-, Denk- und Theologiegeschichte kommen dabei zur Sprache.[25] Fünftens schließlich präzisiert Chenu, dass er nach „scholastischer Methode"[26] und d. h. sowohl abstrakt bzw. deduktiv als auch deskriptiv bzw. induktiv vorgehen wird, wobei er beides durch die historische Methode (*methodus historicus*)[27] in eine Synthese überführt. Wenn er darauf hinweist, dass diese Methode in Fragen der Lehre nicht immer berücksichtigt wird, benennt er eine zentrale Herausforderung der Theologie in den Jahren nach der Modernismuskrise. Dass Chenu explizit die Untersuchung von „Mentalitäten" einbezieht, weist bereits auf seine „spätere Rezeption der *Annales*-Schule"[28] voraus. Zudem ist die Wendung „augustinische und thomistische Doktrinen und Mentalitäten"[29] eine Vorwegnahme seiner späteren Folgerung, dass eine Theologie stets Ausdruck einer Spiritualität ist. Zugleich verweist die Nennung augustinistischer und thomistischer Traditionslinien auf eine Bipolarität in der Theologiegeschichte, die Chenus gesamtes Leben und Denken begleiten und auch auf dem II. Vaticanum und in dessen Rezeptionsgeschichte eine Rolle spielen sollte.[30]

---

[22] Vgl. Conticello, De Contemplatione, 381 und Bauer, Ortswechsel, 193.

[23] Deutsche Übersetzung zitiert nach Bauer, Ortswechsel, 194.

[24] Zit. nach Conticello, De Contemplatione, 384 (im Original französisch).

[25] Inwieweit Chenu hier und andernorts Denkern wie Descartes und Leibniz gerecht wird, ist noch einmal eine eigene Frage.

[26] Zit. nach Conticello, De Contemplatione, 385.

[27] Vgl. ebd., 386.

[28] Bauer, Ortswechsel der Theologie, 196.

[29] Ebd. bzw. Conticello, De Contemplatione, 386. Vgl. auch ebd., 400.

[30] Dazu u. a. Quisinsky, Geschichtlicher Glaube, 220–227.

Von den beiden Hauptteilen ist der erste der Kontemplation im Allgemeinen, der zweite der christlichen Kontemplation im Besonderen gewidmet. Im Stile des *„distinguer pour unir"* beschreibt Chenu drei Erkenntnisformen (wörtlich, abstrahierend, erfahrungsgemäß), die zwar unterschieden werden können, sich aber doch „wechselseitig durchdringen".[31] Dabei kritisiert er die gängigen theologischen Handbücher neuscholastischer Bauart, die die Erkenntnis auf die ersten beiden Aspekte reduzierten. Demgegenüber betont er die Bedeutung der Intuition und des Affekts für ein psychologisch umsichtiges Erfahrungs- und Erkenntnisverständnis.[32] Hinsichtlich der psychologischen Bedingungen der Kontemplation betont er dabei die „‚intuitive[]' Erkenntnisform des Evangelisten Johannes (= diachrone Perspektive) und die ‚affektive[] Erkenntnisform einer exemplarischen kleinen alten Frau (= synchrone Perspektive)"[33] und vergleicht diese mit der scholastisch-neuscholastischen Erkenntnisform. In letzterer und in ihrer Terminologie möchte er gleichsam die beiden erstgenannten ausdrücken und damit legitimieren, was freilich nicht ohne Rückwirkung auf ihre innere Dynamik bleiben kann. Mit der Nennung des Evangelisten Johannes wird als zentrales Strukturelement die Inkarnation ersichtlich.[34] Hier geht nun sozusagen das spirituell-theologische Temperament mit Chenu durch, wenn er auf Französisch fortfährt: „Jener Theologe von mittelmäßigem Glauben, von quasi nicht existierendem Innenleben, kennt keines der Dekrete der Kirche, die Christus betreffen; sein Glaube gilt dem Denzinger oder existiert in einem Bereich seines Gedächtnisses, so wie die Physik in einem anderen Bereich existiert, er lebt nicht daraus; wenn er von der Inkarnation handelt, scheint er von nichts Realem zu sprechen; [...] er kennt sehr genau alle Formeln, aber er verfügt nicht über den ‚Geist' der Konzeptualisierungen [...]"[35]. Neben dem inhaltlichen Zentrum seiner Theologie, der Inkarnation als Ereignis und als Denkform, spricht Chenu hier als Negativfolie die „Denzinger-Theologie" an, die in Le Saulchoir nicht ohne Zutun Chenus[36] bereits lange vor Congars Artikel mit dem sprechenden Titel „Über den rechten Gebrauch des Denzinger" aus dem Jahre 1959 sprichwörtlich wurde.[37]

---

[31] Zit. nach Bauer, Ortswechsel, 197.

[32] Bauer, ebd., weist darauf hin, dass das hier zugrunde gelegte Verständnis von „Psychologie" („im Sinne einer auf das menschliche Innenleben zielenden und daher individuell ansetzenden Anthropologie") von Chenu später analog auch auf die Soziologie („im Sinne einer eher kollektiv orientierten Anthropologie") angewandt wird.

[33] Ebd., 198, vgl. auch Conticello, De Contemplatione, 390.

[34] Vgl. die entsprechende Passage im lateinischen Wortlaut bei Conticello, De Contemplatione, 390.

[35] Zit. nach ebd., 390f.

[36] Vgl. Chenu, Le Saulchoir, 116.

[37] Congar, Du bon usage du Denzinger.

Im zweiten Teil widmet sich Chenu der Widerlegung einiger philosophischer Irrtümer, den augustinischen Quellen der Kontemplationslehre im 13. Jahrhundert, deren Interpretation in der augustinistischen Schule sowie schließlich der thomistischen Position. Augustinismus und Thomismus sind dabei nicht nur zwei unterschiedliche Theorien, sondern zwei Mentalitäten, Spiritualitäten, Formen der Mystik.[38] Während die augustinistische Position den Unterschied zwischen religiöser Wahrnehmung und wissenschaftlicher Konzeptualisierung betont, sind Spekulation und Kontemplation im Gefolge der griechischen Kirchenväter bei Albertus Magnus und Thomas von Aquin als Einheit zu denken und bilden ein einziges, vom Glaubenslicht erhelltes Erkenntnisfeld. Damit zusammen hängt auch die thomistische Konzeption einer Einheit von Ewigem und Zeitlichem bzw. Geistigem und Materiellem, deren Unterscheidungen lediglich akzidentell sind. In diese Kontemplation als Wahrnehmung und Anschauung fließen zudem Willenskraft und Liebe ein, außerdem ist sie als mystische Kontemplation geprägt von den Gaben des Heiligen Geistes, worin Chenu Ambroise Gardeils Einsichten folgt.[39] So ist, wie Chenu nach einer Darstellung der gängigen theologischen Positionen und einer Analyse der Erfahrungen von Heiligen folgert, die Kontemplation der „reguläre Höhepunkt [*culmen normalis*] […] des Voranschreitens der Taufgnade […]“[40]. Auf dem Weg der Kontemplation wirken im Menschen Haltungen (*habitus*), die die theologalen, d. h. von Gott gewirkten, Tugenden vervollkommnen. Eine Trennung von Aszese und Mystik ist demnach hinfällig, der Ruf zur so verstandenen Kontemplation, die neben der metaphysischen Komponente die Aktion beinhaltet, ebenso allgemein wie derjenige zur Heiligkeit.[41] Das intellektuelle Leben selbst wird dabei „zu einer vergöttlichenden Teilhabe am Leben des Wortes“.[42] Das übernatürliche Glaubenslicht macht aus der mystischen Kontemplation als höchstmöglicher Fähigkeit des Verstandes einen Vorgeschmack auf das ewige Leben,[43] indem es die kontemplierende Natur erleuchtet.[44]

Für Chenu findet die *fides quaerens intellectum* des Anselm von Canterbury ihre eigentliche Erfüllung bei Thomas von Aquin, demzufolge der Glaube eine progressive Assimilation an die Erkenntnis Gottes selbst darstellt.[45] Auch wenn

---

[38] Vgl. Conticello, De Contemplatione, 400.

[39] Vgl. Bauer, Ortswechsel, 203.

[40] Zit. nach ebd., 205.

[41] Vgl. die Zusammenfasssung bei Conticello, De Contemplatione, 406.

[42] Ebd., 404.

[43] Ebd., 417.

[44] Ebd., 419.

[45] Vgl. ebd., 409. Für eine aus dem Jahre 1942 stammende Reinterpretation des Axioms vgl. Chenu, Préface, in: ders., La théologie comme science au XIIIe siècle (1942), 12.

Chenu sich in den ersten Jahren insbesondere der Theologie als *fides in actu scientiae* widmen und von den entsprechenden Erkenntnissen zeitlebens geprägt bleiben wird, ist doch auch das in der Dissertation implizierte Glaubensverständnis in der Lage, einen nichtwissenschaftlich artikulierten Glauben zu würdigen und zu fördern. In der Dissertation verweist Chenu auf den von Thomas von Aquin angeführten Vertrauglauben einer alten Frau (*vetula*), die ihn bis hinein in sein dichtes Büchlein *La théologie est-elle une science?* von 1957 begleitet.[46] Auch ist für ihn trotz seines insgesamt zunächst intellektualistisch anmutenden Zugangs der intellektuell durchdrungene Glaube als solcher nicht besser oder größer: „die, die einfachen Geistes sind, können eine tiefere Erkenntnis Gottes, Christi, der Gnade haben als gewisse Theologen."[47] Von der Kontemplation her erweist sich der Glaube nicht etwa als ein auf spekulativem Wege erfolgendes Zustimmen, sondern als ein lebendiges und das ganze Wesen des Menschen durchdringendes Erfassen seines Gegenstandes. Dies schließt ein Verlangen nach geistiger Durchdringung ein, die mittels der Vernunft und der Glaubensgrundsätze erfolgt, wie Chenu im Anschluss an das I. Vaticanum betont. Die Theologie als Wissenschaft hat hier ihre Grundlage, Berechtigung und Notwendigkeit. Glaube wie Theologie haben dabei ihren Grund, ihr Ziel und ihre Mitte in der Inkarnation.[48]

Einige Jahre später wird Chenu aufzeigen, wie der Glaubende die Welt mit den „Augen des Glaubens" sieht: „Dergestalt auf der Ebene der göttlichen Wahrheit verortet und im Verlangen nach dem seligmachenden Gott wird der Glaube im Geist des Glaubenden eine unersättliche Neugier in Gang setzen. Seine Kirche wird da sein, als unfehlbare Zeugin und Führerin ohne Schwäche. Aber der Glaubende selbst wird im Mysterium seiner Seele seine Augen weit öffnen – die Augen des Glaubens. Denn auch der unerschütterliche Gehorsam kann den Glaubenden nicht zufriedenstellen; weit davon entfernt, sich mit der Erfüllung der sozialen Formen des Glaubens zufriedenzugeben und seinen Geist in eine zu kurz gedachte Sicherheit einzusperren, wird er von seinem geheimnishaften Gegenstand in Anspruch genommen und sucht, soweit es ihm möglich ist, zu einer Erkenntnis des Mysteriums des göttlichen Lebens zu gelangen. Das ist das Werk der theologischen Wissenschaft. Es ist vor allem das Werk der Kontemplation."[49]

---

46 Vgl. dazu Bauer, Ortswechsel der Theologie, 56.

47 Zit. nach Conticello, De Contemplatione, 419.

48 Vgl. ebd., 409. Interessant ist, dass Garrigou-Lagrange die Wendung Chenus „huius personalitatis divino-*humanae*" zu „divino-*incarnatiae*" korrigiert hat. Bauer, Ortswechsel der Theologie, 206, bezeichnet diese und andere latente und offene Unterschiede zwischen Schüler und Lehrer als „theologische Sollbruchstellen".

49 Chenu, Les yeux de la foi, 26.

1.1.3. Glaubensverständnis

Die Analysen des Glaubensaktes in Chenus Dissertation[50] kreisen bereits um die Begriffe und Motive thomasischer Theologie, denen er in den Artikeln *Contribution à l'histoire du traité de la foi* von 1923 und *La raison psychologique du développement d'après saint Thomas* von 1924 nachging.[51] Chenu legt Congar zufolge nicht zuletzt in diesen Untersuchungen zur thomasischen Theologie „die beiden grundlegenden Elemente" seiner Synthese wie auch „deren Zusammenhang" frei, nämlich den „absolut übernatürliche[n] Charakter des Glaubens, die Form, die er in einem menschlichen Subjekt annimmt, nach dessen Bedingungen er sich richtet und in dem er sich sozusagen inkarniert."[52] Übernatürlicher Charakter und menschliche Form sind zu denken als in einer zum Konzil von Chalcedon analogen „unvermischt und ungetrennt bestehende[n] Einheit"[53]. Chenu wird dabei „unablässig den göttlichen Charakter des Glaubens bejahen, dabei aber entschieden Stellung nehmen gegen alles, was nicht voll und folgerichtig auch der menschlichen Komponente des Glaubens Rechnung trägt, sondern nur das göttliche Element sieht."[54]

In seinem Artikel von 1923 legt Chenu in einem Atemzug nicht nur die Grundlage eines in der Folge zu entfaltenden Glaubensverständnisses sowie damit zusammenhängend einer Konzeption der Theologie. Damit einher geht auch die Grundlage für ein geschichtlich-heilsökonomisches Verständnis aller Wirklichkeit als Horizont von Glaube und Theologie. Chenu steigt unmittelbar mit der zweiten der von Congar genannten Fragen aus der *Summa theologiae* ein: *Utrum objectum fidei sit aliquid complexum per modum enuntiabilis* (ob das Glaubensobjekt etwas Zusammengesetztes in der Art einer Aussage sei) und legt deren theologiegeschichtlichen Hintergrund frei. Thomas von Aquin habe hier eine Lösung für einen heftigen Konflikt entwickelt, der die Theologie im 12. und 13. Jahrhundert bestimmt habe. Chenu zufolge ging es in diesem Konflikt um die Einheit und Unveränderlichkeit des Glaubens „im Laufe seiner Entwicklung (d.h. zwischen den beiden Ökonomien des Alten und des Neuen Testaments)"[55]. Eine Gruppe von Theologen wollte in dieser Streitfrage den Gegenstand des Glaubensaktes nicht im *enuntiabile* sehen, also in der Formulierung, die dem Gläubigen den Glauben auszudrücken und ihm anzuhangen ermöglicht, sondern in der *res*, also der mit der

[50] Conticello, De Contemplatione, 405, zählt sie zu den originellsten Aspekten.
[51] Dazu ebd., 408.
[52] Congar, Marie-Dominique Chenu, 104.
[53] Ebd.
[54] Ebd.
[55] Chenu, Contribution à l'histoire, 33.

Formulierung bezeichneten Sache. Die *res* ist in sich immer identisch, auch wenn das Glaubensurteil und die Glaubensaussage im Laufe der Zeit variiert. Dies zeigt Chenu am Beispiel der Inkarnation: Der Glaubensartikel ist „die Sache selbst; die Geburt Christi, der Tod Christi, ist einfaches und unveränderliches Objekt im Angesicht unterschiedlicher Haltungen der Glaubenden, je nachdem, ob sie vor Christus (*antiqui*) oder nach Christus (*moderni*) lebten."[56] Während heute das *enuntiabile* richtigerweise sage: „Christus wurde geboren, ist gestorben", mussten die *antiqui* „in der alten Ökonomie formulieren [...]: Christus wird geboren werden, Christus wird sterben"[57]. Theologen wie Hugo von Sankt Viktor (1097–1141) hätten die in dieser Debatte als *auctoritas* herangezogene entsprechende Äußerungen von Augustinus[58] bereits gegen die „statische Theorie von Theologen, die die tatsächliche Offenbarungs- und Heilsökonomie missachten"[59], verteidigt.

Mit Hugo kann Chenu zunächst festhalten, dass die Fragen der Einheit des Glaubens in seiner Entwicklung und das Verständnis der Heilsökonomie nicht voneinander zu trennen sind.[60] Allerdings habe sich in der Schule des Petrus Lombardus (1095/1100–1160) eine nominalistische Interpretation durchgesetzt, derzufolge die Einheit des Glaubens im *enuntiabile* liege. Dem liege zugrunde, dass hier die Dimension der Zeit (Vergangenheit, Gegenwart, Zukunft) in einer göttlichen (d. h. überzeitlichen) Perspektive verstanden wurde und nicht mit Blick auf die Bedeutung der Zeit für den Glaubensakt als menschlichem, also geschichtlichem. Thomas von Aquin, der dies abgelehnt hat, synthetisierte die weitergehende Diskussion und wies mit seiner philosophisch begründeten Antwort zugleich die frühere Fragestellung als obsolet aus: „*Cognita sunt in cognoscente secundum modum cognoscentis*"[61]. Dem menschlichen Verstand ist es demnach eigen, die Wahrheit im Zusammenspiel von Differenzieren und Zusammenfügen zu erkennen und eine *res*, die in sich eins ist, in einer komplexen Weise zu erfassen. Deshalb gilt dann aber auch, dass der Glaubensakt nicht der Aussage, sondern der gemeinten Sache gilt: „*actus credentis non terminatur ad enuntiabile, sed ad rem.*"[62] Als

---

[56] Ebd.

[57] Ebd.

[58] Augustinus, De nuptiis et concupiscentia, lib. II, c. II (PL 44,450): „[...] quia sicut nos credimus Christum in carne venisse, sic ille venturum; sicut nos mortuum, ita illi moriturum; sicut nos resurrexisse; ita illi ressurecturum; et nos et illi venturum ad judicium vivorum et mortuorum" (zit. nach Chenu, Contribution à l'histoire, 34). Interessanterweise nennt Chenu in seiner Einleitung nur Geburt und Tod, nicht aber Auferstehung Christi.

[59] Chenu, Contribution à l'histoire, 34.

[60] Ebd.

[61] Thomas von Aquin, Quaestiones disputatae de Veritate, q. 14, a. 12, zit. nach Chenu, Contribution à l'histoire, 46.

[62] Zit. nach Chenu, Contribution à l'histoire, 49.

Widerhall seiner Dissertation fährt Chenu unter Anspielung auf den nicht erwähnten Gardeil fort, dass auch die „mystischen Theologen" aus der Summa des Thomas Profit ziehen können. Denn auch sie können „gegen jede Art von Illuminismus den komplexen Charakter der Glaubenserkenntnis" betonen, „von dem selbst die Gaben des Heiligen Geistes nicht befreien können."[63]

Auf diesen Grundlagen aufbauend kommentierte Chenu 1924 die zwei Jahre zuvor erschienene Dogmengeschichte von Reginald Schultes.[64] Er nutzte die Gelegenheit, um mit Gardeil zu betonen, dass aufgrund dieses psychologischen Glaubensverständnisses auch die Entwicklung der Dogmen natürlicher Teil von Glaube und Theologie sind.[65] Denn wenn für den Erkenntnisakt des Einzelnen gelte, dass die Erkenntnis im Modus von Differenzierung und Zusammenführung und damit in ständiger Entwicklung sich vollzieht, dann gelte dies auch für die Dogmenentwicklung nicht nur analog, sondern prinzipiell.

Das Anfang der 1920er Jahre von Thomas her entwickelte Glaubensverständnis Chenus betrifft demzufolge erstens in gleicher Weise den je persönlichen wie den kirchlichen Glauben, was eine unerlässliche Grundlage für sein späteres Interesse an der Soziologie und an sozialen Prozessen und damit zusammenhängend des kirchlichen Engagements in der Gesellschaft und für die Welt darstellt.[66] Zweitens ist es die Grundlage seiner Konzeption der Theologie als Wissenschaft, die gleichsam eine Entfaltung einer „Intuition" der „religiösen Seele"[67] des Thomas von Aquin darstellt und ihrerseits an der Geschichtlichkeit des Glaubens teilhat und diese ausdrückt. Drittens kann Chenu all diese Elemente in dem synthetisieren, was die spirituelle Grundlage seines immer weitere Kreise ziehenden und auf seine theologische Erkenntnis zurückwirkenden seelsorgerlichen Engagements darstellt. Eine erste ausdrückliche Synthese stellt der bereits zitierte Text *Les yeux de la foi* von 1932 dar, in der Zeitschrift *La Vie Spirituelle* erschien 1937 eine nicht weniger programmatische Synthese mit dem Titel *L'unité de la foi*. Bezeichnenderweise sollten dann 1964 beide Beiträge seine Aufsatzsammlung *La parole de Dieu* eröffnen.[68] Chenu betont 1932 – um sich von Modernisten und Protestanten abzusetzen – die Rolle der Kirche und ihrer Glaubenslehre in

---

[63] Ebd.

[64] Schultes, Introductio in Historiam Dogmatum; vgl. Chenu, La raison psychologique, hier bes. auch 53 und 57 für die Wiederaufnahme der Ergebnisse von 1923.

[65] Chenu, La raison psychologique, 56.

[66] In *La parole de Dieu*, Band 1, folgen die Beiträge *Position théologique de la sociologie religieuse* aus dem Jahre 1950 (59–62) sowie *Sociologie de la connaissance et théologie de la foi* aus dem Jahre 1958 (71–77).

[67] Chenu, Psychologie de la foi, 99.

[68] Chenu, L'unité de la foi; ders., Les yeux de la foi.

einer sehr autoritativen Weise, die nicht ohne Weiteres mit der Gotteserfahrung zusammenzubringen ist, die Chenu mit der Glaubenslehre verbinden will.[69] Allerdings ist unter der Oberfläche dieser zeitgemäß-taktischen Argumentation eine Dynamik der Gnade als wirksam gedacht. Sie äußert sich bereits im Text selbst in Chenus thomasischer Interpretation dessen, was ein Dogma ist. Sie ist der Weg zum eigentlichen Ziel einer Teilhabe an der Erkenntnis Gottes, der sich der Glaubende mit einer unersättlichen Glaubensneugier nähert: „Das Dogma ist ein Dekret und der Glaube ein Gehorsam. Aber Dekret und Gehorsam sind nur die Bedingung, wesentliche Bedingung, aber eben nur Bedingung, des Lebens, das Glaube und Dogma uns gewähren, und das Vorzeichen des seligmachenden Lebens ist."[70] Der Glaube ist danach ebenso „einfach" wie „organisch"[71], er ist „Formalismus der Zustimmung, Realismus der *communion*"[72].

Hier wendet Chenu das Gesetz der Inkarnation im Sinne einer chalcedonensischen Zuordnung an, wenn er die Zustimmung zu einer in Sätzen formulierten Glaubenslehre und einen von Gott selbst bewirkten Vertrauglauben als zwei Bewegungen verbindet, die beide den Menschen jeweils ganz beanspruchen und sich somit eigentlich ausschließen: man habe das Wesen des Glaubens verstanden, wenn man diese nicht im Stile eines Kompromisses zusammendenkt, sondern „ihre wechselseitige Inklusion"[73] bedenkt. Zu den persönlichen und personalen Aspekten des Glaubens gehört dabei auch der Wille und die Liebe als Antwort auf den sich zuneigenden seligmachenden Gott, der den Heiligen Geist als „inneres Licht"[74] schenkt. Die Tendenz der Mystik, die in der Seele wirkende Gnade und eine auf den reinen Kontakt zu Gott sich konzentrierende Kontemplation zu betonen, wird ausgeglichen durch die Kirche, die dem so genährten Glauben eine Form und einen sozialen bzw. gesellschaftlichen Ausdruck ermöglicht. So ist der Glaube Zustimmung zu einer von Gott offenbarten Wahrheit, die sich in Formulierungen, Dogmen und kirchlichen Zusammenhängen äußert. Zugleich aber ist er „intimes Vertrauen, das sich ständig in einer direkten und geheimnisvollen Begegnung mit Gott erneuert. Ununterbrochener Dialog mit Gott, der göttlichen Person, mit mir, der menschlichen Person."[75] Dieser „Dialog der Seele mit Gott braucht Wörter"[76], die die Kirche zur Verfügung stellt. Wenn

---

[69] Chenu, Les yeux de la foi, passim.
[70] Ebd., 27.
[71] Chenu, L'unité de la foi, 14.
[72] Ebd.
[73] Ebd.
[74] Ebd., 15.
[75] Ebd., 14.
[76] Ebd., 17.

die Begegnung mit der Person Jesus Christus[77] das konstituierende Objekt des Glaubensaktes ist, so hilft das Dogma dabei, Christus als den zu erkennen, „der mich gerettet hat“[78]. So ist von Christus her nicht nur der Glaube menschlich, sondern auch das Dogma, das zugleich von Gott her im Dienst der Begegnung mit Christus steht. Im Glauben wird deutlich, dass das „Übernatürliche“ eine „‚Inkarnation‘ des Göttlichen“[79] im Menschen sein will. Das „Gesetz der Inkarnation“ gilt also auch für den Glauben, dem es Grund und Ziel, Form und Gehalt gibt: „Voilà die Auswirkung und die Einheit der Struktur des Glaubens. Inkarnation des göttlichen Lichtes, möchte man zu sagen wagen, in menschliche Worte. Wie das Handeln Christi ‚theandrisch‘ (menschliche Werke, ganz und gar menschlich, und dennoch göttlich) ist, so auch auf ihre Weise im Glauben unser Verstand, unsere Konzeptualisierungen und unsere Formulierungen.“[80]

Chenu entwickelt sein Glaubensverständnis in gleicher Weise von der Gotteserfahrung, der Christusbegegnung und der Verstandestätigkeit her. Wenn in den frühen Jahren hinsichtlich seiner Ausführungen zur Struktur des Glaubens die Betonung der Verstandestätigkeit faktisch überwiegt, so liegt dies auch in der Verortung von Chenus Denken in einem Studienkonvent begründet. Man hat den Eindruck, dass er bei seiner selbstgestellten, in der Tat nicht einfachen Aufgabe, die affektive Dimension des Glaubens in aristotelisch-thomasisch geprägter philosophisch-theologischer Weise auszudrücken,[81] seinen Lösungsansatz vor dem Vorwurf in Schutz nehmen möchte, eine „sentimentale Konzession an den Anti-Intellektualismus eines Pascal“[82] zu machen, und bemüht ist, die Konsequenzen mit Blick auf das Verständnis des Dogmas als Beziehungsgeschehen entsprechend kirchlich abzusichern. Ähnlich geht er 1935 in einem kleinen Beitrag über den für seinen Eklektizismus bekannten Politiker und Philosophen Victor Cousin (1792–1867) vor, dessen „Spiritualismus“[83] er als nicht ohne Parallelen zu bestimmten mystischen Ausdrucksformen des Glaubens skizziert. Hier mischt sich in seine diesbezügliche Zustimmung zu der Verhältnisbestimmung von Vernunft und Glaube durch das I. Vaticanum ein feines Gespür für die durch eine strenge Rationalität allein nicht erfassbaren Dimensionen des Menschseins, wie sie theologisch etwa in der Tübinger Schule artikuliert wurden.

---

[77] Ebd.

[78] Ebd., 18.

[79] Ebd.

[80] Ebd., 19.

[81] Vgl. Donneaud, La constitution dialectique de la théologie et de son histoire selon Marie-Dominique Chenu, 59.

[82] Chenu, Les yeux de la foi, 26.

[83] Chenu, Victor Cousin en 1856.

Das Glaubensverständnis beinhaltet aber nicht nur eine intellektuelle Ebene, sondern auch eine moralische, ist doch die Liebe als Teil des Glaubens nicht nur „in der Intelligenz“[84] verortet. Das Grundproblem, das sich Chenus theologischen Dialogpartnern des 12. und 13. Jahrhunderts stellt, gilt auch seiner eigenen Zeit: Wie wird das moralische Leben des Glaubenden „verübernatürlicht“[85], wie erfolgt „in uns die Prägung des Lebens der Gnade“[86], wie ist die „psychologische Kontinuität zwischen Natur und Gnade (die übrigens nicht die Gratuität der Gnade ausschließt)“[87] im Hinblick auf die Nächstenliebe zu denken: als von außen kommend oder als aus der natürlichen Liebe hervorgehend? Nachdem bereits Albertus Magnus und Bonaventura den Glauben in einem „praktischen Intellekt“ zusammendachten, in dem sich „Intelligenz und Affektivität“[88] verbinden, machte Thomas von Aquin eine aristotelisch geprägte Maxime für die Theologie dienstbar[89]: *Intellectus speculativus extensione fit practicus.* Die Frage des Wilhelm von Auxerre (1145–1231), *Utrum caritas sit in fide*, kann damit positiv beantwortet werden, denn der Glaube als Zustimmung wie als Tugend ist ein Werk der Liebe des seligmachenden Gottes, der zugleich das wollende Verlangen nach ihm als dieser sich im Glaubenden verschenkenden Liebe nährt.[90] Damit ist, ausgehend vom thomistisch strukturierten intellektuellen Zugang zum Glauben und näherhin von einer Indienstnahme des Aristotelismus her, die diesen zugleich voraussetzt und übersteigt, für Chenu jene praktische, aktiv-engagierte Dimension des Glaubens legitimiert, für die er bekannt werden sollte. Diese theoretisch begründete notwendigerweise aktive Dimension sollte dann ihrerseits sein Glaubensverständnis mehr und mehr erweitern – mit den offenen Augen heiliger Neugier[91] auf die je gelebte Geschichtlichkeit als Konkretisierung und Vergegenwärtigung der von der „Vor-Gabe“ her aktiv kontemplierten Heilsökonomie.

---

[84] Chenu, L'amour dans la foi, 108.

[85] Ebd., 105, spricht vom *„processus de surnaturalisation“*.

[86] Ebd.

[87] Ebd., 107.

[88] Chenu, L'amour dans la foi, 110.

[89] „au service de la théologie“, Chenu, L'amour dans la foi, 110. Chenu fährt fort, dass hier bei Thomas ein „Bruch“ mit dem (nichttheologischen) Aristotelismus vorliege, der als solcher nicht in der Lage sei, den Glauben in seine Wissenschaftstheorie zu integrieren.

[90] S. th. II^{a} II^{ae}, q. 4, a. 5 (vgl. Chenu, L'amour dans la foi, 111).

[91] Vgl. Chenu, Les yeux de la foi, 26.

1.1.4. Glaubenswissenschaft

Mehr und mehr hat Chenu jeden „Dualismus zwischen Kontemplation und Aktion“ hinter sich gelassen, und dies näherhin „in einer tieferen Einheit“, und das heißt der „theologischen Reflexion“[92]. Zur Theologie als „Glaube im Prozess theologischen Verstehens“[93] gehört zunächst die (Selbst-)Verständigung darüber, was mit „Theologie“ gemeint ist. Chenu legte hier ausgehend von seiner Grundintuition der „*contemplactio*“ der Heilsökonomie durchaus auch einen Weg zurück, insofern sich sein zunächst sehr intellektualistisches Glaubensverständnis weitete. Eine entscheidende Station auf diesem Weg war sein Artikel *La position de la théologie* von 1935, der zwar viele bisher erarbeitete Argumente und Gedankengänge aufgreift[94], dies aber in einer für Chenu fortan charakteristischen geradezu meditativen Sprache.[95] Hier kommt Chenu zu dem Schluss, dass die Theologie Wissenschaft und Weisheit ist, weil sie „im Glauben, der sie hervorruft, nährt und nach vorne ausrichtet, alles aus dem Blickwinkel Gottes betrachtet, ‚*quasi oculo Dei intuemur*‘“[96]. Als „Erkenntnis der Erkenntnis Gottes“[97] ist die Theologie menschlich und von aller Schwäche menschlicher Spekulation begleitet. Dies ist aber die Kehrseite ihrer Größe, findet sie doch ihre Nahrung gleichermaßen in der Selbsterkenntnis Gottes wie in der Erkenntnis der von ihm geschaffenen Welt. Deshalb wird die Theologie „in den ‚Ideen‘ Gottes der ‚heiligen Geschichte‘ der Welt“[98] einsichtig.

Theologie also ist Glaube „*in statu scientiae*“[99], der Glaube aber ist Zustimmung und Sehnsucht, er ist Gnade und Unruhe. Wäre nicht all dies Grund der Theologie, so wäre diese eine „Totgeburt“ – „leider gibt es das!“[100]. Allerdings verlangt die hier aufgegriffene augustinische Maxime *credere est cum assensione cogitare*[101] auch, dass der Glaube sich eine wissenschaftliche, d. h. mit Über-

---

92 Alle Zitate Brosse, La liberté dans la foi, 31.

93 Chenu, Le Saulchoir, 141.

94 Vgl. beispielsweise die synthetisierende und einordnende Passagen zum Axiom „*Cognita sunt in cognoscente secundum modum cognoscentis*“, Chenu, Position de la théologie, 119, oder auch die Ausführungen zu Petrus Lombardus, ebd., 131.

95 Chenu weist in einem Brief an Antonino Franco vom 15. Oktober 1982 (abgedruckt bei Franco, M.-D. Chenu, 93) darauf hin, dass dieser Artikel für ihn ein erstes Zeugnis theologischer Reife war, die sich durch die Überwindung seines „exzessiven Intellektualismus“ sowie durch die stärkere Berücksichtigung der Relativität dogmatischer Aussagen und theologischer Strukturen bemerkbar machte.

96 Chenu, Position de la théologie, 136.

97 Ebd., 137.

98 Ebd.

99 Ebd., 116.

100 Ebd., 118.

101 Ebd.

legungen, Vergleichen, Analogien, Ableitungen etc. versehene Form gibt. Denn da „das Wort Fleisch geworden" ist, „kontempliert mein Glaube in diesem ‚Fleisch' alles, was zur Menschlichkeit gehört", und „nimmt sich mein Verstand, *sub lumine fidei*, der heiklen Fragen an, die eine solche Offenbarung bis hinein in die Begriffe aufwirft."[102] Dieses Zu- und Ineinander von Glaube und Wissenschaft bringt die Gefahr diverser Einseitigkeiten mit sich. So kann einseitig die Vernunft betont werden, was sie faktisch von ihrer Erleuchtung durch den Glauben löst, oder auch einseitig der Glaube, was ihn seiner Hinordnung auf die Vernunft beraubt. Auf den Einwand, „den starken Wein der göttlichen Weisheit zu verwässern", antwortete Thomas, dass gute Theologie zu treiben „Wasser in Wein zu verwandeln"[103] bedeute. Thomas von Aquin hat demgegenüber die *subalternatio* der Theologie als menschliche Teilhabe an der göttlichen Erkenntnis herausgestellt, in der der Glaube eine Wissenschaft hervorruft, die ihn selbst nährt.[104] Denn „[d]er Glaube allein ist der Ort, an dem sich, psychologisch und wissenschaftlich gesehen, in der Einheit eines Wissens Dokumentation und Spekulation, ‚Autoritäten' und ‚Vernunftgründe' verbinden können; denn nur der Glaube ist in eins ansatzhaft wirklichkeitsgetreue Wahrnehmung der Gottesschau und Zustimmung zu autorisierten Propositionen."[105]

In *La théologie comme science au XIIIe siècle* erläutert Chenu dieses auch in anderen Wissenschaften gängige Subalternationsmodell, bei dem „ein neues, außerhalb des Bereichs der übergeordneten Wissenschaft liegendes Feld der Intelligibilität eröffnet"[106] wird. Im Falle der Theologie besteht dabei aber „keine Subalternation des Objekts, sondern nur Subalternation der Prinzipien; das heißt, der Theologe empfängt seine Prinzipien vom Wissen Gottes (also vom Glauben), aber das Objekt, das er behandelt, ist dem des Wissens Gottes nicht ‚extern'"[107]. Dies bringt sowohl eine Kontinuität zwischen der *scientia Dei* und der Theologie als menschlicher Wissenschaft mit sich und ist zugleich der Grund für die Einheit der in sich ausdifferenzierten Theologie.[108] Die Theologie steht in gleicher Weise im Dienst des Erkennens wie der Glaubensweitergabe[109], sodass in einer ganz umfassenden Weise gilt: „Ausgegangen vom göttlichen Verstand (…), rastet und ruht sie nicht, bis sie

[102] Ebd., 120.
[103] Chenu, Die Theologie als Wissenschaft im 13. Jahrhundert, 142.
[104] Vgl. Chenu, Position de la théologie, 121, 122 und 125.
[105] Chenu, Le Saulchoir, 119.
[106] Chenu, Die Theologie als Wissenschaft im 13. Jahrhundert, 134.
[107] Ebd., 135.
[108] Ebd., 125, 158 u. ö.
[109] Zu letzterem ebd., 155.

dorthin zurückkehrt und alles, was sie umfasst und erarbeitet hat, dorthin mitnimmt"[110].

Während das von Thomas vorausgesetzte aristotelische Wissenschaftsverständnis von Prinzipien als erster Ebene und Grundlage der Reflexion ausgeht, tut dies die Theologie von den Glaubensartikeln als geronnener Offenbarung. Auf das auf Ambroise Gardeil zurückgehende Motiv der „Vor-Gabe der Offenbarung" (*le donné révélé*) wird Chenu 1937 in dem Theologieverständnis eingehen, das er in *Une école de théologie* entwirft.[111] Im Artikel *Position de la théologie* spricht er zur Illustration des von Thomas von Aquin Grundgelegten zunächst nur von dem „Gegebenen" (*le donné*) in einem juristischen Sinn, insofern die Glaubensaussagen in der „christlichen Ökonomie der Kirche anvertraut"[112] sind und als solche einen gesetzlichen, intellektuellen und religiösen Wert besitzen. Von diesem „*donné*" ausgehend gelangt die Theologie zu einem „*construit*", einem Konstrukt, das mit ersterem aufgrund des subalternen Charakters der Theologie als Wissenschaft verbunden ist. Chenu wendet sich in diesem Zusammenhang durchaus ironisch und polemisch gegen Einseitigkeiten der Spekulation wie des religiösen Gefühls. Damit es zu diesen Einseitigkeiten nicht kommt, betont er den erkenntnisproduzierenden Charakter der Theologie bzw. ihres „(Er-)Findungsvermögens"[113] (*invention*). Mit diesem Begriff zur Erläuterung der thomasisch abgeleiteten Intuition des „Glaubensappetits"[114] macht er eine wissenschaftstheoretische Anleihe beim Mathematiker und Philosophen Henri Poincaré (1854–1912).[115] Freilich ist die „mathematische" Seite nur die rationale Struktur, die sich der Glaube als *habitus* des ganzen und nicht auf die Rationalität beschränkten Menschen gibt. Bei der „*invention*" handelt sich deshalb nicht etwa um ein „*inventum philosophicum*"[116] im Sinne einer konstruierten metaphysischen Ableitung, sondern um den Ausdruck eines neuen Erfassens der Quelle des Glaubens, die die dem

---

110 Ebd., 150.

111 Vgl. besonders Chenu, Le Saulchoir, 111f.

112 Chenu, Position de la théologie, 124. Chenu bezieht sich hier auf François Gény, Science et technique en droit privé positif, Band 1, Paris 1914, 95ff.

113 Chenu, Position de la théologie, 125, die Übersetzung ist entnommen Chenu, Le Saulchoir, 101. Im französischen Original gebraucht Chenu hier den Begriff „*invention*", ohne auf seine Herkunft zu verweisen.

114 Chenu, Position de la théologie, 125.

115 Ebd., ohne weitere Literaturangaben (vgl. aber z. B. den am 23. Mai 1908 am *Institut de Psychologie* gehaltenen Vortrag Henri Poincaré, L'invention mathématique, in: L'enseignement mathématique 10 [1908]), 357–371). Chenu weist übrigens darauf hin, dass er als Schüler für Mathematik besonders begabt war: Chenu, Un théologien au passé et au présent, 112, zit. nach Bauer, Ortswechsel, 169.

116 Chenu, Position de la théologie, 129, mit Verweis auf das I. Vaticanum, Konstitution De Fide.

Glauben entsprechenden rationalen Strukturen hervorrufen und entfalten können. Als Beispiel nennt er die „einfachen Seelen der Christlichen Arbeiterjugend (JOC)"[117], die, anders als die Schultheologie, die mit dem Kirchenbild des mystischen Leibes verbundene ekklesiologische Erneuerung auslösen konnte.[118] Entscheidend ist dabei, dass der Theologe, der sich vom *„donné"* aus zum *„construit"* und mit diesem über dieses hinaus fortbewegt, von einer „Freiheit der Kinder Gottes"[119] geprägt ist, die in einer rein philosophisch vorgehenden Methode nicht gegeben wäre. Denn einerseits bleibt noch in der größtmöglichen rationalen Durchdringung und Entfaltung des Glaubens eine „partielle Heterogenität"[120] zwischen dem reinen Glauben und der theologischen Konklusion bestehen, andererseits hat noch das „geringste Faktum"[121] eine regulative Funktion, indem es jeweils das gesamte theologische System herausfordert.[122] Kein *„construit"* kann deshalb der Heilsökonomie vollständig gerecht werden,[123] die doch als solche Gegenstand der Kontemplation des Theologie treibenden Gläubigen ist. In einem kleinen Denkmal, das er dem Jesuiten und Widerstandskämpfer Yves de Montcheuil (1900–1944) nach dessen Ermordung durch die deutschen Besatzer setzt, verwendet Chenu anstelle des Substantivs *„construit"* die gleichlautende Verbform. Demzufolge „‚konstruiert' [ein*e Theolog*in] in den Seelen wie im Gemeinwesen dieses Wort Gottes", indem er die Bestrebungen der Menschen zu Resonanzräumen seiner möglichen Inkarnation macht – „kurz: in menschlichen Worten das göttliche Wort zu sagen wagt"[124].

Theologie ist *fides in statu scientiae*: „*Im* Glauben […] entsteht und verstärkt sich beim Gläubigen ein unstillbares Verlangen, der *intellectus fidei,* der neben einer permanenten Wissbegier gegenüber der Vor-Gabe der Offenbarung eine religiöse und wissenschaftliche Wertschätzung für die sie bearbeitenden Disziplinen weckt."[125] So ist sie Ausdruck einer „Kohärenz zwischen Glaube und Vernunft", wobei letztere sich eben in der Vielfalt wissenschaftlicher Disziplinen äußert, der Glaube aber als „‚theologale' Tu-

---

[117] Ebd., 126.

[118] Wie dieses ekklesiologische Motiv zunächst befreiend war, von Spiritualität und Theologie während des Konzils aber auch weiter entfaltet wurde, zeigt Congar, „Lumen gentium" n° 7, bes. 152.

[119] Chenu, Position de la théologie, 126.

[120] Ebd.

[121] „le plus petit *fait*" (ebd., 127).

[122] Man kann hier eine analoge Denkfigur erkennen, wie sie in der Warnung von Papst Franziskus vor der „Selbstreferentialität" der Kirche gegeben ist, die vielmehr stets aus sich heraus gerufen ist.

[123] Chenu, Position de la théologie, 128.

[124] Chenu, Mort d'un théologien, 55.

[125] Chenu, Le Saulchoir, 120.

gend"[126] den ganzen Menschen ergreift, der als solcher mit Hilfe seiner vielfältig geschärften Vernunftwerkzeuge in die Erkenntnis Gottes „eintreten"[127] kann. In dieser gnadenhaft „habituellen"[128] Verbindung kommt zuerst dem Glauben Kühnheit zu, nicht der Vernunft. Deshalb ist der Glaube der Vernunft, die er in Dienst nimmt, immer vorgeordnet und verweist diese auf den Gegenstand der Kontemplation. Die Selbsterkenntnis Gottes und ihre heilsökonomische Präsenz als Gegenstand dieser Erkenntnis bestimmen nicht nur den Inhalt der Theologie, sondern auch deren psychologische Struktur. Diese ist ihrerseits dank der Gaben des Heiligen Geistes Teil dieser ökonomischen Struktur der Erkenntnis Gottes bzw. hat Anteil an ihr.[129]

Die in *Position de la théologie* grundgelegte Struktur entfaltet Chenu in *Une école de théologie: le Saulchoir* mit Verweis auf die Gardeilsche Formulierung *le donné révélé et la théologie*. Dabei handelt es sich – wie in der Schule Le Saulchoir exemplarisch betrieben – um die „intellektuelle[] und religiöse[] Erstreckung" der Arbeit „von der Vor-Gabe der Offenbarung bis zum Dogma, vom Dogma bis zum theologisch Vor-Gegebenen, von der theologischen Wissenschaft bis zu den theologischen Systemen."[130] Der „Vor-Gabe der Offenbarung" bzw. dem „Wort Gottes" kommt unbedingter Vorrang zu, die Theologie geht daraus hervor, dass die Vernunft, „geleitet vom Glaubenslicht, in den religiösen Besitz" der Vor-Gabe „eingetreten ist, besser gesagt: unablässig eintritt"[131]. In verschiedene Richtungen grenzt sich Chenu von Missverständnissen und „Spottgeburten"[132] von Theologie ab. Diese beruhen auf Einseitigkeiten, die sich aus dem Abkoppeln eines sich verselbständigenden Denkens von der Erfahrung der im Wort Gottes zur Sprache kommen-

126 Chenu, Position de la théologie, 131.

127 Ebd.

128 Vgl. ebd., 132: die Gnade ist ein „*habitus*, der die Funktion der Natur einnimmt".

129 Ebd. Dass sich Chenu im Folgenden in einer theologiegeschichtlichen Reflexion v. a. an Luther als negativer Kontrastfolie abarbeitet, dürfte dem Reformator nicht gerecht werden, verweist aber auf den theologiegeschichtlichen und auch geographischen Ort Chenus (der andererseits Congar dazu ermunterte, die Stätten der Reformation zu besuchen). Freilich darf auch nicht übersehen werden, dass Chenu sich ebenso deutlich gegen die antilutherischen Theologien wendet, die er einer spiegelverkehrten Einseitigkeit bezichtigt (Chenu, Le Saulchoir, 113). Erstaunlich bleibt, dass Chenus Auseinandersetzung mit der lutherischen wie antilutherischen Theologie faktisch dazu führte, dass er die Anliegen beider in der höheren Synthese seines auch aus diesen Diskussionen hervorgegangenen eigenen Ansatzes vereinen konnte, ohne dies selbst so recht zu realisieren. Es sollte in Le Saulchoir Féret und besonders Congar vorbehalten sein, Luther besser zu verstehen und aufgrund dieses besseren Verständnisses auch die eigene theologische Tradition noch einmal zu erweitern, vgl. dazu Quisinsky, Geschichtlicher Glaube, 150f.

130 Chenu, Le Saulchoir, 111.

131 Ebd., 113.

132 Ebd., 115.

den Realität ergeben. Davor bewahrt der sachgerechte Umgang mit der Einsicht, dass die θεολογία als *fides in statu scientiae* selbst „Wort Gottes“[133] ist.

Theologie bedeutet also, die Vor-Gabe der Offenbarung in den Strukturen des menschlichen Verstandes auszudrücken. „Die Vor-Gabe der Offenbarung hat also immer und überall den Primat, den Primat des Gegenstandes im alles bestimmenden, vorrangigen inneren Licht des Glaubens. Die spekulative Konstruktion ist kein Begriffsgebäude, das über einer vorgängigen und ein für alle Mal gesicherten Erkenntnis errichtet wird. Sie ist lebendige Verkörperung in Vernunftstrukturen, gewissermaßen den Wunderwerken des Geistes, des Glaubenslichts. Das bedeutet permanente Präsenz, so wie der Saft in einem ganzen Baum ständig wirksam präsent ist. Es bedeutet einhüllende Präsenz, denn nicht das ‚Konstrukt‘ umgibt die ‚Vor-Gabe‘ mit seiner fein gesponnenen Hülle, vielmehr ist es die ‚Vor-Gabe‘, die, als geistige Sphäre nach allen Seiten überströmend, von innen heraus und unter ihrem eigenen Druck elastische Gestalt annimmt. Die Kontemplation ist es, die eine Theologie entstehen lässt, und nicht etwa die Theologie, die zur Kontemplation führt. So hat die Vor-Gabe – Glaubenslicht und offenbarte Wahrheiten – in allem den Primat, und ihr Reichtum bleibt, selbst wenn die theologische Wissenschaft ihre rationale Anstrengung bis zur letzten conclusio getrieben hat, immer neu und immer unversehrt. Es wäre ein schlimmes Missverständnis, wollte man meinen, man habe die ‚Vor-Gabe‘ und ihre Urwahrnehmung durch Vernunftgründe und Deduktionen bereichert. Selbst die vollkommenste theologische Systematisierung fügt dem Evangelium kein Gran an Erkenntnis und Wahrheit hinzu.“[134]

Die „Vor-Gabe“ der Offenbarung konkretisiert sich in dichtester Form darin, dass das Wort Gottes „wahrhaft Mensch geworden [ist] […], als es einer von uns wurde.“[135] So ist die Theologie in ganz besonderer Weise von der Inkarnation als Grund, Mitte und Ziel der *„contemplactio* der Heilsökonomie“ geprägt: „Der Sohn Gottes ist eine Person der Geschichte. Folglich hat es der Theologe in seiner Arbeit mit Geschichte zu tun. Seine Vor-Gabe ist nicht das Wesen der Dinge, noch sind es überzeitliche Formen, es sind

---

[133] Von Chenu selbst in Anführungszeichen gesetzt, vgl. ebd. Chenu unterscheidet freilich weiterhin zwischen göttlicher und menschlicher Erkenntnis im Rahmen einer „relative[n], aber zureichende[n] Homogenität, die vom Einschwingen in den göttlichen Gedanken bis zur letzten theologischen *conclusio* reicht“ (ebd., 113).

[134] Ebd., 115. Michael Lauble übersetzt hier auch *„donné“* mit „Vor-Gabe“, da Chenu in der Tat zwischen der Grundlegung in *„Position de la théologie“* von 1935 und der Entfaltung in *„Une école de théologie“* 1937 stillschweigend dazu übergegangen ist, auch das 1935 von der Juristerei her entfaltete *„donné“* mit dem *„donné révélé“* im Sinne Ambroise Gardeils zu identifizieren.

[135] Chenu, Le Saulchoir, 126.

vielmehr Ereignisse im Zuge einer *Ökonomie* über der Ordnung der Wesenheiten, deren Verwirklichung an die Zeit gebunden ist wie die Ausdehnung an den Körper. Dies, und nicht die Abstraktion des Philosophen, ist die *reale* Welt."[136] Chenu wendet sich hier nicht gegen die Philosophie, aber er weist ihr ihren eigentlichen Platz zu: zum einen als erkannte Realität im Unterschied zur Realität als solcher, zum anderen als dem Glauben gegenüber subalterne Wissenschaft, die diesen zwar mit auszudrücken vermag, aber dies nur insofern sie sich ihrer Eigenart bewusst ist. Der Glaube ermöglicht der Philosophie gegenüber insofern eine weitere Weltsicht, als er nicht nur nach menschlichem Ermessen erfolgt, sondern Anteil an der göttlichen Sicht auf die Welt beanspruchen darf: „Der Gläubige, der gläubige Theologe erlangt kraft seines Glaubens Zugang zu diesem Projekt Gottes, und was er, *quaerens intellectum*, zu verstehen sucht, ist eine göttliche Initiative, eine Reihe von göttlichen, absoluten Initiativen, deren Wesenseigenschaft es ist, dass sie ‚grundlos' sind; das gilt sowohl für die allgemeinen Initiativen von Schöpfung, Inkarnation und Erlösung als auch für die besonderen Initiativen der gnadenhaften Prädestination."[137] Diese Weltwirklichkeit Gottes ist „die wahre Welt der Kontemplation und des theologischen Verstehens."[138]

Unter dem Titel „Theologie und Glaube" findet sich in der 1957 erschienenen Schrift *La théologie est-elle une science?* ein Abschnitt, der die zentralen Thesen der vergangenen Jahre und Jahrzehnte synthetisiert. Zugleich zeigt die Verortung im genannten Büchlein – als zweiter Band einer auf 150 Bände angelegten *Encyclopédie du Catholique au XXe siècle* mit dem Titel „*Je sais – je crois*" erschienen[139] –, dass Chenus Theologieverständnis durch die Verortung in der komplexen Welt seiner Gegenwart sich fortlaufend vertieft und erweitert hat. In der Wiederaufnahme früherer Ergebnisse geht er auf zeitgenössische theologische Strömungen wie z. B. die Innsbrucker Kerygmatische Theologie um Josef Andreas Jungmann (1889–1975), Hugo Rahner (1900–1968) u. a. ein.[140] Deren berechtigtes Anliegen mit Blick auf die Weitergabe des Glaubens bettet er ein in Überlegungen zum Grund und Ziel dieser Weitergabe und dieses Glaubens, die er im Evangelium selbst ausmacht. In gewisser Weise wendet Chenu hier ein spezifisches *exitus-reditus*-Schema an: die thomasisch generierten Grunddaten seines Theologieverständnisses werden im Dialog mit zeitgenössischen Fragen inner- wie außertheologischer Provenienz diskutiert und entfaltet und schließlich wieder durch Thomas

[136] Ebd.
[137] Ebd.
[138] Ebd.
[139] Vgl. das Editionsprogramm in Chenu, La théologie est-elle une science, (122–123).
[140] Ebd., 44f.

von Aquin beglaubigt.[141] Den kritischen Einwänden, die die Wissenschaftlichkeit der Theologie in Frage stellen, begegnet er mit Überlegungen zum Verhältnis von Theologie und Mysterium. Dabei stellt Chenu die Ergebnisse theologiegeschichtlicher Forschungen im Horizont zeitgenössisch immer drängenderer Fragen wie etwa dem „Schweigen Gottes“[142] auf. So verweist er z. B. auf Petrus Abaelardus (1079–1142), dem er 1951 eine Untersuchung unter dem Titel *Abélard, le premier homme moderne* gewidmet hatte,[143] um auf einen ungeeigneten menschlichen Versuch hinzuweisen, durch bloße Spekulation unter Ausblendung der Mystik zu theologischem Wissen zu gelangen.[144] Dabei dient ihm Abaelard aber im Grunde genommen als theologiegeschichtlich legitimierte Chiffre für eben diesen Versuch als bleibender Versuchung des nach Einsicht ringenden Glaubens, dem er in geradezu meditativer Weise das entsprechende thomasische Vorbild gegenüberstellt: Wenn dieser betont, dass man von Gott nur sagen kann, was er nicht ist, aber nicht, was er ist,[145] und damit das Johannes-Evangelium paraphrasiert („niemand hat Gott je gesehen“, Joh 1,18), dann übersetzt Chenu dies in zeitgenössische Erfahrungssprache: „authentischer Ausdruck […] des mitgeteilten Geheimnisses, des ‚Schweigens‘ – mit dem der Mensch dennoch spricht.“[146]

Die entscheidende Erweiterung gegenüber den intellektualistischen Anfängen seines Theologieverständnisses liegt darin, dass Chenu nunmehr die Glaubenserkenntnis einer jeden Christin und eines jeden Christen als theologisch relevant erachtet. Er spricht seine Brüder und Schwestern direkt an: „Theologie? Aber Sie betreiben sie, ohne es zu wissen!“[147] Wer etwa – wir sind in den 1950er Jahren – die von der Liturgischen Bewegung initiierten Aufbrüche, beispielsweise im Rahmen der Mitfeier einer *versus populum* zelebrierten Eucharistie, innerlich mitvollzieht, „zeugt von einem *Verständnis* des heiligen Mysteriums“[148]. Oder wer sich in einer Gruppe der Katholischen Aktion engagiert und in seinem Verhalten „von einer bestimmten christlichen Vision des Heils der Welt geprägt“[149] ist, zeugt nicht nur von „apostolischer Leidenschaft“, sondern auch von einem „charakteristischen Erfassen

---

141 Im Falle seiner Anspielungen auf die kerygmatische Theologie erfolgt dies durch Thomas von Aquin, Comm. In Boetium de Trinitate, qu. 6, art. 1, vgl. ebd., 45.

142 Ebd., 39.

143 Chenu, Abélard, le premier homme moderne.

144 Chenu, La théologie est-elle une science, 41.

145 Summa contra Gentiles, I, 30; S. th. I^{a}, q. 3, prol., vgl. Chenu, La théologie est-elle une science, 40.

146 Chenu, La théologie est-elle une science, 40.

147 Ebd., 15.

148 Ebd. (im Original: „*intelligence* du mystère sacré“).

149 Ebd.

der Bedingungen der Gnade in Christus: Sie haben das Geheimnis der Inkarnation wiederentdeckt [...]"[150]. Wer so lebt und denkt, nährt seinen Glauben im mystischen Leib Christi, also der Kirche. „So betreiben Sie Theologie: ohne die alten Kontroversen über die Inkarnation zu kennen, ohne zu wissen, dass die antiochenischen Kirchenväter sich mehr an die Menschheit Christi hielten, während die alexandrinischen eher das Wort in seiner Einheit kontemplierten, folgen Sie unbewusst, aber in ihrer ganzen Tiefe, einer theologischen Strömung, die in ihrer Einbettung in die Kirche immer authentisch ist und die komplexen Vor-Gaben des Mysteriums der Inkarnation auf verschiedene Weise ins Gleichgewicht bringt."[151] Wenn nun aber jedwedes christliche Leben der Theologie zu denken gibt, dann besteht die Rolle der Theologie nicht zuletzt darin, den persönlichen wie den kirchlich-gemeinschaftlichen Glauben gleichermaßen zu reflektieren und zu stimulieren. Deshalb kommt im Respekt vor dem persönlichen Glauben und als Teil der Kirche in der Welt der Theologie in gewisser Weise die Rolle einer Schule zu, in der freilich alle Beteiligten voneinander lernen. Chenu bringt dies mit einem literarischen Vergleich zum Ausdruck, der in seiner „inkulturierten" Dimension im französischen Sprachraum besonders sprechend ist: „Sie betreiben Theologie, so wie Monsieur Jourdain Prosa sprach, ohne es zu wissen."[152] Chenu fügt lakonisch hinzu: „Es wäre besser, es zu wissen"[153] – denn dies gehöre zu einem erwachsenen Christsein dazu. Dadurch wird aber auch die Definition des Theologen (und der Theologin) wesentlich erweitert: dieser „ist ein erwachsener Christ, der sich dessen bewusst wird, was ihn trägt, der darüber nachdenkt, der den komplexen Gehalt des Glaubens ermisst, ihn konstruiert und eint."[154]

---

[150] Ebd.

[151] Ebd., 16. In der Folge nennt Chenu eine Reiher konkreter Fragen, die sich den französischen Katholik*innen in den 1950er Jahren gestellt haben und die die ideologischen Grundsatzfragen der wirtschaftlichen Ordnung und des gesellschaftlichen Zusammenlebens in Frankreich selbst, aber auch im Umgang mit den damals so genannten Entwicklungsländern betreffen. Umstritten war v. a., wie weit die Zusammenarbeit mit Kommunisten, Sozialisten und Atheisten gehen kann. Chenu geht auch auf das Mariendogma von 1954 ein, das er von einer seit einigen Jahrzehnten sich erneuernden und an der „Ökonomie der Inkarnation" (ebd., 17) her ausgerichteten Marienfrömmigkeit interpretiert. Dies zeigt eine sensible Wahrnehmung des reflexiven Potentials einer sich entwickelnden Form von Volksfrömmigkeit.

[152] Chenu, La théologie est-elle une science, 18. Gemeint ist hier Monsieur Jourdain aus dem Stück *Le Bourgeois gentilhomme* von Molière (1622–1673). Der etwas einfältige und eitle Monsieur Jourdain möchte aus Prestigegründen lernen, in Prosa zu sprechen. Im zweiten Akt entdeckt er mit Hilfe seines philosophischen Lehrers, dass er dies schon jahrzehntelang tut.

[153] Ebd.

[154] Ebd., 18.

Theologie als Teilhabe an der Erkenntnis Gottes ist folglich ebenso persönlich-kontemplativ wie kirchlich-gemeinschaftlich und von beiden Dimensionen her immer auch geschichtlich-gesellschaftlich. Dazu gehört dann auch die Verortung ihrer „professionellen“[155] Form an den Universitäten, die wiederum erst von diesem Gesamtgefüge her in ihrer Bedeutung ersichtlich wird und die professionelle Wissenschaft gerade nicht von anderen Erkenntnisorten und -formen trennt. Hier liegt ein seit der Dissertation intuitiv erfasster und mehr und mehr entfalteter Grund dafür, dass Chenu als ein engagierter Theologe wahrgenommen wurde. Freilich wäre es aus demselben Grund falsch, sein pastorales Engagement nur als Ergebnis seiner Theologie zu denken. Vielmehr ist es in gleicher Weise deren Quelle. In jedem Fall gehört es zur theologischen Durchdringung der „*contemplactio* der Heilsökonomie“, dass diese nicht als ein abstraktes Prinzip, sondern als in der konkreten menschlichen Geschichte sich ereignend und sich verwirklichend begriffen und gestaltet wird.

1.1.5. Wachstumskrisen des Glaubens

Die psychologische Komponente, die Chenu noch vor der sozialen Dimension, für die er erst im Laufe der Zeit sensibel wird, so stark hervorhebt, beinhaltet freilich nicht nur große Chancen. Sie ist auch Einfallstor alles „Allzumenschlichen“ in den menschlichen Bereich des Glaubens, insofern der menschliche Geist eben auch von der „Unmäßigkeit einer ungeschickten Intelligenz“[156] und von „Faulheit“[157] gekennzeichnet sein kann. Gleichsam aus gegebenem Anlass befasste sich Chenu mit daraus resultierenden Fragen in seinem Artikel *Le sens et les leçons d'une crise religieuse* von 1931. In diesem Artikel analysiert er zum einen die in strategisch gewählten Worten „nun historische“[158], tatsächlich

[155] Zu Unterscheidung und Zusammenhang einer allgemeinen und „professionellen“ Theologie s. Chenu, Von der Freiheit eines Theologen, 13–16.26–31.

[156] Chenu, Le sens et les leçons d'une crise religieuse, 356.

[157] Ebd.

[158] Ebd., 357. Anlass für Chenus Artikel war u. a. die Veröffentlichung von Jean Rivière, Le modernisme dans l'Église. Étude d'histoire religieuse contemporaine, Paris 1929. Chenu interpretiert Rivières Buch dahingehend, dass der Modernismus tatsächlich existiert habe, dass er aber nun tot sei. Chenus Kunstgriff besteht nun darin, dass er mit gleichsam „modernistischen“ (d. h. historisch-kritischen) Mitteln die Ungefährlichkeit des Modernismus belegt: „Wenn es noch einige Spuren [des Modernismus] gibt, sind sie eher Zeugen einer Vergangenheit, die nunmehr der Geschichte zugeordnet werden kann, denn das Bestehen einer dauerhaften Krise [...]. Auch wenn die zeitliche Nähe der Ereignisse eine extreme Vorsicht verlangt, kann man nunmehr dennoch eine objektive und ernsthafte Methode anstreben, die dank des Nutzens der historischen Methode die Allgemeinplätze der Lehrbücher und der polemischen Standpunkte überwindet“ (ebd., 358).

aber immer noch nicht überwundene sog. Modernismuskrise des beginnenden 20. Jahrhunderts. Dabei ordnet er diese zum anderen in den großen theologiegeschichtlichen Zusammenhang der reflexiven Entfaltung des Glaubens in seiner Geschichte ein. Auch hier begegnen Argumente, Denkfiguren und Analysen, die Chenu bereits andernorts erarbeitet hat oder die spätere Forschungen und Veröffentlichungen prägen werden. Dem Gedankengang dieses Artikels zu folgen ermöglicht es in besonderer Weise, die Eigenart von Chenus Denkwegen in den Blick zu bekommen.

Fast schlitzohrig wirken die Eingangsworte *Oportet haereses esse*[159]: Chenu tut damit der antimodernistischen Pflicht Genüge, sich gegen Häretisches zu wenden, wobei er freilich in der Folge keineswegs Häresien des Modernismus bekämpfen, sondern konstruktiv mit den Herausforderungen umgehen will, vor die sich der Glaube gestellt sah.[160] Als Grundherausforderung macht er aus, dass um die Jahrhundertwende das Offenbarungsverständnis selbst und nicht etwa nur einzelne Aspekte der Offenbarung in Frage gestellt wurden. Chenu illustriert dies mit einem Zitat aus einem Brief George Tyrrells (1861–1909) an Friedrich von Hügel (1852–1925): „Wir unterscheiden uns nicht in dem einen oder anderen Artikel des Credo: Wir akzeptieren alles; wir unterscheiden uns wegen des Wortes *credo*, wegen des Wortes *wahr*, das dem Dogma zugelegt wird; die gesamte Bedeutung der Offenbarung steht auf dem Spiel."[161] Dabei weist Chenu zugleich darauf hin, dass die Krise sehr komplex war und ihre eigentliche Schärfe im Zusammenspiel von philosophischem Agnostizismus und dogmatischem Evolutionismus erhielt. Zwischen den eben genannten Schwächen des menschlichen Geistes – Übermut und Faulheit – sieht er ein dynamisches Gleichgewicht angesiedelt, das sich in der Kirchengeschichte durch gegenseitige Korrektur der Extreme zwar in der Regel einstellt, dies aber um den Preis „schmerzhaf-

---

[159] Ebd., 356, vgl. erneut ebd., 357.

[160] Chenu betont dabei einerseits, dass angesichts der Tragweite der geistesgeschichtlich-theologischen Herausforderungen der umständehalber geschaffene Begriff „Modernismus" nur „äußerlich und oberflächlich die angezielte Bewegung" beschreibe, dass er aber andererseits durch die entsprechenden kirchlichen Verlautbarungen klar konturiert worden sei. Chenu tut mit dieser Argumentation letztlich wiederum der Pflicht Genüge, das von den kirchlichen Dokumenten Abgelehnte abzulehnen, bestreitet aber faktisch, dass damit die eigentlich von den abgelehnten Autoren aufgeworfenen Fragen getroffen sind (ebd., 357). Freilich reduziert Chenu die Modernismuskrise nicht auf die historische Methode. Allerdings ist seiner Einschätzung nach der spekulativ-philosophische Aspekt des Modernismus weit weniger spektakulär, denn mit Fragen wie Idealismus und Agnostizismus habe sich das christliche Denken bereits seit Längerem kritisch-konstruktiv befasst (vgl. ebd., 367 Anm. 2).

[161] Brief Tyrrells an Hügel, 30. September 1904, zit in Chenu, Le sens et les leçons, 368 sowie in Chenu, Le Saulchoir, 88 (von dort ist die deutsche Übersetzung übernommen).

ter und fruchtbarer Krisen".[162] Damit ist das Leitmotiv des Artikels eingeführt: „Der Modernismus erscheint in der katholischen Kirche wie eine Wachstumskrise, und man könnte sagen wie eine normale Wachstumskrise gemäß den menschlichen Bedingungen, in der die Vorsehung im Dienst des Glaubens die Gefahren und die Leiden der Häresie zulässt."[163]

Mit dem Stichwort Glauben führt Chenu nach diesem leitmotivischen Fanfarenstoß sein bereits bekanntes Glaubensverständnis ein. Neu ist ein theologiegeschichtlicher Durchgang, in dem er die krisenhaften Begleiterscheinungen, die auf dem Weg vom Glauben zur Theologie die Regel sind, beschreibt. Hierfür greift er zur Beschreibung der „großen Kulturzyklen"[164], die eine Art Rahmen der jeweiligen Konstellation mit ihren grundlegenden Herausforderungen darstellen, auf das Schema der drei Renaissancen zurück. Gemeint sind hier erstens die karolingische Renaissance im 9. Jahrhundert, zweitens die mit der Wiederentdeckung des Aristoteles verbundene Renaissance des 12. Jahrhunderts und schließlich die im Französischen mit großem R geschriebene Renaissance des 16. Jahrhunderts. Dieses Schema wiederum wird in den 1930er Jahren weit über die letztlich noch etwas defensive Analyse der Modernismuskrise hinaus für Chenus theologiegeschichtliches Forschen und Denken auch in konstruktiv-produktiver Hinsicht zentral werden. Die konstruktive Grundintuition ist hier freilich schon gänzlich präsent: „Jede ‚Renaissance' [...] provoziert ein Zurückziehen des Glaubens auf sich selbst, und sodann eine Krise der theologischen Spekulation; Erst nach einer schmerzhaften Reaktion der Verteidigung wird eine spätere Entfaltung vom dauerhaften Wert des Glaubens und der Fruchtbarkeit der Theologie zeugen."[165]

Zwei theologiegeschichtliche Momente ragen nun aus dieser allgemeinen Betrachtung in besonderer Weise heraus: die Zeit des Thomas von Aquin im 13. Jahrhundert und die Zeit der sogenannten Modernismuskrise im 20. Jahrhundert. Hintergrund letzterer war, wie bereits gesagt, die Infragestellung der Offenbarung als solcher. Erstere aber führt Chenu dazu, in der zweiten keinen Grund zur Aufregung zu sehen. Im Falle des Thomas bedeutete die Wiederentdeckung des Aristoteles analog dazu, dass es „zum ersten Mal nicht mehr eine Häresie [war], die das christliche Denken spaltete, sondern dieses Denken wurde in seinem Ausgangspunkt in Frage gestellt."[166] Denn mit dem experimentellen Naturalismus des Aristoteles wurde ein symbolischer platonisch strukturierter Idealismus obsolet, der bis dahin den Christen die Welt als Abbild Gottes zu denken ermöglicht hat. Die zentralen

[162] Chenu, Le sens et les leçons, 357.
[163] Ebd., 358.
[164] Ebd., 360.
[165] Ebd.
[166] Ebd., 362.

Bestandteile christlichen Glaubensdenkens – Glaubenslicht und Glaubensmysterium – konnten in ihrer bisherigen Form ihrer Aufgabe nicht mehr gerecht werden, Gott und den Menschen zu denken. Die große Leistung des Thomas war es, die – mittlerweile von der Kirche selbstverständlich anerkannte – aristotelische Philosophie und mit ihr die Autonomie der irdischen Realität als inneren Bestandteil des Glaubensdenkens auszuweisen. Wie bereits bei der karolingischen Renaissance, in deren Gefolge die ungleich leichter zu integrierende Grammatik als strukturierende Kategorie Eingang in das christliche Denken gefunden hatte, konnte die Theologie dauerhaft einen großen Gewinn aus dieser aristotelisch generierten „Wachstumskrise“[167] ziehen. Was zunächst für Verwirrung und Unruhe sorgen konnte, führte zu einer „neuen Synthese“[168], in der Natur und Übernatur in neuer Weise voneinander unterschieden und aufeinander bezogen werden konnte. Ein Ereignis von historischer Tragweite: „Noch nie erlebte der Glaube einen so schönen, zugleich mystischen und rationalen Triumph“[169].

Von derselben Tragweite ist nun die Modernismuskrise bzw. das Aufgreifen der durch diese aufgeworfenen und ausgedrückten theologischen Herausforderungen: „Nach der Grammatik, nach der Philosophie jetzt die Geschichte. Die Vernunft wendet sich nun nach der Analyse der *Wörter* und der Kritik der *Ideen* den *Tatsachen* zu.“[170] In der Folge legt Chenu nun dar, dass und wie die Inkarnation als Zentrum der Heilsökonomie die bedeutendste Tatsache (*fait*) ist und somit Geschichte und Geschichtlichkeit integraler Bestandteil der Theologie werden. Wenn die Vernunft selbst nunmehr neben der spekulativen auch eine historische Dimension aufweist, wird das bisherige Gleichgewicht von Vernunft und Glaube dynamisiert. Dennoch handelt es sich nach Chenu letztlich um dasselbe Phänomen einer Erweiterung der Vernunft, das bereits im 13. Jahrhundert am Werk war. Die Modernismuskrise ist deshalb eine „analoge Krise“[171] und als solche eine „neue Wachstumskrise“[172]. Unversöhnlich sind historische Vernunft und Theologie freilich nur, wenn sie sich als exklusiv betrachten und als „Historiz*ismus* und Theolog*ismus*“ zu „Extremismen“[173] werden. Wenn auch langsam und behutsam und zunächst nicht von allen verstanden, haben zu Beginn des 20. Jahrhunderts – wie im 13. Jahrhundert – „Moderate“[174] wie der bereits

---

[167] Hier ebd., 363.

[168] Ebd.

[169] Ebd.

[170] Ebd., 363f.

[171] Ebd., 365.

[172] Ebd., 364.

[173] Ebd., 365.

[174] Ebd., 366. Die im Folgenden genannten Forscher als Modernisten zu bezeichnen ist nach

mehrfach erwähnte Marie-Joseph Lagrange, Pierre Batiffol (1861–1929) und Léonce de Grandmaison SJ (1868–1927) den Weg einer Versöhnung gezeigt. Diese bestand nicht in einer oberflächlichen Harmonisierung historischen und theologischen Denkens, sondern in einer wiederum „neuen Synthese [...], in der die theoretischen und historischen Beziehungen zwischen Glaube und Vernunft“[175] angemessen artikuliert werden.

In seinem Artikel von 1931 ist Chenu zunächst zumindest taktisch durchaus bereit, als Preis für das Wachstum des Glaubens den „negativen Aspekt“[176] der Verurteilung des Modernismus zu akzeptieren, insofern diese die Voraussetzung für den Nutzen des schließlich eingetretenen Fortschritts im theologischen Denken war. Ein solcher Preis war demnach in der Theologiegeschichte bereits öfter zu zahlen: „War Abaelard erst einmal verurteilt, wurde die Dialektik [...] zur äußerst wertvollen Helferin der Theologie. War Siger von Brabant erst einmal ausgeschlossen, sollte Aristoteles Thomas von Aquin das Verständnis der Natur bieten, durch das sich die übernatürliche Anthropologie erhellt. War Loisy erst einmal verurteilt, wird die zu Unrecht von Einigen verachtete historische Kritik die fruchtbare rationale Disziplin, die es dem Glauben ermöglicht, die Reichtümer der Offenbarung und des Glaubens besser zu erkennen: denn sein leitendes Licht, das nun genauer von seinem Objekt Besitz ergreift, wird eine weitere und sicherere Gotteserkenntnis nähren.“[177]

Wenn Thomas von Aquin selbstverständlich auch im Hintergrund von Chenus Deutung der Modernismuskrise steht, dann nicht nur aufgrund seines spirituellen und theologischen Genies und seiner inhaltlichen und methodischen Pionierleistung. Vielmehr ist das Entscheidende ein Zusammenfluss aller dieser Aspekte, der als solcher nochmals eine eigene Qualität ausweist, der Optimismus des Aquinaten.[178] Wiederum sind es nach Chenu die historisch sensiblen unter den Philosophen und Theologen – er nennt Pierre Mandonnet OP und Étienne Gilson, aber auch Papst Leo XIII. (1878–1903) und den Mechelner Kardinal Désiré-Joseph Mercier (1851–1926) –, die diesen Wesenszug Thomas von Aquins und seiner Theologie herausgearbeitet haben.[179] Dieser Optimismus ist das Vorzeichen vor Chenus eigenem Theologie-

---

Chenu genau so naiv, wie Thomas von Aquin zum „Modernisten“ des 13. Jahrhunderts zu machen: „es sei denn, man bezeichnet denjenigen als Modernisten, der nicht daran glaubt, dass sich die Leidenschaftlichkeit des Glaubens an der Verachtung der Vernunft und ihrer Methoden bemisst.“

175 Ebd., 367.

176 Ebd.

177 Ebd., 368.

178 Ebd., 370.

179 Im Gegenzug kritisiert er das Theologieverständnis u. a. von Louis Billot, vgl. ebd., 374f.

und Dogmenverständnis, das er nun als „glückliche Synthese“[180] entfaltet und sich dabei auch vergewissernd auf Papst Benedikt XV. (1914–1922), Bruno de Solages (1895–1983) und Jacques Leclercq (1891–1971) bezieht. Nachdem er also erstens die berechtigten Anliegen aus der Zeit der Modernismuskrise herausdestilliert und in eine konstruktive Antwortrichtung überführt sowie zweitens Thomas von Aquin als gleichermaßen geschichtssensibles wie zukunftsweisendes Modell vorgestellt hat, endet Chenu mit einer heftigen Attacke gegen die „Barockscholastik“[181]. Diese sollte ihm in der Folge als negative Kontrastfolie sachgerechter thomistisch inspirierter Theologie und „einer Art spekulativer Großzügigkeit“[182] dienen – der Wunsch nach Überwindung einer „Barocktheologie“ stand übrigens auch im Hintergrund des *Projekts einer Geschichte der Theologie.*[183] Anders als im Falle einer veritablen Häresie sieht Chenu bei der Barockscholastik auch keine heilsame Wirkung gegeben. Umgekehrt mildert er die, bei aller Strategie sicher auch ernst gemeinte „antihäretische“ Stoßrichtung, die seinen Artikel von 1931 prägt, zunehmend ab.

1.2. Glaubensdenken und Geschichte

1.2.1. Geschichtsverständnis

Chenu fokussiert seinen Glaubensbegriff auf die Theologie als rationale Erfassung und Entfaltung des Wortes Gottes, das sich mit Hilfe von dogmatischen Aussagen in Begriffen „inkarniert“[184]. Durch die Inkarnation als Mittelpunkt einer Heilsökonomie umfasst eine geschichtliche Theologie mehrere Zeitdimensionen und ist durch ihre inkarnatorische Struktur zugleich von einer tiefen inneren Einheit und Ausrichtung geprägt: „So wenig wie die Gnade der Natur äußerlich bleibt, so wenig ist der Glaube eine der Vernunft oberflächlich aufgesetzte Erkenntnis: Er lebt in ihr. Und er wird durch diese seine Inkarnation nicht verunreinigt, so wenig wie der Logos herabgemindert worden ist, als er Fleisch wurde. Zweifaches theandrisches Geheimnis, besser gesagt einziges Geheimnis, in dem Göttliches und Menschliches eins sind:

---

[180] Ebd., 377.

[181] Die hier noch verwendete differenzierende Schreibweise *„scolastique ‚baroque‘“* („‚Barock‘-Scholastik“, vgl. Chenu, Le sens et les leçons, 380) wird von Chenu bald überführt in den Eigennamen *„scolastique baroque“* („Barockscholastik“, vgl. ders., Le Saulchoir, 157). Zur „Barocktheologie“ vgl. auch Quisinsky, Geschichtlicher Glaube, 89f.

[182] Chenu, Le Saulchoir, 159.

[183] Vgl. bes. Congar, Le frère que j'ai connu, 242. S. einordnend auch Quisinsky, Geschichtlicher Glaube, 89f.

[184] Chenu, Le Saulchoir, 124.

eine einzige Person, in die mich der Glaube einpflanzt, der in die Geschichte eingetretene ewige Sohn Gottes, der Christus des Glaubens im Christus der Geschichte. Dies ist der Knotenpunkt der gesamten Geschichte. Der Theologe kann nicht hoffen, seine Vor-Gabe außerhalb der Geschichte, außerhalb jenes *auditus fidei* zu finden, der sich von Abraham, *cui fides est reputata ad iustitiam*, bis zu Christus durch die Zeiten zieht und in der Kirche Christi durch die Jahrhunderte beständig wirksam ist. Es ist unverkennbar eine heilige Geschichte, aber sie wird durch ihre Heiligkeit nicht aus den Zusammenhängen herausgenommen, die den Stoff und das Gesetz der menschlichen Geschichte bilden; sonst handelte es sich ja gerade nicht mehr um eine Inkarnation […]"[185]. Wenn es die Theologie also mit einer Geschichte zu tun hat, dann mit einer solchen als göttlich-menschlicher Ökonomie.

Die Inkarnation ist Höhepunkt der Offenbarung, die sich „in der Zeit ereignet, im Lauf einer Geschichte, einer heiligen Geschichte, aber eben einer Geschichte, die sich um die historische Tatsache der Inkarnation ordnet", sodass die „Vor-Gabe der Offenbarung im Zusammenhang geschichtlicher Tatsachen und Texte steht."[186] Dabei entfaltet das Wort Gottes seine „Ökonomie" in den geschichtlichen Zusammenhängen und psychologischen Bedingungen. Chenu integrierte seit seiner Dissertation historische Methoden in das theologische Arbeiten und Denken. Dabei stand nicht zuletzt auch das exegetische Vorbild der *École Biblique de Jérusalem* um Marie-Joseph Lagrange Pate. In seiner Programmschrift *Une école de théologie* findet sich diese Intuition in einer entfalteten Form. Demnach kommt beim „Problem der historischen Methode und der Einordnung von Exegese und Dogmengeschichte in das theologische Wissen" inhaltlich und methodisch „der integrale Begriff des Glaubens und seiner Ökonomie zu Hilfe."[187] Dass hier letztlich die wesentlichen geschichtshermeneutischen Annahmen und Ansätze Chenus vorliegen, die dann freilich in der Folge durchaus noch in vielerlei Weise entfaltet und ergänzt werden konnten, zeigt ein nahezu wörtlicher Wiederabdruck zentraler Passagen in einem 1970 vom Soziologen und ehemaligen Dominikaner Henri Desroche (1914–1994) gemeinsam mit dem Religionssoziologen Jean Séguy (1925–2007) herausgegebenen Sammelband *Introduction aux sciences humaines des religions*.[188]

Chenu gelangte – auch im Durchgang durch die Konflikte, die sich in Kirche und Theologie an der geschichtlichen Denkweise entzündeten – zu

185 Ebd., 125.

186 Ebd., 121.

187 Ebd.

188 Chenu kommentiert den Wiederabdruck nüchtern: „Obwohl dieses Werk [*Une école de théologie*] sehr bald praktisch unzugänglich war, ist es von bleibender Aktualität" (Chenu, Méthodes historiques et position de la théologie, 53 Anm. *).

der Überzeugung, dass die Geschichtswissenschaft ähnlich wie die Philosophie eine „*ancilla*“[189] des Glaubensdenkens sein kann, „die unter autonomer Handhabung ihrer Regeln und Werkzeuge dem Glauben die Mittel lieferte, sich enger an seine eigene Vor-Gabe zu binden, die dem Gang der Zeit anheimgegeben ist, so wie es die fortschreitende Ökonomie der Offenbarung will, und nicht wie es den logischen Deduktionen eines neuplatonischen Logos entspricht.“[190] Wie die Exegese mit Blick auf die Bibel, so ist die Dogmengeschichte mit Blick auf die Tradition „positive Theologie“, die „im Licht des Glaubens und gemäß seinen Kriterien [...] im eigentlichen Sinne Theologie ist.“[191] Dazu gehört freilich auch, dass sich die positive Theologie ebenso wenig wie die spekulative Theologie absolut setzen kann, nicht zuletzt deshalb, „weil auch die Abgrenzung von Göttlichem und Menschlichem in der Offenbarung – der Offenbarung des Wortes Gottes mit ihrem Gipfel in der Offenbarung des fleischgewordenen Logos – selbst schwer zu vollziehen und auszudrücken ist.“[192] Gerade die thomistische Tradition mit ihren strengen Unterscheidungen und ihrer rationalen Klarheit leistet hier nach Chenu unverzichtbare Dienste. Es ist aber umgekehrt auch just diese Tradition selbst, die gegen einen falschen Rationalismus die Dimension des Geschichtlichen in der Theologie einfordert.

Dies gilt mit ganzer Konsequenz bis hin in die innersten Zusammenhänge und zentralsten Strukturelemente des Glaubens in der Geschichte, nämlich die Dogmen und dogmatischen Formulierungen: „Wenn die Ökonomie der Offenbarung sich in der Zeit entfaltet, wenn folglich der Glaube seinen authentischen Ausdruck in geschichtsgebundenen Aussagen findet, dann kann der spezielle Fall – und um mehr handelt es sich dabei nicht – der Entwicklung des Dogmas innerhalb der neuen Heilsökonomie, im Leben der Kirche, den Theologen nicht beunruhigen: Er ist etwas ganz Normales, und in ihm kommt offenkundig das Inkarnationsprinzip zum Tragen.“[193] Die Transzendenz des Wortes Gottes führt demnach dazu, dass sowohl die Geschichte zu ihrem Recht kommt als auch das Dogma. Beide sind demnach aufeinander bezogen und weisen in ihrer Verbindung über sich hinaus: „Damit wird gewiss die Relativität der dogmatischen Formeln bejaht; doch diese ihre geschichtliche Relativität ist nur die zeitliche Auswirkung ihrer metaphysischen Relativität.“[194] Da der Begriff – mehr als die oft nicht als solche erkannte Sache – der Relativität in katholischen Kreisen zur Zeit Chenus,

[189] Chenu, Le Saulchoir, 127.
[190] Ebd.
[191] Ebd., 128.
[192] Ebd., 129.
[193] Ebd., 129f.
[194] Ebd., 130f.

und auch darüber hinaus, Stirnrunzeln auszulösen in der Lage ist, vergleicht Chenu hier seinen Gewährsmann Gardeil mit Thomas de Vio Cajetan (1469–1534). Aber wenn man als Quelle der Relativität erst einmal die Analogielehre erkannt habe und diese anzuwenden in der Lage ist, „lassen sich die geschichtliche Kontingenz und die psychologische Komplexität der dogmatischen Formeln durchaus unaufgeregt betrachten."[195]

Dass Chenu ausgehend von der Geschichte und Geschichtlichkeit des Glaubens von einer „metaphysischen Relativität" sprechen kann, ist eine zentrale Einsicht seiner heilsökonomisch-kontemplativ strukturierten Theologie. Wie Joseph Doré aufzeigt, ist dabei eine solche Relativität letztlich eine aus der Selbstmitteilung Gottes folgende Relationalität: „Wer behauptet, dass das Absolute sich in der Geschichte offenbart, muss daraus folgern, dass es sich nicht absolut offenbart, sondern relativ zu denen, zu denen es in ihrer Kontingenz gelangt, ohne aufzuhören selbst absolut zu sein."[196]

Ein ähnliches Reizwort wie das der Relativität stellt der Begriff der Entwicklung bzw. Evolution dar. Wenn Chenu auf die Parallele zur naturwissenschaftlichen Evolutionstheorie hinweist, darf dies nicht darüber hinwegtäuschen, dass die Frage der Evolution nicht nur von außen an die Theologie herangetragen wird, sondern sich aus ihrer eigenen Verfasstheit und durch ihren eigenen Gegenstand ergibt. Darauf verweist Chenu mit Blick auf Gardeil, der im Hintergrund des 1923 erschienenen Werkes seines in Fribourg lehrenden Schülers Francisco Marín-Sola OP (1873–1932) mit dem Titel *La evolución homogénea del dogma católico* stand[197], und folgert: „Der Dogmengeschichtler findet in der These vom fortschreitenden Verständnis der Vor-Gabe der Offenbarung mit der Legitimation für seine Arbeit und seine Methode auch die theologische Begründung für seine historischen Beobachtungen."[198] Chenu fügt hier eine wichtige Präzisierung an, die gleichsam die Verbindung zwischen seinem Initialthema der Kontemplation als persönlicher Dimension des Glaubens einerseits und dem Horizont der Tradition als gemeinschaftlicher Dimension des Glaubens andererseits darstellt. Diese Verbindung vermag zugleich die regulative Funktion des Dogmas zu erklären und gelegentliche mit dieser Funktion verbundene Krisen zu charakterisieren: „Da dieses historische ‚Wachstum' des Dogmas die zeitliche Auswirkung eines Glaubens ist, der durch die Zeiten hindurch und in den Seelen, in denen das Wort Gottes spricht, identisch bleibt, sind die Krisen des christlichen Denkens [...] letztlich jenseits der *successio temporum* auf der geistigen Ebene der *pro-*

[195] Ebd., 131.

[196] Doré, Un itinéraire-témoin, 323f.

[197] Dazu auch Chenu, Le sens et les leçons, 375f. Anm. 1 (hier 376).

[198] Chenu, Le Saulchoir, 132.

pinquitas ad Christum (Summa theologiae II-II q.1, a.7, ad 2 et 4) zu beurteilen: als Geschichte der Seelen und nicht mehr nur als lineare Evolutionen, als persönlicher Glaube und nicht mehr nur als kollektive Erinnerung. Von dieser Art also ist die Geschichte der Dogmen, besser gesagt: die Geschichte der christlichen Lehre, die für die Theologen das Material der Tradition darstellt."[199]

Die Tradition ihrerseits ist gleichsam die theologisch gedeutete Geschichte des Glaubens und seiner Erkenntnis in Leben und Denken. Auch aufgrund der Inspiration durch Chenu war dies eine der großen Intuitionen Congars, dessen theologiegeschichtlich besonders auch im Umfeld des II. Vaticanums und seiner Rezeption höchst einflussreiche Unterscheidung von „Tradition und Traditionen" – im Französischen durch die Groß- und Kleinschreibung *„(la) Tradition et (les) traditions"* noch deutlicher erkennbar – Chenu hier vorwegnimmt.[200] Die Tradition ist aufgrund des Primats der Vor-Gabe ebenso wenig wie die Heilige Schrift „ein äußerer ‚Beweis' für die Wahrheit dieses oder jenes Dogmas"[201]. Sie ist auch nicht „nur ein Quantum von so genannten *credenda* gemäß einem empirisch-statischen Verständnis der *loci*"[202], womit Chenu das in der Folge von ihm in kreativer Entfaltung verwendete Motiv der *loci theologici* einführt. Ferner ist sie „nicht nur Konservierung ausgearbeiteter Dogmen, erreichter Ergebnisse oder getroffener Entscheidungen aus der Vergangenheit"[203]. Vielmehr ist sie positiv betrachtet „das in der Kirche sich durchhaltende christliche Bewusstsein" und „Kriterium für die Beurteilung alles Neuen", sie ist „Gegenwart des Heiligen Geistes in der sozialen Körperschaft der in Christus göttlich und menschlich verfassten Kirche", sie ist „schöpferisches Prinzip von Intelligibilität und nie versiegende Quelle neuen Lebens", sie ist „ein Prinzip von organischer, durch das unfehlbare Instrument des Lehramts gesicherter Kontinuität in der theandrischen Realität der Kirche, des mystischen Leibes der Kirche."[204] Dies schließt für die Theologie als Teil und Ausdruck der Tradition nicht zuletzt jede Verengung auf apologetische Denk- und Verhaltensmuster aus.[205]

---

199 Ebd.

200 „Die Tradition ist keine Ansammlung von einzelnen Traditionen" (ebd., 133). Vgl. Congar, La Tradition et les traditions; vgl. bereits ders., Art. Théologie.

201 Chenu, Le Saulchoir, 133.

202 Ebd.

203 Ebd.

204 Ebd.

205 „Wenn die Vernunft der Theologie dermaßen innerlich ist, dann würde man ihre ganze Arbeit außerordentlich verkürzen, wollte man sie lediglich als Verteidigung der Dogmen anlegen und aus ihren rationalen Gehalten ein nur äußeres Bollwerk errichten" (Chenu, Le Saulchoir, 143). Dieser Versuchung sei das 19. Jahrhundert erlegen, eine Analyse, der auch Congar zustimmt, vgl. Quisinsky, Geschichtlicher Glaube, 155–157.

In dieser Skizze des Traditionsverständnisses verdichten sich verschiedene Intuitionen und Intentionen Chenus, aber auch seiner Mitstreiter aus Le Saulchoir. An dieser Stelle soll lediglich hervorgehoben werden, dass Chenu hier die theologische Grundlage dafür entwickelt, die Mentalitätsgeschichte als eine Dimension theologiegeschichtlichen Arbeitens einzubeziehen. Diese theologische Begründung wird zudem dahingehend ekklesiologisch präzisiert, dass – auch dies wieder durchaus im Bewusstsein der Dimension der Mentalität – ausgehend von der sozial eingebetteten „Seele" her die Kirche insgesamt mit der Tradition über ein „schöpferisches Prinzip" verfügt. Chenus pastorales Engagement im Horizont der „*contemplactio* der Heilsökonomie" führt von daher zu einer in Leben und Denken innovativen und kreativen Grundhaltung, die Praxis und Theorie gleichermaßen bereichert und wechselseitig verschränkt. Geschichtliche Veränderungen ermöglichen es dem Glauben, mit diesen zu wachsen.

1.2.2. Geschichte der Theologie

Die Geschichte der Theologie ist innerer Bestandteil der Theologie. Das bedeutet, dass die Geschichtsschreibung neben ihrer historiographischen eine theologische Dimension hat, was sich in ihrem Gegenstand und ihrer Methode äußert. Insofern Theologie Teilhabe an der Erkenntnis Gottes ist, ist die Geschichte der Theologie die Geschichte dieser menschlichen Teilhabe. Die Geschichte des „geglaubten Gottes"[206] umfasst dabei nach Chenus Theologieverständnis sicher zuerst die kontemplativ-reflexive Dimension. Mehr und mehr wurde Chenu aber klar, dass diese in der Geschichte sich nie außerhalb sozialer und wirtschaftlicher Faktoren und gesellschaftlicher Plausibilitäten und Mentalitäten vollzieht. So ergibt sich quasi von selbst eine Annäherung an die mentalitätsgeschichtliche Schule der *Annales*.[207] Chenu sorgte als Bibliothekar dafür, dass die entsprechende Zeitschrift in Le Saulchoir abonniert wurde. Die Begegnung mit dem „Meister" Lucien Febvre (1878–1956) war für Chenu „Erleuchtung" und „Sicherheit"[208]. Schlüsselwerke wie *La société féodale* von Marc Bloch (1886–1944) gehörten zu seinen prägenden Lektüreerlebnissen. Wesentliche Aspekte seiner Deutung des 12. Jahrhunderts verdankte Chenu Bloch, der übrigens wie er selbst bei aller Freude am Detail auch in großen assoziativen Linien dachte. Auch in ihrer Unerreichbarkeit erkenntnisför-

[206] So kann man mit Andreas Holzem formulieren, vgl. ders., Praktische Theologie in der Vergangenheitsform.

[207] Vgl. Quisinsky, Geschichtlicher Glaube, 109–112. S. auch Le Goff, Le P. Chenu et la société médiévale; Boureau, Le Père Chenu médiéviste; Bendel-Maidl, Tradition und Innovation, 339–345.

[208] Chenu, La littérature comme lieu de la théologie, 71 Anm. 3.

dernde Ideale wie das einer „*histoire totale*“ oder kreative Sichtweisen eröffnende Begriffe wie „*conjoncture*“, mit denen die *Annales* arbeitete, prägten die Dominikaner um Chenu in höchstem Maße – Congar etwa, der sich in der Kriegsgefangenschaft mit dem *Annales*-Historiker Fernand Braudel (1902–1985) anfreundete, sprach von einer „*ecclésiologie totale*“[209], die freilich ebenso wünschenswert wie unerreichbar ist. Entscheidend war, dass Chenu gemeinsam mit Congar und Féret die methodischen und inhaltlichen Einsichten der *Annales* nicht nur übernahm, sondern auch in einen theologischen Deutungsrahmen stellte. Congar zeigte in einem Rückblick auf den Lebens- und Denkweg Chenus aus dem Jahre 1965, wie sehr für sie das historische Denken im Laufe der Zeit selbst zu einem religiösen Akt wurde.[210]

Wie sich Chenu als „Zeitgenosse Christi“[211] betrachtet, so ist die durch die Geschichte als Tradition hindurchgehende Zeitgenossenschaft der Christinnen und Christen mit Christus ein Teilaspekt einer theologischen Bewertung einzelner geschichtlicher Stationen. M. a. W. ist die theologische Geschichtsdeutung Teil eines Verständnisses von Christsein, das die *Communio* der Kirche als Gemeinschaft der Lebenden und der Toten beinhaltet. Besonders Congar wird diesen kirchlichen Aspekt herausarbeiten und ekklesiologisch fruchtbar machen. So kann man von einem „communialen Geschichtsverständnis“[212] sprechen, in dem sich der Theologiegeschichtler der 1930er Jahre mit denen in *Communio* verbunden weiß, die vor ihm um die *scientia Dei* gerungen haben, in dem er aber auch um seine Verantwortung für die weiß, die dies gegenwärtig und künftig tun. Nicht zuletzt beinhaltet dieser communiale Aspekt auch das Eingeständnis, dass eine aus der *Contemplatio* hervorgehende Geschichtsforschung immer nur höchst partiell und fragmentarisch sein kann, weswegen ganz praktisch gesprochen Teamarbeit angesagt ist.

In diesem Zusammenhang ist ein herausragendes Dokument, das Chenus Interessen und Arbeitsweise ebenso illustriert wie seine Begeisterungsfähigkeit und Motivationskraft, das *Projekt einer Geschichte der Theologie*[213]. Es enthält *in nuce* Ansätze zur geschichtlichen Bewertung theologischer Stationen und zur theologischen Bewertung geschichtlicher Stationen im Leben der Kirche in der Welt. Entstanden wohl zwischen 1933 und 1936, skizziert

---

209 Congar, Jalons pour une théologie du laïcat, 13 (die deutsche Übersetzung in ders., Der Laie, 15 [„Gesamtlehre der Kirche“] gibt die Anspielung auf die „*histoire totale*“ nicht wieder. Freilich ist in der Tat nicht eine im Deutschen völlig andere Assoziationen hervorrufende „Totalität“ gemeint).

210 Congar, Le frère que j'ai connu, 243.

211 Chenu, Le Saulchoir, 123.

212 Dazu Quisinsky, Geschichtlicher Glaube, 62.

213 Text ebd., 45–53. Dort auch alle Nachweise für das Folgende.

es die inhaltlichen und methodischen Schritte eines ambitionierten Arbeitsprogramms. Auch wenn das angestrebte Ergebnis nicht zustandekam, so stehen doch viele Einzelstudien Chenus, Congars und Férets in engem Zusammenhang mit diesem Projekt. Dies gilt beispielsweise für Chenus spätere Artikelsammlungen zur Theologie im 12. bzw. 13. Jahrhundert, aber auch für den 1943 im *Dictionnaire de théologie catholique* erschienenen einflussreichen Artikel *Théologie*[214] von Congar, der wiederum den Grundstock für seine Fundamentaltheologie *La foi et la théologie*[215] aus dem Jahre 1962 bildete. Eine innere Nähe zu Chenus *Une école de théologie* belegt auch die Vermutung Congars, dass sein Artikel *Théologie* gemeinsam mit dem Manifest in Ungnade gefallen sei. Geplant war „eine Geschichte der Theologie, deren Originalität unter anderem darin bestünde, die Entwicklung des theologischen Denkens in Verbindung mit kulturellen Faktoren, der Spiritualität etc. zu sehen." Es sollte sich um eine „Geschichte der Theologie innerhalb der Gesamtheit der menschlichen Welt"[216] handeln, in der die bereits erwähnten drei Renaissancen eine zentrale Rolle spielen sollten.

Einen Einblick in das Projekt der drei Dominikaner bietet folgender Ausschnitt, der einen mit Anmerkungen durch Chenu versehenen handschriftlichen Text Congars wiedergibt: „Bis ins XIII. oder XIV. Jahrhundert war die Lebenswelt des Menschen in einer von der Kirche und der *‚chrétienté‘* bestimmten Ordnung verfasst; die Theologen waren Menschen, die wie die anderen Menschen dachten, dieselbe Sprache gesprochen haben, usw. Aber ab dieser Zeit zerfällt die Welt in zwei Teile. Die moderne Welt gibt sich selbst die Ordnung, aufgrund derer sie sich von nun an errichtet, und zwar, das sehe ich immer klarer, wesentlich gemäß dem Prinzip der Immanenz (alles ist innerhalb der Welt, die ein geschlossenes Ganzes ist; alles ist dem Menschen zugänglich, der denken, definieren und die Welt dominieren kann). Während man nun aber die Entwicklung der Menschheit nur unter diesem Vorzeichen und gemäß diesem Prinzip verstehen kann, geht die nunmehr von der Welt getrennte und in ihrem abgetrennten Bereich eingezäunte Theologie [an dieser Stelle Anmerkung von Chenu: deshalb ist sie tot (vgl. Paré 312)[217]] weiterhin von den Vorgaben des XIII. Jahrhunderts aus und benutzt dabei eine Methodologie, die, wenn sie nicht die gleiche ist wie die des XIII. Jahrhunderts […], so doch von der gleichen Art. Braucht man nun

214 Congar, Art. Théologie. Einordnungen dazu bei Quisinsky, Congar avec Chenu et Féret au Saulchoir des années 1930, 29–33.

215 Congar, La foi et la théologie.

216 Wenn es im französischen Original heißt *„au sein du monde humain total“* erinnert dies an die *„histoire totale“* in der Schule der *Annales* – dieser „umfassende“ ist nicht zu verwechseln mit einem „totalitären“ Sinn.

217 S. dazu die gleich folgenden Erläuterungen.

nichts weiter zu tun, als eine Geschichte dieser Theologie zu schreiben, die sich im Zustand der Sezession gegenüber der Welt befindet – oder aber eine Geschichte der Theologie innerhalb der Gesamtheit der menschlichen Welt? Nur der zweite Blickwinkel ist interessant [an dieser Stelle Anmerkung von Chenu: ja. Aber ein Bruch ist schnell festgestellt, wohingegen ‚Beziehungen' wahrnehmen …]: aber dann haben wir es mit einer Geschichte des Denkens der Menschheit zu tun, mit einem extrem weitgefassten Objekt." Den letztgenannten Punkt versieht Chenu mit einem „Nein" und einem Pfeil zum Wort „Beziehungen", die es wahrzunehmen gelte. Weiter heißt es aus der Feder Congars: „Eine Lösung [Anmerkung von Chenu: Ja. Denn es ist klar, dass in dem Maße, in dem die Trennug vollzogen ist und die Theologie sich eingemauert hat (und sie stimmt dem leider auch noch zu!), man von diesem Befund ausgehend keine Beziehungen mehr beschreiben kann … die nicht mehr existieren] wäre, ein Kapitel über die neue Inspiration des modernen Denkens zu machen [Chenu: Ja] und zu zeigen, dass alle Probleme sich dabei in einer neuen, schrecklich tragischen, scharfen und divergierenden Weise ihren Weg bahnen (s. die ‚religiöse Erkenntnis', das Verständnis der Offenbarung, die Exegese und die historische Kritik) […]." Dabei wäre zu zeigen, dass die Theologie letztlich nur apologetisch auf das neuzeitliche Denken reagiert habe, ohne dieses und die in ihm behandelten Fragen in ihrer Eigenwertigkeit ernst zu nehmen. Den vorläufigen Höhepunkt dieser krisenhaften Auseinanderentwicklung sieht das Trio in der Modernismuskrise, in der Theologie und neuzeitliches Denken sich unvermittelt gegenüberstehen würden. „Dies könnte in ein Schlußkapitel einmünden, das viel zu denken geben würde."

Die im Projekt genannten Themen und Methoden betrafen das historische wie das theologische Denken gleichermaßen. Chenus Literaturhinweis „Paré 312" bezieht sich auf ein Buch der kanadischen Dominikaner Gérard Paré (1906–1968), Adrien Brunet (1906–1990) und Pierre Tremblay (1910–1978) vom *Institut dominicain d'études médiévales* in Ottawa. Dort arbeiteten sie unter Leitung Chenus über das 12. Jahrhundert[218] und zeigten, wie Congar bemerkte, dass „der gesamte Vorgang des Denkens an ein ‚Milieu' gebunden"[219] ist. In seinem Vorwort verwies Chenu auf die Errungenschaften der Kultur-, Wirtschafts- und Sozialgeschichte, die in das theologische Denken zu integrieren seien.[220] War die historiographische Reflexion Chenus im Vorwort zum Werk der kanadischen Ordensbrüder aus dem Jahre 1933 sehr stark von der Rezeption neuerer historischer Methoden geprägt, so vertiefte er seine his-

218 Paré, Brunet, Tremblay, La renaissance du XIIe siécle.

219 Congar, Art. Théologie, 361.

220 Chenu, Avant-propos, in: Paré, Brunet, Tremblay, La renaissance du XIIe siècle, 6f.

toriographische Reflexion 1957 im Vorwort zu seinem eigenen Werk *La théologie au douzième siècle* theologisch. Hier verweist er inbesondere auf die Verbindung von Intuition und Institution, Intellektualität und Spiritualität. Eine Geschichte der Theologie hat demnach die Gesamtheit der menschlichen Zivilisation im Blick, wenn sie sich einzelnen Fakten („*faits*") zuwendet. Sosehr er dafür plädiert, die Methoden der sog. Profangeschichte zu nutzen, so sehr betont er die Notwendigkeit, die „theologische Geschichte der Kirche" gemeinsam mit der „Geschichte des Evangeliums in der Kirche" zu schreiben.[221] Für die theologische Bewertung von Geschichte hat dies zwei Konsequenzen. Zum einen ist der Theologiegeschichtler Teil der Kirche, deren theologisches Denken er untersucht, und er tut dies bei aller Übernahme profangeschichtlicher Methoden in einer „*communio* des Glaubens"[222]. Zum anderen wird über die Geschichte der Kirche und des Evangeliums eine Verbindung zwischen Theologiegeschichte und dem „Gesetz der Inkarnation" hergestellt, das damit zugleich immer besser verstanden werden kann.

Im *Projekt einer Geschichte der Theologie* waren Chenu das 12. und 13. Jahrhundert zugedacht. Hier fühlte er sich im wahrsten Sinne des Wortes zuhause. Ausgangspunkt war dabei das 13. Jahrhundert, von dem aus Chenu historisch rückwärts wie vorwärts dachte. Sein Aufsatz *La théologie comme science au XIIIe siècle* mit seinen drei Auflagen von 1927, 1942 und 1957 wurde schon genannt; mit der dritten Auflage legte Chenu eine Monographie vor, die ein lebendiges Bild der theologischen Diskussion des 13. Jahrhunderts bietet. Die Entstehung der Universitäten ging einher mit der Rezeption des aristotelischen Denkens, was gegenüber dem lange vorherrschenden platonischen Einfluss, wie er über Augustinus zum theologischen Allgemeingut geworden war, eine entscheidende Neuorientierung darstellte. Thomas von Aquin steht hier inmitten der Renaissance des 12. und 13. Jahrhunderts in einem komplexen Gefüge aus Vorläufern und Mitdenkern wie Robert Kilwardby, Wilhelm von Auxerre, Odo Rigaldus (1200–1275) oder Bonaventura. Chenu zeichnet die Entwicklung des Denkens nach, die er als einen „Übergang von der Dialektik zur Wissenschaft"[223] beschreibt. An die Stelle von Grammatik, Dialektik und Rhetorik trat unter dem Einfluss des wiederentdeckten Aristoteles mehr und mehr die Wissenschaft von der Natur und dem Menschen, die von der zentralen Rolle der Vernunft ausging. So führte die komplexe Diskussion des 13. Jahrhunderts zur entscheidenden Frage: *Utrum sacra doctrina sit scientia?* Thomas bejaht dies, denn wenn „der Mensch Gott denken [muss], so denkt er ihn auf menschliche Weise, das

221 Chenu, Avant-propos, in: ders., La théologie au douzième siècle, 13.

222 Ebd., 14.

223 Chenu, Die Theologie als Wissenschaft im 13. Jahrhundert, 46.

heißt nach dem ihm eigenen diskursiven Verfahren, selbst da, wo Gott sich in seiner höchsten Einfachheit einer vollkommenen Intuition erfreut. Er muss dabei mit aller gebotenen Zurückhaltung vorgehen; doch wenn das getan ist, genießt seine Vernunft im Licht des Glaubens und in seinem Dienst alle ihre Rechte, sowohl ihre eingeborenen Rechte als auch ihre gelehrten Methoden – Definitionen, Divisionen, Analogien, Vergleiche, Folgerungen, Deduktionen –, sofern sie wahr sind. Denn der Glaube zerstört ja nicht die Natur des Geistes, den Gott ihn eingießt, vielmehr übernimmt er seine Modi, deren Muster der rationale Diskurs ist."[224] In der Folge ist die *sacra doctrina* als *scientia* „die Lehre, die von der Offenbarung aus voranschreitet: mit allen Hilfsmitteln, die aus dieser erfließen, und mit allen menschlich-verstandesmäßigen Verfahrensweisen, die sie zulässt: von der Lektüre der Bibel bis zur theologischen Deduktion."[225] Dass die Vernunft eine menschliche ist, zeigt sich dabei in diversen Kontingenzen und auch im Rückstand der Terminologie gegenüber der Idee, ändert aber nichts an ihrer grundsätzlichen Würde als adäquatem Instrument zur Erfassung und Durchdringung des Glaubens. Neu gegenüber der bisherigen theologischen Produktion, die sich nicht zuletzt in Kommentaren äußerte, ist der aristotelische Wissenschaftsbegriff mit seiner Theorie der Subalternation. Damit gelang es Thomas, die Gegenüberstellung von Glaube und Vernunft, die mit dem aristotelischen Wissenschaftsverständnis zunächst einen scheinbar neuen Höhepunkt erreicht hatte, in ein wechselseitiges Verhältnis zu überführen, in dem der Glaube die Prinzipien liefert, die gemäß der Eigendynamik der Vernunft verstanden und entfaltet werden. Im Hintergrund steht eine „Metaphysik des Seins", in der die „Analogie des Seins"[226] die „Kontinuität"[227] zwischen den beiden zu unterscheidenden Dimensionen von (subalternierendem) Glauben und (subalternierter) Wissenschaft ermöglicht und beide Dimensionen wie auch ihre Kontinuität untereinander vom Wissen Gottes und der seligen Schau, also der *scientia Dei et beatorum* her denkt, von der sie zugleich ihren Ausgang nimmt. Aufgrund des besonderen Charakters des Glaubens handelt es sich allerdings nicht um eine Subalternation wie etwa diejenige der Physik unter die Mathematik, sondern um eine „Quasi-Subalternation"[228]. Die Theologie ist somit einerseits, wie Chenu gegenüber den ersten Thomas-Schülern und ihrer übergroßen Ehrfurcht vor dem Glaubensgeheimnis festhält, echte Wissenschaft, auch wenn das Geheimnis des Glaubens als ihr Gegenstand die

---

224 Ebd., 119.

225 Ebd., 132.

226 Ebd., 122.

227 Ebd., 124. Vgl. auch ebd., 136f.

228 Ebd., 137.

Vernunft übersteigt. Andererseits kann man mit Thomas keine „Konklusionstheologie“[229] in dem Sinne betreiben, die einem „gewissen Extrinsezismus der Theologie gegenüber dem Glauben“[230] Vorschub leistet. Vielmehr bewahrt gerade die Quasi-Subalternation mit ihrer Verbindung von Zusammengehörigkeit und Differenzierung den epistemologischen, pädagogischen, pastoral und spirituellen „Primat des Wortes Gottes (in Schrift und Tradition)“[231], allerdings wiederum ohne eines der Vernunft nur äußerlich bleibenden Zugangs zum Wort Gottes. Wenn sich dieses gleichsam in die Vernunft inkarniert, so ist die Teilhabe an der Erkenntnis Gottes letztlich von einer Unverfügbarkeit geprägt, erfolgt sie doch „immer nur in geheimnishafte Prinzipien“[232] hinein. Insofern kann theologische Vernunft nur „unter dem Schirm der Analogie“[233] erfolgen. Dabei mindert der Glaube nicht das Vertrauen in die Vernunft, sondern erhöht es und stellt es sicher gemäß dem Prinzip *Gratia non tollit naturam, sed perficit.*[234] Gerade aufgrund der erkenntnistheoretischen Reichweite dieses Axioms aber erweist sich für Chenu die epochale Bedeutung des Thomas darin, dass er nicht nur die Wiederentdeckung des Aristoteles theologisch „umformen“ kann, sondern auch die Erneuerungsbewegung des „Evangelismus“, die mit der Renaissance des 13. Jahrhunderts einhergeht. Auch wenn manche thomistische Tradition in der Folge nicht diesen Eindruck erweckte, ist für Chenu die Theologie des Aquinaten eine Entfaltung des Evangeliums und Anteilnahme „an der Bewegung zur Erneuerung der Welt“.[235]

Die Theologie des Thomas von Aquin ist aber nicht nur Anteilnahme an der Erneuerung der Welt, sondern zugleich auch deren Ergebnis. Deshalb blickte Chenu in seinen theologischen und pastoralen Aktivitäten von Thomas und dem 13. Jahrhundert aus nicht nur nach vorn bis ins 20. Jahrhundert hinein, sondern auch zurück ins 12. Jahrhundert. Sein Buch *La théologie au douzième siècle* vereint eine Reihe von hauptsächlich in den 1950er Jahren entstandenen Aufsätzen. In diesen konnte Chenu noch viel unmittelbarer als in den Studien zum 13. Jahrhundert, die mit der Herausbildung der Wissen-

[229] Ebd., 139 Anm. 32 unter Verweis auf entsprechende ablehnende Äußerungen von Karl Rahner und Johannes Beumer gegenüber einer bestimmten Art von Theologie, die aber, so Chenu, auch Thomas fremd sei. Vgl. aber auch umgekehrt ebd., 140 Chenus Stellungnahme gegen die erste Generation von Thomas-Schülern, die die einer solchen Entwicklung Vorschub leisteten.

[230] Ebd., 139.

[231] Ebd.

[232] Ebd., 140.

[233] Ebd., 144.

[234] S. th. I, q. 1, a. 8, ad 2, vgl. ebd., 145.

[235] Chenu, Die Theologie als Wissenschaft im 13. Jahrhundert, 164.

schaftlichkeit der Theologie zwangsläufig sehr theoretische und technische Fragen behandelten, von der historiographischen Horizonterweiterung durch die *Annales*-Schule profitieren. Beispielsweise widmete sich Chenu hier ausführlich der Renaissance des 12. Jahrhunderts und dem sich durch diese verändernden Welt- und Menschenbild, aber auch einem neuen Verständnis von Zeit und Geschichte. Ausgehend von einer augustinistisch-platonistischen Grundverfasstheit des zeitgenössischen Denkens zeigen seine Studien zu Grammatik und Symbolik die zunehmende Notwendigkeit der Erweiterung dieser Denkbasis, die durch die Wiederentdeckung der östlichen Theologie eine eschatologisch ausgerichtete Akzentuierung erhielt. War die Notwendigkeit einer Erweiterung eine Grundlage für die Erneuerung des theologischen Denkens auf dem Weg zur Wissenschaftlichkeit, so eine andere das „evangelische Erwachen“[236], das sich in den konkreten Veränderungen von kirchlichen und gesellschaftlichen Bewegungen manifestierte und niederschlug. An die Stelle einer feudalen Christenheit, wie sie sich von Konstantin (306/324–337) und Karl dem Großen (768/800–814) her gebildet hatte und in der kirchliche Sozialformen sich gegenüber ihren ursprünglichen Intentionen verselbständigen konnten, traten nach und nach am Evangelium ausgerichtete Bewegungen, die Leben und Denken gleichermaßen erneuerten. Symbolisierten bislang die Ritter die Gesellschaftsordnung und die entsprechende Verwobenheit der Kirche mit dieser, so traten mehr und mehr die Kaufleute und Bürger in den Städten auf die Bühne. Die bisherige Wertschätzung klösterlicher Lebensformen wurde sekundiert von einem erneuerten Verständnis der Ehe als sakramentaler Wirklichkeit.

Alles in allem steht man Chenu zufolge „im 12. Jahrhundert an einem der großen Wendepunkte der Geschichte der christlichen Spiritualität des Westens, am Beginn der ‚Religionen der neuen Zeit‘ (Dom Wilmart). Das Schicksal dieses neuen Bewusstseins der Bedingungen christlichen Lebens wird von langer Dauer sein. Es wird sich bald ausdrücklich in die Theologie einschreiben, wo das Verständnis der Berufung gemäß der Vorsehung Gottes auch auf die profanen Lebensstände ausgeweitet werden wird. Es wird sich in die Pastoral einschreiben, wo man für die verschiedenen Stände bis hinein in die wirtschaftlichen Korporationen die Gesetze der evangelischen Moral ausarbeiten wird.“[237] So ging es Theologie und Pastoral und deren Zusammenspiel um nicht weniger als um eine grundlegende Neubestimmung des Verhältnisses von Natur und Gnade, Kirche und Welt, Geistlichen und Laien, Kontemplation und Aktion, Gebet und Beruf, Ehelosigkeit und Ehe.

---

236 Chenu, La théologie au douzième siècle, 223.

237 Chenu, Moines, clercs, laïcs, 239f. Im Zitat verweist Chenu auf den Mediävisten André Wilmart OSB (1871–1941).

Das Porträt, das Chenu hier vom 12. Jahrhundert zeichnete,[238] ist freilich nicht nur in theologiegeschichtlicher Hinsicht von Interesse. Es zeigt auch, wie Chenu in seinem „communialen“ Umgang mit der Geschichte des Glaubens Aspekte der historisch untersuchten Epoche und der pastoral mitgestalteten eigenen Zeit aufeinander bezog. Dass Chenu auf diesem historischen Umweg über seine eigene Zeit sprach, hängt natürlich auch mit den Verurteilungen der Jahre 1942 und 1954 zusammen. So beginnt der eben zitierte Artikel *Moines, clercs, laïcs. Au carrefour de la vie évangélique* mit einem aufschlussreichen Vergleich der 1950er Jahre und dem 12. Jahrhundert. Die zeitgenössische Erneuerung der Gnadenlehre spielt sich demnach nicht in der akademischen Kontroverse zwischen „Paläo-Thomisten“ und „Neo-Molinisten“ ab, sondern in der Verhältnisbestimmung von Natur und Gnade, wie sie in Theorie und Praxis der Katholischen Aktion erfolge, sowie in verschiedenen Ansätzen zu einer Theologie der Geschichte. Ähnlich sei im 12. Jahrhundert die Erneuerung der Gnadentheologie nicht nur in den Schriften berühmter *magistri* nachzuvollziehen, sondern auch im tatsächlichen Leben der Christen und ihrem „kollektiven Bewusstsein inmitten einer Kirche in tiefgreifender Entwicklung. Die Heilsökonomie definiert sich nicht nur in der reflektierenden und räsonierenden Intelligenz einiger patenter Denker, sondern auch in den konkreten Entscheidungen, in den gewählten Lebensformen, in den Heiligkeitsidealen, in der evangeliumsgemäßen Arbeit, die die Kirche in ihrem Haupt und ihren Gliedern bejaht, hervorruft, fördert oder definiert.“[239] Noch deutlicher zeigt sich diese doppelte Zeitgenossenschaft Chenus, wenn er abschließend darauf hinweist, dass „sich das Reich Gottes bei aller Identität seiner Mission und seiner Herrschaft nicht nach einem einlinigen Plan in einer der Zeit enthobenen Abstraktion verwirklicht; seine ‚Inkarnation‘ ist Teil seines Wesens, ohne dass dies seine Transzendenz schmälern würde. Den Knotenpunkt dieser paradoxalen Situation können wir in der Dialektik zwischen Kirche und Welt sehen, die sich im Christen gemäß dem Reflex einer Rückkehr zum Evangelium und einer Präsenz in der Welt abspielt: zweifacher und einziger Reflex der Geschichte nach zu urteilen, denn die Rückkehr zum Evangelium garantiert die Präsenz in der Welt und die Präsenz in der Welt stellt die Wirksamkeit des Evangeliums bereit.“[240]

---

[238] Bei Fachhistorikern stieß dieses auf Zustimmung, wenngleich etwa Le Goff, Le P. Chenu et la médiévale, 377, darauf hinweist, dass sich Chenu beispielsweise wenig den Bauern oder der Populärkultur gewidmet hat.

[239] Chenu, Moins, clercs, laïcs. Au carrefour de la vie évangélique, 225.

[240] Ebd., 250f.

1.2.3. Theologische Systeme

Es gehört zur Eigenart der menschlichen Vernunft, in die hinein sich der Glaube inkarniert und so die Theologie hervorbringt, dass sie systematisiert. So stellt sich die Frage nach den theologischen Systemen und Schulen, die es unweigerlich gibt. Chenu beschreitet hier einen recht komplexen Weg, indem er einerseits die Pluralität der theologischen Systeme akzeptiert und gutheißt, andererseits den Thomismus als letztlich überlegene Theologie voraussetzt und begründet.

Zu unterscheiden ist freilich zwischen philosophischen und theologischen Systemen und Schulen. Die philosophischen Systeme können helfen, der theologischen Wissbegier Gestalt und Form zu geben, wenngleich das Wort Gottes nicht „darein zu verwickeln“[241] ist. Vielmehr ist der Theologe frei und muss sich diese Freiheit bewahren, zur Erlangung von theologischen Schlussfolgerungen das auszuwählen, was jeweils „passend erscheint“, und dabei „dieses Element abzuschwächen, jenes dagegen zu verstärken“.[242] Weiterhin kann die Theologie eine gewisse schöpferische Kreativität im Umgang mit den philosophischen Begriffen an den Tag legen – „ein intellektueller Pragmatismus, der den Philosophen schockieren mag, hier aber von einem Glauben zeugt, der Herr über seine Werkzeuge ist.“[243] Nur in einer bleibenden spirituellen Offenheit der Theologie für Einsichten aus verschiedenen philosophischen Systemen kann letztlich das „Verwickeln“ des Wortes Gottes in eines davon verhindert werden.

Mit den theologischen Systemen verhält es sich etwas anders. Zwar ist ein „Relativismus in der Konstruktion der Theologie“[244] sinnvoll und nötig, aber es wäre falsch, von daher unmittelbar auf einen Relativismus der theologischen Systeme und Schulen zu schließen. Die Theologie kann nicht „in Eklektizismus […] verfallen und in der Rivalität der theologischen ‚Schulen‘ lediglich eine etwas widerwillige Gewähr für freie Meinungen […] sehen und damit dem sie übersteigenden Dogma dienen.“[245] Ein theologisches System gewährt vielmehr von der Vernunft her und mit deren Mitteln die innere Schlüssigkeit des Glaubensdenkens. Die nach wie vor gegebene Relativität der theologischen Systeme bezieht Chenu deshalb nicht zuerst auf das Absolute des Glaubens, sondern auf deren Verhältnis untereinander. Hier können die unterschiedlichen Systeme mal mehr, mal weniger gelungen Wahrheit

[241] Chenu, Le Saulchoir, 144.
[242] Ebd.
[243] Ebd.
[244] Ebd., 145.
[245] Ebd.

und Intelligibilität des Glaubens ausdrücken und dabei auch „theologische ‚Irrtümer'"[246] hervorrufen.

Die Pluralität der Systeme ist von einem „Eklektizismus" zu unterscheiden, der der „Niedergang" der theologischen Vernunft wäre.[247] Die Systeme sind „Ausdruck von Spiritualitäten"[248], von denen es in der Kirche zu Recht eine Vielzahl gibt. Chenu verweist beispielhaft auf die „Größe und Wahrheit von Bonaventuras und Duns Scotus' Augustinismus", die in der „spirituellen Erfahrung des heiligen Franziskus" grundgelegt sind, sowie auf den auf Luis de Molina (1535–1600) zurückgehenden Molinismus als Ausdruck der Spiritualität des Ignatius von Loyola (1491–1556). Entscheidend ist der Zusammenhang zwischen Spiritualität und System: „In ein System tritt man nicht wegen der logischen Kohärenz seiner Konstruktion oder wegen der Wahrscheinlichkeit seiner Schlussfolgerungen ein; man wird dort gleichsam hineingeboren."[249] Hier klingt ein Zitat des Tübingers Johannes Evangelist von Kuhn (1806–1887) an, das Chenu seinem Artikel „*Position de la théologie*" vorangestellt hatte: „Keine Theologie ohne neue Geburt"[250]. Nach der Metapher der Geburt kommt Chenus Schlüsselkategorie der Intuition zu Ehren, durch die dieses Hineingeborenwerden erfolgt: „durch die Hauptintuition, um die unser spirituelles Leben kreist, und das Wirklichkeitsverständnis, das sie erschließt."[251]

Etwas unmittelbar folgert Chenu selbstbewusst: „Und hier verleihen Universalität, Kohärenz und Grundeinsichten dem thomistischen System einen überlegenen Rang."[252] Man kann Chenu dahingehend interpretieren, dass die Hauptintuition des Thomas, „dem menschlichen Verstand in der Christenheit Geltung zu verschaffen"[253], zu einer Ausgestaltung seines systematischen Denkens führte, die aufgrund der Reichweite und Gestalt der von Thomas in Anschlag gebrachten Vernunft jene größere Kohärenz und Stringenz aufweist als theologische Systeme, die von Haus aus vernunftskeptischer sind. So gesehen wäre der Thomismus das vernünftigste System, weil es der Vernunft die größte Bedeutung zumisst. Freilich wehrt sich Chenu zugleich dagegen, den Thomismus auf ein System zu reduzieren, und betont den dem Thomismus bzw. der in ihm waltenden „Vorstellung vom Glauben"[254] in sei-

---

[246] Ebd.

[247] Alle Zitate ebd. Ähnlich auch in ders., La théologie est-elle une science, 99.

[248] Chenu, Le Saulchoir, 146.

[249] Ebd.

[250] Chenu, Position de la théologie, 115.

[251] Chenu, Le Saulchoir, 146.

[252] Ebd., 145.

[253] Ebd., 147.

[254] Ebd.

ner Übernatürlichkeit sowie seinem Primat der Vor-Gabe eigenen systemimmanenten System- bzw. Systematisierungsvorbehalt: „Das System des Thomas ist das am wenigsten ‚systematische'"[255] – d. h., es ist von sich aus mehr als alle anderen Systeme in der Lage, seine eigenen Prinzipien nicht zu verabsolutieren, sondern in einen universalen Horizont hinein verweisen zu lassen. Später wird er zustimmend auf Jacques Maritain verweisen, demzufolge der Thomismus kein „System" und kein „artefactum" ist, sondern ein „lebendiger Organismus"[256]. Auch die theologischen Systeme sind in diesem Sinne lediglich Hilfestellungen für die Glaubenserkenntnis, die in der Kontemplation als *inventio*, d. h. als Finden und Erfinden erfolgt. Chenu folgert aus alledem, dass „die Geschichte der Schulen" in gewisser Weise „der Theologie selbst innerlich"[257] ist – inwiefern seine eigene Lektüre der Geschichte der Theologie den verschiedenen Spiritualitäten dann auch tatsächlich gerecht wird, ist noch einmal eine eigene Frage.[258]

1.3. Eine Schule der Theologie: Le Saulchoir

1.3.1. Eine Programmschrift

Untrennbar mit Chenus Namen verbunden ist seine Programmschrift *Une école de théologie: le Saulchoir.* Sie nimmt zeitlich und inhaltlich eine Scharnierfunktion in seinem Leben und Denken ein. Die Verschränkung von historischer und pastoraler Perspektive ist Ausdruck der für Chenu zunehmend zentralen Struktur der Wechselseitigkeit zwischen „Diskursarchiven der Vergangenheit" und „Praxisfeldern der Gegenwart"[259]. In seiner monumentalen Studie zu Chenu zeichnet Christian Bauer detailliert die Genese und Entfaltung dieser Wechselseitigkeit nach. Dabei betont er besonders auch den wechselseitigen Einfluss zwischen Chenu und der Christlichen Arbeiterjugend (JOC) seit den 1930er Jahren. Die Struktur der Wechselseitigkeit wird ebenso belegt durch die Untersuchung, die Xavier Debilly Chenus Zusammenarbeit mit der *Mission de France* ab den späten 1940er Jahren widmet.[260] Zwischen beiden emblematischen pastoralen Engagements Chenus steht die Programmschrift, die er später gleichwohl als „nicht genügend konstruiert" bezeichnet und die für ihn im Rückblick „eher Essay

[255] Chenu, La théologie est-elle une science, 106.
[256] Ebd., 98.
[257] Ebd., 104.
[258] Vgl. die sehr schematischen Gegenüberstellungen ebd., 103f.
[259] Bauer, Ortswechsel der Theologie.
[260] Debilly, La théologie au creuset de l'histoire.

denn Abhandlung"[261] darstellt. Sie geht auf seine anlässlich der akademischen Feier zu Ehren Thomas von Aquins am 7. März 1936 gehaltene Rede zurück und wurde am 4. Februar 1942 indiziert. Die Ende 1937 wohl mit einer Auflage zwischen 700 und 800 Exemplaren durch die belgische Druckerei Casterman gedruckte, aber nur von den Dominikanern selbst verkaufte bzw. versandte Schrift enthält fünf Teile, wobei die eigentliche Rede erweitert und um Darlegungen ergänzt wurde, die nicht zuletzt aus den jährlichen in seiner Eigenschaft als Studienregent verfassten Berichten Chenus hervorgingen.[262]

In einem ersten Teil schildert Chenu die Verwurzelung von Le Saulchoir in der Lehrtradition des Ordens der Predigerbrüder, der seit 1229 in Paris eine Magisterschule besaß. Der Konvent *Saint Jacques*, in dem Chenu nach der Verlegung von Le Saulchoir nach Paris ebenfalls lebte, war ab 1230 mit zwei theologischen Kollegien ausgestattet, an denen zeitweise Albertus Magnus und Thomas von Aquin wirkten. Die folgenden Jahrhunderte waren von sehr wechselvollen Entwicklungen geprägt: 1277 kam es zu einer Verurteilung zentraler theologischer Thesen mit dem Ziel der Abwehr aristotelischer Maximen in der Theologie – Féret stellte später die Frage, ob die Verurteilung Chenus 1942 einmal mit der des Thomas 1277 verglichen werden wird[263]; bereits 1323 wurde dann Thomas heiliggesprochen; nach der Reformation lieferten sich die Dominikaner mit den Jesuiten den sog. Gnadenstreit; 1841 brachte die Wiedereinführung des Dominikanordens in Frankreich durch den von Chenu verehrten Henri-Dominique Lacordaire die Neuorganisation des Studiums mit sich; die Enzyklika *Aeterni Patris* Leos XIII. aus dem Jahre 1879 verhalf dem Thomismus zu neuer Blüte und schließlich war der Studienbetrieb zur Zeit Chenus ganz praktisch geprägt durch die Apostolische Konstitution *Deus scientiarum Dominus* Pius' XI. von 1931. Für Chenu war die 1938 erfolgte Umsiedlung von Le Saulchoir vom belgischen Kain ins nahe bei Paris gelegene Etiolles eine Heimkehr, fanden doch „die ‚Jakobiner' den ihnen gemäßen Platz"[264] wieder.

Im zweiten Teil widmet Chenu sich „Geist und Methoden". Hier zeichnet er die theologische Situation nach der Wende zum 20. Jahrhundert nach und verortet Le Saulchoir in seinen bereits andernorts dargelegten Analysen hinsichtlich der mit der Modernismuskrise gegebenen Herausforderungen. So konnte man Chenu zufolge „in den trüben Jahren zwischen 1904 und 1908 einen Lichtstrahl erblicken, und das Beispiel des heiligen Thomas half einem,

---

[261] Brief Chenus an Antonino Franco vom 15. Oktober 1982, zit. nach Franco, M.-D. Chenu, 93.

[262] Für die einzelnen Etappen der Redaktion s. Fouilloux, L'affaire Chenu, 264f.

[263] Féret, Dans les cheminements de la sagesse de Dieu, 224.

[264] Chenu, Le Saulchoir, 88.

Gelassenheit zu bewahren."[265] Symptomatisch dafür ist das bereits erwähnte Lehrbuch Ambroise Gardeils *Le donné révélé et la théologie* von 1908 – zur zweiten Auflage von 1932 steuerte Chenu ein Vorwort bei –, das „damals das Brevier der theologischen Methode und der intellektuellen Arbeit in Le Saulchoir"[266] war. Zwar konnten „der historische Realismus eines Mandonnet und die exegetische Psychologie eines Lemonnyer dafür sorgen, dass die etwas abstrakte und schwerlastige ‚Theorie' P. Gardeils zu lebendiger Anwendung kam, und alle Nuancen ihrer Dynamik entfalten"[267]. Jedoch fehlten insgesamt in Le Saulchoir durchaus noch „gewisse Antennen, eine gewisse Sensibilität, ein Initiativgeist gegenüber radikalen, aber strikt philosophischen Optionen"[268]. Dies meint nicht nur fachphilosophische Detailfragen, sondern letztlich grundsätzlich eine außerhalb theologischer Reflexion entstandene Erkenntnis über den Menschen und seine Welt. Das führt letztlich zu einer nur reagierenden Grundhaltung, da die „Probleme des Denkens" die Christen erst dann „in Alarmstimmung" versetzen, „wenn neuere Positionen sich da, wo die alten Positionen sehr gut in unsere eigene Welt passten, nicht mehr einfügen wollen."[269]

In Le Saulchoir sieht Chenu besonders im Denken von Marie-Dominique Roland-Gosselin OP (1883–1934) und Pierre Mandonnet wichtige Impulse, um diese Einseitigkeit in aller geistlichen Gelassenheit zu überwinden. Die Arbeitsweise, die Chenu dabei skizziert, ist stark von der Zusammenarbeit innerhalb der Hochschule geprägt. Diese Arbeit in *„équipes"*, die dem Ordensleben der Dominikaner entspricht, sieht Chenu als ein Prinzip, das bereits bei Thomas begegnete und „seinem Begriff von Theologie selbst eingeschrieben ist".[270] Umso entscheidender war es also, hinter einen Thomismus zurückzugehen, der sich angesichts der Herausforderungen, für die die Namen Erasmus von Rotterdam (1466–1536), Martin Luther, Galileo Galilei (1564–1642) und René Descartes stehen, in einem „Belagerungszustand" eingerichtet und mit Hilfe thomistischer Systeme die Wahrheit als zu verteidigenden Besitz verstanden hatte. Zurück zu Thomas gehen hieß dagegen, wie dieser ein „Finde- und Erfindungsvermögen"[271] zu entwickeln und zu pflegen. So gilt es, „mit unserer Arbeit in unserer Zeit präsent [zu] sein, wie es einst Thomas von Aquin oder Bonaventura waren" und wie es Lacordaire dem von ihm in Frankreich wieder eingeführten Dominikanerorden vor-

265 Ebd., 94.
266 Ebd., 95.
267 Ebd.
268 Ebd.
269 Ebd., 96.
270 Ebd., 101.
271 Ebd., 102.

gemacht hat. Um dies zu gewährleisten, bedarf es einer entsprechenden Methode, die Chenu im Folgenden entfaltet: „Unterscheidung der Formalobjekte innerhalb der Einheit des Wissens und der Einfachheit der Kontemplation, Aufmerksamkeit eher für die Problemstellung als für Ergebnisse, Vertrauen auf die Lektüre der Texte und auf die historische Methode, die sie zur Geltung bringt, Vorrang des primären Zugangs vor der dialektischen Ausarbeitung. Diese Einstellungen bewirken je für sich und in ihrem Zusammenwirken, dass zur geistigen Arbeit in Freiheit auch die Technik kommt, die jene gewährleistet, und dass sich die Treue zu den Quellen mit immer neuem Antrieb verbindet."[272]

Im dritten Teil entfaltet Chenu sein Theologieverständnis. Ausgehend von der „Achse", die im Buchtitel *Le donné révélé et la théologie* zum Ausdruck kommt, kritisiert Chenu zunächst den gegenwärtigen Stand der Theologie, der jenem des 16. und 17. Jahrhunderts mit seinen einseitig apologetischen Tendenzen und nicht etwa dem der als methodisch vorbildhaft empfundenen mittelalterlichen Summen entspreche. Denn „eine Theologie kann man nicht aufbauen mit lauter *anti*, sondern nur in Orientierung an ihren eigenen Prinzipien und an der inneren Hierarchie ihrer Gegenstände".[273] Chenu legt hier zunächst sein an Thomas von Aquin orientiertes Verständnis des Glaubens und der Theologie als dessen wissenschaftlicher Ausdruck dar. In einem weiteren Schritt untersucht er das Verhältnis von Glaube und Geschichte. Die Offenbarung ereignete sich in der Geschichte und als Geschichte. Dadurch wird diese als Heilsökonomie offenbar. Sie ereignet sich in der Geschichte und als Geschichte, ist aber ganz und gar göttliche Initiative. Sie wird ermöglicht, geprägt und vollendet von den „Initiativen" der Schöpfung, der Inkarnation und der Erlösung. Die Initiative der Prädestination bringt mit einem durchaus missverständlichen Wort die persönliche Ansprache durch Gott zum Ausdruck. Der darauf antwortende Glaube geht der Theologie voraus. „Dies ist die wahre Welt der Kontemplation und des theologischen Verstehens; sie ist den Initiativen eines freien Gottes anheim gegeben, der nach seinem Gutdünken jene gewaltige und der Erklärung sich entziehende Geschichte lenkt, zu deren erster handelnder Person er sich selbst macht. Wenn es also ein Problem gibt, dann das, Vernunftgründe für diese grundlose Freiheit zu finden, diese Geschichte zu ‚rationalisieren', und nicht, sie an sich in ihrer unmittelbaren Ökonomie zu erkennen. Denn es ist ja klar, dass ihre Erkenntnis und die Erkenntnis des Wortes Gottes in ihr nach den Gesetzen der Geschichte erfolgt: Im Namen ebendieses Theandrismus des Wortes wird die historische Kritik mit ihrem ganzen Apparat zum sachge-

[272] Ebd., 110.

[273] Ebd., 112.

mäßen Instrument der Theologie."[274] Chenu betont hier also den absoluten Primat eines überweltlichen Gottes, der doch in der von ihm unterschiedenen Welt in einer Weise präsent ist, die deren Würde und Wert erhöht und nicht schmälert.

In der Folge zeigt er u. a. im Anschluss an Marie-Joseph Lagrange und die Inspirationen aus der Jerusalemer *École biblique* Wege auf, die aus den Problemstellungen der Modernismuskrise zwischen Historismus und Rationalismus herausführen können. Zunächst zeigt sich dies in einem Offenbarungsverständnis, das als „Inkarnation des Wortes Gottes" zu denken ist, sodass das Wort Gottes „*im* menschlichen Wort"[275] zum Ausdruck kommt. Dass die menschlichen Worte dabei an Grenzen kommen, liegt auch daran, dass „die Abgrenzung von Göttlichem und Menschlichem in der Offenbarung – der Offenbarung des Wortes Gottes mit ihrem Gipfel in der Offenbarung des fleischgewordenen Logos – selbst schwer zu vollziehen und auszudrücken ist."[276] Dieses Inkarnationsprinzip prägt folglich alle Äußerungsformen des Glaubens auf seinem Weg durch die Zeit, auch hinsichtlich des kirchlichen Dogmas als dessen verbindlicher Form. Entscheidend ist für die Theologie, dass sie bei der in diesem Zusammenhang natürlichen Dogmenentwicklung die Transzendenz des Wortes Gottes wahrt, indem sie diese nicht auf ihre eigenen Worte überträgt. Für diese Deutung der „geschichtlichen Relativität" dogmatischer Formeln als Ausdruck ihrer „metaphysischen Relativität"[277] zieht Chenu eine große Linie von Vinzenz von Lérins († vor 450) über John Henry Newman (1801–1890) bis zum spanischen, in Fribourg lehrenden Dominikaner Francisco Marín-Sola und dessen Studie *La evolución homogénea del dogma católico* von 1923. Damit ist die Theologie eingeschrieben in das kirchliche Leben und seine Geschichte. Ohne an dieser Stelle Congar und sein Traditionsverständnis zu nennen, ist dieses vorausgesetzt oder auch grundgelegt, wenn Chenu „das Leben der Kirche in seiner geschichtlichen und geistigen Realität als den Ort der Tradition"[278] beschreibt. Die Tradition ist ebenso wenig wie die Heilige Schrift ein äußerer Beweis für die Wahrheit des Glaubens, wenngleich sie durchaus Kriterium für die Bewertung dessen ist, was als wahr gilt. Die Tradition als „Gegenwart des Heiligen Geistes in der sozialen Körperschaft der in Christus göttlich und menschlich verfassten Kirche"[279] ist Ausdruck „gesicherter Kontinuität in der theandrischen Realität

[274] Ebd., 126f.
[275] Ebd., 128.
[276] Ebd., 129.
[277] Ebd., 130f.
[278] Ebd., 132.
[279] Ebd. Hier klingt übrigens das Motiv des II. Vaticanums von der Kirche als *realitas complexa* (LG 8) an.

der Kirche, des mystischen Leibes Christ."[280] Das Motiv des Leibes Christi steht dabei für die ekklesialen und ekklesiologischen Aufbrüche der 1930er Jahre, denen sich besonders Congar widmete. Mit diesem führt Chenu die Intuitionen und Einsichten von Matthias Josef Scheeben[281] und der Tübinger Katholischen Schule um Johann Sebastian Drey (1777–1853) und Johann Adam Möhler[282] – „Pater Congar und ich hatten sie wieder entdeckt"[283] – fort. So sieht sich Chenu also in bester synchroner und diachroner Zeitgenossenschaft, wenn er die Tradition im Glauben als die „Präsenz der Offenbarung selbst"[284] und sich und sein „contemplactives" Theologisieren als deren Teil versteht.

In der Folge beschreibt er die Orte dieser Präsenz in seiner Gegenwart als „*loci theologici in actu* für die Lehren von Gnade, Inkarnation und Erlösung"[285]. Darauf wird noch eigens einzugehen sein. Zunächst soll aber seiner Argumentation nachgegangen werden, in der Chenu in einem weiteren Abschnitt über die theologische Vernunft das Verhältnis von Glaube und Vernunft bestimmt. Anders als der von ihm als solcher wahrgenommene reine Vertrauglaube Luthers, mit dem Chenu im Unterschied zu Congar zeitlebens fremdelte, bestimmt ihm zufolge der Glaube die Vernunft, in der er „wohnt"[286] und so einen „*intellectus fidei* im vollsten Sinn des Wortes, der beiden Wörter"[287] ermöglicht. In diesem Zusammenhang fällt auch sein bereits erwähntes Urteil, wonach die theologischen Systeme nicht nur legitime Formen der Vernunfttätigkeit sind, sondern auch Ausdruck von Spiritualitäten sind. Ausgehend vom Ineinander von Kontemplation und Theologie schließt Chenu den dritten Teil über die Theologie und betont bei der von ihm als Ideal skizzierten „Theologie-im-Fortschritt jene Zweckfreiheit, jene geistige Freiheit gegenüber ihren eigensten Werkzeugen, jene Zwanglosigkeit in den intensivsten Begegnungen mit den Philosophien und Kulturen, jene unermüdliche schöpferische Tätigkeit in den straffsten Organisationen, jenes

[280] Ebd., 133.

[281] Chenu widmete Scheeben seinen Aufsatz *Position de la théologie.*

[282] Congar wollte seine für die ökumenische Theologie epochemachende Reihe *Unam Sanctam* mit der Übersetzung von Johann Adam Möhler, Die Einheit der Kirche (Originalausgabe 1825) eröffnen. Organisatorische Gründe führten dazu, dass diese Übersetzung erst als zweiter Band der Reihe erscheinen konnte.

[283] Chenu, Von der Freiheit eines Theologen, 70. Vgl. auch Congar, Mon témoignage, 60; ders., Le frère que j'ai connu, 239. Interessant ist, dass Féret die Sympathien Chenus und Congar für Möhler nicht teilte, weil er mit dessen von ihm als zu subjektivistisch empfundenen Denken fremdelte, vgl. Quisinsky, Geschichtlicher Glaube, 124 Anm. 39.

[284] Chenu, Le Saulchoir, 134.

[285] Ebd., 135.

[286] Ebd., 138.

[287] Ebd., 139.

neue Leben im alten Menschen, jene Kühnheit im rationalen Hochgefühl des Glaubenslichts."[288]

Im vierten Teil widmet sich Chenu der Philosophie, die er von der Theologie unterscheidet. So ist sie wohl deren *ancilla*,[289] funktioniert aber nach ihren eigenen Gesetzmäßigkeiten, die jene des Verstandes und der Vernunft sind. Dies hat sie mit der Theologie gemeinsam, die allerdings als Glaubenswissenschaft ihre Sätze in einem theologalen Beziehungsgefüge verortet. Deshalb kann die Theologie auch nicht einfach eine Apologetik sein, da eine solche Glaube und Vernunft einander gegenüberstellt. Chenu geht es stattdessen um das philosophische Denken innerhalb des Glaubens und als dessen Ausdruck.[290] So wie die Gnade der Natur bedarf, um zur Welt zu kommen, so die Theologie der *ratio*. Die Theologie übersteigt freilich die *ratio*, derer sie bedarf, ohne aus theologischen Gründen deren Funktionsweise ableiten und bestimmen zu können. Die Theologie verhilft der Vernunft zu ihrem Recht, ist aber gerade aufgrund der ihr innewohnenden Dimension der Vernunft nicht auf diese Dimension beschränkt. Das macht sie zur „Weisheit"[291], die sich gegen jeglichen Rationalismus wendet. Als solchen qualifiziert Chenu die sog. „Barockscholastik", die sozusagen sein philosophischer Lieblingsfeind ist. Er versteht darunter ein auf Gottfried Wilhelm Leibniz und Christian Wolff (1679–1754) zurückgehendes Ideal rein vernunftgemäßer Analyse, in der die sich selbst genügende Vernunft mit ihrer Reduktion auf logische Schlussfolgerungen und den zu vermeidenden Widerspruch die Dimension der Existenz, der Handlung, des Individuums des Werdens, der Zeit etc. nicht berücksichtigt. Anders als im thomasischen Ideal der Philosophie wird also die Neugierde durch einen logischen Formalismus ausgeschaltet, anstatt in ihrer „spekulativen Großzügigkeit"[292] gefördert zu werden. In diesem Zusammenhang wendet sich Chenu gegen die Vorstellung, es genüge, einige Thesen z. B. von Francisco Suárez (1548–1617) zurückzuweisen, die Barockscholastik durch Immanuel Kant (1724–1804) als erledigt zu betrachten oder sie, wie ein Seitenhieb gegen die „Klerikalbeamten Josephs II."[293] zeigt, durch eine ebenso ungenügende Aufklärungstheologie zu ersetzen. Ob er die Aufklärung – wie schon Luther – und in deren Gefolge den Idealismus

[288] Ebd., 148f.

[289] Ebd., 151.

[290] Ebd., 153. Hier klingen die Diskussionen der 1930er Jahre um die Frage der „*philosophie chrétienne*" an, vgl. dazu Chenu, Allocution d'ouverture à la 2e journée d'études de la Société thomiste. Chenu widmete sich den zeitgenössischen Fragen auch mit theologiegeschichtlichen Studien, z. B. ders., Ratio superior et inferior.

[291] Chenu, Le Saulchoir, 153.

[292] Ebd., 159.

[293] Ebd.

nicht ebenso missverstanden hat, wie es manche von ihm kritisierte strenge Thomisten aus gänzlich anderen Gründen ebenso taten, sei einmal dahingestellt.[294] Jenseits der Bewertung einzelner Stationen der Geschichte des neuzeitlichen Denkens zeigt sich hier die grundsätzliche Linie, die bereits im *Projekt einer Geschichte der Theologie* angelegt war. Dieser zufolge haben sich Philosophie auf der einen und Theologie auf der anderen Seite voneinander entfernt, und zwar, weil sie sich letztlich beide einem bloßen Rationalismus hingegeben haben. Chenu geht es darum, dass eine bloße Übernahme von verkürzten neuzeitlichen Rationalitätsmaßstäben durch die Theologie nicht in der Lage ist, die im Horizont neuzeitlicher Rationalität erfolgten Entdeckungen und Erkenntnisse eines Leonardo da Vinci (1452–1519), eines Nikolaus Kopernikus (1473–1543), eines Galileo Galilei oder eines René Descartes in das Glaubensdenken zu integrieren. Die genannten Brüche, Auseinanderentwicklungen und – in Chenus Sicht – idealistischen Fehlentwicklungen lassen sich seiner Meinung nach nur überwinden durch einen erneuerten thomasisch-aristotelischen Realismus. Näherhin ist dies möglich durch dessen Fähigkeit, an die Stelle einer bloßen Spekulation der Vernunft die „Heterogenität der Wissenstypen“ zu stellen und damit die „unendliche Adaptationsfähigkeit des Geistes“.[295] Dies geschieht nicht zuletzt durch ein umfassend historisches Denken, das den Ereignissen und Fakten eine zentrale Rolle für jegliche Erkenntnis beimisst.

In einem fünften Teil, der die Mittelalterstudien zum Gegenstand hat, entfaltet Chenu sein historiographisches Programm. Wesentliche Aspekte davon wurden bereits vorgestellt. Herausgehoben sei deshalb an dieser Stelle die Argumentation, dass die Mittelalterstudien einen „theologischen Ort von allererster Bedeutung und Qualität“[296] bereitstellten. Damit reagiert er nicht zuletzt auch gegen eine weitverbreitete ausschließliche Wertschätzung für das christliche Altertum. Natürlich sei dieses in gewisser Weise eine privilegierte Zeit, jedoch sei die Dogmengeschichte nicht stehengeblieben. So habe auch Möhler mit der Tübinger Schule nicht nur die Alte Kirche, sondern auch die Kirche des Mittelalters geschätzt. In diesem Sinn ist denn der „gesamte Verlauf der Christentumsgeschichte […] Quelle theologischer Erkenntnis, da er dank der Präsenz des Glaubens in jeder neuen Generationen (sic) eine immer neue Intelligibilität in sich trägt.“[297]

---

[294] Interessanterweise machte Alfons Deissler (1914–2005) eine Nähe Chenus zum Theologen der Aufklärungszeit Martin Gerbert (1720–1793) aus, vgl. Deissler, Fürstabt Martin Gerbert von St. Blasien und die theologische Methode, 194f., dazu Quisinsky, Echos allemands, 126–131.

[295] Chenu, Le Saulchoir, 167.

[296] Ebd., 178.

[297] Ebd.

Davon ausgehend erschließt sich denn auch die eigentliche Bedeutung von Chenus Programmschrift. Sie enthält gewiss viele einzelne Aspekte, die je für sich für das theologische Arbeiten relevant sind. Letztlich ist ihr Glutkern die Überzeugung, dass in der Geschichte je neu die Ewigkeit präsent ist und dass die Gegenwart bzw. Präsenz Gottes je neu die Geschichte zum Ort des Lebens macht. Das Motiv der „Quelle neuen Lebens", mit dem Chenu die Tradition beschreibt, aber auch das Wort Gottes in der Geschichte meint – an anderer Stelle verknüpft er beides und nennt die Tradition „eine permanente Gärung des Wortes Gottes"[298] –, fasst Chenus Glaubens- und Theologieverständnis gut zusammen. In ihm kommt zum Ausdruck, dass die Offenbarung die Gegenwart des Menschen auf seine Zukunft mit Gott hin verwandeln will.

1.3.2. Ein Konflikt

Der Kirchenhistoriker Étienne Fouilloux nannte Chenus Programmschrift „Kristallisationspunkt [...] eines kollektiven spirituellen Abenteuers", in dem sich freilich „ein Congar oder ein Féret stärker wiederfinden als andere."[299] In der Tat ist dieses „Trio" eine Art Kern des Saulchoir „gemäß Chenu"[300]. Wie es für eine menschliche Gruppe und damit auch für eine theologische Fakultät und eine Ordensgemeinschaft nicht überraschend ist, ist dieser „Saulchoir gemäß Chenu"[301] nicht der ganze Saulchoir. Hinsichtlich der Art und Weise, wie mit dem Erbe des Thomas umgegangen wird, kann man in Le Saulchoir etwa einen historisch-doktrinalen Thomismus, der sich v. a. Thomas selbst neu nähern wollte, einen kritischen Thomismus, der seine Theologie in ein Gespräch mit zeitgenössischem Denken bringen wollte, und schließlich einen Thomismus der Selbstüberschreitung, der von Thomas ausgehend neue theologische Orte ausfindig machte und damit Thomas und den Thomismus zu hinterfragen begann, ausmachen.[302] Chenu und seine engsten Mitstreiter Congar und Féret wären demnach dem letzten zuzuordnen, wobei Congars theologische Verbindung zu Chenu bei aller Eigenständigkeit im Urteil noch enger war. Diese Selbstüberschreitung nährte sich nicht nur aus der historisch-kritschen Arbeitsweise Chenus, sondern auch aus der unter ihm erfolgten Öffnung Le Saulchoirs für pastorale Fragen, insbesondere in Zusammenarbeit mit der Christlichen Arbeiterjugend (*JOC*). Die Auseinandersetzung mit der Arbeitswelt, die damit einherging, führte Chenu auch dazu, sich für die Theorien von Karl Marx (1818–1883) zu inte-

[298] Chenu, Von der Freiheit eines Theologen, 92.
[299] Fouilloux, Le Saulchoir en procès, 46.
[300] Fouilloux, Une Église en quête de liberté, 141.
[301] Ebd.
[302] Donneaud, Une école, des théologies, 445.

ressieren und sie in der Lehre zu behandeln. In der der *JOC* gewidmeten Abhandlung *Dimension nouvelle de la chrétienté* von 1937 begründete er dies damit, dass auch diese Theorien die Strukturen zu beschreiben versuchten, in denen sich menschliches Leben und Denken ereignet und in die hinein sich folglich auch das Christliche inkarniert.[303] Die von Thomas her erarbeiteten Denkfiguren Chenus führten ihn damit in der Tat in theologisches Neuland. Dies war auch von (kirchen-)politischer Brisanz. Als der Vatikan ein Jahrzehnt zuvor die *Action Française* verurteilt und in diesem Zusammenhang Louis Billot die Kardinalswürde entzogen hatte, kam es zu einer Art Symbiose zwischen der vatikanischen Politik und diversen publizistischen Aktivitäten der Dominikaner im Konvent von Juvisy, wo Marie-Vincent Bernadot (1883–1941) 1929 die *Éditions du Cerf* gegründet hatte. Als allerdings in Frankreich 1936 die Volksfront aus Kommunisten und Sozialisten unter Léon Blum an die Regierung kam, beargwöhnten Ordensbrüder und römische Kuriale diese Aktivitäten. Die emblematisch gewordene Zeitschrift *Sept* musste ihr Erscheinen wieder einstellen,[304] wurde aber nach einem Verfahren, das „dann üblich geworden“[305] ist, unter Änderung des Namens (*Temps présent*) von Laien neu gegründet. Sosehr dies im Hintergrund durchaus eine Rolle gespielt hat, entzündete sich der Konflikt um *Une école de théologie* aus anderen Gründen.

Bereits 1932 wurden nach einer Denunziation durch zwei Studenten die in Le Saulchoir von einigen Professoren und dem neuen Studienregenten Chenu vertretenen Positionen einer römischen Prüfung unterzogen.[306] Als Chenus Programmschrift veröffentlicht wurde, stieß diese einerseits auf große Zustimmung einer ganzen Reihe von Theologen[307], darunter von Bruno de Solages, dem Rektor des *Institut catholique de Toulouse*, Émile Amann (1880–1948), dem mit der Herausgabe des einflussreichen *Dictionnaire de Théologie Catholique* betrauten Kirchengeschichtler aus Straßburg, oder auch Henri de Lubac, der freilich nicht zuletzt im Umfeld des Konzils zu anderen Akzentuierungen kam als Congar und Chenu.[308] Dass nur eine einzige Rezension dazu erschien – aus der Feder des späteren Freiburger Dogmatikers Friedrich Stegmüller (1902–1981)[309] –, hängt auch mit einer

303 Vgl. Dimension nouvelle de chrétienté, 99.

304 Für Chenu spielte dabei nicht nur der Antikommunismus eine Rolle, sondern zumindest in einem bestimmten Maße auch ein latenter Antisemitismus (Blum war jüdischen Glaubens) (Chenu, Von der Freiheit eines Theologen, 112).

305 Chenu, Von der Freiheit eines Theologen, 113.

306 Fouilloux, Première alerte sur le Saulchoir (1932).

307 Für die komplette Liste s. Fouilloux, L’affaire Chenu, 283.

308 Dazu Quisinsky, Aggiornamento – aber wie?

309 Allerdings zeigen Reaktionen von Odo Casel (1886–1948) und Alfons Deissler, dass die

diesbezüglichen Reserve Chenus angesichts der sich zusammenbrauenden Wolken zusammen.[310] Denn die Aktivitäten Le Saulchoirs wurden in Rom umso misstrauischer beäugt, als sich die französische Ordenshochschule als Alternative zum römischen Angelicum zu empfehlen schien. Dabei wurde die römische Wahrnehmung eines Réginald Garrigou-Lagrange zunächst auch durch Stimmen aus der Dominikanerprovinz von Toulouse bestärkt, wo Michel Labourdette (1908–1990) eine allerdings nuancierte und zunehmend auf Distanz zu Garrigou-Lagrange gehende Kritik äußerte. Inhaltlich entzündete sich der innerdominikanische bzw. innerthomistische Konflikt v. a. an der Bewertung der mit der Modernismuskrise gegebenen Herausforderungen. Neben der Frage nach historischer Kritik und allgemeiner gesagt Geschichtlichkeit betraf dies nicht zuletzt die Rolle der Subjektivität. Einem klassischen Thomismus, der deshalb auch zu einer klaren Ablehnung der Philosophie Maurice Blondels führte, sah die scheinbare Objektivität des theologischen Denkens bedroht durch allerlei Formen des Subjektivismus.

Diese Furcht stand auch im Hintergrund der Schwierigkeiten, die nahezu zeitgleich Congar im Zusammenhang mit seinen ökumenischen Pionierleistungen bekam. Dieser sah übrigens in den Vorlesungen Chenus aus dem Jahre 1928 und 1929 über die Konferenz für Glaube und Kirchenverfassung (*Faith and Order*) in Lausanne 1927 eine Wurzel seines ökumenischen Interesses.[311] Wurde bereits sein ökumenisches Grundlagenwerk *Chrétiens désunis* – für Chenu der Aufbruch zu einer „Erneuerung der gesamten Theologie der Kirche“[312] – mit dem Vorwurf bedacht, subjektivistische Strömungen in der Theologie zu fördern und damit diese zu unterminieren, so galt dies ebenfalls für seine mit Chenu geteilte Vorliebe für Möhler. Hier trat der bemerkenswerte Fall ein, dass das *Sanctum Officium* ein Dekret zurücknahm, das die weitere Verbreitung des emblematischen zweiten Bandes der Reihe *Unam Sanctam*, der französischen Übersetzung von Möhlers *Die Einheit in der Kirche oder das Prinzip des Katholizismus*, verhindern sollte.[313] Für Étienne Fouilloux zeigt sich hier, dass es nicht in erster Linie um das Möhler-Buch geht, sondern gegen die gesamte Schule der Theologie Le Saulchoir, die

---

Schrift auch jenseits von Rezensionen wahrgenommen wurden, vgl. dazu Quisinsky, Echos allemands.

[310] Fouilloux, L’affaire Chenu, 264 mit Anm. 10.

[311] Congar, Une vie pour la vérité, 74f. Vgl. auch ders., Le frère que j’ai connu, 239.

[312] Chenu, Regard sur cinquante ans de vie religieuse, 263.

[313] Vgl. Fouilloux, L’affaire Chenu, 303–306. Dabei spielte auch eine Rolle, dass sich in Frankreich der politische Wind wieder gedreht hatte. An die Stelle der Volksfront-Regierung trat ein in kirchlichen Kreisen weniger starke Ablehnung hervorrufendes Kabinett unter Édouard Daladier (1884–1970), dessen Kabinettschef in Rom zugunsten Congars und der katholischen Presse intervenierte (ebd.).

die Ideen der Tübinger zu ihrem Programm machte.[314] Dass Le Saulchoir selbst und sein theologisches Programm das eigentliche Ziel zunächst der Kritik und dann der Maßnahmen gegen die Programmschrift und ihren Autor waren, zeigt auch der zeitliche Ablauf der Ereignisse.

In Rom war mit Mariano Cordovani (1883–1950) der Theologe des Päpstlichen Hauses auf die Aktivitäten der französischen Dominikaner und insbesondere auch Chenu aufmerksam geworden.[315] Im Februar 1938 musste sich Chenu nach Rom begeben, um zehn Thesen zu unterschreiben. Chenu tat dies in der Hoffnung, damit Schlimmeres abzuwenden. Die Thesen dokumentieren die am Angelicum und im *Sanctum Officium* gehegten Erwartungen an thomistische Theologen.[316] Sie zeugen aber gleichzeitig von einer nur teilweisen und wenn, dann defensiven und entstellten Wahrnehmung der Anliegen und Argumentationen Chenus – etwa hinsichtlich des Zusammenhangs von Spiritualität und Theologie bezüglich der Rolle theologischer Systeme.[317] Am 14. März 1940 hielt Cordovani aus Anlass der akademischen Feier zu Ehren des hl. Thomas eine Rede über Art und Methode der Theo-

[314] So auch Kaplan, The Renewal of Ecclesiastical Studies.

[315] Vgl. auch Panella, Due maestri in una scuola di teologia; Riccardi, Une école de théologie fra la Francia e Roma.

[316] Sie lauten in der Übersetzung von Christian Bauer: „1. Die dogmatischen Formeln drücken eine absolute und unwandelbare Wahrheit aus. 2. Die wahren und gesicherten Sätze, sei es in der Philosophie oder in der Theologie, sind in sich stark und in keiner Weise brüchig. 3. Die heilige Tradition schafft keine neuen Wahrheiten, vielmehr ist am Depositum der Offenbarung entschlossen festzuhalten sowie daran, dass der Bestand an göttlich geoffenbarten Wahrheiten mit dem Tod des letzten Apostels abgeschlossen gewesen sei. 4. Die heilige Theologie ist nicht eine Art Spiritualität, die sich ihrer religiösen Erfahrung angepasste Werkzeuge erfindet, vielmehr ist sie eine wirkliche Wissenschaft, unter dem Segen Gottes, durch Eifer gewonnen, deren Grundlagen die die Glaubenssätze sind und alle geoffenbarten Wahrheiten, denen der Theologe durch gottgeschenkten, wenigstens unvollkommenen Glauben anhängt. 5. Die verschiedenen theologischen Systeme sind in bezug auf das, worin sie sich untereinander widersprechen, nicht gleichzeitig wahr. 6. Es gereicht der Kirche zur Ehre, die Systeme des Hl. Thomas für gleichsam in hohem Maße orthodox zu halten, das heisst den Wahrheiten des Glaubens in hohem Maße konform. 7. Es ist notwendig, die theologischen Wahrheiten durch die Hl. Schrift und Tradition zu beweisen, aber auch ihre Natur und inneren Begründungszusammenhang durch die Prinzipien und die Lehre des Hl. Thomas zu erhellen. 8. Der Hl. Thomas war, auch wenn er im eigentlichen Sinne Theologe war, für seine Person auch Philosoph; daher ist seine Philosophie in ihrer Einsichtigkeit und Wahrheit nicht abhängig von seiner Theologie und sie verkündet keine schlechthin relativen, sondern absolute Wahrheiten. 9. Es ist für den Theologen in seinem wissenschaftlichen Vorgehen besonders notwendig, die Metaphysik des Hl. Thomas anzuwenden und die Regeln der Dialektik genau zu beachten. 10. Bei anderen anerkannten Autoren und Doktoren ist strenge Mäßigung zu wahren in der Art des Sprechens und des Schreibens, auch wenn bei ihnen gewisse Fehler gefunden werden sollten" (zit. nach Bauer, Ortswechsel der Theologie, 506f.).

[317] Vgl. eine ausführliche Analyse bei Bauer, Ortswechsel der Theologie, 512–519.

logie,[318] die sich als römische Antwort und Gegenentwurf zu Chenus *Une école de théologie* wie auch zu Congars Ökumene-Buch liest.[319] Kurze Zeit später erschien ein Beitrag des an der Gregoriana lehrenden französischen Jesuiten Charles Boyer (1884–1980), in dem er Louis Charlier (1898–1981) und in weniger scharfer Form auch Congar direkt und Chenu indirekt kritisiert.[320] Ausgehend vom Vorwurf, letztlich Ausläufer des Modernismus zu sein und den klassischen Objektivismus des Thomismus durch einen unzulässigen Subjektivismus ersetzen zu wollen, konstruierten die römischen Zensoren von Le Saulchoir – zu denen neben Cordovani und Boyer auch Garrigou-Lagrange und andere gehörten – die theologische Gegenposition, die sie schließlich mit der Indizierung von Chenus *Une école de théologie* und Charliers *Essai* unschädlich machen wollten.[321] Dabei konnten sie durch ihre Mitarbeit in kurialen Stellen ihre eigene Position als die des Lehramts ausgeben. Jenseits der politischen und inhaltlichen Aspekte spielten schließlich auch unterschiedliche Mentalitäten und Stile eine Rolle. Der Umstand, dass Chenu nicht nur geradezu enthuasistisch beschrieb, wie seiner Meinung nach Theologie betrieben werden sollte, sondern dass er Positionen, die er ablehnte, auch mit leidenschaftlicher Kritik bedachte – neben entsprechenden Stellen in *Une école de théologie* und zahlreichen weiteren Schriften etwa auch in seinen Nekrologen zum Thomisten Thomas Pègues (1866–1936)[322] und Alexis Kardinal Lépicier (1863–1936)[323] –, verstärkte die Ablehnung seines ganzen theologischen Stils durch römische Theologen.

Ein Jahr nach Chenus *Une école de théologie* erschien das Werk des belgischen Dominikaners Louis Charlier *Essai sur le problème théologique*.[324] Charlier nahm darin auf Chenu Bezug.[325] Zugleich verdankt sein Ansatz wesentliche Einsichten dem belgischen Theologen René Draguet (1896–1980). Dabei waren sich die drei Theologen insgesamt mehr in dem einig, was sie ablehnten – einen erstarrten unhistorischen Thomismus –, als in dem, was sie mit welcher Begründung an dessen Stelle setzen wollten.[326] Nachdem René Draguet in einer Rezension aus dem Jahr 1939 eine Linie zwischen Chenu und Charlier zog, konnte das aus römischer Sicht bedenkliche Buch Charliers als eine Verlängerung der Thesen Chenus betrachtet und eine Ver-

---

[318] Vgl. Cordovani, Per la vitalità della teologia cattolica.
[319] So Fouilloux, Le Saulchoir en procès, 52. Vgl. auch ders., L'affaire Chenu, 307.
[320] Boyer, Qu'est-ce que la théologie?
[321] Fouilloux, L'affaire Chenu, 306–311.
[322] Chenu, Le R. P. Pègues, O.P.
[323] Chenu, Notice nécrologique sur le cardinal Lépicier.
[324] Dazu Mettepenningen, L'Essai de Louis Charlier (1938).
[325] Mettepenningen, de Pril, Thomism and the Renewal of Theology.
[326] Guelluy, Les antécédents, 451.

urteilung Charliers schließlich als Vorwand genutzt werden, die 1938 nur eingeleitete Maßregelung Chenus und mit ihm Le Saulchoirs fortzuführen und beide gleichermaßen verurteilen zu können.[327]

Nachdem am 4. Februar 1942 das entsprechende Dekret unterzeichnet und kurz darauf im *Osservatore Romano* sowie in *La Croix* veröffentlicht wurde, erläuterte Pietro Parente (1891–1986), Konsultur des *Sanctum Officium*, die Gründe der Verurteilung. In diesem Zusammenhang prägte er den Begriff *„nouvelle théologie"*, der in der Folge mehr und mehr eine breite Strömung theologisch-pastoraler Erneuerung bezeichnen sollte.[328] Darin fasst er nochmals die fünf Gründe zusammen, die zur Indizierung führten: eine zu modernismusfreundliche Herangehensweise, ein philosophischer und theologischer Relativismus, ein von der religiösen Erfahrung ausgehendes und damit falsches Verständnis der Theologie sowie ein zu großes Vertrauen in die Geschichte. Am 26. März 1942 unterschrieb Chenu seine Unterwerfung unter das römische Diktum, die am 1. Mai 1942 in den *Acta Apostolicae Sedis* veröffentlicht wurde.

Für Chenu stellte die Indizierung eine Zäsur dar, musste er doch Le Saulchoir, das ihn prägte und das er prägte, nach mehr als zwanzig Jahren verlassen und in den Couvent Saint-Jacques im dreizehnten Pariser Arrondissement übersiedeln. Im Rückblick zeigen sich Diskontinuität und Kontinuität, die diese Zäsur bedeutete. Während die von Féret geführte Chronik von Le Saulchoir noch vermerkte, dass Chenu beim Abschied nach dem Vorbild des einst ebenfalls verurteilten Exegeten Lagrange von der *École Biblique de Jérusalem* darum bat, für ihn ein Ave Maria zu beten und mit der Arbeit ohne ihn fortzufahren, verklärte die Erinnerung dies zum angeblichen Satz Chenus: „Man betet ein Ave Maria und macht weiter"[329]. Allerdings verfasste Chenu in der Tat mitten in den Ereignissen am 7. März 1942 das Vorwort zur zweiten Auflage von *La théologie comme science au XIIIe siècle*, das mit seinen drei Auflagen von 1927, 1942 und 1957 die beständige Entwicklung seines Denkwegs dokumentiert. Dass das wissenschaftliche Netzwerk Chenus, wenn auch teilweise in modifizierter Form, bestehen blieb, zeigt eine große Zahl von Solidaritätsbekundungen, z. B. von Henri de Lubac, Jean Daniélou, Jean Rodhain (1900–1977) – nach dem Krieg erster Generalsekretär des *Secours catholique* –, Gabriel Le Bras – der Chenu bald zu einer neuen akademischen Tätigkeit verhalf – und Étienne Gilson. Aus Deutschland meldete sich Friedrich Stegmüller, der zugleich an Joseph Rupert Geiselmann

[327] Guelluy, Les antécédents, 497; s. weiterhin auch Panella, Come fu condannata „Une école de théologie" di Chenu; Bauer, Ortswechsel der Theologie, 529–531 sowie Fouilloux, L'affaire Chenu, u. a. 311–313.

[328] Parente, Nuove tendenze teologiche.

[329] Aus seinem Brief vom 25. April 1942 zitiert Bauer, Ortswechsel der Theologie, 550.

(1890–1970) nach Tübingen schrieb, um zu verhindern, dass auch die Tübinger Schule mit Möhler mitverurteilt wird.[330] Neben dem wissenschaftlichen Netzwerk konnte Chenu nun aber in Paris erst recht sein pastorales Engagement entfalten, das in Le Saulchoir mit der Zusammenarbeit mit der *JOC* begonnen hatte und nun u. a. in der Zusammenarbeit mit der *Mission de France* eine Fortsetzung erfuhr. Beides stellte freilich lediglich nur eine besonders sichtbare Dimension einer grundsätzlichen Erweiterung und Vertiefung in Chenus theologischem Weg dar.

1.4. Wechselseitigkeit von Glaube und Leben

1.4.1. *Loci theologici in actu*

Auch wenn zur Geschichte der Programmschrift *Une école de théologie* untrennbar der damit verbundene Konflikt gehört, so liegt ihre eigentliche Bedeutung in der Intuition, dass es christlichem Leben und Denken inmitten aller Widrigkeiten und über diese hinaus, aber auch inmitten aller guten Erfahrungen und über diese hinaus, letztlich um eine Gegenwart Gottes in der Welt und eine Gegenwart der Welt in Gott geht – eine doppelte Gegenwart, die den Umgang der Christinnen und Christen mit der konkreten Geschichte und deren Mitgestaltung prägt. So kann als Herzstück der Programmschrift *Une école de théologie* gelten, was zugleich eine frühe Form der Theologie der Zeichen der Zeit ist. Insofern hier der „ganze" Chenu enthalten ist, sei diese Stelle ausführlich zitiert: „In seiner eigenen Zeit präsent sein, sagten wir. Darum geht es jetzt. Theologisch gesprochen heißt dies, präsent zu sein für die Vor-Gabe der Offenbarung im gegenwärtigen Leben der Kirche und in der aktuellen Erfahrung der Christenheit. Nun ist aber die Tradition *im Glauben* nichts anderes als die Präsenz der Offenbarung selbst. Daraus lebt der Theologe: Seine Augen sind weit geöffnet für die Christen in ihrem Leben und Tun. So betrachten wir mit einer heiligen Neugierde:

- die missionarische Expansion, deren tiefster Sinn sich auch gegen so viele geistige und institutionelle Verengungen bekundet und der noch einmal geschürt und gestärkt wird von dem Gefühl für die neuen Dimensionen der Welt, für ihre Solidarität, ihre Autonomie, ihre nach dem Ende des Kolonialismus zur Mündigkeit erwachten Völker;
- den Pluralismus der menschlichen Kulturen, deren fremdartiger Reichtum die Christen vor Ort zwar vielleicht bedrückt, sie aber auch mit der

[330] Fouilloux, L'affaire Chenu, 323f.

Transzendenz des Christentums die göttliche Zärtlichkeit der Gnade erfahren lassen kann;
- die einstige Herrlichkeit des Orients, die der Islam dem Evangelium entrissen hat, die die Schismen verschleudert haben, deren Verlust aber für die Kirche, die seither dazu neigt, sich in ihrer abendländisch-lateinischen Form abzukapseln, eine offene Wunde bleibt;
- das erregende und nicht zu unterdrückende Verlangen nach Einheit, das noch fieberhafter als die katholische Christenheit die dissidenten Christen umtreibt, deren ‚ökumenische' Bewegungen Zeugnis für die *Ecclesia una sancta* ablegen;
- die soziale Gärung, die der Zugang der Volksmassen zum öffentlichen Leben und zu seiner Gestaltung erzeugt hat, dieses großartige Schauspiel, das unter der kommunistischen Perversion zur Tragödie gerät, das wir aber einschließlich seiner Denunziation von Unwissenheit und Gleichgültigkeit unter den Christen ernst nehmen müssen; die seither aufgeworfenen zahllosen Probleme der praktischen Moral und das große Problem einer im Entstehen begriffenen neuen Christenheit, des mystischen Leibes, in dem die Arbeit den ihr zukommenden geistigen Rang einnehmen und der Mensch angemessene Lebensbedingungen zwischen Reichtum und Elend genießen wird;
- und mitten in alldem die streitende Kirche, die in dieser neuen Welt zu neuer Jugend findet dank einer neuen Methode der Neulandgewinnung, in der die Laien am hierarchischen Apostolat teilhaben, indem sie das Zeugnis für Christus und das Leben Christi in ihr Milieu hineintragen – als Weiterführung der Inkarnation, in der die ganze menschliche Gesellschaft mit ihren Berufen und Klassen institutionell in die vielfältigen Bewegungen des Laienapostolats, die typische Struktur dieser neuen Christenheit, hineingenommen wird.

Dies alles sind *loci theologici in actu* für die Lehren von Gnade, Inkarnation und Erlösung, wie sie in den Enzykliken der Päpste ausdrücklich vorgelegt und beschrieben werden. Ein schlechter Theologe, wer sich, vergraben in seine Papiere und scholastischen Disputationen, diesem Schauspiel nicht öffnet, und zwar nicht nur in frommem Herzenseifer, sondern auch in seiner formalen wissenschaftlichen Tätigkeit, ist dies doch theologische Vorgabe und Aufgabe in der *Präsenz* des Heiligen Geistes."[331]

Loci theologici in actu bzw. „Zeichen der Zeit" sind immer kontextuell. So finden sich in Chenus Ausführungen zahlreiche Spuren seiner eigenen Zeit. Deutlich sind hier die Themen zu erkennen, die die Kirche Frankreichs in den 1930er Jahren geprägt haben. Theologische Motive wie das des Leibes

[331] Chenu, Le Saulchoir, 134–136.

Christi oder der Verweis auf den Einfluss der Päpste – auf je eigene Weise z. B. Pius X. mit der Liturgischen Bewegung und Pius XI. mit den wirkmächtigen Impulsen für das Laienapostolat – verorten Chenus Wahrnehmungen in der Kirche seiner Zeit. Das Motiv der Inkarnation verbindet dabei die Präsenz der Offenbarung und die Präsenz des Heiligen Geistes, der ansonsten übrigens von ihm selten erwähnt wird.

Mit dem theologischen Rüstzeug einer historisch-thomistischen Hermeneutik konnte Chenu diese Themen nicht nur wahrnehmen, sondern auch theologisch reflektieren. In der Tat erweist sich in der Wahrnehmung und Analyse der *loci theologici in actu* bzw. „Zeichen der Zeit" die umfassende Dimension theologischer Erkenntnis einerseits und die spezielle Aufgabe der Theolog*innen andererseits. Auf den Vergleich mit Monsieur Jourdain und der angewandelten Formulierung „Theologie betreiben, ohne es zu wissen" im Buch *La théologie est-elle une science?* von 1957 wurde bereits hingewiesen.[332] Im Rahmen dieses Vergleichs findet sich eine weitere Liste, die die Liste der *loci theologici in actu* ergänzt. Demnach sind Orte theologischer Erkenntnis:

- das bewusste Mitfeiern einer hl. Messe, die „in vorauseilendem Gehorsam" zum noch nicht absehbaren Konzil *versus populum* gefeiert wird,
- eine Ausrichtung des Lebens und Denkens an der Inkarnation,
- eine kritisch-konstruktive Bibellektüre,
- eine von der heiligen Thérèse de Lisieux (Theresia vom Kinde Jesu) inspirierte Spiritualität des Alltags,
- das Engagement in der Katholischen Aktion,
- das Ringen um eine angemessene Wirtschaftsordnung in Frankreich und Europa nach dem Ende des Zweiten Weltkriegs,
- engagierte Stellungnahmen zu sozialen und gesellschaftlichen Herausforderungen am Ende des Kolonialzeitalters in den damals noch sogenannten Entwicklungsländern,
- die Zusammenarbeit mit allen, die wenige Zeit später von Johannes XXIII. als „Menschen guten Willens" bezeichnet werden sollten.[333]

Am Ende dieser Liste schreibt Chenu: „Und so weiter. Die Beispiele sind unzählbar."[334] Auch hier ist der Zeitkontext spürbar, wenn man etwa an die diversen pastoralen und missionarischen Initiativen und Praktiken oder auch die Rolle von Katholik*innen beim Wiederaufbau Europas nach dem Zweiten Weltkrieg denkt, oder auch an die Herausforderungen gerade Frankreichs

---

[332] S. o. Abschnitt 1.1.4.

[333] Vgl. Chenu, La théologie est-elle une science, 17f. Dazu Quisinsky, Theologie als angewandter Glaube, 216f.

[334] Chenu, La théologie est-elle une science, 18.

am Ende des Kolonialzeitalters – es war die Zeit des Algerienkriegs. Auffällig ist in beiden Listen, wie sehr Chenu kirchliche und gesellschaftliche Entwicklungen, christliche Spiritualität und gesellschaftliche Solidarität, Liturgie und Leben aufeinanderbezieht. Dabei ist für Chenu stets klar, dass eine solche „topologische" Theologie eine kirchliche ist: „Die Kirche, die in ihrem institutionellen Dasein wie in ihren Charismen mystischer Leib Christi in der Geschichte ist, ist der *Ort* dieser Theologie, der zuerst der *Ort* der Tradition in lebendiger und gemeinschaftlicher Entwicklung der Schrift ist."[335]

1.4.2. *JOC* und *Mission de France*

Was Chenu mit seiner Intuition der *loci theologici in actu* in dichter Form zum Ausdruck bringt, ist Ergebnis grundlegender Erfahrungen und Reflexionen, für die in besonderer Weise die Begegnung mit der *JOC* (*Jeunesse Ouvrière Chrétienne* – Christliche Arbeiterjugend) steht. Diese selbst war für Chenu ein „theologischer Ort/*locus theologicus*".[336] Mit ihr änderten sich nach und nach Form und Inhalt der bislang v. a. um Mittelalterstudien kreisenden Arbeit Chenus in Le Saulchoir. 1925 vom belgischen Priester und während des Konzils zum Kardinal erhobenen Joseph Cardijn gegründet, knüpfte die *JOC* Kontakte ins nahegelegene Le Saulchoir. 1932 kam zum ersten Mal eine Gruppe der *JOC* zu Exerzitien in das dominikanische Studienhaus, das sich seit der Nachkriegszeit für verschiedene Gruppierungen zu diesem Zweck geöffnet hatte. Innerhalb kurzer Zeit fanden mehrere Veranstaltungen nicht nur mit Jugendlichen, sondern auch mit Kaplänen und Verantwortlichen wie etwa dem Gründer der französischen Sektion der *JOC* Georges Guérin (1891–1972) statt.[337] Für Chenu war die *JOC* nicht einfach eine weitere Gruppierung, die man in Le Saulchoir empfing. Vielmehr ereignete sich hier „etwas Originales, Neues, noch nie Dagewesenes […]. Wer der *JOC* einmal […] begegnet ist, wird sofort verstehen, was damit gemeint ist".[338] Das Entscheidende in dieser Begegnung war die Wechselseitigkeit. Denn nicht nur die „*Jocistes*" wurden geistlich und theologisch gestärkt und genährt, indem sie ihre Spiritualität inmitten ihres alltäglichen Lebens auszudrücken lernten. Es wurden vielmehr auch die Dominikaner geistlich und theologisch gestärkt und genährt, indem sie neu lernen, was überhaupt Theologie ist, zu der auch gehört, „sich so unmittelbar der religiösen Erkenntnis solcher Bewegungen der Christenheit gegenüber offen zu fühlen"[339].

[335] Chenu, Regard sur cinquante ans de vie religieuse, 260.
[336] Claude Geffré, zit. nach Bauer, Ortswechsel der Theologie, 313.
[337] Guérin, Un théologien à la JOC.
[338] Chenu, La J. O. C. au Saulchoir, 273.
[339] Ebd.

Auch Congar berichtet von dieser Wechselseitigkeit, die zunächst als vorsichtiges Beschnuppern begann, dann aber zu vielgestaltigen Lernprozessen führte. „Ich verdanke diesen Jungs sehr viel. Sie haben mir die Bedeutung der Einbindung des Evangeliums in die Menschheit offenbart. Zu dieser Zeit habe ich die Gewohnheit angenommen, die Doxologie am Ende des Messkanons – ‚durch ihn und mit ihm und in ihm' – mit dieser Inkarnation Christi in das Menschsein zu verbinden."[340] Chenu fühlte sich diesbezüglich an die Gründungszeit seines Ordens erinnert und war geradezu beschwingt ob der sich eröffnenden Möglichkeiten für christliches Leben und Denken, dominikanisches Apostolat und theologische Erkenntnis. Wo die *„Jocistes"* einüben, auch ihre Arbeit und ihren Alltag als Ort der Gegenwart Gottes wahrzunehmen, ereignet sich für Chenu das Wort Gottes und führt zu einer Theologie, die auf diese Weise lebendig wird und bleibt. Im Rückblick wird ihm selbst deutlich, wie er sich diese Art der Theologie „zu einem Grund-Satz gemacht [hat]. Dabei bin ich nicht der einzige: Seit dem Konzil ist es üblich, das, was man in der Sprache von Johannes XXIII. die ‚Zeichen der Zeit' nennt, als das Heilsereignis auszumachen. Nun bestand aber das Zeichen der Zeit damals in der Entwicklung der Strukturen der Arbeitswelt, die in der Kirche eine apostolische Bewegung wie die *J. O. C.* entstehen ließ."[341] Chenu erkennt hier deutlich, wie neue geschichtliche und soziologische Zusammenhänge Kirche und Theologie neu zur Welt bringen. Ebenso sieht er klar das Ungenügen früherer und durchaus weiterlebender Vorstellungen etwa im Bereich der *Katholischen Aktion*. Diese waren zunächst deutlich von einem deduktiven Schema geprägt, demzufolge aus theologischen Prinzipien dann das spirituelle Verhalten abzuleiten wäre. Seit den 1920er Jahren erfolgte hier für Chenu ein deutlicher Wandel.[342] Insofern ist Chenus Entdeckungserlebnis der Begegnung mit der *JOC* Teil eines größeren Prozesses innerhalb der Kirche, der sich beispielsweise auch in den bereits seit Beginn des Jahrhunderts durchgeführten *Semaines sociales* zeigte und zur Zeit des Konzils in der geistlichen Form der *„révision de vie"*[343] einen weitverbreiteten Ausdruck fand. Freilich brachte es Chenus Entdeckerfreude auch mit sich, dass er manche Ambiguität weniger stark wahrnahm als ihm folgende Theologen, nicht zuletzt hinsichtlich der Bewertung der menschlichen Arbeit.

Das zehnjährige Jubiläum der *JOC* wurde 1937 mit einer Festfeier im Pariser Prinzenparkstadion gefeiert, die eine ganze Generation engagierter

---

340 Jean Puyo interroge le Père Congar, 52f. Wörtlich heißt es *„Incarnation du Christ dans la pâte humaine"*, also „in den menschlichen Teig" – Congar verwendet hier das häufig gebrauchte Bild vom Sauerteig (s. u.).

341 Chenu, Von der Freiheit eines Theologen, 75.

342 Ebd.

343 Jossua, Chrétiens au monde.

Christ*innen prägte. Unter ihrem Eindruck widmet Chenu der *JOC* den programmatischen Beitrag *Dimension nouvelle de la chrétienté*, in dem er den bereits in seinem Projekt der Geschichte der Theologie verwendeten Begriff der *chrétienté* bzw. „Christenheit" aufgriff: es gelte, an deren „neuen Dimensionen" mitzuwirken.[344] Die historiographischen und auch kirchenpolitischen Implikationen des Begriffs und seiner Geschichte sind das Eine. Das Andere ist die Begründung der Wechselwirkung zwischen Dogma und Pastoral, die Chenu hier grundlegt. Ihren Ausdruck findet diese im „Gesetz der Inkarnation"[345]: „Wenn Gott sich inkarniert, um den Menschen zu vergöttlichen, so muss er *alles* an diesem Menschen auf sich nehmen"[346]. Chenu, der ansonsten kaum Bibelzitate anführt, verweist hier auf den Anfang des Johannesevangeliums. In einer Sprache, die seine gnadentheologische Grundlegung in eine meditative, teilweise predigthafte Form bringt, versucht Chenu aufzuzeigen, dass kein Bereich des menschlichen Lebens von der christlichen Wahrheit als einer Wahrheit der Beziehung zwischen Gott und Mensch ausgenommen werden kann. Chenu zeigt dies am Beispiel von Ehe und Familie einerseits und der Pfarrei als Gemeinschaft andererseits. In ihrem klassischen Funktionieren nehmen aber aufgrund ihrer Verfasstheit beide zu wenig Bezug auf die veränderten gesellschaftlichen Rahmenbedingungen. Sie müssten sich damit begnügen, den Einzelnen zu heiligen und nicht die gesellschaftlichen Strukturen. Ganz anders Cardijns Grundsatz des Apostolats des Milieus durch das Milieu, das freilich die Pfarrei nicht ersetzen kann, sondern ergänzen will.[347] Mit dem für die französische Nachkriegszeit zentralen pastoralen Motiv des „Sauerteigs"[348] („*levain dans la pâte*") zeigt Chenu die neue Herausforderung auf: „Arbeit, Geschäfte, Unternehmen, Berufe, Fabriken, Büros: nichts kann dem christlichen Leben fremd sein. Die gesamte menschliche Zivilisation ist Boden der Christenheit"[349].

Bei aller Zäsur, die das Jahr 1942 für Chenu darstellte, konnte es seinem Denkweg keinen Einhalt gebieten. Bereits 1941 war auf Initiative des Pariser Erzbischofs Emmanuel Kardinal Suhard (1874–1949) die *Mission de France*

344 S. dazu Zamagni, Das Ende des „Konstantinischen Zeitalters". Nachdem die Zeitschrift *Sept* ihr Erscheinen einstellen musste, lancierten die *Éditions du Cerf* unter diesem Titel eine Nachfolgepublikation mit antifaschistischer und antikommunistischer Ausrichtung, vgl. Fouilloux, Cavalin, Viet-Depaule, Les Éditions dominicaines du Cerf 1918–1965, 118–120.

345 Chenu, Dimension nouvelle de la chrétienté, 91.

346 Ebd.

347 Ebd., 103. Ähnlich Chenu, Paroisses et œuvres. Ausgangspunkt für diesen Beitrag für die kanadische Zeitschrift *Revue dominicaine* ist die Situation in Québec, wo die Pfarrei ganz von den familiären Strukturen her dachte. Die Katholische Aktion könne demgegenüber die sozialen Strukturen der Arbeitswelt in den Blick nehmen.

348 Chenu, Dimension nouvelle de la chrétienté, 97.

349 Ebd.

gegründet worden, der 1944 die *Mission de Paris* folgte. 1943 erschien das bereits erwähnte Buch von Yvan Daniel und Henri Godin *La France, pays de mission?* In seiner soziologischen Analyse unterschied es in Frankreich zwischen christianisierten, indifferenten und Missionsregionen und plädiert in seinen theologischen Schlussfolgerungen dafür, den Sauerteig des Christentums in den Teig der menschlichen Kultur einzuarbeiten. Der Inhalt konnte die Theologen aus Le Saulchoir nicht überraschen.[350] Dies zeigt eine der vielleicht programmatischsten Schriften Congars, die auch Chenu in hohem Maße prägte, nämlich dessen Artikel *Une conclusion théologique à l'Enquête sur les raisons actuelles de l'incroyance* aus dem Jahre 1937.[351] Congar urteilte, der Bruch zwischen Glaube und Welt und die damit einhergehende Entchristlichung bzw. gar nicht erst erfolgte Christianisierung sei Ergebnis eines „Defizits an Inkarnation"[352] und eines „desinkarnierten Glaubens"[353]. Die ähnliche Formulierung „desinkarniertes Christentum" findet sich dann bald auch bei Chenu.[354] Congars Analyse, die Bernard Besret zufolge die weite Verbreitung des Programmworts Inkarnation zur Folge hatte[355], zieht gleichsam eine Linie vom *Projekt einer Geschichte der Theologie* hin zur Theologie der Zeichen der Zeit. So nimmt es nicht wunder, dass Louis Augros (1898–1982) unmittelbar nach seiner Ernennung zum ersten Regens des neugegründeten Priesterseminars der *Mission de France* mit Le Saulchoir Kontakt aufnahm.[356] Congar, dessen *Conclusion théologique* auf ihn großen Eindruck machte, konnte Augros nicht kontaktieren, da dieser in deutscher Kriegsgefangenschaft war.[357] Chenu hatte er noch nie gesehen, aber dessen Artikel *Position de la théologie* aus dem Jahre 1935 gelesen. In der Ausstrahlung des „intellektuellen Lichts"[358] Le Saulchoirs erkennt Augros eine theologische und spirituelle Antwort auf die „déchristianisation"[359], derzufolge

---

[350] In seinem Nekrolog Chenu, L'abbé H. Godin, hier 244, macht sich Chenu dies zu eigen.

[351] Congar, Une conclusion théologique à l'Enquête sur les raisons actuelles de l'incroyance. Einordnungen bei Quisinsky, The „interference" between Nouvelle Théologie and Catholic Practice in Church and Society, zu Chenu bes. auch 96f.

[352] Congar, Une conclusion théologique, 244.

[353] Ebd., 242.

[354] Chenu, Classes et corps mystique, 491; Chenu, Dimension nouvelle de la chrétienté, 244.

[355] Besret, Incarnation ou eschatologie?, 30. In seinem Vorwort stimmt Chenu dem zu, vgl. Chenu, Préface. Le théologien et son vocabulaire, 14f.

[356] Debilly, La théologie au creuset de l'histoire, 230.240. S. ebd., 240 Anm. 6 für den Briefwechsel.

[357] Augros, Le Père Chenu et la Mission de France, 25f.

[358] Brief von Augros an Chenu, 19. September 1941, zit. nach Debilly, La théologie au creuset de l'histoire, 241 Anm. 2.

[359] Ebd.

die künftigen Priester nicht mit einer Reihe theologischer Thesen am Rand der Entwicklungen stehen sollen, sondern in deren Mitte.

Chenu ließ sich gerne auf die Zusammenarbeit ein, die für Augros eine wichtige Starthilfe war.[360] Im Briefwechsel zwischen Augros und Chenu finden sich einige der Themen wieder, in denen beide übereinstimmten: eine Reform der theologischen Studien, eine christliche Anthropologie an der Schnittstelle von Dogma und Moral, eine Relecture der Geschichte des christlichen Denkens im Sinne des *Projekts einer Geschichte der Theologie.* Kurz: Chenus Engagement für die *Mission de France* erfolgte trotz der Indizierung von *Une école de théologie* – und sogar aufgrund der in der indizierten Programmschrift enthaltenen Theologie! Im Hintergrund steht hier die diskrete Unterstützung Chenus durch Kardinal Suhard, mit dem der nach der Verbannung aus Le Saulchoir in den Pariser Konvent *Saint Jacques* übersiedelte Chenu bereits im August 1942 zusammentraf.[361] Der zeitliche Zusammenfall von Indizierung und Beginn des Engagements für die *Mission de France* war für Chenu geradezu providentiell. Theologisch nahm er nichts von dem zurück, was er bisher entdeckt hatte, erweiterte aber seine Überlegungen um die Frage der Zusammenarbeit von Theologie und Lehramt, wobei ein pastorales Lehramt im Sinne Kardinal Suhards gemeint ist, bzw. allgemeiner um die Reflexion der Rolle der Theologie für die Kirche und ihr pastorales Handeln.[362]

Gerade hier allerdings zeigte sich auch eine zunehmende Akzentverschiebung zwischen der Inkarnationstheologie Chenus, der Augros zunächst durchaus zustimmte, und einer Missionstheologie insbesondere René Salaüns (1910–2000).[363] Der Priester der *Mission de France* problematisiert Chenus Gebrauch des Begriffs der „Inkarnation", der, wird er erst einmal zu einem in aller Munde gebräuchlichen pastoralen Schlagwort, seiner christologischen Dichte entledigt zu werden drohe. Zudem bringe er gar nicht das gesamte Christusmysterium zum Ausdruck, das nicht nur, wie es etwa auch Charles de Foucauld (1858–1916) betont, die Zeit in Nazaret umfasst, sondern auch Kreuz und Auferstehung. Im Hintergrund stehen hier letztlich Auseinandersetzungen um die Art der „Präsenz" der Kirche in der Gesellschaft. Bei gleicher soziologischer Ausgangsdiagnose stellt sich für die Missionstheologie Salaüns die indirekt an Chenu gerichtete Frage, inwiefern der Glaube nicht nur mitlebt, sondern auch verwandelt, und welche Rolle die Pastoral in diesem Prozess spielt. Dass Salaün zur Zeit des Konzils die Pneumatologie in den Vordergrund

---

360 Vgl. seine Einschätzung der weichsenstellenden Diskussionen 1946, Augros, Le Père Chenu et la Mission de France, 28.

361 Eingeordnet bei Guérend, Cardinal Emmanuel Suhard, 246.

362 So die These von Debilly, La théologie au creuset de l'histoire, 244f.

363 Ebd., 315–337.

rückt, verweist auf eine Erkenntnisbewegung, die sich auch bei Congar beobachten lässt.[364]

Die *Mission de France* ist ohne die Impulse und den Enthusiasmus Chenus kaum zu denken, gab es doch für Louis Augros bis in die 1950er Jahre hinein kaum andere Theologen, die so sehr die Intuitionen der *Mission de France* ins Wort bringen konnten.[365] Xavier Debilly sieht aber auch umgekehrt in inhaltlichen Entwicklungen der Theologie Chenus einen Einfluss der *Mission de France* und der in dieser erfolgenden Diskussion seiner Theologie. So sei es kein Zufall, dass der Theologiegeschichtler Chenu just in den 1950er Jahren vom *réveil évangélique* zu reden begonnen habe.[366] Hinter diesem Ausdruck verberge sich ein klareres Bewusstsein nicht nur für die Notwendigkeit einer christologischen Reflexion hinsichtlich des Inkarnationsmotivs, sondern auch für das missionarische Handeln der Kirche im Sinne einer kenotischen Entäußerung. Letzteres ginge überdies mit einer immer stärkeren Rolle für das Evangelium selbst einher als jener Größe, die die Theologie überhaupt erst ermöglicht.

Letztlich zeigt sich bei der Wechselseitigkeit zwischen Chenu und der *Mission de France*, wie schon bei jener zwischen ihm und der *JOC*, dass in der Begeisterungsfähigkeit Chenus (im Sinne sowohl eines *genitivus subjectivus* wie *objectivus*) die große Fähigkeit begründet lag, Themen aufzuspüren und anderen zu ermöglichen, an und mit diesen Themen zu wachsen, dabei freilich aber auch die Themenstellung nach und nach zu erweitern.

1.4.3. Theologie der Arbeit

Die Begegnung Chenus mit der *JOC* steht für seine Entdeckung der Welt der Arbeit als theologischem Ort. Zu dieser Welt gehören übrigens nicht nur die Arbeiter, sondern auch die Unternehmer.[367] Chenus Kontakte zu diesen beschränken sich bei weitem nicht auf das, was er einer Unternehmergattin geantwortet hat, die sich als solche in der von Chenu skizzierten Kirche kaum noch zuhause fühlte: „Madame, seit einem Jahrhundert sind die Arbeiter nicht in der Kirche zu Hause. Lassen Sie Ihnen doch eine Zeit lang ihren Platz“[368]. Dabei geht es nicht nur um eine theologische Bewertung der Ar-

[364] Im Umfeld des Konzilsdekrets *Presbyterorum ordinis* haben beide übrigens punktuell zusammengearbeitet, vgl. Quisinsky, Geschichtlicher Glaube, 392f.

[365] Vgl. Debilly, La théologie au creuset de l'histoire, 283.

[366] Ebd., 367.

[367] Zentrale Thesen zur Theologie der Arbeit trägt Chenu beispielsweise im Mai 1961 vor französischen Unternehmern vor; für eine positive Reaktion darauf vgl. Demongue, Entreprise d'humanisation.

[368] Chenu, Von der Freiheit eines Theologen, 186.

beit, vielmehr ist eine Theologie der Arbeit als Ausdruck des menschlichen Daseins in der Welt Teil einer „Theologie des Lebens und des Zeitlichen“[369], wie Joseph Cardijn mit Blick auf Chenu zusammenfasst. Durch die *JOC* sieht Chenu in den 1930er Jahren das Ferment des Evangeliums nunmehr auch im Milieu der Arbeiter wirken, das zuvor dem Christentum fremd war – und zwar deshalb, weil das Christentum ihm seit dem Entstehen der modernen Industriearbeit und der Arbeiterklasse im 19. Jahrhundert keinen Zugang gewährte. Dies hat viele historische und soziologische Gründe, die in der Regel neben einer theologischen auch eine politische Komponente haben. Als die *JOC* hier einen ersten Brückenschlag in die Wege leitete, war dies für Chenu ein Ereignis von historischer Tragweite: „Eine neues Zeitalter der Christenheit: bisher befanden wir uns hier auf diesem sozialen Terrain bezüglich der Möglichkeiten des Christentums angesichts der Möglichkeiten des Menschen erst in einer prähistorischen Phase.“[370] Zum einen impliziert dies zahlreiche Aspekte, die für eine Interpretation der „Christenheit“ bzw. einer „neuen Christenheit“ von Bedeutung sind. Zum anderen macht dies aber auch eine theologische Bewertung der Arbeit selbst nötig. Dies wiederum beinhaltet zwei Aspekte: die zunächst theoretisch erscheinende Frage nach der Stellung der Arbeit in einer theologischen Anthropologie sowie die zunächst v.a. praktisch erscheinende Frage nach einer Spiritualität des Alltags, der von der Arbeit geprägt ist. In Chenus theologischem Denken sind beide Aspekte geradezu natürlicherweise miteinander verschränkt. Nebenbei bemerkt ist es aufschlussreich, dass Chenus „Theologie der Arbeit“ nicht etwa als systematischer Entwurf vorliegt, sondern in diversen Zeitschriftenaufsätzen etc. als „work in progress“[371] und situationsbedingter „Anstoß zum Nachdenken“[372].

Der Vortrag Chenus auf den *Semaines sociales* 1939 in Bordeaux, zu denen er auf Vermittlung von Bruno de Solages eingeladen worden war[373], dokumentiert eine erste Station auf seinem Denkweg. Zunächst berichtet er von der Begegnung zwischen einer jungen „Proletarierin“ und einer „Bürgerlichen“, die im Zuge der Erstkommunion ihrer Kinder zu wahrer „*communion*“ gelangten. Diese „*communion*“ verwandelt die sozialen Strukturen und deren Beziehung.[374] Denn hinter dem erfreulichen Einzelfall steht das aus christlicher Sicht lange Zeit nicht wahrgenommene und in der Folge

---

369 Cardijn, Théologie du travail, théologie pour l’homme, 20.

370 Chenu, Dimension nouvelle de la chrétienté, 104.

371 Deshalb enthalten beispielsweise, trotz Schnittmengen zwischen den Texten und einigen ihrer Bestandteile, Chenu, Pour une théologie du travail und Chenu, Theologie der Arbeit, nicht einfach dieselben Texte.

372 Sailer-Pfister, Theologie der Arbeit, 224.

373 Chenu, Von der Freiheit, 75.

374 Chenu, Classes et corps mystique du Christ, 478.

dann auch nicht spirituell und theologisch bewältigte Entstehen einer gesellschaftlichen Klasse der Arbeiter mit ihren eigenen Gesetzmäßigkeiten und Werten. Nicht nur die Entstehung der Klassen vollzog sich außerhalb des Christentums: dass Chenu hier von der Brüderlichkeit („*fraternité*" – wir würden heute „Geschwisterlichkeit" sagen) spricht, stellt eine Wiederaneignung der im Slogan der Französischen Revolution („*Liberté – égalité – fraternité*") genannten Dimension menschlichen Lebens durch das christliche Denken dar. Diese Geschwisterlichkeit „inkarniert" sich in Strukturen und Formen der Solidarität, so wie sich die Liebe Gottes als „Prototyp der geschwisterlichen Liebe"[375] inkarniert habe.

Es hieße nun aber, eine „kleine Idee"[376] vom Reich Gottes zu haben, wenn man dessen verwandelnde Kraft nicht auch in der kollektiven menschlichen Arbeit suchen und finden würde. Das betrifft zunächst die Gemeinschaft der Arbeiter untereinander, dann aber auch die gesamte Gesellschaft als Ort des Christlichen: „Wir dürfen in der Tat nicht diese geschwisterliche Liebe wie ein frommes Korrektiv betrachten, das im Nachhinein die Strenge einer von vornherein etablierten ökonomischen Struktur abmildert, eine Art Schmierstoff in der Regelmäßigkeit eines Räderwerks, das zunächst ohne die Sorge um die Menschen konstruiert wurde, die dabei im Spiel sind. Unser Christentum hat sich zu oft mit dieser Rolle zufriedengegeben, und anstatt sich in die Organisation einer Ökonomie einzufügen, deren Strukturen auf diese Weise von menschlichem Geist und geschwisterlichem Sinn durchdrungen wären, hat es nur die wenig hellsichtige Sorge gehabt, durch vereinzelte und zu spät kommende mildtätige Werke die täglichen und massiven verheerenden Folgen einer Welt zu reparieren, die in geradezu mechanischer Weise der Gewalt ausgeliefert ist. Die Personen, die diese Werke ausüben, sind oft bewundernswert, und ihre Werke echte Zeugnisse der Geschwisterlichkeit; aber im Grunde versagt das Christentum angesichts des Aufkommens einer Menschheit, in die es nicht mehr eindringt und in die es sich nicht mehr inkarniert."[377]

Chenu sieht die sozialen Klassen umso mehr als einen „bevorzugten Ort für die Inkarnation des göttlichen Lebens"[378], als sie im 19. Jahrhundert als einander gegenüberstehende Größen sich herausgebildet haben, nunmehr aber durch ebendiese Inkarnation die Liebe Gottes zu den Menschen als „Organismus"[379] und „Körper"[380] Wirklichkeit werden lassen können. Damit

375 Ebd., 481.

376 Ebd., 482.

377 Ebd., 488f.

378 Ebd., 489.

379 Ebd.

380 Ebd.

schlägt Chenu denn auch einen Bogen zum Titel seines Vortrags, in dessen Hintergrund die zeitgenössisch populäre Leib-Christi-Ekklesiologie steht. Chenu freilich bezieht den „mystischen Leib" nicht ekklesiozentrisch auf die Kirche, sondern auf die christlich durchwirkte Gesellschaft. Aufgabe der Kirche ist es demnach, sich in den Dienst der „christlichen Ökonomie" zu stellen, „in der das gemeinschaftliche Wachstum der Menschheit die Materie des gemeinschaftlichen Wachstums der Gnade Gottes"[381] darstellt. Chenu begründet diesen Gedanken übrigens mit dem Verweis auf das 1925 von Papst Pius XI. eingeführte Christkönigsfest, das insbesondere auch in Frankreich eine wichtige Rolle für die Neubestimmung des Verhältnisses von Gott und Welt bzw. Kirche und Gesellschaft spielte.[382] Nach dem Zweiten Weltkrieg bot der Beitrag *Corps de l'Église et structures sociales* in der wenige Jahre später von Rom verbotenen Zeitschrift *Jeunesse de l'Église* Chenu die Gelegenheit, in diesem Sinn die in der Enzyklika *Mystici Corporis* (1943) von Pius XII. gleichsam offizialisierte Leib-Christi-Ekklesiologie zu interpretieren. Das „Paradox der Inkarnation"[383], das nicht mit dem Paradox im Sinne von Sören Kierkegaard (1813–1855) zu verwechseln sei, ermöglicht es ihm dabei durchaus gewitzt, integralismusaffinen ekklesiologischen Vorstellungen wie jener von der Kirche als „fortdauernder Inkarnation"[384] eine anti-integralistische Stoßrichtung zu verleihen. Vielmehr könne gerade eine solche Kirche, die die soziologischen Gesetzmäßigkeiten erkennt, jenseits der Strukturen der *chrétienté* oder gar katholischer Staaten in profanen Gesellschaften „Sauerteig"[385] sein.

Eine zweite Station in Chenus Denkweg ist der Beitrag *Civilisation technique et spiritualité nouvelle* aus dem Jahre 1948. Ausgehend vom französischen Soziologen Georges Friedmann (1902–1977)[386] und in kritischer Diskussion der Thesen des amerikanischen Soziologen James Burnham (1905–1987)[387] vertieft er seine bisherigen Thesen zum Verhältnis von Christentum und Welt der Arbeit. Dazu zeichnet er zunächst die ungeheuren technischen Fortschritte der vergangenen Jahre nach, die das individuelle wie das gemeinschaftliche und gesellschaftliche Leben nicht nur in Europa von Grund auf verändert haben und weiterhin verändern. Damit ändern sich

---

381 Ebd.

382 Desouche, Le Christ dans l'histoire selon le pape Pie XI. Dass Chenu die Impulse von Pius XI. theologisch und pastoral entfaltete betont Guérin, Un théologien à la JOC, 23.

383 Chenu, Corps de l'Église et structures sociales, 161.

384 Ebd.

385 Ebd., 167.

386 Friedmann, Problèmes humains du machinisme industriel.

387 Burnham, L'Ère des organisateurs (Original: The Managerial Revolution. What is Happening in the World, New York 1941).

letztlich auch die Bedeutungen dessen, was mit Arbeit und Arbeiter gemeint ist, selbst wenn einzelne Berufe – z. B. die Handwerker – weniger vom Phänomen der Massenindustrie geprägt sind. Wenn das menschliche Leben *potentia oboedientialis* ist, also fähig zu einer (Selbst-)Verpflichtung auf das von Gott Wahrgenommene, muss dies für Chenu auch unter den Bedingungen einer industrialisierten und von Maschinen bestimmten Welt gelten. Damit stellt sich aber für die Arbeiter die Frage, ob sie auch als solche in ihrer Arbeit und nicht neben dieser jene Verwirklichung ihres Menschseins finden können, die mit dieser *potentia oboedientialis* einhergeht.[388]

Dem gnadentheologischen Motiv der *potentia oboedientialis* korreliert die anthropologische Frage, ob der Mensch in seiner Arbeit Sinnstiftung und Befreiung zu wahrem Menschsein findet. Die christliche Botschaft kann also nur dann Gültigkeit beanspruchen, wenn sie dem „*homo faber*“[389] eine Perspektive aufzeigt, auch in dieser Lebensform dem „christlichen Humanismus“[390] entsprechen zu können. Dazu muss für Chenu die desindividualisierende Maschinenarbeit durch eine solidarisch-gemeinschaftliche Sozialisierung ausgeglichen werden, die dann der eigentliche Ort der Sinnstiftung und Menschwerdung wird. An die Stelle von „Kapitalgesellschaften“ würden dann „Personengesellschaften“ treten.[391] Wie auch Louis-Joseph Lebret von *Économie et humanisme* vertritt Chenu hier in seinen Überlegungen zu dem, was er als eine Art enthumanisierende Globalisierung des Kapitals beschreibt, einen Mittelweg zwischen Liberalismus und Sozialismus, der besonders auch die genossenschaftliche Idee hochhält.[392] Unzweifelhaft ist Chenu hierbei sehr idealistisch. Methodisch freilich zeigt sich hier exemplarisch, wie er die Erkenntnisse von Soziologen und Wirtschaftswissenschaftlern aufgreift und ins Gespräch mit klassischen theologischen Denkfiguren bringt, die dadurch wiederum vertieft und erweitert werden. Inhaltlich zeigt diese Station seines Denkens, dass es ihm nicht mehr in erster Linie um das (binnenkirchliche) Denkmodell einer *chrétienté* geht bzw. um das „Wiedergewinnen“ von Bevölkerungsgruppen, die dem Christentum verloren gingen bzw. die von ihm nie erreicht wurden. Vielmehr zeigt sich hier eine Weiterentwicklung in Richtung einer Spiritualität, die den Gesetzen der Industrialisierung Rechnung trägt und bei aller Ausrichtung an kollektiven Mechanismen die Frage nach der Würde des Einzelnen in den Vordergrund stellt, ja, diese angesichts des Kollektiven überhaupt erst neu zu begründen versucht. Etwas unaufgelöst ist hier wie generell übrigens die Spannung zwischen der innovativen Wahrneh-

---

388 Chenu, Civilisation technique et spiritualité nouvelle, 150.

389 Ebd., 151.

390 Ebd., 157.

391 Ebd., 155.

392 Vgl. z. B. auch Chenu, Le profit et les principes chrétiens, 512.

mung des Kollektiven und dem Vorrang, der konkreten Personen zukommt.[393] Für diese Begründung verortet Chenu zunächst den Menschen im Gesamt einer Wirklichkeitssicht, in der der Mensch sowohl Geschöpf als auch Mitschöpfer des freilich unergründlichen Gottes ist. Sodann beschreibt er den durchaus schwierigen Prozess, in dem der Mensch durch seine Arbeit Mensch wird, die weiterhin stets eine eschatologische Zielrichtung hat. Schließlich gründet dieser kirchlich-christliche Umgang mit der Welt und der Arbeit – Chenu verweist hierfür auf die Katholische Aktion und das Motiv des Leibes Christi – in der Inkarnation, die sowohl einen reinen Materialismus als auch die Verurteilung des technischen Fortschritts als ungenügend erweist.[394] Im Hintergrund steht hier der Aufbau der *Summa theologiae* und die daraus folgende Geschichtstheologie mit ihrem Dreiklang aus Schöpfung, Erlösung und Inkarnation.

Die größte Breitenwirkung hatte schließlich eine dritte Station in Chenus Denkweg, die von seinem Büchlein *Pour une théologie du travail* aus dem Jahre 1955 markiert wird. Freilich stammte dessen erster Beitrag *L'homo oeconomicus et le chrétien* aus dem Jahre 1945 – er wurde zuerst in der von Louis-Joseph Lebret und dessen Studienzentrum *Économie et humanisme* in der gleichnamigen Zeitschrift veröffentlicht – und der zweite *Le devenir social* wurde bereits 1947 als Vortrag während der *Semaine sociale* gehalten. Der Aufsatz *Pour une théologie du travail*, der dem Bändchen seinen Namen gab, wurde 1952 in der Zeitschrift *Esprit* erstmals veröffentlicht. Als kleines, aber gewichtiges Schlusskapitel dient eine kleine Studie über einen Text Maximus Confessors über das Verhältnis von Mensch und Natur. Im Bogen, den diese Beiträge spannen, verbinden sich diverse Stränge der Entdeckungen Chenus in einer zentralen Idee. Dieser zufolge versucht eine Theologie der Arbeit „in menschlich-christlicher Ökonomie […] das physische Eigengewicht der Arbeit als Teil im Aufbau der Welt und, religiös gesprochen, in der göttlichen Weltlenkung zu gründen. Wir haben keine Bedenken, von dieser Geschichte die Offenbarung eines neuen moralischen Wertes zu erwarten."[395] Die Arbeit ist damit erstens die Art und Weise, wie der einzelne seiner persönlichen Be-

---

[393] So formulierte er bereits in den 1950er Jahren: „Geben wir niemals dem Gesetz der Gattung den Vorrang vor den Anforderungen der Person […]. Ein Mensch wird nie so sehr von seinem Milieu, seinem Beruf, der Technik in Anspruch genommen, dass in ihm nicht mehr die klassischen Zonen des Eintrittes der Gnade verbleiben: Schmerz, Liebe, Sexualität, Scheitern, Ungerechtigkeit, Tod" (zit. nach Fischer, Présence du Père Chenu parmi les prêtres d'Alsace, 88).

[394] Der Schluss des Beitrags ist identisch mit einer Passage aus Chenu, Spiritualité du travail, Paris 1941.

[395] Chenu, Pour une théologie du travail, 21, Übersetzung zit. nach ders., Theologie der Arbeit, 55.

rufung nachkommt, zweitens die Art und Weise, in der er sich als Mensch mit Menschen solidarisiert, insofern diese sich gemeinsam für etwas einsetzen, und drittens durch ebendiese beiden Dimensionen auch Mitarbeit an der Schöpfung gemäß dem chalcedonensisch strukturierten Gesetz der Inkarnation. Dies beinhaltet eine eschatologische Ausrichtung und damit Relativierung. In Maximus Confessor findet Chenu einen Gesprächspartner – übrigens zunächst erschlossen von Hans Urs von Balthasar (1905–1988)[396] –, der für seinen „communionalen" Umgang mit der Geschichte steht: auch wenn dessen Platonismus diskutabel, seine außertheologischen Quellen fragwürdig und seine Physik veraltet seien, so bleibt dennoch seine Inspiration nicht weniger bedeutend, derzufolge dem Menschen in der „Ökonomie" des Schöpfungs- und Heilsplans eine aktive Rolle zukommt.[397] Der Mensch als Mikrokosmos „rekapituliert"[398] in sich die Elemente des Kosmos sowohl gemäß der Ordnung der Natur, die in der Verbindung von Geist und Materie im Menschen ihren Höhepunkt erreicht, als auch in seinem Streben, das letztlich einer höchsten Einheit gilt. Dieser Rekapitulation im Rahmen einer „Heilsökonomie" korreliert in der „*Recapitulatio*" aller Dinge in Christus.[399]

Das Motiv der Rekapitulation schließlich kommt besonders in einer vierten Station auf Chenus Denkweg zum Tragen. Sein Aufsatz *Théologie du travail* aus dem Jahr 1959[400] endet kraftvoll mit der Überzeugung, dass durch die endzeitliche *Recapitulatio* alles Schaffen des Menschen über die Jahrhunderte hinweg als Teil der „totalen Schöpfung" in das Mysterium Christi aufgenommen wird. „Der Gläubige kann also darin den Tod und die Auferstehung Christi lesen und leben. Die gesamte gängige Arbeitsmoral, die Verwurzelung des Berufes im Menschen, im Universum, in der Gemeischaft sind so zur göttlichen Qualität des Lobes, der Opfergabe, der Befreiung erhoben, die die drei Charaktere des im österlichen Akt Jesu Christi vollzogenen Opfers darstellen."[401]

In seinem zuletzt genannten Beitrag vertieft Chenu seine diversen historischen, soziologischen und theologischen Überlegungen aus den vergangenen Jahren – beispielsweise auch im Gespräch mit Romano Guardini (1885–1968). Der Verweis Chenus auf Congars *Jalons pour une théologie du laïcat* mit seiner Verbindung von Alltags- und Geschichtstheologie unterstreicht, dass die „zeit-

---

[396] von Balthasar, Liturgie cosmique. Vgl. auch Dalmais, Le vocabulaire des activités intéllectuelles.

[397] Chenu, Note complémentaire, 118.

[398] Ebd., 111.

[399] Chenu Théologie du travail, 543 bzw. 569.

[400] Ursprünglich erschienen im Sammelband L'enfant et son avenir professionnel. Esquisse d'une théologie de la création et du travail, Paris 1959, 11–47.

[401] Chenu, Théologie du travail, 569.

lichen Realitäten“ nicht bloß eine dem christlichen Leben nützliche, aber letztlich äußerliche Dimension bleiben, sondern dass sich vielmehr in der Arbeit eine Inkarnation des Reiches Gottes ereignet.[402] Dabei wird deutlich, dass es Chenu auch in seiner Theologie der Arbeit letztlich um die *contemplactio* geht, aus der heraus er lebt und denkt und zu der er führen will. Dies ist einerseits von prinzipieller Bedeutung, andererseits aber auch deutlich zeitgebunden. Die historische Bedeutung von Chenus Theologie der Arbeit liegt zum einen darin, kirchen-, frömmigkeits- und theologiegeschichtlich herausgearbeitet zu haben, warum Kirche und Arbeiterschaft getrennte Wege gingen. Zum anderen liegt sie in der grundsätzlichen Erweiterung des theologischen Denkens durch das Überspringen der „Mauer“[403] – was dem Bild Kardinal Suhards zufolge noch mehr erforderte als das Überschreiten einer Grenze – zwischen Kirche und Arbeiterschaft. Dies beinhaltet nicht weniger als ein erneuertes Verhältnis zu Welt und Universum, wie es zeitgenössisch von Pierre Teilhard de Chardin (1881–1955) versucht wurde – und dessen Werke Chenu zufolge zunächst „fast im Geheimen“[404] gelesen wurden.

Da Chenu einerseits stark gegen traditionelle theologische Zugänge argumentierte und andererseits in seiner Bewertung der Arbeit den Fortschrittsoptimismus eines Teilhard de Chardin teilt, sind diverse Ambivalenzen der Arbeit und des Arbeiterlebens in seinem Denken wenig systemprägend. Damit hängt auch zusammen, dass er selbst das Potential seiner Ansätze für eine konstruktive Ausgestaltung etwa der Sozialethik, z. B. hinsichtlich der Frage nach sozialer Gerechtigkeit, nicht entfaltet.[405] Zu fragen wäre grundsätzlich auch, ob ein größeres Verständnis für die Anliegen Luthers und eine entsprechende gnadentheologische Problematisierung manche von Chenu nicht unbedingt gewollte, aber auch nicht verhinderte Einseitigkeit hätte ausgleichen können. Nach dem Konzil, das hinsichtlich der technischen Zivilisation den „Schock“ eines Bewusstwerdungsprozesses einleitete, stellt Chenu sich und der Theologie eine Reihe von Hausaufgaben, beispielsweise die Herausforderung, die gesellschaftliche und mentalitätsprägende Rolle des „Menschen als Techniker“ (*homme-technicien*)[406] im Licht des Evangeliums zu deuten.

Die zeitgeschichtliche Verortung von Chenus Theologie der Arbeit im Europa der 1930er bis 1950er Jahre bindet sie aber nicht nur an eine bestimmte ekklesiologische Aufbruchsbewegung, sondern auch an eine gesell-

---

402 Vgl. den geradezu hymnischen Abschnitt Chenu, Théologie du travail, 567 mit der auf Congar, Jalons pour une théologie du laïcat verweisenden Fußnote 2.

403 Chenu, Von der Freiheit eines Theologen, 184.

404 Zu Chenus Bewunderung für Teilhard vgl. etwa ders., Von der Freiheit eines Theologen, 135.

405 Vgl. Sailer-Pfister, Theologie der Arbeit, 222.

406 Chenu, Préface, in: Galtier, Peut-on évangéliser les techniciens, 9.

schaftliche und ökonomische Phase, in der manche Ambiguität der sich entfaltenden Moderne, etwa im Bereich der Ökologie, aber auch der Politik und der Psychologie nicht im Blick war. Mehr und mehr nahm er aber auch Ambivalenzen und Krisen wahr, etwa wenn er in einem Beitrag für *Le Monde* aus dem Jahre 1979 die zeitgenössische Frage nach Gott und Mensch im Horizont seiner Geschichtstheologie zu beantworten sucht, diese aber nicht mehr nur von Motiven wie der Mitschöpferschaft des Menschen und seiner Vergöttlichung her, sondern auch von der Wahrnehmung der Grenzen des Wachstums her reflektiert.[407] Besonders zeigt sich die Sensibilisierung für die zunehmende Ambivalenz vieler Entwicklungen in seinem einführenden Kommentar zur Enzyklika *Laborem exercens* von Papst Johannes Paul II. aus dem Jahre 1981. Anders als in den „leichten Jahren von 1950 bis 1970"[408] spüre man nunmehr neben dem befreienden auch den bedrückenden Aspekt der Arbeit, insbesondere auch in Gestalt eines Arbeitsmarktes, zu dem längst nicht mehr alle Zugang haben. Dies erfordert eine „realistischere Interpretation"[409] im Rahmen einer nunmehr auch päpstlich vertretenen „Theologie der Arbeit"[410]. Zwar betrachtet er manche Akzente der Enzyklika von Johannes Paul II. kritisch – insbesondere die aus dessen politisch generiertem Antikommunismus resultierende Erschwernis, Wahrheitselemente in den Analysen von Karl Marx auch theologisch zu würdigen und diesbezügliche Ansätze bei Pius XI., Johannes XXIII. und Paul VI. sowie beim Jesuitengeneral Pedro Arrupe (1907–1991) weiterzuentwickeln. Umso mehr hebt er hervor, dass der personalistische Ansatz Johannes Pauls II., „ohne es zu sagen"[411], die an Thomas von Aquin orientierte gemeinwohlorientierte Begründung der Legitimität von Privateigentum gegenüber diesbezüglichen Engführungen seit Leo XIII. stark macht.

Sonja Sailer-Pfister urteilt bilanzierend über Chenus innovativen Ansatz, dass die „Genialität Chenus [...] vorbildlich für künftiges Theologietreiben"[412] ist, allerdings bei aller pastoraler Praxis auch eine „typische Perspektive eines Intellektuellen"[413] darstellt. Inhaltlich zeichnet Chenu im Enthusiasmus, einen Weg zur Versöhnung zwischen Arbeiterschaft und Christentum gefunden zu haben, ein Bild von der Arbeit, das diese letztlich bei allem Realismus auch idealisierte. Allerdings wird man gerade auch angesichts eines entfesselten Neoliberalismus Chenus Grundintuition von der Arbeit als Mit-

[407] Chenu, L'historicité de Dieu.

[408] Chenu, Introduction par Marie-Dominique Chenu o.p., XV.

[409] Ebd.

[410] Ebd., XI und XIII.

[411] Ebd., IX.

[412] Sailer-Pfister, Theologie der Arbeit, 224.

[413] Ebd., 222.

wirkung am Aufbau einer humanen Welt und deren Verbindung mit der Schöpfungs- und Erlösungswirklichkeit ein kritisch-konstruktives Potential zugestehen können, das heute schmerzlich vermisst wird.

1.4.4. Arbeiterpriester

Das „größte religiöse Ereignis seit der Französischen Revolution"[414] war Chenu zufolge die Bewegung der Arbeiterpriester. Mit Aufklärung und Revolution wurde die Trennung zwischen Kirche und Welt bzw. Glaube und Neuzeit besiegelt, die sich in den Jahrhunderten zuvor herausgebildet hatte. In Frankreich kommt hinzu, dass seit der Französischen Revolution „zwei Frankreichs", also zwei verschiedene Konzeptionen, wie Frankreich ist und sein sollte, miteinander im Widerstreit liegen.[415] Zudem hatten sich in der damit verbundenen „Laizisierung" des französischen Schulsystems seit den 1880er Jahren die großen Errungenschaften der Gesellschaft in Wissenschaft und Kultur „außerhalb eines paternalistischen Christentums"[416] herausgebildet, was den kulturellen Graben immer weiter vertiefte. Insofern ist Chenus Beitrag zur Theologie und Praxis der Arbeiterpriester, wie bereits diverse historische und soziologische Ausführungen im Rahmen der Theologie der Arbeit, sehr „französisch", ohne dass dies ihre grundsätzliche Bedeutung – als eine Art Spitze des Eisbergs viel grundsätzlicherer Fragen nach dem Verhältnis von Glaube und Gesellschaft – über Frankreich hinaus schmälern würde.

1932 beantragte der Dominikanernovize Albert Bouche OP (1909–1999) in seinem Studienkonvent Le Saulchoir, in einer Fabrik arbeiten zu dürfen. Erst mit dem Amtsantritt Chenus als Studienregent erhielt er die Erlaubnis dazu, später arbeitete er auch in einem Bergwerk.[417] Bouche war neben Joseph Robert OP (1910–1991) ein Pionier der Arbeiterpriesterbewegung. Er wirkte zusammen mit Georges Guérin am Aufbau der *JOC* mit und gründete 1943 die Zeitschrift *Masses ouvrières*, die zentrale Intuitionen Chenus widerspiegelte und von Kardinal Suhard unterstützt wurde.[418] Bouche steht auch für ein zunehmendes Herauswachsen pastoraler und theologischer Aktivitäten aus dem Umfeld der Katholischen Aktion, die noch recht stark von traditionellen Strukturen insbesondere auch der Pfarrei geprägt war. Dem-

414 Leprieur, Quand Rome condamne, 11.

415 S. dazu z. B. Chenus biographische Erinnerungen an die „linke", laizistische und antikirchliche Schulpolitik seiner Kindheit und die „rechte", die Kirche vereinnahmende Schulpolitik des Vichy-Régimes, Chenu, Morale laïque et foi chrétienne, 312f.

416 Chenu, Le chrétien dans le monde, 298.

417 Éric Belouet, Bouche Albert, in: Dictionnaire biographique des frères prêcheurs. Notices biographiques, B (http://dominicains.revues.org/153)

418 Wattebled, Stratégies catholiques en monde ouvrier dans la France d'après-guerre, 24.74f.

gegenüber bereiteten die *JOC* und die *Mission de France* neue Modelle christlicher Präsenz in der Gesellschaft vor, für die auch emblematische Figuren wie der damalige Dominikaner Jacques Loew (1908–1999) stehen, der Mitglied von *Économie et humanisme* war und seit 1941 im Hafen von Marseille als Docker arbeitete. Nicht zuletzt in Paris schwebte Kardinal Suhard ein „missionarischer" Klerus vor. Er unterstützte daher Priester, besonders auch aus dem Dominikaner- und Jesuitenorden, die mit jenen Menschen außerhalb der üblichen kirchlichen Sozialformen leben und arbeiten wollten, denen das Evangelium ebenso galt wie denen, die mit klassischer Seelsorge und christlichen Gemeinschaftsformen in Berührung kamen. Die „Arbeiterpriester", die man insbesondere seit einem am Ende des Zweiten Weltkriegs erschienenen gleichnamigen Buch von Henri Perrin (1914–1954) so nannte, zogen dabei besondere Aufmerksamkeit auf sich, mussten sie doch ihre „nach außen" gerichtete Tätigkeit oft genug „nach innen" verteidigen.[419] Um 1950 lebten in Frankreich über einhundert *„équipes"* von Arbeiterpriestern, deren christliche Präsenz einerseits ganz in ihrem Milieu aufging, die aber in diesem oft von ihren Kollegen als Christen und Priester erkannt wurden und in der Folge mehr und mehr Partei für die Arbeiter als sozialer Klasse ergriffen. Dies beinhaltete auch die Mitarbeit in Gewerkschaften. Da dies in Frankreich mit seiner starken Gegenüberstellung von linken und rechten politischen Kräften in der Nachkriegszeit auch eine mitunter große Nähe zur Kommunistischen Partei mit sich bringen konnte, gerieten die Arbeiterpriester unter den doppelten Verdacht, Agenten Roms in der Arbeitswelt bzw. Agenten Moskaus in der Kirche zu sein.[420] Trotz anfänglicher Unterstützung durch führende französische Bischöfe und Kardinäle – neben Suhard ist hier z. B. der von Pius XI. auch als Signal an die Welt der Arbeiter 1930 zum Kardinal ernannte und später auf dem Konzil sehr einflussreiche Bischof der Industriestadt Lille, Achille Liénart (1884–1973), zu nennen – konnten interessierte Kreise in Kirche und Gesellschaft die Arbeiterpriesterbewegung mehr und mehr in Misskredit bringen. Das Misstrauen wurde verstärkt, als 1950 eine Reihe von Arbeiterpriestern und ihrer Sympathisanten den gegen den Besitz von Atombomben gerichteten „Appell von Stockholm" unterzeichneten, darunter auch Chenu.[421] In seinem Beitrag *Chrétienté ou mission* begründete Chenu diese Unterstützung damit, dass es sich um den

[419] Umfassend und mit vielen biographischen Angaben dazu Suaud, Viet-Depaule, Prêtres et ouvriers.

[420] Siefer, Art. Arbeiterpriester.

[421] Des prêtres ont signé: Le R. P. Chenu, dominicain; s. auch Chenu, Von der Freiheit eines Theologen, 202f., Tranvouez, Catholiques d'abord, 140; ders., Catholicisme et société dans la France du XXe siècle, 179, verortet Chenu im Feld der Unterzeichner*innen. Ein Faksimile des Aufrufs mit Chenus Signatur ist abgedruckt in Keck, Jeunesse de l'Église, 262.

Ausdruck eines missionarischen Kircheseins handelt, in dem die Kirche nicht mehr im Stile der *chrétienté* meint, selbst im exklusiven Besitz der Wahrheit und der richtigen Handlungsmaximen für alle Menschen zu sein.[422]

Nach diversen Vorstufen veranlassten die zuständigen Kongregationen des Vatikan im Juli 1953 die französischen Bischöfe zunächst, den Seminaristen Industriepraktika zu untersagen, gefolgt von der Weisung an die Ordensoberen, die Arbeiterpriester unter ihren Mitbrüdern nach und nach aus dieser Tätigkeit wieder herauszunehmen. Im September schließlich wurden die französischen Bischöfe darüber informiert, dass Rom das Ende des „Experiments" der Arbeiterpriester verfügt.[423] Kardinal Liénart würdigte zwar im Oktober 1953 in Gegenwart des Nuntius die Arbeiterpriester und verwandte sich mit dem Pariser Kardinal Maurice Feltin, dem Nachfolger Kardinal Suhards, sowie dem Erzbischof von Lyon, Pierre-Marie Gerlier (1880–1965), in einer Audienz bei Papst Pius XII. für diese.[424] Trotzdem verfügte Rom, dass bis zum 1. März 1954 alle Arbeiterpriester ihre Tätigkeit in den Fabriken zu beenden haben.

In dieser angespannten Stimmung schrieb Chenu im Oktober 1953 seinen Beitrag *Le sacerdoce des prêtres-ouvriers* für die Zeitschrift *La Vie intellectuelle*, der im Februar 1954 veröffentlicht wurde. Chenu stellt hier zunächst fest, dass viele Urteile über die Arbeiterpriester von einem Priesterbild ausgehen, die dessen kultische Funktionen in den Vordergrund rücken. In der Tat sei in der Zeit der *chrétienté* dies die Aufgabe des Priesters gewesen, die nahelag und auch entsprechend wahrgenommen wurde. Für Chenu ist nun aber der Glaube, als dessen Teil das sakramentale Leben Bedeutung erlangt, nicht einfach nur eine Vorbedingung für den Dienst des Priesters. Vielmehr besteht dessen Sendung auch darin, überhaupt erst die Möglichkeiten für den Glauben zu bereiten, indem er diesen in Wort und Tat verkündet. Dieses letztlich kerygmatische bzw. missionarische Vorleben des Glaubens kann nicht einfach nur an die nichtgeweihten Getauften delegiert werden, sondern ist ebenso auch Dimension des priesterlichen Lebens. Es ist näherhin dessen vorrangige Aufgabe, wie

---

[422] Chenu, Chrétienté ou mission? A propos des „Mouvements de paix", 256. Ein Postskriptum von 1964 endet mit dem lapidaren Satz „Nochmals zu lesen im Licht von *Pacem in terris*", der Friedensenzyklika des Konzilspapstes Johannes XXIII., in der sich dieser an alle „Menschen guten Willens" wandte. Eine ebenfalls 1964 hinzugefügte Fußnote erläutert die politischen Hintergründe: demnach wurde die vom amerikanischen Außenminister John Foster Dulles (1888–1959), Vater des zum Katholizismus konvertierten späteren Kardinals Avery Dulles (1918–2008), ausgegebene antikommunistische Marschrichtung von Senator Joseph Mc Carthy (1908–1957), einem „notorischen Katholiken" (ebd., 257 Anm. 1) in einer konfessionalistischen Weise „in Form eines Kreuzzugs" (ebd.) ausgelegt, was die Unterstützung einflussreicher lokaler Kirchenführer fand.

[423] Wattebled, Stratégies catholiques, 240f.

[424] Ebd., 249f.

Chenu im Anschluss an Louis Rétif (1911–1985) – Seelsorger in einem Arbeitervorort von Paris und Mitautor von *Paroisse, communauté missionnaire* –, aber auch an Kardinal Suhard und sogar die *Propaganda fide* aufzeigt.[425] Wenn die Kirche sich als ganze „im Zustand der Mission" – der Ausdruck geht auf einen Vortrag Chenus im Priesterseminar der *Mission de France* im Jahre 1947 zurück[426] – befindet, dann umso mehr auch die Priester als ihre amtlich beauftragten Vertreter. Zwar entwickelt Chenu keine Amtstheologie im engeren Sinn – dies blieb seinem Freund Congar und in dessen Gefolge Hervé Legrand vorbehalten –, wohl aber weist er mit Congar darauf hin, dass auch die Frage der Arbeiterpriester im Rahmen „der Gesamtheit einer Ekklesiologie"[427] zu sehen sei.

Zeitgleich mit dem Verbot der Arbeiterpriester erfolgte im Februar 1954 auch eine weitere Verurteilung Chenus. Er musste *Saint Jacques* verlassen und in den Konvent von Rouen ins Exil übersiedeln. Congar und Féret, die nach der Verurteilung von 1942 (bzw. Congar nach seiner Rückkehr aus der Kriegsgefangenschaft 1945) ihre Lehrtätigkeit in Le Saulchoir weiterführen konnten, wurden mit Lehrverbot belegt, Féret nach Limoges (später Dijon), Congar nach Straßburg assigniert – wo er wenige Jahre später zum einflussreichen Konzilstheologen der Bischöfe Weber und Elchinger werden sollte. Noch aber dachte niemand an ein Konzil. Die theologische Stimmung war vielmehr geprägt von der Enyklika *Humani generis* aus dem Jahre 1950, die u. a. gegen Henri de Lubac – er erhielt Lehrverbot – und weitere Vertreter einer vermeintlich „neuen Theologie" gerichtet war. Projekte zur Erneuerung der Theologie, an denen neben de Lubac auch Bruno de Solages und Pierre Teilhard de Chardin sowie Chenu und Congar beteiligt waren, mussten eingestellt werden.[428] An die Stelle von Glaubensinterpretationen, die sich z. B. im Gefolge Blondels neueren philosophischen Ansätzen in der Frage des Verhältnisses von Gnade und Natur öffneten und deshalb des Modernismus geziehen wurden, sollte wieder ein am klassischen Thomismus ausgerichtetes Ideal angeblicher Objektivität treten. Damit gerieten neben den Jesuiten auch die Dominikaner ins Visier, wo die ordensinterne Auseinandersetzung zwischen der von Garrigou-Lagrange vertretenen römischen Position und derjenigen Le Saulchoirs in veränderter Form nach der Indizierung von *Une école de théologie* weiterging.[429] So bot das Verbot der Arbeiterpriester die Möglichkeit, auch bei den Dominikanern eine Neuausrichtung der Theo-

[425] Chenu, Le sacerdoce des prêtres-ouvriers, 277–279.

[426] Vgl. Chenu, „En état de mission", 238. Eingeordnet auch bei Debilly, La théologie au creuset, 400.

[427] Chenu, Le sacerdoce des prêtres-ouvriers, 279.

[428] Chenu, Von der Freiheit eines Theologen, 163.

[429] Vgl. Garrigou-Lagrange, La nouvelle théologie où va-t-elle?

logie zu erzwingen, die trotz der Maßnahmen von 1942 noch nicht gelungen war. Neben Chenu, Congar und Féret war auch Pierre Boisselot (1899–1964) von den Verurteilungen betroffen und wurde seiner Aufgaben als Direktor der *Éditions du Cerf* enthoben. In dieser Eigenschaft koordinierte der auch in der französischen Medienwelt gut vernetzte Dominikaner in den Jahren nach dem Zweiten Weltkrieg die zahlreichen Zeitschriften- und Buchpublikationen seiner Ordensbrüder, die die theologischen und pastoralen Aufbrüche reflektierten und sie auf diese Weise miteinander in Verbindung brachten. Dies erweckte spätestens dann Misstrauen, als „unter dem Patronat“[430] Chenus, Boisselots und des später aus dem Orden ausgeschiedenen Soziologen Henri Desroche 1950 die Zeitschrift *La Quinzaine* gegründet wurde. Chenu veröffentlichte hier unter dem Pseudonym *Apostolus*.[431] Im Kontext des Kalten Krieges vertrat die Zeitschrift Positionen, die sie in die Nähe der Kommunisten rückte.[432] Dieser Vorwurf wurde auch der Zeitschrift *Jeunesse de l'Église* um Maurice Montuclard (1904–1988) zum Verhängnis, in deren Direktorium Chenu zeitweilig Mitglied war. Dort nahm er in z. T. heftigen Debatten die Rolle eines „Mannes der Synthese“[433] ein und war Fürsprecher der Theoriedebatten wenig zugeneigten „einfachen Leute“[434].

Die Verurteilung der Arbeiterpriester schlug in Frankreich weit über die Kreise von Theologie und Kirche hinaus hohe Wellen, waren diese doch das Symbol für den Versuch der Kirche, sich mit der modernen Welt zu versöhnen. In einem vertraulichen Brief an die am 21. und 22. Februar 1954 in Villejuif versammelten Arbeiterpriester „aus Anlass des 1. März“ diagnostizierte Chenu eine „Erschütterung“ des christlichen Volkes durch das Verbot, die er aber auch als Anlass zur Hoffnung deutet. Die Arbeiterpriester bittet Chenu, sich nicht durch übereilte Reaktionen ungewollt aus dem Einsatz für die Arbeiterschaft auszuklinken. Die Geschichte in Kirche und Welt erfolge in langfristigen Entwicklungslinien, und bei aller Trauer hat Chenu Vertrauen darauf, dass der Weg der Arbeiterpriester dereinst als der richtige gewürdigt wird. Im Übrigen: „Der Herr hat niemals angekündigt, dass er [die Kirche] mit einem soziologischen Zauberstab“[435] führen werde.

---

[430] Raison du Cleuziou, De la contemplation à la constestation, 76.

[431] Beispielsweise analysiert er anlässlich des Todes von Josef Stalin (1878–1953) die „Frömmigkeit“ der sich von diesem verabschiedenden Massen als „mystischen Ausdruck einer legitimen Hoffnung und eines ungeschickten Empfindens […] der transzendenten Bestimmung des Menschen“ (zit. nach Tranvouez, Catholicisme et société dans la France du XXe siècle, 151).

[432] Vgl. auch Chatagner, Confirmés dans la foi.

[433] Keck, Jeunesse de l'Église, 256. Zu seiner Mitarbeit im *comité directeur* s. ebd., 292.

[434] Ebd., 251.

[435] Brief Chenus, zit. nach Dumont, La condamnation des prêtres-ouvriers (1953–1954), 610.

Für den Dominikanerorden bedeutete diese Krise dennoch einen heftigen Einschnitt, nicht zuletzt auch, weil Pioniere wie Albert Bouche in der Folge den Orden verließen. Offene Wunden blieben bestehen, auch im Leben derjenigen Arbeiterpriester, die sich dem Verbot nicht unterworfen haben. Gerade einmal zehn Jahre später konnte 1964 – ein Jahr, bevor das II. Vaticanum mit *Presbyterorum ordinis* die Arbeiterpriester wieder erlaubte – Chenu in einem Epilog zu seinem Aufsatz schreiben, dass sein auf dem Höhepunkt der Krise heftig kritisierter Text im Grunde „ziemlich banal" war hinsichtlich des Zusammenhangs der verschiedenen Aspekte des priesterlichen Dienstes: Dessen Ausrichtung auf die Erstevangelisierung „ist heute von der Theologie der Mission allgemein anerkannt".[436]

Betrachtet man die eigentliche Sachfrage im Horizont der Gesamttheologie Chenus, so zeigt sich, dass hinter der jeweiligen Amtstheologie ein grundsätzliches Verständnis von Kirche und Welt, Gott und Mensch steht, das in dieser zum Ausdruck kommt. Im Falle Chenus ist hinsichtlich der Arbeiterpriester von besonderer Bedeutung, dass sich um die Sachfrage wie in konzentrischen Kreisen weitere Fragen herumgruppieren: die Entfremdung zwischen Kirche und Arbeiterschaft, die Rolle der Arbeit, der Umgang mit der Geschichte, der Mensch im Kosmos, das Verständnis von Schöpfung und Erlösung. Eine ebenso traditions- wie zeitgemäße Amtstheologie ist gerade keine Isolierung oder Überhöhung des Priesteramtes, sondern eine Relationalisierung der Kirche insgesamt mit Blick auf ihre „Mission", das Evangelium zu bezeugen: „Der Priester ist zuerst ein Gesandter; seine Weihe, die ihn trennt, findet ihren Sinn nur in einer und für eine *Communio*. In den schwersten Stunden findet er durch die und in der *Communio* seine Daseinsberechtigung, während die überraschten Zeugen dieser *Communio* spontan den Sinn der Weihe erfassen, die sich nicht in einer Trennung erschöpft."[437] In diesem Sinn behandelt auch Congar in seiner Chenu und Féret gewidmeten, am Vorabend des Konzils 1962 erschienenen Aufsatzsammlung *Sacerdoce et laïcat* – der Titel der deutschen Übersetzung präzisiert *Priester und Laien im Dienst am Evangelium*[438] – zahlreiche biblische, historische, ekklesiologische und soziologische Einzelfragen (Verständnis der Evangelisierung, Theologie des Priesteramtes, Theologie der Pfarrei, Theologie der Katholischen Aktion, Umgang mit Pluralismus u. a. m.). Er kommt zu Ergebnissen, die das II. Vaticanum in verschiedener Form aufgegriffen und bestätigt hat. Ein solcher weiter und weitender Blick auf die „eigentlichen Aufgaben" des Pries-

---

[436] Chenu, Le sacerdoce des prêtres-ouvriers, 281.

[437] Chenu, Le chrétien dans le monde, 297. S. auch ders., Rôle du prêtre dans la civilisation industrielle.

[438] Vgl. Congar, Priester und Laien im Dienst des Evangeliums, Freiburg 1965.

ters kann – nebenbei bemerkt – in Diskussionen um Kirchenentwicklung das Verhältnis von abnehmender Gläubigenzahl und abnehmender Priesterzahl um zukunftsweisende Perspektiven bereichern.

1.5. Wechselseitigkeit von Dogma und Pastoral

1.5.1. „Leutetheologie"

Nachdem Chenu von Le Saulchoir in den *Couvent Saint Jacques* übersiedelte, sprach er scherzhaft davon, in doppeltem Sinn „im 13." zu leben – im 13. Jahrhundert und im 13. Pariser *Arrondissement*. Hier konnte er seine theologische Liebe zu Geschichte und Gegenwart verbinden. In beiden interessiert Chenu nicht zuletzt das Leben „der kleinen Leute"[439] – heute würde man von „Leutetheologie"[440] sprechen. Die Christ*innen im 13. Arrondissement verkörpern diese ganz real. Der Arbeiterpriester Joseph Robert nennt sie Chenus „Augapfel"[441]. Christian Bauer verortet Chenus seelsorgerische Tätigkeit „im 13." im Anschluss an Yvon Tranvouez an einem „Kreuzungspunkt" (*carrefour*) mit verschiedensten „Wegkreuzungen" (*croisement*) zwischen der „missionarischen Pfarrei" Saint Hippolyte (heute zwischen *Boulevard Périphérique* und chinesischem Viertel), der *Mission ouvrière dominicaine* in der *Avenue d'Italie* und einem Jesuitencafé am *Boulevard de la Gare*.[442] In diesem „Mikrokosmos"[443] wirkten u. a. Pfarrer Jacques Lorenzo (1893–1958), in dessen früherer Pfarrei Ivry-sur-Seine Madeleine Delbrêl (1904–1964) lebte, die dominikanischen Arbeiterpriester Albert Bouche, Henri Berger (1909–1957) und Joseph Robert sowie die jesuitischen Arbeiterpriester Georges Puységur (1910–1989) und Henri Perrin. Stellten diese anregende Gesprächspartner für Chenu dar, so gilt dies ebenfalls für zahlreiche Gruppierungen engagierter Christ*innen, die Chenu in verschiedener Form begleitete. Es war die Zeit, in der sich in unterschiedlicher Form Familiengruppen bildeten.[444] Im Erzbistum Paris, das damals auch die erst in den 1960er Jahren mit eigenen Bistümern versehene *Banlieue* umfasste, umfassten diese 1949 ungefähr 2.500 Haushalte. Für Chenu sind sie Ausdruck der „in vollem Aufwand befindlichen kollektiven Mystiken". Als Hauptmerkmale macht er aus, dass sie als „Gemeinschaften" (*communau-*

---

439 Chenu, Auf der Suche nach den Zeichen der Zeit, 16.

440 Kling-Witzenhausen, Was bewegt Suchende?

441 Robert, Ouverture, 12.

442 Bauer, Ortswechsel der Theologie, 332; vgl. auch Yvon Tranvouez, Mission et progressisme.

443 Bauer, Ortswechsel der Theologie, 332.

444 Chenu selbst begleitete Gruppen im 5., 13. und 15. Arrondissement sowie in der *Banlieue*, vgl. Boniface, Les „petits foyers" du Père Chenu, 145.

tés) und nicht als „Vereinigungen" (*associations*) organisiert waren, meist junge Familien umfassten, von Alltagsfragen geprägt und um das gemeinsame Leben in einem Stadtviertel herum konstituiert waren.[445] Für ihn waren sie „Laboratorien"[446] künftigen Kirchenseins. Kardinal Suhard, der diesen Gruppierungen in seinem Bistum eine wichtige Rolle zuschrieb, berief Chenu in die *Commission Diocésaine des Groupes de Foyer*. Diese begleitete mit damals neuen Methoden wie etwa Fragebögen die theologische Reflexion über die Bewegung und die Zusammenarbeit von Priestern und Laien in diesen.[447]

Weiterhin war Chenu involviert in die Bemühungen der *Mission de Paris*, an deren Gründungsklausur im Seminar der *Mission de France* im Jahre 1944 er teilnahm. Mit ihr unterstützte Kardinal Suhard neuartige pastorale Wege in seinem Erzbistum Paris – in einem Brief an den Kardinal, der das Motiv von Papst Franziskus vorwegnahm, dass der Hirte den Geruch der Schafe annehmen muss, schrieb der Arbeiterpriester André Depierre (1920–2011), dass die Priester alles mit den Arbeitern teilen müssten „außer der Sünde"[448]. Die *Mission de Paris* und ihre Missionsequipes aus Priestern und Laien zeichnete sich durch pastorale Experimente und Praktiken aus, die das Konzil vorwegnahmen – z. B. das Ablegen der Soutane und die Liturgie in französischer Sprache – und neue Wege gingen, die manch einem, wie man in Frankreich sagt, *„pas très catholique"* schienen und vielleicht gerade deshalb Katholizität eröffneten.[449] Nicht zuletzt aber war Chenu v. a. „vor Ort" in diversen Gruppierungen präsent, die teilweise aus nunmehr erwachsenen ehemaligen *Jocistes* gebildet wurden. Chenu war hier von Anfang an dabei und praktizierte eine Theologie der Tat, die nicht immer große Worte brauchte, aber es vielen Mitgliedern der Gruppierungen ermöglichte, ihren Glauben in Wort und Tat auszudrücken. In der Festschrift zu Chenus 70. Geburtstag, die erst nach seinem Tod erscheinen konnte, finden sich „sprechende" Zeugnisse aus dieser Zeit.[450] Sie bieten einen nur auf den ersten Blick anekdotischen Zugang zu Chenus Theologie und deren seelsorgerlicher Dimension. Noch bis ins hohe Alter war Chenu auf diese Weise engagiert: In seinem Interview mit *Publik-Forum* aus dem Jahre 1981 etwa spricht er von seiner Unterstützung für eine von jüngeren Mitbrüdern betriebene „Kneipe für junge Leute mit Problemen (Drogen, Alkohol, Partnerschaft) mitten in

---

445 Vgl. Bauer, Ortswechsel der Theologie, 318f. mit Verweis auf Chenu, Communautés de jeunes foyers.

446 Boniface, Les „petits foyers" du Père Chenu, 146.

447 Bauer, Ortswechsel der Theologie, 321.

448 Brief Depierres an Suhard vom 9. Juni 1947, zit. nach Guérend, Cardinal Emmanuel Suhard, 267. Zu Depierre s. auch Chenu, Von der Freiheit eines Theologen, 184f.188.

449 Bauer, Ortswechsel der Theologie, 419; vgl. auch Viet-Depaule, Avant-propos.

450 Ausführlich analysiert bei Bauer, Ortswechsel der Theologie, 314–332.

Paris"[451], für die Künstlerseelsorge seines Mitbruders Jacques Courcier oder auch sein Wirken als *„animateur"* von Gesprächsgruppen, in denen sich teilweise „nur Ungläubige"[452] über Fragen des Sinns von Leben und Tod austauschen.

Selbstredend war Chenu nicht der einzige Seelsorger, der in Wort und Tat die Präsenz der Offenbarung aufspüren und offenlegen konnte. Er war auch nicht der einzige Theologe, der die Theologie der Laien und der Laienspiritualität als zentrale Aufgabe erkannte. Congars Pionierwerk *Jalons pour une théologie du laïcat* zeigte mit der Bestimmung des ekklesiologischen Ortes der Laien und Priester zugleich eine geschichtstheologische Grundlegung der Verortung der Kirche in der Welt an.[453] In gewisser Weise löst dieses Werk die Aufgaben ein, die sich das Trio Chenu, Congar und Féret im Zusammenhang mit dem *Projekt einer Geschichte der Theologie* gestellt hat.[454] Congars Verdienst war es, hier eine Art vorläufiger Synthese vorzulegen – die mit dem Konzil in neue Frage- und Antwortkontexte überführt wurde – und damit die wissenschaftliche Theologie voranzubringen. Chenus Praxis vor dem Konzil äußerte sich zunächst eher in verstreuten Beiträgen, zeitigte aber in vielen Gelegenheiten zum unmittelbaren Gespräch Breitenwirkung und konnte schließlich in dieser gesättigten Form die genannte konziliare Überführung von Ekklesiologie und Geschichtstheologie mit Leben füllen.[455]

1.5.2. Grundlegung der Pastoraltheologie

Bereits in den 1950er Jahren konnte Chenu in einem Vortrag formulieren, dass die „Pastoraltheologie nicht eine untergeordnete Wissenschaft im Korpus der theologischen Disziplinen ist", die nur „zum Gebrauch der Kasuisten und Rubrizisten" bestimmt ist, „sondern eine Unternehmung des Glaubens, der die Gesetze des apostolischen Handelns in eine Wissensform bringt."[456] So praktizierte Chenu, was Pierre-André Liégé eine „Pastoral der Theologie und eine Theologie der Pastoral"[457] nennt. Damit vermeidet Chenu dem späteren Pastoraltheologen des *Institut Catholique de Paris* zufolge jegliche „Schubladisierung" – „Theologie für die Orthodoxie, Spiritualität für die Frömmigkeit, Pastoral für das Handeln, Kirchenrecht für die Institution etc."[458] – von Grund auf

---

[451] Chenu, Auf der Suche nach den Zeichen der Zeit, 16.

[452] Ebd., 19.

[453] Congar, Der Laie.

[454] Vgl. Quisinsky, Geschichtlicher Glaube, 189f.

[455] Chenu, Les laïcs et la „consécration du monde".

[456] Fischer, Présence du Père Chenu parmi les prêtres alsaciens, 88.

[457] Liégé, Pastorale et vérité, 94.

[458] Ebd.

und setzt stattdessen die konziliare Dynamik um, die Dogma und Pastoral vernetzen will.

Deutlich wird dies 1964 in der während des Konzils erschienenen Aufsatzsammlung *La Parole de Dieu*, die als „*Summa theologiae in progress*“ gelten kann. Chenu selbst sah im ersten Band *La foi dans l'intelligence* eine relativ einfach ersichtliche Kohärenz leitend, die sich aus den leitenden Fragestellungen insbesondere zu theologiegeschichtlichen und erkenntnistheoretischen Themen ergab. Dagegen sei der zweite Band *L'Évangile dans le temps* – dem er „einen gewissen Vorzug“[459] gibt – von anderer Art. Hier sind Texte aus ganz unterschiedlichen Entstehungskontexten versammelt, die deshalb auch stilistisch recht unterschiedlich sind. Dennoch sieht Chenu in der Vielfalt und Vielgestaltigkeit der Themen doch auch hier eine innere Kohärenz leitend. Diese ergibt sich aus seiner Überzeugung, dass es dem Glauben um eine „in der Geschichte tätige Heilsökonomie“ geht, „deren theoretische Definition, so unerlässlich sie in der Erkenntnis des Glaubens sein mag (vgl. Band 1), erst nachträglich hinzukommt, und die nur im Inneren der Realität der Heilsgeschichte Gültigkeit beansprucht.“[460] So ist das Leben der Kirche in seiner organischen Ganzheit der entscheidende *locus theologicus*. Gegenstand der Theologie ist „das Evangelium heute“[461]. Eine Theologie, die die notwendigen Kriterien bereitstellt, um die Präsenz des Wortes Gottes im Licht des Mysteriums wahrzunehmen und zur Entfaltung zu bringen, ist eine „Pastoraltheologie“ als Ausdruck der Hellsichtigkeit einer „missionarischen Kirche“[462]. Bereits unter dem Eindruck des Konzils geschrieben, verknüpft Chenu diese Pastoraltheologie mit der für ihn leitmotivisch gewordenen „konkreten und geschichtlichen, um die Heilsgeschichte zentrierte Theologie“[463], von der Papst Paul VI. in einem Empfang für die nichtkatholischen Konzilsbeobachter sprach und die Henri-Marie Féret bereits in den 1930er Jahren bei Chenu ausmacht.[464]

Sosehr Chenu also seine Pastoraltheologie vom II. Vaticanum her deuten konnte, so wenig war mitunter bei der Abfassung und Veröffentlichung der einzelnen Beiträge abzusehen, dass ein Konzil stattfinden und Chenus Intuitionen bestätigen würde. So ist es auch nicht immer ganz leicht, eine „Pastoraltheologie“ Chenus „vor“ und „nach“ dem Konzil auseinanderzuhalten. Mit dem Konzil entwickeln sich viele Themen weiter, mit denen Chenu bereits in den Jahren und Jahrzehnten zuvor auf dem Weg zur Pastoraltheologie

[459] Chenu, Présentation, 7.
[460] Ebd.
[461] Ebd., 8.
[462] Ebd.
[463] Dazu grundlegend Féret, La théologie concrète et historique et son importance pastorale présente, 193–197.
[464] Féret, Dans les cheminements de la sagesse de Dieu, 216.

war. Den „Schlüssel"[465] zu diesem Band sieht Chenu übrigens in dem Beitrag *Situation humaine: corporalité et temporalité*[466], der sein philosophisch-theologisches Denkgerüst gut zusammenfasst. Mit Verweis auf Congars Beitrag zur Festschrift von Joseph Lortz (1887–1975)[467] resümiert Chenu in diesem Beitrag, der das Kapitel „Treue zur Inkarnation" einleitet, die „optimistische Vision des Menschen und der Welt"[468], die Thomas von Aquin in Weiterentwicklung von Aristoteles und Augustinus grundgelegt habe.

Bei aller Verwurzelung der in *La Parole de Dieu* grundgelegten Pastoraltheologie in der Tradition ist es die „Treue zur Inkarnation" im Rahmen einer „Kirche im Zustand der Mission", die sie auszeichnet. Die Fülle der Einzelthemen des Bandes und die jeweiligen Implikationen und Konsequenzen darzustellen, erforderte mindestens eine eigene Monographie vergleichbar der von Christian Bauer zu Chenus Programmschrift *Une école de théologie*. An dieser Stelle soll ein Blick ins Inhaltsverzeichnis von *L'Évangile dans le temps* die Eigenart von Chenus Pastoraltheologie aufzeigen, deren einzelne Themen in anderem Zusammenhang bereits behandelt wurden oder noch werden.

Für Chenu typisch beginnt der Band mit einem ersten Teil „Das Evangelium an den Wendepunkten der Geschichte". Zum einen sind hier Abhandlungen über exemplarische Entwicklungen im 13. Jahrhundert zu finden, zum anderen über solche des 20. Jahrhunderts. Aus diversen sehr zeitgebundenen Fragestellungen, etwa dem Umgang mit dem Zweiten Weltkrieg in einem Beitrag vom Oktober 1939, ragt als zentrales Thema das der *chrétienté* heraus. Der bereits behandelte Vortrag *Dimension nouvelle de la chrétienté* aus dem Jahre 1937 leitete in der Tat eine ganze Reihe von Abhandlungen zu diesem schillernden Motiv ein, das sich dabei durchaus auch wandelte. Diese Wandlung mündete in das Motiv der Kirche „im Zustand der Mission", dem das zweite Kapitel gewidmet ist. Hier begegnen u. a. Chenus Beiträge zur *JOC* und zu den Arbeiterpriestern. Ein drittes Kapitel ist überschrieben mit „Ein neuer Typ des Christen in der Welt" und ist in einem Duktus gehalten, den man als praktische Anthropologie bezeichnen könnte. Entsprechend ist der vierte Teil „Das Evangelium wirkt in den Strukturen der Gesellschaft" stärker gesellschaftlich und sozialethisch ausgerichtet. Freilich sind die Beiträge beider Kapitel thematisch nicht streng auseinanderzuhalten. Der fünfte und kürzeste Teil trägt den Titel „Ein Konzil in der Dimension der Welt". Die kurzen, aber fulminanten und auch einflussreichen Beiträge, die

[465] Vgl. Chenu, Présentation, 11 Anm. 3.

[466] Mit diesem Beitrag startete die Reihe deutschsprachiger Übersetzungen in der *Collection Chenu*, vgl. Chenu, Leiblichkeit und Zeitlichkeit.

[467] Congar, Le sens de l'économie salutaire dans la théologie de saint Thomas.

[468] Chenu, Situation humaine, 436.

noch eigens darzustellen sein werden, schlagen den Bogen zum ersten Beitrag über das „Ende des konstantinischen Zeitalters“ und verweisen auf die theologiegeschichtliche Dimension der Pastoraltheologie Chenus, die der geschichtstheologischen Dimension korreliert.

Die vielfältigen Stränge bündelt Chenu in seinem *Post-scriptum*, das eine Art *Magna Charta* seiner Pastoraltheologie darstellt.[469] Zwar betont er, dass aus den vielen Einzelbeiträgen keine vollends systematisierbare Grundlegung erarbeitet werden könne. Dennoch benennt er die entscheidenden Aspekte einer solchen. Dies ist zuvörderst das Zusammenspiel von Kontinuität und Diskontinuität zwischen Geschichte und Heilsgeschichte bzw. Heilsökonomie als neuem Ausdruck der alten Fragestellung des Verhältnisses von Natur und Gnade. Ausgehend von der Gnadentheologie des Thomas von Aquin skizziert Chenu eine „Theologie der Welt“[470], die den Menschen als Individuum wie auch als soziales Wesen in den Mittelpunkt stellt. Dadurch wird die Geschichte der Gegenstand der Pastoraltheologie, und zwar sowohl als zu untersuchende Geschichte wie auch als je neu mitzugestaltende. Chenu systematisiert hier in pastoraltheologischer Absicht seine Intuititon der *contemplactio*: „Die Geschichte ist nicht das provisorische Gerüst einer ewigen Kontemplation. Die Ökonomie eines inkarnierten Gottes setzt das Wirken des Menschen und den Aufbau der Welt in Gang. Die Inkarnation führt die wartende Schöpfung mitsamt ihrer Sünde zum Ziel ihrer Befreiung. Das Engagement des Christen in der Geschichte ist nicht die fakultative Ergänzung eines reinen Glaubens, der in seinem göttlichen Gegenstand eingeschlossen wäre: dieses Objekt ist das Wort Gottes in der Zeit, und das evangeliumsgemäße Zeugnis des Glaubenden ist nur der spontane Ausdruck dieser *communio*.“[471] Diesen Gedanken verknüpft Chenu mit altkirchlichen Motiven – „klassischen Thesen“ – wie dem der *logoi spermatikoi*, der *praeparatio evangelica* oder der *potentia oboedientialis*, die er nun aber explizit mit dem geschichtlichen Denken verknüpft. Auf diese Weise macht er im Verlauf der Geschichte mit all ihrer Ambivalenz Anknüpfungspunkte für die Gnade aus. Diese sind nicht die Gnade selbst, aber die Bedingung der Möglichkeit, ihrer gewahr zu werden. „Sie erzeugen eine konkrete Dialektik des Handelns, in der der Mensch Hörer des Wortes Gottes werden kann.“[472] So ist der Aufbau des Reiches Gottes vom Aufbau der Welt zu unterscheiden, aber nicht zu trennen. Das individuelle und gemeinschaftliche Handeln der Menschen aus den „Ressourcen des Reiches Gottes“[473] heraus ist die Tradition, als die

[469] Chenu, Post-scriptum.
[470] Ebd., 675.
[471] Ebd., 676.
[472] Ebd., 677.
[473] Ebd., 676.

die „Gemeinschaft-Kirche“[474] über die Jahrhunderte das Evangelium in die Welt „inkarniert“[475] hat. Dies bedeutet freilich keineswegs eine Immunisierung der Kirche und der Ausdrucksformen des Glaubens, deren Zwiespältigkeit im Laufe der Geschichte Chenu betont und deren notwendige „Reinigung“ er ebenso hervorhebt wie die notwendige „Reinigung“ der natürlichen Anknüpfungspunkte für die Gnade durch deren Inkarnation. Eine solchermaßen gelebte und gestaltete Geschichte ist eschatologisch ausgerichtet. Dies klingt im Motiv des Messianismus an, das für Chenus Konzilsbeteiligung und -interpretation eine zentrale Rolle spielt. Pastoral ist, so könnte man zusammenfassen, eine Theologie, die dem Gesetz der Inkarnation entsprechend „herausgeht“[476] und sich auf den Weg macht, weil sie dem Wort Gottes als einem „Versprechen“[477] vertraut. In diesem Sinn ist die Zukunft „eine Dimension der Gegenwart“.[478]

1.5.3. Pastoraltheologie zwischen Mystik und Mission

„Präsenz“ ist ein zentrales Stichwort von Chenus Pastoraltheologie. Dies führt zunächst zur Frage, wie Chenu seine eigene Gegenwart wahrgenommen und gedeutet hat. Grundsätzlich lässt sich dies gut an einem Vortrag zeigen, den Chenu 1944 gehalten hat. Dabei berichtete er vom Besuch eines „deutschen Priesters, Professor an der Universität W …“[479] Hierbei dürfte es sich um Friedrich Stegmüller handeln, der zu dieser Zeit in Würzburg Dogmatik lehrte und Chenus *Une école de théologie* mit Zustimmung gelesen hat.[480] Der Besuch fand denn auch wohl nach der Indizierung statt. Zunächst verweist Chenu darauf, dass sie nicht über Politik und militärische Fragen geredet haben – was mitten im Zweiten Weltkrieg in Frankreich auch eine Schutzbehauptung sein konnte. Wie dem auch sei: der deutsche „Theologieprofessor“ und der französische „Theologe“ – man beachte die Nuance – haben vier Stunden lang „ungefähr alle menschlichen und christlichen Themen Revue passieren lassen“[481]. Dies reichte von der Liturgischen Bewegung bis hin zur Industrialisierung. Aus der Einschätzung des Deutschen filtert der Franzose die Grundhaltung heraus, die er sich auch zu eigen zu machen empfiehlt, allerdings mit „mehr Ruhe, mehr Gelassenheit und auch mit mehr

---

474 Ebd., 677.

475 Ebd.

476 Vgl. ebd., 678.

477 Ebd., 679.

478 Ebd.

479 Chenu, La foi en chrétienté, 131.

480 Vgl. Bauer, Ortswechsel der Theologie, 551; Quisinsky, Échos allemands.

481 Chenu, La foi en chrétienté, 131.

Hellsichtigkeit: Und wenn wir schrecklich unter der Dunkelheit dieser Zeit leiden, sehen wir in dieser Unruhe eines der Zeichen für die extreme Sensibilität unserer christlichen Leidenschaft: Sie wird uns zu gegebener Zeit scharfsinnig machen, aber nicht etwa für im Voraus vorbereitete Lösungen, sondern für diese unvermittelte Reaktion des Christen, die in dieser (sagen wir das Wort) mystischen Kraft dazu fähig ist, die menschlichen Kräfte zu empfangen, soweit sie rein sind, und sie zu reinigen, wo sie unrein sind."[482] Hier zeigt sich ein zentrales Motiv: Der Blick auf die Gegenwart – hier klingen auch die „Zeichen der Zeit" an – ist für Chenu von mystischer Qualität, weil er in der Gegenwart der Welt die Gegenwart Gottes auszumachen sucht. Als Beispiel für eine solche Mystik, die Transzendenz von Immanenz unterscheidet, ohne sie voneinander zu trennen, nennt Chenu Meister Eckhart.[483]

Der Begriff der „Mystik" bezeichnet freilich für Chenu nicht nur die christliche Wahrnehmung der Gottesgegenwart als Ausdruck und Erfüllung der höchsten Bestimmung des Menschen. Er bezeichnet auch eine korrumpierte Form menschlichen Umgangs mit den entsprechenden Bestrebungen, die dem Menschen diesen Ausdruck und diese Erfüllung ermöglichen. So lehnt Chenu mit Pius XI. am Vorabend des Zweiten Weltkriegs die „siegreiche Mystik", die für ihn eine Pseudomystik ist, „der Totalitarismen von rechts und von links ab"[484]. Deren zu erwartenden fatalen Folgen setzt Chenu ein in sich gefestigtes „konstruktives christliches Denken"[485] entgegen.

Als der Zweite Weltkrieg ausbrach, nahm Chenu eine gegenüber der freudigen Kriegserwartung 1914 völlig anders gelagerte Stimmung wahr.[486] Auch wenn der Krieg seiner Intuition von der heilsökonomischen Präsenz Gottes in der Welt zu widersprechen schien, nahm Chenu ihn zum Anlass, über das Mysterium der Verborgenheit Gottes in der Welt nachzudenken. Wenn er in der Unmenschlichkeit des Krieges die Wurzel für eine menschliche Nachkriegsordnung sah,[487] spricht er aus seiner relativ sicheren Beobachterposition im Konvent, wobei auch der zum Kriegsdienst eingezogene Congar nicht darauf verzichtete, der großen Intuition der Heilsökonomie weiter nachzugehen. In der ersten Ausgabe von *Témoignage chrétien* nach der Befreiung von Paris 1944 warb er dafür, „symbolische Gesten"[488] wie die der Errichtung von Barrikaden, die militärisch und politisch keine besondere Wirkung erzielten, als keineswegs sinnlos zu betrachten, da sie im Licht der

---

[482] Ebd., 132.

[483] Chenu, Von der Freiheit eines Theologen, 101f.

[484] Chenu, Journalisme et théologie, 222.

[485] Ebd.

[486] Chenu, Chrétien, mon frère … pourquoi la guerre?, 225.

[487] Ebd., 230; Chenu, La révolution communautaire et l'apostolat, 367.

[488] Chenu, Pourquoi l'insurrection?, 231.

Heilsökonomie sinnstiftend sein können. Denn genauso wie in der „notwendigen Revolution" handelt es sich dabei um „eine vorsichtige Aktion der Anforderungen eines mystischen Glaubens"[489].

Die auch im Gespräch mit Stegmüller – für Chenu „überhaupt kein Nazi"[490] – mitschwingende Frage, wie mit den Strömungen und Entwicklungen umzugehen sei, die sich die Nationalsozialisten durch propagandistische Mystisierung zunutze machen und in ihrem Sinn umdeuten konnten, beschäftigte ihn in den Kriegsjahren immer wieder. Vereinfacht gesagt pervertieren die Nazis, wie in anderer Form auch die Kommunisten, das menschliche Grundbedürfnis nach Gemeinschaft, wie es sich in einer Industrie- und Massengesellschaft Ausdruck zu verschaffen sucht.[491] Die Perversion besteht u. a. darin, dass die kommunitäre Dimension des Menschen nicht mehr in dessen Dienst gestellt wird, sondern in den Dienst einer Ideologie, was insbesondere beinhaltet, dass sie sich gegen andere Menschen richtet. Die Sündhaftigkeit der daraus folgenden Strukturen, so kann man Chenu lesen, darf aber nicht dazu führen, dass die Notwendigkeit der Gnade, sich auch in die von den falschen Mystiken ausgenutzten Sehnsüchte der Menschen als Teil einer Massengesellschaft zu inkarnieren, ausgeblendet wird.

Der von Chenu bereits während des Zweiten Weltkriegs erhoffte Neuanfang manifestierte sich in der Erklärung der Menschenrechte von 1948.[492] Chenu vergleicht diese in einem Vortrag zu Fragen der öffentlichen Schule und Erziehung aus dem Jahre 1953 mit der Erklärung der Menschenrechte, die während der Französischen Revolution 1791 erlassen wurde. Während die ältere Erklärung nur die individuellen Rechte in den Blick nimmt, so die jüngere auch die wirtschaftlichen und sozialen. Für Chenu ist dies ein Element eines zudem nunmehr weltweiten Bewusstwerdungsprozesses, der den christlichen Glauben umso mehr herausfordert, als die jüngere wie schon die ältere Menschenrechtserklärung ohne einen Verweis auf Gott auskommt. Ihre säkulare Herkunft könne aber für die Christen kein Grund sein, den Menschenrechten gegenüber in einer ablehnenden oder indifferenten Weise gegenüberzustehen, wie sie dies 1791 getan hätten. Denn die Christen können sich, so Chenu, nicht mehr als in sich geschlossene *chrétienté* den Entwicklungen der Welt verschließen, sondern müssen sich in einer säkularen und pluralen Welt entschieden für das Humanum einsetzen. Hierbei können

[489] Ebd., 232.

[490] Chenu, La foi en chrétienté, 131. S. dazu Weiß, Die Katholisch-Theologische Fakultät Würzburg, 305.324 sowie Würtz, Die Priesterausbildung während des Dritten Reichs in der Erzdiözese Freiburg, 101.403.

[491] Chenu, La révolution communautaire et l'apostolat, 368 u. ö. Vgl. Chenu, Von der Freiheit, 87.

[492] Für das Folgende vgl. Chenu, Morale laïque et foi chrétienne.

verschiedenste religiöse Anwege und philosophische Ansätze zu denselben praktischen Schlussfolgerungen kommen, ohne dass sie deshalb die religiöse und philosophische Frage nach der Wahrheit ihres Anwegs und Ansatzes ausklammern müssten. Dies freilich sei ein zweiter Schritt, der innerhalb des gemeinsamen Einsatzes für den Menschen zu erfolgen habe. Im *Postscriptum* von 1964 vergleicht Chenu ausgehend von Jacques Maritain, der Frankreich bei der Ausarbeitung der Menschenrechtserklärung von 1948 vertreten hatte, und dessen naturrechtlicher Begründung diese Denkfigur mit der Enzyklika *Pacem in terris*.[493] Seine Argumentation erinnert übrigens auch an Hans Küngs *Projekt Weltethos*. Die entsprechende Vorstellung von Naturrecht setzt Gottes „geheime Gegenwart"[494] in den moralischen Bestrebungen der Menschen und insbesondere in ihrem Gewissen in ähnlicher Weise voraus wie die Areopagrede des Paulus. Anders als im Menschenbild von Charles Maurras und seiner rechtsextremen *Action Française* in den 1920er Jahren, anders aber auch als in den Konzeptionen eines „schulischen Deismus"[495] der Schulreformer um Jules Ferry aus den 1880er Jahren wird hier Gott in keiner Weise verzweckt oder „nützlich"[496] gemacht. Hingegen wirkt er, wie Chenu mit Verweis auf den aufgrund seiner Aktivitäten im Rahmen der *Résistance* ermordeten Jesuiten Yves de Montcheuil und dessen ablehnende Haltung gegenüber dem Vichy-Régime schreibt, in eher evangelischer denn metaphysischer Weise und jenseits christlicher Terminologie in den Erfahrungen menschlicher Geschwisterlichkeit sowie im Streben nach Gleichheit und Gerechtigkeit. So kann der Christ die Menschenrechte trotz ihrer säkularen äußeren Form aus vollem Herzen nicht nur unterstützen. Er wird darüber hinaus im Dialog mit nichtchristlichen Unterstützern auch deren „theologale" Dimension bezeugen wollen, was neben der theoretischen zuvörderst eine praktische Ebene beinhaltet. Diese „Zeugenschaft" als „theologaler Akt" von „ontologischer Dichte"[497] erhebt den wahrhaft christlichen Umgang mit der säkularen Moral über alle rationalistischen Reduktionismen, ob sie nun von der Aufklärungstheologie, einer bestimmten laizistischen Pädagogik, dem Autoritarismus eines Maurras oder von auch einer bestimmten Art von christlichem Katechismus herrühren. In dieser Interpretation der Menschenrechtserklärung legt Chenu letztlich nicht weniger als ein Programm eines „neuen Typs der Präsenz unseres Glaubens in der Welt"[498]

---

493 Ähnlich auch in ders., Corps de l'Église et structures sociales, 169 Anm. 1.

494 Chenu, Morale laïque et foi chrétienne, 322.

495 Ebd., 329; vgl. ebd., 322 „der schulische Gott", der im Dienst einer Disziplinierung der Menschen steht.

496 Ebd., 322.

497 Ebd., 325.

498 Ebd., 329.

vor: die aus der Französischen Revolution hervorgegangene Welt wird als solche akzeptiert, ihre positiven Ressourcen werden gewürdigt, ihre Einseitigkeiten zu überwinden versucht. Die „mystische" Sicht auf die Gegenwart Gottes auch jenseits christentümlicher Gesellschaftsformen und -bereiche befreit zu der Einsicht, dass eine gottlose Welt nur allzuoft das Ergebnis eines weltlos geglaubten Gottes war, wie ihn Marx und andere dann leicht kritisieren konnten. Die Autonomie der irdischen Wirklichkeiten kann umso mehr anerkannt werden, als eine „missionarische" Kirche in diesen durch „Zeugenschaft" und „Engagement"[499] die Gegenwart Gottes in ihnen aufzeigen und zur Geltung bringen kann. Eine solche Zeugenschaft, so Chenu, respektiert die Freiheit des*der Anderen und verbreitet den Glauben durch „Ansteckung"[500].

Gerade in der Kolonialmacht Frankreich war „Mission" immer auch verbunden mit politischen Konstellationen und Interessen. Als in den 1950er Jahren die ehemaligen französischen Kolonien in Nordafrika nach und nach ihre Unabhängigkeit erlangten, stellte dies auch eine Herausforderung für eine „missionarische" Kirche dar. Papst Pius XII. reagierte darauf u. a. mit der Errichtung eines einheimischen Episkopats. 1957 befürwortete Chenu in seinem Artikel *Communautés humaines et présence missionnaire* das Engagement junger Franzosen, die für einige Zeit als Lehrer in die seit einem Jahr unabhängigen Länder Marokko und Tunesien entsandt wurden.[501] Chenu nimmt dieses Engagement zum Anlass, die Konturen einer missionarischen Kirche zu skizzieren. Eine solche lässt sich voll und ganz auf die Mentalität und Kultur eines Milieus, einer Gesellschaft, einer Nation ein, nicht ohne sie dadurch im Licht des Evangeliums zu deuten und „von ihren Schwächen zu reinigen"[502]. Entscheidend ist der Verzicht auf jede Art von Paternalismus, an dessen Stelle eine „echte *Communio*"[503] mit dem Partner treten muss. Wenn Chenu diesen „missionarischen Geist" beschreibt, hat er dabei nicht nur die Länder Nordafrikas im Blick, sondern auch Frankreich. Letztlich geht es ihm um die später so genannte Inkulturation „in die menschliche Gemeinschaft"[504] in ihren territorialen und sozialen Bedingungen sowie, wie das Beispiel der Arbeiter zeigt, in ihren Milieus.

---

[499] Alle drei Begriffe ebd.

[500] Chenu, Exigences présentes de la liberté religieuse, 74. Der Begriff der „Ansteckung" (*contagion*) verwendet Chenu übrigens auch mit Blick auf die gemeinschaftliche Feier der Liturgie, vgl. Chenu, Présentation, in: Laurentin, La liturgie en chantier, 11.

[501] Für generationentypische Erfahrungen in diesem Sinn – allerdings in Ägypten – vgl. Legrand, Comment devient-on ecclésiologue, 522–524.

[502] Chenu, Communautés humaines et présence missionnaire, 263.

[503] Ebd., 264.

[504] Ebd.

1.5.4. Pastoralsoziologie

1947 erstellte der spätere Professor am *Institut Catholique de Paris* Fernand Boulard zusammen mit Gabriel Le Bras die berühmte *„carte Boulard“*, in der er die unterschiedliche Intensität gelebter Kirchlichkeit in den verschiedenen französischen Gebieten darstellte. Die Karte untermauerte die bereits von Godin und Daniel in *La France, pays de mission?* thematisierte Dreiteilung Frankreichs in Regionen, in denen die religiöse Praxis hoch, äußerlich oder spärlich vorhanden war. Chenu interessierte sich von Anfang an für die aufkommende Religionssoziologie und näherhin die sogenannte „Pastoralsoziologie“. Dies schloss übrigens auch ein Interesse für das ein, was man Pastoralgeographie nennen könnte.[505] Congars *Conclusion à l'enquête sur les raisons de l'incroyance* sowie Chenus Sympathie für Bewegungen wie die *Jeunesse Agricole Chrétienne* (JAC), deren Nationalkurat Boulard war, verweisen auf den größeren Zusammenhang, der historische wie pastorale Aspekte gleichermaßen umfasste.

In seinem Beitrag *La ville. Notes de sociologie apostolique* von 1953 entwirft Chenu einige hermeneutische Regeln für die pastoraltheologische Integration soziologischer Methoden und Erkenntnisse. Grundsätzlich ist es „der Kern jeder Theologie, einschließlich der Pastoraltheologie, im Inneren ihrer selbst, ihres Mysteriums und ihrer Leidenschaft das Licht der Vernunft ins Werk zu setzen, ob es nun philosophisch, soziologisch, historisch oder praktisch ist.“[506] Was Thomas von Aquin in der Welt des heiligen Königs Ludwig (1214–1270) im Bereich der Philosophie und des Verständnisses der menschlichen Erkenntnisstrukturen geleistet habe, gelte es nunmehr hinsichtlich der neuen Vergesellschaftungsformen des Menschen zu leisten.[507] Daraus folgt hinsichtlich der Soziologie: „Wir werden nicht beim Soziologen apostolische Direktiven suchen: er würde sich dessen erwehren, wie es Aristoteles gegenüber Thomas von Aquin getan hätte, als dieser auf seine epistemologischen Analysen zurückgriff, um den Glauben in den verschiedenen Kategorien der Zustimmung zu situieren und zu definieren. Aber der Theologe, einschließlich in der Pastoraltheologie, sucht die innere Erkenntnis seiner heiligen Objekte, indem er sowohl den Lebensregeln des Geistes wie der Beobachtung der Natur, der Dinge und insbesondere des Menschen nachgeht. Diese Operation ist nicht ohne Risiko und kann nicht ohne Vorsichtsmaßnahmen erfolgen, aber dieses rationale Vertrauen war immer Teil der großen Theologie.“[508] Eindringlich warnt Chenu

---

505 Vgl. den Verweis auf den Geographen Pierre George (1909–2006) in Chenu, La ville, 516.

506 Chenu, La ville, 517 Anm. 1.

507 Ebd., 536.

508 Ebd., 535.

davor, dass eine soziologische Analyse unmittelbar in „pastorale Direktiven" überführt wird, wodurch ein bloß „pragmatisches Rezept" entstünde, das bei aller „übernatürlichen" Intention letztlich nur profane Techniken und Erwägungen „teleskopieren" würde.[509] Umso mehr ist der Zusammenhang von Interesse, den er in der Festschrift für Joseph Rupert Geiselmann zwischen Soziologie des Glaubens und Tradition – im Jahr des Erscheinens des ersten Bandes von Congars Traditionsbuch – herstellte und aufgrund dessen er eine rein gegenwartsbezogene Analyse soziologischer Daten weit hinter sich lassen konnte.[510]

Anhand neuerer Studien über die Verstädterung in Frankreich zeigt Chenu, wie eine recht verstandene pastoraltheologische Reflexion soziologischer Erkenntnisse zu verstehen hilft, warum so viele gut gemeinte pastorale Initiativen so wenig Wirkung entfalten. Auch wenn diese soziologischen Studien religiösen Fragen wenig Beachtung schenken, können sie das Phänomen erhellen, dass viele Menschen, die vom Land in die Stadt ziehen, mit ihrer alten Heimat ihre religiöse Praxis hinter sich lassen. Chenu folgert daraus, dass die in der agrarischen Welt beheimateten Formen, in denen der Glaube bislang ausgeübt werden konnte, in der neuen städtischen Lebenswelt nicht mehr tragen bzw. schlicht nicht mehr existieren. Es kann deshalb für die neuen Stadtbewohner*innen also nicht darum gehen, den „Glauben ihrer Kindheit"[511] zu bewahren. Vielmehr muss, wer in eine andere (hier: städtische) Lebenswelt umzieht, auch seinen Glauben „neu erschaffen, ihn neu einpflanzen"[512], d. h. neue Formen finden, die der Sprache, der Mentalität etc. der neuen Lebenswelt entsprechen. Nun sind freilich die europäischen Städte, anders als die amerikanischen, von einer bestimmten Komplexität geprägt. I. d. R. findet man dort, vereinfacht gesagt, eine Altstadt mit Alteingesessenen und über Jahrzehnte gewachsenen sozialen Beziehungen aller Art, und um diese herum sich gruppierende neuere Stadtteile, die von ganz anderen sozialen Dynamiken und Zusammenhängen geprägt sind. Dies spiegelt sich auch in der Pastoral wider. Nebenbei bemerkt bestätigt dies ein Seitenblick auf Madeleine Delbrêl: deren kritische Bemerkungen zur „Pfarrei" betreffen just die innerstädtische, von Alteingesessenen geprägte Pfarrei von Ivry-sur-Seine, während sie selbst die dynamisch-missionarische Pfarrei im Neubaugebiet wenig beachtet.[513]

---

509 Ebd., 515.

510 Chenu, Tradition und Soziologie des Glaubens.

511 Chenu, La ville, 519.

512 Ebd., 518. Vgl. ebd., 525.

513 Fouilloux, Des chrétiens à Ivry, 183; dazu auch Quisinsky, „Die Welt sinnlos ohne Gott"? (2), 60–62. In der deutschen Delbrêl-Rezeption wird meist nur ersteres wahrgenommen.

Chenu zeigt am Beispiel der Städte Angers und Le Mans die Gemeinsamkeiten und – durchaus gewichtigen – Unterschiede zwischen „Stadt und Stadt“[514] auf, und zwar „soziologisch wie pastoral gesprochen“[515]. Dabei betrachtet Chenu, gut französisch, sowohl das Verhältnis zwischen Stadt und (Um-)Land, als auch die Sondersituation der Metropole Paris. Zentral für Chenus pastorale Schlussfolgerungen ist die soziologische Analyse hinsichtlich der Trennung von Arbeitsplatz und Wohnort. Damit besteht nicht mehr wie in der *chrétienté* – und in Restbeständen in manchen Innenstädten – eine Einheit der Lebenswelt, sondern mindestens eine Zweiheit. So zentral Familie und Territorium notwendiger- und sachlogischerweise weiterhin in pastoraler Hinsicht sind, so wenig können sie dies in exklusiver Weise sein. Vorbildlich ist deshalb die Katholische Aktion mit ihren berufs- (und wie man heute sagen würde) milieuspezifischen Abteilungen. So sieht Chenu eine segensreiche Konvergenz zwischen den Erkenntnissen der Soziologie einerseits und Initiativen wie den zielgruppengerechten Zeitschriften *Masses ouvrières* und *Cahiers du clergé rural* andererseits.[516]

Chenu kommt zu dem Ergebnis, dass die Geschichte der *chrétienté* und der verschiedenen pastoralen Methoden und Konzepte im Laufe der Jahrhunderte – vom Feudalsystem über das mittelalterliche Gildenwesen bis hin zu Missionsstationen – zu einem „extremen Relativismus“ gegenüber jedweder Blockade anhalte, die zwischen der gegenwärtigen Gesellschaft und dem Fluss der Gnade bestehe. M. a. W. braucht jede Zeit die ihrer soziologischen Eigenheit entsprechenden pastoralen Methoden und Strukturen. Dass und wie die von Chenu dabei favorisierten Formen, die etwa gemeinschaftliche Zusammenkünfte innerhalb des Wohnviertels u. a. m. umfassen, ihrerseits soziologischen Gesetzmäßigkeiten hinsichtlich der Bildung und Entwicklung von Gruppen oder auch generationenbedingten Einflüssen unterliegen, die seinem Ideal einer „missionarischen“ Kirche auch zuwiderlaufen, hat er selbst im Enthusiasmus des Plädoyers für diese zu ihrer Zeit ebenso neuen wie hilfreichen Formen übrigens weniger im Blick gehabt.

---

514 Chenu, La ville, 521.

515 Ebd.

516 Ebd., 531.

1.6. Pastoraltheologie und Missionstheologie

1.6.1. *Chrétienté* und Mission

Bereits mehrfach begegneten die Begriffe *chrétienté* und „Mission“. Während ersterer, mehr historiographischen Ursprungs, bereits im *Projekt einer Geschichte der Theologie* aus den 1930er Jahren strukturbildend wurde, bringt letzterer, mehr pastoralen Ursprungs, die allmähliche Einsicht in die notwendige Zeitgemäßheit des Glaubens zum Ausdruck. Ihre Einheit finden beide Stränge in Chenus Glaubensverständnis und seiner Praxis der *comtemplactio*, die die Grundlage theologischer Überlegungen wurden. Beide Begriffe sind Gegenstand weitreichender und umfassender Diskussionen in der historischen und theologischen Fachwelt, aber in popularisierter Form auch darüber hinaus. 1936 zeichnete Jacques Maritain in *Humanisme intégral*[517] das Ideal einer künftigen *nouvelle chrétienté*. 1950 problematisierte Emmanuel Mounier in *Feu la chrétienté* die zu Ende gehende Epoche einer „Christenheit“[518], an deren Stelle ein missionarisches Verständnis von Kirche trete. Zwischen diesen beiden emblematischen Veröffentlichungen liegt eine weitverzweigte Diskussion, an der sich Chenu und seine Freunde aus Le Saulchoir beteiligten.[519]

In seinem am Thomasfest des Konzilsjahres 1964 redigierten Vorwort für die Aufsatzsammlung *L'Évangile dans le temps* weist Chenu darauf hin, dass – und dies ist typisch für die gesamte Diskussion der vergangenen Jahrzehnte – er den Begriff *chrétienté* je nach Thema und Art der jeweiligen Studie in ganz unterschiedlicher Form verwendet. Denn er ist „nicht ohne Zwiespältigkeit. Bald bezeichnet er die etablierte Institution mit ihren Schwerfälligkeiten, die die lebendige Kirche in die Netze einer Sakralisierung profaner Strukturen einhüllt. Bald bezeichnet er in vorteilhafter Weise in den historischen Bewegungen menschlicher Gesellschaften die evangeliumsgemäße Durchtränkung, die Herrschaft der Inkarnation in der Kirche wie auch in Christus, gemäß der *conditio humana* und der neuen gesellschaftlichen Dimensionen des Menschseins.“[520] Aufgrund dieser Zwiespältigkeit kann Chenu mit *chrétienté* sowohl eine zu Ende gehende Epoche eines letztlich problematisch geworde-

---

[517] Vgl. Chenu, Rezension zu Maritain, Humanisme intégral sowie ders., Von der Freiheit eines Theologen, 98.

[518] Für diesen Begriff s. Gabriel, Christentum zwischen Tradition und Postmoderne, 71.

[519] Für eine Auflistung zahlreicher zeitgenössischer Titel zum Thema vgl. Tranvouez, Catholiques d'abord, 122ff. Zu Chenus Entwicklung s. auch Jossua, Fin de la chrétienté ou nouvelle chrétienté; Quisinsky, Die Inkarnationstheologie von Marie-Dominique Chenu. Für das Umfeld vgl. auch Fouilloux, Cavalin, Viet-Depaule, Les Éditions dominicaines du Cerf, 118–121.

[520] Chenu, Présentation, 10.

nen Verhältnisses von Kirche und Welt meinen als auch von „aufeinanderfolgenden *chrétientés*“[521] sprechen, in denen die Kirche jeweils mit ihrer Zeit solidarisch ist.[522] Schließlich benutzt Chenu gar das Motiv einer „profanen *chrétienté*“[523], in der die Kirche den Vorrang des Geistlichen garantiert und gerade so die Inkarnation des Glaubens ermöglicht. Letztlich liegt die Zwiespältigkeit des Begriffs *chrétienté* in der Dialektik zwischen Engagement und Loslassen als Gesetz des Christlichen begründet. Letzteres wiederum ist für Chenu einerseits Anlass zu historischen Studien, die die Chancen und Grenzen dieser Dialektik ausleuchten,[524] andererseits Impuls für ein emphatisches Aufzeigen neuer Dimensionen künftigen Kircheseins.

In diesem Sinn plädiert Chenu während des Konzils und ermutigt durch dieses dafür, den Begriff *chrétienté* zumindest in seiner gegenwarts- und zukunftsbezogenen Dimension durch den der Mission zu ersetzen, der im Übrigen bereits den vorkonziliaren Gebrauch erhellt hätte.[525] Freilich kombinierte Chenu selbst etwa in einer Zeitanalyse aus dem Jahre 1954 beide Begriffe dahingehend, dass „die Bewegung der Geschichte sowohl durch die wissenschaftlichen Entdeckungen als auch durch den Zugang neuer Zivilisationen zur Weltpolitik dem Christen auferlegt, durch eine Rückkehr zum Evangelium jenseits temporärer *chrétientés* der ursprünglichen Bedeutung seiner Mission in der Welt gerecht zu werden.“[526]

Zu Beginn des Konzils verknüpft Chenu den Begriff der *chrétienté* mit dem Motiv des Endes des konstantinischen Zeitalters: „Das Ende des konstantinischen Zeitalters bezeugt die Freiheit der Kirche in ihrer Transzendenz, während die Strukturreformen die Relativität der chrétientés angesichts schwerfälliger Konservativismen unterstreichen.“[527] Dieses Motiv, das Chenu dem Paderborner Kardinal Lorenz Jaeger (1892–1975) verdankt[528] und zu dessen Popularisierung er selbst nicht unwesentlich beigetragen hat, konnte während und nach dem Konzil zur Vorstellung des Anbruchs eines neuen Zeitalters führen und sich dabei durchaus auch verselbständigen.[529]

---

521 Chenu, La foi en chrétienté, 115.

522 Ebd.

523 Chenu, Corps de l'Église et structures sociales, 167.

524 Chenu, Réformes de structure en chrétienté; ders., L'expérience des spirtuels au XIIIe siècle.

525 Vgl. Chenu, Présentation, 10.

526 Chenu, Le chrétien dans le monde, 299.

527 Chenu, Présentation, 10.

528 Chenu, La fin de l'ère constantinienne, 17.

529 Zum Ganzen Zamagni, Das Ende des Konstantinischen Zeitalters“; vgl. auch Debilly, La théologie au creuset de l'histoire, 409–423.

1.6.2. Kirche „im Zustand der Mission“

Als Mitarbeiter der ersten Stunde von *Mission de France* und *Mission de Paris* entfaltete Chenu früh eine Missionstheologie, die letztlich mit seiner Pastoraltheologie identisch war. Auch in diesem Bereich konnte Chenu auf die Nähe zu Congar bauen, der später für die ersten Abschnitte des Missionsdekrets *Ad gentes* des II. Vaticanums verantwortlich zeichnete, und in dem die Ekklesiologie der Kirchenkonstitution *Lumen gentium* heilsgeschichtlich akzentuiert wurde.[530]

Chenus Missionstheologie hat historische, pastorale und soziologische Wurzeln. Historisch unterscheidet er mit *chrétienté* und „Mission“ zwei unterschiedliche „Zustände der Kirche und ihrer apostolischen Tätigkeit“[531]. Während in der *chrétienté* die Kirche in den etablierten und aufeinanderbezogenen kirchlichen und weltlichen Strukturen wirken konnte, zeichnet sich die Missionssituation dadurch aus, dass die Kirche sich in „Gemeinschaften, Situationen und neuen nichtchristlichen Bestrebungen“ (gemeint sind solche, die sich nicht aus religiösen, sondern „profanen“ Motiven heraus gebildet haben) „einpflanzen“[532] müsse. Chenu kann diesbezüglich sowohl nüchtern beschreibend als auch sehr emotional formulieren, etwa wenn er den von manchen „*chrétientés*“ vorbereiteten „Tod der Kirche“[533] den Aufbrüchen gegenüberstellt, die aus einem missionarischen Ruck hervorgehen. Was das von eben genannte Modell der *plantatio Ecclesiae* angeht, so erfährt es durch den Gebrauch, den Chenu von ihm macht, selbst eine Veränderung.

Einen soziologischen Aspekt beleuchtet Chenu in seinem Beitrag *Déchristianisation ou non-christianisation* von 1960. Hier schließt er sich der These eines Verantwortlichen der *Action catholique ouvrière* an, derzufolge es hinsichtlich der Arbeiterklasse keine Entchristlichung („*déchristianisation*“) geben könne, weil überhaupt nie eine Christianisierung bzw. Evangelisierung erfolgt sei. Zum einen verunmöglicht dies alle pastoralen Strategien, die in irgendeiner Weise an einem in der Vergangenheit situierten Ideal ausgerichtet seien, das es zu restaurieren gelte. Zum anderen ermöglicht dies einen klaren Blick auf die Möglichkeiten christlicher Präsenz in der Gegenwart. Das Wort „Mission“, das nun nicht mehr nur fernen Regionen in Afrika oder Asien gelte, sondern „menschlichen Zonen“[534], d. h. gesellschaftlichen

---

[530] Chenu, Von der Freiheit eines Theologen, 176. S. dazu Hünermann, Theologischer Kommentar zum Dekret über die Missionstätigkeit der Kirche, 247 sowie Congar, Theologische Grundlegung.

[531] Chenu, Chrétienté ou mission? A propos des „Mouvements de paix“, 255.

[532] Ebd.

[533] Chenu, Le chrétien dans le monde, 297.

[534] Chenu, Déchristianisation ou non-christianisation, 250.

Bereichen inmitten der eigenen Gesellschaft, wird dadurch vollständig erneuert und findet seine Wahrheit in der *Communio*[535] zwischen den menschlichen Werten einer Gemeinschaft bzw. eines entsprechenden Teils der Gesellschaft und der Botschaft Christi. In diesem Sinn spricht Chenu, wenngleich in Anführungszeichen, von der Notwendigkeit, „eine ganze Zivilisation zu ‚taufen'"[536].

Hinsichtlich des pastoralen Aspekts ist für Chenu die Geschichte des neuen Missionsbewusstseins leitend. Dieses erwuchs nicht aus einer Idee, die dann angewandt worden wäre. Vielmehr habe die missionarische Praxis die ihr zugrunde liegende Idee genährt und fruchtbar gemacht.[537] Die missionarische Praxis wiederum geht von der vorgängigen Kraft des Wortes Gottes aus, zugleich aber auch von den psychologischen und soziologischen Gesetzmäßigkeiten seiner möglichen Wahrnehmung. Missionarische Praxis ist deshalb primär Zeugenschaft in und durch Liebe, bevor sich Fragen der rituellen oder sakramentalen Praxis stellen, zumal diese als magische Riten einer fremden Welt missverstanden werden könnten: „Man sucht den Dialog mit einem ‚Ungläubigen', der schon in der reinen Gegenwart aus Liebe ein Dialog ist, noch bevor ein Dialog mit Worten erfolgt" – so „findet man allenthalben zurück zur Wahrheit"[538]. Dabei ist die „missionarische Sensibilität"[539] in erster Linie in der Begegnung mit Menschen gefordert, die Opfer von Entmenschlichung geworden sind.

Im Jahr der Wahl des Konzilspapstes Johannes XXIII. konnte Chenu bereits auf eine weite Verbreitung seiner Formulierung „Kirche im Zustand der Mission" zurückblicken.[540] So hatte beispielsweise der damalige Weihbischof und Generalvikar der Erzdiözese Mechelen, Léon-Joseph Suenens (1904–1996), im Jahre 1955 ein Büchlein mit diesem Titel veröffentlicht.[541] Mit dem Begriff versuchte Chenu 1947 auf dem Jahrestreffen der Priester der *Mission de France* in deren Seminar in Lisieux die vielfältigen Fragen zu bündeln, die sich seit dem Buch von Godin und Daniel herausbildeten. Zu dieser Zeit galt es, die ersten Intuitionen und Inspirationen in institutionelle Bahnen zu lenken. Chenu zufolge konnten missionarische Wahrnehmung, Praxis und Leidenschaft nur dann wirksam werden, wenn sie Ausdruck der Kirche als solcher sind, die sich dafür ihrer missionarischen Dimension wie auch der missionarischen Situation weiter Teile der europäischen Christen-

535 Ebd.

536 Ebd., 251.

537 Chenu, Classe ouvrière et Église missionnaire, 283.

538 Chenu, Déchristianisation ou non-christianisation, 250.

539 Ebd.

540 Chenu, „En état de mission".

541 Suenens, Église en état de mission.

heit bewusst ist. Dass sich Kardinal Suhard wie auch sein Nachfolger Feltin diese Formulierung zu Eigen machten, verlieh ihr die nötige Autorität und stellte einen entscheidenden Schritt für die Kirche insgesamt dar.

In seinem Rückblick bilanzierte Chenu das entsprechende Verständnis von Mission: „Der missionarische Akt *par excellence* ist das an den Heiden gerichtete Wort Gottes; es ist der wahre Dialog des Gesandten Gottes, eines Gottes, der mit den Menschen in der Sprache der Menschen redet; es ist die frische Begegnung des Evangeliums mit den noch unbekannten neu entstehenden Werten einer Welt in Transformation; es ist die vitale *Communio* mit den menschlichen Gemeinschaften, deren kollektive Existenzweise noch die elementarsten Reflexe bestimmt; es ist die Präsenz in der Welt in ihrem ersten Aufleuchten, an der Grenze, an der Kirche und Welt aufeinandertreffen. Aber ob es sich nun um eine geographische Grenze an den Enden der Erde oder eine soziologische Grenze im Herzen unserer Gesellschaft handelt, so kann dieser ‚Ruf der Grenze' – wie ein junger Missionar des 18. Jahrhunderts bei seinem Aufbruch nach China sagte –, nur vernommen und vollzogen werden, wenn der gesamte Leib des christlichen Volkes in einer freudigen Zustimmung erzittert."[542] Hier greift Chenu dem Konzil voraus, wenn er die bislang vorherrschende Leib-Christi-Theologie terminologisch mit der auf dem Konzil dominierenden Volk-Gottes-Theologie verknüpft. Dabei verwendet er mit der Grenze zudem ein Motiv, das später im Theologieverständnis von Papst Franziskus eine zentrale Rolle spielen sollte: „Ein Volk lebt nur, wenn es offen für den ständigen Austausch an seiner Grenze ist; aber die außergewöhnlichsten Vorgehensweisen werden, noch unbewusst, und doch bereits bestimmt, in seinem einheitsstiftenden Inneren angeregt."[543] Anders gesagt kommt die Kirche nur an ihrer Peripherie zu ihrer Mitte, aus der heraus sie immer wieder neu an die Peripherie drängt. Chenu zeigt die fruchtbare Spannung auf zwischen den Wahrnehmungen und Aktivitäten des Missionars bzw. missionarischen Christen, die zwar für die bestehenden „Apparate" überraschend sein können, die aber doch nur, das Bild des Leibes Christi dynamisierend, in einer „institutionell lebendigen Kirche"[544] erfolgen können. Die Kirche ist demnach auch als Institution dann missionarisch, wenn sie „an ihrer Grenze" nicht nur einige „periphere Operationen" vornimmt, um ihre vorhandenen Besitzstände und Zuständigkeiten etwas zu erweitern, sondern, „ohne ihre traditionellen Strukturen der *chrétienté* zu beeinträchtigen, bisher unbekannte menschliche Gebiete neu

542 Chenu, „En état de mission", 239.
543 Ebd.
544 Ebd.

in ihrem neuen Bewusstssein einpflanzt."[545] Wenngleich der Zusatz, dass dies in erster Linie der Welt der Arbeiter gilt, recht zeitbedingt ist, hat Chenu damit die Grundzüge seines Verständnisses missionarischen Kircheseins situationsoffen formuliert: „Kurz gesagt, nicht einfach irgendeine Adaptation am Rand, sondern ein Zustand missionarischen Bewusstseins und missionarischer Vorgehensweise: in das kirchliche Verhalten wieder ausdrücklich die missionarische Qualität eingliedern, die in Wahrheit ein wesentlicher Bestandteil ist."[546]

Zu Chenus Missionstheologie gehört seine große Fähigkeit, sich von Einsichten und Perspektiven begeistern zu lassen und für diese zu begeistern. Wie die fundamentalen Intuitionen in ekklesiologische Grundlegungen und ekklesiale Kleinarbeit übertragen werden konnten, zeigte besonders das Wirken Congars. Zwar konnte auch Chenu Fundamentalekklesiologisches etwa zur Pfarrei formulieren: „Eine Pfarrei, die nur noch eine Verwaltung ist [...], antwortet nicht mehr auf die radikalen Anforderungen ihrer Natur und der Natur der Dinge. Eine Pfarrei, die nicht mehr die menschlichen Realitäten trifft, läuft leer. Und umgekehrt ist eine menschliche Gemeinschaft, die nicht im Boden der Gnade ihre christliche Erhöhung [...] findet, automatisch heidnisch."[547] Trotzdem: ungleich mehr als Chenu, der im Rückblick auch zu einer gelegentlich etwas naiv anmutenden Erwartungshaltung, wie sie erhoffte und reale Kirchenentwicklung immer begleitet, neigen konnte – so ging er etwa davon aus, dass die Ausstrahlung einzelner Christ*innen und kleiner christlicher Gemeinschaften in der Lage sei, nicht weniger als die gesellschaftliche „Masse" zu prägen[548] –, war Congar auch an institutionellen und kirchenrechtlichen Zusammenhängen interessiert und versuchte, diese notwendigen Dimensionen von Kirchenentwicklung und Kirchesein theologisch mitzubedenken und mitzugestalten. Neben der bereits erwähnten heilsgeschichtlichen Grundlegung in *Ad gentes*, die auf Congar zurückgeht, ist hier auch dessen Kärrnerarbeit in vielfaltigen Fragen des kirchlichen Lebens wie beispielsweise der Theologie des Wortes Gottes im Leben der Kirche, der Tradition, der Eucharistie, der Laien, der Amtstheologie, der theologischen Grundlegung des Kirchenrechts u. v. m. zu nennen.[549] Gerade in diesen Bereichen wäre es heute weiterführend, die Komplementarität der Dominikaner aus Le Saulchoir zum Ausgangspunkt kirchenentwicklerischer Überlegungen zu machen.

---

545 Ebd.

546 Ebd.

547 Chenu, La révolution communautaire et l'apostolat, 376f.

548 Chenu, La foi en chrétienté, 128f.

549 Vgl. z. B. Congar, Der Laie; ders., Priester und Laien im Dienst am Evangelium; ders., Wege des lebendigen Gottes; s. auch ders., Écrits réformateurs.

1.6.3. Mission und interreligiöser Dialog

Bei Chenu reifte durch die pastorale, soziologische und historische Auseinandersetzung mit dem eigenen Kontext eine Missionstheologie, die ein letztlich kolonialistisches Verständnis der Mission als Bekehrung nichtchristlicher Völker außerhalb Frankreichs hinter sich ließ. Parallel reifte auch ein Verständnis für die Kontexte, die nicht mehr wie in kolonialen Zusammenhängen als Objekte einseitiger Mission behandelt werden konnten. So ist es nicht verwunderlich, dass Chenu später auf dem Konzil gerade auch mit der ersten Generation einheimischer Bischöfe Afrikas gute Kontakte haben sollte.

Zunächst aber führte dieser Reifungsprozess zu einem immer besseren Verständnis des Islam, das zugleich diesen Reifungsprozess nährte. Hierbei handelt es sich um eine fundamentale Intention Chenus aus den 1930er Jahren. Anfangs erwuchs diese dem mediävistischen Interesse an der Aristoteles-Rezeption der Scholastik, für die Avicenna (980–1037) und Averroës (1126–1198) eine bedeutende Rolle spielten. Um diese kulturellen Transferprozesse zu verstehen, begann Chenu sich auch für die Transferkontexte zu interessieren, und dies meinte insbesondere die arabische Welt und den Islam. So ermutigte er in den 1930er Jahren Studenten aus Le Saulchoir, Arabisch zu lernen.[550] Drei dieser Studenten – Georges Anawati, Jacques Jomier (1914–2008) und Serge de Beaurecueil (1917–2005) – gehörten zu den Gründungsmitgliedern des *Institut dominicain d'études orientales* in Kairo, das Chenu mitkonzipiert hatte. Zu Chenus u. a. von Kardinal Eugène Tisserant (1884–1972) unterstützten Gründungsintuitionen gehörte der Verzicht auf jeglichen Proselytismus. Vielmehr galt es, den Islam zu studieren und zu verstehen.[551] Die daraus erwachsenden Studien erwiesen sich schnell als eine theologische Horizonterweiterung ersten Ranges, die einen zentralen Baustein für den erneuerten Umgang der katholischen Kirche mit dem Islam darstellte.[552] Georges Anawati schließlich gehörte denn auch auf dem Konzil zu den Redaktoren der dem Islam gewidmeten Absätze von *Nostra aetate* (NA 3) und *Lumen gentium* (LG 16).[553]

In Chenus Rolle für die Neubewertung des Islam zeigt sich zum einen, dass die „Mission" der Kirche nicht einfach in Mitgliederwerbung besteht, sondern zunächst im Zugehen auf Menschen und Kulturen, um diese um ihrer selbst willen zu verstehen. Zum anderen zeigt sich, dass Chenu selbst den

---

550 Vgl. Morélon, L'IDEO du Caire et ses intuitions fondatrices sur la relation à l'Islam, 184f.

551 Zu Chenus Einfluss auf die Ausrichtung des IDEO s. auch Morélon, In Memoriam. S. bereits auch Anawati, Le Père Chenu et l'Institut dominicain d'Études orientales du Caire; Jomier, Une leçon d'espérance.

552 Halft, Towards a New Perception of Islam.

553 Avon, Les Frères prêcheurs en Orient, 777–807.

interreligiösen Dialog zuerst praktizierte, ohne ihn sogleich zu systematisieren. Dies blieb dann um entsprechende Erfahrung und Erkenntnis bereichert seinen Schülern wie Claude Geffré vorbehalten. Insbesondere Chenus früh vorhandene und lebenslang entfaltete Intuitionen zum Zusammenhang von Weltgeschichte und Heilsgeschichte erfuhren durch das aufrichtige Interesse an wertgeschätzten anderen Religionen eine direkte und mehr noch indirekte Inspiration, die jeglicher Verengung Vorschub leistete.

Gerade die missionarische Pastoraltheologie bzw. pastorale Missionstheologie Chenus zeigt die innere Nähe seines Werks zu dem Verlauf, den das II. Vaticanum nehmen sollte, sowie zu den Intuitionen, die dessen Textcorpus prägen sollten. Dabei ging es ihm vor allem anderen um das Wort Gottes. Pastoral und Mission sind von daher Evangelisierung, Evangelisierung aber ist aus Chenus geschichtstheologischer Sicht die Gegenwart des Heils, das in Schöpfung und Inkarnation verheißen ist und der Vollendung harrt.

2. Das II. Vatikanische Konzil

2.1. Vorbereitungen

2.1.1. Der Ausgangspunkt

Am Vorabend des II. Vaticanums erschien 1960 ein Interview Chenus in der Zeitschrift *Informations catholiques internationales*. Unter der Leitfrage, ob das zeitgenössische Denken „für oder gegen Gott"[1] eingestellt ist, zeichnet Chenu ein umfassendes Bild der gesellschaftlichen und geistigen Situation. Die allgemeine Mentalität sieht Chenu demnach von drei Aspekten geprägt, die teils bewusst, teils unbewusst das Leben der Menschen prägen: Erstens von dem Gespür für die Geschichtlichkeit aller Dimensionen des Menschseins, zweitens von der Integration der Materie in das Selbstverständnis des Menschen anstelle eines rein geistigen Zugangs und drittens von der Vergesellschaftung als Horizont auch jeder Individualität. Während Chenu zufolge der Marxismus in einer durchaus attraktiven Weise v. a. die gemeinschaftlichen Auswirkungen dieser drei Aspekte zum Ausgangspunkt nimmt, so der Existenzialismus in seinen unterschiedlichen Ausprägungen von Albert Camus (1913–1960) bis Gabriel Marcel (1889–1973) stärker die individuellen Ausprägungen. Eine Synthese versucht Emmanuel Mounier mit seinem *„personnalisme communautaire"*.

In dieser Gemengelage hat es das Christentum einerseits nicht leicht. Denn viele der Prinzipien, die im zeitgenössischen Leben und Denken *en vogue* sind, entstammen ihm oder wären mit seinen Grundsätzen völlig kompatibel. Geschichtliche Entwicklungen verschiedener Art haben aber dazu geführt, dass sie sich außerhalb verfasster Christlichkeit konstituierten und sich deshalb nicht selten auch gegen diese richteten. Letztlich geht es bei alledem um die Gottesfrage. In einer Welt, die von der Desakralisierung geprägt und damit auf sich selbst zurückgeworfen ist, stellt sich die Frage nach Gott in einer radikal neuen Weise. Der Atheismus, der zur Zeit der Aufklärung noch Angelegenheit einer intellektuellen Elite war, legt sich nun in breiten Bevölkerungsschichten als plausibler Umgang mit der Welt nahe. Für Chenu würde jegliche Form eines Gottesglaubens, für den Gott „Lückenbüßer"[2], Erklärung des noch Unerklärlichen oder willkürlich Wunder wirkender wäre, hinter den Herausforderungen der zeitgenössischen Mentalität zurückbleiben. Vielmehr gilt es, jenseits einer zu kurz greifenden Unterscheidung von

[1] Chenu, La pensée contemporaine.

[2] Chenu, Déchristianisation ou non-christianisation, 251.

Sakralität und Profanität die Autonomie von Welt und Mensch mit der Transzendenz Gottes in einer Weise zusammenzudenken, die Gott gerade in seiner Transzendenz als der Welt gegenwärtig erkennt.

Die Antwort auf die Frage nach dem Umgang mit dieser Situation ist für Chenu im Evangelium zu suchen. Christliches Denken kann deshalb nicht mehr in einem einzigen System „christlicher Philosophie" erfolgen, wenngleich eine solche durchaus ihre Berechtigung behält. Einem christlichen Evangelismus entspricht vielmehr ein philosophischer Pluralismus, was allerdings nicht ausschließt, dass das Christentum nach dem Beispiel des Thomas von Aquin einen zeitgemäßen und d. h. auch pluralen „philosophischen Ausdruck seines Gehalts"[3] hervorbringt – Chenu benutzt hier das Verb *„engendrer"*, das später in der sog. *„pastorale d'engendrement"* (lebensschenkende Pastoral) zu Ehren kommt. Entscheidend ist für Chenu, dass „die Rückkehr zum Evangelium" nicht der in Geschichte und Gegenwart des Christentums stets präsenten Gefahr erliegt, „sich gegen die Philosophie und sogar gegen die Theologie" zu wenden: „man muss sich vor einer christlichen Mentalität hüten, die die rationalen Werte in ihrem Inneren ablehnen würde. Ich vertraue darauf, dass ein aufrechter Evangelismus aus sich heraus einen rationalen Typus der Begegnung mit der Welt erschafft, eine Vision der Welt, innerhalb derer übrigens recht unterschiedliche Optionen in der fundamentalen Einheit des Evangeliums ihren Platz finden könnten. Das ist ein extrem schwieriges Problem; aber es wäre bedauerlich, wenn der außerordentliche vom Evangelium hervorgerufene Schock, der ganze Bereiche der Kirche durchschüttelt, uns auf eine gewisse Verweigerung rationalen Denkens im Umgang mit den Problemen der Welt festlegte."[4]

Wenn Chenu hier von Philosophie spricht, meint er neben ihrer wissenschaftlichen Form generell die reflektierende Durchdringung der Fragen, die das Leben mit sich bringt. Diese Art von Philosophie steht in enger Verbindung mit der Lebenspraxis. Für eine christliche Lebenspraxis sieht Chenu in der Zeit vor dem Konzil vier Möglichkeiten, die er an vier Idealtypen von Christ*innen festmacht: der „konstantinische" Christ als erster Typ sieht v. a. die Defizite der „neuen Welt"; ein zweiter Typ verbleibt in einer zwar sympathisierenden, aber passiven Beobachterrolle; der stark am Evangelium ausgerichtete dritte Typ tritt mit dem „neuen Menschen" in einen Dialog; ein vierter Typ praktiziert das, was Chenu mit Friedrich Heer (1916–1983) „schöpferische Mitarbeit" nennt. Chenu selbst empfiehlt eine Mischform des dritten und vierten Typs, der bei aller Konstruktivität auch die Zwiespältigkeit nicht nur des modernen Menschen im Blick hat und entsprechend

---

[3] Chenu, La pensée contemporaine, 179.

[4] Ebd.

prophetische Kritik einbringen kann. Als Beispiel nennt er den Dialog, den der Bürgermeister von Florenz, Giorgio La Pira (1904–1977), mit den Kommunisten zu führen versucht.[5]

Chenu ist durchaus Realist und warnt einerseits vor christlichem Hochmut und gibt andererseits zu bedenken, dass nicht jede*r Christ*in einfach so für einen komplexen Dialog gerüstet ist. Entscheidend ist freilich vor diesem Hintergrund umso mehr, dass die Kirche insgesamt den Weg eines kritisch-konstruktiven Dialogs einschlägt. Dabei würde sie die drei Charakteristika der zeitgenössischen Mentalität – also Geschichtlichkeit, Materialismus und Vergesellschaftung – nicht in erster Linie als von Gott wegführend betrachten, sondern als Orte seiner Gegenwart entziffern. Im kritisch-konstruktiven Dialog zwischen Kirche und Welt könnte so Chenu zufolge die Geschichtlichkeit ein vertieftes Verständnis der Inkarnation, der Materialismus ein vertieftes Verständnis der Schöpfung und die Vergesellschaftung ein neues Verständnis der Liebe hervorrufen, wobei jeweils beide Dialogpartner bereichert würden. Die Kirche, die eine „Kirche Jesu und des Pfingstfests“ ist, würde dadurch wahrhaft „katholisch“, aber auch „missionarisch“[6] und an den Armen ausgerichtet. Mit einfachen Mitteln und „stiller Präsenz“[7] im Stil der von Charles de Foucauld inspirierten Kleinen Brüder und Schwestern würde so eine „Evangelisierung“ erfolgen, die nicht auf schnelle „Konversion“ nur der jeweils Anderen schielt. Vielmehr wäre sie ein gemeinsamer Prozess, in dem die Christ*innen in der Liebe Christi und der Kraft des Heiligen Geistes einen langen Atem haben und der v. a. am Wohl der Mitmenschen ausgerichtet ist.

2.1.2. Die Phase der Vorbereitung

Das Konzil spielte im eben vorgestellten Interview von Anfang 1960 keine Rolle, obwohl es bereits angekündigt war. Umso auffallender ist die Konvergenz der hier resümierten Anliegen Chenus mit dem, was für ihn die zentralen Errungenschaften des II. Vaticanums waren. Claude Geffrés Bilanz einer „wechselseitigen Befruchtung“[8] zwischen Chenu und dem Konzil ist ebenso richtig wie das ihr zugrunde liegende Wechselverhältnis komplex ist.

Drei Ehrungen anlässlich des 70. Geburtstags und 50. Professjubiläums, die Chenu 1965 wenige Wochen nach dem Abschluss der dritten Sitzungs-

---

[5] La Pira, Mitglied des Dritten Ordens der Dominikaner, stand mit Le Saulchoir in Kontakt, z. B. auch mit Féret, dem er vor dem Konzil eine Bühne bot (vgl. Quisinsky, Geschichtlicher Glaube, 263ff.).

[6] Chenu, La pensée contemporaine, 184.

[7] Ebd., 185.

[8] Geffré, Théologie de l’incarnation et théologie des signes des temps, 132.

periode zuteilwurden bzw. -werden sollten, illustrieren dieses Wechselverhältnis mit seinen Ungleichzeitigkeiten. Denn der Jubilar konnte zu diesem Zeitpunkt durch das Konzil zwar offiziös als rehabilitiert gelten, war dies aber offiziell noch nicht. Zwar konnten bereits 1964 die beiden Bände der Aufsatzsammlung *La parole de Dieu* erscheinen, eine aus Anlass der Jubiläen bereits fertiggestellte Festschrift konnte wie bereits geschildert indes erst postum unter dem Titel *L'hommage différé* veröffentlicht werden. Die Laudationes hielten Congar und Féret, die mit Chenu in den 30er Jahren als „Trio" zusammenarbeiteten und nach den römischen Verurteilungen von 1942 und 1954 auf dem Konzil just in Rom erstmals wieder zu gemeinsamer Arbeit am selben Ort vereint waren. Sie illustrieren Chenus Wirkung „nach außen" und „nach innen". Von Congar, der durchaus symbolträchtig aufgrund seiner Teilnahme an einem Redaktionstreffen zum Missionsdekret in Rom nicht persönlich anwesend war, erschien aus Anlass des Geburtstags in der Tageszeitung *Le Monde*, zu deren Gründer Hubert Beuve-Méry die Dominikaner gute Kontakte pflegten, ein Porträt seines Lehrers und Freundes. Diesen charakterisiert er als *„initiateur"*[9], was sein Bild in der Öffentlichkeit prägte. Bei der hausinternen Feier hielt mit Féret der Dritte im Bunde einen Vortrag mit dem Titel *„Du Saulchoir de Kain à l'Église du Concile"*[10], in dem er Chenus Denkweg mit dem Weg der Kirche verknüpfte und beide gemeinsam in das Konzilsereignis einmünden ließ.

Chenu gehörte in der Tat zu denen, die sehr früh die Tragweite des von Johannes XXIII. kurz nach seiner Wahl angekündigten Konzils erkannten. Ebenso gehörte er zu denen, die früh die immer wieder auch von Papst Franziskus in Erinnerung gerufene Tragweite der Konzilseröffnungsrede des Papstes *Gaudet Mater Ecclesia* mit ihrer Unterscheidung (nicht Trennung) zwischen Inhalt und Form des Glaubens erkannten.[11] Derlei Konvergenzen bedeuten allerdings nicht, dass Chenu auf die Vorbereitung des Konzils Einfluss hätte nehmen können. Etwas anders sah es bei seinem Freund Congar aus, der in seinem elsässischen Exil nicht nur zum Prediger am Straßburger Münster, der Kathedrale des Bistums, sondern auch zum theologischen Berater der dortigen Bischöfe Jean-Julien Weber und Léon-Arthur Elchinger avancierte. Ersterer griff als Bibliker mit unguten Erinnerungen an die Zeit der Modernismuskrise, letzterer als Religionspädagoge mit einem pragmatischen Blick auf die religiöse Situation der Zeit gerne und ausführlich auf die theologischen Kenntnisse Congars zurück. Bereits im Sommer 1959 war

---

[9] Congar, Un initiateur: le P. M.-D. Chenu.

[10] Nachweise und Analysen bei Quisinsky, Geschichtlicher Glaube, 276f.

[11] Chenu, Un concile „pastoral", 656; dazu Alberigo, Marie-Dominique Chenu à Vatican II, 159.

Congar involviert in die Konzilsvorbereitungen Webers und Elchingers, die wie alle Bischöfe aufgefordert waren, ihre *consilia et vota* nach Rom zu senden. Weber gratulierte ihm anlässlich seiner Berufung als Konsultor der vorbereitenden theologischen Kommission augenzwinkernd „unter der Bedingung, dass Sie konsultiert werden."[12]

Dass Chenu, der seit den 1950er Jahren über gute Kontakte zum Straßburger Münsterpfarrer Eugène Fischer verfügte,[13] seit Beginn des Konzils einer der freilich zahlreichen Gesprächspartner Elchingers war, ist hier eigentlich eher beiläufig zu erwähnen. Es zeigt aber beispielhaft Chenus Vernetzung, die seiner Theologie eine beachtliche Resonanz verschaffte. Dass Elchinger zugleich mit den Bischöfen der Apostolischen Region Ost, Schmitt, Flusin und Boillon und deren theologischen Beratern Féret und Liégé eine rührige Arbeitsgruppe bildete, deren Treffen auf dem elsässischen Odilienberg beispielsweise in der Redaktionsgeschichte von LG 3 eine gewisse Resonanz fanden,[14] war übrigens einer der Gründe dafür, dass das „Trio" Chenu-Congar-Féret in Rom wieder zusammentraf.

Anders als Congar, der am 28. September zusammen mit den Dominikanern Pierre-Thomas Camelot (1901–1993) und Jean-Jérôme Hamer aus Le Saulchoir zum Konzilsperitus ernannt worden war, hatte Chenu trotz eines wachsenden informellen Einflusses nie einen offiziellen Platz im Konzilsorganigramm. Vielmehr wurde er privater Konzilstheologe seines früheren Studenten Claude Rolland – die Angehörigen von dessen Ordensgemeinschaft der Missionare Unserer Lieben Frau von La Salette absolvierten seinerzeit ihr Studium in Le Saulchoir –, der seit 1956 Bischof von Antsirabé auf Madagaskar war. Ohne dass dies institutionelle Bedeutung erlangte, war Chenu auch Prokurator für den amerikanischstämmigen Paul Joseph Girouard (1898–1964), Bischof der madegassischen Diözese Morondova.[15] Nebenbei bemerkt stellt diese Tätigkeit Chenus, der, wie er in einem Brief an Kardinal Suenens schreibt, „zwei Missionsbischöfen assistiert"[16], für das Thema der „Mission" nochmals einen eigenen Akzent dar.

Dass Chenus Theologie im Umfeld des Konzils zunehmend eine informelle Bedeutung erlangte, verdankt sich nicht nur seiner Bekanntheit und seiner Bekanntschaft mit zahlreichen Vertretern des kirchlichen Lebens, sondern hatte auch inhaltliche Gründe. Chenu konnte – teilweise just aufgrund der Positionen, die ihm 1942 und 1954 Probleme bereiteten – bereits vor

[12] Brief Webers an Congar, 20. Juli 1960, zit. nach Quisinsky, Geschichtlicher Glaube, 234.

[13] Fischer, Présence du Père Chenu parmi les prêtres de l'Alsace.

[14] Quisinsky, Geschichtlicher Glaube, 318–327.

[15] Dazu ausgehend von den entsprechenden archivarischen Dokumenten Quisinsky, Geschichtlicher Glaube, 237.

[16] Brief Chenus an Suenens, 19. Oktober 1962, Konzilsarchiv Suenens Nr. 0584.

dem Konzil die theologischen und pastoralen Fragen artikulieren, die das Konzil aufwarf und behandeln sollte. Die erste größere Gelegenheit zu einer Stellungnahme bot Chenu im Mai 1961 seine Teilnahme an einer Tagung der *Informations catholiques internationales*, einer während des Konzils einflussreichen Informationsplattform für die französischen Konzilsteilnehmer.[17] Chenu hielt hier einen Vortrag mit dem epochemachenden Titel *La fin de l'ère constantinienne*. Dabei lohnt der Vergleich mit Congar, dem die Aufgabe zukam, eine theologische Bilanz der Tagung unter dem Titel *Une, sainte, catholique et apostolique* vorzutragen. Die theologiegeschichtlich-geschichtstheologischen Vorträge Chenus (mit pastoralem Akzent) und Congars (mit ekklesiologischem Akzent) zeigen, wie sich die Dominikaner auf den gemeinsamen Arbeiten der 1930er Jahre aufbauend ergänzten.

Der Beitrag *La fin de l'ère constantinienne* ist eine Art Scharnier zwischen seinem Lebens- und Denkweg vor dem Konzil und seinen Einsichten und Aktivitäten während und dann auch nach dem Konzil. Er stellt eine so dichte Bilanz von Chenus theologie-, frömmigkeits- und sozialgeschichtlichen Studien, seiner geschichtstheologischen Wahrnehmung aller Wirklichkeit und seiner pastoralen Erfahrungen und Motivationen dar, dass es einer Monographie wie derjenigen von Gianmaria Zamagni bedarf, um die darin behandelten Aspekte zu behandeln.[18] Hinzu kommt, dass Chenu mit diesem Beitrag auch eine Dynamik auslöste, die sich von seinen fundierten Analysen löst und damit teilweise weder seiner Deutung der vergangenen noch der zu gestaltenden Geschichte gerecht wird. Am Beispiel des bereits erwähnten Zusammenhangs zwischen *chrétienté* und *ère constantinienne* zeigt sich, dass Chenu selbst bei allem Enthusiasmus angesichts des von ihm ausgemachten Epochenwechsels die jeweiligen und ineinander verwobenen Verhältnisse von Ende und Neubeginn, Kontinuität und Diskontinuität, Kultur und Glaube reflektiert: „Die konstantinische Ära erbrachte uns das wunderbare Gelingen einer ‚*chrétienté*'. Aber *chrétienté* ist nicht Kirche."[19] Diese Unterscheidung ist Chenu zufolge sowohl in theologischer als auch historischer Sicht nicht einfach, aber doch dringend geboten, und dies umso mehr, als die aufkommende Globalisierung den Bereich der von Konstantin eingeleiteten Christianisierung bei weitem übersteigt. „Eine *chrétienté* ist nicht die Kirche; es ist eine ‚Organisation, die als solche zeitlich ist, und die alles beinhaltet, was Christen auf der Erde ausgehend von der Gnade tun, um in der Menschheit die Transformation ihrer individuellen und kollektiven, moralischen und kulturellen Lebensbedingungen zu realisieren, die für

[17] Zu dieser Tagung s. Dubois-Dumée, Présentation.

[18] Zamagni, „Das Ende des konstantinischen Zeitalters".

[19] Chenu, La fin de l'ère constantinienne, 29.

die Entfaltung dieser Gnade notwendig sind'. Also eine bewegliche und kontingente Materie, die unter dem alleinigen Absolutum des Wortes Gottes steht. Dieses kann in anderen Wirklichkeiten der Menschheit gesagt, bezeugt, eingepflanzt, inkarniert werden, in denen die identische menschliche Natur von innen heraus in ihren materiellen und spirituellen Bedingungen modifiziert wird. Heute erfolgt dies in einer beschleunigten Geschichte. Die Inkarnation geht weiter."[20]

Im diagnostizierten Ende der konstantinischen Ära und dem Beginn einer „neuen *chrétienté*" sieht Chenu „den gesamten Untergrund des Konzils"[21]. Dies entfaltet er in vier Punkten. Erstens macht er ein Erwachen des Evangeliums aus, wie es im Übrigen bereits während der konstantinischen Ära immer wieder die Kirche erneuert habe. Zweitens kommt nunmehr dem Wort Gottes ein Vorrang gegenüber dem „kultischen und institutionellen Apparat"[22] zu. Das heißt zwar nicht, dass dieser überflüssig wird, sich aber stärker am Wort Gottes messen lassen muss, in dessen Dienst er steht. In diesem Sinn stehen Eucharistie und Wort Gottes auf einer Stufe. Während in der „*chrétienté*" der Glaube in erster Linie ein „soziologisches Erbe" sei, so in der nachkonstantinischen Ära eine Dynamik „ständiger Konversion".[23] Dadurch verbindet der Glaube Neugier und Gnade, (christliche) Gemeinschaft und (plurale) Gesellschaft. Auf diese Weise kann dann die Kirche angesichts einer neuen Zeit und neuer Gesellschaftsformen auch jenseits der „soziologischen Grenzen seiner Gemeinschaft" vom Glauben zeugen. Damit ist drittens die Kirche als missionarische benannt, die ständig aus sich herausgeht, dabei freilich durchaus eine innere Verfasstheit braucht, damit dies überhaupt möglich ist.[24] Übrigens bedeutet das auch, dass keineswegs die gesamten bisherigen Institutions- und Sozialformen der Kirche obsolet werden, vielmehr geht es um den Geist, von dem diese geprägt werden.[25]

Der „Zustand der Mission" ist nun nicht mehr nur Angelegenheit einiger von der Gemeinschaft misstrauisch beäugter Einzelner, sondern betrifft „die ganze Kirche im Bewusstsein, dass darin ihr konstitutives Sein liegt. Voilà das Ende der konstantinischen Ära!"[26] An die Stelle einer Sakralisierung weltlicher Strukturen, die als solche in von der Kirche vorgegebene geistliche Ziele gestellt werden, tritt nun die „Präsenz", das „Mitleben" in weltlichen Strukturen, die durch das Zeugnisgeben mit christlichem Geist zu füllen

[20] Ebd.
[21] Ebd.
[22] Ebd., 32.
[23] Ebd.
[24] Ebd., 33.
[25] Ebd.
[26] Ebd.

sind.[27] Auch hier ist freilich durchaus anzuerkennen, dass der Kirche bei allem möglichen Mißbrauch und Perversion des Evangeliums – hier nennt Chenu die Kreuzzüge – durchaus auch das Verdienst zukommt, „stellvertretend" für eine weltliche Macht, die dies nicht leisten konnte oder wollte, z. B. soziale und caritative Strukturen aufbaute. Für den neuen Geist einer Mitwirkung an allgemein-gesellschaftlichen Formen vorbildlich sind nach Chenu in Frankreich etwa die von Charles de Foucauld inspirierten Kleinen Schwestern und die Arbeiterpriester, sowie außerhalb Europas Glaubenszeugen wie Vincent Lebbe (1877–1940) in China und Jules Monchanin (1895–1957) in Indien. Viertens nennt Chenu eine bevorzugte Option für die Armen als „erste Mandanten des Wortes Gottes"[28]. Diese stellen mit ihren Verunsicherungen die falschen Sicherheiten einer *„chrétienté"* in Frage. An ihnen erweist sich, dass die Rückkehr zum Evangelium kein Archäologismus ist, sondern „Garantie einer Präsenz in seiner Zeit"[29].

Die Scharnierfunktion dieses Artikels zeigt sich zum einen bei Chenu selbst, der die in ihm entwickelten Argumente in anderen Zusammenhängen in prägnanten Kurzformeln in die Diskussion einbringen konnte. Dabei war auch die Formulierung vom Ende der konstantinischen Ära letztlich in erster Linie Ausdruck der Überzeugung, dass das Konzil eine epochale Zeitenwende darstellte, die für die Kirche eine ungeheure Chance der Erneuerung und Präsenz mit sich brachte, aber eine ebenso ungeheure Verantwortung, ihrer Geschichte, Gegenwart und Zukunft gerecht zu werden. Zum anderen wurde Chenu durch diese Diagnose zu einem emblematischen Akteur der Konzilszeit. Denn mit dem Slogan vom Ende der konstantinischen Ära verbanden sich Hoffnungen und auch Wünsche bezüglich des Konzils und der Nachkonzilszeit. Dabei konnten sich auch manche der von Chenu ins Spiel gebrachten Gedanken verselbständigen, etwa wenn die konstantinische Ära als negative Kontrastfolie diente, ohne dass deshalb schon die eigene Zeit verstanden wurde, oder wenn das komplexe Ineinander von Kontinuitäten und Diskontinuitäten in vereinfachende Gegenüberstellungen aufgelöst wurde, die dem Anliegen der Glaubensgegenwart eher schadeten als nutzten.

Während die Argumention im Artikel *La fin de l'ère constantinienne* bei aller Fokussierung auf die Gegenwart stark diachron geprägt ist, so diejenige im Artikel *Vie conciliaire de l'Église et sociologie de la foi* aus bei aller historischen Unterfütterung stark synchron. Chenu endet hier mit dem Verweis auf Erzbischof Jaeger und das Motiv des Endes der konstantinischen Ära, nachdem er vorausgehend aufgezeigt hat, worin die Bedeutung eines Konzils für

---

27 Ebd., 34.

28 Ebd., 35.

29 Ebd., 36.

die Kirche besteht. Das bevorstehende Konzil muss sich demnach „dem Problem der Kirche, dem Problem des Glaubens“ widmen wie sie „der Welt geeignet sind, dieser bewunderungswürdigen und schrecklichen Welt von 1960.“[30] Was bereits wie eine Vorwegnahme des Eingangsgedankens der Pastoralkonstitution *Gaudium et spes* klingt, bereitet Chenus Artikel mit den nun schon bekannten historischen und pastoralen Erwägungen bis hin zum Übergang von der *chrétienté* zur *mission* vor. Konzilstheologisch entwickelt dieser Beitrag ausgehend vom Zusammenspiel von Ortskirchen und Weltkirche einerseits und von Hierarchie und breiter Masse der Gläubigen andererseits das, was später in anderem Zusammenhang „synodale Vernunft“[31] genannt werden konnte. Ohne, dass Congar hier genannt wird, kann man hier dessen ekklesiologische Grundlegungen im Hintergrund erkennen, wobei beide eben genannten Zusammenspiele Einseitigkeiten des I. Vaticanums überwinden sollen. Dies bringt Chenu auch an anderer Stelle zum Ausdruck, wenn er die bischöfliche Kollegialität als seit dem 19. Jahrhundert gegenüber dem päpstlichen Primat unterbelichtetem Prinzip ausmacht.[32]

Glaubenshermeneutisch verbindet Chenu hier seine frühen Studien zur Psychologie des Glaubensaktes mit seiner methodischen Integration der Soziologie in die Theologie. Wie der Glaube des Einzelnen sich gemäß den Gesetzmäßigkeiten von Psychologie und Vernunft strukturiert und ausdrückt, so der „Glaube eines Konzils“ gemäß der „Soziologie des Geistes“[33]. Gerade deshalb ist ein Konzilstext Ausdruck einer *communio* des Denkens und eines „gemeinschaftlichen Bewusstseins“[34], das nicht darauf reduziert werden kann, nur die Summe seiner Bestandteile zu sein. Der Glaube ist deshalb auf dem Konzil *in actu*[35], wobei das Gesetz der Inkarnation seine pneumatologische Dimension garantiert. Das ist übrigens in Chenus Inkarnationstheologie eine interessante Akzentuierung. Mit diesem Verständnis des Konzils blickt Chenu nun auf das bevorstehende II. Vaticanum und sorgt sich darum, dass in der Vorbereitungsphase sterile Definitionen in den Vordergrund gerückt werden, anstelle einer „Theologie des Glaubens“[36] den Weg zu bereiten, die nüchtern und realistisch vom Bewusstsein für die menschliche Beschaffenheit und damit auch für die geschichtliche Kontextualisierung jeder theologischen Sprache ausgeht.

30 Chenu, Vie conciliaire de l’Église et sociologie de la foi, 381.

31 Ruhstorfer, Synodale Vernunft wagen.

32 Chenu, L’Afrique au Concile, 167.

33 Chenu, Vie conciliaire de l’Église et sociologie de la foi, 372.

34 Ebd.

35 Ebd.

36 Ebd., 373.

Die konzilstheologische wie die glaubenshermeneutische Dimension kommen zusammen in Chenus Einschätzung, dass das II. Vaticanum in eine „*conjoncture conciliaire*“[37] eingebettet ist, die es in der Folge zum Ausdruck des Glaubensbewusstseins der ganzen Kirche macht. Später brachte Papst Paul VI. dies auf die Formel, dass sich „die ganze Kirche im Konzilszustand“[38] befindet. In Chenus Darstellung ist dabei die ökumenische Verantwortung und die Mitverantwortung für die Gestaltung der Welt eingeschlossen, wobei er hier direkt auf Congar verweist.[39] Hier schließt hier in den 1960er Jahren ein Kreis, der mit dem *Projekt einer Geschichte der Theologie* in den 1930er Jahren eröffnet wurde: „So ist die *Geschichtlichkeit* des Glaubens in der Gemeinschaft der Test seiner *Treue*. Der Glaube ist ganz innerliches Licht in jedem Gläubigen, unhintergehbar persönlich und frei. Der Glaube ist objektiv gegeben, empfangen im Hören eines Wortes, das die apostolische Tradition übergibt und garantiert. Zwischen diesen beiden Polen, die sich nicht ohne Spannung koordinieren, besteht die Dialektik einer Kirche, in der sich Person und Gemeinschaft wechselseitig aufeinander beziehen zur Verwirklichung ihrer Fülle in einer heiligen Geschichte. Denn Gott spricht *heute*; und das geht nur, wenn seine Kirche der Welt gegenwärtig ist.“[40]

In Chenus Konzilsmitwirkung und Konzilshermeneutik stellt dieser letzte Abschnitt ein geschichtstheologisches Scharnier dar. Die ekklesiologischen Formulierungen betonen hier sehr stark die apostologische Tradition und, wenn auch in moderner Sprache und in der Intention, das Gegenwärtig- bzw. Heutigwerden („*aggiornamento*“) der Kirche zu begründen, die Heilsnotwendigkeit der Kirche. Beides wird durch die konziliaren Motive von der Kirche als Heilssakrament sowie der Kirche als messianischem Volk Gottes keineswegs obsolet, aber in einen weiteren, auch schöpfungstheologischen, pneumatologischen und nicht zuletzt interreligiösen Zusammenhang gestellt. Zugleich zeigt sich, dass die Leistung des Konzils darin besteht, diesen größeren Zusammenhang des Glaubens in der Geschichte denkbar und aussagbar zu machen.

Unmittelbar zu Konzilsbeginn meldet sich Chenu in der damals vielgelesenen Zeitschrift *Témoignage chrétien* mit dem Artikel *Un concile à la dimension du monde* zu Wort, der entsprechende Breitenwirkung erzielte und die Wahrnehmung des Konzils im französischen Katholizismus stark beeinflusste. Die Überschrift verdankt er, wie schon bei *La fin de l'ère constantinienne*, einem einflussreichen Konzilsvater, diesmal dem damaligen Erzbischof von

37 Ebd., 374.

38 Quisinsky, „L'Église tout entière est en état de Concile“ (Paul VI.), 47.

39 Chenu, Vie conciliaire de l'Église et sociologie de la foi, 382, nennt Congar, Conclusion, in: Le Concile et les conciles sowie ders., Le Concile, l'Église et … les Autres.

40 Chenu, Vie conciliaire de l'Église et sociologie de la foi, 382f.

Reims, François Marty. Dieser war auch Prälat der *Mission de France* und später als Kardinalerzbischof von Paris (1968–1981) führende Stimme der konzilsgeprägten französischen Kirche.[41] Der Titel des Beitrags spielt mit seiner Mehrdeutigkeit. Zum einen kann man hier Rahners berühmtes Diktum herauslesen, wonach die Kirche mit dem II. Vaticanum sich zum ersten Mal als Weltkirche erfahren hat.[42] Chenu weist darauf hin, dass diese universale Dimension des II. Vaticanums nicht nur eine geographische Dimension hat, sondern auch eine existenzielle, will die Kirche doch „allen Bedürfnissen, allen Bestrebungen, allen Wahrheiten der Welt in der Gesamtheit ihrer menschlichen Oberfläche“[43] präsent sein. Diese Präsenz bedeutet zugleich auch, sich zwischen Vergangenheit und Zukunft zu verorten, wie es Chenu in einer Verschänkung der von Johannes XXIII. gebrauchten Motive der Verjüngung und des *aggiornamento* skizziert und mit seinem eigenen Glaubensverständnis im Licht des Gesetzes der Inkarnation ausleuchtet. Zum anderen meint „Welt“ hier aber auch eine neue Lebenswelt des Menschen, die zwar von tiefgreifender Zwiespältigkeit geprägt ist und oft genug zu Sorge Anlass bietet, aber zugleich im Licht der Inkarnation und im Vertrauen auf die Verwandlung des Übels aus christlicher Sicht mit Optimismus betrachtet werden kann. Dem Wunsch Johannes XXIII. entsprechend sei deshalb auch weniger das in den Vordergrund gerückt worden, was zu verurteilen wäre, sondern die Fähigkeit der Kirche zur Unterscheidung, um das Unterstützenswerte dann auch zu unterstützen. Darin liegt für Chenu zugleich die „pastorale“[44] Zielrichtung des Konzils begründet. Man kann hier eine direkte Linie von Johannes XXIII. und Chenu zu Papst Franziskus ziehen.

Als „Kirche-in-der-Welt“[45] ist die Kirche in Analogie zur Inkarnation zu sehen, wie es später auch in LG 8 zum Ausdruck kommen wird. Sie hat eine göttliche Dimension, ist aber zugleich eine ganz menschliche. Chenu verknüpft diese inkarnatorische Begründung der Präsenz der Kirche mit seinen Thesen zur „*chrétienté*“ und zur „Mission“ sowie zum „Ende der konstantinischen Ära“. Im Rahmen einer zusammenwachsenden Welt bedeutet das eine Relativierung ihrer bisherigen Bindung an eine bestimmte Epoche europäischer Kultur und Mentalität, deren „Juridismus“ und „Latinismus“ die Kirche geprägt hat. Mit dem Konzil ist Horizont ihrer Inkarnation nunmehr das Engagement für eine „Menschheit, die eine universale Zivilisation her-

41 Zu seiner Zusammenarbeit auf dem Konzil mit Congar s. Fouilloux, Marty, 455.

42 Vgl. Rahner, Über eine theologische Grundinterpretation des II. Vatikanischen Konzils, 971.

43 Chenu, Un concile à la dimension du monde, 633.

44 Ebd., 635.

45 Ebd.

vorbringt“[46]. Umso wichtiger ist, dass mit der Kirche „im Zustand der Mission“ alle Gläubigen gemeint sind, sodass auch das Konzil Sache aller Gläubigen ist. Chenu greift hier auf Pius XII. zurück, demzufolge die Kirche der Leib der Gläubigen ist. Damit schreibt er das Konzil ein in den ekklesiologischen Aufbruch seit den 1930er Jahren, der mit der Leib-Christi-Theologie verbunden ist. Zugleich greift er voraus, wenn er als damit verbundene Grundhaltung den Dialog beschreibt, wie es Paul VI. in seiner Antrittsenzyklika *Ecclesiam suam* zur ekklesiologischen Maxime erheben sollte: „Das Evangelium beginnt von neuem. Und wie immer beginnt es im Dialog, dem Dialog Gottes mit den Menschen, dort, wo sie sind, wo sie leben, wo sie arbeiten, oder auch, wo sie sich in Versuchung führen lassen.“[47]

Sosehr in diesem Text Chenus in langen Jahren herangereifte Thesen zusammengefasst sind sind, sosehr werden diese durch das bevorstehende Konzil nochmals in einen größeren Horizont und in eine weitende Dynamik gestellt. Diese wird sich im Verlauf des Konzils noch verstärken. Einerseits legt Chenu hier ein konziliares Arbeitsprogramm von, das nicht nur vom Konzil selbst, sondern von der durch das Konzil verwandelten Kirche eingelöst werden muss. Andererseits bezieht er über die auf dem Konzil versammelten Bischöfe und Theologen hinaus alle Gläubigen mit ein und nährt so die Erwartungen, aufgrund derer die Ergebnisse des Konzils so große Resonanz finden konnten. Auch wenn Chenu sich wenig der ekklesiologischen Detailarbeit widmete, zeigt gerade dieses Konzilsprogramm: Eine Kirche, die aus sich herausgeht[48], bedarf einer Ekklesiologie gerade dann, wenn es ihr nicht in erster Linie um sich selbst gehen soll.

2.1.3. Der Konzilsbeginn

Chenu begleitet das beginnende Konzil mit gespannter Aufmerksamkeit. Auch wenn er in keinem Gremium vertreten ist, macht er sich mit den vorbereiteten Schemata vertraut. Im September 1962 schreibt er seine Eindrücke über die Schemata *De deposito* und *De fontibus revelationis* nieder.[49] Die Schemata mühen sich seinem Eindruck zufolge um klare Definitionen im Stil des I. Vaticanum. Damit werden sie aber weder der zwischenzeitlich im Rahmen der Biblischen Bewegung und theologischen Exegese erfolgten neuen Sensibilisierung für die Heilige Schrift gerecht, noch dem Anliegen Johannes' XXIII., der ein Konzil für die Menschen innerhalb wie außerhalb der

---

[46] Ebd., 636 (wörtlich: „eine Menschheit, die einer universalen Zivilisation trächtig ist“).

[47] Ebd., 637.

[48] Vgl. ebd., 636.

[49] Chenu, Observations générales sur la rédaction des deux premiers schémas, septembre 1962, abgedruckt in: Notes quotidiennes au Concile, 58f. Anm. 2.

Kirche wolle und dabei von ihrer Sehnsucht nach einem Leben ausgeht, das vom Evangelium her als Ort der Gegenwart Gottes gedeutet werden kann. Definitionen sind dabei für Chenu nichts Schlechtes, sofern sie sich die *doctrina sacra* des Thomas von Aquin zum Vorbild nehmen und Ausdruck eines Glaubens sind, dessen Wahrheit aus einer Gottesbeziehung erwächst. Auf der praktischen Ebene schlägt Chenu deshalb vor, wenigstens jedes Kapitel mit einem „evangelischen, pastoralen, missionarischen Akzent" beginnen zu lassen, „der derjenige des Konzils selbst sein muss."[50] Dieses Gutachten, das zentrale Thesen Chenus zusammenfasst, greift zugleich auf seine spätere Deutung des Konzils als pastoralem Konzil vor. Chenu sandte es u. a. Erzbischof Marty und Kardinal Liénart, dessen Konzilsberater Palémon Glorieux (1892–1979), ein in der Katholischen Aktion aktiver Patristiker, ihm zustimmend antwortete.

In einem weiteren Gutachten mit dem Titel *Observations sur les schemata doctrinaux*[51] formuliert Chenu Anfang September 1962 sechs zentrale Punkte: erstens seien die Schemata v. a. gegen Irrtümer gerichtet und könnten daher positive Werte nicht im Sinne einer *potentia oboedientialis* würdigen; zweitens widmen sie sich theologischen Schulstreitigkeiten, wozu es keines Konzils bedürfe; drittens sei ihre Perspektive ausschließlich westlich, ohne den gänzlich anders gearteten *intellectus fidei* der orientalischen Christenheit zu würdigen; viertens fehle der Bezug zur Heiligen Schrift; fünftens atmeten sie den Geist der *chrétienté* auf Kosten einer missionarischen Perspektive „ohne Fenster zur im Aufbau befindlichen Welt, ohne Antwort auf die Fragen und Ängste der Zeit gemäß dem Evangelium" und sechstens seien sie in einem moralistischen Duktus gehalten, der positive und christliche Werte etwa der Ehe nicht zum Ausdruck bringen könne. Bischof Elchinger, dem Chenu diese Beobachtungen zusandte, antwortete am 8. September 1962 zustimmend.

Schließlich verfasste Chenu am 15. September 1962 ein drittes Gutachten *Sur la rédaction des deux premiers schemata.* Wiederum verweist er auf die Intuition Johannes' XXIII. hinsichtlich „der Perspektiven und des Geistes des Konzils"[52]. Wenn die vorbereiteten Schemata diesen nicht entsprechen, so „ist das nicht nur eine Frage der redaktionellen Vorgehensweise: schon die Art und Weise, wie die Fragen gestellt sind, antwortet weder auf die gegenwärtige Situation noch auf das rechte lehrmäßige Gleichgewicht der Wahrheiten, um die es bei der Verkündigung des Wortes Gottes und der Prä-

---

50 Ebd.

51 Chenu, Observations sur les Schemata doctrinaux, in: Chenu, Notes quotidiennes au Concile, 61 Anm. 1.

52 Chenu, Sur la rédaction des deux premiers Schemata, in: Chenu, Notes quotidiennes au Concile, 61f., Anm 3. Dort alle folgenden Zitate.

senz der Kirche in der Welt geht.“ In diesem Sinn bedarf es zwar eines Lehramtes und lehramtlicher Definitionen, diese stehen aber im Zusammenhang der Zeugenschaft („*témoignage*“) der ganzen Kirche. Dieses Zeugnisgeben ist für Chenu „homogener Ausdruck des Mysteriums“ und „gleichzeitig wirksames *Zeichen* der Wahrheit“. So könne es in der „Pastoration“ nicht mehr um die „Anwendung zuvor erstellter ‚Definitionen‘“gehen, vielmehr ist die Pastoral aus dem Evangelium ausfließend „direkt und vorgängig“. Als herausragendes Beispiel hierfür nennt Chenu die „Kirche der Armen“. Chenu schließt mit dem Verweis auf das I. Vaticanum, dessen abwehrende Geisteshaltung nun von einem kritisch-konstruktiven Mitwirken an der Geschichte der Menschheit abgelöst werden solle, und dies näherhin in der Verbindung der „unmittelbaren Stärke des Evangeliums“ und „des gegenwärtigen Kontextes der Bedürfnisse der Menschen“.

In der Zusammenschau enthalten die Gutachten wesentliche Themen des Konzils, wie sie Chenu wichtig waren, freilich noch nicht in konziliarer Terminologie. Insbesondere fallen in diesem Zusammenhang auf: der pastorale Charakter des Konzils und die damit verbundene Bestimmung des Verhältnisses zwischen Dogma und Pastoral, weiterhin die Dynamik der Interpretation der Zeichen der Zeit im Licht des Evangeliums, sodann die unterstützende und koordinierende Rolle des Lehramtes im Dienst an einer insgesamt missionarischen und zeugnisgebenden Kirche, und schließlich das Motiv der Kirche als Sakrament („Zeichen und Werkzeug“) sowie die Kirche der Armen. Bemerkenswert ist auch die Art des Verweises auf das I. Vaticanum, ist doch das Verhältnis beider Konzilien bis in die Gegenwart hinein eine konzilshermeneutische Grundfrage.[53] Auch wenn diese Vorwegnahmen aus der Rückschau ins Auge springen, sind sie keineswegs Beleg einer unmittelbaren und exklusiven Übernahme Chenu'scher Anliegen durch das Konzil. Zunächst handelt es sich um eine von vielen Stimmen, wenngleich Chenu faktisch auch zahlreichen Christ*innen an der Basis sowie zahlreichen der Kirche entfremdeten und fernstehenden Christ*innen eine Stimme gibt.

2.1.4. Die Botschaft an die Welt

Bereits am 4. September 1962 schrieb Chenu einen Brief an Karl Rahner, dem er ebenfalls seine Bestürzung über die beiden von ihm konsultierten Schemata mitteilte.[54] Deren Tendenz riskiere, dass das Konzil die „Operation ei-

---

[53] Dazu Legrand, Relecture et évaluation de l'Histoire du Concile Vatican II d'un point de vue ecclésiologique, 75–78.

[54] Vgl. Chenu, Brief an Karl Rahner, 4. September 1962, in: ders., Notes quotidiennes au

ner intellektuellen Polizei“ werde. In diesem Brief formuliert Chenu erstmals die Idee, das Konzil mit einer programmatischen Botschaft beginnen zu lassen.[55] In dieser sollte „im Stil des Evangeliums, in den prophetischen Perspektiven des Alten und des Neuen Testaments der Heilsplan in der Inkarnation Christi und im mystischen Leib der Kirche proklamiert werden. Diese Erklärung wäre gerichtet an eine Menschheit, in der Größe und Not angesichts der Mißerfolge und der Irrtümer ein Streben nach dem Licht des Evangeliums und der Präsenz des Schöpfergottes sind, den die Atheisten in bestimmten heute präsentierten konzeptuellen und kultischen Figuren nicht erkennen können.“[56] Mit anderen Worten wünschte sich Chenu eine Selbstverpflichtung der Kirche, sich ausgehend vom Evangelium mit der Hoffnung der Menschheit zu solidarisieren und diese zu stärken, um auf diese Weise die inkarnatorische Präsenz des Schöpfer- und Erlösergottes zu bezeugen.

Chenus Projekt zog schnell weite Kreise. Congar, dem er es geschickt hatte, war begeistert – „Es erschien mir sogleich, dass diese Initiative inspiriert war, und dass genau das unbedingt getan werden müsste“[57] –, wünschte sich aber eine etwas weniger soziologische und stärker theologische Ausrichtung, die das Bundesangebot Gottes in Jesus Christus stärker betonte. Dennoch leitete Congar Chenus Projekt weiter an eine Reihe von Kardinälen (Achille Liénart, Bernard Jan Alfrink [1900–1987], Franz König [1905–2004], Julius Döpfner, Giovanni Battista Montini, Josef Frings [1887–1978] und Léon-Joseph Suenens) und (Erz-)Bischöfen (François Marty, André-Marie Charue [1898–1977], Denis Hurley [1915–2004], Jean-Julien Weber, Léon-Arthur Elchinger, Hermann Volk [1904–1988]). Chenu selbst schickte es außerdem an Erzbischof Gabriel-Marie Garrone (1901–1994) von Toulouse und Kardinal Paul-Émile Léger (1904–1991) von Montréal, der ihn am 9. Oktober 1962 zu einer längeren Unterredung einlud und dabei eine grundsätzliche Zustimmung zu seinen Analysen zum Ausdruck brachte.[58] Eine Reihe von Bischöfen signalisierte schriftlich Zustimmung; Kardinal Liénart bat um einen entsprechenden Textentwurf, den er dann in die Konzilsarbeiten einbringen könnte.[59] Chenu entwarf daraufhin einen Text, den Congar überarbeitete und an

Concile, 57f., Anm. 1. Vgl. auch die Schilderung des Eindrucks, den die Lektüre des Rahnerschen Schema-Entwurfs zur Offenbarungskonstitution zu Beginn des Konzils auch ihn machte: Chenu, Ein prophetisches Konzil, 16.

55 Duval, Le message au monde, 109. Dort ist der Brief Rahners ebenfalls abgedruckt.

56 Chenu, Brief an Karl Rahner, 4. September 1962, in: ders., Notes quotidiennes au Concile, 57f. Anm. 1.

57 Congar, Mon journal du Concile, 100 (17. September 1962).

58 Zur Zusammenarbeit von Chenu und Congar in dieser Angelegenheit s. Quisinsky, Geschichtlicher Glaube, 288–292.

59 Chenu, Notes quotidiennes au Concile, 63.

den frankophonen und -philen Tübinger Theologen und Konzilsperitus Hans Küng mit der Bitte um eine deutsche Übersetzung sandte.[60] Seinen Begleittext, der den theologischen Horizont ausleuchtete, veröffentlichte Chenu nach dem Konzil in einem kurzen Beitrag für den von Congar herausgegebenen Kommentarband zu *Gaudium et spes*.[61] Dass er diesen Text, der wiederum ein Kondensat seiner eigenen Theologie ist, dort nebst einer knappen Chronologie kommentarlos abdrucken konnte, illustriert die Verbindungslinie zwischen der Botschaft und der Pastoralkonstitution.

Als das Konzil am 20. Oktober 1962 als erstes Dokument überhaupt die Botschaft an die Welt mit dem Titel *Nuntium ad omnes homines et nationes* approbierte, war dies ein anderer Text als derjenige, den Chenu entworfen hatte.[62] Congar, der als Peritus Zugang zur Konzilsaula hatte, notierte in seinem Tagebuch: „Der Text ist dogmatischer als der Chenu-Plan; zumindest hat man dem sozialen Teil einen christlich-kerygmatischen Teil vorangestellt; er ist kirchlicher, biblischer; er ist zu lang. Das Interesse für die Menschen kommt ein wenig zum Ausdruck in Worten fürsorglicher Anteilnahme. Es gibt da ein beglückendes Drängen auf die Erneuerung der Kirche und des christlichen Lebens, damit sie christusförmiger werden."[63] In dieser Reaktion Congars kommt übrigens recht gut dessen Positionierung „zwischen allen Stühlen" zum Ausdruck, der er gerade auf dem Konzil in ungeheurer Fleißarbeit die Visionen Chenus und die Konventionen von Kirche und Ekklesiologie zueinander vermittelte. In der Tat wurde zwischenzeitlich die Idee Chenus zwar aufgegriffen, sein Entwurf in den Mühlen der Konzilsdynamik aber schließlich ersetzt durch den Text eines bischöflichen Redaktionskomitees bestehend aus Kardinal Liénart, Erzbischof Émile Guerry (1891–1969) von Cambrai, Weihbischof Alfred Ancel (1898–1984) aus Lyon und Erzbischof Garrone. Chenu konnte später spöttisch zusammenfassen: „Sie haben mein Kind in Weihwasser getaucht"[64]. Aber dass es überhaupt einen Text gab, „lag in der Linie meiner Ekklesiologie"[65].

Ganz wie später Papst Franziskus legte Chenu jenseits des Wortlautes darauf Wert, dass sein Projekt einen unwiderruflichen Prozess angestoßen

---

[60] Küng, Erkämpfte Freiheit, 370.

[61] Chenu, Le message au monde des pères conciliaires (20 octobre 1962).

[62] Vgl. zur Einordnung Riccardi, Die turbulente Eröffnung der Arbeiten, 63–65.

[63] Congar, Mon journal du Concile, Band 1, 125 (20. Oktober 1962).

[64] Chenu, Von der Freiheit eines Theologen, 221. S. auch Duval, Le message au monde, 117, wo Chenu hierfür Erzbischof Guerry verantwortlich macht, der seinerseits die Urheberschaft der schließlich verabschiedeten Botschaft beanspruchte (vgl. Riccardi, Die turbulente Eröffnung der Arbeiten, 63).

[65] Brief Chenus an Antonino Franco, 3. März 1983, zit. nach Chenu, Franco, La teologia è sapienza, 199.

hat.[66] Übrigens wandte sich dann auch Papst Johannes XXIII. wenige Monate später mit seiner Enzyklika *Pacem in terris* vom 11. April 1963 ebenfalls an „alle Menschen guten Willens", ein Novum in der Enzyklikengeschichte. Am 9. November 1962 schrieb Chenu in *Témoignage chrétien*, dass durch die Botschaft an die Welt das Konzil nach innen, also in seine eigene Dynamik hinein, wie auch nach außen, also mit Blick auf seine Wahrnehmung durch die Öffentlichkeit, das päpstliche Anliegen des *aggiornamento* verständlich gemacht habe.[67] Er interpretiert dieses ausgehend von seiner Inkarnationstheologie, die er in diesem Zusammenhang vom Motiv des Reiches Gottes her entfaltet. Dieses ist zwar eine eschatologische Größe, seine Wirklichkeit aber bricht sich in den Erwartungen der Menschen bereits Bahn. Dies leuchtet Chenu gnadentheologisch aus: „Wenn die konziliare Botschaft die Christen dazu aufruft, im Aufbau der Welt die Fragen der Menschen – Fragen voller Angst und Hoffnung – nach Frieden, nach Brüderlichkeit, nach Einsatz für die Armen aufzugreifen, dann tut sie es deshalb, weil diese höchsten irdischen Werte die Ideale der Natur und die Gaben der Gnade in wechselseitiger Verschränkung enthalten."[68] Damit aber ist es nach Chenu dem Konzil nunmehr um den Glauben in der Geschichte eines jeden Menschen und in der Geschichte der Menschheit insgesamt zu tun. Zugleich ermöglicht ihnen diese gnadentheologische Grundlegung, das Gute auch dann anzunehmen und zu fördern, wenn es von Nichtchrist*innen kommt. Chenu bringt hier die für ihn zentrale spirituelle Dimension der „Anknüpfungspunkte" der Gnade ins Spiel, die im theologischen Motiv der *potentia oboedientialis* ausgedrückt ist. Auf diese Weise erst kann die „Katholizität"[69] ihrem eigenen Anspruch gerecht zu werden beginnen, anstatt auf ein Attribut reduziert zu werden. Nicht von ungefähr vergleicht Chenu denn auch die Botschaft an die Welt mit der Areopagrede des Paulus. Auch wenn Chenu im Vergleich zu anderen Konzilsakteuren wie Henri de Lubac oder Joseph Ratzinger zu den „optimistischen" Theologen gezählt wird, ist er sich der Rolle der Sünde durchaus bewusst, von der allerdings Christus befreit habe, erfolgt doch „Inkarnation nur als Erlösung"[70]. Entscheidend ist für ihn, dass das Konzil mit der Botschaft an die Welt eine „Treue zum Buchstaben und zum Geist des Evangeliums"[71] eingeleitet habe, die in den wenn auch durchaus zwiespältigen Bestrebungen der Menschen die Offenheit für die Gnade erkennt. So klingen letztlich trotz des „klerikalen, etwas scholastischen

[66] Dazu auch Routhier, Note de recherche.
[67] Chenu, Le message au monde, 642.
[68] Ebd., 643.
[69] Ebd., 644.
[70] Ebd.
[71] Ebd., 645.

Stils"[72] des ersten Dokuments des Konzils, wenn auch noch ohne die entsprechenden Schlagworte wie „Zeichen der Zeit", Grundmotive des letzten Konzilsdokuments, nämlich der Pastoralkonstitution *Gaudium et spes* an. Dass dies im einen wie im andern Fall nicht nur schöne Worte sind, bringt Chenu zum Ausdruck, wenn er abschließend darauf hinweist, dass Aufgabe der Kirche nicht das Herrschen, sondern das Dienen ist. Dadurch wird der „neue Frühling", der durch eine solchermaßen fortwährende Inkarnation des göttlichen Lebens möglich ist, zum gemeinsamen Horizont von Kirche und Welt.

2.2. Entwicklungen

2.2.1. Chenu auf dem Konzil: Kontakt und Präsenz

In den ersten Wochen des Konzils ist Chenu an vielen Gesprächen beteiligt. Zwar hat dies keine unmittelbaren Auswirkungen auf die Konzilsarbeiten, involviert ihn aber durch Kontakt und Präsenz. Fünf Knotenpunkte seines sich herausbildenden Netzwerkes verdienen eigens Erwähnung.

Erstens begegnet Chenu in einer wenig systematischen Weise Bischöfe wie Emilio Guano (1900–1970), Bischof von Livorno, oder den Erzbischof von Panama Marcos McGrath (1924–2000) und Theologen wie Giuseppe Dossetti (1913–1996), Konzilstheologe Kardinal Giacomo Lercaros (1891–1976) von Bologna. Man wird diese Gespräche weder über- noch unterschätzen. Und doch wäre ohne diese Gespräche die Resonanz der theologischen Intuitionen Chenus insbesondere in der vierten Sitzungsperiode kaum so ausgeprägt gewesen.

Zweitens macht sich nun Chenus Bekanntschaft mit Bischof Elchinger bemerkbar. Der Straßburger Koadjutor war zwar ein eigenständiger Kopf, der trotz grundsätzlicher Übereinstimmung mit Chenu nicht auf dessen Beeinflussung angewiesen war. Dennoch traf sich Elchinger, während er in den ersten Konzilstagen in die Rolle eines Koordinators der beginnenden deutsch-französischen Zusammenarbeit hineinwuchs, zum Gedankenaustausch mit Chenu. Dieser nahm daraufhin seinerseits an dem von Elchinger und dem Mainzer Bischof Hermann Volk organisierten Treffen zwischen deutschen und französischen Bischöfen und Theologen vom 19. Oktober teil, auf dem eine Neuausrichtung der konziliaren Ekklesiologie eingeleitet wurde. Hier waren neben Elchinger und Congar von französischer Seite Volk und Rahner von deutscher Seite aus die zentralen Akteure.[73] Chenu, der

[72] Chenu, Von der Freiheit eines Theologen, 221.

[73] Zur Rolle dieses Treffens s. auch Fogarty, Das Konzil beginnt, 96–101.

beim Treffen selbst eher im Hintergrund blieb, traf sich am 21. Oktober mit Elchinger zu einer ausführlichen Nachbesprechung.

Drittens konnte Chenu seine eigenen Überzeugungen unmittelbar in die Diskussionen in der Konzilsaula einbringen durch seine Kontakte zu den melkitischen Bischöfen.[74] Am 15. November traf Chenu mit Patriarch Maximos IV. Sayegh (1878–1967) und Bischof Georges Hakim (1908–2001), dem späteren Patriarchen Maximos V., zusammen. Chenu bekam dabei nicht nur einen Eindruck von der theologisch und ekklesiologisch selbstbewussten Haltung des Patriarchen, sondern wurde auch eingeladen, eine Konzilsrede Bischof Hakims zu redigieren, die dieser zwei Tage später halten sollte. Als er am Folgetag seinen Textentwurf überbrachte, den Patriarch und Bischof fast vollständig übernahmen, berichtete Maximos IV. von seinem Vorgänger Gregor II. Youssef Sayyour (1823–1897), der zur Zeit des I. Vaticanum und der damit einhergehenden Unfehlbarkeitsdebatte während einer Papstaudienz protokollgemäß den päpstlichen Fuß küssen wollte, den Papst Pius IX. (1846–1878) allerdings mit den Worten „*Questa testa dura*“ auf den Kopf des Patriarchen stellte.[75] Auch aufgrund dieser traumatischen Erinnerung verweigerten sich die melkitischen Bischöfe der lateinischen Verhandlungssprache des Konzils und hielten ihre Interventionen in französischer Sprache.[76]

Am 17. November 1962 also konnte Bischof Hakim, wie er in den Worten Chenus in der Konzilsaula sprach, „eine Stimme des Orients und seiner patristischen Tradition zu Gehör bringen und sagen, dass die gegenwärtig behandelten dogmatischen Schemata dieser verehrungswürdigen und authentischen Tradition fremd sind, und zwar sowohl hinsichtlich ihrer Redaktion als auch hinsichtlich ihrer Struktur, ihrer Perspektive und ihrer Konzeptualisierung. Die Schemata beinhalten gewiss Reichtümer und Werte der lateinischen Theologie, und es gefällt uns, dem wunderbaren *intellectus fidei* unsere Ehre zu erweisen, den diese Theologie der Kirche bereitgestellt hat; aber wir bedauern, dass die Redaktoren, in völliger Unkenntnis der orientalischen Katechese und Tradition […], in ihrem Projekt den universalen Glauben scheinbar monopolisiert haben zugunsten einer partikularen Theologie und dass sie als exklusive konziliare Lehre errichten wollen, was ein zwar gültiger, aber lokaler und partieller Ausdruck der Offenbarung ist.“[77] Das hier angesprochene Verhältnis von Universalität des Glaubens und Kontextualität seiner Realisierungen relativiert einerseits die lateinische Tradition, schreibt sie aber gerade da-

---

[74] Dazu grundsätzlich Quisinsky, „Heilsökonomie“ bei Marie-Dominique Chenu OP, bes. 145–151.

[75] Chenu, Notes quotidiennes au Concile, 109.

[76] Riccardi, Die turbulente Eröffnung der Arbeiten, 58.

[77] AS I/III, 152f.

mit umso tiefer in eine Geschichte ein, die in den Kategorien des Mysterium und der Tradition zu fassen ist: „In der orientalischen Theologie – in der die Liturgie der wirksame Ort der Weitergabe des Glaubens ist, in der die Initiation sich innerhalb des sakramentalen Mysteriums vollzieht und nicht in einer abstrakten Unterweisung ohne symbolisches Band – ist das Mysterium Christi direkt als eine *oeconomia* vorgestellt, in der sich die Geschichte abspielt und die im Alten Bund vorbereitet, in Christus vollendet und in der Zeit der Kirche realisiert ist."[78] In diesem Sinn ermöglicht es das Konzil der Kirche, ihrer Katholizität auf die Spur zu kommen: „Die vorbereiteten Schemata sind in exklusiver Weise eine Frucht der Scholastik – die sicherlich eine schöne und wahre Frucht ist –, die aber nur aus einigen Elementen der Tradition besteht. Der ökumenische Charakter des Konzils lädt uns ein, das Wort Gottes nicht in spezielle Kategorien einzuschließen und einen anderen *intellectus fidei* durch Auslassung zu eliminieren."[79]

In dieser Intervention machen sich sowohl Chenus theologiegeschichtliche Überlegungen (mit Blick auf den *intellectus fidei*) und pastorale Erfahrungen (hier mit Blick auf die Katechese) als auch die ekklesiologischen (mit Blick auf die Lehre von Konzil und Ortskirchen) und ökumenischen (mit Blick auf die Rolle der orientalischen Tradition) Horizonterweiterungen bemerkbar, die sich in seiner Zusammenarbeit mit Congar seit den 1930er Jahren herausbilden konnten. Zwar schlug sich diese Intervention nicht unmittelbar in konziliaren Texten nieder. Allerdings konnte Chenu, durchaus schlitzohrig, in seinem weit verbreiteten Artikel *Un concile „pastoral"* „auf die bemerkenswerte Intervention Bischof Hakims von Nazareth im Namen des melkitischen Patriarchats"[80] verweisen und so seine Interpretation des II. Vaticanums als dogmatisch relevantem Pastoralkonzil untermauern. Dieser zufolge konnte und kann ein „statischer Juridismus", wie er für die westliche Theologie typisch ist, das Zusammenspiel von „Theologie" und „Heilsökonomie" nicht angemessen zum Ausdruck bringen. Damit einher geht die Unmöglichkeit, Tradition als lebendiges Geschehen und grundsätzlicher noch die Geschichtlichkeit von Mensch und Glaube zu denken, was unmittelbare pastorale Konsequenzen hat: „Die Abwesenheit der Heiligen Schrift in manchen Definitionen der Kirche hat die Konzilsväter schockiert, nicht etwa weil sie Historiker wären, sondern weil sie als Hirten bis in ihr seelsorgerliches Empfinden hinein die Gegenwart des Wortes Gottes im Lauf der Geschichte, ‚das Vorwärtsschreiten der Kirche in der Abfolge der Zeit' (Johan-

78 AS I/III, 153.

79 Ebd.

80 Chenu, Un concile „pastoral", 666.

nes XXIII.) verspüren. Die Heilsgeschichte wird so zum inneren Bestandteil der Theologie."[81]

Ein vierter Schwerpunkt der Aktivitäten Chenus lag auf seinen Kontakten zur Gruppe *Jesus, die Kirche und die Armen*. Vermittelt durch Bischof Hakim sowie Bischof Charles Himmer (1902–1994) von Tournai, kam Chenu mit der Gruppe in Kontakt. Deren Name ging auf den gleichlautenden Titel einer Broschüre des früheren Professors am Priesterseminar in Dijon und nunmehrigen Arbeiterpriesters in Nazareth, Paul Gauthier (1914–2002), zurück.[82] Am 30. November 1962 war Chenu beim fünften Treffen dieser Gruppe dabei, deren Aktivitäten zwar zu keinem eigenen Konzilsdokument führten, die aber dazu beitrugen, dass die Sensibilität gegenüber der Frage der Armut auf dem Konzil deutlich stieg.[83] Dass sich dies indirekt auch in verschiedenen Dokumenten bemerkbar machte – Chenu lobt in diesem Zusammenhang auch den theologisch konservativen, sozial aber aufgeschlossenen Leiter des *Sanctum Officium*, Kardinal Alfredo Ottaviani (1890–1979) –, verdankte die Gruppe nicht zuletzt auch gut vernetzten Mitgliedern wie ihrem Vorsitzenden, Kardinal Gerlier von Lyon, oder Kardinal Giacomo Lercaro von Bologna.[84] Chenu wirkte mit Blick auf die Gruppe der „*Kirche der Armen*" nach innen wie nach außen: Zum einen hielt er beispielsweise am 31. Oktober 1963 einen Vortrag vor Mitgliedern, über den Erzbischof Hélder Pessoa Câmara (1909–1999) zustimmend berichtete[85]; zum anderen trug er die Anliegen der Gruppe nach außen. An Ostern 1963 etwa hielt er einen Vortrag bei den *Journées universitaires de Montpellier*, in dem er die Armutsfrage im Horizont der Befreiung des Menschen und seiner Mitwirkung an der Schöpfung betrachtete. In diesem Sinn definiert Chenu die Armut als „permanente Infragestellung der Welt vor der messianischen Gemeinschaft und permanente Infragestellung der messianischen Gemeinschaft vor der Welt"[86]. In den großen Momenten der Kirche bedürfe die Kirche in besonderer Weise dieser für sie wesenskonstitutiven Einsicht, die sie den Armen

---

[81] Ebd., 667. S. dazu dann seinen Vortrag in Montréal 1967, vgl. Chenu, Histoire du salut et historicité de l'homme dans le renouveau de la théologie.

[82] Zunächst (1960) nur als Broschüre erschienen, ging daraus später hervor Gauthier, Jésus, l'Église et les pauvres; s. auch Pelletier, Une marginalité engagée: le groupe „Jésus, l'Église et les pauvres", 65–66 sowie Chenu, „Kirche der Armen" auf dem Zweiten Vatikanischen Konzil, 232–235.

[83] Chenu, Von der Freiheit eines Theologen, 232f.

[84] Vgl. auch Gauthier, „Consolez mon peuple", darin u. a. den Beitrag von Yves Congar.

[85] Vgl. den (wie üblich nachts geschriebenen) Rundbrief 29 vom 31. Oktober/1. November 1963 in: Hélder Câmara, Lettres conciliaires, Band 1, 287–289.

[86] Chenu, Paradoxe de la pauvreté évangélique et construction du monde, 399.

verdankt – und Chenu wird auch an die Gruppe Kirche der Armen gedacht haben, wenn er hier ausruft: „was für ein Ruck auf dem Konzil!"[87] Von der hier entfalteten messianischen Vision ist einerseits auch eine Linie zu ziehen zu Chenus Mitwirkung an LG 9, andererseits eine Linie zur Sakramentalität der Kirche, wie sie in LG 1 grundgelegt wurde.[88]

Fünftens schließlich gehörte Chenu zu den entschiedenen Förderern der jungen Kirchen Afrikas. Während die deutschsprachigen Kirchen über die kirchlichen Hilfswerke *Adveniat* und *Misereor* stärker nach Lateinamerika orientiert waren, hatten französische Theologen insbesondere mit den frankophonen afrikanischen Ländern zahlreiche Kontakte. Zwar waren viele dieser Länder vor dem Konzil unabhängig geworden und erhielten sukzessive einheimische Bischöfe. Jedoch griffen viele dieser Bischöfe aus sprachlichen und infrastrukturellen, aber auch aus inhaltlichen Gründen auf die theologische Expertise französischer bzw. französischsprachiger Theologen zurück, auch wenn sich seit den 1950er Jahren – emblematisch das Buch *Des prêtres noirs s'interrogent*[89] – eine eigenständige theologische Reflexion herauszubilden begann. Chenus Zusammenarbeit mit Bischof Rolland wurde schon erwähnt, in Verbindung stand er auch mit Erzbischof Louis-Amedée Lefèvre (1890–1968) von Rabat (Marokko), Erzbischof Raymond-Marie Tchidimbo (1920–2011) von Conakry (Guinea) und insbesondere Erzbischof Jean Zoa (1924–1998) von Yaoundé (Kamerun).[90] Weitere für die afrikanische Kirche bedeutende europäische Konzilstheologen waren etwa der Jesuit Gustave Martelet (1916–2014), der zunächst Bischof Henri Véniat (1917–1998) aus dem Tschad beriet und später die Zusammenarbeit der westafrikanischen Bischöfe koordinierte, oder der belgische Dominikaner Bernard Olivier (1920–2010)[91], der über die Beratungstätigkeit für die kongolesischen Bischöfe hinaus durch seine Zusammenarbeit mit dem Theologen und späteren Bischof Tharcisse Tshibangu auch ein wichtiger Schrittmacher der afrikanischen Theologie wurde.[92] Gerade die beiden letztgenannten schätzten Chenu in hohem Maße.

---

[87] Ebd., 400.

[88] Chenu, „Kirche der Armen" auf dem Zweiten Vatikanischen Konzil, 234.

[89] Dazu jetzt Santedi Kinkupu, Bissainthe, Hebga (Hg.), Des prêtres noirs s'interrogent. Cinquante ans après …

[90] Für Nachweise und Zitate aus Briefwechseln s. Quisinsky, Geschichtlicher Glaube, 239f.

[91] Vgl. Olivier, Chroniques congolaises, 194 u. ö.

[92] In seinem Alterswerk Tshibangu, Le Concile Vatican II, 14, verwechselt er allerdings Marie-Dominique mit Bruno Chenu (1942–2003), der – ebenfalls in Kontakt mit seinem Namensvetter Marie-Dominique stehend – zu den großen Förderern afrikanischer Theologie in der frankophonen Welt zählte.

In Chenus Beitrag *L'Afrique au Concile*, der für das Entstehen eines gemeinsamen Bewusstseins der afrikanischen Konzilsväter eine wichtige Rolle spielte,[93] lässt sich die wechselseitige Befruchtung, von der Geffré gesprochen hat, besonders gut beobachten.[94] So tauchen zum einen nahezu sämtliche Schlagworte bzw. Themen Chenus auf; zum anderen aber reichert Chenu deren Zusammenschau um weitere Elemente an. Innerkirchlich fällt hier sein gesteigertes Bewusstsein für die Notwendigkeit der Bischofskonferenzen als effektiven Strukturen bischöflicher Kollegialität auf. Sodann zeigt sich Chenu als entschiedener Verfechter einer afrikanischen Liturgie, was weit über einige kosmetische und folkloristische Aufhübschungen hinausgeht. Weiterhin zeigt er sich überzeugt, dass das Konzil in erster Linie Mentalitäten verändern sollte, woraufhin die Veränderung der Strukturen dann als logischer zweiter Schritt erfolgen könnte. Mit Blick auf das Verhältnis von Kirche und Welt verändert sich außerdem sein Missionsverständnis nochmals entscheidend, insofern er für eine Veränderung der Rolle der Missionskongregation *Propaganda Fide* plädiert. Diese dürfe „Mission" nicht mehr so denken, als würden aus christlichen Regionen heraus nichtchristliche Regionen „missioniert"; vielmehr sei die Eigendynamik der jungen Kirchen in den Vordergrund zu rücken. Dies beinhalte nicht zuletzt auch, das Wort „Mission" zu hinterfragen, löst es doch in vielen Ländern, für die die *Propaganda Fide* zuständig ist, gemischte Gefühle aus. Dieser Gedanke ist insofern höchst bemerkenswert, als der „nach innen" (also mit Blick auf das eigene Land Frankreich) bislang immer positiv besetzte Begriff der Mission „nach außen" (also mit Blick auf andere Länder) von Chenu nun problematisiert wird. Eine insgesamt „im Zustand der Mission" sich befindliche Kirche kann für diese missionarische Dimension Entscheidendes von den jungen Kirchen Afrikas lernen. Schließlich vergleicht Chenu die innerkirchlichen Tendenzen der afrikanischen Kirche, die von Zusammenwachsen und wachsendem Selbstbewusstsein geprägt waren, mit politischen Entwicklungen in der Zeit unmittelbar nach dem Ende des Kolonialzeitalters. Nicht nur auf dem Konzil, auch beispielsweise bei der UNESCO zeichnet sich die Herausbildung eines afrikanischen Bewusstseins ab. Chenu unterstützt diese Dynamik und wünscht ihr, dass die Kirche die ihr zugrunde liegenden Hoffnungen aufgreift und unterstützt. Geradezu idealtypisch sieht er übrigens die positiven Entwicklungen auf dem afrikanischen Kontinent in Tansania verwirklicht, dessen Präsident Julius Nyerere (1922–1999) für Chenu ein „großer Christ" und „ein guter Lehrmeister politischer Moral"[95] ist.

---

93 Messina, Évêques africains au concile Vatican II, 82.

94 Chenu, L'Afrique au Concile.

95 Chenu, Préface, in: Joinet, Les Africains m'ont libéré, 11.

2.2.2. Ein pastorales Konzil: programmatische Zwischenbilanz

Chenus Artikel *Un concile „pastoral"*, der am 15. April 1963 in der Zeitschrift *Parole et mission* erschien und mit dem er die erste Konzilssessio bilanziert, dokumentiert den vom Konzil inspirierten Durchbruch zu einer neuen Phase seines Denkwegs. An den Beginn stellt Chenu die Unterscheidung zwischen Inhalt und Form der Lehre, die Johannes XXIII. in der Eröffnungsansprache *Gaudet Mater Ecclesia* vorgenommen hat und die auch Papst Franziskus als Grundlage der Konzilshermeneutik ausmacht. In dieser Unterscheidung sieht Chenu den pastoralen Charakter des Konzils begründet, was im Rahmen „eine[r] bestimmte[n] Vision der Heilsökonomie"[96] eine Trennung von Dogma und Pastoral grundsätzlich ausschließt.

Da der bisherige Sprachgebrauch eine Unterordnung, zumindest aber eine Gegenüberstellung von Dogma und Pastoral implizierte, steht der von Papst Johannes XXIII. insinuierte pastorale Charakter des Konzils vor der Gefahr, als Gegenüberstellung von Dogma und Pastoral verkannt zu werden. Für ein solches Zerrbild steht Kardinal Giuseppe Siri (1906–1989), Erzbischof von Genua und Vorsitzender der Italienischen Bischofskonferenz, Pate.[97] Chenu illustriert seine begriffshermeneutischen Ausführungen mit einer sprechenden Anekdote: Ein Mitglied der Theologischen Kommission, die mit der Vorbereitung der Textentwürfe für das Konzil beauftragt ist, habe deren Präsident (d. h. Kardinal Ottaviani) von seinen Überlegungen während eines Besuchs in einem Stadtteil „an der Peripherie", wie man mit Papst Franziskus sagen würde, berichtet und von der Vision, dass das Konzil der Evangelisierung dieser Situationen dienlich sein möge. Daraufhin habe der Präsident der Kommission geantwortet, dass das christliche Volk vom Konzil in der Tat Licht und Hilfestellung erwarten dürfe. Dies geschehe allerdings durch eine feierliche Verkündigung der Wahrheit, die die Seelsorger dann zu lehren hätten.[98] Diese Anekdote ist für Chenu in erster Linie deshalb erwähnenswert, weil die auf dem Konzil versammelten Bischöfe mit Blick auf das christliche Leben in ihren Diözesen bereits in der ersten Sessio klar zum Ausdruck gebracht haben, dass sie der Linie des einfachen Mitglieds und nicht der Linie des Vorsitzenden der Theologischen Kommission folgen wollten.[99]

Die grundsätzliche Berechtigung dieser konziliaren Dynamik liegt für Chenu im Wort Gottes begründet, als deren Ausdruck er sie erachtet. So zeige sich vor dem II. Vaticanum, dass es nicht so sehr die erneuerten exege-

---

[96] Chenu, Un concile „pastoral", 658.

[97] Ebd., 658f.

[98] Ebd., 660.

[99] Ebd., 660f.

tischen Methoden als solche waren, die einen Aufbruch im Glauben ermöglicht haben, sondern die Biblische Bewegung als eine breite Dynamik im gesamten Kirchenvolk. Folglich geht es dann auch dem Konzil keineswegs um irgendeine Anpassung, sondern um das Wirken Gottes in der Welt, dessen Wort „Dialog mit dem Menschen durch und in einer Kirche im Zustand der Mission ist. Gott spricht heute“[100]. Wie Bischof Emiel-Jozef de Smedt (1909–1995) von Brügge im Zusammenhang mit der ökumenischen Dimension des Konzils ausgeführt habe, ist ein Dialog immer ein zweiseitiges Geschehen, in dem beide Seiten voneinander lernen, sodass „pastoral“ immer auch „ökumenisch“ heißt und umgekehrt. Schließlich erweise sich die Wahrheit des von der Kirche bezeugten Glaubens im kirchlichen Umgang mit den Armen: „Wenn die Kirche nicht zuerst Kirche der Armen ist, versagt sie“[101]. Dabei weiß Chenu natürlich, dass „Armut“ ein komplexes Phänomen ist und dass die Kirche in den reichen Industrienationen in andere Zusammenhänge eingebettet ist als in den damals noch so genannten unterentwickelten Ländern. Es könne für die Kirche als Kirche weder darum gehen, den „technokratischen Neo-Kapitalismus“ zu „moralisieren“, noch darum, selbst unmittelbar die ökonomischen und politischen Probleme zu lösen. Ihre Aufgabe besteht nach Chenu vielmehr darin, dem prophetischen Anruf durch die Armen Gehör zu verschaffen und auf diese Weise dem Wort Gottes zur Geltung zu verhelfen. Die Kirche, die sich durch einen solchen Evangelismus von einem aristokratischen, intellektualistischen und juridischen Verständnis der Wahrheit entferne, erweist die Wahrheit ihres Glaubens darin, dass sie sich selbst als „Dienst“[102] versteht. Auf diese Weise wird die Kirche ihrem Platz „zwischen Pfingsten und der Parusie“[103] gerecht. Die Kirche ist, und daran erinnern sie die Armen in prophetischer Weise, ihrem Wesen nach eschatologisch.

Die Ablehnung einer bestimmten doktrinären Form des Umgangs mit der Wahrheit ist von daher nur die eine Seite der Medaille. Die andere Seite besteht in einer positiven Beschreibung der Rolle einer Glaubenserkenntnis, die in gleicher Weise pastoral und dogmatisch ist. In diesem Ineinander ist ein Verständnis von Tradition möglich, das seinerseits dieses Ineinander zum Ausdruck bringt. In diesem Zusammenhang verweist Chenu darauf, dass „Tradition“ eine „katholische“ Dimension hat, m. a. W. nicht auf einige Aspekte ihrer lateinischen Ausdrucksweise reduziert werden kann, sondern z. B. auch das Potenzial der Reichtümer des christlichen Ostens integrieren

---

[100] Ebd., 662.
[101] Ebd., 664.
[102] Ebd., 665.
[103] Ebd.

muss. In einer entsprechenden Theologie, die für Chenu selbstverständlich von Thomas von Aquin geprägt ist, ist Wahrheit eine heilsgeschichtlich strukturierte „Heilswahrheit“[104]. Dies hat auch Auswirkungen auf die Katechese als Initiation in den bzw. Vertrautwerden mit dem Umgang mit dieser Wahrheit. Chenu, der trotz seines regelmäßigen Kontakts zu der Lehrer*innenvereinigung *Équipes enseignantes* kein Religionspädagoge i. e. S. war, skizziert hier eine Grundlegung der Religionspädagogik ausgehend von der Idee des „Eintritts in das Mysterium“[105], also einer Mystagogie.[106] Später bemerkte Chenu freilich, dass eine aus dem Vorrang des Zeugnisses vor der Doktrin resultierende Erneuerung der Katechese, wie sie in Frankreich dann in den 1970er Jahren angestrebt wurde, auch Reaktionen hervorruft – „die Konservativen wehren sich dagegen“[107]. Prinzipiell jedenfalls erweist sich der Zusammenhang von Dogma und Pastoral als ein Eintreten des Denkens in das Wort Gottes bzw. ein Eintreten des Wortes Gottes in das Denken. Die Theologie ist dementsprechend in „konsubstantieller“[108] Weise dogmatisch und pastoral, spekulativ und praktisch. Die Praxis ist als Ort der Theologie weder eine „untergeordnete Zone der Anwendung, sondern Prinzip der Glaubenserkenntnis“[109]. Die Glaubenserkenntnis ihrerseits kann weder auf einen doktrinären Intellektualismus noch auf einen charismatischen Evangelismus reduziert werden, vielmehr müssen sich in ihr die denkerische und die lebenspraktische Dimension durchdringen. Gerade darin liegt auch die missionarische Dynamik der Theologie.

So kommt Chenu zu einer sehr zukunftsorientierten Bilanz: „Wenn das Konzil ‚pastoral‘ ist, verleiht ihm das sicherlich einen besonderen Akzent, und seine gesamte Durchführung ist ziemlich verschieden von derjenigen der Konzile, die von der Sorge geleitet waren, den Glauben und die Kirche gegen einen drohenden Irrtum zu verteidigen. Das II. Vaticanum verortet sich ausdrücklich im Horizont eines ‚*aggiornamento*‘, das die Kirche geeignet machen wird, von Christus in einer Welt Zeugnis abzulegen, die für sie ver-

[104] Ebd., 667.

[105] Ebd., 668.

[106] Nur anderthalb Jahrzehnte später wird Joseph Ratzinger, den Christian Bauer als augustinischen Antipoden des Thomisten Chenu ausweist (vgl. Bauer, Ortswechsel, 666–711), als Präfekt der Glaubenskongregation im Januar 1983 im Einklang mit Johannes Paul II. in einem in Paris und Lyon gehaltenen Vortrag die von Chenu hier hochgelobte Strömung in der französischen Religionspädagogik heftig kritisieren (vgl. Comby, Heurs et malheurs de la catéchèse en France, 56). Diese für die französische Kirche folgenreiche Einlassung konnte in den Folgejahren die Exkulturation nicht nur nicht aufhalten, sondern dürfte sie auch beschleunigt haben.

[107] Chenu, Zorn aus Liebe, 86.

[108] Chenu, Un concile „pastoral“, 670.

[109] Ebd., 670f.

störend ist. Aber es wäre gerade deshalb unerhört, daraus die Schlussfolgerung zu ziehen, dass es nicht ‚doktrinal' ist, und dass es keine wunderbare Glaubenerkenntnis liefert und liefern wird, die seinem Drang entspricht, das Wort Gottes zu dieser neuen Welt zu bringen. Eine schöne Zukunft für den Theologen!"[110] Nach dem Vorausgegangenen versteht sich von selbst, dass „Theologe" bzw. „Theologin" hier nicht nur im professionellen Sinn zu verstehen ist.

2.2.3. Ein epochales Pontifikat: Johannes XXIII.

Sosehr Chenu das Konzil im Horizont der Geschichte und Dynamik von Welt und Kirche verortet sah, so klar war ihm, dass es ohne Johannes XXIII. dieses Konzil so nicht gegeben hätte. Das „Genie"[111] und der „Instinkt"[112] dieses Papstes – dessen Beschreibung durch Chenu übrigens an Papst Franziskus erinnert – bestanden für ihn darin, dass er das Potenzial dieser Geschichte und Dynamik zur Entfaltung zu bringen vermochte. Dies geschah einerseits durch die bloße Einberufung des Konzils, andererseits durch dessen Konturierung. Anlässlich des Todes von Johannes XXIII. erschien in der Sondernummer von *Témoignage chrétien* vom 7. Juni 1963 Chenus Beitrag *Un pontificat entré dans l'histoire.* Der Titel zeigt, dass Chenu durch den Tod des Papstes die historische Dimension des Konzils voll erfasst hat. Zwar begegnen auch hier seine Lieblingsthemen und -thesen, werden aber durch die symbiotische Verknüpfung mit dem Wirken des verstorbenen Papstes noch einmal in einen neuen Zusammenhang gestellt. Beispielsweise erscheint die Problematik der *chrétienté* und der „konstantinischen Christenheit" noch einmal in einem neuen Licht, wenn sie nicht mehr nur als vergangene Epoche betrachtet wird, sondern als solche zugleich auch als eine europäische Phase des Christentums, das mit dem Konzil Weltkirche wird. *Chrétienté* wird hier also nicht mehr nur durch *mission* abgelöst, sondern auch durch „Katholizität"[113]. Nebenbei bemerkt führt das zur Frage, wie nicht nur mit Blick auf Europa, sondern auch mit Blick auf die Weltkirche mit dieser Phase der Kirchengeschichte umzugehen ist, ist doch die Weltkirche zur Zeit des Konzils und darüber hinaus auch Ergebnis und Folge von „*chrétienté*" und „konstantinischer Ära".

Das *aggiornamento*, das in der französischen Übersetzung „*mise à jour*" (heute für Computer-Updates verwendet) ebenso wie im italienischen Origi-

[110] Ebd., 671.
[111] Chenu, Un pontificat entré dans l'histoire, 192.
[112] Ebd., 198.
[113] Ebd., 196.

nal ein Wort der Alltagssprache ist und ein „auf den neuesten Stand bringen" meint, bringt Chenus eigene Anliegen passgenau zum Ausdruck. Demnach geht es nicht um Anpassung oder Retuschieren, sondern um das Auffinden „der der ewigen Wahrheit konsubstantiellen Ausdrucksweisen für die Menschen von heute".[114] Deutlich zu erkennen ist hier die Unterscheidung zwischen Inhalt und Form des Glaubens durch Johannes XXIII. Demzufolge ist Wahrheit nicht in Sätzen eingeschlossen, vielmehr eröffnen diese die in einem göttlich-menschlichen Dialog sich ereignende Wahrheit in Geschichte und über die Geschichte hinaus. Wahrheit erweist sich in dieser Eröffnung.

Ein weiteres Motiv der päpstlichen Verkündigung fügt sich ebenfalls passgenau mit Chenus Intentionen: Der Begriff der „Zeichen der Zeit" in der Enzyklika *Pacem in terris*, der seitens Chenus an die *loci theologici in actu* anknüpft und dem für Chenu „in Methode und Lehre"[115] eine konstitutive Bedeutung zukommt. Dies äußert sich als „Kraft einer Erkenntnis, die vor aller Definition und vor aller Theorie spontan in communio mit den Fakten und Menschen eintritt und deren Probleme, Werte, inneres ‚Mysterium' herausliest, die wahrscheinlich für die Gnade Christi disponibel sind"[116]. Chenu greift zwei Beispiele heraus: zum einen den wirtschaftlichen und sozialen Aufstieg der Arbeiterklasse (in Frankreich war dies die Zeit der *„trente glorieuses"* mit entsprechenden sozialen Transformationen) und zum anderen den „Eintritt der Frauen in das öffentliche Leben"[117]. Seine eigene theologische Akzentuierung der Zeichen der Zeit wird deutlich, insofern er stark auf die diesen inhärente positive Dynamik und ihr Potenzial abhebt. Originell ist weiterhin seine Verknüpfung des Motivs der Zeichen der Zeit mit der Dimension der Katholizität. Nur eine Kirche, die sich dem Ereignischarakter von Wahrheit in der Geschichte öffnet und sich in deren Dienst stellt, ist eine Christus entsprechende Kirche.

Chenu nimmt neben der Einbindung der Kirche in die Welt auch die Verbindung der getrennten Kirchen und kirchlichen Gemeinschaften in den Blick. In wenigen Worten skizziert er nicht nur die ökumenische Situation im Umfeld des Konzils, sondern auch die ökumenischen Möglichkeiten des Papstes. Realistischerweise könne nicht einmal ein Konzil eine institutionelle Vereinigung der getrennten Christen herbeiführen, „die eine gemeinsame Lehre und den Bruch mit vielen psychologischen und kulturellen Kontexten"[118] zur Bedingung habe. Je weniger greifbar dieses Fernziel ist, desto bedeutender sind die ersten Schritte. Die historische Leistung Johannes' XXIII.

---

[114] Ebd., 191.
[115] Ebd., 193.
[116] Ebd., 192.
[117] Ebd., 193.
[118] Ebd., 194.

liegt demzufolge darin, „die Gesetze des brüderlichen Dialogs“[119] freigelegt und damit weitere Schritte überhaupt erst ermöglicht zu haben. Besondere Bedeutung misst Chenu in diesem Sinn der Anwesenheit von nicht-katholischen „Beobachtern“ auf dem Konzil bei. Die bei Chenu seit den 1930er Jahren zu beobachtende mentale Fremdheit gegenüber der Reformation macht sich zwar auch hier bemerkbar, zumal er im selben Zusammenhang die Wirkung des Konzils von Trient hervorhebt (das allerdings verbindet ihn mit Johannes XXIII., der als passionierter Kirchengeschichtler die Visitationsakten des tridentinischen Modellbischofs Karl Borromäus [1538–1584] edierte). Immerhin mündet dies in eine Darstellung der Zeit der Gegenreformation, die für ihn ebenso defizitär war wie die Reformation, konnte sie doch – „der Begriff bringt es schon zum Ausdruck“ – „die positive Vitalität“[120] des Glaubens nicht umfassend zur Geltung bringen.

Die historische Leistung Johannes' XXIII. bezüglich der „West-Ökumene“ liegt nach Chenu darin, dass er die bislang zaghaften und vereinzelten Ansätze – er dürfte dabei durchaus an seinen Freund Congar gedacht haben – offizialisiert und in eine zukunftsgerichtete Dynamik überführt hat. Die „Ost-Ökumene“, so Chenu, lag dem Papst (und auch ihm selber) näher, der ja als langjähriger Nuntius in Sofia und Istanbul (und später in Paris) eine intime Kenntnis der Orthodoxie erwerben konnte. Chenu schließt diesen Punkt mit der Frage, ob eine nicht zustande gekommene brüderliche Umarmung zwischen dem Bischof von Rom und dem Ökumenischen Patriarchen von Konstantinopel überhaupt möglich sei – dass wenig später Paul VI. und Athenagoras (1886–1972) bei ihrem Treffen in Jerusalem die Frage positiv beantworteten, veranschaulicht die konziliare Dynamik.

Chenus Analysen und Deutungen des Pontifikats von Johannes XXIII. können sich von der weiteren Geschichtsschreibung durchaus bestätigt sehen. Auch theologisch ist nicht erst mit dem Pontifikat von Papst Franziskus und seiner Konzilshermeneutik die epochale Bedeutung von Johannes XXIII. vollumfänglich deutlich geworden. Mit Blick auf Chenus eigenes Glaubensverständnis fällt dennoch auf, wie stark er hier die geistliche Biographie des Roncalli-Papstes betont. In Chenus Interpretation von Leben und Wirken Johannes' XXIII. vereinigen sich damit nicht nur seine Theologie des Glaubensaktes mit ihrer stark psychologischen Komponente und seine Integration soziologischer Erkenntnisse in die Theologie, die ihrerseits dem Individuum zunächst eine geringere Rolle zuzugestehen scheint. Chenu bringt als drittes Element außerdem noch die Strukturen der Kirche ins Spiel und dies in einer Weise, die er bislang wenig bedacht hatte. Dass nämlich Johan-

[119] Ebd.

[120] Ebd., 195.

nes XXIII. im Zusammenspiel von Glaubensbiographie und gesamtkirchlicher Dynamik eine solch epochale Rolle einnehmen konnte, verdankt er seinem Amt. Insofern stellt sich die ekklesiologische Frage, welcher Strukturen – und welcher sie bekleidenden Personen – es bedarf, damit die Kirche eine so wegweisende Entwicklung nehmen kann. Dieser Befund kontrastiert mit dem in der Regel wenig ausgeprägten Interesse Chenus an ekklesiologischen bzw. amtstheologischen Fragen und verweist einmal mehr auf die Bedeutung der diesbezüglichen Expertise Congars.

Wie dem auch sei: Für Chenu ermöglichte bei Johannes XXIII. die Verbindung von Person und Amt, dass dessen „Instinkt“[121] sich „in Gemeinschaft und in Auseinandersetzung mit der Welt“ bewegen ließ. Fast nimmt Chenu die Eingangsworte von *Gaudium et spes* vorweg, wenn er bilanziert, dass diese Bewegung solidarisch ist mit „den Anrufen und Bedürfnissen, den Ängsten und Liebesbeziehungen“[122] der Welt.

2.3. Einwirkungen

2.3.1. Messianisches Volk Gottes

Das Ende des Pontifikats Johannes' XXIII. war für Chenu Anlass zu einer Verschränkung seiner eigenen theologischen Intuitionen mit dem Instinkt des Roncalli-Papstes. Dies wurde zu einer Art Sprungbrett für konkrete Fortschreibungen, die die konziliare Dynamik und das konziliare Potenzial in Motive fasste, deren Entfaltung mit dem Abschluss des Konzils keineswegs zu einem Ende kam. Ein solches Motiv ist das des messianischen Volkes, ein Herzstück der Geschichtstheologie der Theologen aus Le Saulchoir. Congar schrieb nach dem Konzil: „Ich war es, der den Ausdruck ‚*populus messianicus*‘ zweimal in *Lumen gentium* 9 einfügte. Ich wollte auf diese Weise einem Wunsch von Erzbischof Marty nachkommen (in der Folge, glaube ich, einer Unterredung mit Pater Chenu). Ich hatte diesen Ausdruck auch in eine Passage aus *Gaudium et spes* und in die Nr. 5 von *Ad gentes divinitus* eingefügt, von wo sie aber während der Verbesserungen und Revisionen dieser Dokumente getilgt wurde. Dies habe ich bedauert.“[123]

Chenu, Congar und Féret haben die Bedeutung dieses Motivs früh reflektiert. Féret etwa hielt im Februar 1963 in Dijon einen Vortrag, in dem die

---

[121] Ebd., 198 (s. o.).

[122] Ebd.

[123] Congar, Un peuple messianique, 90 Anm. 50. Für die Rekonstruktion der Ereignisse s. Christian Bauer, „Messianisches Volk“ (LG 9) und Quisinsky, Geschichtlicher Glaube, 355–362.

messianische Dimension der Kirche im Mittelpunkt steht. Ihm ging es darum, den Narrativen falscher Messianismen zu begegnen in der Überzeugung, dass der geschichtliche Weg der Kirche und der Welt auf die Vollendung in Christus ausgerichtet ist. Im Oktober 1963 verfasste er ein ausführliches Gutachten über das erste Kapitel des Schemas, in dem er mit biblischer und patristischer Begründung die Aufnahme des Motivs des Messianismus einforderte. Er sandte das Gutachten Congar, der seinerseits Mitglied der Unterkommission *De populo Dei* der Theologischen Kommission war, die den entsprechenden Abschnitt im Kirchenschema überarbeiten sollte. Chenu wiederum wandte sich in dieser Angelegenheit am 30. September 1963 an Bischof Elchinger und warb dafür, dem Volk Gottes nicht nur eine königliche und prophetische Rolle zuzuschreiben, sondern „als Grundlage des allgemeinen Priestertums und des Platzes der Laien“[124] auch explizit eine messianische. Seinen Textentwurf für die in Redaktion befindliche Kirchenkonstitution sandte er außerdem auch an Kardinal Léger, Johannes van Dodewaard (1913–1966), Bischof von Haarlem in den Niederlanden, sowie weitere Bischöfe (Erzbischof Franz Kardinal König von Wien, Erzbischof Joseph Schröffer [1903–1983] aus Eichstätt, Erzbischof Joseph-Charles Kardinal Lefèbvre von Bourges [1892–1973], Kardinal Suenens von Mecheln, Bischof Guano, Bischof Rolland) und Theologen (Giuseppe Dossetti, Jean Daniélou, Edward Schillebeeckx, René Laurentin [1917–2017] u. a.). Hervorzuheben ist der Löwener Theologe Gérard Philips (1899–1972), der als Senator im dreisprachigen Belgien die Kunst der Diplomatie zu pflegen wusste und diese nach der Zurückweisung des ersten Kirchenschemas auch als Hauptredaktor eines Alternativtextes zur Geltung bringen konnte. Chenus Vorschlag, die messianische Dimension des Volkes Gottes in das neue Kirchenschema einzubringen, fand u. a. die Zustimmung von Erzbischof Marty. Dieser schrieb Chenu am 4. Oktober 1963, dass er diesen Vorschlag unterstützen will.

So versandte Chenu einen Ergänzungsvorschlag für das Kirchenschema und eine entsprechende theologische Erläuterung. Näherhin handelt es sich um jenen Teil des Schemas, in dem vom allgemeinen Priestertum aller Gläubigen die Rede ist, in dem sich das Wesen der Kirche in vielgestaltiger Weise je neu realisiert.[125] Der Ergänzungsvorschlag Chenus, mit dem schließlich eine entsprechende Eingabe Erzbischof Martys an das Konzil endete, lautete: „Das messianische Amt […], mit dem Christus den Bund des Alten Testa-

[124] Brief Chenus an Elchinger vom 30. September 1963 (Archives de l’archidiocèse de Strasbourg, Fonds conciliaire Elchinger), s. auch Quisinsky, Les PP. Chenu, Congar et Féret engagés dans Vatican II, 162–165.
[125] Chenu, Schema De Ecclesia. De sacerdotio universali (cap. III, n. 24).

ments und die Erwartungen der Völker erfüllte, wird im christlichen Volk dergestalt fortgesetzt, dass im Laufe des Weltgeschehens die geistlichen und zeitlichen Wohltaten, die von den Propheten verheißen und von Christus mit einem Mal erfüllt worden sind, in der Mission der Kirche unter den Menschen auf brüderliche Weise tatsächlich als Zeichen der Ankunft des Reiches ausgebreitet werden."[126] In seinen beigefügten Erläuterungen entfaltet Chenu die Bedeutung dieses Zusatzes. Er verbinde die alttestamentliche Prophetenbotschaft mit dem Leben der Gläubigen; er unterstreiche die in der Heilsökonomie begründete individuelle und kollektive Dimension der Hoffnung; er antworte auf die in den innerweltlichen Messianismen zum Ausdruck kommenden Erwartungen; er präzisiere das Verhältnis der Kirche zur Welt und kläre die Rolle der Laien. Auf diese Weise konkretisiere das Motiv des messianischen Volkes Gottes den sakramentalen Charakter der Kirche. Man sieht an dieser Argumentation, dass es Chenu nicht um Einzeldefinitionen geht. Vielmehr will er den Zusammenhang aller ekklesiologischen, christologischen und theologischen Aspekte für christliches Leben und Denken in der Geschichte greifbar machen. Letztlich ist das Motiv des messianischen Volkes Gottes Ausdruck eines christlichen Umgangs mit der Wirklichkeit von Christus her auf Zukunft hin.

Nachdem Erzbischof Marty den Änderungsantrag eingebracht hatte, konnte die entsprechende Redaktionskommission in dieser Richtung tätig werden. Congar berichtet in einem Brief an einen ungenannten Adressaten vom 24. November 1963 davon, dass er für eine Redaktion des entsprechenden Konzilstextes, mit der er beauftragt war, den Wunsch Erzbischof Martys berücksichtigt habe, ebenso wie den von Weihbischof Jenny nach einer österlichen Akzentuierung sowie denjenigen von Erzbischof Jaeger, der einen kreuzestheologischen Aspekt eingebracht wissen wollte.[127] Auch wenn Chenu ebenso wie Congar bedauert, dass dieser zentrale und an Konsequenzen reiche Aspekt nicht in *Gaudium et spes* Eingang gefunden habe – beider diesbezügliche Bemühungen blieben erfolglos[128] –, kann er im Rückblick aufgrund des intrinsischen Zusammenhangs zwischen Kirchen- und Pastoralkonstitution eine entsprechende ekklesiologische Gesamtschau des Konzils entfalten. Dies hat Auswirkungen „nach innen", insofern das Motiv des messianischen Volkes mit dem des dreifachen Amtes Christi verknüpft ist, an dem alle Glieder des Volkes Gottes Anteil haben. Chenu verweist auf Congars *Der Laie* aus dem Jahre 1953, das er durch den Konzilstext bestätigt sieht.[129] Es hat aber

[126] AS II/3, Übersetzung nach Bauer, „Messianisches Volk" (LG 9).
[127] Für den Brief Congars vgl. Quisinsky, Geschichtlicher Glaube, 360f.
[128] Vgl. dazu die Hinweise in seinem Vortrag Chenu, Une constitution pastorale, 18f.33.
[129] Chenu, Un peuple messianique, 179 Anm. 14.

auch Auswirkungen „nach außen", insofern die Kirche als messianisches Volk Gottes in einen geschichtlichen und eschatologischen Horizont gestellt wird. Aufgrund dieser zweifach-einen Bedeutung konnte Chenu später LG 9 einen der „herausragenden Bestandteile konziliarer Ekklesiologie, mehr noch die eigentliche Definition der christlichen Ökonomie"[130] nennen.

Nach dem Konzil hob Chenu in seinem Artikel *Un peuple messianique* die fundamentale Bedeutung des Einschubs in LG 9 hervor. Seiner für ihn ungewöhnlich stark biblischen Argumentation nach ermöglicht es das Motiv des messianischen Volkes, die Kirche in Menschheits- und Heilsgeschichte einzuschreiben. Dies zeigt er zum einen anhand des Motivs der *Ecclesia ab Abel*, das für Congars Ekklesiologie und Geschichtstheologie zentral ist, und andererseits anhand der Inkarnation. Der konkrete Verlauf der Geschichte und ihr von Gott verheißenes Ziel sind dabei dialektisch miteinander verbunden. Immanenz und Transzendenz, Schöpfungs- und Erlösungsordnung finden ihre Einheit in Unterschiedenheit in der Inkarnation und ihrer eschatologischen Finalisierung aller Geschichte. Die *potentia oboedientialis* auf der Ebene der Schöpfungsordnung bedarf zwar durchaus einer Läuterung, ist aber anfanghafte Realisierung des Eschaton und geschichtlich auf dieses hin zielende Dynamik. So kann Chenu die Präsenz des göttlichen Heilswillens in den menschlichen Kulturen und Gesellschaften über das Christentum hinaus wahrnehmbar und denkbar machen. Messianisch ist das Volk Gottes eben dann, wenn es diese Präsenz wahrnehmbar und denkbar macht und damit den Sinn der Geschichte in einer Dynamik der Hoffnung zum Ausdruck bringt. Dieser Sinn ist seinerseits noch nicht vollumfänglich realisiert, sondern verheißen. Der Messianismus zielt von daher auf eine erhoffte *recapitulatio*, eine Zusammenfassung aller Wirklichkeit in Christus. In dieser finden dann auch die geschöpfliche Autonomie einerseits und die eschatologische Bestimmung der Schöpfung ihre vollendende Einheit jenseits der Spannungen, ohne die Vollendung und Einheit in der Zeit der Geschichte nicht gedacht werden können. Chenu wird nach dem Konzil einerseits mehr und mehr die Zeit der Geschichte bzw. die Geschichte selbst in ihrem Fortschritt als *potentia oboedientialis* interpretieren, freilich nicht ohne dabei auch die „Dramen der Welt" zu betonen – „Bestandteile einer göttlichen Operation, die sie übersteigt und vollendet, indem sie sie aufnimmt"[131]. Hier liegt bei aller Gemeinsamkeit ein Unterschied zu Congar begründet, der diesbezüglich nüchterner bleibt.[132]

[130] Ebd., 164.

[131] Chenu, L'homme peut-il détruire le monde par la bombe atomique?, 113.

[132] Man muss freilich den Unterschied zwischen beiden nicht in der Weise akzentuieren, wie dies Müller, Die Eschatologie des Zweiten Vatikanischen Konzils, 414, tut.

2.3.2. *Consecratio mundi*

Die Weitung des Kirchenverständnisses seit Beginn des Konzils war Ausdruck eines sich weitenden Verständnisses des Glaubens überhaupt. In der heißen Phase der Endredaktion von *Lumen gentium* zeigt sich dies im Beitrag *Consecratio mundi*, den Chenu im Juni 1964 in der Zeitschrift der belgischen Jesuiten *Nouvelle Revue Théologique* einem umstrittenen Begriff widmete. Eine mit einigen Auslassungen und Ergänzungen versehene Version erschien unmittelbar nach dem Konzil unter dem Titel *Die Laien und die ‚consecratio mundi'* im Kommentarband zu *Lumen gentium*, den der an der *Pontificia Academia Mariana Internationalis* in Rom lehrende spanische Theologe Guilherme Baraúna herausgegeben hat und der in mehreren Sprachen erschien. Die ungewöhnliche Form einer teilweise doppelten Publikation verweist auf den Prozess der Weitung im Verständnis von Kirche und Welt, er stellt aber auch ein Lehrstück für das Verständnis des Einflusses Chenus auf Genese und Deutung der Konzilstexte dar. Beispielsweise hatte Kardinal Liénart, dem Chenu einen Sonderdruck zusandte, den Artikel bereits über seinen theologischen Berater Palémon Glorieux erhalten und zustimmend in seine Überlegungen mit Blick auf das Schema XIII einbezogen.[133] Was die Deutung der Konzilstexte angeht, kann die Ausleuchtung des Problemhorizonts durch Chenu aufzeigen, worin das Potential der Konzilstexte und der in ihnen verwendeten oder auch nicht verwendeten Motive liegt. Den Ausdruck *consecratio mundi* sieht Chenu als zunächst problematisch an, bevor er ihn in einer Neudefinition zum Sprungbrett für eine christliche Welt- und Wirklichkeitssicht macht. Aufgrund ebendieser Sicht kann dann *Gaudium et spes* auf diesen Begriff verzichten, der doch für die Entstehung der Pastoralkonstitution und ihrer Hermeneutik von Bedeutung bleibt. Aber der Reihe nach.

In seinem Artikel von 1964 gibt Chenu zu bedenken, dass der Ausdruck *consecratio mundi* einerseits geradezu „banal" und „fromm"[134] klingt, andererseits mehr eine Suchanzeige denn eine klare inhaltliche Aussage darstellt. Dies führt ihn im Licht der päpstlichen Unterscheidung zwischen Inhalt und Form von Glaubenslehre und Glaubenssprache zu sprachhermeneutischen Überlegungen.[135] Nach dem Konzil wird er hinzufügen, dass es sich keineswegs um eine klassische theologische Begrifflichkeit handelt. Mittels diverser Zitate von Pius XII., Kardinal Montini und Erzbischof Marty entfaltet Chenu seine theologische Antwort auf die mit dem Begriff gegebene Suchanzeige.

---

[133] Brief von Glorieux an Chenu, 13. Juli 1964 (Archives Chenu).

[134] Chenu, Consecratio mundi, 608.

[135] Für Congar ist die theologische Auseinandersezung Chenus mit dem Begriff *Consecratio mundi* exemplarisch für seinen „philologischen Instinkt" (Congar, Le frère que j'ai connu, 244).

Grundsätzlich besteht diese im Aufweis, dass die Kirche Teil der Welt ist. Folglich kann sie als Ganze ebenso wenig wie einzelne Laien in die Welt gesandt werden, als wäre sie ihr gegenüber. Vielmehr stellt sich die Frage nach einem Umgang der Christ*innen, die das Volk Gottes bilden, mit der Welt. Das Gesetz der Inkarnation entfaltend sieht Chenu in den Diskussionen um die *consecratio mundi* „ein Kapitel der Theologie über Natur und Gnade heute“[136] geschrieben. Sein zentrales Anliegen ist dabei die Überwindung jeglicher Form von Dualismus, wie er allzuoft das christliche Leben und Denken prägt. Beim Begriff der *consecratio*/Konsekration (bzw. in deutscher Übersetzung der Weihe) selbst sei von daher darauf zu achten, dass er nicht einer wie auch immer gearteten Trennung zwischen sakral und profan Vorschub leistet, die das spezifisch Christliche letztlich verfehle. Denn diesem gehe es nicht um die Weihe, sondern um die Heiligkeit, auf die erstere verweist: „Gott ist ‚heilig‘, er ist der Heilige schlechthin; er ist aber nicht eigentlich geweiht. Die Heiligkeit ist eine hervorragende, durch eine Teilhabe am göttlichen Leben im tiefsten Wesenskern erworbene Würde. Trotz dieser Gemeinschaft mit dem Transzendenten aber sondert die Heiligkeit an und für sich den Menschen nicht ab. Sie kann in ihren Anfängen, bei ihrer ‚Einführung‘ oder im Laufe ihrer Entwicklung sakrale Handlungen oder Absonderungen erfordern, aber das sind nur irdische Vorbedingungen für eine ‚Gnade‘, die dann das Wesen in der vollen Wirklichkeit seiner Natur erfaßt, man könnte sagen, in seiner profanen Natur. Wenn man das Profane weiht, ist es nicht länger profan; wenn aber das Profane heilig wird, bleibt es profan.“[137] Nebenbei bemerkt spricht Chenu hier aus einer intimen, aber wie immer äußerst diskret bleibenden, liturgischen Verwurzelung heraus.

Der Glaube soll also nicht von der Welt trennen, sondern als deren Teil die Welt selbst als Ort der Gnade erfahrbar machen. Diese thomistisch grundierte, in den Horizont einer ihrer Geschichte und Entwicklung bewussten Welt der Gegenwart gestellte Gnadentheologie beinhaltet eine Verhältnisbestimmung von Kirche und Welt, in der die Mitarbeit am Aufbau der Zivilisation zugleich Evangelisierung ist und umgekehrt. Hierbei kann es nicht mehr darum gehen, Elemente der Welt und ihrer geschichtlich bedingten Strukturen zu „sakralisieren“, also dem Bereich des Profanen zu entziehen. Für Chenu hieße dieser dualistische Zugang, eine religiöse Sonderwelt zu schaffen, die weder dem Glauben noch der Welt gerecht wird. Von daher rührt auch seine lebhafte Zustimmung zum Plan von Kardinal Suenens aus dem Jahre 1962, von der Kirche *ad extra* und *ad intra* so zu reden, dass das eine nicht ohne das andere möglich ist. Die Frage, wie die Kirche „in sich

---

136 Chenu, Consecratio mundi, 610 bzw. ders., Die Laien und die ‚consecratio mundi‘, 291.

137 Chenu, Die Laien und die ‚consecratio mundi‘, 294.

selbst beschaffen sein" muss, fällt demnach zusammen mit der Frage nach den „Beziehungen zwischen Zivilisation und Evangelisation".[138]

Die Quintessenz seiner beiden Beiträge über die *consecratio mundi* sieht Chenu in LG 34 zum Ausdruck gebracht, wo es im Rahmen des Kapitels über die Laien um deren Anteil am priesterlichen, prophetischen und königlichen Amt Christi geht. Chenu zufolge wird hier deutlich, inwiefern der ursprünglich missverständliche Begriff durch seine Einbettung in den Konzilstext das gesamte Alltagsleben der Laien als Gegenstand einer „Laienspiritualität"[139] ausweist. Eine solche wiederum beinhaltet, dass die Welt selbst als Ort der verwandelnden Gegenwart Gottes erfahren wird, die weder sakralisiert zu werden braucht noch von irgendeiner „eigentlichen" Form von Spiritualität, beispielsweise im Gottesdienst, zu trennen wäre. Im Anschluss an Pierre Teilhard de Chardin charakterisiert Chenu die Eucharistie und die übrigen Sakramente als „Beziehung zu einer Wirklichkeit", die die „Wirklichkeit des Lebens in Christus, der das Weltall zur Verherrlichung des Vaters zusammenfaßt und alle Werte der ursprünglichen Schöpfung wieder herstellt"[140]. Sie erfahren von dort her ihre menschliche Dichte, wie sie umgekehrt die verwandelnde Gegenwart Gottes feiern und so christliches Alltagsleben nähren. Nebenbei bemerkt leistet ein dem zugrunde liegendes Verständnis von Kirche und Welt jeglichem „Klerikalismus"[141] Vorschub. Weit über die Kirche hinaus von Bedeutung ist freilich vor allem, dass und wie Chenu eine Verbindung zum siebten Kapitel der Kirchenkonstitution über den „endzeitlichen Charakter der pilgernden Kirche und ihre Einheit mit der himmlischen Kirche" herstellt. Insbesondere Congar hat in der Theologischen Kommission auf eine entsprechende eschatologische Darstellung der Kirche hingewirkt, im Hintergrund haben aber auch Féret und Chenu – letzterer hatte über Erzbischof Jean Wolff (1905–1990) von Diego-Suarez (heute Antsiranana) und die madegassischen Bischöfe den Vorschlag zu einer Textergänzung einzubringen versucht – in diese Richtung unterstützend mitgewirkt.[142]

Ein solches eschatologisches Verständnis der Beziehungen von Kirche und Welt verknüpft geradezu zwangsläufig die aus *Lumen gentium* bereits resultierende Dynamik mit den Perspektiven, die sich dann aus *Gaudium et spes* erst recht eröffnen. So weist Chenu nach dem Konzil zum einen auf den Zusammenhang zwischen einer recht verstandenen *consecratio mundi* mit den „Zeichen der Zeit" hin, wie sie Johannes XXIII. in seiner Friedensenzyklika *Pacem in terris*, dann aber auch Papst Paul VI. in seiner Antritts-

138 Ebd., 298.

139 Ebd., 305.

140 Ebd., 302f.

141 Ebd., 305 (von Chenu in Anführungszeichen gesetzt).

142 Vgl. dazu Quisinsky, Geschichtlicher Glaube, 367–374.

enzyklika *Ecclesiam suam* thematisiert hat.[143] Zum anderen betont er, dass in *Gaudium et spes* der Begriff der *consecratio mundi* trotz seiner nunmehr nicht mehr missverständlichen Bedeutung nicht mehr enthalten sei. Denn was in *Lumen gentium* schon prinzipiell angelegt ist, bricht sich für Chenu in *Gaudium et spes* nun endgültig Bahn: gemäß der Pastoralkonstitution „kann der Christ in der Welt und in der Geschichte die Zeichen der Gegenwart Gottes ablesen."[144] Umso mehr stellt sich damit nun aber auch die Frage, was für Chenu die „Zeichen" bzw. „Zeichen der Zeit" sind.

2.3.3. Zeichen der Zeit

In der Bestimmung der „Zeichen der Zeit" kulminiert das geschichtstheologisch grundierte und pastoraltheologisch konkretisierte Interesse Chenus an den Beziehungen zwischen Kirche und Welt.[145] Seit Beginn des Konzils widmete sich Chenu diesem Verhältnis in vielerlei Hinsicht. Dies äußerte sich in diversen Kontakten zu Konzilsbischöfen wie Alfred Ancel und Jacques Ménager (1912–1998) und -theologen wie Marie-Joseph Le Guillou (1920–1990), der einige afrikanische Bischöfe beriet. Zwar war er 1963 und 1964 somit durchaus an Diskussionen im Umfeld der Redaktion des Schemas XVII beteiligt, aus dem später das Schema XIII und noch später *Gaudium et spes* erwachsen sollte.[146] Eine eigentliche Mitarbeit, wenn auch in wenig exponierter Position, lässt sich aber erst nachweisen, nachdem er seit dem 12. September 1964 – auf Bitten Congars beim zuständigen Kommissionsvorsitzenden, Erzbischof Marcos McGrath von Panama – in der Unterkommission *De signis temporum* mitwirkte. Dieser gehörten u. a. Erzbischof Hélder Pessoa Câmara von Olinda y Recife und Erzbischof Jean Zoa von Yaoundé an, mit denen Chenu Kontakt pflegte, außerdem auch Erzbischof Karol Wojtyła von Krakau.[147] Bereits in der ersten Sitzung, an der Chenu teilnahm, konnte er in einer Diskussion mit Erzbischof McGrath, Marie-Rosaire Gagnebet und Jean Daniélou seine Konzeption der „Zeichen der Zeit" einbringen. Diese stellen demnach nicht unmittelbar einen Ausdruck der Gegenwart Gottes dar. Vielmehr zeigen sie in einem heilsökonomischen Zugang eine *praeparatio evangelica* und eine *potentia oboedientialis* an, indem sie über ihre menschliche Bedeutung hinaus die Realität der Gnade zum Aus-

143 Vgl. Chenu, Die Laien und die ‚consecratio mundi', 300.

144 Ebd., 306.

145 Vgl. Brief Ancel an Chenu, 15. Januar 1963, zit. nach Turbanti, Il ruolo del P. D. Chenu, 178 Anm. 2.

146 Vgl. die entsprechenden Rekonstruktionen bei Turbanti, Il ruolo del P. D. Chenu, 177–183 sowie ders., Un concilio per il mondo moderno, 372ff.

147 Vgl. Congar, Mon journal du Concile, Band 2 (12. September 1964), 129.

druck bringen können.[148] Näherhin ist in der Schöpfungsökonomie die Möglichkeit grundgelegt, dass das Evangelium in der Inkarnationsökonomie geschichtswirksam werden und Geschichte vom Heil selbst her wiederum auf das Heil beziehen kann. Dies beinhaltet einerseits eine theologische Aufwertung der Geschichte und ihres Potenzials, stellt aber zugleich deren Kritik vom Evangelium her dar. In dieser Phase des Konzils arbeitete die Unterkommission freilich in erster Linie die unterschiedlichen theologischen Verständnisse der „Welt" auf, die sich nicht zuletzt aufgrund der Herkunft ihrer Mitglieder sehr unterschiedlich gestalteten.

Anfang 1965 erschien dann in der *Nouvelle Revue Théologique* Chenus Grundsatzartikel zu den „Zeichen der Zeit". Mit Congar betont Chenu zunächst, dass mit diesem in der Enzyklika *Pacem in terris* prominent verwendeten Begriff und seiner „evangeliumsgemäßen und kirchlichen Aktualität"[149] die grundsätzliche Geschichtlichkeit der Welt und der Kirche bzw. des Glaubens in ihr zum Ausdruck kommt. Denn er beinhaltet, dass vor aller Darlegung des Glaubens bzw. als Teil davon eine Wahrnehmung der gegenwärtigen Welt in ihrem Werden erfolgt. Chenu unterscheidet in der Folge drei Arten von Zeichen. Natürliche Zeichen sind etwa Spuren im Schnee, konventionelle Zeichen sind beispielsweise Verkehrsschilder und historische Zeichen sind „Ereignisse", die für eine Entwicklung bzw. eine Bewusstwerdung stehen, wofür dem Franzosen Chenu als Beispiel der Sturm auf die Bastille 1789 dient. Im religiösen und näherhin biblischen Bereich haben Propheten aufgrund ihrer Einbindung in ihre Gemeinschaft deren Erwartungen und Intentionen mit geschichtlichen Ereignissen in Verbindung bringend gedeutet. In einer gewissen Parallelisierung mit biblischen Ereignissen deutet Chenu in der Folge auch zeitgenössische Entwicklungen wie den Aufstieg der Arbeiterklasse, das gesellschaftliche Engagement der Frau oder das Ende der Kolonialherrschaft als Zeichen, in denen ein Sehnen der Menschen zum Ausdruck kommt, das sich einer göttlichen Annahmebereitschaft verdankt und zu dieser drängt. Dabei ist es nicht das Ereignis als solches, das diese messianische Dimension aufweist, sondern seine Deutung durch ein gläubiges Volk. In diesem Sinn „liest die Kirche" in diesen Realitäten „eine Fähigkeit, Anruf des Evangeliums und Gegenstand der Gnade zu werden".[150] Chenu kann dazu beispielsweise auch die Menschenrechtserklärung von 1948 oder die Kinderrechtserklärung von 1959 zählen.[151] Dieses „Lesen in der Geschichte" kontextualisiert eine bis dahin unveränderlich gedachte Lehre.

---

[148] Turbanti, Il ruolo del P. D. Chenu, 192; ders., Un concilio per il mondo moderno, 376.
[149] Chenu, Les signes des temps, 37.
[150] Ebd., 43.
[151] Ebd., 47.

Schützenhilfe für diese theologische Deutung der Geschichte und geschichtliche Deutung der Theologie bekommt Chenu von Papst Paul VI. Dieser empfing am 17. Oktober 1963 die nichtkatholischen Beobachter, die auf Einladung des Sekretariats zur Förderung der Einheit der Christen unter Kardinal Augustin Bea (1881–1968) und Erzbischof Johannes Willebrands (1909–2006) am Konzil teilnahmen. Auf die im Namen der Beobachter vorgetragene Forderung des dänischen Lutheraners Krister E. Skydsgaard (1902–1990) nach einer „konkreten und historischen Theologie, die um die Heilsgeschichte zentriert ist“[152], antwortete der Papst zustimmend – später entstand aufgrund dieses gemeinsamen Anliegens das Ökumenische Institut Tantur. Für Chenu, Congar und Féret gehörte dieser Dialog zu den Sternstunden des Konzils.[153] Er bettet die Theologie der Zeichen der Zeit ein, die in diesem Rahmen die Gegenwart des Wortes Gottes „in einer fortdauernden Geschichte“[154] bezeugt und eine „‚Theo-logie‘ der Zeit“[155] begründet. Es ist wiederum Ausdruck seiner Nähe zu Congar, dass Chenu gerade in diesem Zusammenhang die Zeichen der Zeit als Ausdruck der von seinem Ordensbruder und Freund so eindringlich herausgestellten „Katholizität“ fasst, auch wenn er an dieser Stelle nicht diesen, sondern den österreichischen Publizisten Friedrich Heer zum Gewährsmann macht.[156] Weit über alle konfessionellen und auch geschichtlichen Bedeutungen hinaus erhält der Begriff hier eine wahrhaft universelle, weil gnadentheologisch strukturierte Weite.

Zwei Anmerkungen Chenus verweisen auf den Sitz im Leben dieser (Geschichts-)„‚Theo-logie‘ der (Zeichen der) Zeit“. Erstens schließt er sich den Grundlegungen seines Ordensbruders Jean-Pierre Jossua zur sogenannten „*révision de vie*“[157] an, einer in der Katholischen Aktion Frankreichs beheimateten Praxis der geistlichen Lebensbetrachtung. Zweitens wird die Verbindung zwischen Chenus Theologie der Zeichen der Zeit und Congars theologischer Bestimmung von „Tradition“ deutlich. Denn, so Chenu, wo so die Kirche ganz ihrer Welt gegenwärtig ist, verwirklicht sich zugleich ihr Wesen als Tradition. Dies habe Erzbischof Marty in seiner Intervention vom 2. Oktober 1964 zum Offenbarungsschema zum Ausdruck gebracht, in dem er die Tradition als mit den Ereignissen der Welt und den Kulturen, in denen sich

152 Zit. nach ebd., 52.

153 Vgl. Quisinsky, Henri-Marie Féret.

154 Chenu, Les signes des temps, 52.

155 Ebd., 54.

156 Vgl. Heer, Catholicité d’hier et de demain. Zu Heer, seinem Geschichts- und Europabild sowie seiner Rezeption durch Chenu s. auch Zamagni, Das „Ende des konstantinischen Zeitalters“, 52.

157 Jossua, Chrétiens au monde.

die Kirche realisiert, verbunden charakterisiert hat.[158] Auf die heftig umstrittene Frage nach Schrift und Tradition anspielend, hat Marty durchaus im Sinne Congars auf den Zusammenhang von Offenbarung Gottes und der Deutung geschichtlicher Ereignisse einerseits und lebendiger Tradition und Gegenwart Gottes andererseits hingewiesen und dabei explizit eine Linie vom Offenbarungsschema zum Schema XIII gezogen. Ermöglicht wird ihm dies durch die um die Begriffe *potentia oboedientialis* und *capax Dei* kreisende Gnadentheologie des Thomas von Aquin, die er in diesem Zusammenhang zugleich vor einer Gegenüberstellung mit der des Augustinus bewahren will.[159] In dieser umfassenden Einbettung und Verortung zeigen die Zeichen der Zeit zwar eine Gegenwart Gottes in der Welt an, die aber unverfügbar bleibt und als solche Teil einer eschatologischen Dynamik ist. Die in messianischem Horizont gedeuteten Ereignisse verweisen auf die Vollendung der Schöpfung, die aber weiterhin eine Schöpfung in Erwartung bleibt. Damit schlägt Chenu, nebenbei nochmals auf das siebte Kapitel der Kirchenkonstitution über den endzeitlichen Charakter der pilgernden Kirche und ihre Einheit mit der himmlischen Kirche verweisend[160], den Bogen zum geschichtstheologischen Horizont des Schemas XIII. Dieser macht ausgehend von der Inkarnation gerade in diesem Horizont zwischen Schöpfung und Erlösung das Ineinander von Kirche und Welt, Natur und Gnade als je neue und erneuernde Gegenwart des Evangeliums leb-, sag- und denkbar. So stellt der Begriff der Zeichen der Zeit aufgrund seiner methodischen und hermeneutischen Implikationen den Kern der Redaktion und schließlich des Endtextes der werdenden Pastoralkonstitution dar.

2.3.4. Eine pastorale Konstitution über die Kirche

An der grundlegenden Überarbeitung des Schemas XIII während des Treffens des Redaktionskomitees in Arricia im Februar 1965 unter der Leitung des Rektors des Pariser *Institut Catholique*, Pierre Haubtmann (1912–1971), war Chenu nicht direkt beteiligt. Dennoch spielt für das Schema von Arricia Chenus Beitrag eine zentrale Rolle. Zum einen trat in der Folge Bischof Emilio Guano an Chenu heran, der für die Präsentation des Textentwurfs in der Konzilsaula vorgesehen war. In einem Brief an Guano vom 3. September

[158] Chenu, Les signes des temps, 45.

[159] Vgl. die Zitate in Chenu, Les signes des temps, 46 Anm. 6: „‚In tota creatura est quaedam potentia oboedientialis, prout tota creatura obedit Deo ad suscipiendum in se quidquid Deus voluerit' (S. Thomas, De virtutibus in communi, art. 10, ad 13). ‚Naturaliter anima est gratiae capax; eo enim ipso quod facta est sed imaginem Dei, capax est Dei per gratiam, ut Augustinus dicit' (Id., I^{a} II^{ae}, qu. 113, art. 10)".

[160] Chenu, Les signes des temps, 53 Anm. 8.

brachte Chenu seine Zufriedenheit mit dem Arricia-Text hinsichtlich „Inspiration, großen Linien, Aufbaus der Teile“[161] zum Ausdruck und plädierte entschieden für die noch umstrittene, aber seiner Meinung nach „exzellente“ Bezeichnung „Pastoralkonstitution“. Zum anderen machten sich an Haubtmanns Textentwurf diverse Divergenzen innerhalb der Konzilsmehrheit fest. Zwar traf der von Haubtmann vorbereitete Text grundsätzlich auf weitverbreitete Zustimmung. Jedoch kritisierte ihn bereits früh Erzbischof Wojtyła, der der kommunistischen Herrschaft in seiner Heimat eine stärker apologetisch argumentierende Anthropologie entgegensetzen wollte.[162] Mit Beginn der vierten Sitzungsperiode, in der der Textentwurf diskutiert werden sollte, gesellten sich dann zu den Kritikern auch die deutschen Konzilsväter und -theologen. Karl Rahner, Joseph Ratzinger und Bischof Hermann Volk wünschten sich in einem deutsch-französischen Treffen vom 17. September 1965 eine stärker christologische Orientierung des Textes, der ihnen zu sehr die soziologische Handschrift seines Redaktors Haubtmann trug.[163] Dieses Treffen markiert eine entscheidende Begegnung zwischen französisch- und deutschsprachigen theologischen Kulturen und pastoralen Mentalitäten. Auch wenn sich diese Gemengelage nicht auf eine idealtypische Gegenüberstellung zwischen Chenu und Rahner reduzieren lässt,[164] kann eine solche durchaus auf wichtige Implikationen hinweisen. Dazu gehört etwa auch die Rolle von Thomas von Aquin bzw. des Thomismus auf der einen und von Augustinus bzw. des Augustinismus auf der anderen Seite.[165]

In den folgenden Wochen intensivierte Chenu seine Aktivitäten im Umfeld der Redaktion von *Gaudium et spes*. Eine Schlüsselrolle nimmt dabei sein später in mehreren Sprachen übersetzter Vortrag vom 22. September 1965 beim holländischen Dokumentationszentrum I-DOC ein.[166] In diesem Vortrag, dessen Manuskript er bereits am 3. September an Bischof Guano schickte, legte er seine Konzeption des Verhältnisses von Kirche und Welt dar. Im Anschluss daran bat ihn Roberto Tucci (1921–2015) um den Entwurf

---

[161] Chenu an Guano, zit. nach Turbanti, Il ruolo del P. D. Chenu, 197 Anm. 1.

[162] Bordeyne, L’homme et son angoisse, 154.

[163] Zu dieser entscheidenden Begegnung zwischen deutsch- und französischsprachiger Theologie ebd., 156.

[164] Dies ist eine zentrale Deutungskategorie bei Sander, Theologischer Kommentar, 659.

[165] Bauer, Ortswechsel der Theologie, 635–665; vgl. auch Komonchak, Thomism and the Second Vatican Council; ders., Le valutazione sulla Gaudium et spes: Chenu, Dossetti, Ratzinger; ders., Augustin, Aquinas or the Gospel sine glossa?

[166] Chenu, Une constitution pastorale. Zur Einordnung s. Routhier, Das begonnene Werk zu Ende führen, 152. Der Vortragstext erschien auch in der *Documentation Catholique* sowie in Auszügen in *Témoignage chrétien* vom 7. Oktober; teilweise veröffentlicht auch in Chenu, L’Église dans le monde (extraits conférence – Rome); für die deutsche Übersetzung vgl. Chenu, Eine pastorale Konstitution über die Kirche.

eines Proömiums für das Konzilsdokument, das allerdings nicht direkt in den Endtext einfloss.[167] Am 1. Oktober wandte sich Chenu mit einem Gutachten an Pierre Haubtmann, das den Titel *Le schéma XIII* trug.[168] Darin fasste er nicht nur seine eigene Position auch als Reaktion auf eine anders akzentuierte Intervention des Fuldaer Weihbischofs Eduard Schick (1906–2000) vom 28. September nochmals zusammen: der induktive Ansatz des Schemas XIII ist als solcher von eigener theologischer Aussagekraft, um mithilfe der Zeichen der Zeit das Geheimnis Gottes in der Welt zu verstehen und auszusagen. Das ist „die Seele des Schemas, in offensichtlicher Kontinuität mit der Inspiration von Johannes XXIII. und der allgemeinen Bewegung des Konzils. Nicht, um *ex auctoritate* eine ‚Soziallehre' zu präsentieren, sondern um im Menschen von heute, in den großen Entwicklungslinien des Fortschreitens der Geschichte (Vergesellschaftung, Universalismus, politisches Bewusstsein …) Anrufe, Kapazitäten, *potentiae oboedientiales*, ‚Anknüpfungspunkte' mit mehr oder weniger bewusster Empfänglichkeit für das Wort Gottes zu sehen".[169] Ein weiteres Gutachten mit dem Titel *Animadversiones in Schemate XIII*,[170] das er an Bischof Franz Hengsbach (1910–1991) von Essen sandte, trug den von deutscher Seite aus geäußerten Bedenken hinsichtlich eines zu sehr schöpfungstheologischen Ansatzes Rechnung, wobei Chenu auch hier das Erlösungsgeschehen von Kreuz und Auferstehung her im geschichtstheologisch-eschatologischen Motiv der *recapitulatio* aller Wirklichkeit in der erlösenden Inkarnation her fasste.

Will man die vorder- und v. a. hintergründige Mitwirkung Chenus an der Entstehung der Pastoralkonstitution bewerten, ist zu unterscheiden zwischen einer formalen und einer inhaltlichen Ebene. Auf der formalen Ebene ist zunächst zu bemerken, dass Chenu die Eigenart und das Potenzial der Pastoralkonstitution früh und in besonders eindrücklicher Weise erfasste. Er war aber keineswegs der Einzige, der an ihrer Ausarbeitung beteiligt war. Zudem ist der Einfluss von Chenu auf Genese und Hermeneutik von *Gaudium et spes* nicht ohne den Congars zu denken.[171] Eine Interpretation von *Gaudium et spes* kann also weder allein von Chenu her erfolgen, noch die von ihm her-

---

[167] Abgedruckt bei Turbanti, Il ruolo del P. D. Chenu, 209–212, zur Einordnung auch ders., Un concilio per il mondo moderno, 648.

[168] Chenu, Le schéma XIII (Konzilsarchiv Haubtmann 1855). Bordeyne, L'homme et son angoisse, 157 zufolge stellt dieses Dokument angesichts der deutsch-französischen Meinungsverschiedenheiten einen Interpretationsschlüssel zu deren Überwindung dar.

[169] Chenu, Le schéma XIII.

[170] Nach Turbanti, Il ruolo del P. D. Chenu, 205 bzw. ders., Un concilio per il mondo moderno, 649f., handelt es sich um einen der organischsten Texte Chenus im Zusammenhang mit der Redaktion von *Gaudium et spes.*

[171] Vgl. besonders auch Congar, Kirche und Welt; ders., Einleitung und Kommentar zum Vierten Kapitel des Ersten Teils.

vorgehobenen Akzente unterbelichten. Auf der inhaltlichen Ebene bietet sich bei aller Vielzahl der unterschiedlichen Schriften (Gutachten, Vorträge, Artikel, Kommentare etc.), in denen er sich zur Redaktion und Interpretation von *Gaudium et spes* äußerte, ein Vergleich seines Vortrags vom 22. September 1965 mit seinen Beiträgen für die nachkonziliaren Kommentarwerke an.

Chenus Vortrag konnte in den Suchbewegungen der heißen letzten Konzilsphase deshalb auf eine so breite Resonanz stoßen, weil er verschiedene Herausforderungen der im Entstehen begriffenen Pastoralkonstitution bündelte und weiterführende Deutungsangebote machte. Im Aufweis, dass und inwiefern das Schema XIII als Werk und Ergebnis des Konzils dessen Anliegen in besonders dichter Weise zum Ausdruck brachte, verknüpfte Chenu das Schema mit der Kirchenkonstitution. Dazu paraphrasierte er ein Wort Kardinal Montinis, wonach die Kirche, die sich selbst sucht, die Welt suchen muss, um sie selbst zu sein.[172] So erschloss er, wiederum ausgehend von der Kirchenkonstitution, die Bedeutung der neuen Textsorte „Pastoralkonstitution" – Kirchen- und Pastoralkonstitution bilden „eine selbe und einzige Konstitution"[173] in zwei Teilen. Besonderen Wert legt er auf die Formulierung „Kirche *in der* Welt" statt „Kirche *und* Welt", was er mit dem deutschen Wort „Mitsein"[174] als Übersetzung für *„vivre ensemble"* zum Ausdruck bringt. Eine solche „‚Präsenz', heute, des Evangeliums, *in actu* durch und in der Kirche"[175] schreibt die Kirche in die Geschichte ein. Dies erfolgt freilich nicht aus Opportunitätsgründen, sondern als Ausdruck des Gnadengeschehens. Gnadentheologisch gegründet ist denn auch die Pastoral als Kirche *in actu* ein *locus theologicus.* Mit der Pastoralkonstitution wird die kirchliche Lehre nicht mehr als eine fertige Satzwahrheit jenseits der Ereignisse konzipiert, sondern als Ausdruck einer je neuen Begegnung mit der Wahrheit, die in Jesus Christus eine lebendige Person ist. Der konkrete Mensch Jesus ist zugleich der universale Christus, sodass nicht nur die je „konkrete und historische"[176] Welt zum *locus theologicus* wird, sondern ebenso der Sinn der Geschichte überhaupt zum theologischen Horizont.

Diese Neubestimmung dessen, was und wie christliche Lehre sein kann, wenn „die Geschichte dem Christentum kosubstantiell"[177] ist, konkretisiert sich in der Anthropologie. Dabei erhellen sich Anthropologie und Christolo-

---

172 Chenu, Une constitution pastorale de l'Église, 12.

173 Ebd., 16.

174 Ebd., 15.

175 Ebd.

176 Ebd., 16, vgl. auch ebd., 19 – Chenu spielt hier wiederum auf die „konkrete und historische Theologie, die um die Heilsgeschichte zentriert ist" an, die Papst Paul VI. im Gespräch mit den nichtkatholischen Beobachtern vom 17. Oktober 1963 einforderte.

177 Chenu, Une constitution pastorale de l'Église, 18.

gie wechselseitig, wie Chenu unter Vorgriff auf GS 22 und den darin formulierten Mysteriumsbegriff formuliert. Interessanterweise beruft er sich mit seiner These von der geschichtlichen Begegnung zwischen Gott und Mensch auf Karl Barth. Weniger überraschend ist der Verweis auf die griechischen Kirchenväter mit ihrer kosmischen Vision des Menschen. In der Folge hebt Chenu auf die gewandelte Stellung des Menschen in der Welt ab. Hier verbindet er die Ergebnisse seiner Theologie der Arbeit mit einer Schöpfungstheologie und wendet sich mit einem einhergehenden Verständnis von Körperlichkeit gegen eine rein geistige Form von „christlicher ‚Spiritualität' (das Wort ist aufschlussreich)"[178] und einen gewissen „Angelismus der christlichen Vorstellung vom Menschen"[179]. Dabei zieht er auch Querverbindungen zum Laienkapitel der Kirchenkonstitution und interpretiert dieses entsprechend seiner Fortschreibung in der Pastoralkonstitution. In diesem Zusammenhang finden sich zum einen Bewertungen der konkreten Geschichte, etwa wenn er die theologische Bedeutung der Vergesellschaftungsprozesse entfaltet und in diesem Zusammenhang davor warnt, aus Angst vor dem Sozialismus auch die diesem zugrunde liegenden berechtigten Anfragen und Beobachtungen abzulehnen, oder wenn er ein zu sehr auf das Diesseits ausgerichtetes Denken der Aufklärung beklagt. Zum anderen flicht Chenu hier eine geschichtstheologische bzw. heilsökonomische Gesamtschau ein, die u. a. in einem nicht belegten Zitat von Karl Rahner einen Ausdruck findet, wonach die Ewigkeit keinen Zusatz zum irdischen Leben darstellt, sondern bereits in diesem gegenwärtig ist.

Von dieser doppelten Perspektivierung her stellt Chenu schließlich seine Konzeption der Zeichen der Zeit dar. An der Schnittstelle des „Konkreten und Historischen" auf der einen Seite und der der Schöpfung eingeschriebenen Verheißung auf Vollendung auf der anderen Seite sind die Ereignisse angesiedelt. Diese *événements* sind „in das Gewebe des Reiches Gottes"[180] eingeflochten. Sie sind nicht selbst Gnade oder gar Offenbarung Gottes, aber sie beinhalten als „Zeichen der Zeit" eine Möglichkeit der *praeparatio evangelica*. Dem Motiv der Zeichen der Zeit widmete sich Chenu dann in der Folge nochmals gesondert. In seinem Vortrag vom 22. September geht es ihm insbesondere um deren geschichtstheologische bzw. heilsökonomische Einbettung. Dabei greift Chenu zurück auf die Dimension des Messianischen, die ja in LG 9 als Horizont des Kirche-in-der-Welt-Seins bereits grundgelegt ist. Dies aufgreifend entfaltet Chenu den Zusammenhang von Schöpfungs- und Inkarnationsökonomie, wobei letztere aufgrund der erlösenden Dimension

[178] Ebd., 23.
[179] Ebd.
[180] Ebd., 25.

der Inkarnation zugleich eine pleromatische Zielrichtung hat. So führt die „Inkarnation die Schöpfung zu ihrem Ziel“[181] und sind „Schöpfung und Erlösung solidarisch“[182], und dies näherhin durch die Menschwerdung des Schöpferlogos, in dem schließlich alle Wirklichkeit rekapituliert wird. Auf diese Weise wird „durch die unerhörte Unverfügbarkeit seiner Liebesinitiative unser historisches Werden in gewisser Weise die Geschichte Gottes“[183].

Für die Kirche bedeutet dies, in einem gewiss missverständlichen Wort nun die „fortdauernde Inkarnation“[184] zu sein, m. a. W. die Mission Jesu in menschlicher Weise fortzuführen. Dabei kann sie allerdings gerade nicht beanspruchen, Welt und Geschichte bzw. Teile davon auszusondern und zu dominieren – in diesem Zusammenhang verweist Chenu auch auf die nunmehr unterbliebene Verwendung des Begriffs „*consecratio mundi*“. Vielmehr ist es Aufgabe der Kirche, die Herrschaft Christi über das All – ein Congar teures Motiv – zur Geltung kommen zu lassen. Dies gilt auch dann, wenn dies nicht durch Christ*innen erfolgt, sondern durch jedwedes menschliche Wirken, das dem der Welt eingestifteten göttlichen Ziel entspricht. Die Kirche steht gleichsam im Dienst dieses Messianismus, der die eigentliche Qualifizierung der gegenwärtigen Geschichte darstellt.

Bei allem Geschichtsoptimismus seiner Zeit ist Chenu auch durchaus realistisch, zumal seine Geschichtstheologie keinen theologischen Freifahrtschein für rein innerweltlichen Fortschrittsglauben darstellt. Aufgrund unterschiedlicher Anwege und Akzente verbarg sich an dieser Stelle durchaus Konfliktpotential zwischen Chenus Inkarnationstheologie auf der einen und der von deutschen Konzilsbischöfen, aber auch vom nichtkatholischen Beobachter Lukas Vischer (1926–2008) starkgemachten Kreuzestheologie auf der anderen Seite. Zugleich zeigt sich an dieser Stelle ein Weg, diesen Konflikt zu überwinden. Denn zum einen ist der Messias im christlichen Glauben immer auch ein leidender Messias, zum anderen beinhaltet der Aspekt der Zeitlichkeit der Geschichte eine bleibende Unterscheidung zwischen der anfanghaften Gegenwart des messianischen Reiches Gottes und seiner Vollendung, die niemals im Bereich der irdischen Geschichte erfolgen kann. Kurz, aber tiefgründig sind von daher Chenus Analysen zur Sündhaftigkeit der Welt: das vom verheißenen Messias gebrachte und schon wirksame, in seiner Vollendung aber noch ausstehende Heil ist „Erlösung von der Sünde und darin Fruchtbarkeit, Befreiung, Friede und universale Brüderlichkeit“[185].

---

181 Ebd., 27.

182 Ebd., 28.

183 Ebd., 29f.

184 Ebd., 28. Zu dieser Formulierung bereits Chenu, Corps de l'Église et structures sociales, 161.

185 Chenu, Une constitution pastorale de l'Église, 32.

2.3.5. Eine Probe aufs Exempel: Hirtenbrief zur wirtschaftlichen Entwicklung

Am 1. Mai 1964 veröffentlichte Bischof Claude Rolland unter dem Titel *Les Chrétiens. La lutte contre la misère. Le développement économique* einen Hirtenbrief, in dem die spirituelle Dimension der Entwicklungsfrage thematisiert wurde und dessen Hauptredaktor Chenu war.[186] Anlass war der erste Fünfjahresplan nach der Unabhängigkeit Madagaskars.[187] Am 15. Juni 1964 veröffentlichten die *Informations Catholiques Internationales* in einer Ausgabe, die sich dem Konzil und der Frage der Überwindung der Armut in der Welt widmete, Auszüge dieses Hirtenbriefes.[188] Am 18. Juni 1964 berichtete auch die Zeitung *Le Monde* darüber.[189] Rolland zeichnet zunächst die weltweite Dimension der Frage nach wirtschaftlicher Entwicklung nach. Im agrarisch geprägten Inselstaat bedeuten demnach die Aktivitäten großer internationaler Unternehmen keineswegs automatisch einen Aufschwung, sondern den Export von Rohstoffen bei gleichzeitigem Import von Gebrauchsgütern. Dieses nachkoloniale Wirtschaftsmodell war für das Land nachteilig.

Rolland bzw. Chenu meditiert das „christliche Mysterium" als „Mysterium des Schöpfergottes", „Mysterium des inkarnierten Gottes" und „Mysterium des Erlösergottes"[190]. Dies mündet in die Überzeugung, dass das in Jesus in die Welt gekommene Heil in das „Mysterium der brüderlichen Liebe"[191] und eine geschwisterliche Mitmenschlichkeit als engagierten Glauben an Christus führt. Eine entsprechende „‚mystische' Betrachtungsweise"[192] kann sich nicht nur in individuellen Werken der Barmherzigkeit erschöpfen, sondern muss auch in gesellschaftliche Zusammenhänge übersetzt werden. Von dieser inkarnatorischen Grundlegung aus entfaltet der Hirtenbrief die theologische Dimension der Arbeit. Die Beherrschung der Natur, von der in den 1960er Jahren noch recht unbefangen geredet werden konnte, dient dabei dem Leben und der Entfaltung des Menschen. Vom schöpfungstheologischen Motiv der Mitwirkung des Menschen am universalen Schöpferwerk Gottes her ist die Mitwirkung der Christ*innen an der wirtschaftlichen Entwicklung deshalb eine Konsequenz des Christusglaubens im Dienst an den Menschen und der Gesellschaft.

---

[186] Dazu Rolland, Le Père Chenu, théologien au Concile, 256.

[187] Vgl. Lupo, Rolland.

[188] Rolland, Pour une spiritualité du développement économique.

[189] Mgr Claude Rolland, évêque à Madagascar, traite de la lutte contre le sous-développement, in: Le Monde, 18. Juni 1964. Man darf die guten Verbindungen der Dominikaner zu *Le Monde* im Hintergrund dieser Veröffentlichung vermuten.

[190] Rolland, Pour une spiritualité du développement économique, 3f.

[191] Ebd., 4.

[192] Ebd.

2.4. Kommentare

2.4.1. Pastoralkonstitution *Gaudium et spes*

Die wechselseitige Befruchtung zwischen dem Konzil und Chenu zeigt sich in dessen Konzilskommentaren. Diese sind eine Fortschreibung und Ergänzung der Impulse, die er in das Konzil selbst eingebracht hat. Besonders deutlich wird dies in seinem Beitrag *Les signes des temps – Réflexion théologique* für das von Yves Congar und Michel Peuchmaurd herausgegebene Kommentarwerk zu *Gaudium et spes*, in dem er seinen Beitrag über die Zeichen der Zeit von 1965 weiterführte. Chenus Reflexion führt eine soziologische Untersuchung von François Houtart (1925–2017) fort, der ebenfalls an der Redaktion von *Gaudium et spes* beteiligt war. Während die wesentlichen Grundlegungen Chenus identisch mit denen früherer Darlegungen sind, schreiben die Hinzufügungen diese in die gesamte Konzilsdynamik und in die beginnende Konzilshermeneutik ein. Dies kann an drei Punkten veranschaulicht werden.

Erstens greift Chenu die vom nichtkatholischen Beobachter Lukas Vischer, zur Zeit des Konzils Studiensekretär der Kommission für Glaube und Kirchenverfassung und wichtigster Vertreter des Ökumenischen Rates der Kirchen beim Konzil, aus protestantischer Sicht erhobenen Einwände mit Blick auf die Zeichen der Zeit auf.[193] Der reformierte Theologe brachte hierbei Erkenntnisse ein, die im Ökumenischen Rat der Kirchen in einer mehrjährigen Diskussion zum Thema der Herrschaft Christi gereift waren, dem sich übrigens auch Congar parallel widmete. Im Hintergrund stand dabei letztlich, wie auch bei Chenu, die Frage nach einem christlichen Umgang mit Geschichte und Geschichtlichkeit. In den verschiedenen Zugangsweisen machten sich die Divergenzen und Konvergenzen bemerkbar, die einerseits aus unterschiedlichen Konfessionskulturen resultierten. Darüber hinaus waren diese aber auch, wie das Verhältnis von Augustinismus und Thomismus zeigt, in den theologischen Grundoptionen verwurzelt, die zwischen und jenseits der Konfessionskulturen wirkten.

Vischer sandte im Oktober 1964 einen Text an die Redaktionskommission,[194] der insbesondere die Zwiespältigkeit von Welt und Geschichte betont. Dies sei mit Blick auf die Zeichen der Zeit umso schwieriger, als keine klaren Kriterien für deren Bestimmung und Deutung vorlägen. Auf keinen Fall könne man einfachhin die Stimmen der jeweiligen Zeit mit der Stimme Gottes identifizieren. Chenu greift diese – kreuzestheologische – Kritik auf

---

[193] Chenu, Les signes des temps – Réflexion théologique, 216. Zu Vischers Kritik s. Quisinsky, The ecumenical dynamic of Vatican II, 113–118.

[194] Abgedruckt bei Quisinsky, The ecumenical dynamic, 116f. Anm. 147.

und entfaltet seine eigene – inkarnations- und erlösungstheologische – Konzeption mit Verweis auf die Geschichte als „Licht und harte Lektion“[195]. Eine just aus diesem Grund notwendige Sensibilität für die Geschichtlichkeit des Glaubens zeige, dass dessen Geschichte von einer ununterbrochenen Folge von „Unterscheidungen“ geprägt war und ist. Während die Theologie bislang v. a. die individuellen psychologischen Kriterien dieser Unterscheidungsnotwendigkeit und -fähigkeit bedacht habe, gelte es nun mit dem Konzil, auch deren überindividuelle Dimension mitzuberücksichtigen. Im Anschluss an GS 11 liest Chenu in diesem Sinn die Geschichte der Kirche rückwärts als Geschichte der Zeichen der Zeit. So konkretisiert er die Forderung von Skydsgaard und Paul VI. nach einer „konkreten und historischen Theologie, die um die Heilsgeschichte zentriert ist“[196] und plädiert für die „bewundernswerte Übung einer konkreten Theologie“: „Eher als in abstrakter Weise nach subtilen Distinktionen zu suchen, sollte man sich an die konkrete Beobachtung der Unterscheidungen – und Nicht-Unterscheidungen – der Christen in Geschichte und Gegenwart halten.“[197] Nur am Rande sei vermerkt, dass später Lukas Vischer das Anliegen einer „ökumenischen Kirchengeschichte“[198] zu realisieren suchte, das für diese „Unterscheidung“, die auch Papst Franziskus immer wieder in Erinnerung ruft, von zentraler Bedeutung ist.

Hinsichtlich der Frage, inwieweit das Konzil und insbesondere die Pastoralkonstitution von einem zu großen Optimismus geprägt waren – auch als Widerhall der allgemeinen Stimmung in den beginnenden 1960er Jahren –, weist Chenus Bilanz der Diskussion von Vischers Einwänden darauf hin, dass es dem Konzil nicht um Optimismus, sondern um christliche Hoffnung ging.[199] Später wird er dies in einem Interview mit der Zeitschrift *Témoignage Chrétien* auf die Formel bringen, dass die menschlichen Hoffnungen (*espoir*) ohne *die* Hoffnung (*espérance*) ein „*Bluff*“[200] sind. Es ist dies ein auch in der Konzilsrezeption durchaus unterschätzter Ansatz.

Zweitens kann Chenu nach dem Konzil den Endtext von *Gaudium et spes* im Gesamtzusammenhang der Konzilstexte deuten. Neben der Grundlegung der Unterscheidung in GS 11 legt er hierzu besonders GS 38 und 39 aus, wo das Reich Gottes als Grundkriterium genannt wird und dies in einer Weise, die dessen Transzendenz ebenso bewahrt wie seine Wirkmächtigkeit in der Geschichte. In der hier zum Tragen kommenden eschatologischen Dynamik von Schöpfung und Inkarnation erweist sich die Bedeutung des messia-

---

[195] Chenu, Les signes des temps – Réflexion théologique, 216.

[196] Ebd., 214f.

[197] Ebd., 219.

[198] Dazu Quisinsky, Lukas Vischer als „nichtkatholischer Beobachter“, 142–145.

[199] Chenu, Les signes des temps – Réflexion théologique, 220.

[200] Chenu, Sans les espoirs humains, l’Espérance, c’est du bluff.

nischen Charakters des Glaubens: Die positiven Werte der Welt und der Menschen können Anlass einer Begegnung mit dem in der Geschichte präsenten Gott werden, der diese in einer reinigenden und stärkenden Zusammenfassung aller Dinge in Christus vollendet. Folgerichtig ist dann der Verweis auf GS 44, wo mit Blick auf die Geschichte der lebendige Austausch von Kirche und Kulturen beschrieben ist und dabei zugleich eine Grundlegung von „Evangelisierung" erfolgt, die Chenus Verständnis von „Mission" sehr nahekommt. Von daher ist dann auch eine Brücke zum Missionsdekret *Ad gentes* gegeben, das dazu aufruft, die „Saatkörner des Wortes" (AG 11) aufzuspüren,[201] bzw. zur Kirchenkonstitution, die vom „Guten und Wahren" in allen Menschen und damit auch den Nichtchristen als einer *praeparatio evangelica* spricht (LG 16). Und schließlich verknüpft Chenu, wiederum ausgehend von der Unterscheidung in GS 11, die Pastoral- mit der Kirchenkonstitution, ist es doch nach GS 11 das Volk Gottes als Ganzes, dem diese Aufgabe zukommt. Dabei betont Chenu mit LG 11, dass „Kirche" und „Volk Gottes" identisch sind, sodass die Deutung der Zeichen der Zeit zum Wesen der Kirche gehört und für sie „konstitutionell"[202] ist. Auch in diesen Ausführungen Chenus ist eine Nähe zu den Grundlegungen von Papst Franziskus evident. Der hierbei wirksame *sensus fidei* (LG 12) ist ein gemeinschaftlicher, der keineswegs auf die Hierarchie beschränkt ist. In der Verbindung von LG 12 mit GS 44 ist hier eine Ekklesiologie skizziert, in der Kleriker und Laien, Theologie und Lehramt, durchaus je eigene Aufgaben haben. Allerdings „verwirft" dabei das Konzil „die üble Parole: dem Laien das Zeitliche, dem Kleriker das Geistliche"[203].

Umso mehr kommt drittens die Frage nach der Ekklesiologie in den Blick. Diese ist für Chenu in erster Linie die Frage, wie die Kirche als Volk Gottes und mit dessen Strukturen sich in den Dienst der messianischen Verbindung von Schöpfung, Inkarnation und Erlösung bzw. Rekapitulation stellen kann, sodass Evangelisierung zugleich Humanisierung ist und umgekehrt. Chenus Beitrag *Die Aufgabe der Kirche in der Welt von heute* in dem von Guilherme Baraúna herausgegebenen Kommentarband zu *Gaudium et spes* geht folglich nicht auf Details etwa der Amtsfrage ein – das war die Domäne Congars. Das wesentlich von Congar mitgestaltete Dekret *Presbyterorum ordinis* über Dienst und Leben der Priester, wo in Nr. 9 das Verstehen der Zeichen der Zeit als Priestern und Laien gemeinsame Aufgabe bezeichnet wird,[204] zitiert er nicht, da es ihm insbesondere um die vollgültige Anerken-

[201] Dazu Chenu, Les signes des temps – Réflexion théologique, 222.
[202] Ebd., 225.
[203] Chenu, Die Aufgabe der Kirche in der Welt von heute, 237.
[204] Zu Congars Mitarbeit an PO s. ders., Mon journal du Concile, Band 2, 511 (7. Dezember 1965): „De Presbyteris: das ist eine Redaktion, die zu drei Vierteln auf Lécuyer, Onclin, Con-

nung der gleichen Würde aller Getauften als Teil von Welt und Kirche geht. Chenu stellt vielmehr für die Ekklesiologie Congars einen geschichtstheologischen Rahmen bereit, der in den einzelnen ekklesiologischen Fragen hintergründig wirkt. Zentrales Element dieses Rahmens, der den Dialog zwischen Paul VI. und Skydsgaard und die Struktur der *Summa theologiae* des Thomas von Aquin verbindet,[205] ist für Chenu im Anschluss an Edward Schillebeeckx die Überwindung jeder Art von Dualismus.[206] Dies ist auch der Grund für Chenus heftige Kritik an der genannten „üblen Parole".

Der zuletzt genannte Beitrag Chenus ist überdies auch insofern von Interesse, als sich an ihm seine Konzilsinterpretation mit der von Congar direkt vergleichen lässt. Denn auch Congar, der an der Redaktion von *Gaudium et spes* sehr viel stärker beteiligt war, hat just die Abschnitte 40–45 kommentiert. Zwar war das Format etwas anders – Congars Kommentar erfolgte im Rahmen der Ergänzungsbände des *Lexikons für Theologie und Kirche*, wo die Nummern der jeweiligen Dokumente fortlaufend kommentiert wurden –, jedoch finden sich ähnliche Motive wieder. Dies betrifft v.a. den geschichtstheologischen Rahmen, die Überwindung von Dualismen aller Art durch eine gnadentheologische Grundlegung sowie den daraus folgenden Dienstcharakter der Kirche in ihrer Wechselseitigkeit mit der Welt. Congars Kommentar, der hier von „zwei konzentrischen Kreisen"[207] spricht, bringt die gemeinsame theologiegeschichtlich generierte Sensibilität für Problemstellungen ein, die bereits im *Projekt einer Geschichte der Theologie* zum Ausdruck kam. In seinen Ausführungen zum Verhältnis von „Zeitlichem" und „Geistlichem" verweist Congar auf Chenus Artikel *Consecratio mundi*, um ein Ineinander von Glaube und Geschichte bzw. Evangelium und Zivilisation denken zu können. Die Autonomie der irdischen Wirklichkeiten anerkennt er wie Chenu als Bedingung dafür, dass sie durch den christlichen Umgang mit ihnen eschatologisch finalisiert werden können. Wie Chenu bedauert auch Congar, dass das Motiv des messianischen Volkes Gottes nicht eigens aufgeführt wurde, wenngleich es der Sache nach enthalten sei. Ein komplementärer Akzent des Ekklesiologen Congar gegenüber Chenu findet sich in dessen Kommentar zu GS 45. Hier verknüpft er das auch für *Lumen gentium* zentrale Motiv der Kirche als universalem Heilssakrament mit der Christologie der Pastoralkonstitution, die hier im Bekenntnis zu

---

gar beruht. Habe das Proömium neu erarbeitet, die Nummern 2–3, habe die erste Redaktion der Nummern 4–6 gemacht, habe die Überarbeitung der Nummern 7–9, 12–14 und die Zusammenfassung gemacht, deren zweiter Absatz von mir stammt". Für den Zusammenhang der Mitarbeit Congars (und Férets) an PO s. auch Quisinsky, Geschichtlicher Glaube, 377–402.

205 Chenu, Die Aufgabe der Kirche in der Welt von heute, 231.

206 Ebd., 236.

207 Congar, Kommentar zum vierten Kapitel des ersten Teils, 398.

Christus als Alpha und Omega einen Höhepunkt hat. Gerade als „Zeichen und Werkzeug" (LG 1) verbindet ja die Kirche Konkretion und Universalität von Christus her und auf ihn hin, was dann für Congars ekklesiologische Kärrnerarbeit in den nachkonziliaren Debatten zentrale Leitkategorie war.[208]

Chenus Verbindung der konziliaren Christologie mit der Ekklesiologie der Sakramentalität impliziert auch seine Verbindung von Dogma und Pastoral – und umgekehrt. Er selbst hat in der Christologie der Pastoralkonstitution noch einen anderen Akzent hervorgehoben, der seinerseits viele mit Congar gemeinsam vertretene Anliegen explizierte. Es handelt sich um die erneuerte und erneuernde Integration ostkirchlicher Denkformen in die Christologie. Damit schließt sich auch insofern ein Kreis, als Chenu selbst ja zu Beginn des Konzils in seiner Zusammenarbeit mit den melkitischen Bischöfen darauf hinzuwirken suchte, dass das Konzil sich der heilsökonomischen Spiritualität und Theologie des christlichen Ostens öffnet. Das Rekapitulationsmotiv, das für Chenus Geschichts- und Pastoraltheologie zentral war, konnte denn auch in der Tat als traditioneller und insbesondere im orientalischen Christentum wachgehaltener Ausdruck der Christologie in die Pastoralkonstitution einfließen. Damit lässt sich die lebendige Tradition als verwandelnde Dynamik des Christlichen in der Welt auf dem Weg zu ihrer Vollendung denken. Auf diese Weise konnte Chenu zugleich sein bislang letztlich immer etwas abstraktes „Gesetz der Inkarnation" noch einmal völlig neu an Jesus Christus rückbinden. So konnte er „die Aussagen über den Tod und die Auferstehung Christi den Text hindurch aufmerksam verfolgen und auch die Überschrift von [GS] Nr. 38 zu schätzen wissen: ‚Das im Ostergeheimnis zur Vollendung geführte menschliche Schaffen'"[209]. Für Chenus Inkarnationstheologie ist dies, auch vor dem Hintergrund der kreuzestheologisch motivierten „deutschen" Kritik am „französischen" Schema XIII, eine bedeutende Ergänzung hin zu einer auferstehungstheologischen Komplementarität.

Mit GS 38 kann Chenu die sowohl konkrete als auch universale Bedeutung der Inkarnation neu aussagen: „Das Wort Gottes, durch das alles geworden ist, ... ist als wirklicher Mensch in die Geschichte der Welt eingetreten, hat sie sich zu eigen gemacht und in sich zusammengefaßt ... und belehrt uns zugleich, dass das Grundgesetz der menschlichen Vervollkommnung und deshalb auch der Umwandlung der Welt das neue Gebot der Liebe ist"[210]. Im Fortgang von GS 38 wird diese Christologie durch die Geistesga-

---

[208] Einen guten Überblick bietet hierfür das i. Ü. aufgrund seiner eher zusammenfassenden Anlage in Congars Gesamtwerk wenig innovative und daher kaum noch bekannte Buch Congar, Église catholique et France moderne. Besonders aufschlussreich ist dessen Lektüre ausgehend von den heutigen Debatten in der französischen Kirche.

[209] Chenu, Die Aufgabe der Kirche in der Welt von heute, 242.

[210] GS 38, zit. nach ebd., 243, Auslassungen von Chenu.

ben und die eucharistische Dimension des Glaubens akzentuiert. Darauf geht Chenu allerdings nicht ein, sondern arbeitet die chalcedonensische Struktur der so grundgelegten konkreten und universalen Christologie heraus. Denn für ihn ist „(i)n dieser Theologie der Inkarnation […] die Unterscheidung der beiden ‚unvermischten und unverwandelten' Naturen Voraussetzung der Synthese. Und hier im Geheimnis selbst, in der ungebrochenen Einheit der zwei unversehrten Naturen, ist die Autonomie der irdischen Wirklichkeiten, der Eigenwert der wissenschaftlichen und ethischen Disziplinen, der eigene Platz der Laien innerhalb des Gottesvolkes grundgelegt. Die Unterscheidung der zwei Naturen gibt der menschlichen Natur den Weg frei, sich mit ihrem ganzen positiven Gehalt für die Verwirklichung der Synthese einzusetzen, welche die Welt und Gott verbinden muss […]. Gerade dadurch, dass Gott und Mensch hier bis zur Begegnung in einer einzigen Person einander nahekommen, wird sozusagen aus unmittelbarer Nähe sichtbar, dass Gott, ewig und unzugänglich, anders ist als der Mensch, und dass der Mensch sein Heil nicht in der Richtung eines Aufgebens seiner Natur zu suchen hat."[211] Und just hier zeigt sich denn auch die eigentliche Grundlage für die epochale Bedeutung, die Chenu dem II. Vaticanum in der Geschichte des Glaubens an Jesus als den Christus zuschreiben kann: „Wir sind hier mitten im Gedanken- und Geistesstrom des Konzils von Chalzedon. Das Zweite Vaticanum – im herrlichen und schrecklichen zwanzigsten Jahrhundert mit seinem wissenschaftlichen Aufstieg, mit seiner Herrschaft über den Kosmos und seiner gewaltigen Vergesellschaftung – bekundet unseres Erachtens dieselbe Einsicht in das christliche Mysterium und hat trotz der Unvollkommenheit einiger Äußerungen dieselbe christologische Dichte."[212]

Der ostkirchliche Akzent kommt in diesen Passagen durch ausführliche Verweise auf Maximus Confessor zum Tragen, für die Chenu sich wie bereits in den entsprechenden Passagen seiner Theologie der Arbeit auf Hans Urs von Balthasar beruft. Maximus Confessors Theologie interpretiert für ihn das chalcedonensische Prinzip in herausragender Weise, an die dann sowohl Thomas von Aquin anknüpfen konnte als sie auch eine Nähe zu Pierre Teilhard de Chardin aufweist. Bevor Chenu abschließend dem maronitischen Kardinal Pierre-Paul Méouchi (1894–1975) das Wort überlässt und dessen Konzilsintervention zur kosmischen Bedeutung der Auferstehung vom 24. September 1965 zitiert, kann er bilanzieren: „In der Konstitution ‚*Gaudium et spes*' des Zweiten Vaticanum beobachten wir also wie bei den griechischen Kirchenvätern eine höchst bedeutsame Verknüpfung der verschiedenen Linien einer christlichen Anthropologie: Annahme und Erhebung der

[211] Ebd., 243f.
[212] Ebd., 244.

ganzen menschlichen Natur als Grundfaktum der Inkarnation, Hoffnungsfreude in Hinsicht auf den Menschen, der so der Vergöttlichung fähig ist, selbst da, wo er den Prozeß der Humanisierung vorantreibt, wirksames Engagement des Christen und seiner Gemeinschaft (Kirche) in der Welt und in der Geschichte als Kriterium der Wahrheit."[213] Nur am Rande sei bemerkt, dass diese Anthropologie als „Ökonomie des Wortes Gottes"[214] offenbarungstheologisch auch in der Überwindung des Dualismus von Immanenz und Transzendenz in DV 12 grundgelegt und zugleich „Gesetz der Evangelisierung"[215] ist.

2.4.2. Liturgiekonstitution *Sacrosanctum Concilium*

In dem in GS 38 zum Ausdruck gebrachten österlichen Mysterium verortet Chenu auch das Wesen der Liturgie. In seinem Beitrag *Anthropologie de la liturgie* für den 1967 herausgegebenen Kommentarband zu *Sacrosanctum Concilium* in der Reihe *Unam Sanctam*[216] will er davon ausgehend aufzeigen, dass die Repräsentation des Mysteriums Christi in der Liturgie zugleich die anfanghafte Verwandlung aller Wirklichkeit im Horizont der *Recapitulatio* als Dynamik und Ziel dieses Mysteriums beinhaltet. Dabei ist der Mensch in der Geschichte in gleicher Weise *homo liturgicus* und in der geschichtlichen Situation der Konzilszeit *homo technicus*. In diesem Sinn unternimmt Chenu es, eine „liturgische Anthropologie"[217] zu entwickeln. Die Erneuerung des Zusammenhangs zwischen Liturgie und Anthropologie ist die zentrale Errungenschaft der Liturgiekonstitution *Sacrosanctum Concilium*. Diese ist „ganz und gar durchdrungen" von einer christlichen Anthropologie, die wiederum ihre Gestalt in einer Liturgiereform gewinnt, und dies „nicht nur in der institutionellen Anwendung, sondern in der inneren Invention"[218]. Der Zusammenhang von Liturgie und Anthropologie ermöglicht denn auch eine „Konvergenz von Liturgiereform und Evangelisierung"[219]. Diesem Anliegen waren bereits Chenus Überlegungen in der Nachkriegszeit gewidmet, die er zu den Arbeiten des *Centre national de pastorale liturgique* beisteuerte und auf die dieses nach dem Konzil zurückgreifen konnte.[220]

---

213 Ebd., 245.

214 Chenu, Un'antropologia rinnovata, 303.

215 Ebd.

216 Chenu, Anthrologie de la liturgie.

217 Ebd., 159.

218 Chenu, Présentation, in: Laurentin, La liturgie en chantier, 9.

219 Ebd., 10.

220 1947 veröffentlichte er in der Zeitschrift *La Maison-Dieu*, die für die Liturgische Bewegung in Frankreich eine zentrale Rolle spielte, einen Aufsatz, dessen Titel *Anthropologie et li-*

Chenu selbst nahm an diesen Entwicklungen lebhaften Anteil und befürwortete die Bemühungen um eine „Pastoralliturgik“[221]. Der Zusammenhang von Liturgie und Leben ist Ausdruck und steht im Dienst eines umfassenden Evangelisierungsgeschehens, das den ganzen Menschen als Teil der Wirklichkeit insgesamt im Blick hat, wie sie Chenus Geschichtstheologie zu fassen sucht. Von diesem Grundgedanken her entfaltet er seine Überlegungen zum Symbolcharakter der Riten, zur Volkssprache in der Liturgie[222], zu liturgischen Geräten, zu liturgischen Orten (hier bezeichnet er seinen Zugang als „relativistisch“, was nicht zuletzt mit Blick auf Neubaugebiete in der Pariser *Banlieue* aber v. a. als pragmatisch zu verstehen ist) und Zeiten (bzgl. des liturgischen Kalenders insbesondere mit Blick auf Sonn- und Feiertage sieht er einen ähnlichen Relativismus als nicht möglich an). Nebenbei erlaubt er auch einen anekdotischen Einblick in seine eigene pastoralliturgische Praxis bzw. seinen pastoralen Umgang mit liturgischen Fragen. Grundsätzlich gibt er zu bedenken, dass die Hirten für die Einhaltung der Regeln Sorge zu tragen haben, da dies für die Gemeinschaft notwendig ist, dass sie aber auch davon dispensieren können, da dies in konkreten Situationen für die Gemeinschaft ebenso notwendig sein kann.[223] Entscheidend, auch für die Frage nach Kriterien für das eine wie das andere, ist demnach die „mystische Communio“[224] im Rahmen einer Kirche, die sich im Sinne von LG 1 als Sakrament versteht.

Chenus Abhandlung *Anthropologie de la liturgie* ist unterteilt in ausführliche Darlegungen der Situation des Menschen, seiner Ausdrucksformen und Repräsentationen im Allgemeinen sowie der liturgischen Formen im Besonderen. Dass er dabei als Beispiele v. a. die elementarsten Aspekte der Liturgie – z. B. das Brot oder die Osterkerze – wählt, zeigt, wie sehr es ihm hier um das Grundsätzliche geht. Er greift die auch von Dietrich Bonhoeffer verwendete[225] und im Umfeld des Konzils in Frankreich einflussreiche Unterscheidung zwischen „Religion“ als menschlicher Unternehmung und „Glaube“ als gna-

---

turgie er nach dem Konzil fast gleichlautend aufgreifen sollte. Für die Rolle dieses und anderer Beiträge Chenus siehe Brulin, Les mutations liturgiques en France, 129.

221 Chenu, Evangelizzazione e sacramenti nell'incontro tra la Chiesa e il mondo d'oggi, 96.

222 Übrigens verweist er als Beispiel für die Übersetzungsproblematik, die unter Papst Benedikt XVI. die französischsprachigen Katholik*innen erneut beschäftigte, auf die auch in der letzten Revision des Messbuchs erneut umstrittene Übersetzung für „Kelch“: die nachkonziliare umgangssprachlich orientierte Übersetzung „*la coupe*“ sollte durch das dem Lateinischen nähere Wort „*le calice*“ ersetzt werden, das allerdings im französischsprachigen Québec als Fluch verwendet wird, vgl. Chenu, Evangelizzazione e sacramenti nell'incontro tra la Chiesa e il mondo d'oggi, 115.

223 Chenu, Evangelizzazione e sacramenti nell'incontro tra la Chiesa e il mondo d'oggi, 110.

224 Ebd., 109.

225 Vgl. Chenu, Les communautés naturelles, 140 Anm. 2. Hier unterscheidet Chenu allerdings den Gebrauch, den er selbst und mit ihm andere katholische Theologen von der Unter-

denhaft gewirktem Verhältnis zu Gott auf. Damit will er zeigen, wie letzteres erstes in den Dienst nimmt und weist ihm damit auch im Christentum eine legitime Rolle zu: „Die ‚Religion‘ wird der Ort der Inkarnation des Glaubens“[226]. Dies kann aber nur gelingen, wenn neben den grundsätzlichen Bedingungen menschlichen Weltverhältnisses und menschlicher Vernunfttätigkeit und Körperlichkeit auch deren konkrete, d.h. geographisch und kulturell bedingte Besonderheiten gewürdigt werden. M. a. W. entwickelt Chenu eine grundsätzliche Begründung der Inkulturation.

Bei alledem geht es ihm um die menschliche Authentizität der Liturgie als Vergegenwärtigung des Mysteriums, damit die „menschliche Realität [...] transfiguriert und Theophanie“[227] werden kann. Dazu gehört freilich auch, dass eine Dissoziation von Vernunft und Körperlichkeit bzw. Sinnlichkeit, für die er Descartes und Kaiser Joseph II. als Beispiele nennt und denen spiegelverkehrt Magie und Aberglauben entsprechen, die „liturgische Erkenntnis“[228] verunmöglichen. Eine solche verlangt nach einem entsprechenden Umgang mit der Dimension des Symbols. Dieses ist, anders als etwa die Erklärung, die angemessene Kategorie, um das Mysterium auszudrücken – „wenn das Symbol eine Erklärung verlangt, versagt es“[229]. Deshalb ist das Symbol auch keine Allegorie: wenn die Aspekte des Brotes (Form, Farbe, chemische Bestandteile) oder der Osterkerze (Wachs, Docht, Flamme) allegorisch gedeutet werden, zerstört dies letztlich den Zusammenhang von Mysterium und Symbol. Umgekehrt müssen die Symbole dann aber auch von sich aus „sprechen“ und dürfen kein Geheimwissen voraussetzen. Dies gilt jenseits von Subjektivismus einerseits und Rubrizismus andererseits auch für die individuellen und gemeinschaftlichen liturgischen Riten und Gesten an der Schnittstelle von „Körper und Seele“[230], wie Chenu in einem Vorwort zu einem entsprechenden Buch des Liturgikers André Laurentin (1922–1997), Priester der *Mission de France* und während des Konzils Pfarrer von St. Hippolyte im 13. Arrondissement, aufzeigt. Wo Symbole sprechen, kann „die Sünde einer gewissen aristokratischen Liturgie“ überwunden und dem „Ruin der Versammlung des Volkes“[231] Vorschub geleistet werden. Hierfür benötigt es eine Theologie, die die anthropologischen Grundlagen und

---

scheidung machen, vom „Exzess“, den seines Erachtens Bonhoeffers Theologie in diesem Punkt darstellt.

[226] Chenu, Anthropologie de la liturgie, 167.

[227] Ebd., 170.

[228] Ebd., 167.

[229] Ebd., 173.

[230] Chenu, Présentation, in: Laurentin, La liturgie en chantier, 10.

[231] Ebd., 11.

Zusammenhänge der Sakramentalität des Mysteriums herausarbeiten und entfalten kann.[232]

In seinem Beitrag *Pour une anthropologie sacramentelle* zeigt Chenu auf, wie die Theologie Sakramentalität und Mysterium auf menschliche Weise fassen kann. Sie kann dies ausgehend von der Einsicht, dass Gott umso mehr Gott ist, je mehr der Mensch Mensch ist und dass analog dazu die Theologie umso mehr Theo-logie ist, als sie als menschliche Wissenschaft menschlich ist.[233] In diesem Sinn begründete beispielsweise Thomas von Aquin gegen die Mehrheitsmeinung seiner Zeit die Siebenzahl der Sakramente mit den Knotenpunkten der menschlichen Biographie.[234] Ähnlich sieht Chenu, wie er ein Jahr später in einem Vergleich zwischen Thomas von Aquin und Bonaventura darlegt, mit ersterem die Sakramentalität gerade im Eigenwert der von Gott ins Dasein gerufenen irdischen Wirklichkeit und nicht wie letzterer in einem sekundär hinzukommenden kultischen Akt grundgelegt.[235] Damit aber geht ein Sakramentenverständnis einher, das nicht mehr an Sünde und Defizit ausgerichtet ist, sondern an der Bestimmung des Menschen, vergöttlicht zu werden. Dies beinhaltet eine Aufwertung der Materie, insofern diese in den Dienst dieser Vergöttlichung gestellt wird. Je menschlicher und „symbolischer“ (d. h. durch den Vollzug in sinnlich-ganzheitlicher Weise erfassbar das Mysterium vergegenwärtigend) die Sakramente sind, desto authentischer sind sie – eine Gegenposition zu Rubrizismen aller Art. Chenu bedauert, dass die mittelalterliche Theologie nicht die Ontologie des Dionysius Areopagita stärker rezipiert habe, die von einer gestuften Emanation Gottes und einer entsprechend dazu gestuften Teilhabe des Menschen an Gottes Wirklichkeit ausgehe und dies im Rahmen der Analogielehre des IV. Lateranense konzeptualisiere. Eine solche Vision würde es Chenu zufolge jenseits der Engführungen des Augustinismus und der Schwachstellen der thomasischen Lehre der Kausalitäten und sogar noch über die nicht spannungsfreie Philosophie Maurice Blondels hinaus ermöglichen, Gott als der Materie immanent zu denken, die Materie aber vom *desiderium naturale videndi Deum* her zu fassen.[236] Auf diese Weise wäre eine „sakramentelle Anthropologie“ eine Schnittstelle zwischen Kosmos und Geschichte. In diesem Sinn kann man bei Chenu auch von einem sakramentalen Weltverständnis sprechen: „Das christliche Mysterium ist sakramen-

[232] Chenu, Anthropologie de la liturgie, 167; vgl. auch ders., Profanidad del mundo – Sacramentalidad del mundo.

[233] Chenu, Pour une anthropologie sacramentelle, 87.

[234] Ebd., 89. Dass dies im Rahmen der „chrétienté“ bestimmte soziologische Aspekte beinhaltete, ändert Chenu zufolge nichts an der grundsätzlichen Bedeutung.

[235] Chenu, Profanidad del mundo – Sacramentalidad del mundo.

[236] Chenu, Pour une anthropologie sacramentelle, 94.

tal“[237]. Die gefeierten Sakramente aber wären, ganz in der Linie von Romano Guardini, Cipriano Vagaggini (1909–1999) und Pierre Teilhard de Chardin, Zusammenfall von menschlicher und himmlischer Liturgie und dies umso mehr, je menschlicher sie sind: „Anders gesagt: die Gesamtheit des Mysteriums, einschließlich seiner Sakramentalität, findet seinen Realismus ausgehend vom Menschen. Gegen alle Spiritualismen das gesamte Wesen des Menschen; gegen die Individualismen der Mensch als Gemeinschaftswesen; gegen das Außerhalb-des-Kosmos-Stehens der Mensch als Herr der Welt.“[238]

Sein Verständnis von Liturgie konkretisiert Chenu in einem Zeitungsbeitrag aus dem Jahre 1968, der anlässlich der Reise Pauls VI. zum Eucharistischen Weltkongress nach Bogotà in *La Croix* erschien. Ausgehend von grundsätzlichen Erwägungen zum Öffentlichkeitscharakter der eucharistischen Liturgie sowie ihrer dreifachen Zeitdimension – Vergangenheit, Gegenwart, Zukunft – arbeitet er die „Architektur des sakramentalen Symbols“[239] heraus. Im Mittelpunkt müsste demzufolge erneut die Brotteilung stehen, von der her dann auch sekundäre Frömmigkeitsformen wie die Anbetung zu konzipieren sind – und nicht umgekehrt.[240] Von diesem Ansatzpunkt aus ist es naheliegend, dass das Teilen des eucharistischen Brotes vom Teilen des täglichen Brotes sekundiert werden muss und beide aufeinander zu beziehen sind. Dass dies angesichts des Hungers in Lateinamerika eine besondere Dringlichkeit beinhaltet, entzieht umso mehr jeglichem in Zeiten des Priestermangels aufkommendem Verdacht die Grundlage, demzufolge die zentrale Stellung der Eucharistie als „Quelle und Höhepunkt“ des kirchlichen Lebens (vgl. LG 11) eucharistiezentriert sein könnte. Freilich setzt dies eine entsprechende Feierform wie auch eine entsprechende Ekklesiologie voraus, die zugleich von der in der Liebe realisierten „Wahrheit der Eucharistie“[241] genährt wird.

---

[237] Chenu, Foi et langage, 9.

[238] Chenu, Pour une anthropologie sacramentelle, 99. Die letztgenannte Formulierung bezieht sich auf den Schöpfungsauftrag im Buch Genesis. Sie erklärt sich auch durch den vorgängigen Verweis auf eine Kritik des Konzilstheologen Henri Denis an Jürgen Moltmann, der die „epiphanische Dimension der Welt“ (ebd.) nicht ausreichend berücksichtige, also die Verweisstruktur der Schöpfung auf das von Gott gewollte Heil.

[239] Chenu, Paul VI à Bogotà: La vérité de l'Eucharistie.

[240] Chenu betrachtet eine exzessive und in den Vordergrund rückende Anbetungsfrömmigkeit, die er als solche keineswegs ablehnt, in der Vergangenheitsform. Dass er damit eine auch emotionale Dimension angesprochen hat, zeigt sich in einer Bedeutung, die bestimmte Gruppen heute gerade in Frankreich der Anbetung zusprechen und dabei den Eindruck nicht immer vermeiden können, dass es eher um eine theologische und kirchengeschichtliche Positionierung als um eine eucharistische Perspektivierung christlichen Lebens und Denkens geht.

[241] Chenu, Paul VI à Bogota: La vérité de l'Eucharistie.

Als eigentlichen Zugang zur Liturgie, an die weder Katechismus noch Rubrizismus auch nur annähernd heranreichen können, bezeichnet Chenu in seinem Konzilskommentar die Initiation.[242] Auch er selbst ist in diesem Sinn ein Kind der Liturgie – und wie dieser Beitrag zeigt, hat das Konzil diese bislang wenig beachtete Saite in Chenus Denken ganz neu zum Schwingen gebracht. Ausdrücklich verweist er auf den Beitrag Congars im selben Band, der die Liturgie als Feier der ganzen Kirche zum Thema hat.[243] Chenu selbst begründet dies nicht etwa von *Lumen gentium*, sondern von *Gaudium et spes* her, wo diese Kirche, die als Ganze Liturgie feiert, als in der Welt von heute befindlich und als Teil der Geschichte charakterisiert wird. So können die Beiträge von Chenu und Congar auch im Licht der beiden Perspektiven „nach außen" und „nach innen" gelesen werden, die sich, wie beide Beiträge zeigen, durchdringen. Dies hat dann freilich gewichtige Auswirkungen auf die Ekklesiologie im Allgemeinen und die Amtstheologie im Besonderen.

2.4.3. Erklärung über die Religionsfreiheit *Dignitatis humanae*

Als eine der wesentlichen Errungenschaften des Konzils betrachtet Chenu auch die Erklärung über die Religionsfreiheit. Dass sie überhaupt zustande kam, ist für ihn ein Verdienst von Augustin Kardinal Bea. Als Präsident des Sekretariats für die Förderung der Einheit der Christen wurden diesem die Vorbereitungen übertragen und nicht etwa der Theologischen Kommission unter Kardinal Ottaviani. Wie die Erklärung auf dem Konzil zustande kam, ist zugleich ein Schlüssel für ihre grundsätzliche theologische Bedeutung. Denn es war nicht zuletzt der ökumenische Dialog, der ein Bewusstsein für dieses Thema geschaffen hat und über den es dann Eingang in die Konzilsdiskussionen gefunden hatte. Das ist für Chenu Ausdruck des Charakteristikums jeglicher Freiheit, dass sie sich nämlich immer „innerhalb von Konditionierungen, sei es individueller, sei es kollektiver Art"[244] Ausdruck verschafft – „die Freiheit hat fleischliche Bedingungen"[245]. Dies erklärt nach Chenu auch, warum die Religionsfreiheit auf dem II. Vaticanum völlig anders behandelt wurde als im Syllabus von 1864. Es wäre nun allerdings falsch, dies lediglich als äußere Umstände abzutun, die zu einer anderen politischen Bewertung des Themas geführt hätten, derzufolge eine mehr und mehr als Minderheit sich empfindende Christenheit nun aus Eigennutz und Opportunismus den Wert der Freiheit entdeckt hätte. Vielmehr zeigte das II. Vatica-

---

242 Chenu, Anthropologie de la liturgie, 174.

243 Ebd., 176. Vgl. Congar, L'„Ecclesia" ou communauté chrétienne.

244 Chenu, Exigences présentes de la liberté religieuse, 71.

245 Ebd.

num auf, dass die allen Menschen zugängliche „naturrechtliche“[246] Erkenntnis, die im Hintergrund der Menschenrechtserklärung 1948 steht, just der Glaubenerkenntnis entspricht, dergemäß der Glaube selbst eine umfassende Freiheit des Menschen begründet und fordert.

Ohne es so zu nennen, praktiziert Chenu hier eine „Autonome Moral“ im Sinne von Alfons Auer (1915–2005) und anderen. Demnach ermöglicht das Zusammenspiel von allgemeiner Erkenntnis und Glaubenserkenntnis zum einen einen echten Dialog zwischen Glaubenden und Nichtglaubenden, in dem die rational begründete Menschenwürde die fundamentale Gemeinsamkeit darstellt. Zum anderen kann der Glaubende die Wahrheit eines Glaubens bezeugen, der als „*communion* mit dem Mysterium“ ein Verständnis von Freiheit beinhaltet, das proportional zum Grad der Liebe als Grund und Ziel dieses Mysteriums wächst. In diesem Sinn meint christliches Zeugnis („*témoignage*“) mehr als nur Toleranz. Insofern eine solche sich letztlich nicht für den/die Andere*n als Subjekt interessiert und damit einen „wahrhaftigen und authentischen Dialog“[247] ausschließt, genügt Toleranz nicht, um der Gewissensfreiheit gerecht zu werden.

Für Chenu stellten die Konzilsdokumente eine Bestätigung seiner Intuitionen dar. Indem er die Konzilsdokumente auslegte, entfaltete er zugleich seine Intuitionen in neuer Weise – und umgekehrt. Was er an einzelnen Dokumenten entwickelte, erfolgte dabei im Horizont grundsätzlicher Überlegungen zur Rolle des Konzils und seiner Auslegung.

2.5. Konzilshermeneutik

2.5.1. Das Konzil als geistgewirkte Dynamik

Für Chenu löste das II. Vaticanum eine Dynamik aus, die mit dessen Abschluss am 8. Dezember 1965 keineswegs an ein Ende kam. Wegweiser in den damit verbundenen Veränderungen und Chancen blieb für Chenu die Eröffnungsansprache Johannes’ XXIII. mit ihrer Unterscheidung von Inhalt und Form der Glaubenswahrheit: „Dieses Programm, das vom Konzil bestätigt und aufgenommen wurde, ist heute die Richtschnur der Arbeit und der Bewegung in der Kirche.“[248] Dabei geht es allerdings nicht um Äußerlichkeiten, so als würde ein Kind seiner Puppe neue Kleider anziehen oder ein

[246] Ebd., 73.75 – Chenu selbst setzt den Ausdruck in Anführungszeichen, da er ihn in diesem Zusammenhang nicht problematisieren kann und lediglich behelfsmäßig verwendet.

[247] Chenu, Exigences présentes de la liberté religieuse, 74.

[248] Chenu, Ce qui change et ce qui demeure, 91.

Händler dieselbe Ware unterschiedlich verpacken.[249] Vielmehr müsse aus dem Inneren des Glaubens die „immer identische und immer neue Wahrheit des Mysteriums“[250] erfasst werden, wozu es des ganzen Menschen in der Vielfalt seiner Möglichkeiten und Grenzen bedarf.

Über einzelne Themen und Fragen hinaus reformierte das Konzil die Kirche – im Wortsinn ermöglichte es ihr, wieder zu einer dem Evangelium gemäßen Form zu gelangen. Dies geschah zunächst durch das bloße Stattfinden des Konzils, insofern sich die Kirche auf diese Weise „im Evangelium anschaute“, wie Chenu mit Congar sagt.[251] Dadurch kam es zu einer „Infragestellung“[252] und „Selbstkritik“[253] der Kirche, wie sie für Chenu wohl keine andere „irdische Institution“[254] durchgeführt hat. Dabei wurde sie sich einerseits auf der kulturellen und gemeinschaftlichen Ebene als Weltkirche bewusst und gab tatsächlich auch verschiedensten Teilen der Welt eine Stimme. Andererseits stellte sie den Wert des religiösen Subjekts neu heraus, insofern als „neue Realität [...] der Sinn des Primats des Wortes Gottes im christlichen Leben, der sich im Gewissen ausdrückt“[255] aufgegangen sei. Beides ist für Chenu unabdingbar, damit die Kirche mehr und mehr ihrer wahren „Katholizität“[256] entgegengehen kann. Dafür sind insbesondere auch die jungen Kirchen von größter Bedeutung: „Mit dem Zugang der sich in Entwicklung befindlichen Völker und durch den Eintritt der sogenannten Dritten Welt in das kollektive Bewusstsein der Menschheit eröffnet sich der Kirche die Chance eines Neuanfangs, der gegen kulturelle und theologische Blockaden in einem evangelischen Erwachen ihre angeborene Berufung zur Universalität verwirklicht. Missionarisch geworden engagiert sich die Kirche in der Welt und greift deren Mutationen auf. Sie wird endlich die ‚katholische‘ Kirche sein.“[257]

Immer deutlicher sieht Chenu die Notwendigkeit, die pneumatologische Dimension des Glaubens hervorzuheben, wie es insbesondere auch vom östlichen Christentum zu lernen ist. Während Congar dieselbe Intention dadurch verfolgt, dass er zunächst akribisch die pneumatologische Dimension des II. Vaticanums aufarbeitet[258] und in der Folge dann sein großes Alters-

[249] Ebd. S. auch ders., Théologie et recherche interdisciplinaire, 70.

[250] Chenu, Ce qui change et ce qui demeure, 91.

[251] „L'Église se regarde dans l'Évangile“, zit. nach Chenu, Un pontificat entré dans l'histoire, 191; ders., Un concile à la dimension du monde, 672.

[252] Chenu, L'Église cinq ans après, 27.

[253] Ebd.

[254] Ebd.

[255] Ebd.

[256] Ebd.

[257] Chenu, Préface, in: Joinet, Les Africains m'ont libéré, 11.

[258] Congar, La pneumatologie dans la théologie catholique.

werk *Je crois en l'Esprit Saint* vorlegt[259], ist Chenu ganz visionär: „Ich selbst habe mit einer hochgestellten Persönlichkeit der Kirche (es war Kardinal Suenens) vom III. Vaticanum gesprochen, das, wie man schon sagt, nicht mehr wie [das II. Vaticanum] von Christus und der Kirche handeln würde, sondern vom Heiligen Geist."[260] Und damit meint Chenu „nicht nur den Heiligen Geist dort oben an der Spitze, sondern in der Vorstellungskraft, im Erfindevermögen, in den Sensibilitäten, in den Verhaltensweisen, die sehr viel mehr als die theologischen Schulen Orte dieses Erfindungsvermögens sind. Ja, ich bin für ein drittes Vaticanum über den Heiligen Geist, aber dieses wird nur zum Erfolg führen, wenn wir über die menschlichen Basiselemente für dieses geistliche Aufwallen verfügen."[261] Für Chenu bedarf es also einer pneumatischen Kirche und einer pneumatologischen Ekklesiologie. Gerade deshalb ist übrigens die Fruchtbarkeit des Geistes nicht auf einige charismatisch genannte Bewegungen und Phänomene zu beschränken. Vielmehr gilt es, den Glauben des gesamten Gottesvolkes als geistgewirkt und damit in diesem umfassenden Sinn „charismatisch"[262] verstehen zu lernen. Eine Nähe zu Kardinal Suenens, der der aufkommenden charismatischen Bewegung mit großer Sympathie gegenüberstand, zeigt sich in Chenus Verständnis von Charismen, die er nicht als individuelle und damit besondere Geistesgaben verstand, sondern im Zusammenhang mit dem „Gemeinschaftsbewußtsein des ‚Gottesvolkes"[263]. Als solche stehen sie einerseits im Dienst der „Mitverantwortung aller am Aufbau der Kirche", sind aber andererseits „an sich nicht ‚institutionalisiert'"[264] bzw. von der Institution als solcher initiiert.

2.5.2. Das Konzil als Prozess über Buchstabe und Geist hinaus

Für Chenu war das Konzil ein kollektiver Bewusstwerdungsprozess, der nur als Gemeinschaftserlebnis der in Rom versammelten Bischöfe und Theologen möglich war. Zwar wurden konziliare Texte erarbeitet, die von grundlegender Bedeutung sind – und es ist in der Tat bemerkenswert, wie nah am Text des Konzils Chenu in vielen Artikeln der 1960er und 1970er Jahre argumentiert und wie oft er das Konzil über einige Schlüsseltexte (darunter v. a. GS 44) hinaus zitiert. Allerdings sind Texte nicht alles und sie sind als Ausdruck einer relationalen Dynamik zu lesen: So „ist es sehr bedeutsam, dass diese Texte, die eine Art Protokoll [des Bewusstwerdungsprozesses] sind, keine Texte

[259] Congar, Je crois en l'Esprit Saint.

[260] Chenu, L'Église cinq ans après, 30. S. auch Chenu, Zorn aus Liebe, 87.

[261] Chenu, L'Église cinq ans après, 31.

[262] Ebd., 32.

[263] Chenu, Die Neubelebung der trinitarischen Grundstruktur der Kirche, 457.

[264] Ebd.

sind, die eine Debatte beenden, wie das auf einem Konzil immer (oder fast immer) der Fall ist, sondern Texte, die auf Zukunft hin öffnen."[265] Es handelt sich um „prophetische Texte"[266], die erst durch ihre „Realisierung […] ihre volle Bedeutung erlangen"[267]. Das Konzil ist in diesem Sinn kein „Katalog von Referenzen", in dem man klare „Anwendungsregeln" für das „persönliche oder kollektive, institutionelle oder sakramentelle Verhalten"[268] findet. Nicht erst mit Abschluss des Konzils begann also der vielgestaltige Prozess der Konzilshermeneutik: es galt zu ergründen und zu entfalten, wie der Zusammenhang zwischen den umfangreichen Texten – das II. Vaticanum hat mehr Textseiten verabschiedet als alle Konzilien vor ihm – und dem künftigen kirchlichen Leben sich gestalten sollte. Nicht immer verlief in der Folge dieser Prozess ohne Spannungen. Insbesondere am Begriffspaar „Geist und Buchstabe" des Konzils entzündeten sich teils heftige Konflikte, die die Wirkung des Konzils gewollt oder ungewollt beeinträchtigen konnten.

Gerade weil das Konzil selbst gar nicht alle Implikationen seiner Voraussetzungen und Konsequenzen einholen konnte, ist die Konzilshermeneutik nun umso mehr Aufgabe der nachkonziliaren Theologie als Teil der Kirche in der Welt. So zeigt Chenu in seinem Beitrag *Anthropologie de la liturgie* von 1967 erstens, dass die erste Konstitution des Konzils, *Sacrosanctum Concilium*, von dem Fortgang des Konzils bis hin zu seiner letzten Konstitution *Gaudium et spes* her interpretiert werden muss.[269] Zweitens hat das Konzil nach Chenu eine christliche Anthropologie zwar impliziert und ermöglicht, aber selbst nicht erarbeitet. Gründe dafür liegen auf praktischer Ebene im Ablauf des Konzils selbst, auf inhaltlicher Ebene aber auch in „zwei oder drei Jahrhunderten"[270] einer gegenüber den Wissenschaften vom Menschen nicht rezeptionsfähigen Theologie. So ist es für Chenu eine praktische und inhaltliche Notwendigkeit, in der Spur des Konzils so weiterzudenken, dass dessen Potential gehoben werden kann. Was er für die Liturgiekonstitution explizit in Anspruch nimmt,[271] ist dabei eine grundsätzliche Aufgabe der Konzilshermeneutik. Wie wenig selbstverständlich dies ist, zeigt seine Diagnose aus dem Jahre 1975, dass gerade im Bereich der Sakramentenlehre der von *Gaudium et spes* überwundene Dualismus in Kommentaren zur Liturgiekonstitution „ohne daran zu denken"[272] wieder enthalten ist.

---

[265] Chenu, L'Église cinq ans après, 30.
[266] Ebd.
[267] Ebd.
[268] Ebd.
[269] Chenu, Anthropologie de la liturgie, 162 Anm. 1.
[270] Ebd., 159.
[271] Ebd.
[272] Chenu, Pour une anthropologie sacramentelle, 98.

Neu beim II. Vaticanum ist nach Chenu, dass bereits in die Ausarbeitung der Konzilstexte die öffentliche Meinung einbezogen war, „oder sagen wir besser: die Gemeinschaft der Gläubigen“[273]. Die dadurch noch einmal bereicherte „kollektive Intelligenz“[274] war es, die in gleicher Weise eine Rückkehr zum Evangelium und eine neue Präsenz in der Gegenwart ermöglicht habe. Ist die Entstehung von Texten eines Konzils ein in hohem Maße geistliches, da geistgewirktes Geschehen, so gilt dies nicht weniger von ihrer Auslegung. Wie bei jedem Konzil – Chenu verweist als Beispiel auf das für ihn zu einem christologischen Vergleich herangezogene Chalcedon und das die Kirche der Gegenwart prägende Tridentinum – stellt sich also nun, wo die Texte vorliegen, die Frage nach dem „Nach-Konzil“[275], in dem die Textinterpretation, die Eigendynamik der Texte und nicht zuletzt unvorhergesehene Entwicklungen ineinander verschränkt sind.

Chenus Konzilshermeneutik findet einen dichten Ausdruck in einem Vortrag, den er am 12. Oktober 1966 im Rahmen eines vom holländischen Dokumentationszentrum I-DOC veranstalteten Kongresses zur nachkonziliaren Theologie in Rom gehalten hat. Der Titel lautete: *Die Kirche in der Geschichte. Grundlage und Norm der Interpretation des Konzils.* Auch wenn Chenu hier diverse Einzelaspekte wiederholt, die er bereits in die Redaktionsphasen einzelner Texte eingebracht hatte, so markiert dieser Vortrag eine neue Etappe in seinem Leben und Denken: es galt nun, auf der Basis des gesamten Textkorpus des Konzils dessen Bedeutung für die Zukunft von Kirche und Welt zu eruieren. Dabei kam es, wie bereits bei der Kommentierung der Pastoralkonstitution, auch noch einmal zu einer Erweiterung seiner eigenen Intentionen und Intuitionen, sosehr er auch gerade mit deren Hilfe die Intentionen und Intuitionen des Konzils entfalten konnte. Geffrés These von der wechselseitigen Befruchtung bestätigt sich hier in besonders eindrücklicher Weise.

Im Vortrag *Die Kirche in der Geschichte* präsentiert sich Chenu als Historiker und Soziologe. Im Zusammenspiel beider Disziplinen sieht er die Möglichkeit, nicht nur die vom Konzil verabschiedeten Texte – den „Buchstaben“ –, sondern auch das darin angelegte Potential und die mögliche Fruchtbarkeit – den „Geist“ – zu erheben und aufeinander zu beziehen. Die Texte sind in diesem Sinn eine Übersetzung von Ereignissen, wie sie die innere Dynamik einer Gemeinschaft hervorgebracht hat. Dabei ist allerdings das Ereignis nicht einfach durch einen Text einzuholen, sondern übersteigt diesen. Das gilt von lehramtlichen Texten eines Konzils genauso wie von

273 Chenu, L'Église dans l'histoire, 2.

274 Ebd.

275 Ebd., 1.

„volkstümlichen Texten“[276], wobei beide als theologischer „Ort“ im Sinne von Melchior Cano zu lesen sind. Wenn Chenu als Beispiele die Bekehrung des Konstantin und die Reise von Paul VI. zu den Vereinten Nationen in New York wählt, gibt dies auch dem Motiv vom Ende der Konstantinischen Ära nochmals eine ganz neue Bedeutung.

Eine fortschreitende und fortschreibende Interpretation der Konzilstexte ist Ausdruck eines Bewusstwerdungsprozesses, in dem sich die Kirche – aufbauend auf den Erfahrungen in Bibel- und Liturgischer Bewegung sowie in den pastoralen Aufbrüchen der vergangenen Jahrzehnte – als eine Kirche in der Geschichte wahrzunehmen lernte, die Teil einer Heilsgeschichte ist: „Ohne Abstriche an ihrer Wahrheit in Lehre und Institution zu machen, sondern im Gegenteil in Treue zu ihrer traditionellen Natur, definiert sich die Kirche innerhalb einer Ökonomie.“[277] Für Chenu ist klar, dass die „Globalvision“[278] des konziliaren Textkorpus eine christologische ist. Als solche aber hat sie unmittelbare ekklesiologische Konsequenzen. Zwar nennt Chenu hier nicht LG 8, wo die Kirche in Analogie mit der Inkarnation als aus einem göttlichen und einem menschlichen Element zusammenwachsend beschrieben wird. Jedoch ist es just dieser Gedanke, den er in einer Verbindung von Theologie, Historie und Soziologie entfaltet, wenn er sich einerseits gegen einen „ekklesialen Monophysitismus“[279] wendet und andererseits den Zusammenhang von Mysterium und Institution als „Humanisierung Gottes“[280] ausweist.

Betrachtet man die Kirche innerhalb der Heilsökonomie und als Teil der Geschichte der Welt, so ist sie unweigerlich in deren Entwicklungen hineinverwoben. Gerade mit dem für kirchliche Selbstwahrnehmung und -deutung neuen Wort „Entwicklung“ aber könne sich eine uralte Wahrheit des Christentums Raum verschaffen, dass nämlich Gott, wenn er sich den Menschen mitteilt, die Sprache des Menschen spricht und in Christus seine Natur annimmt – und hierin liege der tiefe und eigentliche Sinn des Programmworts vom *aggiornamento.* Wenn von daher die Ereignisse einen theologischen Gehalt zugewiesen bekommen, so ist dies Ausdruck einer Ökonomie des „messianischen“ Reiches Gottes, das nicht außerhalb der Geschichte angesiedelt sei, sondern die irdischen Wirklichkeiten in die Dynamik der Hoffnung einschreibt und damit zu verwandeln ermöglicht. Die Kirche ist in dieser Ökonomie „Gemeinschaft der Glaubenden, die in der Abfolge der Zeit die christologische Inkorporation der Menschen realisiert. Das Ende der Ge-

---

[276] Ebd.

[277] Ebd., 2.

[278] Ebd., 3.

[279] Ebd.

[280] Ebd.

schichte ist die Vollendung dieses Plans. Die Geschichte ist der Gnade des Leibes Christi co-wesentlich. Es ist die ‚Heilsgeschichte'"[281].

Hier sind zwei Dinge bemerkenswert: zum einen drückt Chenu hier das von ihm ausgemachte Neue des Konzils in einer eher klassischen Terminologie aus. Insbesondere die Rede vom Leib Christi, die stark die ekklesiologischen Diskurse der 1930er bis 1950er widerspiegelt, anstelle der vom Konzil starkgemachten Rede vom Volk Gottes fällt hier ins Auge und gibt Chenus Argumenten einen ekklesiozentrischen Akzent, der stärker ist als sonst bei ihm üblich. In diesem Sinn hat auch Chenu Anteil an der grundsätzlichen Herausforderung nach dem Konzil, die vom Konzil ausgehende theologische Dynamik mit einem erst zu erarbeitenden neuen Verhältnis von klassischer und neuer Terminologie zum Ausdruck zu bringen. Zum anderen verweist Chenu in diesem für ihn zentralen eschatologischen Gedankengang „mit einer freundschaftlichen Zufriedenheit"[282] auf die Rede von Joseph Ratzinger beim Katholikentag 1966 in Bamberg.[283] Seine Übereinstimmung mit Ratzinger bringt er in folgender Struktur zum Ausdruck: „Im Namen der Eschatologie beanspruche ich eine Inkarnation in der Geschichte, und im Namen der Inkarnation in der Geschichte beanspruche ich ein Ziel der Geschichte: Dabei handelt es sich um eine Dialektik, die die Gesetzmäßigkeiten des individuellen und kollektiven christlichen Engagements bestimmt."[284] Es ist nicht ganz einfach, diesen Verweis auf Ratzinger einzuordnen. Bekanntlich waren sich die deutschen und französischen Theologen – und gerade Ratzinger und Chenu – in den Implikationen und Konsequenzen der Theologie der Pastoralkonstitution durchaus nicht einfach einig. Chenu dürfte den unterschiedlichen Wahrnehmungen der konkreten Geschichte und deren grundsätzlicher eschatologischer Bewertung an dieser Stelle geringeres Gewicht eingeräumt haben als den Gemeinsamkeiten. Betont Chenus „messianische" Theologie der Hoffnung auf Vollendung stets das Potential der Gnade, will Ratzingers skeptisches Maßnehmen an der Vollendung sehr viel stärker das Ungenügen der Natur aufdecken.

Wenn Chenu die Eschatologie in den Vordergrund rückt, präzisiert er damit die Option einer „konkreten und historischen" sowie an der Heilsgeschichte ausgerichteten Theologie im Sinne des Dialogs zwischen Paul VI. und Skydsgaard: „Das ist die Linie des Konzils, sowohl hinsichtlich seines Inhaltes als auch gemäß seiner Methode. Von daher sind denn auch die Norm und die Grundlage der Interpretation seiner Texte zu suchen, wie sie sich aus

[281] Ebd. Zum „Ende der Geschichte" s. auch ders., L'homme pourrait-il détruire le monde par la bombe atomique?

[282] Chenu, L'Église dans l'histoire, 3.

[283] Vgl. Ratzinger, Der Katholizismus nach dem Konzil.

[284] Chenu, L'Église dans l'histoire, 4.

der Existenz einer Kirche in der Geschichte ergeben."[285] Als Ausdruck eines „prophetischen"[286] Konzils verweisen die Konzilstexte in ihrer historisch gewachsenen eschatopräsentischen Verdichtung als „vergangene" (also schriftlich zu einem bestimmten Moment der Entwicklung der Kirche fixierte) Texte auf die Zukunft. Sie drücken keine ein für alle Mal definierte Lehre in abstrakter Form aus, sondern das Geschehen des Wortes Gottes.

Das erste Beispiel hierzu ist für Chenu die Botschaft an die Welt, deren prophetischen Charakter Paul VI. zu Beginn der zweiten Sitzungsperiode betont habe. Von dort zieht er dann eine Linie zum Schema XIII, das mit der Geschichtlichkeit des Menschen in einer heilsökonomisch-„prospektiven"[287] Weise umgeht. Der Erzbischof von Toulouse, Gabriel-Marie Garrone, habe sehr gut zum Ausdruck gebracht, dass die Texte „einen ersten Schritt"[288] darstellen, auf den logischerweise weitere Schritte folgen werden. Ein weiterer Konzilsvater habe auf die Frage nach der Präzision der Texte mit ihrer Umsetzung geantwortet. Konzilshermeneutisch sind dies natürlich weitreichende Grundannahmen, die sich Chenu hier zu Eigen macht. Denn auf diese Weise wird das Konzil zu einem geschichtlichen Ereignis, das sich nicht damit begnügt, über das Verhältnis von Glaube und Geschichte zu reden bzw. in Texten davon zu handeln. Es wird vielmehr zu einem Impuls, die weitere Geschichte im Geist des Evangeliums mitzugestalten, das seinerseits durch aus der Geschichte erwachsende Einsichten erhellt werden kann.

Von daher kann Chenu das „Gesetz aller Evangelisierung"[289] in GS 44 ausmachen, wo der Zusammenhang zwischen der Kirche und dem kulturell eingebetteten Bewusstsein der Menschen zum Ausdruck kommt: „Zur Steigerung dieses Austauschs bedarf die Kirche vor allem in unserer Zeit mit ihrem schnellen Wandel der Verhältnisse (historische Dimension) und der Vielfalt der Denkweisen (geographische Dimension) der besonderen Hilfe der in der Welt Stehenden, die eine wirkliche Kenntnis der verschiedenen Institutionen und Fachgebiete haben und die Mentalität, die in diesen am Wert ist, wirklich verstehen, gleichgültig, ob es sich um Gläubige oder Ungläubige handelt."[290] Gut ausgedrückt sieht Chenu dies in den Worten von Bischof Paul-Joseph Schmitt (Metz): Der Weg in die Zukunft der Kirche ist die Gegenwart des Menschen. Dabei unterscheidet Chenu zwischen der menschlichen Gemeinschaft und der Gemeinschaft des Reiches Gottes, die aber mit Edward Schillebeeckx gesprochen „aufeinander zu wachsen". Die geschichts-

---

[285] Ebd.

[286] Ebd.

[287] Ebd.

[288] La Croix, 7. Dezember 1965, zit. nach Chenu, L'Église dans l'histoire, 4.

[289] Chenu, L'Église dans l'histoire, 5.

[290] Zit. nach ebd., 5 – die Klammern sind Hinzufügungen von Chenu zum Konzilstext.

theologische Entfaltung des Motivs der Zeichen der Zeit lässt Chenu hier in das Verständnis der Tradition und des Glaubenswachstums münden, das er von ungelenken Vorstellungen befreien will. Damit schreibt sich das Konzil, das die Geschichtlichkeit des Glaubens darlegt, selbst noch einmal in dessen empfangene und zu gestaltende Geschichte ein. Von daher „nährt sich" die Lektüre der Konzilstexte von der Erkenntnis, die vom Wort Gottes in der Welt generiert wird. „So ist die Sendung in die Welt, die ‚missionarische' Kirche, wie man sagt, nicht nur eine apostolische Operation, die der verfassten *chrétienté* gegenüber äußerlich bliebe; sie ist das Gesetz einer inneren Erkenntnis der christlichen Ökonomie. Die Texte des II. Vaticanums sind ‚Provokationen' zu dieser Erkenntnis."[291] In der Verbindung von persönlichem und gemeinschaftlichem Glauben auf der einen Seite und dem spezifischen „Gehorsam" dieses Glaubens auf der anderen Seite kann das Wort Gottes, dem Bild des Sauerteigs entsprechend, gären und die Welt durchsäuern. „Und einer der Orte dieses Gärungsprozesses, dieser Erkenntnis des Glaubens, seiner Wahrheit und seines Zeugnisses, ist dem Konzil zufolge die Begegnung mit der Welt, und zwar der Welt dieser Zeit mit der Geschichte. Dies ist der strategische Ort des ‚Dialogs'. Sicherlich handelt es sich dabei nicht um einen subjektivistischen Liberalismus nach dem Belieben von Situationen und Zivilisationen, sondern objektiv um eine Unterscheidung der Zeichen der Zeit. Das II. Vaticanum gibt uns als Leseanleitung für das Evangelium die Zeichen der Zeit."[292]

2.5.3. Das Konzil und der Dialog als Geschehen der Heilsgeschichte

Mit dem II. Vaticanun wurde der Dialog Teil der kirchlichen Selbstdefinition. Spätestens die Antrittsenzyklika *Ecclesiam suam* von Paul VI. machte dies ausdrücklich. Unter allen „Schockwörtern"[293], mit denen das Konzil einen Wandel der kirchlichen Selbstwahrnehmung und -definition bezeugte und initiierte – darunter Evolution, Fortschritt, Vergesellschaftung, Situation, Dynamismus (statt Natur), Renovation (statt Restauration), Kollegialität u. a. m. –, nimmt das Wort „Dialog" eine besondere Stellung ein. Eine der wenigen Bezugnahmen Chenus auf Martin Heidegger (1889–1976) präzisiert dies an dieser Stelle dahingehend, dass dies besonders für den Dialog mit den Nichtglaubenden gelten müsse.[294] Sein Dialogverständnis explizierte Chenu zunächst an etwas versteckter Stelle. Als sein Ordensbruder Georges Cottier

291 Ebd., 6.

292 Ebd.

293 Chenu, Six, L'Esprit qui nous parle à travers l'incroyance, 4.

294 Chenu, Foi et religion, 358 Anm. 1.

(1922–2016) ihn um ein Vorwort für die Veröffentlichung seines Dialogs mit dem marxistischen Philosophen Roger Garaudy (1913–2012) bat, lobte Chenu das Büchlein sowohl für den Inhalt als auch für die Methode. Garaudy ist, wie Chenu im Rahmen eines Beitrags für *La Croix* aus dem Jahre 1969 aufzeigt, insofern ein von ihm hochgeschätzter Dialogpartner – „andere Marxisten präsentieren eine andere Interpretation“[295] –, als dieser dem Christentum in kritischer Sympathie gegenübersteht und so in besonderer Weise dazu in der Lage ist, den Christen Chenu auf zentrale Aspekte seines eigenen Glaubens hinzuweisen.[296] Dazu gehört die Bedeutung des Subjekts und seiner Freiheit auf der einen Seite, und die menschliche Erfahrung einer Einbettung des Subjekts in einen Zusammenhang, den die Christen Schöpfung nennen, auf der anderen Seite.

Den Dialog als Grundhaltung der Christ*innen, wie er sich aus dem Wort Gottes selbst ergibt, sieht Chenu in GS 3 grundgelegt. Der erste Schritt der dafür nötigen Methode besteht in der Analyse und Überwindung der Vorurteile. Der zweite Schritt sucht die Wahrheit der jeweils anderen Position anzuerkennen, was auch einschließt, sich der eigenen Position zu vergewissern. Dass Chenu hier Paul Ricœur (1913–2005) und Albert Camus anführt, ist ein Beispiel für den denkerischen Dialog, den er durch die Lektüre von Gegenwartsphilosophen und -autoren praktizierte, auch wenn sich dieser oft nicht explizit in seinen Artikeln niederschlägt. Ähnliches gilt von der dialogischen Philosophie Martin Bubers (1878–1965), mit der Chenu die dritte Etappe des Dialogs charakterisiert, in dem sich die beteiligten Dialogpartner in einer „lebendigen Wechselseitigkeit“[297] nicht nur ergänzen, sondern sich um die Existenz des jeweils Anderen sorgen. Diese drei Schritte kommentiert Chenu aus theologischer Sicht, indem er sie als „irrealisierbaren Traum, so fürchte ich“ bezeichnet, der aber „immerhin die Linie am Horizont bezeichnet, die uns die ‚Gemeinschaft der Heiligen‘ erreichen lässt“[298]. M. a. W. ist der Dialog bei aller menschlichen Bruchstückhaftigkeit von einer eschatologischen Hoffnung auf Fülle geprägt. Bei aller eschatologischen Deutung des Dialoggeschehens weiß Chenu sehr wohl um dessen menschliche Kontingenz, die manche Unterschiede als unüberwindbar erscheinen lässt. Aber selbst dies hindert die Dialogpartner nicht daran, noch ihre Unterschiede gemeinsam in den Dienst am Menschen bzw. am Zusammenleben aller Menschen zu stellen.[299]

---

[295] Chenu, Dialogue difficile, dialogue possible.

[296] Vgl. später auch Chenu, Auf der Suche nach den Zeichen der Zeit, 18 sowie ders., Von der Freiheit eines Theologen, 208.

[297] Chenu, Préface, in: Cottier, Garaudy, Chrétiens et marxistes, 5–8, 8.

[298] Ebd.

[299] So Chenu, Dialogue difficile, dialogue possible.

Als Paul VI. gegenüber Patriarch Athenagoras seiner Überzeugung Ausdruck verlieh, dass der Geist heute insbesondere auch durch die Nichtglaubenden zu den Kirchen spreche, sprach er Chenu aus dem Herzen. Vielsagend resümieren Chenu und Jean-François Six davon ausgehend in ihrer Bilanz zum zehnjährigen Bestehen des Päpstlichen Rates für die Nichtglaubenden, dass der vom Konzil geforderte Dialog nicht nur mit anderen Christen und Angehörigen anderer Religionen geführt werden soll, sondern auch und gerade mit Nichtglaubenden.[300] Dies setzt zunächst voraus, wie *Gaudium et spes* den Atheismus ernst zu nehmen. Modell hierfür ist nach Chenu und Six übrigens Theresia vom Kinde Jesu, die zugleich auch für die Erfahrung eines Gottes steht, der so ganz anders erfahrbar ist als der von Deismus und Rationalismus (einschließlich seiner Auswirkungen auf das I. Vaticanum) gedachte Gott. Denn: „Ein Gott, den man ‚kennt', ist ein falscher Gott. Der wahre Gott teilt sich nur in einer ‚Nacht des Geistes' (hl. Johannes vom Kreuz) mit. Es ist ein verborgener Gott".[301] So gilt es, die Nichtglaubenden ernst zu nehmen und sie nicht darauf zu reduzieren, nicht an Gott zu glauben – Frauen seien ja schließlich auch keine „Nicht-Männer"[302]. Man spricht deshalb besser von „anderen Überzeugungen". In einer „Geographie" dieser Überzeugungen kann man nach Chenu und Six überzeugte Atheisten und lethargische Atheisten, Neo-Positivisten und Agnostiker unterscheiden. Dabei können Christ*innen viel lernen, wenn z. B. Agnostiker die Christen selbst auf Grundwahrheiten ihres Glaubens hinweisen, wie der Dialog zwischen Ernst Bloch (1885–1977) und Jürgen Moltmann zeige. Ähnliches gilt für die von Philippe Roqueplo so genannten *„mal-croyants"*, die zwar nicht mehr wirklich glauben können, obwohl sie es – teils auch aus Gründen der Vorsicht, falls Gott doch existiert – eigentlich weiterhin wollen. Schwierig ist der Dialog für Chenu freilich mit den Christen, die gegenüber den Fragen nach dem Sinn des Lebens indifferent sind.

Das Selbstverständnis der Kirche, Dialog zu sein, konkretisierte sich für Chenu im Gespräch mit dem Atheismus. Für diesen hatte er früh ein feines Gespür. Eine von diesem konzipierte gottlose Welt ist seiner Meinung nach auch ein Ergebnis eines weltlosen Glaubens an Gott, wie ihn die Kirche insbesondere zur Zeit von Karl Marx zu verantworten hat. Da nun aber der Atheismus ein komplexes psychologisches und gesellschaftliches Phänomen ist, verbietet sich eine theologische Verurteilung, wie sie ja auch das Konzil nicht ausgesprochen hat. Vielmehr gilt es, die Gründe des Atheismus zu verstehen und theologisch zu bewerten. Aus christlicher Sicht sind zudem auch

---

[300] Chenu, Six, L'Esprit qui nous parle à travers l'incroyance, 8.

[301] Ebd., 24.

[302] Ebd., 19.

die Atheisten Teil einer von Gott geschaffenen und zu erlösenden Welt. Zwar darf man Chenu zufolge den Atheismus der Atheisten nicht dadurch christlich vereinnahmen, dass man ihn als eine Art anonymen Glauben umdeutet. Allerdings gilt es für ihn zu unterscheiden, ob der von Atheisten abgelehnte Glaube tatsächlich der christliche Glaube ist oder dessen Zerrbild (vgl. auch GS 19). Insofern gilt es die Gewissensentscheidung eines jeden Menschen zu respektieren – deren Ernsthaftigkeit ihrerseits für den Christen eine Form der Präsenz Gottes sein kann.[303]

In dieser komplexen Gemengelage unterschiedlichster Dialogpartner und -formen zeigt das Konzil Wege eines christlich inspirierten Dialogs. Ein solcher muss selbstverständlich zunächst einmal auf den Anderen hören, sodann aber auch deren Anteil an der Wahrheit hervorheben. Dies führt zugleich dazu, sich in Frage stellen zu lassen anstatt herumzulaufen und zu rufen „Schnell, stellt mir Fragen, ich kenne die Antworten!“[304] Nur so kann man im Dialog auch die Übereinstimmung mit sich selbst finden und in Übereinstimmung mit sich selbst Dialog führen, wie aus ganz unterschiedlichen Anwegen heraus Katharina von Siena (1347–1380), Paul Ricœur und Albert Camus zum Ausdruck gebracht haben. Dazu muss der Dialog die Freiheit des anderen respektieren und absichtslos sein, anstatt diesen zu vereinnahmen – wie es noch der Begriff „Nichtglaubender“ tut. Das Dialogverständnis des Konzils ist aber nicht nur auf der Ebene des Gesprächs und der Erkenntnis angesiedelt, sondern umfasst auch das gemeinsame Engagement der Menschen für Frieden und Entwicklung – an Beispielen sind genannt der Appell von Stockholm (1950), die Konferenz von Bandung (1955) und *Populorum progressio* (1967)[305]. Eigens nennen Chenu und Six auch den Einsatz für die Menschenrechte sowie, last but not least, für die „Jugendlichen, Frauen und Marginalisierten“[306], wobei zu den letztgenannten auch Migranten und Senioren gezählt werden. In fünfzehn abschließenden Thesen entfalten Chenu und Six ihre Überzeugung, dass der Dialog mit den Nichtglaubenden im Grunde einmündet in das und Ausfluss dessen ist, was man Inkulturation bezeichnen könnte. Auch wenn sie das Wort selbst nicht ver-

---

[303] Chenu, Un athée peut-il croire en Dieu sans le savoir?, 110.

[304] Chenu, Six, L'Esprit qui nous parle à travers l'incroyance, 31.

[305] Zeit- und kontextbedingt nennen Chenu und Six auch das Engagement für den Sozialismus, wobei hier u. a. das mit den französischen Sozialisten (die in etwa den deutschen Sozialdemokraten entsprechen, dabei allerdings auch mit der Kommunistischen Partei zusammenarbeiteten) gemeinsame Engagement gemeint ist. In den 1970er Jahren war dies bis hinein in die Wahlkämpfe zwischen Valéry Giscard d'Estaing (1926–2020) und François Mitterand ein sehr emotionales Thema. Sehr „französisch“ ist auch die Forderung, wonach auch mit den Freimaurern Dialog geführt werden soll.

[306] Chenu, Six, L'Esprit qui nous parle à travers l'incroyance, 44.

wenden, geht es ihnen um eine inkulturierende Haltung christlichen Lebens und Denkens. Hierfür gilt es, die „neuen Kulturen“[307] zu verstehen, aber auch, sich an ihnen im Dienst am Menschen zu beteiligen. So ist just dieser Dienst am Menschen der eigentliche Horizont eines Dialogs aus christlichem Antrieb.

---

[307] Ebd., 50.

3. Die Nachkonzilszeit

3.1. Annäherung: Chenus theologisches Leben und Denken nach dem Konzil

3.1.1. Geistlicher Begleiter geschichtlicher Ereignisse

Chenu konnte das Konzil als Bestätigung seiner Intuitionen und Intentionen sehen, mit denen er indirekt und direkt das Konzil auch vorzubereiten half. Das Konzil löste bei ihm eine große Begeisterung aus, die sich in den folgenden Jahren in vielfältigen Aktivitäten äußerte. Dabei kam zum Tragen, was für ihn das Konzil festschrieb: Pastoral und Dogma, Leben und Denken, Seelsorge und Theologie sind wechselseitig aufeinander verwiesen.

Die seelsorgerliche Dimension als Herzstück seines Denkens und Theologietreibens zeigt sich, wenn Chenu in verschiedenen Zusammenhängen das Evangelium in die Lebenswirklichkeit der Menschen hineinbuchstabiert – und umgekehrt. Was vor dem Konzil bei aller Breitenwirksamkeit eher auf kleinere Kreise v. a. „im 13." beschränkt blieb, richtete sich über diverse Veröffentlichungen nach dem Konzil auch an eine größere Öffentlichkeit. Exemplarisch hierfür stehen zum einen diverse Beiträge in einer Fragereihe der kanadischen Dominikaner, die in der Publikation *Dialogues sur la foi* dokumentiert sind, zum anderen viele Kommentare in der Zeitschrift *Témoignage chrétien*. Besonders häufig war letzteres in der unruhigen Zeit um 1968 der Fall,[1] aufschluss-

[1] Chenu, Refusons la croisade, in: TC Nr. 1175 (12. Januar 1967), 14; ders., Un signe de santé (Non au syllabus), in: TC Nr. 1179 (9. Februar 1967), 17; ders., L'IDOC, un laboratoire, in: TC, 25. Januar 1968; ders., La jeunesse prophétise ce qui sera demain, in: TC Nr. 1238 (28. März 1968), 32; ders., Le christianisme est d'abord une histoire, in: TC 1244 (8. Mai 1968), 43; ders., La peur des utopies, in: TC Nr. 1248 (6. Juni 1968); ders., Présence des chrétiens, in: TC n° 1247 (30. Mai 1968), 5; ders., Les misères de l'abondance, in: TC Nr. 128 (30. Januar 1969), 21; ders., Sans les espoirs humains, l'Espérance, c'est du bluff. Interview, in: TC n° 1328 (18. Dezember 1969), 13–14; ders., L'information, devoir du chrétien, in: TC n° 1325 (27. November 1969), 18; ders., Les communautés de base: un élément caractéristique de l'Église en mouvement, in: TC Nr. 1348 (7. Mai 1970), 21–22; ders., Les „petites communautés": une kyste ou un espoir pour l'Église?, in: TC Nr. 1349 (14. Mai 1970), 19–20; ders., Une pose dans le dialogue (chrétiens-marxistes), in: TC n° 1362 (13. August 1970), 17; ders., Un centre de gravité: le combat pour la justice (réflexion sur le synode), in: TC Nr. 1419 (16. September 1971), 15; ders., Le salut déborde la libération économique (Document des 25 évêques du Nord Est du Brésil), in: TC n° 1525 (27. September 1973), 20; ders., Autorité hiérarchique et témoignage (référendum 12 mai sur divorce – Italie), in: TC n° 1565 (4. Juli 1974), 17; ders., Le pouvoir ne doit pas supplanter le témoignage, in: TC n° 1570 (8. August 1974), 19; ders., Non, l'Évangile n'est pas neutre, in: TC, n° 1599 (27. Februar 1975), 17; ders., Le Vatican entre les communistes et les chrétiens: Table ronde sur les élections italiennes, in: TC n° 1666 (10. Juni 1976), 6–9; ders., Les „mouvements de l'histoire" provoquent l'Évangile,

reich ist aber auch sein 1981 am Vorabend der Wahl von François Mitterrand zum Staatspräsidenten erschienener Beitrag zum 40-jährigen Jubiläum der im Zweiten Weltkrieg entstandenen Zeitschrift, in der er deren Verwurzelung im „Volk“ hervorhebt.[2]

In einem Beitrag für die Zeitschrift *Télérama*, die aus dem Umfeld von *Témoignage chrétien* hervorging und in den Jahrzehnten nach dem Zweiten Weltkrieg mit hoher Auflage aus „linkskatholischer“ Perspektive die Massenmedialisierung Frankreichs u. a. durch die Kommentierung des Fernsehprogramms begleitete, bediente sich Chenu einer volkstümlichen Sprache: „Jeden Morgen springen uns die Ereignisse der Welt an die Gurgel“[3]. Das allgemeinverständliche Wort „Ereignisse“ – „*événements*“ bezeichnet in Chenus theologischem Gebrauch zum einen das, worüber die Journalisten schreiben, was aber zum anderen zugleich die „in ihrer Bedeutung erfassten Tatsachen“[4] sind. M. a. W. sind die Beschreibung und Deutung von Sachverhalten zwar zu unterscheiden, aber nicht zu trennen. So können Objektivität und christliche Weltdeutung Hand in Hand gehen. Dies betrifft Einzelereignisse ebenso wie größere Ereigniszusammenhänge. Die Grundstruktur der im Licht des Evangeliums zu deutenden „Zeichen der Zeit“ betrifft von daher jeglichen Umgang mit Welt und Wirklichkeit.

Aufgrund der Vielzahl der *événements* und der Vielzahl ihrer Deutungsmöglichkeiten durch Christinnen und Christen stellt sich z. B. auch die Frage nach dem Verhältnis von Glauben und Politik in einer neuen Weise. Anders als „der Monolithismus unserer Vorfahren und noch einiger unserer Zeitgenossen“[5] mit seiner Sakralisierung politischer Strukturen durch die Kirche und einer entsprechenden Soziallehre gelte es nunmehr, einen gesellschaftlichen und politischen Pluralismus gutzuheißen und zu gestalten. Die Wahrheit des Glaubens kommt in einer solchen „politischen Theologie“ in der gesellschaftlichen Praxis zum Tragen und kann nicht etwa in einer Theoretisierung des Verhältnisses von „Transzendenz des Evangeliums“ und „Immanenz der Gnade“[6] aufgelöst werden. Vielmehr soll eine wechselseitige Kontrolle zwischen einem nur transzendent verstandenen „reinen“ Evangelium einerseits und einer Reduktion des Evangeliums auf eine Gruppenmoral andererseits ins Werk gesetzt werden, um Politik und Mystik in ihrer Unterschiedenheit aufeinander zu

---

in: TC n° 1737 (20. Oktober 1977), 19–20; ders., Que signifie la foi pour l'expérience politique?, in: TC n° 1720 (23. Juni 1977), 21.

2 Chenu, Naître du peuple (40 ans de „TC“), in: TC, n° 1918 (13. April 1981), 9–10.

3 Chenu, Chaque matin, les événements du monde nous sautent à la gorge.

4 Chenu, L'opinion publique dans le monde, 130.

5 Chenu, Préface, in: Coste, Les dimensions politiques de la foi, 8.

6 Ebd.

beziehen.[7] In der „fiebrigen"[8] Zeit nach 1968 stellt dies eine ganz eigene Herausforderung dar.

Die Vielzahl der Themen spricht nicht nur für Chenus umfassendes Interesse am kirchlichen und gesellschaftlichen Zeitgeschehen, sie ist auch Ausdruck seiner Theologie, in der Kirche und Welt miteinander verflochten sind. So kann er die Abschaffung des Index der verbotenen Bücher begrüßen und die Konsumgesellschaft kritisieren, neue innerkirchliche Kommunikationsformen unterstützen und mit der aufstrebenden Jugend sympathisieren sowie über das politische Engagement aus dem Glauben heraus reflektieren. Langsam, aber sicher zeigt sich hier aber auch deutlich, dass Chenu selbst einer älter werdenden Generation angehört. Dies zeigen etwa ein Nachruf auf den 1972 verstorbenen Georges Guérin[9] und ein gemeinsam mit Yves Congar erfolgender Rückblick auf das Konzil am Ende der 1970er Jahre, als das Konzil angesichts der nachfolgenden Entwicklungen gerade für die jüngere Generation bereits lange zurückzuliegen schien.[10] In der Tat wurde Chenu zunehmend zu einem „alten Zeugen"[11], der sich aber – so ein weiterer Artikel in *Témoignage chrétien* – in den Dienst der „Zukunft des Christentums"[12] stellen ließ.

Fast schon wie ein Vermächtnis klangen in diesem Sinn die nach einer längeren Pause erschienenen Beiträge des 85-Jährigen für *Témoignage Chrétien* aus dem Jahre 1980, in denen er die Arbeiterpriester als Zeugen des Evangeliums[13] und den Menschen als Partner Gottes[14] beschrieb und dem Christentum glänzende Aussichten bescheinigt.[15] Denn, wie er der Zeitschrift zu seinem 90. Geburtstag anvertraute: „ich bin unheilbar optimistisch"[16] – was allen gegen-

---

7 Chenu, Préface, in: Casalis, Prédication, 9.

8 Chenu, Préface, in: Coste, Les dimensions politiques de la foi, 8.

9 Chenu, Il a modifié les frontières de l'Église, in: TC n° 1446 (23. März 1972), 18. 15 Jahre später verfasste er auch einen Nachruf auf Yvan Daniel, Coautor von *„La France, pays de mission"*: Chenu, L'artisan d'une radicale mutation. Sur la mort du père Yvan Daniel, in: TC, 6. Oktober 1986.

10 Chenu, Congar, Deux „experts" racontent (M.-D. Chenu et Y. Congar – dossier concile), in: TC n° 1706 (17. März 1977), 22; Chenu, Et la citadelle s'ouvrit (dossier concile), in: TC n° 1709 (7. April 1977), 18; Chenu, Congar, Le Concile a redécouvert le peuple de Dieu. M.-D. Chenu et Y. Congar sur Lumen gentium, in: TC n° 1711 (21. April 1977), 20–22; L'Église tournée vers le monde. M.-D. Chenu et Y. Congar parlent du message au monde – 20 octobre 1962, in: TC n° 1707 (24. März 1977), 19.

11 Chenu, Un vieux témoin, in: Correspondance des aumôniers de l'ACO, November 1985, 1–3.

12 Chenu, L'avenir du christianisme, in: TC n° 1735 (6. Oktober 1977), 24.

13 Chenu, Le prêtre-ouvrier, témoin nécessaire de l'Évangile, in: TC n° 1886 (1. September 1980), 19–20.

14 Chenu, L'homme partenaire de Dieu, in: TC n° 1892 (13. Oktober 1980), 16.

15 Chenu, Les chrétiens vivent de beaux jours!, in: TC n° 1855 (28. Januar 1980), 20.

16 Chenu, Je suis incurablement optimiste, in: TC, 14.–20. Januar 1985, 15–17.

läufigen innerkirchlichen Indizien seit Beginn der 1980er Jahre zum Trotz gerade auch mit Blick auf das Konzil galt.[17]

3.1.2. Theologischer Mentor kirchlicher Aufbrüche

Theologisch fällt eine überaus große Bandbreite von Themen auf, denen Chenu sich nach dem Konzil widmete. Zunächst entfaltet er zentrale Impulse des Konzils. Sodann kommentiert er in diesem Zusammenhang nicht nur das Konzil selbst, sondern unzählige Themen christlichen Lebens und Denkens und bezieht dabei Position zu gesellschaftlichen, kulturellen und politischen Fragen aller Art. Konzilshermeneutik ist in diesem Sinn eine Art „*work in progress*", deren grundsätzliche Linien in der Konkretion immer klarer herausgearbeitet und dabei zugleich immer weiter ausgezogen wurden. Die zahlreichen geschichtstheologischen und pastoralen Intuitionen Chenus fanden dabei ihr einendes Band in einer inkarnatorisch-eschatologischen Interpretation von GS 44, wo Einheit, Unterschiedenheit und Wechselseitigkeit von Kirche und Welt grundgelegt werden. Ein Vortrag Chenus vom 28. September 1966 während des internationalen Theologenkongresses zum Stand der Theologie nach dem Konzil, der, „so eklektisch er war", doch die Notwendigkeit einer „konkreten und historischen, um die Heilsgeschichte zentrierten Theologie" im Sinne des Dialogs zwischen Paul VI. und Skydsgaard aufgezeigt hat,[18] kann hier als Blaupause für viele Einzelbeiträge gelesen werden.[19]

Chenus seismographisches Gespür für Themen, die im Sinne einer solchen Theologie an der Zeit waren, kam im Verfassen von Vorworten zu unzähligen Büchern aller Art zum Ausdruck. Darunter sind z. B. kirchen-, ordens- und theologiegeschichtliche Studien[20], Rückblicke auf die von Chenu selbst miterlebte Zeit[21], Werkausgaben des Thomas von Aquin[22], Stellungnahmen zur Zölibatsfrage,[23] Analysen zum Verhältnis von Politik und Religion[24], u. v. a. m. Hier wirkte er als theologischer Mentor meist jüngerer Theolog*innen, deren

---

[17] Chenu, On n'arrête pas un Concile en marche, in: TC n° 2162 (16. Dezember 1985), 1.13.

[18] Chenu, Présentation, in: Touilleux, 8.

[19] Chenu, De commercio inter Ecclesiam et mundum secundum constitutionem „Gaudium et spes" (n. 44); vgl. u. a. auch Chenu, Théologie et recherche interdisciplinaire, 74.

[20] Chenu, Préface, in: Pierrard, Histoire de l'Église catholique; ders., Préface, in: Vicaire, Dominique et se prêcheurs; ders., Préface, in: Mottu, La manifestation de l'Esprit selon Joachim de Fiore.

[21] Chenu, L'Église en état de mission. Préface.

[22] Chenu, Préface, in: Thomas von Aquin, Somme théologique. La théologie.

[23] Chenu, Presentazione, in: Jacobelli, Sacerdozio, donna, celibato.

[24] Chenu, Préface, in: Coste (Hg.), Les dimensions politiques de la foi

Suchbewegungen und Erkenntnisse er mit großer Begeisterung förderte und rezipierte.

Wie Chenu dabei vorging, zeigt sich in einem seiner letzten Vorworte, in dem am Ende seines Lebens noch einmal besonders deutlich wird, wie er den theologischen Finger am gesellschaftlichen Puls der Zeit hatte. In diesem Vorwort widmete sich Chenu, der in Fragen der Beziehung von Mann und Frau ein aufmerksamer Beobachter und Impulsgeber war,[25] der Rolle der Frau im Volk Gottes.[26] Der individuelle wie gesellschaftliche Wandel der Rolle der Frau und deren Gleichberechtigung ist für ihn ein zentrales Zeichen der Zeit. Er „vollzieht sich gleichzeitig in der Welt und in der Kirche, so wie auch über Jahrhunderte hinweg in der Welt und in der Kirche die Weiblichkeit abgewertet wurde. Das ist ein sehr beachtlicher Zusammenhang, denn hier ist wahrscheinlich nicht nur das Verständnis des Problems, sondern auch das Gesetz der wünschenswerten Transformation angesiedelt. Durch die Entwicklung der profanen Gesellschaft, der Kultur, der kollektiven Gewohnheiten wird parallel und als Folge die Kirche für diese Probleme sensibilisiert, für die sie als männliche Gesellschaft in ihren Leitungspersonen und in ihrer Regierung, wie man sagen muss, nicht die Kapazität hätte, sie wahrnehmen und aufgreifen zu können. In Wahrheit ist es so, dass bis heute die Zulassung der Frau zu ordinierten Diensten nicht aus Gründen der Lehre, sondern aus Motiven und Opportunitäten der Soziabilität verweigert wurde."[27] Dem Buch von Mathilde Landercy, dem er dieses Vorwort voranstellt, wünscht er, dass es eine wichtige Rolle spielen möge in der „langsamen, zu langsamen profanen, religiösen, christlichen Entwicklung der Probleme" und dass es dabei „nähren kann, was die Historiker eine ‚Mentalität' nennen"[28], die zu guten Lösungen führt. Dieser Wunsch steht letztlich hinter allen seinen Vorworten.

3.2. Grundlegung: Volk Gottes in der Welt

3.2.1. Kirche als Volk Gottes

„Volk Gottes in der Welt" ist der Titel einer dritten Aufsatzsammlung Chenus aus dem Jahre 1968, das mit den Vorgängerpublikationen „Der Glaube in der Intelligenz" und „Das Evangelium in der Zeit" ein Tryptichon bildet. Dieser

[25] Vgl. Un groupe de cadres et leurs femmes, … Et leurs femmes.
[26] Chenu, Préface, in: Landercy, Figures de femmes, 8.
[27] Ebd.
[28] Ebd., 9.

Titel bringt in einer dichten Formulierung Chenus „angewandte Ekklesiologie“ als Mitte seiner nachkonziliaren Tätigkeiten zum Ausdruck. In dem Band enthalten sind Beiträge zur Pastoralkonstitution, zu den Zeichen der Zeit, zu *Pacem in terris*, zur *consecratio mundi* bzw. zum Ort der Laien in Kirche und Welt sowie zur Vergesellschaftung, zu christlichen Gemeinschaftsformen und zum freilich nicht so genannten *„iconic turn“*.

Für Chenu ist der Titel *Peuple de Dieu dans le monde* die natürliche Fortführung von *L'Évangile dans le temps*. Er verbindet zwei „neuralgische Linien des Konzils“[29]: zum einen das „Volk Gottes“ als biblische, theologische und soziologische Definition der Kirche, die deren göttliche und menschliche Dimension einholt, und zum anderen die Präsenz dieses Volkes „in der Welt“ als Teil dieser göttlich-menschlichen Natur. So kommt in der konzilsinspirierten Formulierung „Volk Gottes in der Welt“ die Achse zum Ausdruck, um die herum das Konzil beraten hat: „Es handelt sich nicht nur um eine Beobachtung der Veränderungen der *conditio humana* mit dem Ziel einer opportunen Akkomodation des Wortes Gottes an die Hörer des 20. Jahrhunderts, sondern um die Entscheidung einer konkreten und historischen Theologie. Diese emaniert aus der lebendigen Tradition in einer Kirche, die sich in der Begegnung mit der Welt und durch die durch dieselbe Bewegung erfolgende Rückkehr zu ihren evangelischen Quellen ihres Seins bewusst wird.“[30]

Natürlich kann angesichts der „Komplexität der Elemente, der Strukturen, der Erfahrungen der Kirche-Gemeinschaft“[31] deren Wesen und Mysterium nicht mit einem einzigen Motiv zum Ausdruck gebracht werden. Dennoch ist das Motiv des Volkes Gottes mit seiner affektiven, profanen und sakralen Dimension in besonderer Weise geeignet, den konziliaren Bewusstwerdungsprozess herauszustellen und so einem Kirchenverständnis Vorschub zu leisten, das rein abstrakt bliebe. Wenn die „dogmatische“ und „pastorale“ Perspektive nicht zueinander vermittelt werden können, handelt es sich nach Chenu um eine „falsche Position in einer falschen Theologie“[32], bringt es doch just die Volk-Gottes-Ekklesiologie mit sich, dass das Leben der Kirche selbst zum Ort der Erkenntnis Gottes wird. Der Blick in ihre eigene Geschichte lehrt die Kirche dabei die Geschichte des Glaubens bei aller historischen Methodik auch als eine Geschichte der Geistesgegenwart (vgl. GS 26) zu lesen, was freilich eine Unterscheidung von Göttlichem und Menschlichem in der *res mixta* voraussetzt, die die Kirche ist. Gerade so wird der

---

[29] Chenu, Présentation, 5.
[30] Ebd., 6.
[31] Chenu, Préface, in: Bobichon, Luneau, Église ou troupeau?, 7.
[32] Ebd., 8f.

Blick in die Geschichte nicht apologetisch, sondern bewahrt in der Gegenwart vor „pastoralem Positivismus“[33] und „dogmatischem Positivismus“[34]. Die entscheidende Lesehilfe hierfür ist nach Chenu GS 44. Mit diesem Interpretationsschlüssel kann die Geschichte des Volkes Gottes wie auch seine Gegenwart und seine zu gestaltende Zukunft in ihrer apostolischen, prophetischen und messianischen Dimension gewürdigt werden. Damit ist zugleich eine Theologie des Laientums möglich, insofern die „sogenannten Laien“ nicht mehr in erster Linie aus „institutionellen und bürokratischen“[35] Kategorien heraus betrachtet werden müssen, sondern als Mitglieder des Volkes Gottes.

Chenu verinnerlicht die Volk-Gottes-Theologie des Konzils dahingehend, dass er theologische Erkenntnis auf eine möglichst breite Basis zu stellen versucht. So hält er anlässlich der Bischofssynode 1967 auf einem römischen I-DOC-Kongress einen Vortrag mit dem Titel *Vox populi – vox Dei*, in dem er der öffentlichen Meinung – und von dieser ausgehend auch dem kritischen Journalismus – eine wichtige Rolle bei der Gotteserkenntnis des gesamten Volkes Gottes in der Welt zuweist[36], wofür er selbst seit den 1930er Jahren durch seine Mitwirkung an den dominikanischen und anderen katholischen Zeitschriften sensibilisiert wurde.[37] Zur Begründung verweist er übrigens auch auf eine Ansprache Pius' XII. aus dem Jahre 1950, dergegenüber das Konzil freilich nochmals weiter geht: Die öffentliche Meinung ist in der Kirche als Volk Gottes keine „vage psychologische, apologetische oder journalistische Verwässerung der offiziellen Lehre, sondern [...] gesunde Ausübung des Glaubens im Akt des Zeugnisses unter dem Eindruck der Ereignisse und in Widerhall seiner Engagements.“[38]

3.2.2. Liturgie des Volkes Gottes

Das Volk Gottes ist plurales Subjekt in der Geschichte, und gerade so ist es auch Trägerin des Gebets. Jede Gebetsversammlung „ist nur eine lokale Inkarnation in das große Gebet des Volkes Gottes“[39]. Unter diesem Gesichtspunkt betrachtet Chenu in einem Vorwort für Gottesdiensttexte, die von

[33] Chenu, Préface, in: Pierrard, Histoire de l'Église catholique, 7–9, 7.

[34] Ebd., 8.

[35] Chenu, Préface, in: Bobichon, Luneau, Église ou troupeau?, 10.

[36] Chenu, Vox populi – vox Dei.

[37] Chenu, Von der Freiheit eines Theologen, 116.

[38] Chenu, L'opinion publique dans l'Église, 127. Dieses Motiv verwendet Chenu später, wenn es um die Rolle der Frau in Kirche und Gesellschaft geht, vgl. ders., Préface, in: Landercy, Figures de femmes.

[39] Chenu, Préface, in: Hamaide, Duchesneau, Un peuple libéré, 6.

Jacques Hamaide und Charles Duchesneau verfasst wurden, die nachkonziliaren Suchbewegungen einer erneuerten und erneuernden Liturgie. Die beiden Autoren griffen in der Pfarrei Saint-Séverin-Saint-Nicolas in Paris die Impulse des Konzils auf, Duchesneau arbeitete später im *Centre National de pastorale liturgique* mit, an dem u. a. Chenus Ordensbruder Pierre-Marie Gy (1922–2004) für die Liturgiereform wirkte. Die Liturgiereform war übrigens für Chenu der Ort, an dem „das einfache christliche Volk für die Erneuerung der Kirche am empfänglichsten [ist,] und zwar sowohl in der Eucharistiefeier der Pfarrgemeinden als auch in den spontanen Gebetsgruppen, die sich rasch und vielgestaltig vermehren."[40] Für Chenu war die Liturgie in Saint-Séverin, die bereits vor dem Konzil geradezu ein Symbol für die Liturgische Bewegung in Frankreich war und die er aus eigenem Mitleben kannte, exemplarisch, weil sie „nicht das aristokratische Werk von Klerikern in ihren Zimmern, in ihren gelehrten Büros" war, sondern „das Werk des christlichen Volkes an der Basis gemäß seinen verschiedenen Gemeinschaften"[41]. Chenu spricht sich keineswegs gegen Expertentum, Professionalität und Kriterien aus, jedoch sieht er deren Ort inmitten der glaubenden Gemeinschaften. Im erneuerten Zusammenspiel von Wortgottesdienst und Eucharistiefeier innerhalb der Messe sieht Chenu die Möglichkeit, anstelle einer „empirischen Anwendung dogmatischer Formeln" die „Aktualisierung des ‚Mysteriums'"[42] Wirklichkeit werden zu lassen. Nur so könne die Liturgie stärker mit dem

[40] Chenu, Die Neubelebung der trinitarischen Grundstruktur der Kirche, 455. Er selbst konnte in diesem 1981 erschienenen Beitrag bzgl. der Liturgiereform bilanzieren: „Man hatte die Liturgie aus ihrer jahrhundertelangen Routine herausgehoben; sie wurde dadurch einer aktiven Einsicht in die biblischen Lesungen, in die sakramentalen Symbole und in die Dimensionen des Mysteriums geöffnet. Aber über diese Reformtätigkeit hinaus entsteht ein spirituelles Erwachen in Gemeinschaft, das, ohne dabei die Riten geringzuschätzen, diskret zur Einführung spontaner Äußerungen in Wort und Geste treibt. Es ist gewiß nicht Willkür, diesen spirtuellen Charme, der den Geist des einzelnen persönlich zum Glühen bringt, dem Heiligen Geist, dem gleichsam *instinktiven* Erfühlen des Geistes zuzuschreiben. Von daher das Festliche, das man lebhaft herbeiwünscht und zuweilen nicht ohne Abkehr von den Riten in einer zurückhaltenden Freude, der die Konformisten mit griesgrämiger Überraschtheit gegenüberstehen, auch verwirklicht [...]. Diese spirituelle Belebung begünstigt das Aufkommen neuer Gebete, rhythmischer Anrufungen, passender Lieder, in neue Situationen hineingeschaffener Texte" (ebd.). Nebenbei bemerkt kann man bzgl. des oft mauen, da faktisch von Kantor*innen (*„animateurs"*) dominierten und die Volksbeteiligung auf einige Kehrverse und zu wiederholende Halbsätze reduzierenden Gemeindegesang in der französischsprachigen Liturgie geteilter Meinung sein ... Gemeinsam gesungene Kirchenlieder in ihrer animierenden Kraft, kulturellen Verwurzelung und emotionalen Dichte, wie sie die deutschsprachige Liturgie letztlich der Reformation verdankt (die freilich nach dem Konzil auch einem nicht ohne Konflikte ablaufenden Erneuerungsprozess unterworfen waren), kannte Chenu als französischer Katholik so nicht.

[41] Chenu, Préface, in: Hamaide, Duchesneau, Un peuple libéré, 6.

[42] Ebd.

Leben verschränkt sein und so ihrer Aufgabe nachkommen, „Wegzehrung"[43] für die Mitfeiernden zu werden.

In seinem Vorwort, das insbesondere auf die poetische Kraft von Sprache abhebt und von einem feinen Gespür für Kirchenmusik zeugt, spielt er auch auf einige zeitgenössische Diskussionen an, etwa bezüglich der Umformulierung von liturgischen Texten. Dieser steht er nicht ablehnend gegenüber, bindet sie aber an die Voraussetzung umfassenden Wissens und hoher Reflexionsfähigkeit. Bei der Erneuerung der liturgischen Texte, die nicht nur eine Übersetzung sein darf, sondern auch eine Invention beinhalten muss, ist für Chenu die poetische Dimension der liturgischen Texte noch kaum gewürdigt – „das Exil der Poeten möge enden!"[44] Gerade wenn man dies im Horizont des gesamten Volkes Gottes betrachtet, skizziert Chenu hier eine Vorgehensweise, die das Potential einer lebendigen und darin treuen Liturgie zur Entfaltung bringen könnte.

In der Realität allerdings wuchsen die Unterschiede zwischen der von Chenu als Ideal dargestellten Liturgie in Saint-Séverin, wo nach 1981 unter Kardinal Lustiger im Rahmen der Neuorientierung der Priesterausbildung ein liturgisch-pastoraler Kurswechsel erfolgte[45], und der nur wenige hundert Meter entfernten Kirche Saint-Nicolas-du-Chardonnet. Diese wurde 1977 von Anhängern Erzbischof Lefebvres besetzt und fungiert seither als Refugium eines an der tridentinischen Messe ausgerichteten Kirchenverständnisses, das dabei nicht selten auch als Projektionsfläche für Positionen am rechten Rand von Gesellschaft und Politik dient. Chenu kommentierte diese Besetzung, indem er dem Gottesbild eines verkürzten Umgangs mit der Tradition das Bild eines in den Menschen verliebten Gottes entgegenhielt.[46]

Nach dem Konzil kam im Volk Gottes verstärkt zu Bewusstsein, dass das Evangelium auch eine politische Dimension beinhaltet. Die Jahre 1965–1975 können in diesem Sinn auch als Hochphase eines christlich motivierten Engagements im linken Spektrum der seit der Französischen Revolution in zwei Lager unterteilten französischen Politik gelten, mit Chenu als einer in diesem Sinn emblematischen Figur.[47] Dies führte auch zur Frage nach dem, was Chenu 1973 in einem Beitrag für die italienische Zeitung *Il Giorno* ohne nähere Erläuterung „politische Liturgie" nennt – es war die Zeit, in der auch in Deutschland beispielsweise „Politische Nachtgebete" populär wurden. Chenu verweist auf die Verbindung einer „politischen Theologie", für die Johann

---

43 Ebd., 7.

44 Chenu, La littérature comme „lieu" de la théologie, 76.

45 Vgl. Denis, Les séminaristes du cardinal Lustiger, 96.

46 Communauté Saint-Séverin-Saint-Nicolas, Le défi intégriste. Saint Nicolas occupé, Paris 1977, zit. nach Chenu, Franco, La teologia è sapienza, 13 Anm. 2.

47 Portier, Refaire la République, 249.

Baptist Metz (1928–2019) und Jürgen Moltmann stehen, mit einer „politischen Liturgie“. Zugleich betont er aber auch die ganz eigene Rolle der Liturgie im Gesamtgefüge des (auch politischen) Lebens der Christ*innen im Rahmen der Kirche.

Für Chenu sind hier grundsätzlich zwei Dimensionen zu berücksichtigen: zum einen ist die Liturgie der Eucharistie das Gedächtnis, in der das Mysterium des gestorbenen und auferstandenen Christus gefeiert und vergegenwärtigt wird. Aufgrund der damit verbundenen theologischen und auch rituellen Komplexität kann sie nicht einfach eine unmittelbar politische Ausrichtung haben und darf nicht in bloß politischen Kategorien gedacht und gefeiert werden. Zum anderen aber geht ja das letzte Abendmahl Jesu seiner Passion voraus und diese der Auferstehung, wodurch die alle Realität verwandelnde Dimension der Eucharistie deutlich wird. Eine strikte Trennung zwischen Gottesdienst auf der einen Seite der Kirchentüre und Weltdienst auf der anderen Seite ist von daher unmöglich. Das eucharistische Brot verstärkt das Bewusstsein der Dringlichkeit, mit der sich die Frage nach dem täglichen Brot in vielen Teilen der Welt stellt. In diesem Sinn hat die Liturgie einen „Mehrwert“ gegenüber der Politik, der freilich das politische Engagement in besonderer Weise würdigt. In diesem Sinn kann Chenu ausgehend von der Frage nach einer „politischen Liturgie“ aufzeigen, inwiefern das gesamte Volk Gottes „priesterlich“ (im Sinne einer „kultischen Vermittlung der Gnade Christi“[48]) und „königlich“ (im Sinne einer je neuen und der Situation entsprechenden Vergegenwärtigung der „souveränen Präsenz Christi in der Welt“[49]) ist. Das Zusammenspiel von Liturgie und Politik übersteigt damit die klassische Unterscheidung von profan und sakral.

3.2.3. Trinitarische Ekklesiologie

In Chenus Grundlegung der Kirche als „Volk Gottes in der Geschichte“ wird seine Inkarnationstheologie trinitarisch entfaltet. So kann er 1981 als ekklesiologische Summe die „trinitarische Offenbarung“ als „Werk des die Geschichte bestimmenden Heiligen Geistes“ ausmachen, die als solche „das Fundament der Kirche, ihr grundlegendes Fundament“[50] ist.

Während in Deutschland die von Karl Rahners Diktum von der Zusammengehörigkeit von immanenter und heilsökonomischer Trinität geprägte Debatte geführt wurde und Walter Kasper eine mangelnde Verwurzelung

---

[48] Chenu, Altare politici, 133.

[49] Ebd.

[50] Chenu, Die Neubelebung der trinitarischen Grundstruktur der Kirche, 460.

des trinitarischen Glaubens im gelebten Christsein beklagte,[51] ist ein wiedererwachtes trinitarisches Bewusstsein gerade auch in der Ekklesiologie für Chenu in hohem Maße dem Einfluss der orientalischen Spiritualität und Theologie auf das Konzil zu verdanken. Eine solche hat sich seines Erachtens in der – von ihm verfassten – Konzilsrede des melkitischen Bischof Georges Hakims vom 17. November 1962 Ausdruck verschafft.[52] Ebenso verweist er auf die Rede des griechisch-orthodoxen Erzbischofs Habib Hazim (1921–2012) auf der Vollversammlung des Ökumenischen Rates der Kirchen in Uppsala 1968, der von der Auferstehung her den christlichen Umgang mit der Wirklichkeit als trinitarisch strukturiert beschrieben hat. Für Chenu kann dieses östliche Erbe mit seinem „trinitarischen Personalismus"[53] die westlichen Engführungen aufbrechen, die sich außerhalb der Kirche als weltloser Deismus auswirken und in ihrem Inneren als lebensferne Kirchengestalt und Theologie.

Chenus bislang durchaus recht schöpfungstheologisch und soteriologisch akzentuierte Inkarnationstheologie wird nach dem Konzil durch die neue Aufmerksamkeit für das Wirken des Heiligen Geistes erweitert, was sie zugleich ekklesiologisch vertieft: der östlichen Trinitätstheologie zufolge vollendet sich „die circumincessio des Vaters, des Sohnes und des Heiligen Geistes in der Einheit des Geheimnisses [...] und [...] gründet so die Kirche in der Geschichte"[54].

Dies kann als ekklesiologische Konkretisierung des Rahnerschen Axioms von der Zusammengehörigkeit von immanenter und heilsökonomischer Trinität gelesen werden, darf aber nicht dahingehend missverstanden werden, dass die Kirche überhöht wird. Im Gegenteil: gerade auch schöpfungs- und inkarnationstheologisch sind Gott und Mensch bzw. Göttliches und Menschliches bei all ihrer wechselseitigen Verwiesenheit voneinander unterschieden. So geht es Chenu nicht um die Kirche an sich, sondern um diese als heilsökonomischen Resonanzraum der Offenbarung. Denn um wirklich Offenbarung zu sein, benötigt diese, wie Chenu mit Verweis auf Claude Geffré hervorhebt, einen „sie aufnehmenden Glauben"[55]. So kann sie sich in der Geschichte nur erfüllen, „wenn sie sich zugleich im Glauben des Gottesvolkes vollendet"[56]. In der Geschichte zeugt das kirchliche Leben vom „Erwachen

[51] Rahner, Der dreifaltige Gott als transzendenter Urgrund der Heilsgeschichte, 535; Kasper, Der Gott Jesu Christi, 405.

[52] Ausführlich zitiert bei Chenu, Die Neubelebung der trinitarischen Grundstruktur der Kirche, 454; s. o. Abschnitt 2.2.1.

[53] Chenu, Die Neubelebung der trinitarischen Grundstruktur der Kirche, 453.

[54] Ebd.

[55] Ebd., 458.

[56] Vgl. ebd.

des Geistes"[57], wie z. B. die Liturgie, die Zeugenschaft, die lebendige Tradition und die Aufmerksamkeit für die vielfältigen Geistesgaben – insbesondere auch diejenigen, die „schlichter und allgemeiner verbreitet sind" (LG 12) – zeigen. Kirche ist so der natürliche Ort einer *contemplactio* im Sinne einer trinitarischen Mystik und muss sich in ihren konkreten Formen in deren Dienst stellen. Auf diese Weise ist das Volk Gottes Resonanzraum einer expliziten (Congar würde mit LG 1 sagen: sakramentalen) Entfaltung des Geistes, ohne diesen auf die Kirche zu reduzieren.

3.3. Durchführung: Volk Gottes in der Geschichte

3.3.1. Volk Gottes auf dem Weg durch die Zeit

In der Formulierung „Volk Gottes in der Geschichte"[58] sieht Chenu die „kopernikanische Revolution"[59] des II. Vaticanums ausgedrückt. Damit verbunden betrachtet er die Glaubenserfahrung des Volkes Gottes im Laufe der Geschichte als für die theologische Erkenntnis und die Gestaltung der Kirche relevant. Mit Antônio Batista Fragaso (1920–2006), Bischof von Brageus (Brasilien), ist er der Ansicht, dass die Kirche erst nach und nach – und im Falle der Diözese Fragasos aufgrund der dortigen politischen und gesellschaftlichen Situation durchaus schmerzhaft – lernen muss, diese konziliare Intuition einzuholen. Das kann auch „Fieber" mit sich bringen, das gerade im Zusammenhang mit der Volk-Gottes-Ekklesiologie „zur Zeit in die Biologie der Kirche eindringt"[60] und als solches „ein Test für die Größe und Schwierigkeit der Operation"[61] ist.

Mit dem Motiv des Volkes Gottes hat das Konzil das Thema der beständigen Reform ins Zentrum gerückt.[62] Als Kirche „im Konzilszustand"[63] kann sie aus ihrer eigenen Geschichte lernen, diesen beiden Dimensionen in der Gegenwart und auf Zukunft hin besser gerecht zu werden. Dabei ist es nicht nur die Geschichte, die die Dogmatik besser verständlich macht. Vielmehr ist

---

[57] Ebd., 455.

[58] Chenu, Préface, in: Bobichon, Luneau, Église ou troupeau?, 7.

[59] Ebd.

[60] Ebd.

[61] Ebd.

[62] Aus diesem Grund stellt Chenu in einem langen Rezensionsartikel (ders., La théologie de l'Église) die Ergebnisse zweier entsprechender Studien einer breiteren Leserschaft vor: Delaruelle, Labande, Ourliac, L'Église au temps du grand schisme et de la crise conciliaire sowie Le Bras, Institutions ecclésiastiques de la chrétienté médiévale.

[63] Chenu, La théologie de l'Église, 204.

es auch die Dogmatik, die einen neuen Blick auf die Geschichte ermöglicht. Begeistert von der Darstellung des Historikers Étienne Delaruelles (1904–1971) unter dem Titel „Volk Gottes auf dem Weg“[64], plädiert Chenu für eine Kirchengeschichtsschreibung, die den Glauben des ganzen Gottesvolkes in den Blick nimmt. Für Chenu ist der Zusammenhang von Volk Gottes und Reform in einer chalcedonensischen Grundstruktur der Wirklichkeit und damit auch der Kirche grundgelegt, sodass er vom Glaubensweg des Gottesvolkes auch als vom „Evangelium in Aktion“[65] sprechen kann. Denn „Christus stellt uns nicht mehr nur der Heiligen Schrift gegenüber, so als ob wir nur in dieser einen Dialog mit Gott führen könnten; er macht uns zu Gliedern seines Leibes damit unsere Existenz den totalen Christus, das vollendete Offenbarwerden des Heilsplans Gottes, vorbereitet.“[66] In einem sakramentalen Verständnis von Kirche und Welt findet die Kirche „unter dem Schock der Veränderungen der Welt und der Geschichte trotz der Schwerfälligkeit ihrer Apparate die charismatische Kreativität der evangelischen Botschaft [wieder], die heute *in actu* ist.“[67]

Auf seinem Weg durch die Zeit hat das Volk Gottes auch bedenkliche Entwicklungen mit- und durchgemacht. Als eine gelungene Gegenbewegung zu diesen sieht Chenu die vom Konzil eingeleitete Besinnung auf die „Kirche der Armen“ an, die sich nach dem Konzil in der Vereinfachung liturgischer Kleider, kirchlicher Titel, Formen der Frömmigkeit und pastoraler und organisationaler Verfahrensabläufe u. a. m. äußert. Sie ist für Chenu ein direktes Ergebnis dieser Bewusstwerdung.[68]

3.3.2. Eine neue geschichtliche Situation

Das Konzil, das die Dimension der Geschichtlichkeit in das Bewusstsein der Kirche hob, erfolgte in einer geschichtlichen Konstellation, die für Chenu geradezu providentiell war. An zwei Themen, nämlich der Vergesellschaftung bzw. Entstehung der Massengesellschaft einerseits und der Entwicklungsenzyklika *Populorum progressio* andererseits, entfaltet Chenu seine hoffnungsvolle Zeitdiagnose besonders deutlich.

---

[64] Im Original „*Peuple de Dieu en marche*“ (zit. nach Chenu, La théologie de l'Église, 205), was übrigens den Namen der von Emmanuel Macron gegründeten Bewegung „*La République en marche*“ vorwegnimmt.

[65] Chenu, La théologie de l'Église, 205.

[66] Chenu, La théologie en procès, 695. Der Ausdruck „*total*“ ist hier wohl wieder im Sinne der Schule der *Annales* gebraucht und meint „umfassend“.

[67] Chenu, La théologie en procès, 696.

[68] Chenu, L'Église des pauvres.

Bezeichnenderweise in Taizé hielt Chenu in der Endphase des Konzils einen Vortrag, der unter dem Titel *Les masses humaines, mon prochain?* veröffentlicht wurde und seine theologischen und soziologischen Einschätzungen zur Gegenwart dokumentiert. Zunächst stellt er fest, dass weltweit und in vielerlei Hinsicht von „Massen"-Phänomenen die Rede ist. Bereits in *Une école de théologie* hatte er ja den „Zugang der Volksmassen zum öffentlichen Leben"[69] als einen *locus theologicus in actu* ausgemacht. Nun sei allerorten von Massengesellschaft, Massenmedien, Massenpsychologie u. a. die Rede. Nicht nur das Verständnis der Gegenwart ist in hohem Maße davon betroffen, sondern auch das Verständnis der Geschichte. Für den christlichen Umgang mit der Welt stellt dies eine Herausforderung dar, trat doch vom Gleichnis vom barmherzigen Samariter her der „Nächste" bislang stets als eine konkrete Person in Erscheinung und nicht als Angehöriger einer „Masse". Weil aber heute der Mensch einerseits nicht mehr ohne Berücksichtigung von Massenprozessen verstanden werden kann und weil andererseits die Massen auch Prozessen der Entmenschlichung unterworfen sind, stellt sich für einen inkarnierten Glauben die Frage nach dem Umgang mit diesen Massen.

Chenu unterscheidet die Masse von der Menge und auch vom Volk. Unter Rückgriff auf Karl Marx und v. a. Sigmund Freud (1856–1939) setzt er bei gemeinsamen menschlichen Instinkten an, wie z. B. sich ernähren, überleben, Nachkommen zeugen, Ängste überwinden etc. Diese Instinkte, die allen individuellen Ausprägungen vorausgehen, bilden die Grundlage einer Erklärung von Massenphänomenen. Natürlich lässt sich der Mensch als Vernunftwesen nicht auf seine Instinkte reduzieren, genauso wenig wie er nur als Teil einer Masse zu verstehen ist. Aus christlicher Sicht stellt sich die Frage, wie Nächstenliebe zugleich personal wie auch sozial auszugestalten ist. Hier gilt es nach Chenu zwei Perspektiven miteinander zu verbinden: „Ich kann den Anderen direkt und in unmittelbarer Präsenz, in Person, erreichen, ihm ‚begegnen'; dies ist mein Nächster, wie ihn das Evangelium vom guten Samariter beschreibt. Aber ich kann ihn auch nicht für sich genommen erreichen, sondern in der Funktion, die er ausübt, und somit durch die Vermittlung eines sozialen Organismus, die sich aus seiner Funktion ergibt"[70]. Inspiriert zu einer hierauf basierenden „‚Theologie der Nächstenliebe', die den Menschen dieses Jahrhunderts entspricht"[71], wurde Chenu übrigens in den 1950er Jahren durch einen Vortrag Paul Ricœurs.

Eine Theologie der Nächstenliebe muss die klassische personale Dimension des Menschen um dessen soziale und kollektive Dimension ergänzen.

[69] Chenu, Eine Schule der Theologie, 135.
[70] Chenu, Les masses humaines, mon prochain?, 110.
[71] Ebd., 110 Anm. 12.

Sie wirkt sich also nicht mehr nur in Begegnungen aus, sondern muss in Strukturen, Organismen und Institutionen übersetzt werden, was Chenu den „‚langen‘ Weg“[72] nennt – und „der Weg, auf dem die ‚Nähe‘ zu suchen ist, ist weit“[73]. So sind zwar beide Dimensionen zu unterscheiden, können aber nicht voneinander getrennt werden. Weder können Institutionen und Organisationen als nur kühl und abstrakt betrachtet, noch der barmherzige Samariter als überholt abgetan werden. Ähnlich verhält es sich mit dem Zusammenspiel von Beziehung und Begegnung: letztere ist fruchtbar, aber flüchtig, und bedarf deshalb der ersteren im Sinne einer dauerhaften und zu diesem Zweck auch institutionalisierten Form. In diesem Sinn ermöglicht das Abstrakte das Konkrete, das Soziale das Individuelle. Gerade aus christlicher Sicht ist deshalb das Verständnis der „Massen“ neu zu bewerten, das in einer spiritualistischen und pessimistischen augustinischen Betrachtung der „*massa peccati*“ ebenso einseitig wurde wie in einer Gegenüberstellung zwischen „Masse“ und „Eliten“, wie sie in einem „aristokratischen Geschichtsverständnis“[74] vorherrscht.

Für einen inkarnierten Glauben genügt es freilich nicht, auf einer äußerlichen – politischen, soziologischen oder organisationstheoretischen – Ebene zu verbleiben. Vielmehr gilt es zu fragen, inwiefern diese selbst die Inkarnation des Glaubens prägt und von ihr geprägt wird. Hier entfaltet Chenu ein Panorama des „Innenlebens“ bzw. der inneren Dynamik von Massen, in denen aus seiner Sicht den Mythen eine entscheidende Rolle zukommt. Als Mythos bezeichnet er im Anschluss an Michel Meslin (1926–2010) im Unterschied zu ausgearbeiteten Theorien oder Konzepten die implizit leitenden Vorstellungen: „Der Mythos ist die Repräsentation einer imaginativen Struktur, die sich in einem bedeutungsvollen Narrativ des gesamten menschlichen Schicksals äußert.“[75] Der Mythos steht nun nicht einfach dem Logos gegenüber, vielmehr bilden beide eine Spannungseinheit, in der der Vernunft eine strukturierende Rolle zukommt. Dies ist der Grund für das Phänomen der Vergesellschaftung („*socialisation*“)[76] im Sinne einer zum Bewusstsein ihrer selbst kommenden Masse, die für Chenu der epochale Vorgang seiner Zeit ist. Hier kann Chenu nun auch theologisch ansetzen, denn ähnlich verhält es sich mit dem Zusammenspiel von Theologie und Mysterium. Dies nimmt er zum Anlass, den Mythos in seiner Funktion für die menschlichen Massen und das Mysterium als Dimension des Glaubens zusammenzudenken, sodass die „Vergesellschaftung“ als ein „Zeichen der Zeit“ erscheint. Das Mysterium aber wiederum ist gemäß

[72] Ebd., 111.
[73] Ebd., 112.
[74] Ebd., 115.
[75] Ebd., 119.
[76] Ebd., 123.

seiner biblischen Bezeugung ein (heils-)geschichtliches, das in den Mythen des Volkes Gottes zum Ausdruck kommt und stets die gesamte Menschheit im Blick hat. Als Mythos der Befreiung und der Hoffnung ist dieser Mythos des Volkes Gottes ein messianischer. Für Chenu legt das neue Bewusstsein für die Massenphänomene einen zentralen Aspekt des christlichen Messianismus frei, der seinerseits die Massenphänomene vor ihrer Zwiespältigkeit bewahren kann. In diesem Sinn macht Chenu eine Wechselwirkung – er nennt sie „bewundernswerte und furchterregende Konjunktur"[77] – aus, wie sie sich etwa in den Reden von Martin Luther King (1929–1968) oder im Programm der *Kirche der Armen* einen Ausdruck verschafft.

Die Massenphänomene sind in einer heilsökonomischen Perspektive Anknüpfungspunkte der Gnade. Dass dies eine sehr optimistische Betrachtungsweise ist, die in vielfacher Hinsicht anfechtbar ist, konzediert Chenu unumwunden. Allerdings ist dieser Optimismus kein innerweltlicher, sondern ein eschatologisch begründeter, der aus einem universalen und vollendenden Verständnis der Liebe Gottes erwächst. Da dieser Primat der Liebe keinerlei Eifersüchteleien zwischen Gläubigen und Atheisten bedarf, sondern die Zusammenarbeit aller Menschen guten Willens beinhaltet, kann Chenu denn auch das Wort Pius' XI. von der „politischen Nächstenliebe" neben das Wort des marxistischen Philosophen Michel Verret (1927–2017) stellen, wonach die moderne Liebe „politisch ist, oder sie ist nicht".[78] Die epochale Bedeutung des II. Vaticanums schließlich erweist sich just in einer solchen messianischen Wirklichkeitssicht. Dies legt Chenu mit Verweis auf LG 9 abschließend dar: „In dieser großen Stunde der Geschichte, in der die Massen Zugang zum Bewusstsein haben, wäre das Volk Gottes, das kein Verständnis für die Massen hätte, der kosmischen Dimension seiner Liebe untreu; das Volk Gottes, das nicht in *communio* mit dem Anruf der Massen stünde, wäre Christus, dem Sohn des unter den Kleinen menschgewordenen Gottes, untreu; das Volk Gottes, das den Massen nicht ihren menschlichen Status geben würde, wäre dem Vater untreu, dessen Vorsehung sein Geheimnis im Aufbau der Welt und im Gang der Geschichte offenbart."[79]

3.3.3. Weltkirche nach dem Konzil

Den nachkonziliaren Aufschwung der nichteuropäischen Kirchen, der mit der Entkolonialisierung der 1960er Jahre einherging, begleitete Chenu mit großen Hoffnungen. Seine Überzeugung, dass die Europäer ihre „westlichen

---

[77] Ebd., 125.

[78] Ähnlich auch in Chenu, Paul VI à Bogota: La vérité de la charité.

[79] Chenu, Les masses humaines, mon prochain?, 127f.

Dogmatismen"[80] überwinden würden, wurzelt dabei nicht nur in der begeisternden Entdeckung anderer Kulturen und Mentalitäten, sondern in einer geradezu alteritätstheoretischen Grundlegung des Pluralismus: Das Wort selbst „ist in zwanzig Jahren – für die Christen seit dem Konzil – ein Indiz von Humanismus wie auch eine Notwendigkeit geworden, die in der dreifachen kosmischen, menschlichen und göttlichen Dimension der pluralistischen Natur der Realität wurzelt. Das Universum, in dem wir leben, ist durch das Aufbrechen einer relativen kulturellen Einheit gekennzeichnet", wobei dies regional wie global in gleicher Weise zu beobachten ist. Dies bringt aufgrund der Komplexität und Geschwindigkeit der Veränderungen durchaus Herausforderungen mit sich, ist aber für alle Beteiligten bereichernd: „in diesem Pluralismus findet das Bewusstsein des Anderen Wirksamkeit und Wahrheit, denn der Andere ist nicht mehr nur eine reine Alterität, die aus ihm ein Objekt machen würde, sondern er wird für mich ein Subjekt, eine Quelle des Wissens, ein Prinzip der Initiative."[81]

Früh interessierte sich Chenu für die Vielfalt der Theologien und Theologen aus der damals noch sogenannten Dritten Welt.[82] Zum einen unterstützte er lebhaft eine Abkehr von einem „kulturellen und religiösen ‚Neo-Kolonialismus'"[83]. Diese Abkehr, für deren Bewusstwerdung die von Chenu immer wieder genannte Bandung-Konferenz von 1955 steht[84], stellt für ihn eines „der größten Ereignisse der Menschheitsgeschichte"[85] dar: „Es ist wahrhaftig ein Ausdruck messianischer Zeiten, daß zwei Drittel der Menschheit vom Zustand der Abhängigkeit und Entmenschlichung zur Freiheit von Leib und Seele vorstoßen. Warum sollte ein solches Ereignis nicht eine bestimmte Bauart der Kirche in Frage stellen und mit dieser Bauart ihre Theologie, als wohlüberlegtes und kritisches Bewußtsein ihres Engagements?"[86] Zum anderen unterstützte er die vielfältigen und durchaus auch schwierigen

---

80 Chenu, Préface, in: Joinet, Les Africains m'ont libéré, 10, verdeutlicht am Beispiel der Diskussionen um die Polygamie auf der Bischofssynode von 1980.

81 Chenu, Préface, in: Joinet, Les Africains m'ont libéré, 9f.

82 Chenu, Préface, in: Chenu (Hg.), Théologies chrétiennes du tiers-monde.

83 Chenu, Révisons radicalement notre „néo-colonialisme" culturel et religieux.

84 Vgl. als spätes und prominentes Beispiel Chenu, Ein prophetisches Konzil, 20.

85 Chenu, Eine Wiedergeburt zu neuem Leben: Theologen der dritten Welt, 285.

86 Ebd., 287. Auf Widerstände innerhalb der Kirche reagiert Chenu hier mit deutlichen Worten: „Es fällt mir auf, daß diejenigen, die nicht bereit sind, diese neue Theologie zu akzeptieren, dieselben sind, die von der berühmten Konferenz von Bandung (1955) keine Notiz genommen haben […]. Diese Herren, die ‚abwesend' und in ihrem Supranaturalismus gefangen waren, reißen, in Unkenntnis der einzigen Berufung des Menschen, Befreiung und eschatologisches Heilsgeschehen auseinander" (ebd.).

Entwicklungen hin zu inkulturierten Formen von Glaube und Kirche.[87] Dabei ging es ihm um die Subjektwerdung der Völker wie der Kirchen, kann doch die Förderung der „Dritten Welt nicht so mit der Hilfe der Ersten Welt vollzogen werden [...], dass diese ihr helfen würde, ihre Verspätung aufzuholen, auch nicht durch die Überführung wirschaftlicher oder kultureller Güter; sie fordert die Heranreifung einer autochthonen Lebenskraft, die sie aus der Bevormundung der reichen industriellen Zivilisation entläßt. Für das Christentum gilt das gleiche: es genügt nicht, ein bereits erreichtes System intensiver anzuwenden; hier geht es um eine ‚Geburt' im Innern der Tradition, die seit dem Gott-Menschen das Zentrum einer von ihm in Gang gesetzten Rekapitulation ist."[88]

Konkret vollzieht sich dies durch ein Verständnis der Offenbarung als Geschichte, durch die Praxis als Ort der Theologie, durch die Sozialform der Basisgemeinden – die besonders in Brasilien und Zaire zu einer Bereicherung auch der Ekklesiologie geführt hatte – sowie durch die Armen als Adressaten und Zeugen der Frohen Botschaft. In diesem Sinn sind die Kirchen der Dritten Welt Lehrerinnen der gesamten Kirche. Ähnliches gilt auch für die Christ*innen in China, die mit Themen wie dem Zusammenhang von Kolonisation und Mission sowie, am Beispiel des Ahnenkults, dem Verhältnis von lokalen Traditionen und Weltanschauungen und Christentum die Kirche herausfordern.[89] Bei dieser freudig-engagierten Begleitung des weltkirchlichen Aufbruchs konnte Chenu auf Bekanntschaften aus der Konzilszeit, wie etwa zu Tharcisse Tshibangu, zurückgreifen, dem er bescheinigte, die Anliegen aus *Une école de théologie* angesichts des nunmehr erfreulichen theologischen Pluralismus insbesondere mit Blick auf eine afrikanische und asiatische Theologie fortzuschreiben.[90] In Frankreich selbst unterstützte er die Arbeiten seiner jüngeren Ordensbrüder wie René Luneau, der sich u. a. mit dem 1987 erschienenen Werk *Laisse aller mon peuple. Églises africaines au-delà des modèles* um ein theologisches Verständnis des afrikanischen Christentums mühte.[91]

---

[87] Chenu, Foi et langage.

[88] Chenu, Eine Wiedergeburt zu neuem Leben: Theologen der Dritten Welt, 285f.

[89] In Chenu, L'Évangile passe avant l'institution ergreift Chenu in der Zeitung *Le Monde* am 21. August 1979 das Wort, um anlässlich der Bischofsweihe des von Rom nicht anerkannten Bischofs von Peking, Michael Fu Tieshan (1931–2007) u. a. diese Zusammenhänge zu benennen. Dabei macht er sich ein Wort des niederländischen Bischofs Charles Van Melckebeke (1898–1980) zu eigen, der seinem Beitrag den Titel gibt. Inwieweit Chenus Analyse der politischen Zusammenhänge in diesem komplexen Feld zutrifft, ist eine eigene Frage.

[90] Chenu, Préface, in: Tshibangu, La théologie comme science, 8.

[91] Chenu, Le corps du Christ est africain, in: TC n° 2232 (20.–26. April 1987), 15.

3.3.4. Weltkirchliches *Crossing-Over:* Theologie der Befreiung

Noch wirkmächtiger als Chenus Kontakte nach Afrika war sein Einfluss auf die Theologie in Lateinamerika. Der peruanische Theologe Gustavo Gutiérrez, der als Begründer der „Theologie der Befreiung" gilt, stützt sich in seiner gleichnamigen Programmschrift auf die Grundlegung des „Leben[s] der Kirche" als „theologische[m] Ort" in Chenus *Une école de théologie.*[92] Chenu wiederum wiederum stützt sich auf Gutiérrez' Programmschrift, wenn er sich zustimmend zur Theologie der Befreiung äußert.[93] Diese ist für ihn ein besonders sprechender (und handelnder) Ausdruck der messianischen Dimension der Kirche (LG 9). So handelt es sich um ein veritables interkontinentales *Crossing-Over* von theologischen Intuitionen und Rezeptionen mit großer Bedeutung für die Kirche in Europa, die sich neu als Teil der Weltkirche zu entdecken hatte.

Die zweite Generalkonferenz des CELAM in Medellín im Jahre 1968 war für Chenu ein entscheidendes Datum in der Nachkonzilszeit, das nicht nur für Lateinamerika von Bedeutung war, sondern für die gesamte Kirche. Als Paul VI. aus diesem Anlass als erster Papst nach Lateinamerika reiste, kommentierte Chenu dies in zwei Wochenendausgaben von *La Croix* mit zwei recht kurzen, aber ungeheuer dichten Beiträgen. Im ersten Beitrag vom 15. Juni handelte er von der „Wahrheit der Eucharistie"[94], die sich im Zusammenhang zwischen dem Teilen des eucharistischen Brotes und dem Teilen des täglichen Brotes äußert. Eine Woche später folgte als zweiter Teil der zweifach-einen Wahrheit die „Wahrheit der Nächstenliebe"[95], die Chenu zufolge notwendig in den entsprechend auszugestaltenden Horizont von Recht und Gerechtigkeit führt. Denn ohne Recht und Gerechtigkeit werden Abhängigkeitsverhältnisse noch durch gutgemeinte Werke der Barmherzigkeit konsolidiert, während die Liebe sich selbst „etwas vormacht"[96]. Jacques Hollande (1901–1991), Superior der *Mission de Paris,* erinnert sich übrigens an ein Wort Chenus, wonach die Gerechtigkeit zu kurz kommen kann, wenn man „alles in ein Säurebad der Nächstenliebe"[97] tauche. Damit ist Chenus Position zwischen Personalismus und Gesellschaftstheorie treffend verortet.

In diesem Sinn geht es für Chenu auch in der Theologie der Befreiung „um die Suche nach einem Verständnis des theologalen, und nicht nur moralischen, Lebens des Christen, der im Herzen der Geschichte von heute, in der

[92] S. Gutiérrez, Theologie der Befreiung, 73.
[93] Chenu, Bibbia e liberazione, 125.
[94] Chenu, Paul VI à Bogota: La vérité de l'Eucharistie.
[95] Chenu, Paul VI à Bogota: La vérité de la charité.
[96] Ebd.
[97] Hollande, Quand naissait la Mission de France, 37.

sozialen und politischen Transformation der Menschheit engagiert ist."[98] Die transformatorische Kraft macht sich dabei bereits in der Begrifflichkeit bemerkbar, insofern ein bislang wirtschaftlich reduzierter Freiheitsbegriff auf seine ganzheitliche Bedeutung hin entfaltet wurde. Vor dem Hintergrund seiner heilsökonomischen Geschichtstheologie legte Chenu besonderen Wert darauf, dass die „Revolution"[99] der Befreiungstheologie keineswegs in einen Gegensatz zur Frage des „Heils" gebracht werden kann. Im Gegenteil ist das in der biblischen „Heilsgeschichte" bezeugte und in der Gegenwart wirkmächtige „Heil" Horizont der Befreiung. Angesichts der kultur- und geistesgeschichtlichen Umwälzungen ist es für Chenu von besonderer Dringlichkeit, die von der Theologie der Befreiung aufgeworfenen Fragen zu beantworten. Dass dabei die Nähe zu atheistischen Philosophien ein „Risiko"[100] mit sich bringt, konzediert Chenu. Allerdings ist der „profane Messianismus"[101] seinerseits das Ergebnis einer langen „Anämie"[102] der christlichen Hoffnung. In diesem Sinn habe etwa Jürgen Moltmanns Theologie der Hoffnung in einer Art Umweg über die marxistische Philosophie Ernst Blochs ein christliches Thema erneut auf die Tagesordnung gesetzt. Und hier hat nun der Glaube keinen Grund, Angst zu haben: denn *Gaudium et spes* als „Charta des Messianismus für unsere Zeit" hat im Glauben an den Gott, der in Christus in die Geschichte eintritt, den Weg „einer universalen messianischen Hoffnung"[103] aufgezeigt, aus der heraus Christinnen und Christen leben und handeln können.[104]

Chenus Verständnis für die Theologie der Befreiung wurde nicht von allen Akteuren der Nachkonzilszeit geteilt. In den Jahren 1984 und 1985 nahm die römische Glaubenskongregation unter Joseph Kardinal Ratzinger kritisch zur Theologie der Befreiung Stellung. Den von der Kongregation als zugrunde liegend ausgemachten, teilweise aber auch von ihr selbst verschärften Konflikt deutet Chenu als langfristiges Ergebnis eines augustinischen Dualismus, der trotz der Bemühungen des Thomas von Aquin bis zum II. Vaticanum Kirche und Theologie geprägt habe. Damit handelt es sich beim Konflikt um die Befreiungstheologie zugleich um eine Auseinandersetzung über den nachkonziliaren Kurs von Kirche und Theologie. Deutlich kritisiert Chenu die erste Instruktion, denn „es ist immer fatal, wenn man ein doktrinäres oder praktisches

[98] Chenu, Bibbia e liberazione, 124.
[99] Ebd.
[100] Ebd., 126.
[101] Ebd.
[102] Ebd.
[103] Ebd.
[104] Zur Einordnung der Chenu'schen Verwendung des Motivs des Messianismus in diesem Zusammenhang s. auch Schlegel, Changer l'Église en changeant la politique, 264.

Problem anhand der Unsauberheiten beurteilt, die seine Bearbeitung beinhalten konnte“[105]. Umso verständlicher seien die enttäuschten Reaktionen unter den lateinamerikanischen Bischöfen, Theologen und im Kirchenvolk gewesen. Der Versuch, das Dokument in einer positiveren Lesart zu deuten, sei müßig, habe doch der Präfekt der Glaubenskongregation, Kardinal Ratzinger, in seinen „persönlichen Schriften [...] ohne Mäßigung“[106] die grundlegenden Optionen der Befreiungstheologie kritisiert. Angesichts der „einseitigen und parteiischen“[107] ersten Instruktion begrüßt Chenu umso mehr die Ausgewogenheit und das theologische Niveau der zweiten.

Das neue Bewusstsein von der christlichen Freiheit, das im Hintergrund der Theologie der Befreiung steht, ist für Chenu im Zentrum der gesamten Heilsökonomie angesiedelt. Es resultiert aus einem besonders in den lateinamerikanischen Basisgemeinden zu beobachtenden Wirken des Geistes, das zu einer Rückkehr zum Evangelium drängt, „manchmal zur Überraschung der Funktionäre“[108]. Mit Paul VI. betont Chenu, dass Freiheit nicht nur ein Thema der individuellen Spiritualität ist, sondern soziale und politische Aspekte beinhaltet. Insofern Freiheit ein Ergebnis der Evangelisierung ist, beinhaltet die Evangelisierung auch den Einsatz für die irdischen Bedingungen ihrer Realisierung. „So absorbieren wir auch den latenten Dualismus gewisser Spiritualitäten, denen zufolge die Last der Befreiung auf die individuelle Konversion gelegt wird, ohne dass die Reform der Strukturen ausreichend berücksichtigt wird unter dem Vorwand des Vorranges der Personen vor den Strukturen. Dies ist einer der Punkte, an denen die zweite Instruktion die erste erhellt.“[109] Ähnlich verhält es sich mit dem Zusammenhang zwischen irdischem Fortschritt und Wachstum des Reiches Gottes. Diese sind zwar nicht auf derselben Ebene angesiedelt, aber die eschatologische Hoffnung des letzteren wirkt sich auch unmittelbar auf das erstere aus. Nichts anderes, so Chenu, meint das Konzil mit den „Zeichen der Zeit“ und den „Samenkörnern des Logos“. Marx habe in diesem Sinn nicht Unrecht gehabt, wenn er auf die Unfähigkeit der christlichen Nächstenliebe hingewiesen habe, die Welt zu transformieren. Einmal mehr verweist Chenu auf das Wort Pius' XI. von der politischen Dimension der Nächstenliebe und stellt somit die Theologie der Befreiung in eine lehramtliche Tradition, deren zentrale Stationen das Konzil und die Enzyklika *Populorum progressio* sind.[110] Eine

---

105 Chenu, Introduction, in: Liberté chrétienne et libération, I.

106 Ebd.

107 Ebd.

108 Ebd., III.

109 Ebd., IV.

110 Diese Motivreihe steht auch im Mittelpunkt seines Beitrag für *La Croix* Chenu, Paul VI à Bogota: La vérité de la charité.

kritische Nachbemerkung Chenus verdient eigens Beachtung: das im Französischen üblicherweise klein geschriebene Wort „*magistère*" (Lehramt) sei in der Instruktion großgeschrieben und damit auf eine Stufe mit der Schrift und der Tradition gestellt worden. Aber „das Lehramt ist nicht Quelle des Glaubens, sondern nur eine institutionelle Konditionierung des Ausdrucks der Wahrheit"[111]. In diesem Sinn plädiert Chenu abschließend für das Zusammenspiel von Orthodoxie und Orthopraxie, in dem die Wahrheit je neu zur Welt kommt und diese mitgestaltet auf ihrem Weg zur Vollendung. Auf diese Weise ist denn auch die Theologie der Befreiung jenseits eines „bedauernswerten theologischen Aristokratismus"[112] ein besonders gelungenes Beispiel für den *sensus fidei* (LG 12).

Chenus früh erworbene Einsicht, dass eine Theologie immer ein Ausdruck einer Spiritualität ist, bestätigt sich mit Blick auf die Theologie der Befreiung: „Es geht um eine Spiritualität der Befreiung, und nicht nur Theologie [...], denn eine Theologie, die die Spiritualität als subjektiv marginalisiert, würde ebenso wie eine Spiritualität, die sich nicht gemäß der Architektur einer Theologie artikuliert, ein Scheitern der psychologischen und theologalen Einheit unseres Christseins darstellen."[113] Zwar hat der neunzigjährige Chenu, der diese Zeilen 1985 im Vorwort zur französischen Ausgabe des Buches von Gustavo Gutiérrez *Beber en su propio pozo* über die Spiritualität der Befreiung schrieb, nichts von seinem in Gottvertrauen gründenden Optimismus verloren. Aber man spürt durchaus die menschliche Enttäuschung, dass es dreißig Jahre nach dem Konzil dem lateinamerikanischen Autor ähnlich erging wie ihm selbst in den Jahrzehnten vor dem Konzil. In der Tat gibt es Parallelen: Dass der Erzbischof von Lima, Juan Kardinal Landázurri Ricketts (1913–1997) Gutiérrez unterstützte, bewahrte diesen nicht vor den Konsequenzen, die daraus folgten, dass sich „an höherer Stelle die römischen Theologen nicht leicht in die schöpferischen Perspektiven der südamerikanischen Kirchen"[114] einzudenken vermochten. Chenu kann das sogar bis zu einem gewissen Grad verstehen, jedoch gibt er zu bedenken, dass sich schöpferische Perspektiven „nicht ohne Fieber"[115] entwickeln und entfalten, was in keiner Weise den Wert des „spirituellen Wegs eines Volkes"[116] mindert.

Bei der Theologie und der Spiritualität der Befreiung handelt es sich für Chenu um die „Aspiration einer anderen Kirche als derjenigen der europäischen *chrétienté*", die „uns die doppelte Zusicherung der Einheit des Mysteri-

[111] Chenu, Introduction, in: Liberté chrétienne et libération, V.
[112] Ebd., VI.
[113] Chenu, Préface, in: Gutiérrez, La libération par la foi, 9.
[114] Ebd.
[115] Ebd.
[116] Ebd.

ums unseres Glaubens und des Pluralismus des irdischen Engagements in der Inkarnationsökonomie verschafft“[117]. Zugleich ist die Theologie der Befreiung ein weltkirchliches Lernfeld über Lateinamerika hinaus. Bei allem kontinentalen *Crossing-Over* geht es um den inneren Zusammenhang von Erkenntnis und Erfahrung, weshalb Chenu bei seiner Bewertung der Theologie der Befreiung an die Zeit seiner Anfänge als Theologe erinnert: „Erfahrung: Es gab eine Zeit, in der das Wort durch einen oberflächlichen Antimodernismus suspekt war; dank des Konzils, das es benutzt, hat es seine Wirkung und seine Wahrheit wiedererlangt. Diese wechselseitige Durchdringung des Vorgegebenen und des Gelebten ist eine der Wohltaten der österlichen und pastoralen Dynamik einer Kirche, die ihren Wurzelboden in der Welt findet.“[118]

3.4. Konkretisierung: Volk Gottes und Leib Christi

3.4.1. Kleine christliche Gemeinschaften

Chenu sah sein Verständnis des Volkes Gottes, seines Handelns in der Welt und seines Gebetslebens immer mehr in den „Basisgemeinden“[119] realisiert. Diese „Gemeinde-Kirche“ ist für ihn Ausdruck eines erneuerten „geistlichen“ Lebens, in dem der Heilige Geist nicht gegen Gott den Vater und Gott den Sohn ausgespielt wird, sondern in dem sich die Erneuerung der trinitarischen Dimension von Kirche und Welt manifestiert.[120]

Diese Einschätzung ist ebenso grundsätzlich wie zeitbedingt. In den Jahren nach dem Konzil erscheint nicht nur in der Kirche die *communauté* als ein verlockendes Gegenmodell zu den Schwerfälligkeiten der Institutionen.[121] Grundsätzlich sieht Chenu im Rahmen einer inkarnations- und gnadentheologisch strukturierten soziologischen Analyse menschlicher Vergemeinschaftungsformen in „natürlichen Gemeinschaften“[122] die Möglichkeit gegeben, „Zellen von Kirche“[123] zu sein, m. a. W. ein zeitgemäßes Christsein zu leben, wie er noch recht allgemein auf einer Tagung der Arbeiterpastoral in Troyes 1964[124]

---

117 Ebd.

118 Ebd.

119 Chenu, Die Neubelebung der trinitarischen Grundstruktur der Kirche, 289; vgl. ders., Auf der Suche nach den Zeichen der Zeit, 19; ders., Une Église populaire.

120 Vgl. Chenu, Eine Wiedergeburt zu neuem Leben.

121 Für einen Überblick s. Pelletier, La crise catholique, 133–139.

122 Chenu, Les communautés naturelles, pierres d’attente de cellules d’Église.

123 Ebd.

124 Dazu auch Mossand, Présence du Père Chenu à l’Action Catholique Ouvrière, 50.

entfaltete. Dabei skizzierte er auf der Grundlage einer Umfrage den Zusammenhang von Evangelisierung und Gemeinschaftsformen. Jenseits eines romantisierenden Verständnisses von Gemeinschaft kennt zum einen das Volk Gottes ein inneres Gefüge und erfolgen zum anderen die „natürlichen" menschlichen Vergemeinschaftungsformen (Ich-Du-Beziehung, Familie, Nachbarschaft, Wohnort, Arbeitswelt, Gesellschaft) nach jeweiligen Gesetzmäßigkeiten. Entscheidend ist in der Konvergenz zwischen Volk-Gottes-Ekklesiologie und sozialer Anthropologie die Einsicht, dass erstere im Dienst letzterer steht und nicht umgekehrt. Kirche zielt auf erfüllendes und humanisierendes Zusammenleben (freilich in eschatologischer Perspektivierung), nicht aber zielt gelingendes Zusammenleben auf Pastoralstrategien und Kirchenbildung. Die große Bedeutung dieser Erkenntnis liegt für Chenu darin, dass im gesellschaftlichen Wandel der Zeit die Evangelisierung nicht mehr durch „Weitergabe eines soziologischen Glaubens innerhalb einer etablierten Christenheit"[125] erfolgt, sondern durch ein Zeugnis (*témoignage*).

Wie sich Chenu einer Idealisierung der Gemeinschaft verweigert, so freilich auch einer Idealisierung des Zeugnisses. Auch dieses bedarf Strukturen und Institutionen. So ist die Kirche gerade dann nicht auf die Sakramente zentriert, wenn sie durch diese dezentriert und damit über konkrete Feiern hinaus sakramental sein kann.[126] Chenu wendet hier seine Verhältnisbestimmung von Glaube und Religion an, wonach diese nicht zuletzt deshalb voneinander zu unterscheiden sind, weil der Glaube die Religion in den „Dienst"[127] nimmt, ebenso wie die Gemeinschaft die Gesellschaft und das Evangelium den Kult, das Recht, die Soziologie und die Organisation.

Anfang der 1970er Jahre widmet sich Chenu auf Anfrage der Zeitschrift *Témoignage chrétien* den „spontanen Gruppen", in denen sich mehr und mehr Christ*innen unter dem Dach wie auch außerhalb der verfassten Kirche zusammenzuschließen begannen.[128] Einerseits betrachtete er diese als eine folgerichtige Entfaltung der theologischen, soziologischen und pastoralen Entwicklungen seit den 1930er Jahren, die vom II. Vaticanum bekräftigt wurde. Andererseits weist er darauf hin, dass diese Gruppen keineswegs die einzig legitime Lesart und Ausdrucksform der konziliaren Ekklesiologie darstellen. Zudem waren diese Gruppen nicht nur in sich sehr vielgestaltig und kaum auf einen organisatorischen und inhaltlichen Nenner zu bringen, sondern wiesen auch landesspezifische Besonderheiten auf. In Italien etwa macht Chenu das Zusammenspiel von Kirche und Politik als Hintergrund aus, vor

---

[125] Chenu, Les communautés naturelles, pierres d'attente de cellules d'Église, 139.

[126] Vgl. ebd., 141.

[127] Ebd., 143.

[128] Chenu, „Les communautés de bases", kyste ou espoir pour l'Église.

dem die kleinen christlichen Gemeinschaften schnell in den Ruf dissidenter Gruppierungen geraten konnten. In den Vereinigten Staaten von Amerika sieht Chenu die Besonderheit der „unterirdischen Kirche" – den vom niederländischen Franziskaner Theodorus M. Steeman (1928–1985) übernommenen Begriff empfindet er als wenig glücklich – in der Verbindung von lebendig gefeierter Liturgie und politisch-sozialem Einsatz im Umfeld der Bürgerrechtsbewegung und der Kritik am Vietnamkrieg. Für ihn bringen diese Gemeinschaften in christlicher Ausprägung die Eigenschaften zum Ausdruck, die er als typisch amerikanisch betrachtet: Freiheitsliebe, Zukunftsoptimismus, Erfahrungsorientierung. Darin unterscheiden sie sich seiner Meinung nach von der Mehrheitskirche, deren Kirche-Welt-Dualismus inmitten der Umwälzungen der 1960er Jahre jenseits scheinbarer Sicherheiten keine Antworten für fragende Menschen mehr bietet. Schließlich sieht er in den lateinamerikanischen Basisgemeinden einen „radikalen Evangelismus" am Werk, dessen Option für die Armen und Entrechteten ihn recht unmittelbar in Gegensatz zu den politischen Strukturen bringt, die Chenu mit Dom Hélder Câmara als „Strukturen der Gewalt und der Unterdrückung"[129] bezeichnet. An anderer Stelle bezeichnet er die Basisgemeinden als „vollkommenes Bild der Entstehung, der Methoden und auch der Risiken einer Theologie der Dritten Welt, die der bisher monopolhaften westlichen Welt frisches Blut zuführt"[130]. Deutlich wird jeweils, wie sehr langfristige soziokulturelle und unmittelbare politische Zusammenhänge zu einer großen kontextuellen Verschiedenheit führen.

In Frankreich selbst sieht Chenu Vorläufer in den seit dem Zweiten Weltkrieg entstandenen Familiengruppen, die ihrerseits Teil einer größeren, oft von der Katholischen Aktion inspirierten Entwicklung sind.[131] So waren es denn auch die Verantwortlichen des Arbeitnehmerzweigs der Katholischen Aktion (*Action Catholique Ouvrière*), die wie gesehen 1964 in Troyes die *communautés naturelles* zum Thema machten. Allerdings sieht Chenu in Frankreich insgesamt kein Epizentrum dieser ekklesialen und ekklesiologischen Entwicklung, wo die Basisgemeinschaften weder weit verbreitet noch untereinander vernetzt sind und auch keinen politischen Einfluss haben.[132] Neben den Familiengruppen sieht er am ehesten noch unter den Sympathisant*innen bestimmter spiritueller Zeitschriften und Initiativen sowie auf nationaler Ebene wirkenden Organisationen vergleichbare Elemente. Der spezifisch französische Kontext führt Chenu bei aller Begeisterung auch zu einer gewis-

---

[129] Ebd., 6.

[130] Chenu, Eine Wiedergeburt zu neuem Leben, 498.

[131] So schon Chenu, Communauté de jeunes foyers.

[132] Vgl. Chenu, „Les communautés de bases", kyste ou espoir pour l'Église, 7.

sen Nüchternheit, wenn er sich einem Votum der Versammlung von Bischöfen und Priestern in Lourdes vom November 1969 – am traditionellen Treffen der Bischofskonferenz nahmen erstmals auch Priester teil und diskutierten gemeinsam über verschiedene Themen von Autorität bis Zölibat – anschließt. Demnach geht es weniger um die Eingliederung der Menschen in bestehende kirchliche Institutionen, sondern um die Unterstützung christlichen Lebens in den alltäglichen Lebenszusammenhängen. Wenn auf diese Weise der Sozialraum (*unité humaine de base*) zum Pastoralraum (*unité pastorale de base*) wird – diese Begriffe behalten auch bei Chenu die ihnen eigene Unschärfe bzw. Abstraktion –, verwirklicht sich für Chenu die Kirche als Mysterium auf universaler wie lokaler Ebene. Dies lässt sich für ihn aber nicht durch „eine neue Strategie der Evangelisierung" oder durch „Strukturreformen" erreichen, sondern durch das Geltenlassen der „in der Dynamik der Kirche enthaltenen Werte"[133].

Die Verbindung von Begeisterungsfähigkeit und Nüchternheit zeigt sich, wenn Chenu die Rolle der kleinen Gemeinschaften im Gesamt von Kirche und Gesellschaft in Frankreich durchdekliniert. Zunächst geht er – es ist die Zeit, in der die heute so problematischen „*villes nouvelles*" entstehen – von der zunehmenden Verstädterung aus. Was er so nicht sagt, was aber den bereits früher erarbeiteten religionssoziologischen Hintergrund darstellt: eine ländlich-dörflich geprägte Form von Kirchlichkeit kommt hier ganz natürlich an ihre Grenzen, wie übrigens auch umgekehrt eine städtische Form auf dem Land an ihre Grenzen kommt. Als zentrale Herausforderungen macht Chenu die Frage nach Beziehung und Kommunikation aus. Die dabei entstehenden neuen Sozialformen führen in einer ganz neuen Weise zur Frage nach dem Verhältnis von Charisma und Institution, Gemeinschaft und Autorität. Die hier notwendigen Formen können für Chenu nur aus einem doppelten Zusammenhang erwachsen: zum einen ist das Christentum ausgehend von Christi Tod und Auferstehung „realisierende Erinnerung" des „Mysteriums Christi"[134], zum anderen kommt es nur in der Wechselseitigkeit von Kirche und Welt im Sinne von GS 44 zur Welt.

Nichts anderes ist mit der „lebendigen Tradition"[135] gemeint, wie Chenu mit einem Motiv Congars zusammenfasst. Stärker als dieser würdigt er den prophetischen Charakter dieser Tradition am Beispiel der Basisgruppen. Demnach bilden sich diese nicht von der „etablierten Ordnung" her, sondern auch im Einspruch gegen deren unchristliche Konsequenzen und Implikationen und setzen sich für „Fortschritt" gesellschaftlicher wie geistlicher Art ein.

---

133 Ebd.

134 Ebd., 8.

135 Ebd.

Auf diese Weise die Zeichen der Zeit zu theologischen Orten zu machen, gelingt „den großen institutionellen Rahmen, zumindest den sie ausgestaltenden Bürokratien“[136] oft nicht. Dies ist nun für Chenu aber kein Anlass, eine Gegenüberstellung zwischen bestehenden Institutionen und entstehenden Gemeinschaften vorzunehmen. Denn in einer komplexen Gesellschaftsordnung bedarf es ihrer Komplementarität – dies umso mehr, als beide auf ihre Weise selbstgenügsam werden können. Gerade seine oft beißende Kritik an der *chrétienté* verleiht seiner abschließenden Warnung Gewicht: „Zwischen den Zeilen zeigte sich durch die bloße Erwähnung dieser Erfahrungen die Brüchigkeit und Risiken, die ihnen innewohnt. Es geht dabei nicht so sehr um die allgemeine Bedrohung, dass diese Gruppen zu Sekten oder zumindest zu Zysten verkommen, die sich von dem Körper ernähren würden, auf dem sie gepflanzt sind; aber es bestehen subtile Risiken eines Intimismus, der viele Illusionen decken würde, eines Rückzugs auf sich selbst, der die objektiven Probleme einer ‚Reinheit‘ mit Wahrheitsmonopol kaschieren würde, eines Antiintellektualismus, in dem der Glaube sich nicht mehr mit der Rationalität der Welt auseinandersetzen würde.“[137]

Diese Risiken sind in gleicher Weise ekklesiologisch wie soziologisch relevant, denn sie können zu gut gemeinten, aber völlig wirkungslosen Aktivitäten führen und dadurch weder dem Evangelium noch der Gesellschaft gerecht werden. Anders gesagt ist es angesichts dieser Risiken, die den Chancen entsprechen, die Verantwortung der gesamten Kirche, die bestehenden Spannungen fruchtbar zu machen. Nur dort wird christliches Leben zur fortdauernden und im Sinne von LG 1 sakramentalen „Erkenntnis des Mysteriums der Kirche – in der die Kommunion und die Kommunikation die Gegenwart des Geistes zum Ausdruck bringen –, wo die Anfrage durch die Welt und die Wissenschaften vom Menschen die Zeichen der Zeit offenbart –, wo das Evangelium in seiner prophetischen Kontestation die Botschaft vom Heil für die irdische Befreiung des Menschen wird.“[138]

In diesem spannungsreichen Zusammenspiel, in dem christliches Engagement in einer sich grundlegend verändernden Gesellschaft neu erlernt und eingeübt werden muss, stellt sich auch die Frage nach der Rolle von Laien und Priestern. Dies bedarf einer ekklesiologischen Grundlegung, die dem Kirche-Welt-Verhältnis im Sinne von GS 44 entspricht.[139] 1983 schreibt Chenu diesbezüglich: „Was die Strukturen betrifft, so sind die Basisgemeinden eine absolute Neuerung in der Kirche. Überall findet man sie, allerdings nicht so

---

136 Ebd., 9.

137 Ebd.

138 Ebd., 10.

139 Ebd., 9.

häufig in Frankreich. Sie sind nicht klerikal, nicht von einem Priester geführt, sondern von einem Laien, der berechtigt ist, das Wort zu verkünden. Viele Bischöfe in Brasilien oder Afrika wünschen, daß Laien, die kompetent sind und ihre Gemeinde während eines Zeitraumes von fünf oder sechs Jahren geführt haben, die Priesterweihe erhalten, obgleich sie verheiratet sind."[140] Hier ist nicht ganz spannungsfrei, dass Chenu sowohl für Leitung ohne Ordination als auch für Ordination aufgrund von Leitung bzw. Ordination zur Leitung plädiert. Wie dem auch sei: „Ich hoffe, diese Entwicklung wird sich durchsetzen. Papst Paul VI. hatte dieses Prinzip akzeptiert, während es der derzeitige Papst [Johannes Paul II.] von Grund auf ablehnt. Er hat Priesteramt und Zölibat dermaßen miteinander verknüpft, daß es kaum einen Ausweg gibt. Ich finde dies schlimm, es macht mich zornig. Ich will den Zölibat nicht herabsetzen, aber der Zölibat muß freiwillig sein."[141]

Chenu denkt in der Tat auch in Fragen wie Zölibat und Frauenpriestertum im Sinne von GS von der wechselseitigen Verschränkung von Dogma und Pastoral, Kultur und Glaube her.[142] Gemeinsam mit Karl Rahner u. a. unterschreibt er mit Blick auf die Bischofssynode von 1980 eine Petition, wonach an der Synode auch Laien (Männer und Frauen) teilnehmen und über die Amtstheologie diskutieren sollen.[143] In diesen Zusammenhang argumentiert er zwar weniger technisch versiert als Congar, der mehr und mehr aufzuzeigen versuchte, dass die Beauftragung zur Leitung als Ordination erfolgt bzw. letztere im Dienste ersterer steht. Aber auch Chenu ist selbstverständlich diesem altkirchlichen Verständnis der Priesterweihe und dem damit verbundenen Zusammenhang von Gemeindeleitung und Eucharistievorsitz verpflichtet. So schlussfolgert er 1981 angesichts von damals „über 1200 Gemeinden", in denen „Sonntags-Gottesdienste ohne Priester gefeiert werden": „Da muß man sagen: Wenn diese Gemeinden regelmäßig Eucharistie feiern sollen, muß das Kirchengesetz eben geändert, d. h. das Zölibat in seiner jetzigen Form aufgehoben werden. Vorrangig ist die Evangelisierung, nicht das konkrete, relative Kirchengebot."[144] Er fügt hinzu, dass man „Gott sei Dank" in Frankreich über diese Frage diskutieren kann, „auch unter den Bischöfen"[145]. So hoffte Chenu Anfang der 1980er Jahre, dass die grundsätzliche Dynamik, die in den Basisgruppen zum Ausdruck kommt, „innerhalb der nächsten zehn Jahre"[146] dazu führt, dass verheiratete Männer die Leitung von Gemeinden übernehmen kön-

140 Chenu, Zorn aus Liebe, 87.

141 Ebd., 87f.

142 Chenu, Presentazione, 5f. Vgl. auch ders., Préface, in: Landercy, 8.

143 Henri Fesquet, Discrimination sexuelle?, in: Le Monde, 18. Oktober 1977.

144 Chenu, Auf der Suche nach den Zeichen der Zeit, 18.

145 Ebd.

146 Chenu, Zorn aus Liebe, 88.

nen. Freilich kritisierte Chenu in diesem Zusammenhang wenig später die Vorstellungen Johannes Pauls II. zum Priesteramt, zumal diese nicht das vom Konzil eingeforderte „Gleichgewicht" des „Duo[s] Priester – Laie"[147] einholen. So blieb er „bei allem Respekt zurückhaltend, besonders was Wojtylas Auffassung vom Priesterstand betrifft, die natürlich im Zusammenhang zu sehen ist mit der Opposition des Priesterstandes zum Laientum."[148] Dies trage dazu bei, dass die Kirche „zu klerikal" ist und der „Kredit" und der „Einfluß" der Laien zu gering geblieben sei. Zwar gebe es in einigen Ländern Räte, in denen Laien effektiv arbeiten. Aber ihre „aktive Theologie" werde vielerorts nicht gewürdigt – beginnend vor Chenus Haustüre: Einigen Laien, die Theologie studiert hätten und „den Kardinal von Paris" gefragt hätten, welchen Dienst die Kirche von ihnen erwarte, habe dieser geantwortet, „die Kirche erwarte überhaupt keinen Dienst von ihnen – was außerordentlich entmutigend ist."[149]

3.4.2. Amt und Ordination

Die Amtsfrage war nach dem Konzil nicht nur mit Blick auf die kleinen christlichen Gemeinschaften virulent. Vielmehr manifestierte sich in ihr die zunehmend als krisenhaft erfahrene Transformation des Zusammenhangs von Kirche und Welt. Zahlreiche Priester legten ihr Amt nieder, Ordensgemeinschaften verloren viele gerade jüngere Mitglieder und bis weit in den Klerus hinein wurde mehr und mehr die grundsätzliche Frage nach Sinn und Zweck von Amt und Ordination gestellt. In einer solchermaßen aufgewühlten Situation legte Chenu 1969 erstmals eine recht umfassende Skizze einer Amts- und Ordenstheologie vor. In seinem Beitrag *Vocations particulières et grâce baptismale* betont er, dass man es nicht mit Fragen im Rahmen einer „Krise der ‚Rekrutierung'" zu tun habe, sondern mit der Frage nach den „Strukturen einer Kirche in der Welt"[150]. Chenu stellt zunächst den Zusammenhang von Spiritualität, Theologie und Apostolat heraus, ohne den jeder Antwortversuch zum Scheitern verurteilt sei. Sodann wendet er sich entschieden dem Konzil zu. Mit dem fünften Kapitel in *Lumen gentium* zur allgemeinen Berufung zur Heiligkeit habe dieses ein „evangeliumsgemäßes Erwachen"[151] ermöglicht. Dies entzieht jeglicher Aufteilung der Getauften in „zwei Kategorien von Christen" den Boden, derzufolge die einen aufgrund einer besonderen Berufung den Stand der Perfektion anzielen können und

[147] Ebd., 85.
[148] Ebd.
[149] Ebd., 86. Zum Priester- und Laienverständnis von Kardinal Lustiger s. auch Denis, Les séminaristes du cardinal Lustiger.
[150] Chenu, Vocations particulières et grâce baptismale, 9.
[151] Ebd., 10.

in geistlicher wie materieller Absicherung die Gnadengaben verwalten, während die anderen mit den „banalen Beschäftigungen“[152] des Irdischen vorliebnehmen müssten und die Gnadengaben empfangen dürften. Ein solcher „Aristokratismus“[153], der die Ordination als „zweite Taufe“[154] missversteht, ist ein Ergebnis einer langen geschichtlichen Entwicklung, in der u. a. das monastische Ideal zum Maßstab christlichen Lebens wurde, ein jansenistischer Einfluss diverse Dualismen zwischen Kirche und Welt, göttlich und menschlich, gewöhnlich und außergewöhnlich verstärkt und damit letztlich eine „Klerikalisierung und Kultualisierung“[155] (gemeint ist ein auf das Äußerliche reduzierter und diesen zugleich verabsolutierender Liturgismus) hervorgebracht habe.

Das Konzil ermöglicht es nun, diese Einseitigkeiten wieder zu korrigieren. Jeglicher Dienst innerhalb dieses Volkes muss dafür von der Gesamtheit des Volkes Gottes her gedacht werden, die nach GS 44 in wechselseitigem Austausch mit der Welt steht: So ist jedes Amt „relativ zur Gemeinschaft und nicht die Gemeinschaft die Herde des Klerus.“[156] Diese Gemeinschaft aber ist als ganze „Subjekt der Gnade“[157] und das Volk Gottes in seiner Gesamtheit priesterlich, königlich und prophetisch. Denn das ganze Volk Gottes – der Ausdruck erlaubt es, das Wort „Kirche“ zu „entklerikalisieren“[158] – hat Anteil am einzigen messianischen Priestertum Christi. Das Dienstpriestertum innerhalb des Volkes Gottes ist ganz von daher und daraufhin zu fassen. Von daher wendet sich Chenu gegen jegliche Form von „Separation“ zwischen Klerus und Laien, die freilich bislang in hohem Maße das Amtsverständnis geprägt habe. Diesen „spirituellen Klerikalismus“[159], der an der Wurzel aller anderen Klerikalismen steht, will Chenu nunmehr durch eine konsequente Ausrichtung am Evangelium überwinden. Dies bedeutet keine Abschaffung der notwendigen Institution, sondern deren Unterordnung unter das Mysterium, in dessen Dienst diese steht und an dem sie sich messen lassen muss, selbst wenn sie stets hinter diesem zurückbleibt.

Chenu entfaltet also v. a. einen ekklesiologischen Horizont, innerhalb dessen er dann die Frage nach Ämtern und Diensten verortet. Dabei parallelisiert er die Berufungen zum Diözesanpriester und zum Ordensleben, was einerseits seiner eigenen Zugehörigkeit zum Dominikanerorden geschuldet

152 Ebd.
153 Ebd.
154 Ebd.
155 Ebd., 11.
156 Ebd., 12.
157 Ebd.
158 Chenu, Apprendre à lire les signes des temps.
159 Chenu, Vocations particulières et grâce baptismale, 14.

sein dürfte, andererseits aber das Eigenprofil des Diözesanklerus etwas unterbelichtet lässt. Congar und in dessen Gefolge Hervé Legrand sind diesbezüglich konsequenter. Sie entwickeln eine Amtstheologie auf dem Boden des Konzils.[160] Dabei berücksichtigen sie auch eingehend die konkreten Funktionen und Wahrnehmungen des ordinierten Amtes in Gemeinde und Gesellschaft, die Chenu eher allgemein problematisiert – freilich im Wissen darum, dass es sich hier um ein „heißes Eisen" und eine dringliche und existenzielle Frage handelt.[161] Hoffnungsvoll stimmte ihn dabei, dass die französischen Bischöfe anlässlich der Synode von 1971, die sich der für die Kirche entscheidenden Zukunftsfrage des Priesteramts gewidmet hat, jegliche Trennung von Theorie und Praxis abgelehnt hatten.[162]

In den Grundlinien ist Chenu hinsichtlich der Begründung eines Dienstpriestertums ganz mit Congar einverstanden, auf dessen historisch-theologische Analysen er eigens verweist.[163] Demnach habe im Mittelalter eine Ausrichtung an der aaronitischen Tradition des Alten Testaments in Verbindung mit einer Definition des Priesteramtes von der Konsekrationsvollmacht her eingesetzt. Darauf aufbauend konnte die um Jean-Jacques Olier (1608–1657), Pierre de Bérulle (1575–1629) und Charles de Condren (1588–1641) einsetzende Bewegung der *École Française* eine stark kultische Prägung des Priesteramtes entfalten. Demgegenüber sei nun im 20. Jahrhundert die Bedeutung der Verkündigung des Wortes Gottes wiederentdeckt worden, aber auch die mit der Ordination ursprünglich verbundene bzw. sie überhaupt erst begründende Vorsteherschaft der Gemeinschaft. Das II. Vaticanum habe in *Lumen gentium* und *Presbyterorum ordinis* das Zusammenspiel der drei Dimensionen Verkündigung, Leitung der Gemeinschaft und Sakramentenspendung neu etablieren wollen. Es ist dies zugleich auch die eigentliche Begründung für ein Dienstpriestertum im Rahmen des allgemeinen Priestertums.

Auch das Ordensleben begründet Chenu vom Konzil her. Dabei interpretiert er das Dekret über die zeitgemäße Erneuerung des Ordensleben *Perfectae caritatis* dahingehend, dass die Orden zugleich eine Rückkehr zum Evangelium wie auch die Institutionalisierung jeweils bestimmter Charismen

160 Vgl. Congar, Mon cheminement dans la théologie du laïcat et des ministères; Legrand, Das Amt in der Ortskirche.

161 Chenu, Orthodoxie-orthopraxie, 57. Gemäß dem Duktus dieses Beitrags ist für Chenu klar, dass nicht so sehr eine „vorausgeschickte Theorie des Sakraments und des Charakters des Ordo" die damit verbundenen Fragen nach dem „sozialen und lehrmäßigen Status des Priesters" zu lösen in der Lage ist, sondern vielmehr der Dienst der Priester eine Erkenntnisquelle eigenen Ranges darstellt, die dann auch für eine Theologie des Presbyterats von entscheidender Bedeutung ist.

162 Ebd., 61.

163 Chenu, Vocations particulières et grâce baptismale, 15.

gemäß den soziologischen Implikationen des Gesetzes der Inkarnation darstellen. Beides ist im Rahmen einer sich den Gesetzen des Menschseins und der Geschichte verpflichtet wissenden Kirche legitim und kann dann zum Segen für Kirche und Welt werden, wenn es bewusst im Horizont des Dienstes an beiden gelebt wird.

„Berufung" ist in diesem Verständnis immer zugleich persönlich und gemeinschaftlich. Sie ist immer Entfaltung der Taufe, gegründet im Beziehungsgeschehen zwischen Person und Gemeinschaft und auf diese Weise ein Charisma. Die nachkonziliare sogenannte „Berufungskrise"[164] kann für Chenu von daher nicht durch einzelne Anpassungen und Verbesserungen in Seminaren und Noviziaten gelöst werden, sondern nur durch ein „neues Gleichgewicht der Natur und der Funktionen des Priestertums und des Ordensstandes"[165]. Ein solches „Gleichgewicht" kann freilich kein statisches sein, sondern ist selbst Teil einer dynamischen Beziehung zwischen Kirche und Welt.

Was Chenu damit meint, zeigt eine Rezension aus dem Jahre 1981, in der er eine Sammlung von Texten des mittlerweile zum Präfekten der Kongregation für die Glaubenslehre aufgestiegenen ehemaligen Konzilstheologen Joseph Ratzinger bespricht. Dabei stellt Chenu fest, dass Ratzinger jedes Thema angesichts der „Bipolarität seiner Elemente"[166] (Gebet – Engagement; persönliches Gebet – gemeinschaftliches Gebet; Strukturreform – Bekehrung des Herzens; Arbeit – Kontemplation; Zweifel – Glaube; Freiheit des Laien – gemeinschaftlicher Gehorsam etc.) gemäß einem additiven Verständnis von Kirche und Welt behandelt. Durch ein solches vom Konzil eigentlich überwundenes additives „und" würden die engagierten Gläubigen sich letztlich „nicht direkt betroffen"[167] fühlen. Wenn hier letztlich nach dem Schema Lehre und „Anwendung"[168] vorgegangen wird, werden „einige die Interpretation vielleicht eher statisch als prophetisch"[169] finden. Umso mehr ist nach Chenu hervorzuheben, was Ratzinger „in einem der besten Texte dieser Sammlung" über die Kirche der Zukunft schreibt. Dazu lässt er diesen selbst zu Wort kommen, wobei das Zitat die Hälfte der gesamten Rezension ausmacht. Demnach wird die Kirche der Zukunft kleiner sein und aus Christen bestehen, die sich bewusst dafür entschieden haben. Diese kleine Gemeinschaft „wird in viel lebendigerer Weise die Initiative ihrer Mitglieder hervorrufen. Sie wird neue Formen des Ministeriums kennen und erfahrene Chris-

[164] Ebd., 19.
[165] Ebd.
[166] Chenu, Rezension zu Joseph Ratzinger, Vivre sa foi, 456.
[167] Ebd.
[168] Ebd.
[169] Ebd., 457.

ten werden zur Priesterweihe gerufen werden. Auf diese Weise wird man für die Pastoral in kleinen Gemeinschaften sorgen können, die sich in homogenen sozialen Gruppen vollzieht."[170]

3.4.3. Volk Gottes und Kirchenrecht

Chenu widmet sich stärker dem geschichtstheologischen Rahmen und der Gegenwart des Volkes Gottes in der Welt als dessen innerer Ausdifferenzierung. Man darf auch hier eine jahrzehntelang sich auswirkende Arbeitsteilung mit Congar im Hintergrund wähnen. So versteht es sich für Chenu von selbst, dass die Kirche den Gesetzmäßigkeiten von Schöpfung und Geschichte unterworfen ist, die gleichwohl theologisch reflektiert sein wollen. Beispielsweise kann er die Kirche als „*société*" („Gesellschaft")[171] bezeichnen und die *successio apostolica* einschließlich gewisser Formen von Macht als eine historische Notwendigkeit, um die „Kontinuität" des „*Corpus*"[172] zu gewährleisten. Zugleich relativiert er diese Sachverhalte und Notwendigkeiten theologisch im Sinne einer Relationalisierung: entscheidend ist, dass alles Menschliche in der Kirche im Dienst der Vergöttlichung des Menschen steht, für die die Kirche Zeichen und Werkzeug ist.

Allerdings werden Fragen nach der menschlichen Gestalt der Kirche umso bedeutender, je mehr man die Kirche als gott-menschliches Mysterium betrachtet. Denn je weniger die menschlichen Ausdrucksformen das Bezeichnete erkennbar und die Wirkung möglich machen, desto weniger entspricht die Kirche ihrem eigenen Wesen und ihrem Auftrag. Nicht ohne Grund hat Johannes XXIII. mit der Einberufung des Konzils auch die Erneuerung des Kirchenrechts angestrebt. Nach dem Konzil kam im Zusammenhang mit den sich konkretisierenden Plänen für ein erneuertes Kirchenrecht der Plan einer *Lex Ecclesiae Fundamentalis* auf, der unter Johannes Paul II. in der Endphase der Redaktion des CIC von 1983 verworfen wurde.

Als sich das *Istituto per le scienze religiose* in Bologna den entsprechenden, insbesondere auch auf der Bischofssynode 1971 diskutierten Plänen widmete, war dies eine der wenigen Gelegenheiten für Chenu, sich zum Thema Kirchenrecht zu äußern. Wissend um die Spannungen zwischen Theologie und Kirchenrecht, die seinem Beitrag für die Festschrift für den Religionssoziologen Gabriel Le Bras zufolge Thomas von Aquin vorbildlich in beidseitigen Nutzen überführen konnte[173], nahm er die in der „Kirche – Volk Gottes"[174]

[170] Zit. nach ebd.

[171] Chenu, Vocations particulières et grâce baptismale, 11.

[172] Ebd.

[173] Chenu, Officium. Théologiens et canonistes, 839.

[174] Chenu, Lex fundamentalis, lex nova, 44.

mit der *Lex Ecclesiae Fundamentalis* verbundenen Befürchtungen wahr. In der allgemeinen kirchlichen und gesellschaftlichen Situation der beginnenenden 1970er Jahre verschafften sich diese mit einer gewissen Vehemenz Ausdruck. Chenu macht sich diese insofern zu eigen, als er zum einen von der grundlegenden Schwierigkeit ausgeht, im Christentum vom „Gesetz" zu sprechen – von Christus her ist das „neue Gesetz" der Liebe immer in Kontinuität bei gleichzeitiger Unterschiedenheit zum „alten Gesetz" zu betrachten. Zum anderen ist auch Chenu skeptisch, dass durch den Begriff *„fundamentalis"* eine Form von Rechtsdenken in die Kirche einzieht, die ihr Wesen nur unzureichend zum Ausdruck bringen kann. Chenus Argumentation setzte bei Paulus ein, der vom „neuen Gesetz" sprach und dieses vom Heiligen Geist her konkretisierte. Für Chenu war klar, dass dieses „neue Gesetz" auch der Ausgangspunkt für das Kirchenrecht sein müsste: mit Christus „war es die Natur des Gesetzes, die sich änderte: nicht mehr ein Kodex, sondern der Geist in Aktion"[175] als inneres Prinzip und Dynamik der Kirche. Thomas von Aquin habe davon ausgehend von der *„lex fidei"* gesprochen, die wesentlich von der *gratia fidei* zu fassen sei.[176] Da der Geist aber frei vom Gesetz macht (vgl. Gal 5,18) und dort, wo der Geist ist, Freiheit ist (vgl. 2 Kor 3,17), geht es grundsätzlich um ein Gesetz der Freiheit. Auch hier argumentiert Chenu mit Thomas, demzufolge der wahrhaft freie Mensch nach dem Gesetz des Geistes handelt. Das Gesetz ist also nicht mehr äußerlich, sondern dem Menschen innerlich. In einer solchen Konzeption kann dann auch „Autorität" als „Dienst" konzipiert werden.

Chenus Argumentation mündet in das Plädoyer für ein zwar notwendiges Kirchenrecht, dessen Codices aber nur die „Außenseite der Liebe"[177] sind, die sie ermöglichen und fördern sollen. Darin liegt nach Thomas von Aquin ihre „lebensspendende"[178] Aufgabe. Horizont dieser Grundlegung ist die Rede vom messianischen Volk Gottes, das Christus zum Haupt hat: „Seinem Stand eignet die Würde und die Freiheit der Kinder Gottes, in deren Herzen der Heilige Geist wie in einem Tempel wohnt. Sein Gesetz ist das neue Gebot (vgl. Joh 13,34), zu lieben, wie Christus uns geliebt hat."

---

[175] Ebd.

[176] S. th. I^{a} II^{ae}, q. 106f.

[177] Chenu, Lex fundamentalis, lex nova, 48.

[178] Vgl. Thomas von Aquin, Comm. In 2 Cor, 3,6, lect. 2, zit. nach Chenu, Lex fundamentalis, lex nova, 48.

3.5. Entfaltung: Christliches Leben und Denken nach dem Konzil

3.5.1. *aggiornamento* und Auferstehung

Vom II. Vaticanum war für Chenu das gesamte christliche Leben und Denken in seiner individuellen wie gemeinschaftlichen Dimension betroffen. In seinem Beitrag *Qu'est-ce qu'un chrétien 1967?* zeigt Chenu eine Tiefenschicht des *aggiornamento* auf, die Fragen der Kirchenreform und theologischen Erneuerung weit übersteigt. Im Grunde geht es um eine erneuerte und erneuernde christliche Existenz. Das Wort des damaligen Kardinal Montinis, demzufolge sich die Kirche suche, indem sie die Welt sucht, könne sich auch jede*r Christ*in persönlich und als Teil der Gemeinschaft zu eigen machen. Es bringt Verunsicherung mit sich, wenn man sich auf diese Suche einlässt, zumal sie die Fragen ans Tageslicht befördert, die schon lange unter der Oberfläche wirksam waren. Aber gerade, indem sie sich diesen Fragen stellen, sind die Christ*innen tatsächlich „in der Welt“[179]. Bislang sah Chenu diese Fragen im Rahmen eines „soziologischen Glaubens“[180] („*foi sociologique*“) höchstens implizit gestellt. Wenn nun der Glaube selbst zur Frage wird und diese Frage auch explizit gestellt wird, zeigt sich die fehlende Tragfähigkeit eines solchen soziologischen Glaubens, auch wenn dieser durch eine „Religion“ gestützt wurde. Als solche bezeichnet Chenu einen Glauben, der sich auf eine Vorstellung des „lieben Gottes“ („*bon Dieu*“) stützt, der in eher deistischer Weise als Schöpfer erkannt und dann in theistischer Weise mit dem Gott der Heilsgeschichte identifiziert und im Rahmen christlicher Kultausübung kultisch verehrt wird. Das Eigentliche des Christentums aber, d. h. das Mysterium Jesu Christi als menschgewordenem Logos, bleibt dabei äußerlich. Chenu ist weit davon entfernt, hier *foi* und *religion* gegeneinander auszuspielen, denn von der Inkarnation her verhalten sich beide wie „Gott und Christus“[181]. Aber dennoch verändert sich durch Christus alles: Gott wird als Liebe offenbar, die fortan auch alle Beziehungen in der Welt und zur Welt prägt. Gott schenkt den Menschen Anteil an dieser Liebe, sodass ihre Geschichte zu einer „Heilsgeschichte“ wird, in der die Menschen vergöttlicht werden. In diesem Sinn ist GS 38 „‚Konstitution‘ der Kirche“[182] und soll – „ich bitte Sie“[183] – nicht als „fromme Predigt“[184] gelesen werden. Konstitutiv ist das Christusgeheimnis für die Kirche auch insofern, als sie als

[179] Chenu, Qu'est-ce qu'un chrétien en 1967?, 18.

[180] Ebd., 10.

[181] Ebd.

[182] Ebd., 12.

[183] Ebd.

[184] Ebd.

Leib Christi die Liebe Gottes in der Welt und zur Welt verkörpert. Sie ist dabei selbst inkarnatorisch strukturiert, das heißt „Mysterium ohne Grenzen und irdische Gesellschaft“[185]. Als solche bringt sie sich in die Gesellschaft ein und legt in dieser die Gegenwart Gottes frei, aber dies „ohne politischen Anspruch, ohne moralischen Imperialismus“[186].

„Christ sein“ lässt sich für Chenu nicht nur in dieser von außen blickenden Perspektive beschreiben, sondern bedarf einer Innenperspektive. Denn keinesfalls darf der Glaube – auch und gerade nicht als Religion – auf seine gesellschaftlichen Ausdrucksformen reduziert werden. Dies wäre etwa der Fall, wenn Regeln und Verbote im Vordergrund stünden – angefangen vom freitäglichen Fleischverzicht über Praktiken des Wirtschaftslebens bis hin zur Geburtenregelung usw. Alle diese Gebote stehen nach Chenu unter der Prämisse der paulinischen Verhältnisbestimmung von Gesetz und Gnade: das (durchaus notwendige) Gesetz hat keinen anderen Sinn, als der vergöttlichenden Gnade eine Form zu geben. An der mit dieser Gnade verbundenen Freiheit muss es sich messen lassen. Denn der Mensch ist ja von Gott als Wesen der Freiheit geschaffen: „je mehr Gott Gott ist, desto mehr bin ich ich“[187] und „die Freiheit ist der höchste Ausdruck unserer göttlichen Existenz“[188].

Die konziliare Verbindung von Christologie und Anthropologie erweist sich somit im Leben aller Christ*innen gemäß den Eigengesetzlichkeiten der Gesellschaft und diese rekapitulierend. Das vor dem Konzil grundgelegte Chenu'sche Gesetz der Inkarnation erfuhr durch das Konzil auch eine Erweiterung und Vertiefung. So ist nach dem Konzil das Christsein ein Leben „im Zustand der Auferstehung“[189]. Dies beinhaltet zum einen, dass der Christ bzw. die Christin Jesus nicht einfach nur „imitiert“, sondern dass in den Handlungen der Christ*innen die Handlungen Jesu „wieder vergegenwärtigt“[190] werden, die von der Auferstehung ihre eigentliche Wirklichkeitsdimension erhalten. In diesem Sinn „sterben wir in ihm und auferstehen wir in ihm“[191]. Das österliche Geheimnis als Vollendung allen irdischen Lebens prägt bereits dieses Leben und erhebt die Vergänglichkeit der irdischen Zeit in Gottes Unvergänglichkeit. Chenu betont nicht nur die Auferstehung allgemein, sondern explizit die Auferstehung des Fleisches.

Allerdings: Sosehr er mit der Auferstehungswirklichkeit als Horizont allen Lebens die Konsequenzen aus dem Gesetz der Inkarnation wie auch der

185 Ebd., 13.
186 Ebd.
187 Chenu, Comment l'homme peut-il être libre?, 106.
188 Ebd.
189 Chenu, Qu'est-ce qu'un chrétien en 1967?, 17.
190 Ebd., 16 („re-présenter“, „rendre présent“).
191 Ebd., 17.

konziliaren Christologie zieht, so sehr verweist er damit auf die grundlegende Frage, die die Auferstehung für Zeitgenoss*innen darstellt. Die Zielrichtung dieses Arguments ist „nach innen“ gerichtet und soll den Christ*innen die göttliche Würde des Geschaffenen einschließlich des Körpers verdeutlichen. Hierfür greift er auf eine kirchliche Binnensprache zurück: „In jedem Fall ist die Auferstehung des Fleisches nicht unverständlicher als die Unsterblichkeit der Seele“.[192] Dass dies aber „nach außen“ die Frage mit sich bringt, was denn die „Seele“ sei und wie sie sich zum „Fleisch“ verhält, spielt für Chenu hier eine untergeordnete Rolle. Dies ist ebenso der Fall, wenn er ausgehend von GS 18 eine Theologie des Todes skizziert und dabei den Glauben an die Auferstehung des Fleisches vom Glauben an die Unsterblichkeit der Seele unterscheidet und dabei recht unvermittelt die in der Schöpfung angelegte „natürliche“[193] Offenheit des Menschen für das ewige Leben in Gott durch die Sünde kompromittiert sieht, deren „Folge“ der Tod ist. Insofern es sich hier um kirchliche Binnensprache bzw. um innerhalb der Kirche gängige Motive handelt, die in der zeitgenössischen Philosophie und Geisteswelt nicht mehr einfach plausibel sind, musste wohl auch Chenu selbst die auferstehungstheologische Erweiterung und Vertiefung seines christologisch-anthropologischen Wirklichkeitsverständnisses erst noch einholen.

3.5.2. Grundlegung christlicher Ethik in der Welt von heute

Christliches Handeln kann nach dem Konzil nicht mehr als Ableitung von feststehenden Prinzipien verstanden werden, sondern als je situativer evangeliumsgemäßer Umgang mit Umwelt und Mitmensch in einem Wirklichkeitsverständnis zwischen Schöpfung und Erlösung. Die Lektüre des Evangeliums im Licht der „Zeichen der Zeit“ weitet die wechselseitige Verschränkung von Dogma und Pastoral auf Ethik und Moraltheologie aus. Diese mehrfach-wechselseitige Verschränkung beinhaltet eine Grundlegung christlicher Ethik. Als Chenu gebeten wurde, die nachkonziliare Erneuerung der Moraltheologie zu kommentieren, verwies er zwar darauf, dass er kein Moraltheologe sei und sich auf seine Fähigkeiten als „Historiker des Evangeliums im Volk Gottes“[194] beschränken müsse. Dies hinderte ihn aber nicht daran, ausgehend vom Beispiel der Armutsbewegung des 13. Jahrhunderts die in *Gaudium et spes* enthaltenen Konsequenzen für eine erneuerte Moraltheologie zu entfalten: Durch eine „Rückkehr zum Evangelium“[195], die zu-

---

[192] Ebd.

[193] Chenu, Pourquoi faut-il mourir?, 260.

[194] Chenu, La rénovation de la théologie morale, 288.

[195] Ebd., 289.

gleich „Gegenwart in unserer Zeit“[196] ist, konkretisiert sich die universale Heilsgeschichte je neu in christlichem Leben und Denken. Der Weg zu einer solchen Rückkehr, die zugleich der Weg eines Zugehens auf die Rekapitulation aller Dinge in Christus ist, benötigt Wegmarken. Diese sind allerdings nicht einfach festzumachen an bestimmten Sätzen, Prinzipien oder Normen. So nötig diese sind, so sehr stehen sie ihrerseits im Dienst dieses Wegs und sind von ihm her zu verstehen. Theologisch ausgedrückt geht es um das Zusammenspiel von Gnade und Gesetz, wobei Chenu hier übrigens eine Art reformatorischen Durchbruch zu erleben scheint, wenn er – ohne dies zu bemerken – ein zentrales Anliegen Luthers neu zu verstehen lernt.[197] Auf diesem Weg ist im Sinne von GS 26 der Heilige Geist Wegbegleiter, wodurch christliches Leben und Denken Anteil am Mysterium erhält, das immer ein Mysterium *in actu* ist. Christliche Ethik ist von daher immer auch christliche Mystik und umgekehrt.

Als Grundlegung christlicher Ethik „entwickelt und erhellt sich die Dialektik von Gnade und Gesetz, derzufolge die konzeptuellen und prinzipiellen Elemente von der Gnade transsubstantiiert und so für das Leben im Geist zu Möglichkeitsbedingungen werden, für die der heilige Thomas das außerordentliche Wort ‚Dispositionen‘ verwendet hat. Es geht also nicht mehr darum, Gnade zu empfangen, um dann den Anforderungen der Gebote Folge leisten zu können (das war die Vorstellung, die die Katechismen der Gegen-Reformation leitete), sondern in der Abhängigkeit des inneren Anrufs des Geistes zu leben. Das ethische Ideal besteht letztlich darin, dass der Mensch sich selbst sein eigenes Gesetz ist und nicht darin, dass er einer Ordnung gehorcht, die Gott ihm von außen auferlegt. Das ist die Wurzel der christlichen Freiheit, die sicherlich nicht die Abwesenheit jeglicher Norm meint, sondern die freie Wahl einer Ausrichtung des Lebens gemäß dem inneren Anruf der Gnade ist. Der Mensch gibt sich selbst im Angesicht Gottes sein eigenes Gesetz: Ipsi sibi sunt lex.“[198] Diese Konzeption, die übrigens an den von Chenu nicht genannten Dietrich Bonhoeffer erinnert, kennzeichnet christliche Ethik als „Gesetz der Freiheit“ im Unterschied zu einem „Naturgesetz“[199], womit Chenu durchaus auch das Naturrecht meint.

Die menschliche Freiheit ist nicht einfach eine *tabula rasa.* Sie kommt darin zu sich selbst, dass sie den Menschen als Geschöpf dazu befähigt, im Angesicht Gottes ganz Mensch zu sein und als solcher an Gottes Schöpfung

---

196 Ebd., 290.

197 Vgl. ebd., 288; vgl. ebd., 295. Eine ähnliche Neubewertung der Reformation, freilich herkommend von der Renaissance, zeigt sich auch in ders., La théologie de l'Église, 211–217.

198 Chenu, La rénovation de la théologie morale, 295.

199 Ebd., 296.

mitzuwirken und mit dieser von Gott vollendet zu werden.[200] Sie wird freigesetzt und erfüllt vom Wort Gottes. Chenu illustriert dies an den Zehn Geboten, die nicht etwa ein Katalog von ewig unveränderlichen Sätzen sind, sondern „in einer Geschichte gesprochenes Wort, von einem Gott, der Geschichte macht, zu einem Volk, das in diese Geschichte eingeschrieben ist“[201]. Das beinhaltet eine rational einsehbare inhaltliche Grunddimension der Zehn Gebote, die, wie Bonaventura und Thomas sagen, „*recte ordinata sunt*“. Freilich sind diese Grunddimensionen eben kein Katalog von Rechten und Pflichten, sondern Ausdruck einer geistgewirkten Beziehungsgeschichte, in der „das göttliche Recht“ der Natur dazu verhilft, „zu sich selbst zu kommen“[202].

So sind auch die in *Gaudium et spes* enthaltenen Aussagen zum Naturrecht zu begründen. Ein solches kann sich letztlich nur im Zusammenspiel von „Zeichen der Zeit“ und Evangelium sachgemäß konkretisieren, andernfalls drohe aus dem „Evangelismus“ eine bestimmte Form von „Soziallehre“ zu werden. Neben dem Dekalog ist es die Bergpredigt, die die Beziehungsdynamik zwischen Ethik und Religion im Sinne des „neuen Gesetzes“[203] in Christus zum Ausdruck bringt. Christliches Leben und Denken erfolgt somit im Horizont der Wahrheit, die aber von christlichem Leben und Denken her unterschiedliche Gestalt annimmt: „Die evangeliumsgemäße Wahrheit als prophetisches Zeugnis, als lebendige Botschaft, als messianisches Versprechen, und die moralische Wahrheit als Ausdruck der theologischen Vernunft. Die ‚heilschaffende‘ Wahrheit hat in ihrer christologischen und eschatologischen Konzentration eine spezifisch historische Dimension: es geht nicht formal um das, was ist, sondern um das, was kommt, um das, was man konkret erfährt: Das ist das Wahrheitsverständnis des heiligen Johannes, *pistis* und *dikaiosunè*, Kraft Christi, die sich im Wort erweist. Die Frohe Botschaft in Freude verkündet, *heute*. So auch das ‚neue Gesetz’: im Glauben mitgeteilte Gnade des Heiligen Geistes und nicht etwa geschriebenes Gesetz, das in Dokumenten und Prinzipien niedergeschrieben ist.“[204]

3.5.3. Christliche Ethik als Prophetie

So wichtig die Theologie als Glaubensdenken für Chenu blieb, sowenig konnte diese sich in den Umbrüchen der Welt mit einer Zuschauerrolle zufriedengeben. Weder genügt die abstrakte theologische Reflexion, noch kann ein bloß christlich motiviertes Handeln bestehen. Im Wechselverhältnis bei-

---

200 Chenu, Comment l’homme peut-il être libre?, 106.

201 Chenu, La rénovation de la théologie morale, 295.

202 Ebd., 296.

203 Ebd., 297.

204 Ebd.

der ist die prophetische Perspektive entscheidend, wie Chenu in einem Beitrag von 1963 zeigt.

Ein Prophet ist demnach einer, der nach vorne blickt, um der Entwicklung der Geschichte gewahr zu werden. Dadurch stellt er überkommene Praktiken und Denkformen in Frage. Er interessiert sich für die Entdeckungen seiner Zeit, und „weil er den Sinn für das Morgen hat, erkennt er, was heute ist“[205]. Dies kann aber nur, wer auch durch das Engagement dem Heute gegenwärtig ist. Durch das Evangelium gelingt es, sich von einem Ereignis wachrütteln zu lassen und es doch zu übersteigen. Strukturen und Apparate geraten in Widersprüche und Zögerlichkeiten, während der Prophet seinerseits zu Einseitigkeiten neigen und falsche Schlussfolgerungen ziehen kann. Dennoch setzt er sich gegen die blinden Flecken von Institutionen und Gewohnheiten für die Überwindung der von ihm wahrgenommenenen strukturellen Armut ein.

Sein Ordensbruder zur Zeit der *Conquista*, Bartolomé de las Casas (1484–1566), den er als „‚Prophet‘ im biblischen und evangeliumsgemäßen Sinn des Wortes“[206] vorstellt, ist Vorbild für Chenus Charakterisierung prophetischer Existenz. Dieser sei aber nur „ein Fall von vielen im Laufe der Geschichte der Kirche“[207], der freilich in herausragender Weise eine evangeliumsgemäße Theorie und Praxis in einer Zeit bezeuge, in der Kirche und Gesellschaft durch die Entdeckung einer neuen Welt (damals im geographischen Sinn) „durcheinandergeschüttelt“[208] wurden. Im Falle von las Casas, der zum Bischof von Chiapas ernannt wurde, unterstützte schließlich die Institution die Inspiration. Im Vergleich mit dem Naturrechtslehrer Francisco de Vitoria (1483–1546) zeigt sich, dass es sowohl der Propheten wie las Casas als auch der Theologen wie de Vitoria bedarf – die beiden sind für Chenu geradezu ein Dream-Team[209]. Gemeinsam brachten sie das Licht des Evangeliums zum Leuchten. Weltgeschichtliche Folgen hatte dies in Gestalt einer „Theologie der Beziehungen zwischen den Nationen und d[es] klare[n] Ja zum Selbstbestimmungsrecht der Völker“[210]. Zeitgenössische Fragen wie den Umgang mit dem Algerienkrieg werden dadurch erhellt.[211]

205 Chenu, Prophètes et théologiens dans l'Église, parole de Dieu, 209.

206 Ebd., 208.

207 Ebd.

208 Ebd.

209 Dieses begegnet wieder in Chenu, Kirchliche Soziallehre im Wandel, 97.

210 Chenu, Von der Freiheit eines Theologen, 19.

211 Chenu, Prophètes et théologiens dans l'Église, parole de Dieu, 212 (PS von 1964).

3.5.4. Realismus christlicher Ethik: die Beispiele Krieg und Gewaltfreiheit

Chenus Grundlegung christlicher Ethik konkretisiert sich in diversen Einzelthemen, die in den 1960er Jahren virulent waren. Dazu gehörten z. B. Fragen von Krieg und Frieden. Chenu will die Ausrichtung am Evangelium zusammendenken mit dessen Inkarnation in einer Geschichte, in der bloße Verurteilungen und Ablehnungen nicht genügen. In diesem Sinn hat die Kirche ganz grundsätzlich eine prophetische Aufgabe, auch dann, wenn sie mitunter „zulassen“[212] muss (wie Gott die Sünde zulässt), dass kriegerische Handlungen stattfinden. Chenu analysiert diesbezüglich die abwägenden und doch sehr zielgerichteten Ausführungen des Konzils. Das Konzil sieht die Ablehnung jeglichen Krieges als nicht realisierbares Ideal an. Es findet sich damit aber nicht einfach ab, sondern folgert daraus, dass auf eine Realisierung dieses Ideals in der Zukunft hingearbeitet werden muss, indem die Ursachen für Kriege bekämpft werden.[213]

Ähnlich ist die Gewaltfreiheit ein Ideal des Evangeliums, wie es Chenu in bewundernswerter Weise bei Martin Luther King oder Mahatma Gandhi (1869–1948) vorgelebt sieht, ohne dass die Kirche die Augen davor verschließen kann, dass damit nicht schon alle Probleme gelöst sind.[214] Angesichts der realen Situation der 1960er und 1970er Jahre ist es für Chenu deshalb wichtig, der bleibenden „Zwiespältigkeit“ auch kirchlicher Positionen ins Auge zu sehen und einen christlichen Realismus zu praktizieren: „Die Kunst des Möglichen stellt also die Form einer Suche dar, deren Dynamik nach und nach die Mittel für die Errichtung des Friedens darstellt.“[215] Der christliche Realismus stellt sich also, jenseits eines problemkonsolidierenden Idealismus einerseits und eines anspruchs- und hoffnungslosen Realismus andererseits, in den Dienst des diesbezüglichen Fortschritts der Völker.

3.5.5. Heilsökonomie und Ethik: die Beispiele Ehe und Familie

Wie der Ethiker und Theologe Chenu zugleich Seelsorger und Mitchrist war, zeigt sich stärker noch als bei den „weltpolitischen“ Themen von Krieg und Frieden beim Thema „Ehe“, das vielen Christ*innen naturgemäß sehr nahe ging. Ein feines Gespür für Fragen der Ehe konnte er in seiner Begleitung von Familiengruppen und christlichen Ehepaaren entwickeln.[216] In seiner Rezension des 1966 in französischer Übersetzung erschienenen Buches von

---

212 Chenu, Les prêtres et la guerre, 170

213 Chenu, Le Concile et la guerre, 168.

214 Chenu, Les prêtres et la guerre, 171.

215 Chenu, L'Église et la pureté de la loi évangélique, 225.

216 Vgl. die entsprechenden Beiträge in L'hommage différé au Père Chenu.

Edward Schillebeeckx *Le mariage. Réalité terrestre et mystère de salut*[217] sieht er dann in wissenschaftlich-theologischer Sicht eine gelungene Darstellung im Sinne der vom II. Vaticanum eröffneten Perspektiven. Demnach geht es in der Ehetheologie nicht um zeitbedingte „Anpassungen“[218] einer an sich unveränderlichen Tradition, sondern um die Einsicht in ein inkarnatorisches Ineinander menschlicher Wirklichkeit und göttlicher Gnade.

Die gnadentheologische Grundlegung der Ehe beinhaltet zunächst, die menschliche Wirklichkeit als solche ernst zu nehmen, anstatt ihr einen unmittelbaren Offenbarungsgehalt zuzusprechen. Dies gilt sowohl für alttestamentliche Vorstellungen bzgl. der Rolle der Frau als auch für die über Jahrhunderte sich entwickelnde Konzeption der Sakramentalität der Ehe. Dabei gibt es nicht einfach ein monodimensionales Eheverständnis, vielmehr „sieht man gemäß der Komplexität der sozialen Einflüsse theologische und juridische Optionen vorherrschen, die eher für das vertragliche Einverständnis oder für die fleischliche Verbindung, eher für die eheliche Intersubjektivität oder eher für die Fruchtbarkeit sensibel sind.“[219]

In einem vielgestaltigen inkarnatorisch strukturierten Ineinander betrachtet Chenu die Ehe einerseits als „eine der Ordnung der Welt angehörende Realität“[220] – fast meint man Luthers Bezeichnung der Ehe als „weltlich Ding“ herauszuhören –, andererseits aber auch die „Gesamtheit des Phänomens“[221] der Ehe als Gegenstand der Heilsökonomie, was über Luther hinausführt. In der „Offenbarungsökonomie“, die er hier als einen Teil der Heilsökonomie eigens erwähnt, sieht Chenu aufgrund der zeitgenössischen Einsichten und Entwicklungen in der ehelichen Liebe und Intersubjektivität „das Strukturprinzip der Gemeinschaft des Paares und der Familie“[222]. Ehe und Familie sind von daher Orte der Heilsökonomie und *loci theologici*. Damit realisieren sie eine grundsätzliche Dimension christlichen Lebens und Denkens und somit auch der christlichen Ethik.

---

[217] Schillebeeckx, Le mariage.
[218] Chenu, Le mariage, 596.
[219] Ebd.
[220] Ebd., 597.
[221] Ebd.
[222] Ebd.

3.6. Reflexion: Theologie

3.6.1. Theologie und Kirche

Das II. Vaticanum machte deutlich, wo der Ort der Theologie im Leben der Kirche ist und wie dieser gestaltet werden kann. Zwar hat das Konzil selbst keine theologische Erkenntnislehre erarbeitet, jedoch zeigte Chenu in einem Beitrag für *Concilium* von 1967, wie es eine solche auf eine erweiterte Grundlage stellte. Diese ist letztlich der Glaube des gesamten Volkes Gottes, deren wissenschaftlicher Ausdruck die Theologie ist. Auf dem Konzil haben die Theologen – dabei gab es zwar „selbst einen Laientheologen“[223], aber keine Frau – zunächst die Probleme aufgezeigt und Wege, mit ihnen umzugehen. Sodann haben sie aus dem Glauben heraus ein Weltbild erarbeitet, sodass das Konzil zeigen konnte, „worin das Glaubenslicht aufscheint und engagiert ist“[224]. Als „Philologen“[225] müssen Theolog*innen Begriffe und Wörter erarbeiten, mit denen die Wahrheit des Evangeliums kommunizierbar und reflektierbar wird. Übrigens war selten ein Konzil „so wortschöpferisch wie das Zweite Vatikanum, das zwar nicht aus dem Nichts erschuf, aber in die offizielle Fachsprache des Glaubens Begriffe einführte, die dem Vokabular profaner Disziplinen entnommen sind.“[226] Dazu zählt Chenu beispielsweise *socialisatio*, *historia*, *evolutio*, *progressus* und *dynamismus*. Damit einhergehend haben die Theologen die Ursachen bestimmter Phänomene wie etwa des Atheismus zu ergründen gesucht, um besser die „göttlichen und menschlichen Wirklichkeiten, über die man sich aussprach“[227], zu verstehen.

Damit die Theologen ihrer Rolle als „technische Assistenten“[228] gerecht werden konnten, bedurfte es einerseits ihrer Hörbereitschaft, andererseits aber auch ihrer Freiheit. Chenu bringt dies in einer Anekdote zum Ausdruck: „Als auf dem Zweiten Vatikanischen Konzil Msgr. Pellegrino, Erzbischof von Turin, für die Freiheit der Forschung in der Theologie wie in andern Bereichen eintrat, erinnerte er daran, daß er einen Theologen getroffen habe, der in unfreiwilligem ‚Exil‘ weilte, weil er Meinungen geäußert hatte, die wir heute zu unserer Freude in den päpstlichen Verlautbarungen und in den Konzilsdokumenten finden. Bekanntlich steht dieser Fall nicht einzig da.“[229] Im Anschluss an den Turiner Kardinal Michele Pellegrino (1903–1986), der

[223] Chenu, Die Theologie als kirchliche Wissenschaft, 45.

[224] Ebd., 46.

[225] Ebd., 47.

[226] Ebd.

[227] Ebd.

[228] Ebd., 48.

[229] Ebd. Nach der Sitzung hatte Chenu seinerzeit den Kardinal gefragt, an welchen Theologen

„Inspirator und Redaktor"[230] von GS 62 war, bezeichnet er diesen Abschnitt der Pastoralkonstitution übrigens als „Charta der Forschungsfreiheit"[231].

Zwar ist es nicht die Aufgabe eines Konzils oder überhaupt des Lehramts, theologische Methoden oder einen Gesamtentwurf der Theologie vorzulegen. Das II. Vaticanum habe unter Berücksichtigung dieses Sachverhalts durch seine Rückkehr zu den Quellen des Glaubens und durch bestimmte inhaltliche Schwerpunkte (Wort Gottes, Mysterium Christi in der Kirche, Kirche in der Welt und der Geschichte) die Theologie herausgefordert, „Sinn und Gesetz ihrer Arbeit"[232] neu zu erfinden. Anstelle einer abstrakten Metaphysik wurde deshalb die Heilsgeschichte zur Methode der Theologie, die zwar weiterhin Gott zum Objekt hat, aber eben „Gott in Beziehung zu den Menschen"[233]. Grundlegend für die Theologie ist das Volk Gottes als gemeinschaftliches Subjekt des Glaubens. Dabei verlangt Chenu „nicht die oberste Autorität" für die Theologen, vertritt aber die Ansicht, „dass ohne theologische Forschung der Ausdruck des Glaubens keinen Erfolg hat."[234] Innerhalb des kirchlichen Gesamtgefüges kommt dabei dem Lehramt eine unverzichtbare Rolle zu. Wie Thomas de Vio Cajetan und Domingo Bañez (1528–1604) im Anschluss an die Reformation betont haben, ist das Lehramt nicht Teil des Formalobjekts des Glaubens (*non intrat obiectum formale fidei*), sondern „konditioniert"[235] die Form des Zeugnisses des Wortes Gottes. So ist es auch für die theologische Forschung „nur ‚Kondition', nicht Komponente"[236].

Das Konzil betrachtet Chenu als „ein ausgezeichnetes Beispiel für die klassische These *De necessitate theologiae*, ein Beispiel, das notwendigerweise umso bedeutungsvoller ist, als es dem Konzil darum ging, der Bezeugung des Evangeliums in der Welt von heute den Vorrang zu geben gegenüber der Erörterung und Zurückweisung von Irrtümern. Damit wird das Feld der Theologie und der theologischen Wissenschaft umrissen, die sich weder auf zweckdienliche Apologetik noch auf scholastische Tüfteleien noch auf ‚Konklusionen' aus dem Offenbarungsgut noch auf mehr oder weniger problematische Meinungen beschränkt. Sie ist ein spekulatives und praktisches Verständnis in dem Sinn, den diese beiden Begriffe in der nun dahingeschwundenen Sprache des Mittelalters hatten. Gegenüber einer rein empi-

---

er denn dabei gedacht habe („Teilhard de Chardin?"), worauf dieser antwortete: „Pater Congar" (Chenu, Von der Freiheit eines Theologen, 248).

230 Chenu, La libertà di ricerca in teologia, 226.

231 Ebd.

232 Chenu, Présentation, in: Paul Touilleux, 5–9, 5.

233 Chenu, La théologie en procès, 693.

234 Chenu, L'Église cinq ans après, 30.

235 Chenu, La libertà di ricerca in teologia, 225.

236 Ebd.

rischen Pastoral, einem summarischen Supranaturalismus, einem zu kurzatmigen Positivismus, einem allzuweitgehenden Dogmatismus ist die Theologie eine Lebensnotwendigkeit für die Kirche; ohne sie geht dem Volk Gottes in der Welt der Atem aus."[237]

Das Konzil hat für Chenu eine Theologie verunmöglicht, die losgelöst vom Glauben lediglich „(juridisch-dogmatische) autoritäre Dokumentation einerseits und abstrakte Formulierung (Scholastik) andererseits"[238] ist. Allerdings darf die Theologie auch nicht einem „Anti-Intellektualismus"[239] huldigen, wie es auf dem Konzil in bestimmten – nicht näher genannten – Kreisen der Fall gewesen sei. Chenu hält mit dem Konzil daran fest, dass die Theologie *scientia* und *intellectus fidei* ist. Ausgehend von der Forderung nach einer „konkreten und historischen" und heilsgeschichtlich geprägten Theologie gilt darüber hinaus, dass die Theologie „integraler Bestandteil dieser Heilsgeschichte ist und ein notwendiger Aspekt des Offenbarungsprozesses"[240] unter dem Beistand des Heiligen Geistes. Chenu betont in diesem Zusammenhang sehr stark den pneumatologischen Charakter der Theologie, allerdings ohne sie dabei charismatisch zu verengen.[241] Der Beistand des Heiligen Geistes bezieht sich vielmehr auf die Vernunfttätigkeit, wie sie sich im glaubenden Subjekt in der Gemeinschaft der Kirche vollzieht.[242]

3.6.2. Die Unterscheidung zwischen Inhalt und Form des Glaubens (Johannes XXIII.)

Entscheidend für die nachkonziliare Theologie Chenus ist die Unterscheidung von Inhalt und Form des Glaubens in der Konzilseröffnungsansprache *Gaudet Mater Ecclesia* Johannes' XXIII. Dafür ist die Theologie im ständigen Austausch mit der Welt (GS 44) und in der Doppelstruktur, derzufolge die Aktualität das Wort Gottes erklärt und das Wort Gottes die Aktualität – so Chenu ohne Quellenangabe mit Verweis auf Congar[243] – *„semper reformanda"*[244], insofern sie das Wort Gottes in seiner Gegenwart zum Ausdruck verstehbar machen möchte. Die Kirche liest die Schrift immer wieder neu, die sich auf diese Weise immer neu zu verstehen gibt. Von der Gegenwart aus kann die Geschichte dieses Verstehens neu in den Blick kommen. Die daraus

237 Chenu, Die Theologie als kirchliche Wissenschaft, 48.
238 Chenu, Présentation, in: Touilleux, 8.
239 Ebd., 9.
240 Ebd.
241 Chenu, La théologie en procès, 695.
242 Vgl. auch Chenu, L'Église cinq ans après, 30.
243 Chenu, Théologie et recherche interdisciplinaire, 75.
244 Ebd., 74.

erfolgende Begegnung von Gegenwart und Vergangenheit ist offen für die künftige Geschichte: „das Wort Gottes bezieht sich nicht nur auf die Heilsgeschichte der Vergangenheit, sondern auch auf die Heilsgeschichte in Gegenwart und Zukunft: historisch einmalig in der Offenbarung muss das Wort Gottes als eine heute realisierbare und nachprüfbare Botschaft präsentiert werden“[245].

In der Veränderlichkeit ihrer Form und Sprache ist die Theologie durch die Geschichte hindurch in ihrer „Intentionalität“[246] mit sich identisch. Unter den Bedingungen der Gegenwart beinhaltet dies die Notwendigkeit einer stärkeren interdisziplinären Einbettung der Theologie.[247] Dies entspricht der Pastoralkonstitution *Gaudium et spes* ebenso wie den Grundlegungen des Ökumenischen Rates der Kirchen.[248] Ebenso notwendig ist die Freiheit der Forschung innerhalb der Theologie, sind doch Freiheit und Forschung – wie in allen anderen Wissenschaften – „koessentiell“[249]. Auf diese Weise ist die Theologie mit vollem Recht Teil der wissenschaftlichen Welt, indem sie nicht nur dank der vernunftgeleiteten sogenannten Profanwissenschaften und mitunter auch kritisch herausgefordert von diesen das Verhältnis von Gott und Mensch auf der Höhe der Zeit durchdenken kann, sondern auch umgekehrt von ihrer Durchdringung dieses Verhältnisses her einer positivistischen Verkürzung des Vernunftbegriffs in den Profanwissenschaften Vorschub leisten kann.[250]

3.6.3. Eine „konkrete und historische Theologie, die um die Heilsgeschichte zentriert ist“ (Paul VI.)

In der Forderung des Dialogs zwischen Skydsgaard und Paul VI. nach einer „konkreten und historischen Theologie, die um die Heilsgeschichte zentriert ist,“[251] konnte Chenu sich und seine Intuitionen voll und ganz bestätigt fühlen. Zugleich gab das Konzil auch nochmals einen Schub, die Implikationen dieser Intuitionen zu entfalten. Inwiefern dieses Doppelverhältnis aus Bestä-

245 Chenu, La théologie en procès, 695.

246 Chenu, Théologie et recherche interdisciplinaire, 74.

247 Vgl. ebd. Es handelt sich hierbei um einen Vortrag, den Chenu 1967 in Löwen auf einer Tagung gehalten hatte. Nach Poulat, Rezension kam diese aufgrund der Komplexität des Themas zu keinem zufriedenstellenden Ergebnis – lediglich die Aufgabe sei als solche deutlich geworden.

248 Chenu, Théologie et recherche interdisciplinaire, 66.

249 Chenu, La libertà della ricerca teologica, 225.

250 Dies ist der Tenor von Chenu, La théologie en procès, einem Beitrag zur Festschrift für Henri van Camp (1908–1984), der in gesellschaftlich und universitär bewegter Zeit als Rektor der damaligen *Katholieke Universiteit Brussel* wirkte.

251 Chenu, Les signes des temps – Réflexion théologique, 214f.

tigung und Entfaltung Ausdruck der *contemplactio* war, zeigt sich besonders prominent in Chenus Predigt während der Eucharistiefeier anlässlich des Kongresses der von Konzilstheologen gegründeten Zeitschrift *Concilium* in Brüssel im Jahre 1970.[252] Diese stellt ein dichtes Kondensat von Themen und Motiven Chenus dar. So finden sich Entwicklungslinien, die unmittelbar aus Chenus Arbeiten der 1920er und 1930er Jahre hervorgehen, etwa Paraphrasen des thomasischen *fides non terminatur ad enuntiabile, sed ad rem* und des Zitats von Johannes Evangelist von Kuhn, wonach es keine Theologie ohne eine neue Geburt gibt.[253] Durch das Konzil kann Chenu diese Entwicklungslinien nun weiter profilieren, z. B. durch ein relationales Offenbarungsverständnis, ein das Handeln zum Kriterium machendes Wahrheitsverständnis sowie eine „christologische Konzentration“[254] bei gleichzeitig sich verstärkendem Bewusstsein für die Rolle des Heiligen Geistes in Glaubensleben und Glaubenserkenntnis der Kirche als Ganzer.

Seine „optimistischen“, in der Hoffnung auf Vergöttlichung des Menschen gründenden Thesen von den damit gegebenen Möglichkeiten und Aufgaben der Theologie flankiert Chenu mit Überlegungen, die die nachkonziliare Gegenwartsatmosphäre in Kirche und Gesellschaft betreffen und die weitverbreitete Protesthaltung aufgreifen. Chenu zufolge ist im zeitgenössischen Denken, gleichsam die Postmoderne vorwegnehmend, „der Mensch selbst in Frage gestellt“[255]. Weit davon entfernt, deshalb in Pessimismus zu verfallen, sieht Chenu hier im Anschluss an das Johannes-Evangelium eine Möglichkeit, die Tiefenschichten christlicher Hoffnung im Horizont des „Mysteriums“ auszumachen, „wenn denn die Geschichte der theologische Ort des ‚Mysteriums‘ ist“[256].

Ein sprechendes Beispiel dafür, wie Chenu unter dem Eindruck des Konzils seine theologischen Intuitionen weiterentwickelte, ist auch sein Vorwort zu einem 1969 erschienenen Band aus dem Umfeld der Zeitschrift *Afrique et Parole*. Chenu greift hier – unter dem von ihm oft als Leitwort zitierten Augustinus-Zitat „*Per hominem more hominum loquitur*“[257] – auf seine frühesten Studien zurück, denen zufolge sich der Glaube in der Struktur und den Zusammenhängen des menschlichen Geistes Ausdruck verschafft. In diesem Sinn kann Chenu mit Blick auf den Zusammenhang von „Glaube“ und „Religion“ auch schreiben, dass in der „sakramentalen Integration der religiösen

[252] Zum Brüsseler Kongress s. auch das Interview in der protestantischen Zeitschrift *Réforme*: Chenu, L'aile marchante des théologiens.

[253] Chenu, Homélie prononcée durant la célébration eucharistique, 44.

[254] Ebd.

[255] Ebd., 45.

[256] Ebd., 46.

[257] Augustinus, De Civitate Dei, XVIII, 6, 2, zit. nach Chenu, Foi et langage, 7.

Werte“ eine „‚Trans-Substantiation‘ nicht nur der Dinge, sondern auch der Worte“[258] erfolgt. Ein solcher Ausdruck des Glaubens gemäß den Gesetzmäßigkeiten des menschlichen Geistes ist die Theologie im Zusammenspiel mit dem Lehramt und dem *sensus fidei* aller Gläubigen. In diesem Sinn hat die Theologie Anteil an der „Invention“[259] und ist deren Ausdruck, zu der das „Mysterium“[260] den Menschen drängt. Indem das Konzil die grundsätzliche Bindung des Glaubens an menschliche Ausdrucksformen betont, dabei aber die Pluralität der aus dem Wort Gottes folgenden „lebendigen Tradition“[261] anerkennt, befreit es die Theologie zu wahrer „Katholizität“[262] jenseits ihrer bisherigen Eurozentrik. Zentrale Aufgabe der Theologie ist es folglich, sich nicht nur der Dogmenentwicklung in der Geschichte zu widmen, sondern auch der Einheit des Glaubens in der Vielfalt der Orte, Zivilisationen und Kulturen. Nicht diese Vielfalt ist es, die die Einheit des Glaubens bedroht, sondern die Versuchung der Uniformität. Ein Theologe muss deshalb im Dienst der Einheit und Katholizität immer auch Übersetzer sein, was eine doppelte Bewegungsrichtung beinhaltet.

In diesem Sinn kann Chenu dann auch mehr denn je betonen, dass die Theologie ein Ausdruck des Glaubens ist und sich innerhalb dieses Glaubens vollzieht. Dies bringt es freilich mit sich, dass die Theologie Chenus letztlich weniger stark von der Wechselseitigkeit im Sinne von GS 44 geprägt ist, als dies seine eigene diesbezügliche Forderung nahelegen könnte. Zumindest ist nach dem Konzil eine Tendenz bei Chenu festzustellen, wonach gerade die im Inneren des Glaubens sich vollziehende Theologie letztlich wenig in den Blick nimmt, wie sie von außen wahrgenommen wird. Bei aller prinzipiellen Offenheit für Fremdprophetien und *loci alieni* bleibt damit bei Chenu eine theologische Binnenperspektive leitend, auch wenn diese nach außen gerichtet, am Außen orientiert ist und die Gesamtheit der Wirklichkeit zu umfassen versucht. Möglicherweise hängt dies auch damit zusammen, dass Chenu, anders als der Ekklesiologe Congar, die diesbezügliche Doppelperspektive der Sakramentalität aller kirchlichen Ausdrucksformen des Christlichen – ein Zeichen muss als solches erkennbar und ein Werkzeug als solches wirksam sein – weniger in den Vordergrund rückt.

Sosehr die Theologie sich grundsätzlich erneuern muss, sowenig ist dies ein Selbstzweck. Es dient vielmehr im Sinne des Konzils einer missionarischen Ausrichtung der Kirche als Zeugin des messianischen Glaubens des Volkes Gottes im Dienst am Menschen. In einem Vortrag in Montréal im

---

[258] Chenu, Foi et langage, 9.

[259] Ebd., 10.

[260] Ebd.

[261] Ebd. Zu deren Geistgewirktheit s. Chenu, Profetismo e teologia, 27.

[262] Chenu, Foi et langage, 7.

Jahre 1967 zeigt Chenu, wie die *theo-logia* von ihrem Gegenstand her „beständige *re-formatio*“[263] ist, wie auch das „*aggiornamento*“ stets neu aus dem „lebendigen Bewusstsein erwächst, dass für die Kirche des menschgewordenen Gottes die *présence* in ihrer Zeit das elementare Gesetz ihres Werdens und ihrer Existenz ist“[264]. Die beständige Erneuerung der Theologie folgt aus dem Zusammenhang von Mysterium und Geschichte, in dem sich die *présence* je neu konkretisiert. In diesem Sinn legte das Konzil als Prinzip und Regel fest, dass die „theologischen Disziplinen aus einem lebendigeren Kontakt mit dem Geheimnis Christi und der Heilsgeschichte“ (OT 16) erneuert werden. Nebenbei bemerkt ist dies auch die Stelle in den Konzilstexten, in der Thomas von Aquin als Modell für die Theologie empfohlen wird.[265] Auch wenn es sich dabei nur um ein „kleineres Dekret“[266] des Konzils handelt, so erwächst es doch aus der „Substanz der Konstitution der Kirche“[267], wie sie in *Lumen gentium* und *Gaudium et spes* dargelegt ist und sich im Lichte der Offenbarungskonstitution *Dei Verbum* darstellt.

3.6.4. Theologische Vernunft und Wahrheit des Evangeliums

In der Vernetzung von Dogma und Pastoral und im Zusammenspiel der *Raison* (Vernunft) und der *raisons* (Gründe) – letzteres eine Anspielung an Congars *Tradition* und *traditions* – war das II. Vaticanum ein „treffliches Beispiel dafür“[268], wie die theologische Vernunft arbeitet. Es steht aber auch in Verbindung mit dem I. Vaticanum, das die Analogie des Glaubens betont hat, die wiederum auf dem II. Vaticanum „zu einer selten anzutreffenden Homogenität der verschiedensten Texte, Konstitutionen, Dekrete, Erklärungen und Botschaften geführt hat.“[269] Chenu sieht eine Komplementarität zwischen den beiden Vatikanischen Konzilien, insofern das erste mit seiner metaphysischen Ausrichtung den Glauben angesichts der zeitgenössischen Herausforderungen verteidigen wollte, während das zweite im Horizont einer biblisch-heilsgeschichtlichen und eschatologischen Dynamik die missionarisch-evangelisierende Dimension des Glaubens fruchtbar machen wollte. Damit überführt es das christliche Leben und Denken in neue Horizonte, wenn etwa die Schöpfung nicht mehr „als eine metaphysische Operation“ verstanden wird, „son-

---

[263] Chenu, Histoire du salut et historicité de l’homme, 22.

[264] Ebd., 23.

[265] Dazu mit Blick auf das Konzil Chenu, Présentation, in: Touilleux, 8; ders., Histoire du salut et historicité de l’homme, 30.

[266] Chenu, Histoire du salut et historicité de l’homme, 23.

[267] Ebd.

[268] Chenu, Die Theologie als kirchliche Wissenschaft, 49.

[269] Ebd.

dern als Beginn einer großen Geschichte"[270]. In dieser „Gesamtschau des Glaubensgutes"[271], die die Theologie nährt und in die sie einführen will, ist aufgrund der Beschaffenheit des Menschen die Praxis ebenso ein genuiner Erkenntnisort, wie die Bedürfnisse des menschlichen Geistes eine Mehrzahl von theologischen Systemen ermöglichen. Denn bei aller Ausrichtung am Evangelium kann sich christliches Leben und Denken nicht mit einem „Evangelismus" zufriedengeben, der von einer theologischen „Strukturierung nichts wissen wollte."[272]

Aber gerade der theologischen Vernunft geht es, wie Chenu im Anschluss an Walter Kaspers 1965 erschienene Schrift *Dogma unter dem Wort Gottes* formuliert, um die „Wahrheit des Evangeliums"[273]. Das Evangelium ist keine abstrakte Wahrheit und noch weniger eine Doktrin, sodass auch die christliche Lehre keine solche allein sein könne. In der Gegenüberstellung zwischen der „historischen und konkreten Wahrheit des Evangeliums" im Unterschied zu einer „abstrakten Wahrheit der griechisch-lateinischen Philosophie"[274] konkretisiert Chenu die dem Dialog zwischen Paul VI. und Skydsgaard entnommene Forderung einer „konkreten und historischen Theologie, die um die Heilsgeschichte zentriert ist"[275]. Diesen vom Konzil freigelegten geschichtlich-heilsgeschichtlichen Wahrheitsbegriff konnte er mit den Intuitionen seiner frühen Thomas-Studien verbinden und begründen, wonach der Glaube nicht dem *enuntiabile* gilt, sondern der von dieser ausgedrückten *res*.[276] Im Horizont einer „Offenbarung als Ereignis", die er im Anschluss an Henri de Lubacs Kommentar zu *Dei Verbum* einer „Offenbarung als Erkenntnis"[277] gegenüberstellt, umfasst diese *res* Denken und Handeln. So betont Chenu in einer im Vergleich zu seinen frühen Schriften stark biblischen Argumentation mit Joh 3,21, dass die Wahrheit Tat und Vollzug ist.

[270] Chenu, Histoire du salut et historicité de l'homme, 25.

[271] Chenu, Die Theologie als kirchliche Wissenschaft, 48.

[272] Ebd., 49.

[273] Für den Verweis auf Kasper s. Chenu, Vérité évangélique et métaphysique wolffienne, 637 Anm. 10; s. auch ders., Orthodoxie-orthopraxie, 60 mit Anm. 12. Neben Walter Kasper sind weitere Gewährsmänner Chenus in diesem Zusammenhang Hermann Krings (1913–2004), Joachim Gnilka (1928–2018), Xavier Léon-Dufour (1912–2007), Ignace de la Potterie (1914–2003), Bernard-Dominique Dupuy (1925–2014) und Pierre Grelot (1917–2009).

[274] Chenu, Vérité évangélique et métaphysique wolffienne, 638.

[275] S. o. Abschnitt 3.6.3.

[276] Chenu, Vérité évangélique et métaphysique wolffienne, 638.

[277] Ebd. – im Deutschen würde man eher einen kommunikationstheoretisch-partizipativen einem instruktionstheoretischen Offenbarungsbegriff gegenüberstellen.

3.6.5. Jesus Christus: Universalität und Konkretion der Wahrheit

Die Bedeutung dieses geschichtlichen und dynamischen Wahrheitsbegriffs erweist sich in der theologiegeschichtlichen Einordnung des II. Vaticanums. Noch die von den vorbereitenden Kommissionen erstellten Konzilsschemata sah Chenu vom Geist einer „Barockscholastik“[278] geprägt, die die Theologie der ersten Hälfte des 20. Jahrhunderts geprägt und gelähmt habe. Ausgehend von Leibniz und v. a. Wolff – einem zwar „zweitrangigen Philosophen“[279] mit allerdings höchst folgenreicher Wirkung – habe die katholische Theologie auf die mit David Hume (1711–1776) und Immanuel Kant gegebenen subjektphilosophischen Herausforderungen mit einer Reduktion auf ein Objektivitätsideal reagiert, das bei aller Logik und Fruchtbarkeit der Geschichte und der Geschichtlichkeit keinen Platz mehr einräumte. Der „brillanteste“[280] Vertreter dieser Richtung war für Chenu sein Doktorvater Garrigou-Lagrange, der mithilfe des Philosophen Afrikan Alexandrowitsch Spir (1837–1890) Thomas von Aquin gegen dessen eigene Prinzipien zur Grundlage eines thomistischen Systems machte. Dieser „‚barocke‘ Auswuchs der Theologie“[281] habe die Aufbrüche des 20. Jahrhunderts als „nouvelle théologie“ diskreditiert. Die Enzyklika *Humani generis*, die dies zum Ausdruck brachte, war dann zwar noch Grundlage der kurialen Vorbereitung des Konzils. Jedoch habe eine grundsätzliche Dynamik, die in der Eröffnungsansprache von Johannes XXIII. Nahrung fand und später das „charismatische Ambiente“[282] ausmachte, zu einer „evangeliumsgemäßen Perspektive“[283] geführt. Wenn deshalb nach dem Konzil der Wahrheitsbegriff der Theologie an der Wahrheit des Evangeliums ausgerichtet ist, betrifft dies nicht nur die Theologie, sondern das Gesamt der Lebensäußerungen des kirchlich verfassten Glaubens, in das die Theologie eingeschrieben ist.

Die hierdurch begründete Vielfalt der Theologie findet ihr einendes Band in Jesus Christus. Als „Offenbarer und Geoffenbarter“[284] ist Jesus Christus Ermöglichung und Herausforderung dieser Erkenntnis des Mysteriums. Ist Jesus „Wahrheit in Person“[285], dann ist die Frage nach der Wahrheit letztlich die „Frage nach der Person Jesu“[286] – hier zeigt auch Chenus Theologie, in-

---

[278] Ebd., 632.

[279] Chenu, La littérature comme „lieu“ de théologie, 72.

[280] Chenu, Vérité évangélique et métaphysique wolffienne, 633.

[281] Ebd., 634.

[282] Ebd., 636.

[283] Ebd.

[284] Ebd., 639.

[285] Ebd.

[286] Ebd.

wiefern die von Edward Schillebeeckx, Hans Küng und anderen artikulierte Frage nach einer „Christologie von unten“ in der Luft lag – und der „Person Christi, im Ereignis seiner Inkarnation, seines Todes und seiner Auferstehung.“[287] Und diese je konkrete Wahrheit ist zugleich universal, wie das Konzil in seinem christologischen Spitzenmotiv von Christus, auf den hin alle Sehnsüchte der Geschichte konvergieren (GS 45), zum Ausdruck bringt. Von Jesus Christus her als *universale concretum* – ein Begriff, den Chenu nicht explizit verwendet – erhält das seiner Theologie zugrunde liegende „Gesetz der Inkarnation“ seine historische Dichte und trinitarische Weite.

Diese Dichte und Weite äußert sich in einer christlichen Sicht des Menschen in seiner Geschichte, in der sich Christologie und Anthropologie wechselseitig erhellen. Zwar hat das Konzil hier durchaus noch Hausaufgaben aufgegeben: „In dem Maße, in dem das Konzil seine christologische Vision eines Universums in Bewegung ausarbeitete, empfand es das in Wahrheit [von ihm] nur schlecht befriedigte Bedürfnis einer Anthropologie.“[288] Zugleich aber eröffnete es einen Weg, auf dem diese Aufgabe je neu zu erfüllen ist: „Während heute ein neues Licht auf den Menschen eine Wiederentdeckung der Inkarnation als historische Humanisierung Gottes unterstützt, verortet das christologische Gravitationszentrum des Christentums auch den Menschen in einem neuen Licht. Anthropologie und Christologie, Christologie und Anthropologie werden zusammen, eines durch das andere, zum geometrischen Ort der Theologie in der umfassenden Erkenntnis des Mysteriums.“[289]

3.6.6. Theologische Orte und Ortswechsel der Theologie

Bereits mehrfach tauchte der Begriff des „Ortes“ wieder auf, der bereits 1937 in *Une école de théologie* eine zentrale Rolle spielte. Chenu greift damit die *loci-theologici*-Lehre des Melchior Cano auf. Seiner Beobachtung zufolge wurde diese während der Modernismuskrise zu Beginn des 20. Jahrhunderts als erneuerte katholische Erkenntnislehre anstelle der durch die Reformation infragegestellten scholastischen Theologie verstanden. Anders als Philipp Melanchthon (1497–1560) mit seinen *Loci communes* habe Cano dem Verständnis des *locus* eine neue methodologische Dichte verliehen, indem er das Autoritätsargument des Boethius (480–526), rhetorische Motive im Ausgang von Cicero (106–43 v. Chr.) und die aristotelische Topik zu einem theologischen Konzept verwoben hatte. Demnach kamen zehn theologischen Or-

[287] Ebd.

[288] Chenu, Histoire du salut et historicité de l'homme, 29.

[289] Ebd., 31.

ten eine kriteriologische Rolle zu, wobei sieben *loci theologici proprii* aus dem Innenbereich des Glaubens stammten (Schrift, apostolische Tradition, Kirche, Konzilien, römische Kirche bzw. Apostolischer Stuhl, Kirchenväter, Theologen) und drei *loci theologici alieni* aus dem Außenbereich (Vernunft, Philosophie, Geschichte).

Bei Cano selbst sind diese beiden Arten von *loci theologici* noch nicht wirklich miteinander verbunden, erstere sind letzteren übergeordnet. Dies hängt mit dem spezifischen Autoritätsverständnis zusammen, das im Hintergrund steht. In Chenus Darstellung liegt hier die entscheidende Schwäche: ein solches Autoritätsverständnis bleibt letztlich äußerlich und kann den vom Heiligen Geist erwirkten *intellectus fidei* im Sinne einer persönlichen Aneignung und Lebendigwerdung nicht einholen. Von da aus war es dann nach Chenu auch nicht mehr weit zu einer antimodernistischen, und das heißt auch antisubjektivistischen Auslegung und Indienstnahme von Canos *loci*-Lehre zu Beginn des 20. Jahrhunderts. Diese fußte auf einer letztlich zu Unrecht von Cano hergeleiteten bzw. mit ihm in Verbindung gebrachten Zweiteilung in *theologia positiva* und *theologia speculativa*, in die die Theologie vor dem II. Vaticanum zunehmend auseinanderfiel[290] und die sich auch im klassisch gewordenen fundamentaltheologischen Dreischritt *probatur ex Scriptura, probatur ex Traditione, probatur ex ratione* einen Ausdruck verschafft hatte.

Gegenüber diesen bereits bei Cano angelegten und in der Folge aus unterschiedlichen Gründen zum Durchbruch gelangten Engführungen und Dualismen hat das II. Vaticanum freilegen und zusammenführen können, dass Theologie immer geschichtlich ist und in Zusammenhang mit der Erfahrung der Menschen erfolgt: sie ist immer auch „innere Erkenntnis einer Ökonomie in der Zeit, einer ‚Heilsgeschichte'"[291]. Diese hat eine gleichermaßen subjektive wie ekklesiale Dimension, und so ist der *sensus Ecclesiae* ein *locus theologicus* – „er ist sogar der allgemeine Ort, an dem die anderen Orte ihren Wert und ihre Eindringlichkeit vollziehen"[292]. Von daher hängen Volk-Gottes-Ekklesiologie und *loci-theologici*-Lehre eng miteinander zusammen: nach dem Konzil ist „die Erfahrung des Volkes Gottes [...] ein authentischer *locus theologicus*. Aber diese Erfahrung ist – und damit betrete ich die Substanz der Heilsökonomie – die Erfahrung eines Volkes. Sie ist gemeinschaftlich."[293]

---

290 So die kurze, aber eindringliche Beschreibung in Chenu, Les lieux théologiques chez Melchior Cano, 49 mit Anm. 2.

291 Chenu, Les lieux théologiques chez Melchior Cano, 49.

292 Ebd., 50.

293 Chenu, L'Église, cinq ans après, 29.

Die Theologie ist folglich keine deduktive Angelegenheit jenseits von Raum und Zeit, sondern „Erkenntnis des Wortes Gottes *in actu* im gegenwärtigen Leben der Kirche, sodass der Theologe mit weit geöffneten Augen die Geschichtsläufe als zahllose ‚Orte' betrachtet, in denen sein Glaube in der Auseinandersetzung mit den unterschiedlichen Ausprägungen der Evolution der Kultur die Etappen einer ‚Ökonomie' (dieses schöne griechische Wort!) entdeckt, derzufolge Gottes Investition in Menschlichkeit in der Aufeinanderfolge der Zeiten und Generationen die Aufeinanderfolge der Kulturen mit all ihren menschlichen Wissenschaften als glücklichen Ausdruck seines Heilsplans inkorporiert und rekapituliert."[294] Bereits bei Cano war die Geschichte ein *locus theologicus.* Das II. Vaticanum erweiterte dies dahingehend, dass nun die Geschichte nicht mehr nur ein *locus* neben anderen ist, sondern „der Koeffizient aller *loci theologici*"[295].

An dieser Neuperspektivierung des nachtridentinischen Dominikaners Cano, der selbst für einen Ortswechsel der Theologie stand, zeigt sich für Chenu der *„Ortswechsel der Theologie"* durch das II. Vaticanum. Unter diesem Titel – *„déplacement de la théologie"* – stand 1976 eine Tagung im *Institut Catholique de Paris,* zu der Chenu wesentliche Impulse beisteuerte.[296] Seine launige Schlussfolgerung, dass Cano durch das Konzil „in die Prähistorie zurückgeworfen"[297] wurde, darf nicht darüber hinwegtäuschen, dass es Cano brauchte, um über Cano hinaus zu gelangen. Dieses „Darüberhinaus" konnte das II. Vaticanum dann nicht zuletzt mit der Lehre der Zeichen der Zeit ermöglichen.[298]

Wie sehr die Entdeckung „neuer" theologischer Orte Chenu beflügelte, zeigt seine vor Begeisterung sprühende Besprechung der Studie von Pie Duployé über Charles Péguy.[299] Wie auch Paul Claudel (1868–1955) und Georges Bernanos gehörte dieser Schriftsteller dem *Renouveau catholique* an, der im Umfeld des Zweiten Weltkriegs nicht nur in die französische Literaturlandschaft hinein wirkte. In einer Zeit, in der die spröde gewordene akademische Theologie dieser Aufgabe kaum nachkam, hatte die aus dem *Renouveau catholique* hervorgehende Literatur auch eine dynamisierende Wirkung auf das religiöse Denken vieler suchender Zeitgenossen innerhalb wie außerhalb der Kirchen. Chenu greift nun Duployés Studie auf, um aufzuzeigen, inwiefern die Literatur als *locus theologicus* zu betrachten ist – für den später an der Schnitt-

[294] Chenu, Introduction, in: Le déplacement de la théologie, 12f.

[295] Ebd., 12.

[296] Institut Catholique de Paris (Hg.), Le déplacement de la théologie. Dazu auch Bauer, Ortswechsel der Theologie, 739.

[297] Chenu, Les lieux théologiques chez Melchior Cano, 50.

[298] Chenu, Théologie et recherche interdisciplinaire, 75.

[299] Pie Duployé, La religion de Péguy, Paris 1965.

stelle von Literatur und Theologie wirkenden Jean-Pierre Jossua steht dabei übrigens Chenus intuitiv erfasste Erkenntnis im Hintergrund, dass sich über die Literatur ein „komplexerer Humanismus“[300] als in der Scholastik Ausdruck verschaffe, welcher in einer geschichtlich vorgehenden Theologie berücksichtigt werden muss.

Dass weder die Literaten noch die Theologen die Studie Duployés zu würdigen wussten, ist für Chenu Ergebnis einer Art Exkulturation der Theologie – zu bedenken wäre freilich bei einem solchen Urteil, dass in den 1960er Jahren Péguy und der *Renouveau catholique* angesichts von Autoren wie Sartre, Camus oder den Vertretern des *Nouveau roman* durchaus schon etwas aus der Zeit gefallen waren. Wie dem auch sei: Chenu macht eine jahrhundertelange Entwicklung der Theologie aus, die sich bei näherem Hinsehen als Vereinseitigung erweist. Seit der Aufklärungszeit habe diese durch die Verbindung des zeitgenössischen Rationalismus mit einer zunehmenden Gegenüberstellung von (unaufgeklärtem) Glauben und (aufgeklärtem) Wissen einen entscheidenden Schub erhalten, wie er sich z. B. in Isaac-Joseph Berruyers (1681–1758) *Histoire du Peuple de Dieu* Ausdruck verschafft: die biblische Heilsgeschichte wird dort so sehr in ein System gepresst, dass sie über dieses hinaus nicht mehr inspirierend ist. Chenu sieht es als für die Theologie beschämend an, dass im 18. und 19. Jahrhundert nicht etwa Theologen, sondern Schrifsteller wie Johann Gottfried Herder (1744–1803) oder Johann Georg Hamann (1730–1788) die Kraft der Bibel erschlossen haben. Duployé konnte aufzeigen, dass sie damit das Bewusstsein wachgehalten haben, dass Gott Künstler ist und nicht Architekt. So ist es letztlich der Literatur zu verdanken, die Bibel in ihrer mythischen, poetischen und literarischen und darin unerschöpflichen Dimension wieder wahrgenommen zu haben. Damit aber eröffnen sich der Theologie ungeahnte Weiten. Ohne auf ihren Status als Wissenschaft zu verzichten, muss sie diesen doch immer wieder neu von ihrem Grund her übersteigen. Dies geschieht nicht zuletzt dann, wenn mit Péguy erkannt wird, dass die Bibel „eine Geschichte ist, und, weil sie eine Geschichte ist, [...] unerschöpflich“[301] ist.

Wenn Chenu die Literatur als *locus theologicus* neu entdeckt, steht dies exemplarisch für seine topologische Theologie: Die Literatur ermöglicht einen neuen Blick auf die Bibel in ihrer Unerschöpflichkeit, aber die Bibel in ihrer Gesamtheit ermöglicht auch eine Würdigung der Literatur als kulturelle und auch spirituelle Leistung der Menschen. Diese Wechselseitigkeit ist zugleich die Struktur der je neuen Inkulturation des Glaubens, die letztlich der Horizont der topologischen Theologie ist.

---

300 Jossua, Le Saulchoir, 104 Anm. 15.

301 Chenu, La littérature comme „lieu“ de la théologie, 75.

3.6.7. Theologie in einer Welt im Wandel

Die Theologie erneuert sich ständig selbst, indem sie in wechselseitigem Austausch mit der Welt (GS 44) die Gegenwart Gottes in der Heilsökonomie erkenntlich und aussagbar macht. In besonderer Verdichtung erfolgt dies an den „‚Orten' des Wortes Gottes in der Welt"[302], wie Chenu die „Zeichen der Zeit" nennt. Auf diese Weise ist die Erneuerung der Theologie so vielgestaltig, wie es der Widerhall des Wortes Gottes in der Welt ist. Auf dem 1968 in Venedig abgehaltenen Kongress der katholischen Intellektuellenvereinigung *Pax Romana* zum Thema „Ungerechte Gesellschaft und Revolution" hielt Chenu einen Vortrag über die *Théologie de la mutation*. Bei dem Wort *mutation*, das man mit Umbruch, Wandel oder Veränderung übersetzen könnte, handelt es sich um eine Verlegenheitslösung.[303] Zwar ist es die französische Übersetzung des lateinischen Wortes *mutatio*, das in *Gaudium et spes* mehr als zwanzig Mal vorkommt, jedoch ist es für sich genommen auch im Französischen nicht sehr aussagekräftig. Dies gilt Chenu zufolge freilich auch für Alternativen wie Veränderung (*changement*)[304] und Bewegung (*mouvement*), während Evolution (*évolution*) oder Fortschritt (*progrès*) durch wissenschaftliche und politische Konnotationen zu spezifisch seien. Entwicklung (*développement*) wiederum könne die mit den Veränderungen einhergehenden Brüche nicht zum Ausdruck bringen, Konversion (*conversion*) schließlich beinhalte zu unterschiedliche Aspekte. Der große Vorteil des Wortes *mutation* liegt vor diesem Hintergrund zum einen darin, die Bedeutungsaspekte verschiedener anderer Begriffe mitmeinen zu können, zum anderen aber darin, das Wort *révolution* zu vermeiden.

Chenu will also bewusst keine „Theologie der Revolution" vorlegen, ein zwar „einfacher und praktischer" Ausdruck, der aber „mit vielen Zwiespältigkeiten beladen"[305] ist. In seinem Vortrag verweist Chenu auf eine, wenn man so will, negative Begleiterscheinung der Inkarnation des Christentums in geschichtliche Kontexte hinein. Indem es sich auf die bestehenden Strukturen einlässt, bindet es sich so an diese, dass diese schließlich als Teil des Glaubens verstanden und sakralisiert werden können. Dieser durchaus natürliche Re-

---

[302] Chenu, Histoire du salut et historicité de l'homme, 28.

[303] Chenu, Théologie de la mutation. Vgl. auch ders. Von der Freiheit eines Theologen, 90.

[304] Etwas später spricht er freilich mit ähnlichem Sinngehalt auch von einer „Theologie des Wandels" („*changement*"), durch die das Konzil die bisherige „Theologie der Ordnung" ersetzt habe (Chenu, L'Église cinq ans après, 28).

[305] Chenu, Théologie de la mutation, 77 Anm. 1. Chenu zeigt auf, dass erst mit der Französischen Revolution die heute geläufige Verwendung von „Revolution" gebräuchlich ist, die zudem in Gegenüberstellung zu „Restauration" erfolge. Auch dieser Begriff sei allerdings vom Konzil nicht aufgegriffen wurde, das vielmehr von „*renovatio*" spreche.

flex der Christinnen und Christen „in ihrer anonymen Masse und ihrem soziologischen Gewicht“[306] erklärt es dann, dass sie sich bis auf einige prophetische Stimmen in den Dienst der herrschenden Verhältnisse stellen lassen und als „konservativ“ wahrgenommen werden. Diese Verknüpfung mit bestimmten wirtschaftlichen und sozialen Strukturen – z. B. im Feudalzeitalter – hat dann auch Rückwirkungen auf das Verständnis der Tradition, die als weitgehend statisch erscheint und sich mit Ordnungsvorstellungen à la Charles Maurras und der *Action Française* verbinden kann. Da ein solches Traditionsverständnis aber auch die Gegenwart des Wortes Gottes in der Geschichte nicht mehr denken kann und Gott somit als eine „Transzendenz ohne Immanenz“[307] erscheint – vergleichbar dem griechischen Gott Zeus, dem Voltaire'schen Uhrmachergott oder dem bürgerlichen Gott des 19. Jahrhunderts im Sinne des Politikers François Guizot (1787–1874) –, konnte es verständlicherweise zur Ablehnung eines entsprechenden Gottesglaubens durch Marx und Nietzsche kommen.

Eine epochale Überwindung dieses Gottesbildes und des damit verbundenen Menschenbildes leistete Pierre Teilhard de Chardin mit seiner kosmischen Theologie. Damit kann von neuem die „historische und konkrete Zeitlichkeit“[308] des Menschen zum Ausgangspunkt des Gottesglaubens werden bzw. im Horizont des Gottesglaubens gedeutet werden. Die Zeitlichkeit ihrerseits ist aber aus christlicher Sicht gerade im Rahmen einer Theologie der Schöpfung an der Zukunft im Horizont der Auferstehung und Vollendung ausgerichtet. Das verbindet den Gläubigen mit dem Atheisten, der den Gottesglauben oft nur deswegen ablehnt, weil dieser in seiner verkürzten Form den Menschen sich selbst entfremdet, und von daher eine bessere Zukunft anstrebt. Dies tut auch der Christ, aber aus einer *„communion“*[309] mit Gott heraus, der als Schöpfer zugleich eine „neue Schöpfung“[310] verheißen hat und den Menschen einlädt, in Freiheit an dieser mitzuwirken. Der „neue Humanismus“ (GS 55) beinhaltet hierfür die Zusammenarbeit mit allen Menschen guten Willens und kann von daher die Eigenart des christlichen Glaubens jenseits bisheriger historischer Ausdrucksformen ganz neu entdecken. So zitiert Chenu den marxistischen Philosophen Roger Garaudy, um gegen „eine leichtfertige Taufe des griechischen Humanismus“ die „göttliche Wahrheit“ der „Freiheit des Menschen vor der Natur, vor der Gesellschaft, vor der Geschichte“[311] zu begründen. Diese Begründung erfolgt aus

306 Chenu, Théologie de la mutation, 78.

307 Ebd., 81.

308 Ebd., 82.

309 Ebd., 83.

310 Ebd., 86.

311 Ebd., 84. S. auch Chenu, Préface, in: Cottier, Chrétiens et marxistes.

der Überzeugung heraus, dass die „Frohe Botschaft“ nicht zuletzt im Transzendieren von Ordnungen des Notwendigen und damit in der Ermöglichung einer je neuen Zukunft besteht. Im Umgang mit dieser „dynamischen Ordnung“[312] von Schöpfung und Welt erweist sich einmal mehr die messianische Dimension des Christlichen (GS 39). Sie kann die Hoffnungen der Menschheit als in Gottes Zukunft gründend zum Ausgangspunkt des Handelns machen und hat von daher auch eine Handhabe zum Umgang mit „revolutionären Situationen“[313].

Einen dichten Ausdruck dieser *théologie de la mutation* findet Chenu in der Vollversammlung des Ökumenischen Rates der Kirchen in Uppsala 1968, wo die „Neuheit“ als eine göttliche Dimension inmitten der Schöpfung auf ihrem Weg zur Vollendung meditiert wurde (vgl. Röm 8,20–22). Der griechisch-orthodoxe Erzbischof Habib Hazim von Lattakia, der später als Ignatius IV. Hazim Patriarch von Antiochien war, brachte dies für Chenu eindrücklich zum Ausdruck, wenn er die Auferstehungswirklichkeit als beständig erneuernde Neuheit schilderte, die den Menschen befreit, aufrichtet und ermutigt; die im Heiligen Geist den Menschen befähigt, sich als Teil der Welt mit der Welt je neu ereignishaft auf Gott hin auszurichten; und die die Kirche auf ihre Aufgabe verweist, „prophetisches Gewissen“[314] der Welt zu sein.[315]

Dies ist für Chenu mehr und mehr zentraler Ausdruck des Wirkens des Heiligen Geistes, wie er sich in den Gnadengaben bzw. Charismen äußert: „Der ‚Prophet‘ – diese deutlichste der Geistesgaben – ruft die Botschaft in die Situation hinein, obwohl oder gerade weil er außerhalb der etablierten Ordnung steht; er trägt seinem Volk eine jubelnde Gewißheit zu, nicht in der allgemeinen Lehre, sondern in der konkret durchzuführenden Tat, darin die Institution nicht aufhellend wirkte.“[316] Freilich ist nicht jedes außerhalb der etablierten Ordnung gerufene Wort schon prophetisch. Umso mehr bedarf es der Unterscheidung, die sich freilich wiederum ganz unterschiedlich fassen lässt. Für Chenu entscheidend ist dabei die gemeinschaftliche Dimension des Aufbaus der Kirche als Sakrament des göttlichen Heilswillens, die als solche im Dienst an der Welt steht: „Was in gewissen Schulen der Spiritualität die Unterscheidung der Geister im individuellen Leben war, das erfüllt das Charisma in den Dunkelheiten und Erschütterungen der gesellschaftlichen Ereignisse. So erbaut der Geist den Leib Christi im Zuge der sich stets erneuernden Geschichte.“[317] Mit dem anglikanischen Bischof Francisco

[312] Chenu, Théologie de la mutation, 85.
[313] Ebd., 88.
[314] Ebd., 89.
[315] Vgl. auch Chenu, La rénovation de la théologie morale, 294.
[316] Chenu, Die Neubelebung der trinitarischen Grundstruktur der Kirche, 457.
[317] Ebd.

Reus-Froylan von Puerto-Rico (1919–2008) hält Chenu dabei fest, dass das In-der-Welt-Sein die Kirche als prophetische Kraft und jeden einzelnen Christen als Propheten zugunsten des Friedens und der Gerechtigkeit wirken lässt „in dieser von Hoffnung und Trauer geschüttelten Welt [...], mit der ganzen Leidenschaft, die dieses Wort in der biblischen Sprache enthält“[318].

3.6.8. Eine neue *nouvelle théologie*?

Die Theologie stand mit Abschluss des Konzils und den damit verbundenen inhaltlichen Aufgaben vor einem Generationswechsel. Für die relativ wenigen jungen Konzilstheologen wie Hans Küng und Joseph Ratzinger auf katholischer Seite oder Lukas Vischer aus der Ökumene stellte das Konzil die Grundlage ihres erst noch zu erarbeitenden Lebenswerkes dar. Hingegen konnten die sehr viel zahlreicheren älteren Theologen, die für die Perspektiveneröffnungen des II. Vaticanums verantwortlich waren, durch das Konzil die Früchte ihres Lebenswerks ernten. Auch wenn Chenu und Congar, aber ebenso de Lubac oder Rahner, auch weiterhin eine prägende Stimme blieben, so gehörten sie doch einer Generation an, die Claude Geffré zufolge philosophisch und kulturell aus der mittlerweile untergegangenen Welt des 19. Jahrhunderts stammte.[319] Im Rückblick kann man in diesem Sinn urteilen, dass das *aggiornamento* des Konzils damit, kaum in Angriff genommen, „bereits gegenüber seiner Zeit im Rückstand“[320] war.

Diesen Rückstand nicht nur aufzuholen, sondern künftige Wege konstruktiv zu gestalten, war eine kolossale Aufgabe, wie sich am Beispiel Le Saulchoirs zeigen lässt. Le Saulchoir war nie einfach eine homogene Schule, konnte aber noch im heftigen Konflikt um die Art und Gestaltung des thomistischen Referenzrahmens von einem solchen strukturiert werden.[321] Mit dem Konzil galt es nunmehr, den Rahmen selbst auf den Prüfstand zu stellen. Inmitten der entscheidenden Schlussphase des Konzils skizzierte Claude Geffré am 1. Oktober 1965 in seiner Antrittsvorlesung als Studienregens von Le Saulchoir unter Verweis auf die vom Konzil erst postulierte Wechselseitigkeit von Dogma und Pastoral die künftigen Herausforderungen: „Die nachkonziliare Aufgabe wird in theologischer Hinsicht enorm sein, weil das Leben der Kirche einen Vorsprung gegenüber ihrer Reflexion hat. Wir haben keine zufriedenstellende Theologie, um das Schema XIII über das Verhältnis von

[318] Chenu, Le Concile et la guerre, 168. Dieses Zitat findet sich auch in Chenu, Ein prophetisches Konzil, 20.

[319] Geffré, Silence et promesses de la théologie française, 330.

[320] Pelletier, La crise catholique, 23.

[321] Grundsätzlich Donneaud, Une école, des théologies; Jossua, Le Saulchoir: une formation théologique replacée dans son histoire.

Kirche und Welt zu untermauern; die Theologie der irdischen Wirklichkeiten, der Geschichte, der Kirche ist noch sehr stammelnd."[322] Geffrés eigener hermeneutischer Zugang war in hohem Maße von Chenu beeinflusst, aber auch von Rudolf Bultmann, Dietrich Bonhoeffer und Paul Tillich (1886–1965).[323] Während etwa Congar und Féret – stärker noch als Chenu mit seinem Optimismus, der in diesem Zusammenhang v. a. die thomasischen Grundoptionen im Blick hatte – die Notwendigkeit betonten, weiterhin an Thomas von Aquin bzw. näherhin an einem genauen Quellenstudium Maß zu nehmen, wandten sich die jungen Theologen aus Le Saulchoir den Anfragen von Sigmund Freud, Karl Marx und Friedrich Nietzsche sowie in deren Folge Gilles Deleuze (1925–1995) und Louis Althusser (1918–1990) zu. Hinter diesen Namen standen gewaltige mentale und methodische Umbrüche.

Zwar erfolgte durchaus eine Staffelübergabe der Generation Chenus und Congars an die Generation Geffrés, dem u. a. auch Jean-Pierre Jossua, Patrick Jacquemont, Bernard Quelquejeu und, in der Nachfolge besonders Yves Congars, Hervé Legrand zugesellt werden können. Diese prägten in den Folgejahren und -jahrzehnten mit neuen philosophischen Zugangsweisen – genannt seien die im Ausgang von Martin Heidegger und Rudolf Bultmann (1884–1976) aufgekommenen Fragen[324] – u. a. das *Institut Catholique de Paris* in hohem Maße. Jedoch geschah dies ausgehend von einer Umbruchsituation, die nicht zuletzt für Le Saulchoir wie auch für die Jesuitenhochschule Fourvière einschneidende Veränderungen mit sich brachte; ganz zu schweigen davon, dass Heidegger und Bultmann als Herausforderung für die Theologie bald abgelöst wurden von postmodernen Denkern wie Jacques Derrida (1930–2004) und Michel Foucault (1926–1984). Letzterer arbeitete übrigens regelmäßig in der *Bibliothèque du Saulchoir* und vermachte dieser auch seinen Nachlass, der langjährige Bibliothekar und Archivar Michel Albaric stand seiner Trauerfeier vor.[325]

Auch wenn gerade Chenu den Generationswechsel in seiner eigenen Theologie durch die entschiedene Integration etwa der Sozialwissenschaften stärker mitvollzog als etwa der zunehmend gegenwartskritische Henri de Lubac, stellte sich auch für ihn die Frage nach der Stabübergabe an jüngere Theologen. Dies war in der Kirche insgesamt bei allem zeitgenössischen En-

---

322 Geffré, Nos études dans la conjoncture actuelle de l'Église et du monde, leçon inaugurale du 1er octobre 1965, zit. nach Raison du Cleuziou, De la contemplation à la contestation, 112.

323 Für das Folgende vgl. Quisinsky, Philosophie et théologie; Raison du Cleuziou, De la contemplation à la contestation, 117–119.

324 Ausführlich dazu Quisinsky, Philosophie et théologie.

325 https://bibsaulchoir.hypotheses.org/la-bibliotheque/michel-foucault-et-la-bibliotheque-du-saulchoir.

thusiasmus und Optimismus ein durchaus schmerzhafter Prozess, wie gerade auch Le Saulchoir erleben musste, kaum waren die einst in Chenus *Une école de théologie* präfigurierten Errungenschaften zu lehramtlichem Allgemeingut geworden. Vor diesem Hintergrund bemerkenswert ist Chenus Vorwort für die Aufsatzsammlung seines Schülers Claude Geffré mit dem Titel *Un nouvel âge pour la théologie.* Darin skizzierte er eine hermeneutische Theologie angesichts der Herausforderungen von Geschichtstheologie, Metaphysikkritik und politischer Theologie im Horizont einer Theologie der Auferstehung. In diesem Vorwort findet sich ein für den lebenslangen Optimisten Chenu untypischer Akzent, wenn er, freilich wiederum auch etwas augenzwinkernd, dem jüngeren Geffré bestätigt, dass er als aus der „Prähistorie des II. Vaticanums“[326] stammender „alter Knabe“ die Bemühungen der „Jungen, die noch auf ihn hören“, gutheißt. In Verbindung mit dem Rückblick auf sein eigenes theologisches Leben und die damit verbundenen Konflikte gewinnt diese persönliche Note eine Tiefenschärfe, die den von Geffré thematisierten Epochenwandel eindrücklich illustriert – vielleicht mehr, als Chenu selbst bewusst war. Freilich sind auch für ihn – und gerade für ihn als Historiker – die Umwälzungen des zeitgenössischen „fieberhaften“ Beginns eines „neuen Zeitalters“ größer als die der „Re-naissance“ (wörtlich: Wieder-Geburt) und „Reform“ des 16. Jahrhunderts.[327]

Die vom II. Vaticanum herausgestellte Verbindung von Evangelium und Geschichte ermöglichte eine „neue Theologie“[328], wie Chenu in Anspielung auf die *nouvelle théologie* der Jahre vor dem Konzil nun die nachkonziliare Theologie nannte. Damit aber, so Chenu, ist eine epochale Aufgabe überhaupt erst gestellt. Inhaltlich gelte es, das Wort Gottes in den drei geschichtlichen Dimensionen „Vergangenheit, Gegenwart, Zukunft“ zu denken. Methodisch greife man dabei nun auch offiziell auf die vor dem Konzil noch verpönte Verbindung von Exegese, Theologie und Pastoral zurück, die Chenu übrigens mit Verweis auf den namentlich nicht genannten Neutestamentler Pierre Grelot als neue Namen für die drei Dimensionen der Theologie des 13. Jahrhunderts, nämlich *lectio, disputatio, praedicatio* bezeichnet. Der Theologe ist demnach der *praedicatio* verpflichtet, was Chenu mit „engagierter Theologie“ gleichsetzt, und nimmt damit also als „Mensch unter Menschen“ eine „prophetische Funktion“[329] ein. Im Anschluss an Edward Schillebeeckx kann Chenu eine kritische Funktion der Theologie postulieren, die zwar aufgrund ihrer technischen und professionellen Gestalt als etwas

326 Chenu, Préface, in: Geffré, Un nouvel âge de la théologie, 10.
327 Ebd., 7.
328 Ebd., 8.
329 Ebd., 9f.

„Aristokratisches"[330] auftreten kann, im Gesamt der Kirche und der Gesellschaft ihre kritische Dimension aber v. a. dadurch erweist, dass sie noch in der Kritik konstruktiv ist. Nicht zuletzt dies ist mit der prophetischen Dimension gemeint, die mit dem Konzil und in dessen Gefolge dem Volk Gottes und in ihm der Theologie eignen soll.

3.7. Generationen und Generationenkonflikte

3.7.1. Von der Konzilsgeneration zu den „1968ern"

Chenu war ein Vertreter der Generation derer, die das Konzil gestaltet haben. Eine nachfolgende Generation, die für die konziliaren Errungenschaften nicht kämpfen musste, hatte z. T. ganz andere Anliegen und Intuitionen, und dies sowohl mit Blick auf die Gesellschaft als auch auf die Kirche und den Dominikanerorden. Chenu selbst erkannte immer deutlicher die Bedeutung der 1930er Jahre für die Entwicklungen in Kirche und Welt, was aber in gewisser Weise und trotz aller späteren Fortentwicklungen auch für seine eigene Biographie gilt – das *Projekt einer Geschichte der Theologie* im Vergleich zum Konzil legt davon beredtes Zeugnis ab.[331] Auch wenn er selbst höchst optimistisch blieb und stets das Potential des Konzils betonte, nahm Chenu großen Anteil an den Suchbewegungen, die gerade in Frankreich mit der „katholischen Krise"[332] der späten 1960er und 1970er Jahre einhergingen.

Chenus diesbezüglich emblematischer Umgang mit „1968" zeigt sich vielleicht am besten in seiner Freude über die Wortschöpfung, die im Mai 1968 an der Sorbonne zu lesen war: *„on spontane"*[333] – etwa: „man spontaniert". Freilich war diese Nähe Chenus zu den 68ern eingebettet in einen umfassenden philosophisch strukturierten und geschichtstheologisch konturierten Horizont, der ihn sofort hinzufügen ließ: „Ich war sehr glücklich über diese Formulierung. Ich erwarte lediglich, dass die Spontaneität die menschliche Vernunft zu arbeiten reizt"[334]. Einerseits bestand durchaus eine aus seiner Sicht verständnisvolle Nähe zwischen seinen Intuitionen und der einsetzenden Dynamik. Andererseits kann man auch fragen, inwiefern Chenu immer schon klar war, dass die von ihm als notwendig erachtete Arbeit der Vernunft keineswegs immer in den umfassenden Horizont

330 Chenu, Orthodoxie-orthopraxie, 61.
331 Chenu, Von der Freiheit eines Theologen, 83–108; vgl. ders., Un témoin des années 30.
332 Pelletier, La crise catholique.
333 Chenu, L'Église cinq ans après, 30.
334 Ebd.

hineinführte, aus dem heraus er auch konkrete Aktivitäten der Studierenden unterstützte.[335]

In diesem Sinn war Chenu insgesamt Impulsgeber und Korrektiv der 1968er zugleich. So kann er nicht darauf reduziert werden, dass er mit Paul Ricœur und anderen zu den Unterzeichnern eines am 21. Mai 1968 in *Témoignage Chrétien* veröffentlichten Aufrufs gehörte, die Revolution auch in die Kirche hineinzutragen.[336] Einerseits unterzeichnete er auf dem bereits erwähnten Kongress der Katholischen Intellektuellenvereinigung *Pax Romana* in Venedig Anfang des Jahres einen Appell, der die Katholiken dazu aufrief, sich im Namen des Evangeliums für die Schaffung „neuer sozialer Strukturen“[337] einzusetzen. Andererseits distanzierte er sich aber mit seiner auf dem Kongress vorgetragenen Abhandlung über die „*théologie de la mutation*“ von einem Revolutionsverständnis, wie es innerhalb des Ordens Paul Blanquart vertrat. Dennoch war insgesamt wohl gerade diese zugleich verständnisvolle und ermutigende wie auch geschichtstheologische und geradezu kontemplative Sicht für nicht wenige junge Christ*innen innerhalb und außerhalb des Ordens eine Brücke hin zu einem letztlich konstruktiven Umgang mit den Idealen von „1968“.

3.7.2. Umbrüche im Dominikanerorden

Chenus natürliches Lebensumfeld des Dominikanerordens war alles andere als ein ruhender Pol in den rasanten Veränderungen von Kirche und Gesellschaft. Im Gegenteil verdichteten sich dort die Entwicklungen in krisenhafter Weise. Antoine Lion (1940–2012) bringt dies eindrücklich ins Bild: „Die Lebensweise der Dominikaner von 1960 war derjenigen von 1220 näher als derjenigen, die sie 1970 kennenlernten“[338]. Zwar hatte der Dominikanerorden für Chenu nach wie vor eine Chance und sogar eine unverzichtbare Aufgabe. Dennoch geriet der Orden und insbesondere die französische Provinz in eine tiefe Krise: innerhalb weniger Jahre sank die Zahl der Eintritte, die der Austritte und Laisierungen hingegen stieg sprunghaft an. Diese Krise, die auch Ausdruck soziokultureller Veränderungen (geringere Kinderzahl pro Familie, Transformation des Schulwesens und leichterer Zugang zu Bildung etc.) war,

---

335 Zu seiner Unterstützung für Paul Blanquart und dem dominikanischen Studierendenseelsorger Philippe Roqueplo im Zusammenhang der Unruhen im *Quartier Latin* im Mai 1968 vgl. Raison du Cleuziou, De la contemplation à la contestation, 156f.

336 Albert, Die katholische Kirche in Frankreich, 119; Barrau, Le Mai 68 des catholiques, 47–49.

337 Zit. nach Raison du Cleuziou, De la contemplation à la contestation, 153.

338 Lion, Nous les dominicains, 54.

spiegelt den Generationenwechsel und -konflikt wider, der Gesellschaft und Kirche erfasste.

Yann Raison du Cleuziou macht idealtypisch drei aufeinanderfolgende Generationen von Dominikanern aus[339]: eine erste, deren Angehörige vor 1940 ordiniert und durch das Ideal von Studium und Kontemplation in der Abgeschiedenheit eines Konventes geprägt wurden, wobei sie sich inhaltlich stark am Thomismus ausrichteten und sich als religiöse und theologische Experten der Verkündigung einer klar systematisierbaren Wahrheit verstanden; eine zweite, deren Angehörige zwischen 1940 und 1960 ordiniert wurden und die sich etwa im Rahmen der *Action Catholique* gesellschaftlich engagierten, neue Formen des Apostolats suchten und bei alledem auch von den Erfahrungen des Zweiten Weltkriegs und später des Algerienkrieges geprägt wurden; und schließlich eine dritte Generation, deren Angehörige in den 1960er Jahren ordiniert wurden und sich in erster Linie von Zwängen der Vergangenheit befreien wollten, um neue Formen des Glaubens und Kircheseins im Gefolge des II. Vaticanums zu suchen und zu gestalten. Während die zweite Generation (z. B. Geffré, Jossua, Jacquemont, Quelquejeu) die dominikanischen Institutionen und Strukturen bei aller Kritik noch im Versuch, das Kritikwürdige zu überwinden, so verinnerlicht hatten, dass sie den Orden von innen heraus zu reformieren versuchen konnten, führten die Intuitionen der dritten Generation deren Angehörige oft sehr schnell aus den nur langsam reagierenden Institutionen heraus.[340] Damit zusammenhängende Frustrationen verstärkten diese Dynamik.

In diesem komplexen Panorama ist Chenu ein Unikat. Er selbst gehört der ersten von Raison du Cleuziou identifizierten Generation an und ist noch in der „Selbstüberschreitung"[341] nicht denkbar ohne die institutionelle, liturgische und theologische Prägung, die er von einem bei allen zeitgenössischen und perspektiveneröffnenden Akzenten klassischen Weg im Orden erfahren hatte. Die zweite Generation ist in hohem Maße auch von seinen Intuitionen geprägt und erfuhr von ihm nicht nur Inspiration, sondern oft auch institutionelle und v. a. mitbrüderliche Unterstützung. Der dritten Generation stand Chenu einerseits durchaus mit Sympathie und Wohlwollen gegenüber, jedoch stellte sich hier letztlich sehr bald die Frage, inwiefern das Weiterdenken seiner Intuitionen nicht doch stärker an bestimmte institutionelle Formen gebunden war, als ihm selbst dies bewusst war und die jungen Dominikaner dies in Kauf zu nehmen bereit waren.

---

[339] Raison du Cleuziou, De la contemplation à la contestation, 305–307.

[340] Yann Raison du Cleuziou fasst diese Entwicklung zusammen, die darin bestand, „das Instituierte im Namen des Instituierenden durch die Ausübung einer beanspruchten Treue zur authentischen Wahrheit der Institution umzustürzen" (ebd., 311).

[341] Vgl. Donneaud, Une école, des théologies, 445.

Die Ereignisse des Jahres 1968 begleiteten zahlreiche Dominikaner mit großer Sympathie und Zustimmung. Paul Blanquart etwa suchte explizit die Nähe zu marxistischen Strömungen und Strukturen, bis hin zu Besuchen in Kuba. Dass im Mai 1968 auch über dem Studienkonvent Le Saulchoir die rote Fahne wehte, ist freilich nicht allein auf ideologische Gründe zurückzuführen, sondern auch sichtbarer Ausdruck des vielfältigen religiös-kulturellen Generationenkonflikts, in dem Chenu als impulsiver Inspirator und verständnisvolles Korrektiv eine gewisse Sonderrolle einnahm.[342] Bei alledem verdeutlichen die Entwicklungen in einem Orden, der naturgemäß immer einen Aspekt aus dem Gesamt des Glaubens besonders hervorhebt, wie unter einem Brennglas die entsprechenden Entwicklungen in Gesellschaft und Kirche insgesamt: „Die Dominikaner sind der Wahrheit treu geblieben, aber die Wahrheit ist aus der Institution ausgewandert und sie mussten sich deinstitutionalisieren, um wieder an sie anzuschließen. Die Dominikaner vollziehen so den Wechsel von einer außer-weltlichen zu einer inner-weltlichen Aszese. Die katholische Krise der 1970er Jahre ist teilweise die Frucht eines Ortswechsels Gottes."[343] Umso mehr ist für Chenu der Dominikanerorden gefragt, die „historische Ökonomie" unter Berücksichtigung der soziologischen und evangelischen Aspekte als diejenige auszuweisen, „in der die Aktualität des Wortes Gottes – und seiner Charismen – der Ort der Tradition ist"[344].

3.7.3. Die „katholische Krise"

Chenu erlebt die 1960er und 1970er Jahre als „kulturelle Revolution"[345], innerhalb derer dann auch die „katholische Krise"[346] nach dem Konzil zu verorten ist. Dies ist für ihn freilich nicht in erster Linie Grund zur Besorgnis, sondern Ermöglichung, den Menschen als „‚Partner' Gottes in der Geschichte der Welt"[347] und damit den Glauben in seiner Geschichtlichkeit für die zu gestaltende Geschichte wirksam werden zu lassen. Die kulturellen Umbrüche fordern diese Partnerschaft und den Glauben natürlich heraus, beginnend mit der Frage nach der Weitergabe des Glaubens in einer Gesellschaft,

[342] Für eine Zusammenschau s. Raison du Cleuziou, À la fois prêts et surpris, zu Chenu bes. ebd., 307.

[343] Raison du Cleuziou, De la contemplation à la contestation, 311. Die damit einhergehende Relativierung der Wahrheitskontrolle durch die Kirche stand nach Raison du Cleuziou im Mittelpunkt der „spirituellen Gegen-Revolution" (ebd.), die unter Johannes Paul II. Gott „von neuem in der Institution verankern" wollte.

[344] Chenu, Présentation, in: Vicaire, Dominique et ses prêcheurs, VII.

[345] Chenu, Rivoluzione silenziosa nei nuovi catechismi, 50.

[346] Pelletier, La crise catholique.

[347] Chenu, Rivoluzione silenziosa nei nuovi catechismi, 52.

die sich ganz neu ihrer eigenen Geschichtlichkeit gegenüber positioniert. Aus Interesse an derlei Fragen der Transmission inmitten aller Transformation beobachtet Chenu sehr intensiv die Vorgänge um den sog. *Holländischen Katechismus*, den er – „nach angemessenen Ergänzungen" – als „ersten Erfolg einer Erneuerung"[348] theologischer Inhalte und Methoden betrachtete. Dem *Holländischen Katechismus* folgten ähnliche Projekte in anderen Ländern, was für Chenu fundamentaltheologische wie ekklesiologische Relevanz hatte: der Glaube ist immer kontextuell und situativ sowie im Hinblick auf die religiöse Entwicklung im Rahmen einer Biographie zu bezeugen, wie auch menschliches Leben und Denken immer kontextuell und situativ ist und als gelebte Biographie erfolgt. Deshalb ist für ihn ein „‚universaler' Katechismus [...] unter dem Vorwand einer universalen Orthodoxie"[349] kein anzustrebendes Ideal mehr. Auch die Abkehr vom alten Frage-Antwort-Schema begrüßt er umso mehr, als damit auch die vorkonziliaren Konflikte um die katechetischen Erneuerungsbewegungen in Frankreich obsolet geworden sind. Den „katastrophalen Dualismus in der Weitergabe des Evangeliums eines inkarnierten Gottes"[350], wie er sich im Natur-Übernatur-Schema einen Ausdruck verschaffte, sieht er in den nachkonziliaren Katechismen überwunden zugunsten eines Gespürs für die Psychologie des Menschen (und im religionspädagogischen Bereich speziell der Kindheit und Jugend[351]), der „Subjekt des Wortes Gottes"[352] ist.

„Evangelisierung"[353] ist nach GS 44 ein dialogisches Geschehen, das die problematischen Aspekte der Kultur nicht ausblendet und durchaus ein „Risiko"[354] darstellt. So genügt es für Katechese und Religionspädagogik nicht, ein paar „Vokabeln, Grammatiken und Stile" zu verändern. Im Rahmen einer erneuerten christlichen Anthropologie gilt dies auch für „die Kategorien der Imagination und des Mentalen, die Symbolismen und Dialektiken, die Sensibilitäten und rationalen Artikulationen des Menschen in der Vielfalt und Entwicklung der Kulturen."[355] Für den Glauben besteht freilich kein Grund, hier verzagt zu sein, ist er es doch, der die Kultur als Ort der Gnade im Sinne der erhofften *Recapitulatio* verwandeln kann.

---

348 Ebd., 51.
349 Ebd., 52.
350 Ebd.
351 Chenu, Un'antropologia rinnovata, 291.
352 Chenu, Rivoluzione silenziosa nei nuovi catechismi, 52; ebenso z. B. ders., Un'antropologia rinnovata, 303.
353 Chenu, Rivoluzione silenziosa nei nuovi catechismi, 53.
354 Ebd.
355 Chenu, Un'antropologia rinnovata, 303.

Ausgehend von der Grundunterscheidung Johannes' XXIII. zwischen Inhalt und Form des Glaubens kann Chenu im Geiste des Konzils inmitten aller Veränderungen die Einheit des vielgestaltig wahrnehmbaren Mysteriums Christi wahrnehmen. So stimmt er dem Turiner Kardinal Pellegrino zu, demzufolge die Neuheit die Identität der Offenbarung sichert. Um Fragen dieser Art herum entzündete sich nach dem Konzil eine Auseinandersetzung zwischen Kardinal Ottaviani einerseits und vielen Bischofskonferenzen andererseits. Deren Antworten auf einen entsprechenden „pessimistischen“[356] Fragebogen des Präfekten der Glaubenskongregation aus dem Jahre 1968 verweisen auf eine je länger, je deutlicher schwelende Uneinigkeit darüber, wie mit dem Wegbrechen traditioneller Formen und vermeintlichen Sicherheiten umzugehen ist. Chenu unterstützt die resolut gegenwarts- und zukunftsorientierte Antwort des holländischen Episkopats auf den „Syllabus“[357] Ottavianis.[358] Er warnt eindringlich davor, dem Bedürfnis nach Sicherheit mit dem Rückzug in ein zwar kleiner werdendes, aber ansonsten vertrautes und gleichbleibendes Refugium nachzugeben. Ebenso warnte er davor, im Stile eines neuen Syllabus die Konfrontation mit dem Außen der Kirche zu suchen. Vielmehr empfahl er, mit der neuen Situation im Stil des „Zeugnisgebens“[359] umzugehen. Dieses kann anknüpfen an die Selbstmitteilung Gottes, in der sich Ereignisse und Worte verbinden und die in Jesus Christus ihr einendes Band hat. Und just dieses in Jesus Christus menschgewordene Wort Gottes ist es, „was bleibt“[360]. So ist gerade der Wandel das Identitätsmerkmal des Glaubens.

Wenn Chenu in den Jahren des Konzils bei allen Krisenerfahrungen optimistisch bleibt, dann deshalb, weil für ihn – richtig verstanden – die Krise eine Dimension des Glaubens an Jesus Christus ist.[361] Grundsätzlich hat für ihn, wie er 1969 schrieb, die „‚Krise‘ – so sagt man in einer etwas zwiespältigen Weise –“[362] einerseits vom Konzil unabhängige epochale Gründe, die aber andererseits durch das Konzil ans Tageslicht kamen. Dass nur durch entsprechende Problembeschreibungen überhaupt Lösungsansätze gefunden werden können, ist dabei die eine Seite der Medaille. Dass die Vielgestaltigkeit der Problembeschreibungen und Lösungsansätze Unsicherheiten auslöst, die andere. In einem Beitrag für *Le Monde* aus dem Jahre 1972 macht Chenu sich die Analyse von Louis Rétif zu eigen, demzufolge der Grund für viele gegenwär-

---

356 Chenu, Ce qui change et ce qui demeure, 91 Anm. 1.

357 Ebd.

358 Vgl. dazu jetzt Sorrel (Hg.), Renouveau conciliaire et crise doctrinale, 34–47.

359 Chenu, Ce qui change et ce qui demeure, 89.

360 Ebd., 90.

361 Chenu, La crise, dimension de notre foi au Christ.

362 Chenu, Ce qui change et ce qui demeure, 88.

tige Krisenerfahrungen in kirchlichen Entscheidungen aus der Zeit vor dem Konzil zu suchen ist. Umgekehrt können für ihn die damals zu wenig beachteten Intuitionen nun zum Umgang mit diesen Problemen beitragen.[363]

Zwar nahm auch Chenu „einige Indizien des Auseinanderfallens“[364] wahr, „sei es im Bereich des Apparates, was mich nicht allzusehr beunruhigen würde – ich denke insbesondere an die Niederlande –, sei es im Bereich des Glaubens. Es ist klar, dass der Ausdruck des Glaubens sich nicht in jeder beliebigen Weise vollziehen kann. Die Einheit des Glaubens benötigt eine gewisse Einheit seines Ausdrucks.“[365] Im Rückblick kann man fragen, ob und inwiefern Chenu, anders als Congar, die institutionelle Dimension des Glaubens unterschätzte, wie sie hier mit dem Verweis auf die Vorgänge in den Niederlanden (Katechismus, Pastoralkonzil) angedeutet sind.[366] Doch war für ihn die Krise kein Grund, den heilsgeschichtlichen Optimismus – theologisch gesprochen: die Hoffnung – und den pastoralen Optimismus zu verlieren. Letzteres zeigt sich in seiner Beobachtung, dass just nach dem Konzil das Wort „Kreativität“ aufkam. Dieses ist in gleicher Weise Ausdruck eines fundamentalen gesellschaftlichen Wandels wie auch Bedingung für die kirchliche Reaktion auf diesen, ist doch die menschliche „Kreativität eine Ressource, die im Plan Gottes einen Wert darstellt“[367]. Aber bereits im gesellschaftlichen Bereich ist Kreativität nicht ohne Friktionen zu haben, wie Chenu „nebenbei“ bemerkt, wurde doch das Wort von der *Académie Française* mit der Begründung abgelehnt, dass es „alle Irrtümer dieser Zeit [konzentriert]“[368]. Aus deutscher Sicht ebenso „nebenbei“ sei vermerkt, dass Chenus Vorstellung von „Kreativität“ bei allem Unterschied mit dem „Tutiorismus des Wagnisses“[369] verwandt ist, den Rahner der Kirche wünschte. Entscheidend bei allen nachkonziliaren Unsicherheiten ist für Chenu sowohl, dass die einzelnen Ortskirchen mutig aus ihrer Situation heraus die Präsenz des Glaubens zum Ausdruck bringen, als auch, dass sie dabei auf die Erfahrungen anderer Ortskirchen hören „in einer *communio*, die jenseits der notwendigen Relativismen von diesen Fragen und Erfahrungen durchdrungen sein wird.“[370] So lassen sich denn auch „die Angst und ihre Lähmungen“[371] überwinden.

---

[363] Chenu, Apprendre à lire les signes des temps.

[364] Chenu, L'Église cinq ans après, 29.

[365] Ebd.

[366] Dazu jetzt Gärtner, Der Fall des niederländischen Katholizismus, 16–40.

[367] Chenu, L'Église cinq ans après, 29.

[368] Ebd.

[369] Rahner, Die grundlegenden Imperative für den Selbstvollzug der Kirche in der gegenwärtigen Situation, 313–316.

[370] Chenu, Paura e audacia nella Chiesa dopo il Concilio, 32.

[371] Ebd.

Die „katholische Krise“ ist auch Teil und Ausdruck einer grundsätzlichen Neubestimmung des Verhältnisses von Subjekt und Gesellschaft. Die zu Ende gehenden 1960er Jahre stehen für einen tiefgreifenden Mentalitätswandel, der sich zwar in Einzelfragen manifestiert, diese aber weit übersteigt. In der Aufeinanderfolge der Generationen bringt dies grundsätzliche Verschiebungen für die Verhältnisbestimmung von Kirche und Welt, Glaube und Leben und letztlich Gott und Mensch mit sich. Emblematischen Diskussionen, wie sie der damalige Jesuit François Roustang (1923–2016) 1966 mit seiner These vom „troisième homme“[372] ausgelöst hat, der weder den vorkonziliaren Zeiten nachtrauert noch sich vom Konzil viel erhofft, sondern sich in einer persönlichen Weise und ohne weitere Bindung an die Kirche seiner katholischen Prägung bedient und diese dabei allmählich verliert, hat Chenu offensichtlich wenig Aufmerksamkeit geschenkt. Dasselbe gilt übrigens auch von dem einen Monat später erschienenen Pamphlet *Le paysan de la Garonne* des nunmehrigen Konzilskritikers Jacques Maritain.[373] Seine Reaktion auf letzteres wäre wohl ähnlich ausgefallen wie 1979 sein auch als Versuch eines Brückenschlags zu wertender Kommentar zu *Péril en la demeure* von Jean-Marie Paupert (1927–2010), der sich von einem glühenden Verfechter kirchlicher Reformen zu einem Verteidiger dessen, was er als Tradition empfand, wandelte. Der sichtlich um Einfühlsamkeit und Verständnis bemühte Chenu betonte angesichts dieser für ihn schwer nachvollziehbaren Wandlung die Notwendigkeit, jeglichen Dualismus der neuen historischen Epoche der „modernen Zivilisation“ und der „Tradition“ als geschichtlichem Prozess hinter sich zu lassen.[374]

Am Beginn des Pontifikats von Johannes Paul II., mit dem die „katholische Krise“ keineswegs endete, sah Chenu in dessen Programmwort vom Menschen als Weg der Kirche eine große Chance. Er interpretierte dieses Motiv im Horizont seiner Geschichtstheologie.[375] Dabei skizzierte er eine Lektüre der gegenwärtigen Krise des wirtschaftlichen Wachstums als zivilisatorischer „Wachstumskrise“[376]. Hier erweist sich Tradition als lebendig, wenn sie nicht nur die Kirche im Blick hat, sondern je neu die im Evangelium enthaltenen „Anforderungen an Wahrheit, Gerechtigkeit, Recht, Freiheit, die eine Zivilisation hervorbringen,“[377] zur Welt zu bringen hilft.

[372] Roustang, Le troisième homme.

[373] In die Großwetterlage eingeordnet bei Tranvouez, Les idées du ciel ne tombent pas juste, 517f., der auch darauf hinweist, dass Congar hier aktiver in die Debatte eingreift.

[374] Chenu, L'historicité de Dieu.

[375] Ebd.

[376] Das Wort, das im Zentrum seiner Einordnung der Modernismuskrise steht, taucht allerdings nicht auf.

[377] Chenu, L'historicité de Dieu.

3.8. Kirchliche Soziallehre im Wandel

3.8.1. Heilsökonomie und Ökonomie: *Populorum progressio*

Einen kaum zu überschätzenden Wendepunkt nicht nur in der Konzilsrezeption, sondern überhaupt in der lehramtlichen Auseinandersetzung mit Gegenwartsfragen stellte für Chenu die Enzyklika *Populorum progressio* (1967) von Paul VI. dar. An ihrem Zustandekommen hatte übrigens sein „an den Grenzen der beiden menschlichen Kontintente: dem sakralen und dem profanen“[378] lebender Ordensbruder Louis-Joseph Lebret entscheidenden Anteil.[379] Die fundamentale Tragweite der konziliaren Neubestimmung von Dogma und Pastoral, Theorie und Praxis, Glaube und Leben, Kirche und Welt drückt sich nach Chenu in der Enzyklika dergestalt aus, dass das Wort „‚Soziallehre‘ (im Sinne von Doktrin) [...] nicht mehr verwendet [wird]. Es geht vielmehr darum, ‚die soziale Frage ihrer Zeit im Licht des Evangeliums zu erhellen [...]‘.“[380]

Die Enzyklika sieht Chenu als ein gelungenes Beispiel dafür, wie eine konzilsinspiriert hörende Kirche mit Menschheitsfragen umgehen sollte. Einerseits gilt es demnach, wirtschaftliche Fragen als solche ernst zu nehmen und nicht mit religiös motivierten, aber von wirtschaftlicher Sachkenntnis freien Erwägungen nur scheinbar zu beantworten. Andererseits ist es gerade das christlich motivierte Streben nach einer geschwisterlichen Welt, das deren Eigengesetzlichkeit nicht nur ernst nimmt, sondern dazu aufruft, sich in den Dienst eben dieser Geschwisterlichkeit zu stellen. Das Verdienst der Enzyklika ist es deshalb, „diese beiden konkurrierenden Notwendigkeiten“[381] in einen verantworteten Zusammenhang gebracht zu haben. Nur im Rahmen dieses Zusammenhangs ist es dann auch möglich, das wahre, aber gerade deshalb nicht der Zeit enthobene Wort Gottes glaubwürdig zu verkünden: Was Jesus im Kontext einer Mangelwirtschaft verkündet habe, muss nunmehr in den Kontext einer Überflussgesellschaft übersetzt werden.

Chenu verteidigt die Enzyklika gegen Vorwürfe wie den des *Wall Street Journal*, wonach es sich bei den päpstlichen Grundlegungen um „aufgewärmten Marxismus“[382] handle. Im Übrigen sieht er einen der Gründe für den Erfolg des Marxismus im politisch-gesellschaftlichen Versagen der Kir-

[378] Chenu in einem Nekrolog, zit. nach Garreau, Louis-Joseph Lebret, 56.

[379] Chenu, Populorum progressio. La démarche de l'Église, in Développement et civilisation, no° 30 (Juni 1967), 32–42; ders., Pour bien comprendre l'encyclique, in: Témoignage chrétien, n° 1187 (6. April 1967), 3–4.

[380] Chenu, Kirchliche Soziallehre im Wandel, 75.

[381] Chenu, L'encyclique sur le développement, 3.

[382] Chenu, Pourquoi les attaques contre „Populorum progressio“?, 164.

che sowie stärker noch in einer entmaterialisierten Spiritualität, sodass einige durchaus richtige Analysen von Karl Marx letztlich „verrückt“[383] gewordene christliche Wahrheiten seien, wie Chenu unter Verwendung einer Formulierung von Gilbert Keith Chesterton (1874–1936) reflektiert. Dass bestimmte wirtschaftliche und politische Kreise die Sozialenzykliken der Päpste kritisieren, gehört seiner Analyse nach fast zur Begleitmusik. Die Heftigkeit dieser Kritik ist Chenu zufolge mit der historischen Bedeutung von *Populorum progressio* zu erklären, insofern nämlich die Enzyklika erstmals nicht nur die sozialen Folgen wirtschaftlicher Zusammenhänge zum Gegenstand hat, sondern die wirtschaftlichen Strukturen und das Wirtschaftssystem selbst analysiert und auf deren Veränderung hinwirken will.

Die Enyzklika ist Ausdruck einer „Kirche der Armen“. Diese will allerdings keineswegs Arme gegen Reiche ausspielen, sind doch auch die Reichen erlöst. „Aber das Wort Gottes muss die Reichen an den Punkten treffen, an denen die Bruderschaft in Christus von ihnen verlangt, die Vergänglichkeit – und die Gefahr – ihrer Reichtümer zu ermessen.“[384] So können sie ihrem Reichtum den „echten Sinn“ geben, „einschließlich des ‚ökonomischen Sinns‘“, indem sie den Reichtum in den Dienst des Aufbaus einer geschwisterlichen Welt stellen und auf eine gerechte Verteilung der Reichtümer und Güter hinwirken. „Diese ‚Mystik‘ der Armut darf sich nicht in allzuleichte Exhortationen auflösen, denen zufolge die Entsagung gegenüber irdischen Güter ertragen werden muss. Es ist die strikte Aufgabe der Christen, in einer sich entwickelnden Wirtschaft an der ‚*populorum progressio*‘ mitzuarbeiten, eine Welt aufzuerbauen, in der alle Menschen von der Bedrückung durch die Natur, von der wirtschaftlichen Unterdrückung, von der Ungerechtigkeit, von der Unwissenheit, befreit werden.“[385]

In der Folge nimmt Chenu regen Anteil an Fragen der Entwicklung und wirtschaftlichen Zusammenarbeit auf globaler Ebene, wie sie etwa von Vincent Cosmao (1923–2006), einem Schüler Lebrets, behandelt wurden. Als 1978 die Enzyklika „schon alt“[386] war, zeigte sich für Chenu erst recht, inwiefern sie Ausdruck einer „institutionellen Revolution der alten Christenheit“[387] war, die ihre eigene (Heils-)„Ökonomie“ und die „Ökonomie“ im üblichen Wortsinn aufeinander zu beziehen herausgefordert ist. Gerade im Bereich der damals so genannten Entwicklungshilfe zeigt sich nach Chenu, wie sehr die Christen dazu herausgefordert sind, „ihren Glauben im Ange-

[383] Chenu, Le communisme est-il une idée chrétienne devenue folle?, 104.
[384] Chenu, L'Église et les pauvres, 268.
[385] Ebd.
[386] Chenu, Préface, in: Cosmao, Nouvel ordre mondial, 5.
[387] Ebd., 6.

sicht des Werdens der Menschheit zu denken. Dies ist wahrscheinlich die sensationellste Etappe in der Geschichte des Christentums"[388].

3.8.2. Eine ungeschichtliche Soziallehre als Ideologie?

Thema und Methode von *Populorum progressio* ließen Chenu folglich nicht mehr los. Ein Jahrzehnt nach deren Erscheinen legte er, seine Einschätzungen zu dieser Enzyklika ausweitend, seine letzte größere Veröffentlichung vor. Sie stellt ein Werk *sui generis* dar. Dies lässt sich zum einen am Titel, zum anderen am Erscheinungszeitraum aufzeigen. Zunächst erschien das Büchlein 1977 in Italien unter dem Titel *La dottrina sociale della Chiesa. Origine e sviluppo.* Die französische, um Anmerkungen zum dortigen Kontext ergänzte Ausgabe, erschien 1979 unter dem Titel *La „doctrine sociale" de l'Église comme idéologie.* Die von Kuno Füssel übersetzte deutsche Ausgabe wiederum erschien erst 1991 unter dem Titel *Kirchliche Soziallehre im Wandel.* Bemerkenswert sind dabei zunächst die Akzentverschiebungen im Titel. Diese haben zum einen inhaltliche, zum anderen sprachliche Gründe. Insbesondere in seiner französischen Muttersprache ist der von Chenu bereits seit dem Konzil immer wieder kritisierte Begriff der Sozial-„Lehre" (*doctrine*) zumindest in seinem üblichen Sprachgebrauch negativ konnotiert, insofern er eine deduktive Lehre meint, die dann auf konkrete Situationen angewandt werden müsste, die ihrerseits keinerlei Eigengewicht bei der Erkenntnisgewinnung haben.

Chenus Kritik, es handele sich dabei letztlich um eine Ideologie, kommt im neutraleren italienischen und deutschen Titel nicht unmittelbar zum Ausdruck. Möglicherweise hängt dies auch damit zusammen, dass der deutsche Begriff der Soziallehre aufgrund der Prägung, die er insbesondere dem von Chenu hochgeschätzten Oswald von Nell-Breuning (1890–1991) verdankt, weniger autoritativ konnotiert ist, als Chenu dies in seiner eigenen Muttersprache wahrnahm. Zwischen der italienischen Ausgabe von 1977 und der französischen fand der Pontifikatswechsel von Paul VI. über Johannes Paul I. zu Johannes Paul II. statt, der wie Chenu an der Redaktion der Pastoralkonstitution *Gaudium et spes* mitwirkte. Während Chenu im Pontifikat von Paul VI. die Intuitionen des Konzils zur Entfaltung kommen sah, verweist ein „Postskript" zur Einleitung vom Februar 1979 auf eine Irritation: anders als Paul VI. habe Johannes Paul II. in seiner Eröffnungsansprache zur Dritten Generalkonferenz des Lateinamerikanischen Episkopats in Puebla im Januar desselben Jahres „die unaufgebbare Rolle und Aktualität der kirchlichen ‚Soziallehre' eingeklagt"[389], sich dann aber am nächsten Tag einen Text von

[388] Ebd., 5.

[389] Chenu, Kirchliche Soziallehre im Wandel, 17.

Paul VI. zu eigen gemacht, der diese „Vokabel“ bewusst vermied. In seinem Nachwort verweist der Jesuit Ludwig Kaufmann (1918–1991) darauf, dass Chenu hier insofern falsch lag, als es nicht der Papst, sondern Aloísio Kardinal Lorscheider (1924–2007) war, der am Tag nach der päpstlichen Eröffnungsrede als Präsident des CELAM „die Versammlung auf ihre Füße“ stellte und dabei „in die päpstliche Tüte griff und sie kurzerhand umstülpte“[390]. Wie dem auch sei: im Sinne der kritisch-konstruktiven Darlegungen Chenus illustriert zu Beginn des langen Pontifikats von Johannes Paul II. diese Episode in ihrer „Nichteindeutigkeit [...] sehr gut die brennende Aktualität unserer Thematik“[391]. Als Johannes Paul II. kurz darauf im Jahre 1981 seine Sozialenzyklika *Laborem exercens* veröffentlichte, analysierte Chenu diese dergestalt, dass aufgrund zahlreicher faktischer Veränderungen in Inhalt und Form der Sozial-„Lehre“ eine solche kein anzuwendendes „Modell“ mehr sei, sondern „relativ“ auf die jeweiligen Situationen hin.[392]

3.8.3. Eine Meditation der Geschichte der Soziallehre

Inhaltlich begegnen in Chenus Büchlein von 1979 zahlreiche der bereits bekannten Motive seiner Theologie, insbesondere was die die Darlegung gleichsam krönende heilsökonomische Rekapitulationstheologie angeht. Wohl auch deshalb konnte der Historiker André Mandouze (1916–2006) in einer Rezension in *Le Monde*, in der er Chenus Büchlein lobend mit einer Veröffentlichung des ebenfalls im christlich-kommunistischen Dialog engagierten „Arbeiterbischofs“ Alfred Ancel verglich, von einer „weitgefassten Meditation“ sprechen. Trotz dieses ihres Charakters verfalle sie nicht in den Predigtton der Schrift Ancels, sondern führe vielmehr sachlich konzise durch das „Labyrinth“[393] der katholischen Soziallehre. In der Tat stellt Chenus Darstellung der Geschichte der katholischen Soziallehre nicht weniger als eine Relecture der gesamten Kirchen- und Theologiegeschichte des 19. und 20. Jahrhunderts dar. Denn der Vorwurf, bei der Soziallehre handele es sich um eine Ideologie, beruht nicht in erster Linie auf inhaltlichen Aspekten. Vielmehr richtet er sich gegen eine theologische Methode, die Ausdruck eines kirchlichen Habitus war, der das eigentliche Problem darstellt. Will man hingegen die entsprechenden Enzykliken „in einer angemessenen Weise durcharbeiten [...], muß man sie notwendigerweise in ihren sozialen und ideologischen Kontext stellen und die daraus stammenden Beweggründe

390 Kaufmann, Gott im Herzen der Geschichte, 120.

391 Chenu, Kirchliche Soziallehre im Wandel, 17.

392 Chenu, Introduction par Marie-Dominique Chenu o.p., VI.

393 Mandouze, L'évêque et le dominicain, in: Le Monde, 10. September 1979. Vgl. Alfred Ancel, Dialogue en vérité. Chrétiens et communistes dans la France aujourd'hui, Paris 1979.

berücksichtigen. In diesem Rahmen erweisen sie ihre geschichtliche Wahrheit, erhalten aber durch diesen Tatbestand selber wieder jene Relativität, die es verbietet, ihre Behauptungen zeitunabhängig zu dogmatisieren, was allzu häufig im Namen der ‚Soziallehre' geschieht."[394]

Chenu anerkennt zwar durchaus die historische und auf eine „wahrhaft evangeliumsgemäße Erschütterung"[395] zurückgehende Leistung von Leo XIII., der sich wenige Jahrzehnte nach dem von seinem Vorgänger Pius IX. erlassenen und gegen die Irrtümer der Welt gerichteten Syllabus (1864) mit seiner Enzyklika *Rerum novarum* den „Ruf [erwarb], sich der Welt geöffnet zu haben"[396]. Eigens nennt Chenu auch die Leistungen Bischof Wilhelm Emmanuel von Kettelers (1811–1877) oder auch die sozialpolitisch fortschrittlichen Forderungen des theologisch konservativen Erzbischofs von Westminster, Edward Henry Kardinal Manning (1808–1892). Bei allem guten Willen habe es aber Leo XIII. versäumt, über das Werben für „subjektive[] moralische[] Abhilfen"[397] hinaus die strukturellen Herausforderungen an sich bzw. an die kirchliche Lehre heranzulassen. Seine Enzyklika bleibt deshalb bei allem sozialpolitischen Fortschritt Ausdruck der *chrétienté* und stützt deren Unzulänglichkeiten. Dies wirkt sich dann auf eine zurückhaltende theologische Methode ebenso aus wie auf politische Optionen im Sinne der Unterstützung für ein bestimmtes Verständnis von „christlicher Demokratie", sodass dann im Gefolge der Modernismuskrise unter Pius X. auch der Sozialkatholik Marc Sangnier mit seiner Bewegung *Sillon* verurteilt werden konnte.

Der Aufschlag Leos XIII. war trotz seiner Ambivalenz folgenreich. Denn wenn 1931 Pius XI. seine Enzyklika *Quadragesimo anno* „mit einer Zeitangabe beginnen läßt, so geschieht dies offensichtlich, um die gebieterische Instanz der Kontinuität hervorzuheben, womit allerdings faktisch anerkannt wird, daß es eine Entwicklung gibt, deren Etappen festgehalten werden müssen."[398] Denn auch wenn Chenu diverse theologische Positionen Pius' XI. und deren ekklesiologische Voraussetzungen und Konsequenzen als kritikwürdig einstuft, so öffnet sich doch mit diesem Papst „der Christ der industriellen Zivilisation, auch wenn er deren Auswirkungen noch nicht ermessen kann. Der vom Evangelium her kommende Anstoß Leos XIII. verkoppelt sich hier mit einer objektiven Analyse, wobei nicht allein eine ‚christliche Sozialordnung', sondern der Aufbau einer bestimmten Wirtschaftsordnung ins

394 Chenu, Kirchliche Soziallehre im Wandel, 44.
395 Ebd., 29.
396 Ebd., 21.
397 Ebd., 26.
398 Ebd., 31.

Auge gefaßt wird."[399] Ob es tatsächlich „indiskret"[400] ist, hier auf den Einfluss Nell-Breunings und dessen Rivalität zum später unter Pius XII. einflussreichen Gustav Gundlach (1892–1963) hinzuweisen, sei einmal dahingestellt. In jedem Fall stellt in Chenus Darstellung *Quadragesimo anno* einen qualitativen Fortschritt dar, der durch den Rückbezug auf Thomas von Aquin möglich wurde. Zwar habe auch schon Leo XIII. die thomasische Theorie von der distributiven Gerechtigkeit berücksichtigt, aber erst Pius XI. habe die volle Tragweite der Gerechtigkeitstheorie von Thomas erkannt und auf die Gegenwart übertragen. Dies schlug sich in der Konzeption der „sozialen Gerechtigkeit" und des „Gemeinwohls" nieder, womit es möglich wird, die Vergesellschaftung auf der einen Seite und die Bedeutung des Subjekts auf der anderen Seite zusammenzudenken. Durch diese „Dialektik erklärt und verhindert sie zugleich jeden Totalitarismus"[401]. Methodisch handelt es sich bei dieser thomasischen Grundlegung zwar „um eine rationale Analyse [...], die in der Sozialnatur des Menschen ihre Grundlage hat", die aber zugleich „verknüpft [ist] mit einer auf brüderliche Bedingungen gerichteten Forderung des Evangeliums"[402]. Auch diese Methode impliziert ein ungeheures Entwicklungspotential, das symbolisch im Vergleich zwischen dem 1925 von Pius XI. eingeführten Christkönigsfest auf der einen Seite und der Positionsbestimmung der Bischofssynode von 1971 zum Verhältnis von Evangelium und Politik auf der anderen Seite zum Ausdruck kommt. Dass all dies grundsätzliche ekklesiologische Voraussetzungen und Konsequenzen hat, zeigt Chenu gleichsam *en passant,* wenn er die Entwicklung der Katholischen Aktion nachzeichnet, die spätestens mit der von Joseph Cardijn gegründeten Christlichen Arbeiterjugend zu einer Dynamik führte, die dann in der Volk-Gottes-Theologie des II. Vaticanums einen verbindlichen Ausdruck fand.[403]

3.8.4. Eine Geschichte der Missverständnisse? Christentum und Sozialismus

Seit den 1930er Jahren müht sich Chenu um das Verständnis des Sozialismus und des Kommunismus als geistiger Folge einer gesellschaftlichen Umwälzung, mit der die Kirche nicht zuletzt deshalb nicht umgehen konnte, weil sie statt der konstruktiven Auseinandersetzung mit der Umwälzung als solcher antisozialistische und antikommunistische Reflexe pflegte. Dabei begründete man Chenu zufolge im Gefolge von Leo XIII. das Recht auf Privat-

[399] Ebd., 38.
[400] Ebd.
[401] Ebd., 41.
[402] Ebd.
[403] ... und dies als „genau [...] gegenteilige Auffassung zu diesem für uns heute nicht mehr nachvollziehbaren Text [Pius X., Enzyklika *Vehementer nos* (1906), MQ]" (ebd., 34).

eigentum in einer Weise, in der sich eine verinnerlichte Spiritualität mit einer theologischen Unfähigkeit verband, die doch bereits von Thomas von Aquin aufgezeigte Gemeinwohlpflichtigkeit des Eigentums auf die Situation der Massengesellschaft zu übertragen. Johannes XXIII. und Paul VI. ermöglichten dann durch epochale Texte wie *Mater et Magistra*, *Populorum progressio* oder *Octogesima adveniens*, dass an die Stelle einer „in überholte[n] Kategorien formulierte[n] und von der kirchlichen Autorität verordnete[n] abstrakte[n] Soziallehre" eine „im Lichte des Evangeliums vorgenommene[] und von seinen Eingebungen geleitete[] bewußte[] Teilnahme am Aufbau der Welt und der geschichtlichen Bewegung [...] [trifft], die zu den theologischen Orten des Glaubens geworden sind."[404]

Wo Christ*innen den dadurch ermöglichten sachlichen Dialog zwischen Christentum und Sozialismus suchten, den innerhalb der Kirche zumindest einige Christen führten, verabschiedeten sie auch jenen „klerikalen Imperialismus, der es einfach nicht hinnehmen kann, daß Christen außerhalb des ‚Feldes der Kirche' nach Werten menschlichen Fortschritts suchen und sie auch finden."[405] Dies war umso bedeutender, als ein Dekret des Heiligen Offiziums von 1945 – hier sind auch die politischen Verhältnisse in Italien zu berücksichtigen – die Katholiken mit der Exkommunikation belegte, die die Kommunistische Partei unterstützten, und damit „von der Verurteilung einer Ideologie zur Verurteilung von Personen"[406] überging. Das II. Vaticanum mit seiner Volk-Gottes-Theologie konnte dann die vor dem Konzil entwickelte „Theologie der Arbeit"[407] aufgreifen und die Auseinandersetzung mit dem Marxismus auf eine sachliche Ebene heben. Denn nunmehr war mit dem „objektiven Wert[] der Arbeit" anerkannt, „daß der Mensch, indem er die Natur vermenschlicht, deren Kräfte er meistert, auch seine eigene Menschlichkeit entfaltet. In dieser Aussage läßt sich eine Themenstellung von Marx wiederkennen, die in ihrer lebendigen Wahrnehmung des Problems seines Atheismus in jeder Hinsicht vorausgeht und daher auch außerhalb seiner Gültigkeit besitzt." Damit ging das Konzil „unausgesprochen, aber im Gegensatz zur früheren monolithischen Interpretation, mit einem Grundwert des marxistischen Denkens, vor allem aber des Sozialismus, einig"[408]. Aufgrund ihrer heilsökonomischen Einbettung beinhaltet diese Einigkeit – ausgedrückt in einer „Theologie der Arbeit" – durchaus eine Kritik insbesondere am Marxismus und den Theorieanteilen, die die innerwelt-

404 Ebd., 57.
405 Ebd., 51.
406 Ebd., 58.
407 Ebd., 60.
408 Ebd., 59f.

lichen Gesetzmäßigkeiten verabsolutieren und sie so vom christlichen Rekapitulationsgedanken abschneiden.

3.8.5. Heilsgeschichte und Menschheitsgeschichte

Mit dem Konzil entstand eine neue Situation. Zum einen hat Johannes XXIII. in seiner Enzyklika *Mater et magistra* die Vergesellschaftung grundsätzlich positiv bewertet, nachdem noch Pius XII. dies aus Angst vor dem Kommunismus nicht möglich schien. Der Preis, den der Pacelli-Papst und mit ihm die Kirche dafür bezahlen musste, war nach Chenu allerdings hoch: „So kann eine Ideologie, oder besser eine Gegenideologie, den Weg zur Erkenntnis der geschichtlichen Entwicklung versperren“[409]. Zum anderen wurde vom Konzil die von Johannes XXIII. zunächst – Chenu zufolge – intuitive Benennung von „Zeichen der Zeit“ auf eine strukturelle Ebene gehoben. Damit einher ging zum einen eine methodische Neuausrichtung: man geht nicht mehr „von einer im voraus festgelegten und lehramtlich verabreichten Doktrin [...] [aus], sondern von der Analyse der konkreten, zukünftig zu erwartenden sozialen Situationen, in denen unbeschadet ihres eigenen Sinns ein bewußt oder unbewußt aufgenommener Hinweis auf die Werte des Evangeliums enthalten ist.“[410] Zum anderen beinhaltet dies eine Neubewertung von Welt und Geschichte: „Das Jenseits der Geschichte erscheint nicht länger als ‚Geschichte einer anderen Welt‘, sondern als radikale Vollendung dieser Welt selber, wo menschliche Personen, indem sie ihre kollektive Verantwortung für ihr Schicksal entdecken, sich sowohl ihrer über diese Welt hinausweisenden transzendenten Bestimmung, also ihrer Freiheit, als auch ihrer uneingeschränkten Berufung zur Vereinigung mit anderen bewußt werden.“[411]

Während *Mater et magistra* im Schatten der Friedensenzyklika *Pacem in terris* sowie der Pastoralkonstitution *Gaudium et spes* stand, überführte die Enzyklika *Populorum progressio* von Paul VI. die mit dem Konzil eröffneten Möglichkeiten in eine neue Weite. Bündelt man die von Chenu aufgezeigten Perspektiven, so zeigt sich die konziliare wechselseitige Verschränkung von Dogma und Pastoral auch in Fragen der wirtschaftlichen Entwicklung: die Kirche verwirklicht sich selbst, indem sie einen Beitrag dazu leistet, dass den Völkern der Erde ein gerechteres und friedlicheres Zusammenleben ermöglicht wird. In geradezu sakramentaler – im Sinne von LG 1 – Weise sind Evangelisierung und Gestaltung des menschlichen Zusammenlebens

---

[409] Ebd., 64.

[410] Ebd., 69.

[411] Ebd., 71.

und damit letztlich die Verantwortung für den Fortgang der menschlichen Geschichte ineinander verflochten. Die Enzyklika hat aufgezeigt, dass dies nunmehr auf weltweiter Ebene gilt und die Verhältnisbestimmung von Kirche und Welt im Horizont der „Katholizität“[412] erfolgt. Somit werden auf nationaler und internationaler Ebene politische Fragen auch religiös und umgekehrt, ohne dass sie einfach miteinander identifiziert werden können. Mit seinem Ordensbruder Vincent Cosmao, der an der Redaktion der Enzyklika beteiligt war, bedauert Chenu freilich auch eine Kehrseite des fundamentalen Wandels, der mit dieser einherging: „Diese Enzyklika über die Entwicklung der Völker, welche noch da revolutionär war, wo sie sich am meisten theologisch gab, konnte vermutlich in der Kirche, wie sie nun einmal ist, nur schwer jenes Publikum finden, das sie eigentlich ansprach, während dasjenige Publikum, das sich in ihr hätte wiedererkennen können, nur stumm bleiben konnte gegenüber einer kirchlichen Sprache, in der die treffendsten Formulierungen, die geeignet gewesen wären, Menschen anzusprechen, die die Welt verändern wollen, einfach untergingen.“[413] Mit Cosmao begrüßt Chenu aus demselben Grund das Entstehen der Befreiungstheologie, die just die Überwindung dieser eben beschriebenen Aufspaltung leisten kann.

Seitens des päpstlichen Lehramtes sieht Chenu einen wichtigen Schritt in Richtung der neuen Verhältnisbestimmung von Kirche und Welt zum Ausdruck gebracht im Apostolischen Schreiben *Octogesima adveniens*, das Paul VI. im Jahr 1971 an Maurice Kardinal Roy (1905–1985) in dessen Eigenschaft als Präsident der Päpstlichen Kommission *Iustitia et Pax* richtete (und das Chenu deshalb oft „Brief an Kardinal Roy“ nannte). Anstelle einer deduktiven „Soziallehre“ widmet sich diese den aktuellen Herausforderungen im Stil einer induktiven Theologie, die die Situation als „theologischen Ort“[414] zu begreifen in der Lage ist. Wird dieser Wechsel ernst genommen, gilt mit Blick auf Glauben und kirchliche Lehre: „Nichts wurde geändert, aber alles hat sich geändert.“[415] Mit der zugrunde liegenden dialogischen Methode der Theologie zeigt Chenu anhand des Denkens von Ernst Bloch, dass „man durch Rückgriff auf eine nichtchristliche Philosophie zum besseren Verständnis einer von Entfremdung freien Eschatologie beitragen kann.“[416] Andererseits macht eine solche Methode ein bestimmtes Verständnis von „Naturrecht“ obsolet, in dem „Funktionen und Ordnungen, die in sich

412 Ebd., 75.

413 Vincent Cosmao, zit. nach Chenu, Kirchliche Soziallehre im Wandel, 80.

414 Chenu, Kirchliche Soziallehre im Wandel, 83.

415 Ebd., 84.

416 Ebd., 88.

kontingent sind, absolut gesetzt werden"[417]. Interessant ist Chenus Nachsatz wenige Jahre nach *Humanae vitae*: „Wir müssen eingestehen, dass diese wichtige Forderung, die von Paul VI. klar und deutlich erhoben wird, heute in den Bereichen der Individualmoral, der Familienmoral und der Sozialmoral alles andere als praktisch berücksichtigt wird."[418]

Die epochale Bedeutung von *Octogesima adveniens* liegt nach Chenu darin, dass das Schreiben „entschieden Stellung gegen eine ‚Ideologie' [bezieht], in der eine Sicht der Welt systematisch ausgearbeitet und sakralisiert wird, um daraus dem Handeln vorauslaufende Normen und sozio-politische Organisationsmodelle für dieses Handeln abzuleiten."[419] So hört die katholische Soziallehre auf, eine „Ideologie" zu sein, was sie für Chenu solange war, wie sie sich vom Ideal der *chrétienté* leiten ließ. Mit Georges Bernanos konnte Chenu deshalb der Meinung sein, dass noch der Sozialkatholizismus der 1930er Jahre lediglich „den Bankrott des Christentums zu vertuschen suchte"[420]. Als einen Ausläufer davon sah Chenu die Auseinandersetzungen der Nachkriegszeit um die „Mandatstheorie"[421], wonach im Rahmen der Katholischen Aktion Laien für ihr gesellschaftliches Engagement einer Weisung des Episkopats bedürfen.[422] Als Grundlage und eigentliches Problem einer solchen Ideologisierung sieht Chenu eine Verzerrung des christlichen Gottesglaubens: „In letzter Instanz wird diese Idealisierung von einer bestimmten Gottesvorstellung geleitet: Es handelt sich um einen Gott, der für alle Ewigkeit die Gesetze, welche die Ordnung der Welt bestimmen, erlassen hat und nun kraft seiner unumstößlichen Vorsehung herrscht. Soziale Stabilität und jegliche Autorität beruhen dann darauf, dass die menschlichen Wesen sich in diese Vorsehung mit mehr oder weniger Passivität einfügen."[423]

---

417 Ebd. Für eine ähnliche Anspielung auf die von Chenu ausgemachte Problematik der „jüngsten Erklärung zur Sexualität" vgl. ebd., 99.

418 Ebd., 89.

419 Ebd., 89f.

420 Georges Bernanos, zit. nach Chenu, Kirchliche Soziallehre im Wandel, 98. Denn wo immer die „Christenheit" bzw. „*chrétienté*" leitend war, entstand angesichts der Trennung von Kirche und Gesellschaft zwischen diesen „ein Wettbewerbsverhältnis, wobei die Kirche die Illusion hegt, den Kennern der sozialen Probleme ein System unwiderlegbarer rationeller Lösungen, das gleichzeitig auch die christlichen Prinzipien getreu zum Ausdruck bring, vorlegen zu können. Es ist nicht schwer, hinter diesem Plan eine allen Ideologien, unter die sich seit einigen Jahrzehnten auch eine mit christlicher Färbung mischt, gemeinsame Grundhaltung zu erkennen" (ebd.).

421 Ebd., 99.

422 Nicht zu verhindernde Überbleibsel dieser Theorie im Laiendekret des II. Vaticanum sieht Chenu durch Textzusätze ausgeglichen, an denen er mitgewirkt habe, vgl. Chenu, Von der Freiheit eines Theologen, 23.

423 Chenu, Kirchliche Soziallehre im Wandel, 94.

Dem deistischen Gottesbild entspricht in der Folge ein sakralisiertes Gesellschaftsbild und ein Bild des Menschen, das diesen nicht als freies Geschöpf Gottes zu denken in der Lage ist. Eine solche Ideologie widerspricht aber für Chenu dem Wesen des Christentums. Denn dieses „ist eine Ökonomie, und das Reich Gottes verwirklicht sich in der Geschichte, deren ereignismäßiger Beitrag nicht nur eine schlichte Zutat zu einer Sicht des Menschen bildet, die unabhängig von Raum und Zeit aus sich heraus Bestand hat. Durch jedes neue Ereignis wird die Kirche zu einer Auslegung ihrer kerygmatischen Überlieferung veranlaßt. Soll die Heilsgeschichte von einem neuen Ereignis her intepretiert werden, dann ist erforderlich, daß die Kirche auch zutiefst an diesen heilsentscheidenden Ereignissen beteiligt ist. So gesehen kann die Kirche durch ihr Lehramt ihre Gläubigen dazu anleiten, sich durch den Kampf für die Befreiung der Menschen in die Heilsgeschichte zu integrieren. Eine Beziehung zwischen Befreiung und Erlösung bekommt aber nur dann Sinn, wenn sie einen geschichtlichen Ort hat. Anders formuliert: Die von Christus zugesagte endgültige Befreiung findet ihren konkreten Ausdruck immer in vorläufigen, historischen Befreiungstaten. Darum müssen wir eine abstrakte Theologie ablehnen, die nur die immer gleichbleibende Verfassung der Menschheit in ihren Hoffnungen und Leiden berücksichtigen würde. Diese Art von Theologie diente oft und dient immer noch denjenigen als ideologische Rückendeckung, die – im Besitz der ökonomischen und politischen Macht – darauf bedacht sind, den Status quo aufrechtzuerhalten."[424] Der eigentliche Horizont der Gottesfrage und mit ihr der Frage nach Mensch und Gesellschaft ist in einem solchen ideologiekritischen Zugang letztlich die „Reflexion über die Beziehung zwischen Heilsgeschichte und Menschheitsgeschichte"[425]. Damit nimmt Chenu eine Einsicht vorweg, die auf der Außerordentlichen Bischofssynode von 1985 anlässlich des zwanzigjährigen Konzilsjubiläums lehramtliche Bestätigung fand.[426] Die Methode dieser Reflexion, die Erkenntnis und Engagement gleichermaßen umfasst und wechselseitig befördert, ist die der wechselseitigen Erhellung von Evangelium und Zeichen der Zeit im Horizont der Hoffnung. In diesem Sinn bilanziert Chenu: „Der Glaube ist eben keine Ideologie"[427].

424 Ebd., 94f.

425 Ebd., 99.

426 Quisinsky, „La relation entre l'histoire humaine et l'histoire du salut doit être expliquée à la lumière du mystère pascal".

427 Chenu, Kirchliche Soziallehre im Wandel, 100.

3.8.6. Rezeption und Diskussion

Chenus Darstellung der Soziallehre, die in der Rückschau nicht immer spektakulär oder provokativ wirkt, löste eine durchaus kontroverse Diskussion aus. Theologen wie die Jesuiten Louis de Vaucelles (1931–2011) und Denis Maugenest (1938–2019) vom *Institut Catholique de Paris* kamen, wenn auch z. T. auf anderen Anwegen, zu ähnlichen Schlussfolgerungen wie Chenu, wohingegen andere wie René Coste (1922–2018), Priester der *Mission de France* und Sozialethiker am *Institut Catholique de Toulouse,* aus z. T. ähnlichen Anliegen zu anderen Schlussfolgerungen gelangten. Einige 1981 in der Zeitschrift *Communio* veröffentlichte Artikel, etwa von Carlo Caffara (1938–2017), Jean-Luc Marion und Georges Cottier, sieht Jean-Yves Calvez als in mehr oder weniger direktem Gegensatz zu Chenu stehend[428]. Später versuchte Claude Geffré in dieser komplexen Debatte zwischen Chenus Vorwurf, bei der Soziallehre der Kirche handele es sich um eine Ideologie, und der Replik Cottiers, gerade die kirchliche Soziallehre wirke wie eine Anti-Ideologie, zu vermitteln.[429]

Denis Pelletier sieht in Chenus Büchlein im Rückblick den Versuch eines Vertreters des Katholizismus der 1930er bis 1960er Jahre, mit der nachfolgenden Generation in Verbindung zu bleiben. Die mit dem Pontifikatswechsel eingetretene Akzentverschiebung hin zu einer wieder stark affirmativen Darlegung der kirchlichen Soziallehre sieht er als ein erstes deutliches Indiz für eine stetige Zurückdrängung der *„cathos de gauche"* seit den 1980er Jahren.[430]

3.9. Rück- und Ausblicke

3.9.1. (K)ein zorniger alter Mann?

Dass sich Chenu als „unheilbar optimistisch"[431] bezeichnete und auch den Ruf hatte, „optimistisch zu sein selbst in den schwierigsten Augenblicken"[432], darf nicht mit Naivität verwechselt werden. Ein Beitrag für den 1983 vom früheren Herder-Korrespondenz-Redakteur Norbert Sommer herausgegebenen Band *Zorn aus Liebe. Die zornigen alten Männer der Kirche* schien Chenu gerade recht zu kommen, „denn ich weiß, daß ich dem Optimismus nicht nachgeben darf"[433]. So hat er in der Tat auch Grund für „schlechte Laune"

---

[428] Calvez, Chrétiens penseurs du social 3, 139.

[429] Ebd., 144.

[430] Pelletier, 1905–2005, 45.

[431] Chenu, Je suis incurablement optimiste, in: TC, 14.–20. Januar 1985, 15–17.

[432] Chenu, Zorn aus Liebe, 81.

[433] Ebd.

und sogar „Zorn", und dies insbesondere mit Blick auf die Rezeption des II. Vaticanums. Während für ihn die grundlegend neue Dimension des Konzils darin bestand, „nach vorne gerichtet"[434] gewesen zu sein, sah er zunehmend eine Leugnung und gar Umkehrung dieser Dynamik am Werk. Beispielsweise kritisiert er in diesem Sinn die entsprechenden Arbeiten des einstigen Generalsekretärs des Konzils und späteren Kardinals Pericle Felici (1911–1982) mit Blick auf das neue Kirchenrecht. Ebenso verursacht es in ihm „nicht gerade Zorn, aber doch Mißstimmung"[435], wenn die konziliare Wechselseitigkeit von Dogma und Pastoral nicht verstanden bzw. nicht ins Werk gesetzt wird. Während das Konzil die Kirche als Volk Gottes betrachtet habe, das je ausgehend von einer konkreten Situation evangelisierend wirkt, lässt sich Anfang der 1980er Jahre „ein gewisses Sich-Zurückziehen [feststellen], eine Art Furcht."[436] Dies wirkt sich seiner Meinung nach von Land zu Land unterschiedlich aus. Während er auf das Potential der z. T. noch etwas „ungestüm" agierenden jungen Kirchen in Südamerika, Afrika und Asien setzt, betrachtet er „scherzhaft"[437] Europa als eine kaum noch zur Erneuerung fähige „alte und damit unfruchtbare Frau"[438] – ein Bild, das Papst Franziskus 2014 in seiner Rede vor dem Europäischen Parlament in Straßburg ebenfalls gebrauchen sollte.

Hinter diesen Wahrnehmungselementen steckt freilich eine ekklesiologische Grundsatzdebatte. Chenu betont, dass das Konzil an die Stelle des zunächst vorgesehenen traditionellen Bildes von der Kirche als „vollkommener Gesellschaft" dasjenige des Volkes Gottes gesetzt hat. „Es kam allerdings zu einem Abänderungsantrag von seiten eines gewissen polnischen Kardinals Wojtyła, der den Begriff der ‚vollkommenen Gesellschaft' wieder eingeführt sehen wollte. Die Kommission hat dies abgelehnt. Der Begriff ‚vollkommene Gesellschaft' wurde ein für allemal aus dem Vokabular der Kirche gestrichen. Er war einer Theorie entnommen, die da besagt, daß die Kirche eine absolute Monarchie ist. Hierbei handelte es sich um eine abwegige Interpretation des Konzils von Trient. Wir haben diese Art Kirche verlassen. Aber es gibt noch Restbestände, und jedesmal, wenn ich ein gewisses Beharren auf der Autorität der ‚vollkommenen Gesellschaft' feststelle, stimmt mich das bedenklich. Und ein bißchen Angst habe ich auch. Man kann nicht behaupten, dass es eine auffallende Nachlässigkeit gibt, aber unter dem Vorwand, die Nachlässigkeit müsse bekämpft werden, greift man auf die Vorstellung von der ‚vollkommenen Gesellschaft' zurück, innerhalb deren das Volk in einem Zustand

434 Ebd., 82.
435 Ebd., 83.
436 Ebd., 84.
437 Ebd.
438 Ebd.

der andauernden Abhängigkeit gehalten wird. Das aber führt in der Praxis zu allen möglichen Arten von Konsequenzen. Der frühere polnische Kardinal und jetzige Papst Johannes Paul II. zitiert auch häufig und nachdrücklich das Konzil. Aber in ihm sind doch Elemente, die ihn immer wieder, mehr oder weniger unbewußt, auf die alte Konzeption zurückkommen lassen. Warum? Weil er, wenn er die Kirche erneuern will, wieder ein ‚Christentum' (‚*chrétienté*') einsetzen will. [...] Von daher meine ich, daß verschiedene Stellungnahmen des Papstes, die ich durchaus respektiere, Überbleibsel einer veralteten Konzeption sind, die übrigens der Konzeption in Polen entspricht. Ich war sehr glücklich darüber, daß ein polnischer Bischof Papst geworden ist, aber ich fürchtete gleichzeitig auch, er würde die Kirche nach Art der polnischen Kirche aufbauen, die für Polen durchaus in Ordnung ist, aber weder der Kirche in Afrika noch in Frankreich noch sonstwo gerecht werden kann."[439] In diesem Sinn kritisierte Chenu Johannes Paul II. 1983 in einem Beitrag für *Le Monde* dafür, dass dieser während seiner Lateinamerika-Reise das befreiungstheologische Verständnis der *iglesia popular* bei allen berechtigten Anfragen letztlich undifferenziert ablehnte, „wenn nicht verurteilte"[440].

Kritisch betrachtete Chenu im Pontifikat Johannes Pauls II. nicht zuletzt auch, dass die vom Konzil her möglichen und nötigen Entwicklungen hinsichtlich der Kollegialität nicht ausreichend realisiert wurden. „Was zum Beispiel die Kollegialität in den Bischofs-Synoden anbetrifft, so zögert man noch."[441] Für die Bischofssynode 1985 hoffte Chenu deshalb auf die Kardinäle Basil Hume (1923–1999), Aloísio Lorscheider und Paulo Evaristo Arns (1921–2016), die als Vorsitzende der Bischofskonferenzen ein stärkeres Gewicht haben als die üblicherweise gewählten Delegierten. Die vorausgegangene gegenläufige Positionierung Kardinal Ratzingers, die mit dem Wort „Restauration" in Verbindung stand, kommentiert Chenu übrigens trocken mit dem Verweis auf *Dei Verbum*, wo dieser Begriff durch den der Erneuerung ersetzt wurde.[442]

---

[439] Ebd., 84f. Dabei handelt es sich einerseits um ein Strukturproblem: im Falle von Paul VI. konnten „italienische" Argumente für die französische oder deutsche Situation unpassend sein (Chenu, Von der Freiheit eines Theologen, 26). Allerdings ist im Falle von Kardinal Wojtyła bzw. Papst Johannes Paul II. auch eine grundsätzliche Kritik an dessen Ekklesiologie im Spiel, s. Chenu, Ein prophetisches Konzil, 17.

[440] Chenu, Une Église populaire.

[441] Chenu, Zorn aus Liebe, 89.

[442] Tarquini, Intervista a padre Chenu, 202.

3.9.2. Das Erbe des Konzils: Orthodoxie – Orthopraxie – Prophetie

Bei aller Kritik insbesondere in seinen letzten Lebensjahren ließ Chenu es sich nicht nehmen, die konziliaren Impulse weiterzudenken. Zwar werden Festschriften nicht immer rezipiert, sie verbinden aber gerade im Falle der Beiträge Chenus persönliche Verbundenheit und programmatische Grundsätzlichkeit. Mehrere Beiträge zu Festschriften enthalten daher auch so etwas wie sein theologisch-spirituelles Vermächtnis: *Orthodoxie – orthopraxie* in der Festschrift für Congar zu dessen 70. Geburtstag 1974, *Réveil évangélique et présence de l'esprit* in der für Schillebeeckx aus Anlass seines 60. Geburtstags 1974, *Profetismo e teologia* in der für Kardinal Pellegrino, der 1973 70 Jahre alt wurde, und ein Jahrzehnt später *Ein prophetisches Konzil* in der Festschrift aus Anlass des 80. Geburtstags von Karl Rahner.

Die vier Beiträge entfalten das konziliare Wechselverhältnis von Dogma und Pastoral. Mit diesem knüpft das II. Vaticanum unter zeitgenössischen Vorzeichen an ein Strukturelement christlichen Lebens und Denkens an, das sich in anderen Kontexten im Wechselverhältnis von *theoria* und *praxis* bzw. *theologia speculativa* und *theologia practica* äußerte. In der Gegenüberstellung beider Aspekte, wie sie sich am Ende der Neuscholastik und der sog. „kerygmatischen Theologie"[443] Ausdruck verschaffte, ging diese Wechselseitigkeit verloren. In diesem Sinn ist, wie Chenu in seinem Beitrag zur Festschrift für Congar mit Maximus Confessor zeigt, die Praxis die Realität der Theologie und die Theorie die geheimnisvolle Realität der Praxis. Chenu vergleicht sein Kernanliegen mit Congars Verständnis der lebendigen Tradition, das dank dessen Mitarbeit auch in DV 8 einen lehramtlichen Ausdruck fand. Anhand der zaghaft sich entwickelnden gemeinschaftlichen Formen des Kircheseins, des interreligiösen Dialogs sowie der Hermeneutik des Evangeliums zeigt Chenu, wie sich die erkenntnisgenerierende Dimension der Praxis bzw. der Orthopraxie im Traditionsgeschehen vollzieht. Ausführlich geht er auf das Axiom *Lex orandi lex credendi* ein und zeigt an zeitgenössischen Beispielen wie der Diskussion um die Kindertaufe, der eucharistischen Interkommunion, der Feierform der Trauung, der erneuerten Form der Osternacht u. a. m., „dass eine Deduktion von Prinzipien nicht genügt, die Probleme zu lösen, und noch weniger, um der Dichte des Glaubens in diesen Feiern gewahr zu werden."[444] Vielmehr sei die reale Praxis „Licht", das dann auch die Theorie erhellt. Ebenso sieht er in der Praxis von bischöflicher Kol-

[443] Zu diesem überraschenden Seitenhieb auf die Innsbrucker kerygmatische Theologie s. Chenu, Orthodoxie – orthopraxie, 56. In Le Saulchoir wurde die kerygmatische Theologie u. a. durch Liégé rezipiert, der sie während seines Tübingen-Aufenthaltes 1948/49 studierte (vgl. Bradbury, Practical Theology, 27).

[444] Chenu, Orthodoxie – orthopraxie, 57.

legialität, Synoden, Ortskirchenprinzip, Priesterräten u. a. m. einen Mehrwert gegenüber einer rein theoretischen Grundlegung der kirchlichen *Communio*. Weiterhin könne im neu zu ermessenden Feld des interreligiösen Dialogs, der einen Ernstfall des dialogischen Charakters der Kirche und des Glaubens darstellt, angesichts vieler offener Fragen nur ein unvoreingenommenes Lernen durch die Praxis zu einer dann auch theoretischen Fortentwicklung der theologischen Erkenntnis führen. Raimon Panikkars Wertschätzung der Mythologie gesellt er hier den Verweis auf den Logos bei, der die Theo-*logie* zu einer solchen macht.

Zur Festschrift für Edward Schillebeeckx, die sich der Erfahrung des Geistes widmete, steuerte Chenu einen kurzen, aber programmatischen Artikel bei. Dabei geht er als Theologiehistoriker geradezu augenzwinkernd vor, wenn er zunächst eine Beobachtung des Historikers Marc Bloch theologisch deutet: Diesem diente die berühmte und zu ihrer Zeit epochale Brücke *Pont-Saint-Esprit* in der gleichnamigen südfranzösischen Stadt dazu, die Rolle von Bruderschaften im 12. und 13. Jahrhundert darzustellen. In dieser Zeit gesellschaftlicher Umwälzungen sprossen solche Zusammenschlüsse wie Pilze aus dem Boden und widmeten sich aus christlicher Gesinnung wirtschaftlich und sozial notwendigen Aufgaben, im konkreten Fall dem Bau und Unterhalt einer Brücke. Für Chenu zeigt sich darin, dass die menschliche „Solidarität" als solche christlich aufgegriffen und als „Brüderlichkeit"[445] entfaltet wurde (und man könnte hinzufügen: und umgekehrt). Ähnlich sah er denn auch bei Franz von Assisi das Wort „Bruder" durch die neue Art, angesichts der gesellschaftlichen Veränderungen zu leben, neu mit Inhalt gefüllt, was auch eine prophetische Kritik an Sozialstrukturen beinhaltete. Auf diese Weise kann man nach Chenu geradezu „die Karte des Heiligen Geistes auf der Karte dieser Netzwerke des kollektiven Lebens"[446] nachzeichnen. Die Wirkweisen des Heiligen Geistes sind demnach nicht in abstrakten Wesenheiten zu suchen, sondern in einer als Heilsökonomie verstandenen Geschichte – dies übrigens das zweite Augenzwinkern, galt doch Schillebeeckx' Dissertation der sakramentalen Heilsökonomie.[447] Was engagierte Praktiker wie Raymond Gayrard († 1118) vorgelebt hatten, konnten dann Theoretiker wie Anselm von Havelberg (1099–1158) theologisch entfalten – in diesem Fall die „trinitarische Ökonomie"[448]. So kann eine Theologie nach dem II. Vaticanum, die Orthodoxie und Orthopraxie in Beziehung zueinander bringt, aus dem Hochmittelalter dreierlei lernen: Die Praxis ist erstens nicht

---

[445] Chenu, Réveil évangélique et présence de l'Esprit, 167.

[446] Ebd., 170.

[447] Schillebeeckx, L'économie sacramentelle du salut.

[448] Chenu, Réveil évangelique et présence de l'Esprit, 171.

nur Illustration christlicher Nächstenliebe, sondern Ausdruck der Wahrheit des Glaubens und dies gerade auch dann, wenn es sich nicht nur um die Verwirklichung persönlicher Tugenden oder Frömmigkeitsformen handelt, sondern um kollektive Solidarität. Die entscheidende Qualität ist dabei zweitens die Brüderlichkeit bzw. Geschwisterlichkeit. Drittens entspricht diesem Erwachen des Heiligen Geistes eine Entdeckung der Geschichtlichkeit des Christentums als einer Heilsökonomie. Christsein bedeutet demzufolge, gemeinschaftlich aktiv am Lauf der Geschichte mitzuwirken, um auf diese Weise zu Gotteserkenntnis zu gelangen.

In der Festschrift für Kardinal Pellegrino thematisierte Chenu den Zusammenhang von Theologie und Prophetie. Dieser ist ein spezifischer Ausdruck des Wechselverhältnisses von Dogma und Pastoral, wie es dank Johannes XXIII. vom Konzil ins Werk gesetzt wurde und nunmehr das Leben und Denken der Kirche als Volk Gottes und Leib Christi „in der Präsenz des Heiligen Geistes“[449] bestimmen soll. Vom biblischen Verständnis von Prophetie her ist der Glaube eine „Geschichte auf dem Weg“[450], die nicht durch Satzwahrheiten oder Anwendungen immergültiger Prinzipien zum Ausdruck gebracht werden kann. Vielmehr erweist sich ihre Wahrheit, wo von Jesus Christus her dieser Weg als auf eine „Neue Schöpfung“ zielend gegangen werden kann. Dabei hebt Chenu einerseits hervor, dass im biblischen Sprachgebrauch *dabar* sowohl Wort als auch Tat bedeutet. Andererseits verweist er auf Paulus, um das Miteinander von Prophetie und Hirtendienst in der Kirche herauszustellen. Idealerweise steht letzteres im Dienst von und ist Ausdruck des ersteren. In diesem Sinn ist Prophetie keine „Extravaganz“[451] einiger weniger, aber auch kein Privileg der Hierarchie, sondern eine Dimension der Kirche insgesamt, die sich im Modus der Zeugenschaft konkretisiert. Daraus folgt auch die politische Dimension des Glaubens. Chenu begründet dies mit dem Gedanken der Brüderlichkeit bzw. Geschwisterlichkeit, durch die sich das Zusammenleben in der *polis* als Teil der Heilsökonomie verwirklicht. Dabei weist die prophetische Dimension im Sinne von Offb 12 stets in die unverfügbare Zukunft der Fülle Gottes, aus der heraus sie sich speist.

In seinem Beitrag für die Festschrift für Karl Rahner, der übrigens manche Parallele mit einem in *Le Monde* anlässlich des zwanzigjährigen Konzilsjubiläums erschienenen Artikel aufweist,[452] verband Chenu unter dem Titel *Ein prophetisches Konzil* ein Kondensat seiner Intentionen mit dem Denken

---

[449] Chenu, Profetismo e teologia, 27.

[450] Ebd., 28.

[451] Ebd., 30.

[452] Chenu, Un concile prophétique. Bei der Einordnung der *Botschaft an die Welt* in Konzilspragmatik und -hermeneutik spricht Chenu übrigens nur von „zwei Konzilsexperten“, denen deren Entstehung zu verdanken sei – gemeint, aber nicht genannt, sind Congar und er selbst.

des Jubilars. Rahners Alternativschema zur Offenbarungskonstitution habe zu Beginn des Konzils eine weit über dieses hinaus wirkende Dynamik in Gang gesetzt. Davon ausgehend zeigt Chenu, wie die heilsökonomisch-historische Grundlegung des Glaubens durch das II. Vaticanum das Konzil zu einem prophetischen macht, näherhin zu einem Ausdruck der prophetischen Dimension des Volkes Gottes. „Prophetie“ meint dabei keine „magische[] oder apokalytptische[] Vorausschau“[453], sondern eine Empfindsamkeit für die innere Dynamik, die sich aus dem Hereinreichen der von Gott gewährten Zukunft in die Gegenwart ergibt. „So wird das Volk Gottes ein *prophetisches* durch die Wiederaufnahme der alttestamentlichen messianischen Sendung und durch das Erbe des Wirkens Christi, wenn es sich dieser Rolle bewußt wird. Die Kirche entdeckt dort, wo sich ihr Evangelium mit ihrem geschichtlichen Engagement berührt, ihre ursprüngliche Wahrheit wieder, noch vor allem Dogmatischen, Moralischen und Institutionellen.“[454] Die Spannung zwischen Institution und Prophetie, für die die katholische Kirche „ein Musterbeispiel“[455] ist, illustriert Chenu dabei anhand der Ordensgründer Franziskus und Dominikus – und, gleichsam am Ende seines Lebens als spätem Friedensschluss mit dem von ihm so unverstandenen Reformator, auch anhand von Martin Luther, der letztlich auch für Chenu eben „doch ein Prophet“[456] war. Das II. Vaticanum war eine „sehr große institutionelle Tat“, aber eben gerade darin, dass es die Institution von der Prophetie her zu denken ermöglichte. Deshalb schuf es Texte, „die in ihrer Verwirklichung den Buchstaben weit hinter sich lassen werden. Man sagt zuweilen: Das ganze Konzil, nichts als das Konzil. Das ist Verrat am Konzil! Seine Eigenart bleibt unter allen anderen Konzilien diese: Erneuerung der Wirksamkeit des Wortes Gottes durch seine ihm innewohnende Kraft, mit den Umwandlungen der gegenwärtigen Geschichte in Verbindung zu bleiben. Und das ist genau die Definition der Prophetie.“[457]

3.10. Glaubensbilanz – „Gott ist verliebt in uns“

Zu Beginn der 1980er Jahre erschienen in der Tageszeitung *La Croix* zahlreiche Interviews, die der Assumptionistenpater André Sève (1913–2001) mit prominenten Katholik*innen über ihren Glauben führte. Chenus Interview, das in der zugänglichen Sprache gehalten ist, die ihn zum gefragten Ge-

---

453 Chenu, Ein prophetisches Konzil, 20.

454 Ebd.

455 Ebd., 21.

456 Ebd.

457 Ebd.

sprächspartner machte, liest sich wie ein geistliches Testament.[458] Für Chenu ist Gott das Mysterium, von dem er sich „immer mehr“[459] (er ist zum Zeitpunkt des Interviews 86 Jahre alt) ergreifen lässt und ergriffen ist. Allerdings wäre dieses Mysterium entmutigend, „wenn es nicht Jesus Christus gäbe“[460]. Der konkrete Mensch Jesus macht denn auch den Unterschied zu den anderen Religionen aus, die Chenu als Ausdruck des Geheimnisses des Menschen wertschätzt.[461] Der Weg über Jesus zu Gott ist der Weg des Konzils.

Auf die Frage Sèves, ob er Gott und Jesus einander gegenüberstellen wolle, antwortet Chenu entrüstet und legt am Ende eines langen Lebens die eigentliche Tiefendimension seiner Inkarnationstheologie offen, in der bislang vom Menschen Jesus als dem Christus noch wenig die Rede war: „Überhaupt nicht! Aber ich weiß nicht, wer Gott ist. Ich lerne von Jesus Dinge über ihn. Mit diesem Gott-Menschen kann ich in eine Konversation eintreten. Aber Gott bleibt voll und ganz ein Mysterium. Außer dass es die Schöpfung gibt. In ihr offenbart Gott etwas von sich. Die Schöpfung ist Gott in Expansion.“[462] Dieser ungewöhnlich klingende Gedanke fasziniert Chenu. Denn damit kommt zum Ausdruck, dass Gott „einen Anderen geschaffen hat, um diesen Anderen zu lieben.“[463] In diesen Prozess der sich ausdehnenden Liebe ist Gott dann in der Inkarnation nochmals eingetreten. Das ändert alles: „Gott in seiner Isolation würde mich nicht interessieren, aber Gott, der von der Liebe ergriffen ist, ja, das ist mein Gott. Er selbst sagt es in der Bibel: ‚Ihr werdet mein Volk sein und ich werde euer Gott sein‘. Ich definiere ihn als Liebe und das kann mich über das aufklären, was man das Geheimnis der Trinität nennt, diese Liebe, die sich in Personen entfaltet, die aber nur ein einziger Gott ist.“[464] Diese Liebe ist Kern der biblischen Botschaft: „Kennen Sie das Ende des Buchs Zefanja? Achtung, ich lese es Ihnen vor …: ‚Jauchze, Israel, lache von ganzem Herzen … Der Herr ist in deiner Mitte, er ist ganz erfreut wegen dir, er tanzt und jubelt über dich.‘ Wenn Gott seinen Propheten solche Dinge sagen lässt, dann muss er ja wohl in uns verliebt sein, nicht?“[465]

---

458 Ähnliches gilt auch schon für Chenu, L'éternité amoureuse du temps, wobei Chenu hier vom „Menschen Jesus“ (ebd., 29) ausgehend sein inkarnatorisch-pleromatisches Verständnis von Gott und Welt entfaltet und in dichter Form das Wesen der Tradition und die Rolle der Kirche begründet.

459 Chenu, Dieu est amoureux de nous, 15.

460 Ebd.

461 Chenu, L'éternité amoureuse du temps, 29.

462 Chenu, Dieu est amoureux de nous, 16

463 Ebd.

464 Ebd.

465 Ebd. Die Übersetzung von Zef 3,14ff. erfolgt nach den Worten Chenus.

Bei aller Liebe – im *universale concretum* Jesus zeigt sich, dass „die Ewigkeit in die Zeit verliebt“[466] ist – gibt es aber auch einen für den Menschen unüberwindlichen „Bruch“ zwischen Gott und Mensch: „Ich weiß, dass er uns liebt, aber ich kann nicht sagen, wie ein Gott wie unser Gott uns, seine Schöpfung, liebt. Weil ich nicht weiß, wie Gott ist, kann ich ihn nicht in meinen kleinen Kopf bekommen.“[467] Gerade aufgrund dieses glaubenden Nichtwissens ist für Chenu die Theologie von so großer Bedeutung, denn sie ist eine „intensive Neugier, aber eine liebende und demütige Neugier, die unendlich respektvoll ist. Ich bin von Jesus Christus ergriffen, deshalb beginnt meine Intelligenz unweigerlich zu arbeiten, aber sie muss eine anbetende, liebende Intelligenz bleiben.“[468] Die Theologie findet Gott bzw. sein Wort als ihren Gegenstand aber nicht nur in der Bibel, sondern auch im Gang der Geschichte und in der Kirche, die, „wenn sie ihre Rolle gut erfüllt“[469], das göttliche Leben in Aktion ist. Dass sie diese Rolle gut erfüllt, ist übrigens Werk des Heiligen Geistes. Aber wenn der Heilige Geist, der Gott selbst ist, „in das Leben der Menschen eintritt, lässt er sie frei.“[470] Diese Freiheit ist Ausdruck der Liebe Gottes, mit dem er den Menschen geschaffen hat und mit der er ohne Unterlass an ihn herantritt, bis in alle Ewigkeit.

Apropos Ewigkeit: in diesem Interview spricht der Christ Chenu auch sehr menschlich über den Tod. Lange habe er gedacht: „Wenn der Tod kommt, lache ich ihn aus, da ich ja auferstehen werde. Jetzt bin ich dem Tod ganz nah, und ich bin weniger angeberisch [...]. Es ist das Unbekannte. Diese Welt kenne ich gut, aber die andere nicht.“[471]

---

[466] Chenu, L'éternité amoureuse du temps, 29.
[467] Chenu, Dieu est amoureux de nous, 16.
[468] Ebd.
[469] Ebd.
[470] Ebd., 17.
[471] Ebd.

Dritter Teil: Wirkung

1. Verortungen der Wirkungsgeschichte

1.1. Die äußere Wirkung

An einer Reihe von Daten und Ereignissen lässt sich die äußere Seite der Wirkung Chenus festmachen. Nachdem er jahrzehntelang eine bedeutende Stimme im französischen Katholizismus war und diesen in vielgestaltiger Weise prägte, begann schon gegen Ende seines Lebens eine Art Historisierung. So scheint Chenu selbst die Neuauflage von *Une école de théologie* 1982 in Italien und 1985 dann in Frankreich empfunden zu haben.[1] Kurz nach seinem Tod konnte dann die Festschrift *L'hommage différé au Père Chenu* erscheinen, deren Beiträge aus der Konzilszeit stammen. Mehr und mehr wird Chenu seitdem zwar, meist in einem Atemzug mit Yves Congar oder auch mit Henri de Lubac, als Vertreter der *nouvelle théologie* genannt. Nicht selten erfolgt diese Nennung aber, ohne dass dabei seine Schriften eigens ausgewertet würden. So steht Chenu eher als Chiffre für eine bestimmte Theologie, die dann je nach eigenem Standpunkt positiv oder kritisch bewertet wird. Einerseits konnte Joseph Doré Anfang der 1990er Jahre darauf verweisen, dass der von Chenu paradigmatisch grundgelegte Zusammenhang von Dogma und Pastoral, wenngleich in ganz unterschiedlicher Form und neben anderen Strömungen, zu einem der Charakteristika französischsprachiger Theologie wurde.[2] Andererseits machte sich in den Folgejahren die französische Theologie, die im Umfeld einer rasanten Exkulturation mit einem großen Traditionsabbruch zu kämpfen hat, eine zwar nicht immer ausgewogene, aber durchaus wirkmächtige Kritik an der Generation Chenus und seiner Schüler bemerkbar.[3] Eine ähnlich gesellschaftsrelevante Rolle wie diejenige der Konzilsgeneration konnte freilich eine Theologie, die in der Folge einem stärker „demonstrativen und dekomplexierten"[4] Kirchenverständnis verpflichtet wahr, nicht annähernd einnehmen.

Im selben Maße, wie Chenu dabei aus dem Blickfeld der französischsprachigen Theologie geriet – ob Ausnahmen wie nunmehr die Dissertation von

---

[1] S. o. Brief Chenus an Antonino Franco, 9. März 1983, zit. nach Chenu, Franco, La teologia è sapienza, 193.

[2] Doré, Les courants de la théologie française depuis Vatican II, bes. 250f.

[3] U. a. am Beispiel der Zeitschriften *Concilium* und *Communio* eingeordnet bei Fouilloux, Essai sur le devenir du catholicisme en France, 552f.; für die hierfür emblematische zunehmende Orientierung einer jüngeren Theolog*innengeneration an Hans Urs von Balthasar vgl. auch Vallin, La France, 111f. sowie Doré, Les courants de la théologie française depuis Vatican II, 259.

[4] Fouilloux, Essai sur le devenir du catholicisme en France, 554.

Xavier Debilly die Regel bestätigen oder ein breiteres neues Interesse an Chenu einleiten, wird sich zeigen –, begann man sich in der deutschsprachigen Theologie für ihn zu interessieren. Hierfür stehen die Übersetzungen zentraler Texte in der *Collection Chenu*, die vom Berliner *Institut M.-Dominique Chenu* herausgegeben wird, die postume Tübinger Ehrenpromotion 2004 sowie eine mittlerweile stattliche Anzahl von Arbeiten (u. a. von Marianne Heimbach-Steins, Ansgar Kreutzer, Sonja Sailer-Pfister, Margit Eckholt), die Chenu gewidmet oder stark von ihm inspiriert sind.[5] Der Chenu-Experte und Innsbrucker Pastoraltheologe Christian Bauer vermutet sicher zu Recht, dass das wiedererwachte Interesse am Konzil in einer neuen Phase der Konzilsrezeption und die Wiederentdeckung Chenus zusammenhängen.[6] Wie seine Arbeit oder zwischenzeitlich auch diejenige von Bernd Hillebrand[7] zeigen, wird dabei das Grundanliegen Chenus zugleich herausgearbeitet und entfaltet, was auf ein noch ungehobenes Potential sowohl der Methode wie auch des geschichtstheologischen Rahmens hinweist. Weltweit finden sich in schöner Regelmäßigkeit seit nunmehr mehreren Jahrzehnten eine Reihe von Arbeiten, die sich Chenu widmen.[8] Auch hier ist, ähnlich wie in der deutschsprachigen Theologie, eine durchaus unterschiedliche Schwerpunktsetzung zu beobachten, zuletzt etwa in der anthropologisch ausgerichteten Arbeit der australischen Theologin Janette Gray, die das Verhältnis von Natur und Gnade in der Geschichte, d. h. in Gesellschaft und Kirche, zum Thema hat.[9]

1.2. Die inhaltliche Wirkung

Chenus inhaltliche Wirkung in Kirche und Theologie ist nicht einfach auf einen Nenner zu bringen. Genauer gesagt könnte man die vielfältigen Wirkungen seiner Intuitionen und Inspirationen auf ganz unterschiedliche Weise zu fassen versuchen und würde dabei jeweils Richtiges sehen und doch Wichtiges übersehen. Die eingangs genannte Methode des *Distinguer pour unir* verweist auf eine Möglichkeit, Chenus Weg und Werk so zu bilanzieren, dass er weder bloß von gegenwärtigen Fragestellungen her gedeutet wird, noch zu deren Beantwortung nichts beitragen könnte. In seinem Interview mit Jacques Duquesne aus dem Jahre 1975 findet sich hierzu eine interessante Fährte: „Die Kirche in der Welt, das bedeutet gewissermaßen, dass die

---

[5] Für einen Überblick bis 2010 vgl. Bauer, Ortswechsel der Theologie, 146.

[6] Ebd., 147.

[7] Hillebrand, Schön und passend?

[8] Titel bis 2010 bei Bauer, Ortswechsel der Theologie, 144f.

[9] Gray, M-D Chenu's Christian Anthropology.

Kirche die Welt ist, insofern diese immer schon durch die Gegenwart des Heiligen Geistes von der christlichen Heilsökonomie erfasst ist. Damit erhält die Welt eine Art christlicher Würde."[10] Kirche und Welt werden hier voneinander unterschieden, sind aber nicht voneinander zu trennen. Vielmehr muss der/die Christ*in eine chalcedonensische Doppelperspektive einnehmen: Die der irdischen Autonomie einerseits und die der Gegenwart Gottes andererseits – anders gesagt die immer nur konkrete Perspektive des Menschen und die diesem unzugängliche universale Perspektive Gottes.

Eine solche Doppelperspektive nimmt Unterschiede wahr, wehrt sich aber gegen jeglichen Dualismus in christlichem Leben und Denken, wie er sich in ganz unterschiedlicher Weise von Augustinus bis Madeleine Delbrêl auswirken konnte, um einen theologiegeschichtlichen Gesprächspartner und eine pastorale Zeitgenossin Chenus als Beispiele zu nennen.[11] So mündet auch Chenus chalcedonensisches Denken mehr und mehr in eine perichoretisch-trinitarische Wirklichkeitswahrnehmung. Den Dualismus zu überwinden bezeichnet Chenu als „*das* große Problem"[12], insbesondere dann, wenn es in den Bereich des politischen Handelns führt. Aber nicht nur in der Politik ist eine „dualismusjenseitige" Dynamisierung von Perspektiven alles andere als leicht und führt oft genug an Grenzen des Lebens und Denkens, die nicht vorschnell harmonisiert werden können. Umso mehr führt diese Doppelperspektive zu einer katholisierenden Dynamik wechselseitiger Ent-Grenzungen, die im „Diesseits" nie abschließbar ist und die Frage nach einem „Jenseits" menschlicher und weltlicher Grenzen in dieses einschreibt. Chenu hat insbesondere mit seiner Inkarnationstheologie dazu beigetragen, das aus christlicher Sicht unhintergehbare Miteinander von Gott und Mensch als geistdurchwirkten Horizont und begeisternde Hoffnung dieser Doppelperspektive aufzuzeigen. Für die Theologie „nach" Chenu beinhaltet das viele Fragen, die durch dieses Aufzeigen überhaupt erst sichtbar wurden und die Chenu selbst deshalb naturgemäß nicht schon selbst immer beantwortet hat. Diese Geschichtlichkeit der eigenen Leistung teilt Chenu mit allen großen Denker*innen des Christentums.

---

[10] Chenu, Von der Freiheit eines Theologen, 223.

[11] S. Quisinsky, „Die Welt sinnlos ohne Gott"?

[12] Chenu, Von der Freiheit eines Theologen, 120, hier am Beispiel der „christdemokratischen" und „linkskatholischen" Variante, aus christlicher Sicht Politik und Gesellschaft zu konzipieren und zu gestalten.

1.3. Wirklichkeit und Präsenz: das Verhältnis von Glaube und Religion

Der eigentliche Grund für die Wirkung und die Wirkungen des Weges und Werks Chenus ist seine *contemplactive* Theologie der Heilsökonomie, in der Gottes Gegenwart („*présence*") durch die Inkarnation offenbar geworden ist und so die Geschichte zwischen Schöpfung und Erlösung zur Geschichte der Gegenwart Gottes macht. Wollte man diesen Grund, der zugleich Rahmen ist, aus Chenus Theologie herausdestillieren, so würde dem Destillat just jene geschichtliche Konkretion fehlen, die sein Leben und Denken ausmacht. Dies zeigt ein Rückblick Chenus auf die Karriere des von ihm selbst so unterschiedlich verwendeten Wortes *chrétienté*. Im Interview mit Jacques Duquesne blickt er auf die Diskussionen im Vorfeld und während des Verlaufs des Konzils zurück und bilanziert – angesichts seines Beitrags zur negativen Konnotation des Begriffs durchaus überraschend: „Die Christenheit wurde damals ziemlich heftig kritisiert, und ich habe das nicht immer ganz verstanden. Was heißt Christenheit? Es heißt die Kirche, insofern sie ihren Stand im Zeitlichen findet. Aber wenn das Zeitliche autonom ist, dann haben wir eine Kirche, die nichts Zeitliches mehr hat. Das ist eindeutig Idealismus. Die Kirche wird immer eine Christenheit einschließen. Ich habe mich immer gegen die Leute gewehrt, die von einer reinen Kirche, von einem reinen Glauben ohne irdisch-zeitliches Engagement träumten. Ich nehme an, dass es immer eine Christenheit geben wird, aber ich relativiere, ich sage, dass sie sich ändern wird."[13] Die aus den 1930er Jahren stammende zusammengehörende Unterscheidung von Kirche und *chrétienté* wird in Chenus Denken nach dem Konzil sekundiert von einer weiteren zusammengehörenden Unterscheidung, nämlich der von Glaube („*foi*") und Religion. Immer wieder kommt Chenu darauf zurück bzw. nutzt diese von ihm ebenso grundsätzlich wie intuitiv gebrauchte Unterscheidung, um die konkrete Präsenz des Glaubens in der Welt vom universalen Horizont der Heilsökonomie her zu deuten. Wie er in den 1930er Jahren die Maritainsche Formulierung „*Distinguer pour unir*" aufgriff und dabei hinter sich ließ, so in den 1960er Jahren die Unterscheidung zwischen Glaube und Religion, die „in ganz unterschiedlichen Sektoren und Klimata"[14] von Karl Barth, Dietrich Bonhoeffer und John A. T. Robinson (1919–1983) entfaltet wurde.

Chenu selbst zeigt zunächst die Zwiespältigkeit jeder Religion auf, die den Menschen ebenso befreien wie von sich selbst entfremden kann, wobei ersteres auf der prophetischen Kraft und letzteres auf der Unterwerfung unter ein ihm aufgezwungenes Absolutes beruht. Dabei vermengen sich in der Re-

---

[13] Chenu, Von der Freiheit eines Theologen, 107.

[14] Chenu, Foi et religion, 359.

ligion die Bezugnahme auf ein dem Menschen äußerliches Göttliches einerseits und eine Berufung auf eine als innerlich erfahrene Kraft oder Energie andererseits. Im Christentum wirken sich die beiden Unterscheidungen dahingehend aus, dass eine „konstantinische" und eine „apokalyptische" Dimension koexistieren. Erstere arrangiert sich mit den Verhältnissen und stützt diese, letztere setzt sich für die Überwindung von Leid und Ungerechtigkeit ein, die mit diesen Verhältnissen einhergehen. In diesem Sinn habe man im Zusammenhang mit dem Konzil vom Ende der konstantinischen Ära gesprochen. Dies erfolgte just in jener Zeit, in der der Marx'sche Vorwurf von der Religion als „Opium des Volkes" breitenwirksam wurde. Diese Zwiespältigkeiten der Religion vorausgesetzt, begründet Chenu in einem zweiten Schritt die Religion im Anschluss an Pierre-André Liégé als Antwort auf anthropologische Bedürfnisse: erstens das Bedürfnis nach Sicherheit und Schutz angesichts der Unsicherheiten des Alltags, zweitens das Bedürfnis nach einem praktikablen Umgang mit der durch das Göttliche ausgelösten Angst, drittens das Bedürfnis, dieses Göttliche zu verehren, und viertens das Bedürfnis, mit ihm in eine Gemeinschaft einzutreten. Wenn nun der in dieser Weise religiöse Mensch seinen Umgang mit seinen religiösen Bedürfnissen hinterfragt und dabei die Zwiespältigkeit der Religion aufdeckt, „wird er sich in den meisten Fällen eher von der Religion lossagen als einen Gott suchen, der mehr Gott ist, und eine Religion, die mehr des Menschen würdig ist."[15] Als guter Menschenkenner fügt Chenu übrigens hinzu, dass der Mensch in diesem Bereich keineswegs immer logisch ist und selbst die kritischsten Geister noch auf religiöse Riten zurückgreifen, „um die Existenz farbiger zu gestalten"[16]. So kann sich eine „Naturreligion" herausbilden, wie sie sich in unzähligen Varianten bis hin zum Deismus des 18. Jahrhunderts („und darüber hinaus") äußert. Eine solche Naturreligion freilich sieht Chenu zu Recht von der Marx'schen Kritik getroffen, dass sie den Menschen letztlich von sich selbst entfremden kann, zumal wenn sie sich als eine „Religion des Terrors" und eine „Religion der Nützlichkeit"[17] entpuppt.

Der Glaube hingegen geht nicht von den Bedürfnissen des Menschen aus, sondern wie im Falle des Evangeliums von einer Initiative eines personalen Gottes, dem der Mensch in Freiheit und in seiner ganzen Existenz antwortet. Gemäß einer „Logik der Liebe tritt dieser Gott in das Leben des Anderen ein"[18]. Im umfassendsten Sinn geschieht dies dort, wo Gott Mensch wird. Der Mensch seinerseits wird vergöttlicht, indem er wahrhaft humanisiert

[15] Ebd., 361.
[16] Ebd., 362.
[17] Ebd.
[18] Ebd.

wird. Der Glaube ist demnach nicht mehr im Bereich der Natur angesiedelt, sondern aufgrund des ihn gründenden Ereignisses im Bereich der Geschichte. Freilich konzediert Chenu, dass dies „dem Nichtglaubenden als Mythos oder Illusion“[19] erscheinen kann. Er versucht gar nicht erst, diesen Einwand unmittelbar zu entkräften, sondern schlägt einen indirekten Weg ein, in dem er Heilsökonomie einerseits und freies Subjekt andererseits zusammendenkt. In dem, was letztlich eine Wiederaufnahme der Struktur der *„contemplactio“* darstellt, will er den Glauben als plausibel aufweisen: „Der Glaube schreibt die persönliche Geschichte des Glaubenden in eine ‚Heilsgeschichte‘ ein, in der er Mitarbeiter des Heilsplans wird, der auf diese Weise vollendet wird“[20]. Eine solche Struktur des Glaubens ist für Chenu in Wort und Tat die Antwort auf ein von Marx zu Recht kritisiertes entfremdendes Gottesverständnis, aber auch auf alle Vorstellungen eines „falschen Gottes, vom Jupiter der Altvorderen bis zum Uhrmachergott Voltaires und dem bürgerlichen Gott Guizots“[21]. Das von der hebräischen Bibel und ihrem Verständnis des Wortes Gottes – *dabar* – her grundgelegte Verständnis des Glaubens als einer Antwort des freien und befreiten Menschen auf einen liebenden Gott führt zu einer veritablen Mystik als eigentlicher Antwort auf die Religionskritik. Für eine solche Mystik stehen nicht nur Christ*innen, sondern etwa auch der an dieser Stelle überraschend eingeführte muslimische Gelehrte Al Halladsch (857–922), „einer der größten Spirituellen der Geschichte der Kulturen“[22].

Die Unterscheidung von Glaube und Religion kann für Chenu nun aber nicht bedeuten, die Religion zu kritisieren und den Glauben wertzuschätzen. Vielmehr führt sie zur Klärung der Frage, wie der Glaube die Religion aufgreifen und reinigen kann. In einer „inkarnatorischen“ Struktur benötigt ja der Glaube Formen der Religion, damit er überhaupt ausgedrückt und quasi zur Welt kommen kann. Gerade das Christentum könnte unbefangen diese Unterscheidung vornehmen und dabei noch die gegenwärtige „Desakralisierung“ der Welt positiv werten – übrigens mehr als der Hinduismus, der Buddhismus und sogar der Islam, die Chenu zufolge sehr viel weniger eine zusammenführende Unterscheidung von Gott und Welt zu denken in der Lage sind. Denn dem Christentum geht es gerade nicht um eine Sakralisierung weltlicher Strukturen, weil es just deren Weltlichkeit als Ort der Gottesgegenwart ansieht. Umso mehr gilt es nun aber, an ihnen nicht in einem „konstantinischen“ und „nostalgischen“, sondern in einem „apokalyptischen“ und „prophetischen“ Geist mitzuwirken. Als „Bild Gottes“ ist der

[19] Ebd.
[20] Ebd., 363.
[21] Ebd.
[22] Ebd.

Mensch dazu gerade in einer Welt berufen, in der profan und sakral eben nicht voneinander unterschieden sind. Zwar wendet sich Chenu mit Claude Geffré gegen die seiner Meinung nach zu radikale Ansicht Bonhoeffers, wonach der Mensch ohne Gott vor Gott leben solle, denn Gott ist ja gerade in der weltlichen Welt als der Welt transzendenter Gott gegenwärtig: „Gott ist in der volljährig werdenden Welt anwesend, ohne dass es notwendig wäre, ihn in deren Minderjährigkeit zurückzuverpflanzen".[23]

Damit ist nun der Weg bereitet für eine christliche Verhältnisbestimmung von Glaube und Religion. Kurz: „Der Glaube hat eine ‚religiöse' Dimension"[24] und ist für diese verantwortlich. Die Kritik am Konstantinismus darf nicht dazu verleiten, die Notwendigkeit von Institutionalisierung und Einbettung in gesellschaftliche Strukturen zu unterminieren. Deshalb wendet sich Chenu gegen den „tragischen Pessimismus Bonhoeffers", wonach der Glaube nur auf den „Ruinen der Religion"[25] aufgerichtet werden könne – „man kann nicht sagen, dass der Glaube die Religion nur dadurch rettet, dass er sie abschafft, so als wäre sie das ‚Krebsgeschwür des Glaubens'"[26]. Vielmehr rettet der Glaube die Religion durch eine beständige Religionskritik und durch eine beständige Kritik ihrer mentalen, kulturellen und sozialen Ausdrucksformen. In einer „Dialektik zwischen Glaube und Religion"[27] ist der Glaube ein „menschlicher Akt", der in seiner Ausrichtung an Jesus Christus „sein Objekt und seinen Motor"[28] findet. So werde es zwar immer Konflikte zwischen Glaube und Religion geben, das Christentum als aus dem Glauben an die Inkarnation hervorgehende Religion kann aber gerade aus diesem seinen Grund weder auf die eine noch auf die andere Dimension verzichten. So geht es denn auch nicht um eine undifferenzierte Ablehnung einer *chrétienté*, sondern um die „ständige Kritik der *chrétientés* und der *Chrétienté*"[29] – mit der Klein- und Großschreibung knüpft Chenu an Congars Unterscheidung von „*les traditions*" und „*la Tradition*" an. Dieser kritischen Dimension entspricht eine konstruktive, die aufzuzeigen in der Lage ist, wie „das Volk der Gläubigen" als „Leib Christi" von der Religion elementare und natürliche Riten – Chenu nennt Anbetung, Bittgebet, Gemeinschaft, Mahl, sexuelle Initiation – übernehmen und zum Ausdruck des Christlichen in der Welt machen kann. So sind „Sakramente" keine „sakralen" Akte, sondern „wirksame Zeichen der Vergöttlichung der Gemeinschaft der Gläubi-

[23] Ebd., 366. Vgl. übrigens auch ebd., 363 Anm. 2 ein Beispiel aus dem pädagogischen Alltag.
[24] Ebd., 367.
[25] Ebd.
[26] Ebd.
[27] Ebd.
[28] Ebd., 368.
[29] Ebd.

gen, indem sie die evangelischen ‚Ereignisse' vergegenwärtigen."[30] Wie Chenu im Anschluss an einen Vortrag Paul Ricœurs bei der in den 1960er Jahren einflussreichen *Semaine des intellectuels catholiques*[31] entfaltet, erhält der Gottesdienst die Dialektik zwischen Kirche und Welt als „einen vitalen Kreislauf"[32] aufrecht. So erfolgen Christ- und Kirchesein im Horizont einer „(s)timulierenden Dialektik zwischen Glaube und Religion, in der der Glaube in ständiger Hinterfragung seiner Institutionalisierung das Heilige in einer Ökonomie verortet, die den Kosmos selbst betrifft."[33]

Der Zusammenhang von *Foi et religion* zeigt exemplarisch, wie Chenu erstens einseitige Schlussfolgerungen aus seinen Thesen vermied und zweitens „kommende" Themen erspürte. Beides ist in einem kleinen Text verbunden, mit dem *Peuple de Dieu dans le monde* endet. Was die möglichen Einseitigkeiten angeht, so prägt der Zusammenhang von Glaube und Religion unterschwellig zahlreiche Debatten der 1970er Jahre. Während der Dominikaner Serge Bonnet (1924–2015) für eine gesellschaftliche, kirchliche und theologische Sensibilität gegenüber der teilweise verborgenen Christlichkeit der Volksreligiosität (*religion populaire*) warb, verlor mancher (pastoral-)theologische Blick auf einen „soziologischen Glauben" (*foi sociologique*) diese aus den Augen, wenn mit dem Kind auch das Bad ausgeschüttet wurde.[34]

Gerade auch Chenus Lieblingsthemen und -vokabeln wie *témoignage* oder *communauté* konnten dazu verleiten. Chenu selbst freilich wandte sich ausdrücklich gegen jegliche Romantisierung einer kleinen Herde: „Der Glaube (und die Kirche) muss immer alle Menschen erreichen können, in ihren volkstümlichen Ausdrucksweisen, in ihrer bescheidenen Masse und in ihrem täglichen Leben. Weder ist der Glaube für Spirituelle, ‚Perfekte' oder Eingeweihte der Hochkultur reserviert, noch ist die Kirche eine Gesellschaft für ‚Eliten'. Die Kirche ist ein ‚Volk', in der vollen Bedeutung des Wortes; und der Glaube des Evangeliums ist zuerst den Einfachen und Kleinen gegeben."[35] So habe die Kirche immer Vernunft und Kultur hochgeschätzt, aber den „Perfekten", „Reinen" und Gnostikern" misstraut. Wo sie „die Hörerschaft des Volkes" verliert, ist sie nicht mehr evangelisierend. Genau dies aber sieht Chenu mittlerweile eingetreten und nennt die zeitgenössische

30 Ebd.

31 Ricœur, Sciences humaines et conditionnements de la foi. Dazu Toupin-Guyot, Les intellectuels catholiques dans la société française, 258.

32 Chenu, Foi et religion, 368.

33 Ebd., 369.

34 Dazu jetzt die von Yann Raison du Cleuziou kommentierte Neuausgabe Bonnet, Défense du catholicisme populaire.

35 Chenu, L'Église et le monde des images, 150.

Situation „dramatisch“[36]. Abhilfe könne nur die „lebendige Tradition“[37] schaffen, die Chenu ausgehend von *Dei Verbum* als „ein ständiges Keimen, eine Kreativität des Ausdrucks“[38] definiert und gerade so als „Gesetz der Ökonomie des Wortes Gottes in der Kirche und in der Geschichte.“[39]

Konkret heißt dies, das Christliche auch mit den gegenüber bisherigen Formen der Volksfrömmigkeit völlig anderen kulturellen Formen der sich radikal gewandelten Gesellschaft auszudrücken: Literatur, Kunst, Kino, Massenmedien. Dass eine solche „Massenkultur“[40] Probleme mit sich bringt, ist für Chenu ebenso selbstverständlich wie es erwartbar ist, dass die Christ*innen diese in einem „aristokratischen Reflex“[41] benörgeln. Ohne es so zu nennen, macht Chenu einen *„iconic turn“* aus, den er in die *longue durée* einschreibt und der mehr ist als nur eine neue Bedeutung des Visuellen: „Nach der kartesianischen Ära, nach der Aufklärung und der Philosophie der *lumières*[42], nach den Rationalismen verschiedenen Schlags einschließlich der Frühscholastik entdecken wir heute die totale Einheit des Menschen wieder und gerade dadurch auch den unersetzbaren Wert der Bilder, der Symbole, der Mythen als Formen des Denkens und des Lebens.“[43] Auch die Kirche muss in dieser „Welt der Bilder“ „präsent“ sein, allerdings weder aus „apologetischem Opportunismus“ oder dem Streben nach einem „gewissen kulturellen Ruhm“, sondern „in einem dringenden *aggiornamento* für die menschliche Wahrheit ihres göttlichen Zeugnisses“[44]. Dies erfordert einen neuen Dialog mit Kunstschaffenden, wobei sich Chenu die Worte zu eigen macht, mit denen sich Paul VI. im Mai 1964 bei diesen dafür entschuldigt, dass die Kirche zu oft eine Akkomodation an ihren eigenen Stil erwartet habe, anstatt die Kreativität der Künstler*innen wertzuschätzen.

Chenus Sensibilität für die „Welt der Bilder“ hat theologisch und geistlich weitreichende Folgen, die ihn zugleich zurückführen zur Kontemplation als erster Intuition seines Lebens- und Denkwegs. So schreibt er am 20. Mai 1984 in einem Brief an Dominique de Ménil (1908–1998), der aus Paris stammenden und 1941 in die USA emigrierten Tochter des Erdölindustriel-

---

36 Ebd.

37 Ebd., 154.

38 Ebd., 153.

39 Ebd., 154.

40 Ebd., 151.

41 Ebd.

42 Eigentlich ist *„les lumières“* die Übersetzung für „Aufklärung“, an dieser Stelle schreibt aber unterscheidet Chenu selbst zwischen „Aufklärung“ (deutscher Begriff) und „Aufklärung“ (französischer Begriff).

43 Chenu, L’Église et le monde des images, 149.

44 Ebd., 156.

len Conrad Schlumberger (1887–1936), anlässlich der Ausstellung der *Menil Collection* im Pariser *Grand Palais*: „Seit zwei Wochen habe ich auf meinem Schreibtisch inmitten meiner Bücher den wunderbaren Katalog der Ausstellung im *Grand Palais* [...]. Und jeden Tag öffne ich inmitten meiner täglichen Arbeit dieses Album, mal in der Reihenfolge seiner Kapitel, mal gemäß der Laune meiner Spleens. So vollziehe ich diese begeisternde Erfahrung einer Kontemplation, die mein Findevermögen noch lebendiger und, so wage ich zu sagen, kreativer macht. [...] Aber wie soll ich Ihnen meine Überraschungen zum Ausdruck bringen, von denen mich einige verstört zurücklassen, wahrscheinlich weil ich noch zu sehr einem leidigen Bedürfnis nach Erklärung nachgebe. Wahrscheinlich liegt das Wohltuende dieses zugleich einen und vielfältigen Blicks darin, den Exzess von Vernunft auch in meiner Theologie zu korrigieren, und Instinkt und Spekulation zu verbinden. Glückliches Paradox!“[45]

Den *iconic turn* bringt Chenu schließlich auch mit dem „liturgischen Erwachen“[46] im Umfeld des Konzils in Verbindung. Die Liturgie als öffentlicher Gottesdienst der Kirche – in deren Vielfalt die Eucharistie zu relativieren wäre Chenu nie in den Sinn gekommen – ist deshalb gerade für eine weltoffene und sozial engagierte „Kirche in der Welt“ von zentraler Bedeutung. An der Schnittstelle von Kunst und Theologie sieht er diese, hier inspiriert auch von den Ostkirchen, als „symbolischen Ort des Mysteriums“, während sie im Westen „dem Ritualismus und Formalismus nachgegeben hat, sodass wir heute alle Mühe haben, die Spontaneität ihres Ausdrucks und ihre Fähigkeit zur Invention wiederzufinden“[47]. Die Spannung zwischen den strengen Festlegungen, die die ostkirchliche Liturgie auszeichnen, einerseits und dem Plädoyer für eine situationsgerechte und menschenfreundliche Liturgie andererseits zeigt die Weite des Horizonts an, den Chenu hier eröffnet. Dass die in dieser Weite enthaltenen Spannungen eines gesamtkirchlich umsichtigen Umgangs mit vielen großen und kleinen Fragen bedürfen, zeigen die nachkonziliaren Entwicklungen im hochemotionalen Bereich der Liturgie von der traditionalistischen Indienstnahme gegen das Konzil durch Erzbischof Lefebvre und andere auf der einen Seite bis zur Trennung von Erfahrung und Intellekt im charismatischen Bereich auf der anderen Seite.[48]

---

[45] Chenu, Brief an Dominique de Ménil, 20. Mai 1984. Eine Kopie dieses Briefes wurde mir von Antoine Lion zur Verfügung gestellt, der sich im Rahmen seiner Forschungen zu Marie-Alain Couturier (1897–1954) dem Verhältnis von Kunst und Theologie widmete.

[46] Chenu, L'Église et le monde des images, 149.

[47] Ebd., 156.

[48] Hervieu-Léger, L'évaporation des engagés, bes. 130f.

2. Chenu heute und morgen

2.1. Chenus Blick in die Zukunft

Chenu selbst wagt auch explizit einen Blick in die Zukunft. Dabei war das Jahr 2000 eine symbolische Größe. Nicht immer lag er dabei richtig. So prognostizierte er Mitte der 1970er Jahre, dass man im Jahre 2000 anerkennend auf die Suchbewegungen christlichen Lebens und Denkens in diesem bewegten Jahrzehnt zurückblicken würde.[1] In der Aufeinanderfolge der Generationen war dies gerade in Frankreich nicht ohne weiteres der Fall. Umgekehrt stellten Christ*innen, die mit den Errungenschaften des Konzils groß wurden[2], zunehmend ungeduldig die Frage, wie es weitergeht.[3] Mit Blick auf die 1980er Jahre spricht Étienne Fouilloux dann von einer „zweiten verlorenen Generation“[4] nach der Generation der 1950er Jahre. Die konziliar geprägten Katholik*innen, die sich auf die gesellschaftliche Vielfalt eingelassen haben, sich dabei von der Kirche nicht immer verstanden fühlten und sich in dieser aufgrund diverser nachkonziliarer Entwicklungen nicht mehr wiederfanden[5], hatten große Schwierigkeiten, der nächsten Generation den Glauben plausibel zu machen. Dies gelang auf freilich zahlenmäßig sehr niedrigem Niveau und nicht zuletzt aufgrund institutioneller Rückendeckung jenen Milieus besser, die auch unter Verzicht auf die Auseinandersetzung mit zeitgenössischen Plausibilitäten den Glauben weitgehend in kleiner werdende gesellschaftliche und kirchliche Rückzugsräume verlagerten.

Ob es so kommen musste? In Chenus gemeinsam mit Jean-François Six verfassten Erwägungen zum zehnjährigen Jubiläum des Päpstlichen Rates für die Nichtglaubenden, dessen Konsultor er war, zeigten die beiden Theologen und Seelsorger 1976 einen Weg auf, mit der „neuen kulturellen Sensibilität“[6] der jüngeren Generation von Christ*innen umzugehen. Für nicht wenige Angehörige der zahlenmäßig bereits stark dezimierten *„génération Jean-Paul II“*[7] waren dann allerdings just die von Chenu als so verheißungsvoll erachteten *„années soixante-dix“* eine negative Kontrastfolie, von der es sich abzusetzen galt.[8] Gerade in Paris, wo Thomas von Aquin eine wesentliche Rolle dabei

---

[1] Chenu, Von der Freiheit eines Theologen, 249.
[2] Fouilloux, Essai sur le devenir du catholicisme en France, 553.
[3] Ebd., 541.
[4] Ebd., 543.
[5] Pelletier, 1905–2005, 45.
[6] Chenu, Six, L’Esprit qui nous parle à travers l’incroyance, 51.
[7] Fouilloux, Essai sur le devenir du catholicisme en France, 550.
[8] Vgl. z. B. Raison du Cleuziou, Qui sont les cathos aujourd’hui?, 187f.

spielte, die Theologie von den Domschulen an die neugegründeten Universitäten zu bringen und damit inmitten und auf der Höhe der Wissenschaften zu verorten, machte Christian Bauer zufolge Kardinal Lustiger 1984 diesen fundamentalen Schritt „mit der Gründung seiner *École Cathédrale* als Konkurrenz zum Pariser *Institut Catholique* wieder rückgängig."[9]

Das Jahr 2000 gab auch einem kleinen Aufsatz Chenus aus dem Jahr 1958 seinen Titel: *Des diacres en l'an 2000?* Erschienen in der Zeitschrift *Paroisse et mission* handelt es sich eher um einen Gelegenheitsartikel. Chenus Antwort auf ein „für unsere Vorfahren völlig unvorgesehenes Problem"[10] ist mit sichtlich heißer Nadel gestrickt. Außerdem darf man seine Argumentation auch deshalb nicht überbewerten, weil sie vor dem Konzil entwickelt wurde. Sie enthält aber einen Vergleich, der für die Analyse der Wirkung Chenus aufschlussreich ist. In Deutschland machten sich zu dieser Zeit im Umfeld der *Caritas* immer mehr Stimmen bemerkbar, die für eine Wiedereinführung des ständigen Diakonats warben. Das II. Vaticanum hat dies dann aufgegriffen.[11] Chenu führt diese Forderung darauf zurück, dass die deutsche Kirche sehr stark institutionalisiert, strukturell in gesellschaftliche Zusammenhänge eingebunden und auch klerikalisiert sei. All dies betrachtet er recht skeptisch. Im heimatlichen Frankreich hingegen habe die Laienorganisation *Ad Lucem*, die der Arzt und zeitweilige Minister Louis-Paul Aujoulat (1910–1973) gegründet hatte,[12] ein Zentrum eingerichtet, in dem Laien die für das christliche Zeugnis ihres gesellschaftlichen Engagements notwendigen Kompetenzen erwerben können. In den beiden Modellen sieht Chenu „zwei aufschlussreiche Inspirationen einer sehr bedeutenden Spannung in der Art und Weise, wie man sich die Präsenz der Kirche in der Welt vorstellt"[13].

Neben zeitbedingten Aspekten wie der Rolle der Kirche in einer sich wandelnden Gesellschaft und ekklesiologischen Aspekten wie der konkreten Ausgestaltung der Aufgaben des Diakonats kann man als einen zentralen Grund für die Spannung zwischen beiden Modellen die Frage nach dem Verhältnis von Institutionalisierung und Zeugenschaft betrachten. Hier optiert Chenu klar für die französische Variante, die sich von den objektiv wahrnehmbaren Problemen der Gesellschaft in Dienst nehmen lässt und in der Laien aufgrund ihrer Taufe und mit ihrer „profanen" Kompetenz Zeugnis geben. Diese Option, die übrigens in direktem Kontrast zu seiner Argumentation für die Arbeiterpriester steht[14], erklärt sich neben dem Überraschungs-

[9] Bauer, Ortswechsel der Theologie, 271. S. auch Fouilloux, Lustiger, 431.

[10] Chenu, Des diacres en l'an 2000, 309.

[11] Dazu Vorgrimler, Der Diakonat.

[12] Denis, Entre mission et développement.

[13] Chenu, Des diacres en l'an 2000?, 306.

[14] Vgl. Chenu, Von der Freiheit eines Theologen, 191f., allerdings mit einigen Nuancierungen.

moment (man spürt geradezu, wie wenig Chenu eine aus der ihm letztlich fremden deutschen Gesamtsituation resultierende Idee einordnen kann) nicht zuletzt aus einer Furcht vor jeder Art von „Sakralisierung". Betrachtet man die Diskussion freilich vor dem Hintergrund der Gesamtheit der erfolgten Entwicklungen vor, während und nach dem Konzil einerseits und in einer ekklesiologischen Gesamtsicht der Amtstheologie andererseits, so zeigt sich, dass die deutsche *Caritas* eigentlich genau das verwirklichen wollte, was Chenu vorschwebte. Insbesondere stellt die deutsche *Caritas* eine institutionalisierte Form dessen dar, was Chenu als Zeugenschaft zwar propagiert, ohne aber deren strukturelle und institutionelle Voraussetzungen und Implikationen in den Blick zu nehmen. Anders als die zwischenzeitlich in Vergessenheit geratene Organisation *Ad Lucem* ist die *Caritas* denn auch nach wie vor und selbst in Zeiten der Verflüssigung und Verflüchtigung christlicher Präsenz in der Gesellschaft eine inner- wie außerkirchlich wahrnehmbare und wirksame Größe, nach Peter Hünermann gar ein „Sakrament"[15]. Zudem trägt sie dem Phänomen der Vergesellschaftung Rechnung, das Chenu zwar für zentral erachtet, dessen institutionelle Gesetzmäßigkeiten er aber ebenso wie ekklesiologische Strukturfragen eher aus der Vogelperspektive beachtet.

An dieser Stelle rücken Grundsatzfragen in den Blick: Wie kann christliches Engagement verstetigt und wo nötig professionalisiert werden? Wie ist es überhaupt wahrnehmbar in der Gesellschaft? Wie wirkt die gesellschaftliche Wahrnehmung und Erwartungshaltung zurück auf die Kirche und die engagierten Christ*innen? In welchen christlichen Vergemeinschaftungsformen werden Christ*innen religiös sozialisiert, bevor sie dann mit ihrem gesellschaftlichen Engagement Zeugnis ablegen können? Wie werden sie zu den mündigen Christ*innen, die sie sein können und sollen? Welcher Form orts- und weltkirchlicher Unterstützung benötigen sie hierfür? Welcher kirchlicher Strukturen, Ämter und Dienste *ad intra* bedarf das christliche Engagement in der Gesellschaft *ad extra*? Welche Funktion hat die „Ordination" *ad intra* und *ad extra*, auch als in den Strukturen und Kommunikationsformen des Gemeinwesens wahrnehmbare öffentliche und offizielle *repraesentatio Ecclesiae*?

Diese Fragen an Chenu verweisen auf seinen kirchen- und theologiegeographischen und -geschichtlichen Ort. Neben den „französischen" Konnotationen des eben genannten Beispiels steht im Hintergrund nicht zuletzt die Frage nach dem Umgang mit dem Glauben in einer „nachkonstantinischen" Konstellation von *„chrétienté"* bzw. Kirche und Welt. Im Rückblick zeigt sich dabei deutlicher als in der Hitze des Tages, dass gerade auch manche zukunftsweisenden Impulse Chenus vor dem Hintergrund einer sehr speziellen Konstellation zu lesen sind. An die Stelle definitorischer Details tritt dann bei

[15] Hünermann, Die Kirche und ihre Caritas als Sakrament.

ihm vielmehr das Bestreben, Dualismen und Dichotomien zu überwinden und „aus der unaufhebbaren Spannung zwischen Charisma und Institution neue Lebensenergien der Kirche zu gewinnen“[16].

Drei Beispiele mögen dies verdeutlichen. Ein erstes Beispiel gilt der geistesgeschichtlichen Großwetterlage: Während in einer Zeit enger Verflechtung von Kirche und Politik das Motiv des Endes der konstantinischen Ära als Befreiung erlebt werden kann, stellt sich in einer nachchristlichen Gesellschaft die Frage, wie sich Kirche und Politik jenseits von gegenseitiger Ignoranz einerseits und sich gegenseitig verstärkenden Anspruchs- und Abwehrdiskursen andererseits zueinander verhalten können.

Ein zweites Beispiel betrifft das Glaubensdenken im Zusammenhang mit generationenspezifischen Erfahrungen: während Chenu die perspektiveneröffnende Dimension des Glaubens in einem zunächst geschlossenen System entdecken konnte, das ebenso repressiv war (s. die Verurteilungen von 1937 und 1942), wie es aus dem Glauben heraus eine revolutionierende Gesamtsicht ermöglicht hat (s. die Geschichtstheologie im Ausgang von der *Summa theologiae* des Thomas von Aquin), mussten nachfolgende Generationen mehr und mehr von einer pluralen Ausgangslage und v. a. zunehmend von punktuellen Zugängen und Berührungspunkten her in einen Glauben hineinfinden, der auf diese Weise nicht automatisch ebenso perspektiveneröffnend wurde, sondern im Gegenteil auch identitären und exkludierenden Strömungen ein weitaus stärkeres Gewicht verleihen konnte. Es ist dies sowohl eine Frage der Aufeinanderfolge der Generationen als auch des Überschreitens denkerischer Rahmenbedingungen. Chenu war völlig selbstverständlich in die Kirche hineingewachsen. Dadurch wurde ihm vieles selbstverständlich, was es späteren Generationen nicht mehr war. Wie ändern sich christliches Leben und Denken, wenn diese Selbstverständlichkeiten nicht mehr gegeben sind? Und mit Blick auf Chenu: Wie können von Angehörigen jüngerer Generationen die Einsichten, die in seinem Glaubensweg aus dem nur scheinbar Selbstverständlichen herausgewachsen sind, weitergedacht werden? Ändert sich dadurch nicht auch der Rahmen, der für Chenu selbstverständliche Voraussetzung noch des Überschreitens dieses Rahmens war? Die Dominikaner Patrick Jacquemont, Jean-Pierre Jossua und Bernard Quelquejeu mit ihren unkonventionellen Büchern *Une foi exposée*[17], *Le temps de la patience*[18] et *De qui tenir*[19] stehen für das auch indirekte Aufgreifen neuer philosophischer Herausforderungen, die Chenu bei aller suggestiven

[16] Heimbach-Steins, Theandrisch, 97.

[17] Jacquemont, Jossua, Quelquejeu, Une foi exposée.

[18] Dies., Le temps de la patience.

[19] Dies., De qui tenir.

Kraft nicht aufgegriffen hat. Direkter in die akademische Theologie hineingewirkt hat in diesem Sinn der ebenfalls stark von Chenu geprägte und auf dieser Basis in ein neues Zeitalter der Theologie aufbrechende Claude Geffré.[20] Chenus geschichtstheologischer Gesamtrahmen war in diesem Sinn zwar suggestiv, aber noch keine Durchführung des in ihm implizierten Programms.[21]

Ein drittes Beispiel gilt damit zusammenhängend den ganz konkreten Formen christlicher Vergemeinschaftung: Chenu sieht in den 1970er Jahren in kleinen christlichen Gemeinschaften die Möglichkeiten gegeben, dass sich die Kirche von problematischen Bindungen löst und falsche Sicherheiten aufgibt. Dass die kleinen Gemeinschaften „die evangeliumsgemäßen Werte, die an den neuralgischen Punkten der Transformation der Welt an der Arbeit sind,“[22] als „Zeichen der Zeit“ wahrnehmen können, ist freilich für Chenu an die Bedingung geknüpft, dass sie eine „zugleich sympathisierende und kritische Reflexion entwickeln“[23] und damit in das Gesamt von Kirche eingebunden sind, was auch die Fragen nach Stabilität und Institutionalität beinhaltet. Hier erwies sich die potentiell kirchenentwicklerische Dynamik als weit schwieriger als auch von Chenu gedacht. Die Basisgemeinden haben als kleine Minderheit in einer bürgerlichen Volkskirche, die noch in der Absetzbewegung ihr gegenüber Rahmen und Matrix bereitstellt, eine viel unmittelbarere Attraktivität als in einer nachvolkskirchlichen Situation, in der kleine christliche Gemeinschaften eine der wenigen verbleibenden kirchlichen Sozialformen sind. Ihre erfrischende Impulsivität in der ersten Situation kann sich in der zweiten unversehens als, ebenso tradionalistisch wie charismatisch versuchter, sich selbst genügender kleiner Rest erweisen. Es mag dies eine der Erklärungen dafür sein, dass die Basisgruppen und kleinen Gemeinschaften in besonderer Weise einen Ausdruck der Suchbewegungen einer bestimmten Generation darstellten. In ihrer damit verbundenen Fragilität, die nur kurz eine Stärke war, waren sie in der Folge von der Tradierungskrise des Glaubens besonders betroffen und konnten sich faktisch nicht über die Generationen hinweg halten.

Chenu sah früh die Schwierigkeiten gerade der *„génération Vatican II“*[24], ihren Kindern und Enkeln Glaube und Kirchlichkeit weiterzugeben.[25] 1976

---

[20] Geffré, Un nouvel âge de la théologie sowie als Vermächtnis ders., Le christianisme comme religion de l'Evangile. Zu Geffré s. auch Jossua, Sed (Hg.), Interpréter.

[21] S. zum Ganzen Quisinsky, Philosophie et théologie.

[22] Chenu, Les „petites communautés“, 20.

[23] Ebd.

[24] So Fouilloux, Essai sur le devenir du catholicisme en France, 540.

[25] Dazu Tranvouez, Géographie de la gauche catholique, 493f. und Cuchet, Quelques hypothèses sur l'étrange „déclin du catholicisme d'ouverture“.

konstatierte er, dass viele engagierte Angehörige der *Action Catholique* nun ratlos vor der Situation stehen, dass ihre Kinder, denen sie ein weltoffenes Christentum vorgelebt haben, nicht mehr an Gott glauben.[26] „Sie sind ‚woanders'". Dieses „Anderswo" aber „ist in keiner Weise dem Glauben radikal fremd und kann ihm vielleicht sogar durch die Werte, die es enthält und leben will, eine neue Ausdrucksform geben, so schön wie diejenige eines Franz von Assisi im 13. Jahrhundert."[27] Dies setzt für Chenu freilich voraus, dass diese „Anderswo" von innen heraus gelebt und verstanden wird, Christ*innen sich zugleich dieser „neuen Welt" und „dem christlichen Glauben" verpflichtet fühlen und dabei in den Ausdrucksformen ihres so zweipolig strukturierten Glaubens von der Kirche anerkannt werden. Geschehe letzteres nicht, wird sich der Graben zwischen der jüngeren Generation und dem Glauben immer weiter öffnen. Hierin sollte er Recht behalten. Die Schwierigkeit der Glaubensweitergabe ist also nicht etwa dem Konzil anzulasten. Vielmehr stellte sich die Frage, inwieweit die Kirche die durch das Konzil eröffnete Chance ergriff, unter neuen Bedingungen dem Glauben an den menschgewordenen Gott – was auch Zweifel und Fragen beinhaltet – Resonanzräume zu eröffnen.

Heute macht sich im französischen Katholizismus mehr und mehr eine Grundspannung bemerkbar, die in der Einschätzung zweier nachkonziliarer Optionen deutlich wird. Auf der einen Seite wird heute das nachkonziliar leitende Modell, Christ- und Kirchesein als Sauerteig zu denken, als zugleich „großzügig" und „selbstmörderisch"[28] bezeichnet. Auf der anderen Seite zeigt sich, dass das Alternativmodell, in dem Kirche als Gegenentwurf zur Gesellschaft gedacht wird, das verstärkt, was es beklagt.[29] Beides konnte und kann letztlich die Exkulturation verstärken und führte und führt in der Summe zu durchaus anderen Entwicklungen als jenen, die sich das Frankreichbild der deutschen (Pastoral-)Theologie bis in die jüngste Vergangenheit erwünscht.[30] Chenus Theologie beinhaltet in dieser unübersichtlichen Gemengelage ein durchaus noch zu hebendes Potential. Zwar kann er als Vertreter des „Sauerteig"-Modells gelten, zugleich aber betonte er die eschatologische Dimension

---

26 Chenu, Six, L'Esprit qui nous parle à travers l'incroyance, 51.

27 Ebd.

28 Denis, Indifférence et disponibilité, 98.

29 Legrand, Introduction, 23.

30 Gut zusammengefasst ist dieser Blick im Anschluss an Rolf Zerfass bei Bauer, Ortswechsel der Theologie, 32f. Ein solcher wäre freilich deutlich zu nuancieren durch die Studien von Danièle Hervieu-Léger, Nicolas Bremond d'Ars, Yann Raison du Cleuziou, Jean-Louis Schlegel u. a. Vgl. auch die Debatte zwischen Legrand, L'état de l'Église catholique en France und Geffré, L'état de l'Église catholique en France.

allen Handelns, um einer drohenden „Verteigung“[31] zu wehren.[32] Gerade im eschatopräsentisch ausgerichteten, inkarnatorisch-perichoretisch gegründeten Denken Chenus zeigt sich, dass ein Glaube, der seiner Geschichtlichkeit bewusst ist, einzelne Phasen seiner Geschichte weder verewigen noch ausklammern kann.

So war sich Chenu denn auch jenseits mancher einseitiger Formulierungen in der Debatte um die *chrétienté* der unvermeidlichen Verwobenheit in gesellschaftliche Zusammenhänge und damit aber v. a. der Notwendigkeit einer konstruktiven Mitwirkung auch institutioneller Art an der Gesellschaft bewusst. Auf diese Weise kann sein Denken das stark machen, was aus christlicher Sicht dem Menschen dient – und zwar in Geist und Form. In einem solchen stärkenden und aufrichtenden Umgang mit gesellschaftlichen Herausforderungen aus christlicher Sicht könnte eine neue Inkulturation des Christlichen jene Leerstelle füllen, die die rasante Exkulturation des Katholizismus in der französischen Gesellschaft hinterlassen hat: denn während dem Meinungsforscher Jérôme Fouquet zufolge Frankreich ohne die einende Wirkung des Katholizismus in ein „Archipel“ von Parallelgesellschaften zerfällt[33], erwartet Präsident Macron gerade von den so schwach gewordenen Katholik*innen einen konstruktiven Beitrag zum Gemeinwesen insgesamt.[34]

Der Zusammenhang von „Glaube“ und „Religion“ wird damit von ganz neuen kirchlichen und gesellschaftlichen Herausforderungen her neu zu bestimmen sein, geht es doch nicht mehr in erster Linie um die Befreiung des Glaubens von seiner ihn einengenden Einbindung in gesellschaftliche Strukturen, sondern umgekehrt um die Befreiung des Katholischen, seiner Verantwortung für die gemeinsam zu gestaltende Geschichte aller Menschen gerecht zu werden.

---

[31] Fischer, Présence du Père Chenu parmi les prêtres de l’Alsace, 88.

[32] Wenn heute jüngere Konzilskritiker u. a. einen Ausfall des Eschatologischen zugunsten des Innerweltlichen für den nachkonziliaren Zusammenbruch des Katholizismus verantwortlich machen, wäre die Frage zu stellen, ob die angesichts des auch von ihnen zugestandenen Verlusts bisheriger eschatologischer Plausibilitäten die Kirche nicht besser daran getan hätte, eine Theologie wie diejenige Chenus zu fördern, anstatt auf eine einseitige Bewahrung und Fortentwicklung bestimmter Denk-, Frömmigkeits- und Sozialformen zu setzen, deren soziologische Funktionsfähigkeit ebenso wie deren etwaige theologische Begründungsmöglichkeit letztlich zu inkulturationshemmenden Dualismen führt. Zu den entsprechenden Thesen von Cuchet, Comment notre monde a cessé d’être chrétien ist das Nötige gesagt bei Gay, Contre le présentisme de l’histoire contemporaine du catholicisme.

[33] Fourquet, L’archipel francais.

[34] Rede von Emmanuel Macron vom 9. April 2018 vor den Bischöfen Frankreichs, dokumentiert unter https://www.la-croix.com/Religion/Catholicisme/France/Emmanuel-Macron-Bernardins-discours–2018-04-09–1200930420.

2.2. Chenu und Papst Franziskus: zwei Seelenverwandte

Auffällig ist die Nähe zwischen Chenu und Papst Franziskus. Dies ließe sich an vielen Themen belegen. Genannt seien nur die inkarnatorische Zentrierung bei gleichzeitiger De-zentrierung durch die Ausrichtung an der Peripherie; eine nach vorne ausgerichtete Konzilshermeneutik, die im nie abgeschlossenen wechselseitigen Verhältnis von Dogma und Pastoral die lebendige Tradition erkennt; eine im Sinne von LG 1 radikal „sakramentale" Sicht der Kirche, in der diese als Zeichen erkennbar und Werkzeug wirksam sein muss und nur so zu ihrer eigentlichen Mission findet; eine praktizierte Hierarchie der Wahrheiten, in der Leben und Lehre sich wechselseitig erhellen; eine tiefe, aber unspektakuläre Verwurzelung in Gebet und Liturgie als Quelle und Höhepunkt eines gesellschaftlichen Engagements im Dienste aller Menschen. Insbesondere kann Chenus Leben und Denken als eine herausragende Verwirklichung der Konzeption theologischer Erkenntnis gelten, wie sie Papst Franziskus vorgelegt hat. Ihm zufolge ist – übrigens sehr ähnlich wie bei Paul Tillich – die Grenze ein bevorzugter Ort theologischer Erkenntnis.[35] Nichts anderes sagt auch Chenu: „Besonders an den Grenzen der Wissenschaften, dort, wo sie sich sozusagen wechselseitig kontaminieren und befruchten, wirken die Kräfte der Invention und kommt es zu Entdeckungen"[36].

2.3. Chenu: ein Mystiker

Chenu, dessen Leben und Denken mit der Wortschöpfung *contemplactio* charakterisiert werden kann, war ein Mystiker. Dem Mysterium Gottes und dem Mysterium des Menschen galt sein unbändiger Erkenntnisdrang. In seiner Predigt während der Messfeier anlässlich des Brüsseler *Concilium*-Kongresses von 1970 gibt Chenu einen Einblick in seine mystische Grundhaltung, indem er auf die Kommentierung des Kampfes zwischen Jakob und dem Engel in Gen 32 durch Thomas von Aquin zu sprechen kommt. Chenus sprichwörtlicher Optimismus, der durchaus auch von Jovialität gekennzeichnet war und von seinen Kritikern gelegentlich als Naivität missverstanden wurde, wird hier in seiner ganzen existenziellen Tiefe und Ernsthaftigkeit deutlich. So wie Jakob, der im Kampf verletzt wurde, „begegnet der Theologe dem Mysterium, auf

[35] Papst Franziskus, Brief von Papst Franziskus an den Großkanzler der „Pontificia Universidad Católica Argentina" zum hundertjährigen Jubiläum der Theologischen Fakultät, 3. März 2015 (http://w2.vatican.va/content/francesco/es/letters/2015/documents/papa-francesco_20150303_lettera-universita-cattolica-argentina.html; Tillich, Auf der Grenze, 13; s. dazu Quisinsky, Prolegomena.

[36] Chenu, La littérature comme „lieu" de la théologie", 71.

dessen Höhe sein Gott ihn getragen hat“[37]. Wann immer er mit seinen unzulänglichen menschlichen Mitteln des Mysteriums habhaft werden will, spürt er seine Schwachheit und Verletzbarkeit. „Aber so verletzt zu werden ist in Wahrheit der Gewinn seines göttlichen Kampfes.“[38]

---

[37] Chenu, Homélie prononcée durant la célébration eucharistique, 46.

[38] Ebd.

Literaturverzeichnis

Titel von Marie-Dominique Chenu

Zitierte Titel von Marie-Dominique Chenu in alphabetischer Reihenfolge (eine vollständige chronologische Publikationsliste findet sich bei Potworowski, Contemplation and Incarnation, 237–321).

À propos des „Mouvements de paix“, in: La Vie Intellectuelle, Juni 1950, 745–748 (= Parole de Dieu 2, 255–259).
Abélard, le premier homme moderne, in: Esprit et vie, Dezember 1951, 391–408 (= Parole de Dieu, Band 1, 141–155).
Allocution d'ouverture à la 2e journée d'études de la Société thomiste (Juvisy, 11 septembre 1933), in: Le problème de la philosophie chrétienne, Juvisy 1933, 13–18.
Altare politici, in: Il Giorno, 6. Mai 1973 (= Zizola [Hg.], Religione e mondo moderno, 131–133).
Apprendre à lire les signes des temps, in: Le Monde, 3. März 1972, 16.
Autorité hiérarchique et témoignage (référendum 12 mai sur divorce – Italie), in: TC n° 1565 (4. Juli 1974), 17.
Avant-propos, in: Paré, Brunet, Tremblay, La renaissance du XIIe siècle, 5–12.
Bibbia e liberazione, in: Il Giorno, 4. Februar 1973 (= Zizola [Hg.], Religione e mondo moderno, 125–126).
Ce qui change et ce qui demeure, in: L'Église vers l'avenir, Paris 1969, 87–91.
Chaque matin, les événements du monde nous sautent à la gorge, in: Télérama, 5. Dezember 1970.
Chrétien, mon frère ... pourquoi la guerre?, in: La Vie Spirituelle 61, n° 241 (Oktober–November 1939), 5–14 (= Parole de Dieu 2, 225–230).
Civilisation technique et spiritualité nouvelle, in: Masses Ouvrières 4, n° 33 (Mai 1948), 14–37 (= Parole de Dieu 2, 137–158).
Classes et corps mystique du Christ, in: Le problème des classes dans la communauté nationale et dans l'ordre humain. Semaines sociales de France, 31e session, Bordeaux 1939, 373–389 (= Parole de Dieu 2, 477–494).
Consecratio mundi, in: Nouvelle Revue Théologique 86 (1964), 606–618.
Comment l'homme peut-il être libre?, in: Le Point. Dialogues sur la foi 3, Paris 1971, 105–107.
Communauté de jeunes foyers, in: Idées et forces. Cahiers trimestriels d'Économie et humanisme, n° 4 (Juli–September 1946), 22–26.
Communautés humaines et présence missionnaire, in: Paroisse et Mission n° 4 (1957), 95–98 (= Parole de Dieu 2, 261–264).
Corps de l'Église et structures sociales, in: Jeunesse de l'Église 8 (1948), 145–153 (= Parole de Dieu 2, 159–169).
De commercio inter Ecclesiam et mundum secundum constitutionem „Gaudium et Spes“ n. 44, in: Acta congressus internationalis de theologia Concilii Vaticani II, Romae 26 septembris–11 octobris 1966, Vatikanstadt 1968, 648–651.

Des diacres en l'an 2000?, in: Paroisse et Mission n° 7 (1958), 86–92 (= Parole de Dieu 2, 305–310).
Des prêtres ont signé: Le R. P. Chenu, dominicain, in: Position, n° 10 (Juni 1950).
Déchristianisation ou non-christianisation, in: Signes des temps (Januar 1960), 3–5 (= Parole de Dieu 2, 247–253).
Dialogue difficile, mais dialogue possible, in: La Croix, 10. Oktober 1969.
Die Aufgabe der Kirche in der Welt von heute, in: Guilherme Baraúna (Hg.), Die Kirche in der Welt von heute. Untersuchungen und Kommentare zur Pastoralkonstitution „Gaudium et Spes" des II. Vatikanischen Konzils, Salzburg 1967, 226–247.
Die Neubelebung der trinitarischen Grundstruktur der Kirche, in: Conc(D) 17 (1981), 453–460.
Die Theologie als kirchliche Wissenschaft, in: Conc(D) 3 (1967), 44–49.
Die Theologie als Wissenschaft im 13. Jahrhundert (Collection Chenu 4), Ostfildern 2008 (frz. La théologie comme science au XIIIe siècle [Bibliothèque Thomiste 23], Paris 1957).
Dieu est amoureux de nous, in: André Sève, Si nous parlions de Dieu?, Paris 1985, 15–17.
Dieu, la foi, l'Église. Interview with Pierre Desgroupes, in: Le point, n° 32 (30. April 1973), 93–106.
Dimension nouvelle de la chrétienté, in: La Vie Intéllectuelle 53 (1937), 325–351 (= Parole de Dieu 2, 87–107).
Ein prophetisches Konzil, in: Elmar Klinger, Klaus Wittstadt (Hg.), Glaube im Prozess. Christsein nach dem II. Vatikanum (FS Karl Rahner), Freiburg 1984, 16–21.
Eine Wiedergeburt zu neuem Leben: Theologen der dritten Welt, in: Conc(D) 17 (1981), 285–290.
„En état de mission", in: Parole et mission n° 1 (1958), 427–430 (= Parole de Dieu 2, 237–240).
Et la citadelle s'ouvrit (dossier concile), in: TC n° 1709 (7. April 1977), 18.
Evangelizzazione e sacramenti nell'incontro tra la Chiesa e il mondo di oggi, in: Evangelizzazione e sacramenti. Ricerche avviate in due Chiese locali Torini-Roma, Turin 1972, 95–120.
Foi et langage. Préface, in: Afrique et parole. Études et enquêtes sur la traduction de la Parole de Dieu dans les langues néo-africaines, Paris 1969, 7–11.
Foi et religion, in: Études philosophiques 21 (1966), 357–369.
Histoire du salut et historicité de l'homme dans le renouvau de la théologie, in: Laurence K. Shook (Hg.), La théologie du renouveau. Texte intégral des travaux présentés au Congrès international de Toronto, 20–25 août 1967, Band 1, Paris 1968, 21–32.
Il a modifié les frontières de l'Église, in: TC n° 1446 (23. März 1972), 18.
Incontrarsi è un dovere, parole del Concilio, in: Jesus 8 (Oktober 1986), 3–5.
Introduction, in: Institut Catholique de Paris (Hg.), Le déplacement de la théologie (Le point théologique 21), Paris 1977, 11–13.
Introduction, in: Liberté chrétienne et libération. Instructions de la Congrégation pour la doctrine de la foi: 6 août 1984–22 mars 1986, Paris 1986, I–VII.
Introduction à l'étude de S. Thomas d'Aquin (Publications de l'Institut d'Études Médiévales 11), Paris 1950.

Introduction par Marie-Dominique Chenu o.p., in: Le travail humain. Lettre encyclique de Jean Paul II. Introduction de Marie-Dominique Chenu o.p., Paris 1981, V–XV.

Je suis incurablement optimiste, in: TC, 14.–20. Januar 1985, 15–17.

Journalistes et théologiens, in: Le rôle actuel de la presse. Actes du 37e congrès de la Maison de la Bonne Presse, octobre 1938, 76–81 (= Journalisme et théologie, in: Parole de Dieu 2, 213–224).

„Kirche der Armen" auf dem Zweiten Vatikanischen Konzil, in: Conc(D) 13 (1977), 232–235.

Kirchliche Soziallehre im Wandel. Das Ringen der Kirche um das Verständnis der gesellschaftlichen Wirklichkeit. Mit einem Vorwort von Kuno Füssel und einem Hintergrundbeitrag von Ludwig Kaufmann, Fribourg 1991.

L'abbé H. Godin, fondateur de la „Mission de Paris" (17 janvier 1944), in: La Vie Spirituelle n° 70 (1944), 448–450 (= Parole de Dieu 2, 243–245).

L'Afrique au Concile, in: Parole et mission n° 20 (Januar 1963), 11–18 (= Parole de Dieu 2, 647–654).

L'aile marchante des théologiens. Interview avec Christian Bresch, in: Réforme, 29. August 1970, 16.

L'amour dans la foi, in: Bulletin thomiste 9, n° 3 (1932), 97–99 (= Parole de Dieu 1, 105–111).

L'artisan d'une radicale mutation. Sur la mort du père Yvan Daniel, in: TC, 6. Oktober 1986.

L'athéisme méthodologique: Saint Thomas d'Aquin, in: Olivier Bloch, Guy Besse, Jacques Milhan (Hg.), Philosophie et religion. Centre d'études et de recherches marxistes, Paris 1974, 73–90.

L'avenir du christianisme, in: TC n° 1735 (6. Oktober 1977), 24.

L'Église cinq ans après, in: Informations Catholiques Internationales n° 377 (1. Februar 1971), 26–32.

L'Église dans le monde (extraits conférence – Rome), in: Témoignage chrétien n° 1109 (7. Oktober 1965), 18.

L'Église en état de mission. Préface, in: Louis Augros, De l'Église d'hier à l'Église de demain. L'aventure de la Mission de France, Paris 1980, 7–13.

L'Église et les pauvres, in: Le Point. Dialogues sur la foi 3, Paris 1971, 266–269.

L'Église et la pureté de la loi évangélique, in: Le Point. Dialogues sur la foi, Paris 1971, 262–265.

L'encyclique sur le développement des peuples, in: Économie et humanisme 26 n° 2 (1967), 2–4.

L'éternité amoureuse du temps, in: Henri Fesquet (Hg.), Une brassée de confessions de foi, Paris 1979, 29–31.

L'étude de saint Thomas. Méthodes et procédés, in: Bulletin Thomiste 13 (1936), 885–892.

L'Évangile passe avant l'institution, in: Le Monde, 21. August 1979.

L'historicité de Dieu, in: Le Monde, 15. Mai 1979, 2.

L'homme partenaire de Dieu, in: TC n° 1892 (13. Oktober 1980).

L'homme peut-il détruire le monde par la bombe atomique?, in: Le Point. Dialogues sur la foi 3, Paris 1971, 111–113.

L'IDOC, un laboratoire, in: TC, 25. Januar 1968.
L'information, devoir du chrétien, in: TC n° 1325 (27. November 1969), 18.
L'unité de la foi. Réalisme et formalisme, in: La Vie Spirituelle. Supplément 52 (1. Mai 1937 (= Parole de Dieu 1, 13–19).
La crise, dimension de notre foi au Christ, in: Lumière et vie 18, n° 93 (Mai–Juni 1969), 66–70.
La „doctrine sociale" de l'Église comme idéologie, Paris 1979.
La dottrina sociale della Chiesa. Origine e sviluppo (1891–1971), Brescia 1977.
La fin de l'ère constantinienne, in: Un concile pour notre temps, Paris 1961, 59–83 (= Parole de Dieu 2, 17–36).
La foi en chrétienté (Zuhörernotizen 1944), in: La parole de Dieu 2, 109–132.
La foi et l'homme. Interview avec Guy Besse et Gilbert Wasserman, in: France Nouvelle (Hebdomadaire Central du PCF), n° 1736 (19. Februar 1979), 43–50.
La jeunesse prophétise ce qui sera demain, in: TC Nr. 1238 (28. März 1968), 32.
La J. O. C. au Saulchoir, in: L'année dominicaine, Mai 1936, 190–193 (= Parole de Dieu 2, 271–274).
La libertà di ricerca in teologia, in: Vincenzo Fagiolo, Gino Concetti (Hg.), La collegialità episcopale per il futuro della Chiesa (I Nuovi Padri. Saggi Sul Cristianesimo del Nostro Tempo 5), Florenz 1969, 219–226.
La littérature comme „lieu" de la théologie, in: RSPT 53 (1969), 70–90.
La nature et l'homme. La renaissance du XIIe siècle, in: Archives d'histoire doctrinale et littéraire du Moyen Âge 19 (1952), 39–66 (= Douzième, 19–51).
La parole de Dieu, Band 1: La foi dans l'intelligence (Cogitatio Fidei 10), Paris 1964, Band 2: L'Évangile dans le temps (Cogitatio Fidei 11), Paris 1964.
La peur des utopies, in: TC Nr. 1248 (6. Juni 1968).
La psychologie de la foi dans la théologie du XIIIe siècle. Genèse de la doctrine de S. Thomas, IIa-IIae, q.2, a.1, in: Études d'histoire littéraire et doctrinale. Deuxième série, Paris 1932, 163–191 (= Parole de Dieu 1, 77–104).
La raison psychologique du développement du dogme d'après saint Thomas, in: RSPT 13 (1924), 44–51 (= Parole de Dieu 1, 51–58).
La rénovation de la théologie morale. La loi nouvelle, in: La Vie Spirituelle. Supplément n° 90 (1969), 287–297.
La révolution communautaire et l'apostolat, in: Masses Ouvrières n° 2 (1944), 22–34) (= Parole de Dieu 2, 363–378).
La théologie comme science au XIIIe siècle, in: AHDLM 2 (1927), 37–71 (erweiterte Ausgabe pro manuscripto ders., La théologie comme science au XIIIe siècle, o. O. 1942; erneut überarbeitete Ausgabe ders., La théologie comme science au XIIIe siècle, Paris 1957).
La théologie de l'Église dans son histoire. A partir d'un beau livre, in: La Vie Spirituelle n° 116 (1967), 203–217.
La théologie en procès, in: Savoir, faire, espérer. Les limites de la raison. Volume publié à l'occasion du cinquantenaire de l'École des sciences philosophiques et religieuses et en hommage à Mgr Henri van Camp, Brüssel 1976, 691–696.
La théologie est-elle une science?, Paris 1957.
La ville. Notes de sociologie apostolique, in: Masses Ouvrières 9, n° 82 (Januar 1953), 30–54 (= Parole de Dieu 2, 515–536).

Laïcs en chrétienté, in: Masses Ouvrières 1, n° 3 (Juli 1945), 15–35 (= Parole de Dieu 2, 71–83).
Le chrétien dans le monde, in: La Nef, Januar 1954, 217–223 (= Parole de Dieu 2, 295–300).
Le christianisme est d'abord une histoire, in: TC 1244 (8. Mai 1968), 43.
Le communisme est-il une idée chrétienne devenue folle?, in: Le Point. Dialogues sur la foi 3, Paris 1971, 101–104.
Le Concile et la guerre, in: Le Point. Dialogues sur la foi 3, Paris 1971, 166–168.
Le corps du Christ est africain, in: TC n° 2232 (20.–26. April 1987), 15.
Le dernier avatar de la théologie orientale en Occident au XIIIe siècle, in: Mélanges Auguste Pelzer. Études d'histoire littéraire et doctrinale de la Scolastique médiévale offertes à Monseigneur Auguste Pelzer à l'occasion de son soixante-dixième anniversaire, Leuven 1947, 160–181.
Le mariage, in: La Vie Spirituelle n° 116 (1967), 596–597.
Le message au monde des pères conciliaires (20 octobre 1962), in: Yves Congar, Michel Peuchmaurd (Hg.), L'Église dans le monde de ce temps. Constitution pastorale „Gaudium et spes". Band 3: Réflexions et perspectives (Unam Sanctam 65c), Paris 1967, 191–193.
Le plan de la Somme théologique de saint Thomas, in: Revue thomiste 45 (1939), 93–107.
Le pouvoir ne doit pas supplanter le témoignage, in: TC n° 1570 (8. August 1974), 19.
Le prêtre-ouvrier, témoin nécessaire de l'Évangile, in: TC n° 1886 (1. September 1980), 19–20.
Le profit et les principes chrétiens, in: Transformations sociales et libération de la personne. Semaines sociales de France, 32e session, Toulouse 1945, Lyon 1945, 125–139 (= Parole de Dieu 2, 495–514).
Le R. P. Mandonnet (1858–1939), in: Bulletin thomiste 13, n° 4 (1936), 693–697.
Le R. P. Pègues, O.P., in: Bulletin thomiste 13, n° 4, 893–895.
Le rôle de l'Église dans le monde contemporain. Chapitre IV de la première partie de la constitution, in: Guilherme Baraùna (Hg.), L'Église dans le monde de ce temps. Une analyse de la constitution „Gaudium et Spes" et ses implications oecuméniques, avec une étude sur l'encyclique Populorum Progressio, Brügge 1968, 422–443.
Le sacerdoce des prêtres-ouvriers, in: La Vie Intellectuelle, Februar 1954, 175–181 (= Parole de Dieu 2, 275–281).
Le salut déborde la libération économique (Document des 25 évêques du Nord Est du Brésil), in: TC n° 1525 (27. September 1973), 20.
Le Saulchoir. Eine Schule der Theologie (Collection Chenu 2), Berlin 2003.
Le Saulchoir. Una scuola di teologia (Dabar Saggi Teologici 1), Casale Monferrato 1982.
Le sens et les leçons d'une crise religieuse, in: La Vie Intellectuelle 13 (1931), 356–380.
Le Vatican entre les communistes et les chrétiens: Table ronde sur les élections italiennes, in: TC n° 1666 (10. Juni 1976), 6–9.
Les chrétiens vivent de beaux jours!, in: TC n° 1855 (28. Januar 1980), 20.
Les communautés de base: un élément caractéristique de l'Église en mouvement, in: TC Nr. 1348 (7. Mai 1970), 21–22.

Les communautés naturelles, pierres d'attente de cellules d'Église, in: Pastorale et communautés naturelles. Session de pastorale ouvrière, Troyes 15–17 juillet 1964, Masses ouvrières n° 219 (1965), 97–108 (= Peuple de Dieu, 129–143).

Les laïcs aussi sont titulaires de la théologie mais il faut parler leur langue, in: La Croix, 1. April 1972, 9.11.

Les lieux théologiques chez Melchior Cano, in: Institut Catholique de Paris (Hg.), Le déplacement de la théologie (Le point théologique 21), Paris 1977, 45–50.

Les marginaux dans le développement de l'Église, in: Communauté chrétienne 14 (1975), n° 81, 256–260.

Les marginaux de l'Église, in: La Croix, 9. April 1976.

Les masses humaines, mon prochain?, in: Jeunes femmes n° 87 (April 1965), 23–34.

Les misères de l'abondance, in: TC Nr. 128 (30. Januar 1969), 21.

Les „mouvements de l'histoire" provoquent l'Évangile, in: TC n° 1737 (20. Oktober 1977), 19–20.

Les „petites communautés": une kyste ou un espoir pour l'Église?, in: TC Nr. 1349 (14. Mai 1970), 19–20.

Les prêtres et la guerre, in: Le Point. Dialogues sur la foi 3, Paris 1971, 169–172.

Les sacrements dans l'économie chrétienne, in: La Maison-Dieu n° 30 (1952), 307–316 (= Parole de Dieu 1, 323–333).

Les signes des temps, in: Nouvelle Revue Théologique 86 (1964), 29–39.

Les signes des temps – Réflexion théologique, in: Yves Congar, Michel Peuchmaurd (Hg.), L'Église dans le monde de ce temps. Constitution pastorale „Gaudium et spes", Band 2: Commentaires (Unam Sanctam 65b), Paris 1967, 205–225.

Lex fundamentalis, lex nova, in: Legge e vangelo. Discussione su una legge fundamentale per la Chiesa (Testi e ricerche di scienze religiose 8), Brescia 1972, 43–48.

Moines, clercs, laïcs. Au carrefour de la vie évangélique au XIIe siècle, in: RHE 49 (1959), 59–80 (= Douzième, 225–251).

Morale laïque et foi chrétienne, in: Cahiers universitaires catholiques, Dezember 1953, 112–129 (= Parole de Dieu 2), 311–330.

Mort d'un théologien, in: La Vie intellectuelle, Februar 1945, 54–55.

Naître du peuple (40 ans de „TC"), in: TC, n° 1918 (13. April 1981), 9–10.

Non, l'Évangile n'est pas neutre, in: TC, n° 1599 (27. Februar 1975), 17.

Note complémentaire. Un texte de saint Maxime (+ 668) sur le rapport de l'homme et de la nature, in: ders., Pour une théologie du travail, 109–119.

Notes quotidiennes au Concile. Journal de Vatican II 1962–1963. Édition critique et introduction par Alberto Melloni, Paris 1995.

Notice nécrologique sur le Cardinal Lépicier, in: Bulletin thomiste 13, n° 4, 596.

Officium. Théologiens et canonistes, in: Études d'histoire du droit canonique dédiées à Gabriel Le Bras, Paris 1965, 835–839.

Orthodoxie-orthopraxie, in: Jean-Pierre Jossua, Hervé-Marie Legrand, Delphine Guillou (Hg.), Le service théologique dans l'Église. Mélanges offerts au Père Congar (Cogitatio fidei 76), Paris 1974, 51–63.

Paradoxe de la pauvreté évangélique et construction du monde, in: Cahiers universitaires catholiques Juni–Juli 1963, 401–415 (= Parole de Dieu 2, 389–404).

Paroisse et œuvres. Les exigences de l'Action catholique, in: Revue dominicaine 41 (1934), 461–467.

Paul VI à Bogota: La vérité de la charité, in: La Croix, 22. Juni 1968.
Paul VI à Bogotà: La vérité de l'Eucharistie, in: La Croix, 15. Juni 1968.
Paura e audacio nella Chiesa dopo il Concilio, in: Il Giorno, 26. November 1972 (= Zizola [Hg.], Religione e mondo moderno, 30–32).
Peuple de Dieu dans le monde (Foi Vivante 35), Paris 1966 (dt. Volk Gottes in der Welt, Paderborn 1968).
Populorum progressio. La démarche de l'Église, in Développement et civilisation, no° 30 (Juni 1967), 32–42.
Position de la théologie, in: RSPT 24 (1935), 232–257 (= Parole de Dieu 1, 115–138).
Position théologique de la sociologie religieuse, in: Paroisse et Mission n° 5 (1950), 5–9 (= Parole de Dieu 1, 59–62).
Postscriptum, in: ders., Une école de théologie: le Saulchoir, 175–176.
Pour bien comprendre l'encyclique, in: Témoignage chrétien, n° 1187 (6. April 1967), 3–4.
Pour un oecuménisme planétaire, in: L'actualité religieuse n° 38 (1986), 21–23.
Pour une théologie du loisir, in: Haltes, n° 2 (Januar 1978), 5–7.
Pour une théologie du travail, Paris 1955.
Pourquoi faut-il mourir?, in: Le Point. Dialogues sur la foi 3, Paris 1971, 163–165.
Pourquoi l'insurrection?, in: Témoignage chrétien n°14, 2. September 1944, 1–2 (= Parole de Dieu 2, 231–232).
Pourquoi les attaques contre „Populorum progressio"?, in: Le Point. Dialogues sur la foi 3, Paris 1971, 163–166.
Préface, in: Bernard Joinet, Les Africains m'ont libéré, Paris 1985, 7–11.
Préface, in: Bruno Chenu (Hg.), Théologies chrétiennes du tiers-monde, Paris 1987, 5–9.
Préface, in: Claude Geffré, Un nouvel âge de la théologie. Préface de M.-D. Chenu (Cogitatio fidei 68), Paris 1972, 7–10.
Préface, in: Denis Galtier, Peut-on évangéliser des techniciens? Témoignages et réflexions (Rencontres 71), Paris 1966, 7–11.
Préface, in: Georges Casalis, Prédication, acte politique, Paris 1970, 9–12.
Préface, in: Georges Cottier, Chrétiens et marxistes. Dialogues avec Roger Garaudy, Tours 1967, 5–8.
Préface, in: Gustavo Gutiérrez, La libération par la foi. Boire à son propre puits ou L'itinéraire d'un peuple, Paris 1985, 9–10.
Préface, in: Henri Mottu, La manifestation de l'Esprit selon Joachim de Fiore. Herméneutique et théologie de l'histoire d'après le „Traité sur les Quatre Évangiles", Paris 1977, 7–8.
Préface, in: Jacques Hamaide, Claude Duchesneau, Un peuple libéré, Paris 1974, 5–7.
Préface, in: Marie-Hilaire Vicaire, Dominique et se prêcheurs, Paris 1977, V–VII.
Préface, in: Marius Bobichon, Auguste Luneau, Église ou troupeau? Du troupeau fidèle au Peuple d'alliance. Band 1, Paris 1972, 7–10.
Préface, in: Mathilde Landercy, Figures de femmes au sein du peuple de Dieu, Paris 1987, 7–9.
Préface, in: René Coste (Hg.), Les dimensions politiques de la foi, Paris 1972, 7–9.
Préface, in: Tharcisse Tshibangu, La théologie comme science au XXe siècle, Kinshasa 1980, 7–11.

Préface, in: Thomas von Aquin, Somme théologique. La théologie: Ia, Prologue et question I. Traduction française, notes et appendices par Henri-Dominique Gardeil, Paris 1969, 5–9.

Préface, in: Vincent Cosmao, Nouvel ordre mondial. Dossier: Les chrétiens provoqués par le développement, Le Châlet 1978, 5–6.

Préface. Le théologien et son vocabulaire, in: Bernard Besret, Incarnation ou eschatologie? Contribution à l'histoire du vocabulaire religieux contemporain 1935–1955. Préface de M.-D. Chenu (Rencontres 66), Paris 1964, 11–16.

Présence des chrétiens, in: TC n° 1247 (30. Mai 1968), 5.

Présentation, in: André Laurentin, La liturgie en chantier. Les gestes du célébrant (Paroisse et Liturgie. Collection de pastorale liturgique 68), Brügge 1965, 9–11.

Présentation, in: Chenu, Peuple de Dieu dans le monde (Foi Vivante 35), Paris 1966, 5–6.

Présentation, in: Paul Touilleux, Introduction à une théologie critique (Théologie, Pastorale et Spiritualité. Recherches et Synthèses 19), Paris 1967, 5–9.

Presentazione, in: Maria Caterina Jacobelli, Sacerdozio, donna, celibato. Alcune considerazioni antropologiche, Borla 1981, 5–6.

Profanidad del mundo – Sacramentalidad del mundo. Santo Tomás de Aquino y San Bonaventura, in: Ciencia tomista 65 (1974), 183–189.

Profetismo e teologia, in: Chiesa per il mondo. Miscellanea teologico-pastorale nel LXX del card. Michele Pellegrino. Band 2: Fede e prassi, Bologna 1974, 27–31.

Prophètes et théologiens dans l'Église, parole de Dieu, in: Masses Ouvrières n° 200 (Oktober 1963), 59–70 (= Parole de Dieu 2, 201–212).

Qu'est-ce qu'un chrétien en 1967?, in: Évangélisation et Paroisse n° 13 (Juni 1967), 7–18.

Que signifie la foi pour l'expérience politique?, in: TC n° 1720 (23. Juni 1977), 21.

Ratio superior et inferior. Un cas de philosophie chrétienne, in: RSPT 29 (1940), 84–89.

Réformes de structure en chrétienté, in: Économie et humanisme, März–April 1946, 85–98 (= Parole de Dieu 2, 37–53).

Refusons la croisade, in: TC Nr. 1175 (12. Januar 1967), 14.

Regard sur cinquante ans de vie religieuse, in: L'hommage différé au Père Chenu, Paris 1990, 259–268.

Réveil évangélique et présence de l'Esprit aux XIIe–XIIIe siècles, in: L'expérience de l'esprit. Mélanges Edward Schillebeeckx (Le point théologique 18), Paris 1976, 167–171.

Révisons radicalement notre „néo-colonialisme" culturel et religieux, in: TC n° 1368 (24. September 1970), 24.

Rezension zu Jacques Maritain, Humanisme intégral, Paris 1936, in: Bulletin thomiste 15 (1938), 360–364.

Rezension zu Joseph Ratzinger, Vivre sa foi, Paris 1981, in: La Vie Spirituelle n° 650 (1982), 456–457.

Rezension zu M. Jugie, Theologia dogmatica Christianorum orientalium ab Ecclesia catholica dissidentium, tomus II, in: Bulletin d'histoire des doctrines chrétiennes, in: RSPT 22 (1933), 517–525, 517f.

Rivoluzione silenziosa nei nuovi catechismi, in: Il Giorno, 17. Juni 1973 (= Zizola [Hg.], Religione e mondo moderno, 50–53).
Rôle du prêtre dans la civilisation industrielle: Prophétiser avant d'évangéliser, in: Concilium 43 (1969), 111–113.
Sans les espoirs humains, l'Espérance, c'est du bluff. Interview, in: TC n° 1328 (18. Dezember 1969), 13–14.
Situation humaine. Corporalité et temporalité, in: L'homme et son destin. Actes du Ier congrès international de philosophique médiévale. Louvain 1958, Louveain, 1960 (= Parole 2, 411–436; dt.: Leiblichkeit und Zeitlichkeit. Eine anthropologische Stellungnahme [Collection Chenu 1], Berlin 2001).
Spiritualité du travail, Paris 1941.
St Thomas d'Aquin et la théologie (Maîtres spirituels 17), Paris 1959 (dt.: Thomas von Aquin in Selbstzeugnissen und Bilddokumenten, Hamburg 1960).
Testimonianza di un vecchio „Tomista", in: La scuola cattolica 102 (1974), 535–537.
Théologie de la mutation, in: Société injuste et révolution. Colloque de Venise 1968, sous les auspices de Pax Romana et de l'IDO-C, Paris 1970, 77–89.
Theologie der Arbeit (Collection Chenu 5), Ostfildern ^{2}2016.
Théologie du travail, in: L'enfant et son avenir professionnel. Esquisse d'une théologie de la création et du travail, Paris 1959, 11–47.
Théologie et recherche interdisciplinaire, in: François Houtart (Hg.), Recherche interdisciplinaire et théologie (Cogitatio fidei 54), Paris 1970, 65–76.
Tradition und Soziologie des Glaubens, in: Johannes Betz, Heinrich Fries (Hg.), Kirche und Überlieferung (FS Joseph Rupert Geiselmann), Freiburg 1960, 266–275.
Un'antropologia rinnovata, in: Giuseppe Rovea (Hg.), Scuola ed educazione religiosa, Rom 1975, 291–303.
Un athée peut-il croire en Dieu sans le savoir?, in: Le Point. Dialogues sur la foi 3, Paris 1971, 108–110.
Un centre de gravité: le combat pour la justice (réflexion sur le synode), in: TC Nr. 1419 (16. September 1971), 15.
Un concile à la dimension du monde, in: Témoignage chrétien n° 953 (12. Oktober 1962), 9 (= Parole de Dieu 2, 633–637).
Un concile „pastoral", in: Parole et mission n° 21 (1963), 182–202 (= Parole de Dieu 2, 655–672).
Un peuple messianique. Constitution de l'Église chap. 2, no. 9, in: Nouvelle Revue Théologique 89 (1967), 164–182.
Un signe de santé (Non au syllabus), in: TC Nr. 1179 (9. Februar 1967), 17.
Un témoignage sur le développement de ce qu'on appelle le christianisme social, in: Osservatore Romano (Inserto Speciale Per l'Ottantesimo Compleanno Di Sua Santità Papa Paolo VI f.R.), 25. September 1977, 2.
Un témoin des années 30, in: Esprit 40 (Oktober 1972), 433–437.
Un vieux témoin, in: Correspondance des aumôniers de l'ACO, November 1985, 1–3.
Une constitution pastorale de l'Église, DO-C n° 205 (1965), 1–13 (= Peuple de Dieu, 11–34; deutsche Übersetzung in: Volk Gottes in der Welt, 17–40).
Une école de théologie: le Saulchoir. Avec les études de Giuseppe Alberigo, Étienne Fouilloux, Jean Ladrière, Jean-Pierre Jossua. Préface de René Rémond, Paris 1985.
Une Église populaire, in: Le Monde, 24. Mai 1983, 2.

Une pose dans le dialogue (chrétiens-marxistes), in: TC n° 1362 (13. August 1970), 17.
Victor Cousin en 1856, in: RSPT 24 (1935), 65–75.
Vie conciliaire de l'Église et sociologie de la foi, in: Esprit 29 (1961), 678–689 (= Parole de Dieu 1, 371–383).
Vingt ans après. Un concile prophétique, in: Le Monde, 12. Oktober 1982, 2.
Vocations particulières et grâce baptismale, in: La vocation religieuse et sacerdotale, Paris 1969, 7–21.
Von der Freiheit eines Theologen. M.-Dominique Chenu im Gespräch mit Jacques Duquesne (Collection Chenu 3), Mainz 2005.
„Vox populi, vox Dei". L'opinion publique dans le peuple de Dieu, in: IDO-C n° 67–37 (1967), 1–10.
[Zorn aus Liebe], in: Norbert Sommer (Hg.), Zorn aus Liebe. Die zornigen alten Männer der Kirche, Stuttgart 1983, 81–89.
1939–1959: Classe ouvrière et Église missionnaire, in: Témoignage chrétien n° 773 (1. Mai 1959), 20 (= Parole de Dieu 2, 283–286).
mit Congar, Yves, Deux „experts" racontent (M.-D. Chenu et Y. Congar – dossier concile), in: TC n° 1706 (17. März 1977), 22.
mit Congar, Yves, Le Concile a redécouvert le peuple de Dieu. M.-D. Chenu et Y. Congar sur Lumen gentium, in: TC n° 1711 (21. April 1977), 20–22.
mit Congar, Yves, L'Église tournée vers le monde. M.-D. Chenu et Y. Congar parlent du message au monde – 20 octobre 1962, in: TC n° 1707 (24. März 1977), 19.
mit Six, Jean-François, L'Esprit qui nous parle à travers l'incroyance, Paris 1976.

Weitere zitierte Werke

Alberigo, Giuseppe, „Un concile à la dimension du monde". Marie-Dominique Chenu à Vatican II d'après son journal, in: Le Centre d'études du Saulchoir (Hg.), Marie-Dominique Chenu. Moyen-Âge et modernité. Colloque organisé par le Département de la recherche de l'Institut Catholique de Paris et le Centre d'études du Saulchoir à Paris, les 28 et 29 octobre 1995 sous la présidence de Joseph Doré et Jacques Fantino (Les Cahiers du Centre d'études du Saulchoir 5), Paris 1997, 155–172.
Albert, Marcel, Die katholische Kirche in Frankreich in der Vierten und Fünften Republik (Römische Quartalschrift für christliche Altertumskunde und Kirchengeschichte, 52. Supplementheft), Freiburg 1999.
Anawati, Georges, Le Père Chenu et l'Institut dominicain d'Études orientales du Caire, in: L'hommage différé au Père Chenu, 63–67.
Avon, Dominique, Les Frères prêcheurs en Orient. Les dominicains du Caire (années 1910–1960), Paris 2005.
Avon, Dominique, Fourcade, Michel (Hg.), Un nouvel âge de la théologie? 1965–1980, Colloque de Montpellier, juin 2007, Paris 2009.
von Balthasar, Hans Urs, Liturgie cosmique. Maxime le Confesseur, Paris 1947.
Barrau, Grégory, Le mai 68 des catholiques, Paris 1998.
Bauer, Christian, Geschichte und Dogma. Genealogie der Verurteilung einer Schule der Theologie, in: Chenu, Le Saulchoir. Eine Schule der Theologie, 9–50.
Bauer, Christian, „Messianisches Volk" (LG 9). M. Dominique Chenus ekklesiologischer Beitrag zum Zweiten Vatikanum, in: Thomas Franz, Hanjo Sauer (Hg.),

Glaube in der Welt von heute. Theologie und Kirche nach dem Zweiten Vatikanischen Konzil (FS Elmar Klinger), Band 1: Profilierungen, Würzburg 2006, 33–56.
Bauer, Christian, Ortswechsel der Theologie. M.-Dominique Chenu im Kontext seiner Programmschrift „Une école de théologie: Le Saulchoir" (Tübinger Perspektiven zur Pastoraltheologie und Religionspädagogik 42), 2 Bände, Münster 2010.
Bauer, Christian, Marie-Dominique Chenu OP (1895–1990), in: Gregor Maria Hoff, Ulrich H. J. Körtner (Hg.), Arbeitsbuch Theologiegeschichte. Diskurse. Akteure. Wissensformen, Band 2: 16. Jahrhundert bis zur Gegenwart, Stuttgart 2013, 319–337.
Bauer, Christian, Engel, Ulrich, Eggensperger, Thomas, Vorwort, in: Marie-Dominique Chenu, Le Saulchoir. Eine Schule der Theologie, 7–8.
Belouet, Éric, Bouche Albert, in: Dictionnaire biographique des frères prêcheurs. Notices biographiques, B (http://dominicains.revues.org/153).
Bendel-Maidl, Lydia, Tradition und Innovation. Zur Dialektik von historischer und systematischer Perspektive in der Theologie. Am Beispiel von Transformationen in der Rezeption des Thomas von Aquin im 20. Jahrhundert (Religion – Geschichte – Gesellschaft 27), Münster 2004.
Berger, David, Art. Garrigou-Lagrange, Réginald, in: ders., Jörgen Vijgen (Hg.), Thomistenlexikon, Bonn 2006, 192–201.
Besret, Bernard, Incarnation ou eschatologie? Contribution à l'histoire du vocabulaire religieux contemporain 1935–1955. Préface de M.-D. Chenu (Rencontres 66), Paris 1964.
Boniface, J. et J., Les „petits foyers" du Père Chenu, in: L'hommage différé au Père Chenu, 145–147.
Bonnet, Serge, Défense du catholicisme populaire. Préface de Daniel Rondeau, Paris 2016.
Bordeyne, Philippe, L'homme et son angoisse. La théologie morale de „Gaudium et spes". Préface par Mgr Joseph Doré, Archevêque de Strasbourg (Cogitatio Fidei 240), Paris 2004.
Boureau, Alain, Le Père Chenu médiéviste: historicité, contexte et tradition, in: RSPT 81 (1997), 407–414.
Boyer, Charles, Qu'est-ce que la théologie? Réflexions sur une controverse, in: Gregorianum 21 (1940), 255–266.
Bradbury, Nicholas, Practical Theology and Pierre-André Liégé. Radical Dominican and Vatican II Pioneer, London 2018.
Le Bras, Gabriel, Institutions ecclésiastiques de la chrétienté médiévale (Histoire de l'Église depuis les origines jusqu'à nos jours 12), Paris 1964.
de la Brosse, Olivier, Le Père Chenu, La liberté dans la foi, Paris 1969.
Brulin, Monique, Les mutations liturgiques en France (1965–1975), in: Jean-François Galinier-Pallerola, Augustin Laffay, Bernard Minvielle (Hg.), L'Église de France après Vatican II (1965–1975). Actes du colloque „Retour sur l'Église de France après le concile Vatican II 1965–1973, le regard de l'histoire" organisé par le Centre Histoire et Théologie de la Faculté de Théologie de Toulouse et tenu à l'Institut Catholique de Toulouse les 16 et 17 octobre 2009, Paris 2011, 107–140.
Bunnenberg, Johannes, Lebendige Treue zum Ursprung. Das Traditionsverständnis Yves Congars (Walberberger Studien der Albertus-Magnus-Akademie, Theologische Reihe 14), Mainz 1989.

Burnham, James, L'Ère des organisateurs, Paris 1947 (Original: The Managerial Revolution. What is Happening in the World, New York 1941).

Câmara Pessoa, Helder, Lettres conciliaires (1962–1965), Band 1: „J'ai déjà un programme bien tracé", Paris 2006.

Cardijn, Joseph, Théologie du travail, théologie pour l'homme, in: L'hommage différé au Père Chenu, 19–21.

Cavalin, Tangi, Viet-Depaule, Nathalie, Une histoire de la Mission de France. La riposte missionnaire (1941–2002), Paris 2002.

Cavalin, Tangi, Viet-Depaule, Nathalie, Les dominicains des provinces françaises au Concile Vatican II, in: Christian Sorrel (Hg.), Le Concile Vatican II et le monde des religieux (Europe occidentale et Amérique du Nord 1950–1980) (Chrétiens et Sociétés. Documents et mémoires 36), Paris 2019, 111–119.

Chatagner, Jacques, Confirmés dans la foi, in: L'hommage différé au Père Chenu, 132–139.

Chenu, Bruno, Coudreau, François (Hg.), La foi des catholiques. Catéchèse fondamentale, Paris 1984.

Comby, Jean, Heurs et malheurs de la catéchèse en France. Le débat autour de *Pierres vivantes*, in: Archives de sciences sociales des religions 62 (1986), 53–60.

Congar, Yves, Une conclusion théologique à l'Enquête sur les raisons actuelles de l'incroyance, in: La Vie Intellectuelle n° 37 (1935), 214–249.

Congar, Yves, Art. Théologie, in: DTC 15 (1943), 341–502.

Congar, Yves, Vraie et Fausse Réforme dans l'Église (Unam Sanctam 20), Paris 1950.

Congar, Yves, Jalons pour une théologie du laïcat (Unam Sanctam 23), Paris 1953 (dt.: Der Laie, Stuttgart 1957).

Congar, Yves, Le sens de l'„économie" salutaire dans la „théologie" de saint Thomas d'Aquin (Somme théologique), in: Erwin Iserloh, Peter Manns (Hg.), Glaube und Geschichte. Festgabe Joseph Lortz, Band 2, Baden-Baden 1958, 73–122.

Congar, Yves, Le mystère du temple ou l'économie de la présence de Dieu à sa créature de la Genèse à l'Apocalypse, Paris 1958.

Congar, Yves, Vaste monde, ma paroisse. Vérité et dimensions du salut, Paris 1959 (dt.: Außer der Kirche kein Heil, Essen 1961).

Congar, Yves, Le Concile, l'Église et … les Autres, in: Lumière et Vie 45 (Januar 1960), 69–97.

Congar, Yves, Conclusion, in: Le Concile et les conciles, Paris 1960, 285–334 (dt.: Zusammenfassung, in: Das Konzil und die Konzile. Ein Beitrag zur Geschichte des Konzilslebens der Kirche, Stuttgart 1962, 331–390).

Congar, Yves, La Tradition et les traditions. Band 1: Essai historique, Paris 1960; Band 2: Essai théologique, Paris 1963 (dt.: Die Tradition und die Traditionen, Mainz 1965).

Congar, Yves, La foi et la théologie (Le mystère chrétien. Théologie dogmatique), Tournai 1962.

Congar, Yves, Les voies du Dieu vivant. Théologie et vie spirituelle, Paris 1962 (dt.: Wege des lebendigen Gottes. Glaube und christliches Leben, Freiburg 1964).

Congar, Yves, Sacerdoce et laïcat devant leurs tâches d'évangélisation et de civilisation (Cogitatio fidei 4), Paris 1962 (dt.: Priester und Laien im Dienst am Evangelium, Freiburg 1965).

Congar, Yves, Du bon usage du Denzinger, in: L'ami du clergé, 23. Mai 1963, 321–329 (dt.: Über den rechten Gebrauch des „Denzinger", in: ders., Situation und Aufgabe der Kirche heute, Paderborn 1971, 125–150).

Congar, Yves, Sainte Église. Etudes et approches ecclésiologiques (Unam Sanctam 41), Paris 1963 (dt.: Heilige Kirche. Ekklesiologische Studien und Annäherungen, Stuttgart 1966).

Congar, Yves, Appels et cheminements. 1929–1963, in: ders., Chrétiens en dialogue. Contributions catholiques à l'oecuménisme (Unam Sanctam 50), Paris 1964, IX–LXIV.

Congar, Yves, Un initiateur: le P. M.-D. Chenu, in: Le Monde, 31. Januar 1965, 11.

Congar, Yves, Kirche und Welt, in: Johann Baptist Metz (Hg.), Weltverständnis im Glauben, Mainz 1965, 102–126.

Congar, Yves, L'„Ecclesia" ou communauté chrétienne, sujet intégral de l'action liturgique, in: Jean-Pierre Jossua, Yves Congar (Hg.), La liturgie après Vatican II. Bilans, études, prospective (Unam Sanctam 66), Paris 1967, 241–282.

Congar, Yves, Le moment „économique" et le moment „ontologique" dans la Sacra doctrina (Révélation, Théologie, Somme théologique), in: André Duval (Hg.), Mélanges offerts à M.-D. Chenu. Maître en théologie (Bibliothèque thomiste 37), Paris 1967, 135–187.

Congar, Yves, La pneumatologie dans la théologie catholique, in: RSPT 51 (1967), 250–258.

Congar, Yves, Theologische Grundlegung (Nr. 2–9), in: Johannes Schütte (Hg.), Mission nach dem Konzil, Mainz 1967, 134–172.

Congar, Yves, Einleitung und Kommentar zum Vierten Kapitel des Ersten Teils, in: LThK.E 3 (1968), 397–422.

Congar, Yves, „Lumen gentium" n° 7, l'Église, corps mystique du Christ vu au terme de huit siècles d'histoire de la théologie du corps mystique, in: Au service de la parole de Dieu. Mélanges Mgr André-Marie Charue, Grembloux 1969, 179–202 (= Congar, Yves, Le Concile Vatican II. Son Église Peuple de Dieu et Corps du Christ [Théologie historique 71], Paris 1984, 137–161).

Congar, Yves, Marie-Dominique Chenu, in: Herbert Vorgrimler, Robert Vander Gucht, Bilanz der Theologie im 20. Jahrhundert, Band 4: Bahnbrechende Theologen, Freiburg 1970, 99–122.

Congar, Yves, Mon cheminement dans la théologie du laïcat et des ministères, in: ders., Ministères et communion ecclésiale, Paris 1971, 9–30.

Congar, Yves, Une vie pour la vérité. Jean Puyo interroge le Père Congar, Paris 1975.

Congar, Yves, La Crise dans l'Église et Mgr Lefebvre, Paris 1976.

Congar, Yves, Église catholique et France moderne, Paris 1978.

Congar, Yves, Écrits réformateurs. Textes choisis et présentés par Jean-Pierre Jossua, Paris 1995.

Congar, Entretiens d'automne, Paris 1987 (dt.: Herbstgespräche. Erinnerungen und Anstöße, München 1988).

Congar, Yves, Je crois en l'Esprit Saint, 3 Bände, Paris 1979–1980 (dt.: Der Heilige Geist, Freiburg 1982).

Congar, Yves, Journal d'un théologien (1946–1956). Édité et présenté par Étienne Fouilloux. Avec la collaboration de Dominique Congar, André Duval et Bernard Montagnes, Paris 2001.

Congar, Yves, Mon journal du Concile. Présenté et annoté par Éric Mahieu. Avant-propos de Dominique Congar. Préface de Bernard Dupuy, Paris 2002, 2 Bände.

Conticello, Carmelo Giuseppe, De Contemplatione (Angelicum, 1920). La thèse inédite de doctorat du P. M.-D. Chenu, in: RSPT 75 (1991), 363–422.

Cordovani, Mariano, Per la vitalità della teologia cattolica, in: Angelicum 17 (1940), 132–146.

Cuchet, Guillaume, Comment notre monde a cessé d'être chrétien. Anatomie d'un effondrement, Paris 2018.

Cuchet, Guillaume, Quelques hypothèses sur l'étrange „déclin du catholicisme d'ouverture", in: Bruno Dumons, Frédéric Gugelot (Hg.), Catholicisme et identité. Regards croisés sur le catholicisme français contemporain (1980–2017), Paris 2017, 45–60.

Dalmais, Henri-Irénée, Le vocabulaire des activités intellectuelles, volontaires et spirituelles dans l'anthroplogie de S. Maxime le Confesseur, in: André Duval (Hg.), Mélanges offerts à M.-D. Chenu. Maître en théologie (Bibliothèque thomiste 37), Paris 1967, 188–202.

Debilly, Xavier, La théologie au creuset de l'histoire. Marie-Dominique Chenu et son travail avec la Mission de France (Cogitatio Fidei 304), Paris 2018.

Deissler, Alfons, Fürstabt Martin Gerbert und die theologische Methode. Eine Studie zur deutschen Theologiegeschichte des 18. Jahrhunderts (Studien und Mitteilungen zur Geschichte des Benediktinerordens und seiner Zweige. Ergänzungsband 15), München 1940.

Delaruelle, Étienne, Edmond-René Labande, Paul Ourliac, L'Église au temps du grand schisme et de la crise conciliaire (Histoire de l'Église depuis les origines jusqu'à nos jours 14), 2 Bände, Paris 1964.

Denis, Florence, Entre mission et développement: une expérience de laïcat missionnaire, l'association Ad Lucem 1945–1957, in: Le Mouvement social n° 177 (Oktober–Dezember 1996), 29–47.

Denis, Jean-Pierre, Indifférence et disponibilité, in: Penser l'inscription de l'Église. Regards croisés sur la participation des catholiques à la société. Colloque de l'observatoire Foi et Culture de la Conférence des Évêques de France (4 décembre 2010), Paris 2011, 94–100.

Denis, Philippe, Les séminaristes du cardinal Lustiger, in: René Luneau (Hg.), Le rêve de Compostelle. Vers la restauration d'une Europe chrétienne?, Paris 1989, 90–108.

Demongue, M., Entreprise d'humanisation, in: L'hommage différé au Père Chenu, 99–100.

Desouche, Marie-Thérèse, Le Christ dans l'histoire selon le pape Pie XI. Un prélude à Vatican II? (Cogitatio Fidei 265), Paris 2008.

Domenach, Jean-Marie, Célébration du Père Chenu, in: L'hommage différé au Père Chenu, 122–125.

Donneaud, Henry, Histoire d'une histoire. M.-D. Chenu et „la théologie comme science au XIIIe siècle", in: Mémoire dominicaine 4 (1994), 139–175.

Donneaud, Henry, M.-D. Chenu et l'exégèse de Sacra doctrina, in: RSPT 81 (1997), 415–437.

Donneaud, Henry, Une école, des théologies?, in: Gregorianum 82 (2002), 443–449.

Donneaud, Henry, La constitution dialectique de la théologie et de son histoire selon Marie-Dominique Chenu, in: Revue Thomiste 96 (1996), 41–66.

Doré, Joseph, Un itinéraire-témoin. Marie-Dominique Chenu, in: Pierre Colin (Hg.), Les catholiques français et l'héritage de 1789. D'un centenaire à l'autre 1889–1989. Actes du colloque de l'Institut Catholique de Paris, Paris 9–11 mars 1989 (Bibliothèque Beauchesne Religions – Société – Politique 17), Paris 1989, 313–339.

Doré, Joseph, Les courants de la théologie française depuis Vatican II, in: Jean-Pierre Jossua, Nicolas-Jean Sed (Hg.), Interpréter. Hommage amical à Claude Geffré, Paris 1992, 227–259.

Dubois-Dumée, Jean-Pierre, Présentation, in: Un concile pour notre temps, Paris 1961, 7–12.

Dumont, Robert, La condamnation des prêtres-ouvriers (1953–1954). Étude de cas à travers les documents. Postface de Denis Pelletier, Paris 2019.

Duployé, Pie, La religion de Péguy, Paris 1965.

Duval, André, Aux origines de l'Institut historique d'études thomistes au Saulchoir (1920 et ss.), in: RSPT 75 (1991), 423–448.

Duval, André, Le message au monde, in: Étienne Fouilloux (Hg.), Vatican II commence … Approches francophones (Instrumenta theologica 12), Leuven 1993, 105–118.

Duval, André, Présentation biographique de M.-D. Chenu par ses œuvres essentielles, in: Le Centre d'Études du Saulchoir (Hg.), Marie-Dominique Chenu. Moyen-Âge et modernité. Colloque organisé par le Département de la recherche de l'Institut catholique de Paris et le Centre d'études du Saulchoir à Paris, le 28 et 29 octobre 1995 sous la présidence de Joseph Doré et Jacques Fantino (Les Cahiers du Centre d'études du Saulchoir 5), Paris 1997, 11–23.

Engel, Ulrich, Posthumer „Dr. h. c." für M.-D. Chenu. Erinnerung an einen „Theologen der Zeichen der Zeit", in: Wort und Antwort 45 (2004), 131.

Engel, Ulrich, Theologale Mystik im Konflikt. Marie-Dominique Chenu OP und die Grundintuitionen seiner Theologie, in: Mariano Delgado, Gotthard Fuchs (Hg.), Die Kirchenkritik der Mystiker. Prophetie aus Gotteserfahrung, Bd. 3: Von der Aufklärung bis zur Gegenwart, Freiburg i. Ue. 2005, 351–369.

Engelhardt, Paulus, Neuaufbruch aus Tradition. Marie-Dominique Chenu (7.1.1895–11.2.1990), in: Wort und Antwort 31 (1990), 91–93.

Fameree, Joseph, Routhier, Gilles, Yves Congar. Leben – Denken – Werk, Freiburg 2016 (französische Originalausgabe 2006).

Féret, Henri-Marie, La théologie concrète et historique et son importance pastorale présente, in: Jean-Pierre-Jossua, Hervé-Marie Legrand, Delphine Guillou (Hg.), Le service théologique dans l'Église. Mélanges offerts à Yves Congar pour ses soixante-dix ans (Cogitatio Fidei 76), Paris 1974, 193–247.

Féret, Henri-Marie, Dans les cheminements de la sagesse de Dieu, in: L'hommage différé au Père Chenu, 208–238.

Ferry, Gilles, Uriage, 1944, in: L'hommage différé au Père Chenu, 104.

Fischer, Eugène, Présence du Père Chenu parmi les prêtres de l'Alsace, in: L'hommage différé au Père Chenu, 87–90.

Fogarty, Gerald P., Das Konzil beginnt, in: Giuseppe Alberigo, Klaus Wittstadt (Hg.), Geschichte des Zweiten Vatikanischen Konzils (1959–1965), Band 2: Das Konzil auf

dem Weg zu sich selbst. Erste Sitzungsperiode und Intersessio Oktober 1962–September 1963, Mainz 2000, 83–127.
Fouilloux, Étienne, Autour d'une mise à l'index, in: Le Centre d'Études du Saulchoir (Hg.), Marie-Dominique Chenu. Moyen-Âge et modernité. Colloque organisé par le Département de la recherche de l'Institut catholique de Paris et le Centre d'études du Saulchoir à Paris, le 28 et 29 octobre 1995 sous la présidence de Joseph Doré et Jacques Fantino (Les Cahiers du Centre d'études du Saulchoir 5), Paris 1997, 25–56.
Fouilloux, Étienne, Le Saulchoir en procès (1937–1942), in: Marie-Dominique Chenu, Une école de théologie: le Saulchoir. Avec les études de Giuseppe Alberigo, Étienne Fouilloux, Jean Ladrière et Jean-Pierre Jossua, Paris 1985, 37–60.
Fouilloux, Étienne, Une Église en quête de liberté. La pensée catholique française entre modernisme et Vatican II (1914–1962), Paris 1999.
Fouilloux, Étienne, Des chrétiens à Ivry-sur-Seine (1930–1960), in: ders., Les chrétiens français entre guerre d'Algérie et mai 1968, 175–192.
Fouilloux, Étienne, Lustiger (Jean-Marie Aaron), in: Dominique-Marie Dauzet, Frédéric Le Moigne (Hg.), Dictionnaire des Évêques de France au XXe siècle, Paris 2010, 430–432.
Fouilloux, Étienne, Marty (François), in: Dominique-Marie Dauzet, Frédéric Le Moigne (Hg.), Dictionnaire des Évêques de France au XXe siècle, Paris 2010, 454–456.
Fouilloux, Étienne, Essai sur le devenir du catholicisme en France et en Europe occidentale de Pie XII à Benoît XVI, in: Revue théologique de Louvain 42 (2011), 526–557.
Fouilloux, Étienne, Première alerte sur le Saulchoir (1932), in: RSPT 96 (2012), 93–105.
Fouilloux, Étienne, L'affaire Chenu (1937–1943), in: RSPT 98 (2014), 261–352.
Fouilloux, Étienne, Cavalin, Tangi, Viet-Depaule, Nathalie, Les Éditions dominicaines du Cerf 1918–1965, Rennes 2018.
Fourquet, Jérôme, L'archipel français. Naissance d'une nation multiple et divisée, Paris 2019.
Franco, Antonino, M.-D. Chenu. Théologien, homme d'écoute, déchiffreur de l'événement, Paris 2019.
Franco, Antonino, Chenu, Marie-Dominique. La teologia è sapienza. Conversazioni e lettere (Teologia. Nuova serie 18), Brescia 2018.
Franziskus, Schreiben von Papst Franziskus an den Präsidenten der Päpstlichen Kommission für Lateinamerika, Kardinal Marc Ouellet, 19. März 2016 (https://w2.vatican.va/content/francesco/de/letters/2016/documents/papa-francesco_20160319_pont-comm-america-latina.html).
Franziskus, Brief von Papst Franziskus an den Großkanzler der „Pontificia Universidad Católica Argentina" zum hundertjährigen Jubiläum der Theologischen Fakultät, 3. März 2015, (https://w2.vatican.va/content/francesco/de/letters/2015/documents/papa-francesco_20150303_lettera-universita-cattolica-argentina.html).
Friedmann, Georges, Problèmes humains du machinisme industriel, Paris 1946.
Gabriel, Karl, Christentum zwischen Tradition und Postmoderne (QD 141), Freiburg ^{7}2000.
Gärtner, Stefan, Der Fall des niederländischen Katholizismus. Kirche und Seelsorge in einer spätmodernen Gesellschaft, Freiburg 2017.

Gardeil, Ambroise, Le donné révélé et la théologie, Paris 1910.
Garreau, Lydie, Louis-Joseph Lebret. Itinéraire d'un combat pour la rénovation d'une Église ouverte au monde, Villeurbanne 1997.
Garrigou-Lagrange, Réginald, La nouvelle théologie où va-t-elle?, in: Angelicum 23 (1946), 126–145.
Gauthier, Paul, Les pauvres, Jésus et l'Église, Paris 1963.
Gauthier, Paul, „Consolez mon peuple". Le Concile et „l'Église des pauvres" (L'Église aux cent visages), Paris 1965.
Gay, Jean-Pascal, Contre le présentisme de l'histoire contemporaine du catholicisme. À propos d'un livre récent sur „l'effondrement" du christianisme en France, in: Revue d'histoire ecclésiastique 114 (2019), 358–379.
Geffré, Claude, Un nouvel âge de la théologie. Préface de M.-D. Chenu (Cogitatio fidei 68), Paris 1972.
Geffré, Claude, Silence et promesses de la théologie française, in: ders., Le christianisme au risque de l'interprétation (Cogitatio fidei 120), Paris 1983, 323–346.
Geffré, Claude, Kérygme et histoire chez Rudolf Bultmann, in: RSPT 49 (1965), 609–639.
Geffré, Claude, Liminaire, in: L'hommage différé au Père Chenu, I–III.
Geffré, Claude, Introduction, in: L'hommage différé au Père Chenu, VI–XI.
Geffré, Claude, Théologie de l'incarnation et théologie des signes des temps chez le Père Chenu, in: Le Centre d'Études du Saulchoir (Hg.), Marie-Dominique Chenu. Moyen-Âge et modernité. Colloque organisé par le Département de la recherche de l'Institut catholique de Paris et le Centre d'études du Saulchoir à Paris, le 28 et 29 octobre 1995 sous la présidence de Joseph Doré et Jacques Fantino (Les Cahiers du Centre d'études du Saulchoir 5), Paris 1997, 131–154.
Geffré, Claude, L'état de l'Église catholique en France, in: Otto Hermann Pesch, Jean-Marie Van Cangh (Hg.), Comment faire de la théologie aujourd'hui? Continuité et renouveau (Publications de l'Académie internationale des sciences religieuses), Paris 2003, 67–75.
Geffré, Claude, De Babel à Pentecôte. Essais de théologie interreligieuse (Cogitatio Fidei 247), Paris 2006.
Geffré, Claude, Le christianisme comme religion de l'Évangile, Paris 2012.
Geiselmann, Joseph Rupert, Die Katholische Tübinger Schule. Ihre theologische Eigenart, Freiburg 1965.
Gilson, Étienne, Essai sur la vie intérieure, in: Revue philosophique 89–90 (1920), 23–78.
Graf, Friedrich Wilhelm, Die „antihistorische Revolution in der protestantischen Theologie der zwanziger Jahre", in: ders., Der heilige Zeitgeist. Studien zur Ideengeschichte der protestantischen Theologie in der Weimarer Republik, Tübingen 2011, 111–137.
Gray, Janette, M-D Chenu's Christian Anthropology: Nature and Grace in Society and Church, Adelaide 2019.
Guelluy, Robert, Les antécédents de l'encyclique „Humani generis" dans les sanctions romaines de 1942: Chenu, Charlier, Draguet, in: Revue d'histoire ecclésiastique 81 (1986), 421–497.

Guérend, Jean-Pierre, Cardinal Emmanuel Suhard. Archevêque de Paris (1940–1949). Temps de guerre, temps de paix, passion pour la Mission. Préface d'Émile Poulat, Paris 2011.

Guérend, Jean-Pierre, Préface, in: Robert Dumont (Hg.), La France, pays de mission? Suivi de La religion est perdue à Paris. Textes et interrogations pour aujourd'hui, Paris 2014, 57–79.

Guérin, Georges, Un théologien à la JOC, in: L'hommage différé au Père Chenu, 22–24.

Gutiérrez, Gustavo, Theologie der Befreiung. Mit der neuen Einleitung des Autors und einem neuen Vorwort von Johann Baptist Metz, Mainz [10]1992.

Halft, Dennis, Towards a New Perception of Islam. The Influence of Marie-Dominique Chenu's Theology of Incarnation on Christian-Muslim Relations, in: Michael Attridge, Darren Dias, Matthew Ewaton, Nicholas Olkovich (Hg.), The Promise of Renewal. Dominicans and Vatican II, Adelaide 2017, 225–239.

Hamer, Jean-Jérôme, Un programme de „christologie conséquente". Le projet de Karl Barth, in: Nouvelle Revue Théologique 84/10 (1962), 1009–1031.

Haslinger, Herbert, Die pastorale Konstitution in nuce. Zu Entstehung, Inhalt und Bedeutung der „Botschaft der Konzilsväter", in: ThGl 102 (2012), 594–617.

Heer, Friedrich, Catholicité d'hier et de demain, Paris 1960.

Heinz, Andreas, Kontakte und Zusammenarbeit der deutsch- und französischsprachigen Liturgiewissenschaftler im Vorfeld und während des Vaticanum II, in: Martin Klöckener, Salvatore Loiero, François-Xavier Amherdt (Hg.), Noch ist es wie Morgenröte … Comme à l'aube … Liturgie und Pastoral unter dem Anspruch des Zweiten Vatikanischen Konzils. Liturgie et pastorale au défi du concile Vatican II (Théologie pratique en dialogue 44), Fribourg 2016, 149–196.

Heimbach-Steins, Marianne, Theandrisch. Sozialethische Impulse im inkarnatorischen Denken Marie-Dominique Chenus, in: Klaus Arntz, Peter Schallenberg (Hg.), Ethik zwischen Anspruch und Zuspruch. Gottesfrage und Menschenbild in der katholischen Moraltheologie (FS Klaus Demmer) (Studien zur theologischen Ethik 71), Fribourg 1996, 90–106.

Hervieu-Léger, Catholicisme, la fin d'un monde, Paris 2003.

Hillebrand, Bernd, Schön und passend? Grundlagen einer Pastoral der Zeichen der Zeit (Zeitzeichen 36), Ostfildern 2015.

Hollande, Jacques, Quand naissait la Mission de France, in: L'hommage différé au Père Chenu, 36–37.

L'hommage différé au Père Chenu. Introduction de Claude Geffré (Théologies), Paris 1990.

Holzem, Andreas, Praktische Theologie in der Vergangenheitsform. Die Geschichte des Christentums als Geschichte des „geglaubten Gottes", in: Doris Nauer, Rainer Bucher, Franz Weber (Hg.), Praktische Theologie. Bestandsaufnahme und Zukunftsperspektiven. Ottmar Fuchs zum 60. Geburtstag (Praktische Theologie heute 74), Stuttgart 2005, 388–397.

Hünermann, Peter, Theologischer Kommentar zum Dekret über die Missionstätigkeit der Kirche Ad gentes, in: HThK.Vat II 4 (2005), 219–336.

Hünermann, Peter, Die Kirche und ihre Caritas als Sakrament. Herausgefordert durch „neue pastorale Räume" (Benediktbeurer Hochschulschriften 26), München 2011.

Imbach, Ruedi, L'étude historique de saint Thomas et les thomismes, in: Le Centre d'Études du Saulchoir (Hg.), Marie-Dominique Chenu. Moyen-Âge et modernité. Colloque organisé par le Département de la recherche de l'Institut catholique de Paris et le Centre d'études du Saulchoir à Paris, le 28 et 29 octobre 1995 sous la présidence de Joseph Doré et Jacques Fantino (Les Cahiers du Centre d'études du Saulchoir 5), Paris 1997, 121–130.

Jacquemont, Patrick, Jossua, Jean-Pierre, Quelquejeu, Bernard, Une foi exposée, Paris 1973.

Jacquemont, Patrick, Jossua, Jean-Pierre, Quelquejeu, Bernard, Le temps de la patience. Étude sur le témoignage, Paris 1976.

Jacquemont, Patrick, Jossua, Jean-Pierre, Quelquejeu, Bernard, De qui tenir. Portraits de famille, Paris 1979.

Johnstone, Brian V., The debate on the structure of the summa theologiae of St Thomas Aquinas: from Chenu (1939) to Metz (1998), in: Paul van Geest, Harm Goris, Carlo Leget (Hg.), Aquinas as authority (Publications of the Thomas Institute te Utrecht), Löwen 2002, 187–200.

Jolivet, Jean, M.-D. Chenu, Médiéviste et théologien, in: RSPT 81 (1997), 381–394.

Jomier, Jacques, Une leçon d'espérance, in: L'hommage différé au Père Chenu, 58–62.

Jossua, Jean-Pierre, Chrétiens au monde. Où en est la théologie de la „révision de vie" et de l'„événement"?, in: La Vie Spirituelle Supplément n° 71, 1964, 455–479.

Jossua, Jean-Pierre, Le Saulchoir: une formation théologique replacée dans son histoire, in: Cristianesimo nella Storia 14 (1993), 99–124.

Jossua, Jean-Pierre, Théologie et vie spirituelle chez saint Thomas selon le Père Chenu, in: La Vie Spirituelle n° 147 (1993), 747–755.

Jossua, Jean-Pierre, Fin de la chrétienté ou nouvelle chrétienté, selon M.-D. Chenu, in: Cristianesimo nella Storia 26 (2005), 769–780.

Jossua, Jean-Pierre, Sed, Nicolas-Jean (Hg.), Interpréter. Hommage amical à Claude Geffré, Paris 1992.

Kaplan, Grant, The Renewal of Ecclesiastical Studies: Chenu, Tübingen and Theological Method in Optatam Totius, in: Theological Studies 77 (2016), 567–592.

Kasper, Walter, Der Gott Jesu Christi (WKGS 4), Freiburg 2008.

Kaufmann, Ludwig, Gott im Herzen der Geschichte. M.-D. Chenu (1895–1990), eine notwendige Erinnerung an französische Impulse, in: Chenu, Kirchliche Soziallehre im Wandel, 101–121.

Keck, Thierry, Jeunesse de l'Église (1936–1955). Aux sources de la crise progressiste en France, Paris 2004.

Kling-Witzenhausen, Monika, Was bewegt Suchende? Leutetheologien – empirisch-theologisch untersucht (Praktische Theologie heute 176), Stuttgart 2020.

Komonchak, Joseph A., Thomism and the Second Vatican Council, in: Anthony J. Cernera (Hg.), Continuity and Plurality in Catholic Theology (FS Gerald McCool), Fairfield 1998, 53–73.

Komonchak, Joseph A., Le valutazione sulla Gaudium et spes: Chenu, Dossetti, Ratzinger, in: Joseph Doré, Alberto Melloni (Hg.), Volti di fine concilio. Studia di storia e teologia sulla conclusione del Vaticano II, Bologna 2000, 115–153.

Komonchak, Joseph A., Augustin, Aquinas or the Gospel sine glossa? Divisions over Gaudium et spes, in: Austen Ivereigh (Hg.), Unifinished Journey. The Church 40 Years after Vatican II. Essays for John Wilkins, London 2003, 102–118.

Küng, Hans, Erkämpfte Freiheit. Erinnerungen, München 2004.

Le Goff, Jacques, Le P. Chenu et la société médiévale, in: RSPT 81 (1997), 371–380.

Legrand, Hervé, Das Amt in der Ortskirche, in: Peter Eicher (Hg.), Neue Summe Theologie, Band 3: Der Dienst der Gemeinde, Freiburg 1989, 116–181.

Legrand, Hervé, L'affaire Gaillot, un analyseur ecclésial?, in: Revue de droit canonique 45 (1995), 151–162.

Legrand, Hervé, L'état de l'Église catholique en France, in: Otto Hermann Pesch, Jean-Marie Van Cangh (Hg.), Comment faire de la théologie aujourd'hui? Continuité et renouveau (Publications de l'Académie internationale des sciences religieuses), Paris 2003, 51–65.

Legrand, Hervé, Relecture et évaluation de l'Histoire du Concile Vatican II d'un point de vue ecclésiologique, in: Christoph Theobald (Hg.), Vatican II sous le regard des historiens. Colloque du 23 septembre 2005 Centre Sèvres – Facultés jésuites de Paris, Paris 2006, 49–82.

Legrand, Hervé, Comment devient-on ecclésiologue et oecuméniste? Quelques apprentissages initiaux, in: Gilles Routhier, Laurent Villemin (Hg.), Nouveaux apprentissages pour l'Église. Mélanges en l'honneur d'Hervé Legrand, Paris 2006, 505–539.

Legrand, Hervé, Introduction. L'articulation entre annonnce de l'Évangile, morale et législations civiles à l'ère post-constantinienne, in: Joseph Famerée, Pierre Gisel, ders. (Hg.), Évangile, moralité et lois civiles. Gospel, Morality and Civil Law. Proceedings of the Colloquia at Bologna (2913) and Klingenthal (2014) (Christianity and History 13), Wien 2016, 23–33.

Legrand, Hervé, Prefazione. La teologia è sapienza, in: Marie-Dominique Chenu, Antonino Franco, La teologia è sapienza. Conversazioni e lettere (Teologia. Nuova serie 18), Brescia 2018, 5–6.

Leprieur, François, Quand Rome condamne. Dominicains et prêtres-ouvriers, Paris 1989.

Liégé, Pierre-André, Pastorale et Vérité, in: L'hommage différé au Père Chenu, 93–96.

Lion, Antoine, Nous les dominicains, in: Medium 20/21 (2008), 41–58.

Luneau, René, Le rêve de Compostelle. Vers la restauration d'une Europe chrétienne?, Paris 1989.

Lupo, Pietro, Rolland, Claude, in: Dictionnaire biographique des chrétiens d'Afrique (https://dacb.org/fr/stories/madagascar/rolland-claude/).

Maldamé, Jean-Michel, Art. Chenu, Marie-Dominique, in: Gérard Reynal (Hg.), Dictionnaire des théologiens et de la théologie catholique, Paris 1998, 111–113.

Maritain, Jacques, Expérience mystique et philosophie, in: Revue de philosophie 33 (1926), 571–618.

Maritain, Jacques, Distinguer pour unir ou les degrés du savoir, Paris 1932.

Mayeur, Jean-Marie, La laïcité de l'État. Du conflit à l'apaisement, de Ferry à Poincaré, in: Pierre Colin (Hg.), Les catholiques français et l'héritage de 1789. D'un centenaire à l'autre 1889–1989. Actes du colloque de l'Institut Catholique de Paris, Paris 9–11 mars 1989 (Bibliothèque Beauchesne Religions – Société – Politique 17), Paris 1989, 83–91.

Messina, Jean-Paul, Évêques africains au concile Vatican II (1959–1965). La cas du Caméroun, Paris 2000.
Mettepenningen, Jürgen, L'Essai de Louis Charlier (1938): une contribution à la Nouvelle théologie, in: Revue théologique de Louvain 39 (2008), 211–232.
Mettepenningen, Jürgen, de Pril, Ward, Thomism and the Renewal of Theology. Chenu, Charlier, and their Ressourcement, in: Horizons 39 (2012), 50–68.
Montagnes, Bernard, Ouverture ou résistance à la modernité? Le rétablissement de l'ordre dominicain en France au dix-neuvième siècle, in: ders., Les dominicains et leurs réformes. Préface d'Étienne Fouilloux (Mémoire dominicaine. Numéro spécial n° III), Paris 2001, 365–373.
Montaron, Georges, Théologien avec les journalistes, in: L'hommage différé au Père Chenu, 126–131.
N. N., Contemporains du futur, in: L'hommage différé au Père Chenu, 154–159.
Morélon, Régis, In Memoriam. Le Père Marie-Dominique Chenu, o.p. (1895–1990), in: Mélanges de l'Institut dominicain d'études orientales du Caire 20 (1991), 521–527.
Morélon, Régis, L'IDEO du Caire et ses intuitions fondatrices sur la relation à l'Islam, in: Les Dominicains et les mondes musulmans, Paris 2001, 137–216.
Mossand, Marie-Jean, Présence du Père Chenu à l'Action Catholique Ouvrière, in: L'hommage différé au Père Chenu, 45–51.
Müller, Christof, Die Eschatologie des Zweiten Vatikanischen Konzils (Würzburger Studien zur Fundemantaltheologie 28), Frankfurt 2002.
Murphy, Francesca, Gilson and Chenu. The structure of the Summa and the Shape of Dominican Life, in: New Blackfriars 85 (2004), 290–303.
Nowak, Kurt, Die „antihistorische Revolution". Symptome und Folgen der Krise historischer Weltorientierung nach dem Ersten Weltkrieg in Deutschland, in: Horst Renz, Friedrich Wilhelm Graf (Hg.), Umstrittene Moderne. Die Zukunft der Neuzeit im Urteil der Epoche von Ernst Troeltsch (Troeltsch-Studien 4), Gütersloh 1987, 133–171.
Oliva, Adriano, Les débuts de l'enseignement de Thomas d'Aquin et sa conception de la Sacra doctrina. Avec l'édition du prologue de son commentaire des Sentences (Bibliothèque thomiste 58), Paris 2006.
Olivier, Bernard, Chroniques congolaises. De Léopoldville à Vatican II (1958–1965), Paris 2000.
Panella, Emilio, Due maestri in una scuola di teologia: Cordovani e Chenu, in: Vita sociale 40 (1983), 166–176.
Panella, Emilio, Come fu condannata „Une école de théologie" di Chenu, in: Vita sociale 42 (1985), 268–281.
Paré, Gérard, Brunet, Adrien, Tremblay, Pierre, La renaissance du XIIe siécle. Les écoles et l'enseignement (Publications de l'Institut d'études médiévales d'Ottawa 3), Paris 1933.
Parente, Pietro, Nuove tendenze teologiche, in: Periodica de re morali canonica liturgica 31 (1942), 184–188.
Peddicord, Richard, The Sacred Monster of Thomism. An Introduction to the Life and Legacy of Reginald Garrigou-Lagrange, South Bend 2005.

Pelletier, Denis, Économie et humanisme. De l'utopie communautaire au combat pour le Tiers-Monde (1941–1966), Paris 1996.

Pelletier, Denis, Une marginalité engagée: le groupe „Jésus, l'Église et les pauvres", in: Mathijs Lamberigts, Claude Soetens, Jan Grootaers (Hg.), Les commissions conciliaires à Vatican II (Instrumenta theologica 18), Leuven 1996, 63–89.

Pelletier, Denis, La crise catholique. Religion, société, politique en France (1965–1978), Paris 2002.

Pelletier, Denis, 1905–2005. Un siècle d'engagements catholiques, in: Bruno Duriez, Étienne Fouilloux, ders., Nathalie Viet-Depaule (Hg.), Les catholiques dans la République 1905–2005, Paris 2005, 19–50.

Pelletier, Denis, Les catholiques de France de 1789 à nos jours, Paris 2019.

Pesch, Otto Hermann, Um den Plan der Summa Theologiae des hl. Thomas von Aquin, in: MThZ 16 (1965), 128–137.

Pesch, Otto Hermann, Thomas von Aquin. Grenze und Größe mittelalterlicher Theologie, Mainz [3]1995.

Pierrard, Pierre, Un siècle de l'Église de France 1900–2000, Paris 2001.

Portier, Philippe, Refaire la République. L'engagement des catholiques français en politique au XXe siècle, in: Bruno Duriez, Étienne Fouilloux, Denis Pelletier, Nathalie Viet-Depaule (Hg.), Les catholiques dans la République 1905–2005, Paris 2005, 239–252.

Potworowski, Christophe, La présence de M.-D. Chenu au Canada, in: Gilles Routhier (Hg.), Vatican II au Canada. Enracinement et réception (Héritage et projet 64), Québec 2001, 41–52.

Potworowski, Christophe, Contemplation and Incarnation. The Theology of Marie-Dominique Chenu (McGill-Queen's studies in the history of ideas 33), Montreal 2001.

Poulat, Émile, Rezension zu: François Houtart (Hg.), Recherche interdisciplinaire et théologie, Paris 1970, in: Archives de Sciences Sociales de Religion 32 (1971), 238–239.

Quisinsky, Michael, „Heilsökonomie" bei Marie-Dominique Chenu OP. Kreative Rezeption ostkirchlicher Theologie im Vorfeld und Verlauf des Zweiten Vatikanischen Konzils, in: Cath(M) 59 (2005), 128–153.

Quisinsky, Michael, Congar avec Chenu et Féret au Saulchoir des années 1930, in: Transversalités n° 98, avril–juin 2006, 3–35.

Quisinsky, Michael, Geschichtlicher Glaube in einer geschichtlichen Welt. Der Beitrag von M.-D. Chenu, Y. Congar und H.-M. Féret zum II. Vaticanum (Dogma und Geschichte 6), Münster 2007.

Quisinsky, Michael, Henri-Marie Féret. Auf dem Weg zu einer „konkreten und geschichtlichen Theologie", in: Thomas Eggensperger, Ulrich Engel (Hg.), „Mutig in die Zukunft". Dominikanische Beiträge zum Zweiten Vatikanischen Konzil (Dominikanische Quellen und Zeugnisse Bd. 10), Leipzig 2007, 65–103.

Quisinsky, Michael, Les PP. Chenu, Congar et Féret engagés dans Vatican II. Du Saulchoir à l'Eglise du concile, in: Mémoire dominicaine n° 25, Paris 2010, 141–174.

Quisinsky, Michael, Echos allemands à Une école de théologie: le Saulchoir (1939–1941). Les réactions de F. Stegmüller, O. Casel et A. Deissler, in: RSPT 94 (2010), 121–132.

Quisinsky, Michael, Vers un Concile pastoral? La réception (ou non-réception) de la théologie de Chenu et de Congar au cours de la phase préparatoire du Concile, in: Gilles Routhier, Philippe J. Roy, Karim Schelkens (Hg.), La théologie catholique entre intransigeance et renouveau. La réception des mouvements préconciliaires à Vatican II (Bibliothèque de la Revue d'Histoire Ecclésiastique 95), Louvain-la-Neuve/ Leuven 2011, 145–178.

Quisinsky, Michael, Aggiornamento – aber wie? Die Konzilstheologen Henri de Lubac SJ und Yves Congar OP zwischen „nouvelle théologie" und Konzilsrezeption, in: Freiburger Zeitschrift für Philosophie und Theologie 58 (2011), 5–33.

Quisinsky, Michael, Wiedergelesen: Marie-Dominique Chenu, Le sacerdoce des prêtres-ouvriers, in: Wort und Antwort 54 (2013), 83–85.

Quisinsky, Michael, The „Interference" between Nouvelle Théologie and Catholic Practice in Church and Society, in: Ephemerides Theologicae Lovanienses 90 (2014), 71–98.

Quisinsky, Michael, „Die Welt sinnlos ohne Gott"? (II) Säkulare Glaubenswelten zwischen Inkarnation und Inkulturation – Rückfragen mit Madeleine Delbrêl, in: Katja Boehme, Thomas Herkert (Hg.), … lauter Sprungbretter in die Ekstase. Alltagsspiritualität nach Madeleine Delbrêl, Würzburg 2015, 55–76.

Quisinsky, Michael, Wiedergelesen: Marie-Dominique Chenu, La théologie est-elle une science?, in: Wort und Antwort 57 (2016), 183–186.

Quisinsky, Michael, Katholizität der Inkarnation – Catholicité de l'Incarnation. Christliches Leben und Denken zwischen Universalität und Konkretion „nach" dem II. Vaticanum – Vie et pensée chrétiennes entre universalité et concrétion (d')après Vatican II (Studia Oecumenica Friburgensia 68), Münster 2016.

Quisinsky, Michael, „L'Église tout entière est en état de Concile" (Paul VI.). Französische Theologen auf dem II. Vatikanischen Konzil, in: ders., Katholizität der Inkarnation, 45–79.

Quisinsky, Michael, The ecumenical dynamic of Vatican II. Lukas Vischer between Geneva and Rome, in: ders., Katholizität der Inkarnation, 80–121.

Quisinsky, Michael, Lukas Vischer als „nichtkatholischer Beobachter" von Konzilsereignis, Konzilsrezeption und Konzilshistoriographie, in: ders., Katholizität der Inkarnation, 124–149.

Quisinsky, Michael, Philosophie et théologie. Quelques intuitions du père Chenu revisitées par ses héritiers, in: ders., Katholizität der Inkarnation, 150–170.

Quisinsky, Michael, „La relation entre l'histoire humaine et l'histoire du salut doit être expliquée à la lumière du mystère pascal". Une contribution du synode extraordinaire de 1985 à l'horizon théologique de la réception de Vatican II, in: ders., Katholizität der Inkarnation, 265–290.

Quisinsky, Michael, Tradition and Normativity of History within an „Economy of Salvation", in: ders., Katholizität der Inkarnation, 327–344.

Quisinsky, Michael, Prolegomena zu einer Theologie als Lebenswissenschaft „auf der Grenze". Papst Franziskus und die theologische Erkenntnislehre, in: Bernd Hillebrand, ders., Dogma und Pastoral – neu vernetzt. Aufbruch zu einer Angewandten Theologie, Ostfildern 2021, 167–188.

Quisinsky, Michael Barmherzigkeit ist die Mission. Spiritualität des Zweiten Vatikanischen Konzils, in: Michael Meyer (Hg.), Seht, da ist der Mensch … und Gott? Herausforderungen missionarischer Spiritualität (Edition Weltkirche 1), Ostfildern 2019, 87–126.

Quisinsky, Michael, Die Inkarnationstheologie von Marie-Dominique Chenu. Dogma und Pastoral diesseits und jenseits der Grenzen der „chrétienté" (im Erscheinen).

Rahner, Karl, Über eine theologische Grundinterpretation des II. Vatikanischen Konzils, in: Zeitschrift für katholische Theologie 101 (1979), 290–299 (= SW 21/2, 970–981).

Rahner, Karl, Die grundlegenden Imperative für den Selbstvollzug der Kirche in der gegenwärtigen Situation, in: Handbuch der Pastoraltheologie II/1, Freiburg 1966, 256–276 (= SW 19, 297–316).

Rahner, Karl Der dreifaltige Gott als transzendenter Urgrund der Heilsgeschichte, in: SW 22 1/b, 513–628.

Raison du Cleuziou, Yann, À la fois prêts et surpris: les chrétiens en mai 1968, in: Denis Pelletier, Jean-Louis Schlegel (Hg.), À la gauche du Christ. Les chrétiens de gauche en France de 1945 à nos jours, Paris 2012, 297–313.

Raison du Cleuziou, Yann, Qui sont les cathos aujourd'hui? Sociologie d'un monde divisé, Paris 2014.

Raison du Cleuziou, Yann, De la contemplation à la contestation. La politisation des dominicains de la Province de France (années 1940–1970), Paris 2016.

Raison du Cleuziou, Yann, Le cadrage de l'actualité politique dans Famille chrétienne. Une comparaison des mobilisations catholiques, in: Bruno Dumons, Frédéric Gugelot (Hg.), Catholicisme et identité. Regards sur le catholicisme français contemporain, Paris 2017, 171–191.

Ratzinger, Joseph, Der Katholizismus nach dem Konzil, in: Auf Dein Wort hin. 81. Deutscher Katholikentag vom 13. Juli–17. Juli 1966 in Bamberg, Paderborn 1966, 245–264 (= JRGS 7/2, 1003–1025).

Reynal, Gérard, Pierre-André Liégé (1921–1979). Un itinéraire théologique au milieu du XXe siècle, Paris 2010.

Riccardi, Andrea, Une école de théologie fra la Francia e Roma, in: Cristianesimo nella storia 5 (1985), 11–28.

Riccardi, Andrea, Die turbulente Eröffnung der Arbeiten, in: Giuseppe Alberigo, Klaus Wittstadt (Hg.), Geschichte des Zweiten Vatikanischen Konzils (1959–1965), Band 2: Das Konzil auf dem Weg zu sich selbst. Erste Sitzungsperiode und Intersessio Oktober 1962–September 1963, Mainz 2000, 1–81, 63–65.

Robert, Joseph, Ouverture, in: L'hommage différé au Père Chenu, 9–13, 12.

Roncalli, Angelo Giuseppe, Journal de France. Band 1: 1945–1948. Introduction et annotation par Étienne Fouilloux, Paris 2006.

Rolland, Claude, Le Père Chenu, théologien au Concile, in: L'hommage différé au Père Chenu, 249–256.

Rolland, Claude, Pour une spiritualité du développement économique, in: Informations catholiques internationales, n° 218, 15 juin 1964, 3–5.

Routhier, Gilles, Note de recherche. Un tournant de Vatican II, in: Études d'histoire religieuse 64 (1998), 71–79.

Routhier, Gilles, Das begonnene Werk zu Ende führen: Die Mühen der vierten Sitzungsperiode, in: Giuseppe Alberigo, Günther Wassilowsky (Hg.), Geschichte des

Zweiten Vatikanischen Konzils (1959–1965), Band 5: Ein Konzil des Übergangs. September–Dezember 1965, Ostfildern 2008, 57–213.
Ruh, Ulrich, Edward Schillebeeckx. Leben und Denken, Freiburg 2019.
Ruhstorfer, Karlheinz, Synodale Vernunft wagen. Zu Heiner Wilmers Kritik an der deutschen Theologie, in: HK 73 (2019), 47–50.
Sander, Hans-Joachim, Theologischer Kommentar zur Pastoralkonstitution über die Kirche in der Welt von heute Gaudium et spes, in: HThK.Vat II 4 (2005), 581–886.
Santedi Kinkupu, Léonard, Bissainthe, Gérard, Hebga, Meinrad (Hg.), Des prêtres noirs s'interrogent. Cinquante ans après … (Mémoire d'Églises), Paris 2006.
Schillebeeckx, Edward, Le mariage. Réalité terrestre et mystère de salut. Band 1 (Cogitatio fidei 20), Paris 1966.
Schillebeeckx, Edward, L'économie sacramentelle du salut. Réflexion théologique sur la doctrine sacramentaire de saint Thomas, à la lumière de la tradition et de la problématique sacramentelle contemporaine (Studia friburgensia 95), Fribourg 2004.
Schlegel, Jean-Louis, Changer l'Église en changeant la politique, in: Denis Pelletier, ders., (Hg.), À la gauche du Christ. Les chrétiens de gauche en France de 1945 à nos jours, Paris 2012, 259–295.
Schönmetzer, Adolf (Hg.), Acta Congressus internationalis de theologia Concilii Vaticani II. Romae 26 septembris–11 octobris 1966, Vatikanstadt 1968.
Schultes, Reginald, Introductio in Historiam Dogmatum. Praelectiones habitae in Collegio Pontificio „Angelico" de Urbe (1911–1922), Paris 1922.
Seckler, Max, Das Heil in der Geschichte. Geschichtstheologisches Denken bei Thomas von Aquin, München 1964.
Sèvegrand, Martine, Vers une Église sans prêtres. La crise du clergé séculier en France (1945–1978), Rennes 2004.
Sèvegrand, Martine, Reactions to the Papal Encyclica Humanae Vitae: The Frence Conundrum, in: Alana Harris (Hg.), The Schism of ‚68. Catholicism, Contraception and „Humanae" Vitae in Europe (1945–1975), London 2018, 251–271.
Siefer, Gregor, Art. Arbeiterpriester, in: $LThK^3$ 1 (1994), 927f.
Sorrel, Christian (Hg.), Renouveau conciliaire et crise doctrinale. Rome et les Églises nationales (1966–1968) (Chrétiens et sociétés. Documents et mémoires 32), Lyon 2017.
Sorrel, Christian, Le catholicisme français entre Séparation et Vatican II. Un chemin d'histoire, Paris 2020.
Stegemann, Ekkehard W., Cullmanns Konzept der Heilsgeschichte in seiner Zeit, in: Theologische Zeitschrift 58 (2002), 232–242.
Suaud, Charles, Viet-Depaule, Nathalie, Prêtres et ouvriers. Une double fidélité mise à l'épreuve 1944–1969, Paris 2004.
Suenens, Léon-Joseph, Église en état de mission, Paris 1955.
Tarquini, Aldo, Intervista a padre Chenu, in: Alessandro Cortesi (Hg.), Marie-Dominique Chenu. Un percorso teologico, Florenz 2007, 197–212.
Thénier, M. et Mme, Spiritualité de la vie quotidienne, in: L'hommage différé au Père Chenu, 148–153.
Tillich, Paul, Auf der Grenze, in: ders., Auf der Grenze. Aus dem Lebenswerk Paul Tillichs, Stuttgart 1962, 13–69.

Toupin-Guyot, Claire, Les intellectuels catholiques dans la société française. Le Centre catholique des intellectuels français (1941–1976). Préface de René Rémond, Rennes 2002.

Tranvouez, Yvon, Catholiques d'abord. Approches du mouvement catholique en France. XIXe–XXe siècle, Paris 1988.

Tranvouez, Yvon, Mission et progressisme. Les chrétiens du XIIIe arrondissement de Paris (1945–1954), in: Le Supplément, n° 173, juin 1990, p. 67–90.

Tranvouez, Yvon, Catholicisme et société dans la France du XXe siècle. Apostolat, progressisme et tradition, Paris 2011.

Tranvouez, Yvon, Géographie de la gauche catholique, in: Denis Pelletier, Jean-Louis Schlegel (Hg.), À la gauche du Christ. Les chrétiens de gauche en France de 1945 à nos jours, Paris 2012, 483–510.

Tranvouez, Yvon, Les idées du ciel ne tombent pas juste. La division théologique des chrétiens de gauche, in: Denis Pelletier, Jean-Louis Schlegel (Hg.), À la gauche du Christ. Les chrétiens de gauche en France de 1945 à nos jours, Paris 2012, 512–535.

Tshibangu, Tharcisse, Le Concile Vatican II et l'Église africaine. Mise en œuvre du Concile dans l'Église d'Afrique. Préface de Mgr B. Adoukounou. Postface de René Luneau (Mémoire d'Églises), Paris 2012.

Turbanti, Giovanni, Il ruolo del P. D. Chenu nell'elaborazione della Costituzione Gaudium et spes, in: Le Centre d'Études du Saulchoir (Hg.), Marie-Dominique Chenu. Moyen-Âge et modernité. Colloque organisé par le Département de la recherche de l'Institut catholique de Paris et le Centre d'études du Saulchoir à Paris, le 28 et 29 octobre 1995 sous la présidence de Joseph Doré et Jacques Fantino (Les Cahiers du Centre d'études du Saulchoir 5), Paris 1997, 173–202.

Turbanti, Giovanni, Un concilio per il mondo moderno. La redazione della costituzione pastorale „Gaudium et spes“ del Vaticano II (Testi e ricerche di scienze religiose NS 24), Bologna 2004.

Un groupe de cadres et leurs femmes, … Et leurs femmes, in: L'hommage différé au Père Chenu, 160–163.

Vallin, Pierre, La France, in: Joseph Doré (Hg.), Le devenir de la théologie catholique mondiale depuis Vatican II (1965–1999), Paris 2000, 109–129.

Viet-Depaule, Nathalie, Avant-propos, in: dies. (Hg.), La Mission de Paris. Cinq prêtres-ouvriers insoumis témoignent, Paris 2002, 5–17.

Vorgrimler, Herbert, Der Diakonat, in: Deutscher Caritasverband (Hg.), Menschlichkeit als Spiritualität. Georg Hüssler zum 85. Geburtstag, Freiburg 2006, 17–24.

Warthmann, Stefan, Die Katholische Schule. Zur Geschichte ihrer Wahrnehmung (Contubernium 75), Stuttgart 2011.

Wattebled, Robert, Stratégies catholiques en monde ouvrier dans la France d'après-guerre. Préface de Jean-Marie Mayeur, Paris 1990.

Weiß, Wolfgang, Die Katholisch-Theologische Fakultät Würzburg, in: Dominik Burkard, ders. (Hg.), Katholische Theologie im Nationalsozialismus. Band 1/1: Institutionen und Strukturen, Würzburg 2007, 277–326.

Würtz, Christian, Die Priesterausbildung während des Dritten Reichs in der Erzdiözese Freiburg (Forschungen zur Oberrheinischen Landesgeschichte 57), Freiburg 2013.

Xibaut, Bernard, Mgr Léon-Arthur Elchinger. Un évêque français au Concile, Paris 2009.

Zamagni, Gianmaria, Das Ende des „Konstantinischen Zeitalters“ und die Modelle aus der Geschichte für eine „Neue Christenheit“. Eine religionsgeschichtliche Untersuchung, Freiburg 2018.

Namensregister